한국형 리더십

백기복 교수

경영학박사(The University of Houston), 국민대학교 경영대학 교수, 생협 이사장, 한국경영학회 기업경쟁력위원회 위원장, 대한리더십학회 발행 학술지 『리더십연구』 편집위원장, 대한민국 해군자문위원, SK리더십센터 자문교수

역임: 한국인사조직학회 회장, 한국윤리경영학회 회장, 한미경영학자협의회 공동의장, 대한리더십학회 회장, 국민대 교수회장, 미국 제임스매디슨대학 경영학과 교수, POSRI 연구원 / POSTECH 겸직교수

저서: 『리더십리뷰』, 『대왕세종』, 『말하지 말고 대화를 하라』, 『미래형리더의 조건』(중국어로 번역출간), 『조직행동연구』, 『성취형리더의 7가지 행동법칙』, 『박태준사상 미래를 열다』(공저), 『서애 경세론의 현대적 조망』(공저), 『누구를 리더로 세울 것인가』(공저) 외 다수

논문: "한국형리더십", "이슈리더십", "역사와 경영학의 만남", "Vroom/Yetton/Jago 리더십규범이론의 타당성 검증", "한국경영학계 리더십연구 30년: 문헌검증 및 비판" 등 국내외 학술지 발표논문 다수

기타: 리더십/코칭MBA과정 창시, 리더십연구 30여 년, 리더십 분야 박사 배출 50여 명

한국형 리더십

2017년 5월 25일 초판 인쇄
2017년 5월 30일 초판 발행

지은이 | 백기복
펴낸이 | 이찬규
펴낸곳 | 북코리아
등록번호 | 제03-01240호
주소 | 13209 경기도 성남시 중원구 사기막골로 45번길 14
　　　우림2차 A동 1007호
전화 | 02-704-7840
팩스 | 02-704-7848
이메일 | sunhaksa@korea.com
홈페이지 | www.북코리아.kr
ISBN | 978-89-6324-116-6 (03320)

값 32,000원

한국형 리더십

백기복 지음

북코리아

서 문

23.4%의 한국형 리더십 다이나믹스, 세계를 지배한다!

이 책은 한국기업들에 근무하는 임직원 2,000명을 표본으로 웹설문조사를 실시하여 추출한 한국형 리더십 DNA를 심층 분석한 것이다. 조사결과에 따르면, 한국형 리더십 DNA는 성취열정, 자기긍정, 솔선수범, 상향적응, 수평조화, 하향온정, 미래비전, 그리고 환경변화 등 여덟 가지로 나타났다. 연구대상자들 중에서 이들 여덟 가지를 다 갖추고 있는 한국형 리더의 이상형은 23.4%였다. 이들 23.4%가 한국을 역동적(dynamic) 삶터로 만드는 사람들이다. 그리고 더 나아가 "한국형 리더의 신바람 축복"을 리더십의 재앙, 리더의 핍박으로 신음하는 세계 각국에 전파할 수 있는 사람들이다.

　한국형 리더십의 비밀은 많은 세계인들이 알고 싶어 하는 관심사이다. 지난 반세기 동안 한국인들이 이룩한 산업화/민주화 때문이기도 하지만, 보다 근본적으로는 한국인들이 갖는 "특이성"(distinctiveness) 때문이다. 망할 것 같은데 살아나고, 약한듯한데 강하고, 무뚝뚝한데 신바람 나게 놀 줄 알고, 안 될 것 같은 것을 해내는데서 느껴지는 특이성 때문이다. 이러한 특이성을 생산하는 바탕에 한국형 리더십이 있다. 한국형 리더십은 모순을 순리로 만들고 비합리를 합리로 재생시키며 불가능을 가능으로 만드는 일종의 역설이다. 세계인들에게 한국형 리더십을 설명할 때 세 단어를 잊지 말아야 한다.: "it's dynamic, it's ironic, and it's versatile!". 즉 한국형 리더십은 역동적이고 역설적이며, 다목적성이다.

　그 동안에도 한국형 리더십을 개발하려는 노력이 많이 있었다. 하지만, 대부분 역사적 편린(片鱗)이나 경험적 직관에 의존하였다. 서울대의 신유근교수나 이경묵/류수영 교수가 데이터를 가지고 실증적으로 접근하였지만, 본서에서 제시하는 것과 같이 광범위한 표본조사에 기초하지는 못하였다. 본서가 기초하고 있는 한국형 리더십 서베이는 2,000명의 표본을 선정함에 있어 한국기업에 근무하는 구성원들의 남녀, 직급, 대기업/중소기업, 제조업/서비스업/금융업 등의 업종, 직종 등의 비율을 비슷하게 맞추려 노력하였다. 이런 의미에서 본서의 한국형 리더십이 좀 더 대표성을 갖는다.

본서는 몇 가지 특징을 갖는다.

첫째는 한국형 리더십의 긍정적 측면과 부정적 측면을 동시에 고려하였다. 리더십을 얘기할 때 대부분 좋은 점들만 나열하려 한다. 하지만 리더십은 좋은 점과 나쁜 점을 동시에 갖는다. 한국형 리더십의 8요인 각각이 좋은 방향으로 작용할 수도 있고 나쁜 방향으로 작동하게 될 수도 있다. 본서는 또한 각 요인의 약점을 지적하는데서 멈추지 않고 극복방안까지 제시하였다.

둘째는 다양한 측면을 비교, 제시하고 있다. 긍정적 측면과 부정적 측면뿐 아니라, 리더십이론 분석을 제시하면서 동시에 실제에 있었던 다양한 사례들을 가지고 설명하고 있으며, 각 요인별로 한국형 리더와 서양리더들의 행동도 비교하고 있다. 아울러, 한국형 리더십을 '이렇게 발휘해야 한다'는 식의 주장만 하는 것이 아니라 한국형 리더의 구체적 행동을 일기식(diary)으로 제시하고 있기도 하다. 한국형 리더십 8요인 각각을 설명한 후에는 장(章) 말미에 독자가 스스로를 진단해 볼 수 있도록 설문을 실었다. 설문 후 자신의 수준을 알아볼 수 있도록 해설문을 제시한 것은 물론이다.

셋째는 한국형 리더십의 역사적 뿌리를 찾아보려고 노력하였다. 21세기 초반을 사는 한국기업 리더들을 대상으로 조사한 내용이지만 역사적으로도 유사한 사례가 있었는지를 폭 넓게 찾아 제시하였다. 백제, 신라, 고구려, 고려, 조선시대 등으로부터 다양한 역사적 사례들을 추출하여 활용하였다. 오늘의 한국형 리더십 특징을 역사적 문헌 속에서도 찾을 수 있었다는 것은 한국형 리더십의 뿌리가 그만큼 깊다는 것을 보여준다.

넷째로 '쉽게 읽히는 책'을 만드는 것을 목표로 하였다. 이론을 말하고 연구결과를 지나치게 강조하다 보면 읽기 어려운 책이 된다. 되도록 쉬운 표현을 쓰려고 노력했으며 될 수 있으면 재미있고 교훈적인 사례나 기사를 가지고 내용을 백업(backup)하였다. 하지만 사자성어로 각 요인의 내용들을 정리하고 있는 것은 좀 어렵게 느껴질 수 있을 것이다. 이 부분에 대해서는 독자들의 양해를 구한다. 개념을 산뜻하게 요약, 제시하기 위해서 어쩔 수 없는 선택이었다.

끝으로, "리더십퀴즈"를 가끔 넣었다. 읽어가면서 생각할 수 있는 계기를 마련해 주기 위함이었다. 별로 어려운 문제는 아니므로 긴장할 필요는 없다. 기술개발과정에서 중간에 해야 할 일을 다 하면서 가고 있는지를 검증하기 위해서 배치하는 "게이트키

퍼"(gate-keeper) 비슷한 것이라고 보면 될 것이다.

이 책을 내는데 도움을 준 많은 분들께 감사의 말씀을 전하고 싶다. 우선 오랫동안 기다려주고 많은 도움을 주신 북코리아의 이찬규 사장님께 진심으로 감사의 말씀을 전한다. 조용하면서도 자신의 역할에 충실한 이찬규 사장이야말로 한국형 리더십의 표본이다. 또한 자료수집에 큰 도움을 준 최효선, 최지선 조교, 그리고 그 전에 연구실을 거쳐 간 여러 조교들에게도 고마운 마음을 전한다. 이들의 도움이 없었다면 본서는 빛을 보지 못하였을 것이다. 하지만 부족한 것, 잘못된 것은 모두 필자의 게으름이나 무지의 소산임을 밝혀둔다.

이 책을 읽게 될 독자 여러분들께도 미리 진심어린 감사의 말씀을 드린다.

2017년 5월 8일
저자 백기복

차 례

서문 / 5

제1부

1장 한국형 리더십이란 무엇인가   15
    1| 한국형 리더십의 필요성   17
    2| 한국형 리더십, 세계 속 경쟁력   24
    3| 한국형 리더십   36

2장 한국형 리더십이론의 탄생   43
    1| 한국형 리더십이론의 탄생   45
    2| 한국형 리더십 이론의 내용과 효과   58
    3| 기존 리더십 이론들과의 비교   63
    4| 한국형 리더의 사례   69

제2부

3장 한국형 리더의 8가지 요인 ① – 성취열정 세계 1등 할 때까지   77
    1| 성취열정의 중요성   79
    2| 성취열정의 개념   80
    3| 성취열정의 특징   94
    4| 성취열정의 긍정적 측면   104
    5| 성취열정의 부정적 측면과 극복방안   118
    6| 성취열정 리더와 성취지체 리더   125

4장 한국형 리더의 8가지 요인 ② – 자기긍정 꿈★은 이루어진다   135
    1| 자기긍정의 중요성   137
    2| 자기긍정의 개념   139

　　3│ 자기긍정의 특징　　　　　　　　　　　　　　　　152
　　4│ 자기긍정의 긍정적 측면　　　　　　　　　　　　170
　　5│ 자기긍정의 부정적 측면과 극복방안　　　　　　179
　　6│ 자기긍정 리더와 자기부정 리더　　　　　　　　188

5장 한국형 리더의 8가지 요인 ③ – 환경변화 적응 카멜레온처럼 유연하게　201
　　1│ 환경변화 적응의 중요성　　　　　　　　　　　　203
　　2│ 환경변화 적응의 개념　　　　　　　　　　　　　206
　　3│ 환경변화 적응의 특징　　　　　　　　　　　　　230
　　4│ 환경변화 적응의 긍정적 측면　　　　　　　　　241
　　5│ 환경변화 적응의 부정적 측면과 극복방안　　　262
　　6│ 환경변화 리더와 환경둔감 리더　　　　　　　　268

6장 한국형 리더의 8가지 요인 ④ – 미래비전 미래는 만들어가는 것이다　279
　　1│ 미래비전의 중요성　　　　　　　　　　　　　　281
　　2│ 미래비전의 개념　　　　　　　　　　　　　　　284
　　3│ 미래비전의 특징　　　　　　　　　　　　　　　308
　　4│ 미래비전의 긍정적 측면　　　　　　　　　　　317
　　5│ 미래비전의 부정적 측면과 극복방안　　　　　331
　　6│ 미래비전 리더와 과거몰입 리더　　　　　　　　336

7장 한국형 리더의 8가지 요인 ⑤ – 하향온정 가는 정, 오는 정　349
　　1│ 하향온정의 중요성　　　　　　　　　　　　　　351
　　2│ 하향온정의 개념　　　　　　　　　　　　　　　352
　　3│ 하향온정의 특징　　　　　　　　　　　　　　　380
　　4│ 하향온정의 긍정적 측면　　　　　　　　　　　387
　　5│ 하향온정의 부정적 측면과 극복방안　　　　　403
　　6│ 하향온정 리더와 하향무심 리더　　　　　　　　414

8장 한국형 리더의 8가지 요인 ⑥ - 상향적응 Heart, Head, Hand　427

　1ㅣ 상향적응의 중요성　429
　2ㅣ 상향적응의 개념　430
　3ㅣ 상향적응의 특징　456
　4ㅣ 상향적응의 긍정적인 측면　465
　5ㅣ 상향적응의 부정적 측면과 극복방안　478
　6ㅣ 상향적응 리더와 상향부적응 리더　491

9장 한국형 리더의 8가지 요인 ⑦ - 수평조화 모난 돌이 정 맞는다　505

　1ㅣ 수평조화의 중요성　507
　2ㅣ 수평조화의 개념　510
　3ㅣ 수평조화의 특징　527
　4ㅣ 수평조화의 긍정적 측면　540
　5ㅣ 수평조화의 부정적 측면과 극복방안　557
　6ㅣ 수평조화 리더와 수평부조화 리더　566

10장 한국형 리더의 8가지 요인 ⑧ - 솔선수범 윗물이 맑아야 아랫물이 맑다　575

　1ㅣ 솔선수범의 중요성　577
　2ㅣ 솔선수범의 개념　579
　3ㅣ 솔선수범의 특징　602
　4ㅣ 솔선수범의 긍정적 측면　613
　5ㅣ 솔선수범의 부정적 측면과 극복방안　637
　6ㅣ 솔선수범 리더와 비모범적 리더　644

제3부

11장 한국형 리더십 종합   657

    1| 한국형 리더십의 의미   659

    2| 한국형 리더십의 8요인   661

    3| 한국형 리더의 종합적 사례 분석   665

12장 한국형 리더십의 미래 과제   673

    1| 이상적인 한국형 리더 키워내기   675

    2| 한국형 리더십 이론의 강화   689

    3| 다양한 상황변수들의 고려   692

    4| 한국형 리더십의 세계인정   697

참고문헌 / 699

찾아보기 / 703

제1부

1

한국형 리더십이란 무엇인가

1 | 한국형 리더십의 필요성

명태(明太)라고 다 같은 명태가 아니듯이…

한국말 중에 '명태'(明太)만큼 다양한 단어로 표현되는 어휘도 없을 것이다. 잡는 방법, 가공방법, 잡는 시기, 지역 등에 따라 달라지는 명태의 이름은 대충 잡아도 50가지가 넘는다. 갓 잡아 살아있는 명태는 '선태'(鮮太)라고 부르고, 말리거나 얼리지 않은 명태는 생태(生太)라고 한다. 잡아서 그냥 완전히 건조시킨 것은 북어 또는 건태(乾太)라고 하고 반쯤 말려 촉촉함이 남아있는 것은 코다리라고 하며, 명태 새끼를 말린 것은 노가리라 불린다. 겨울에 잡아 얼린 것은 '동태'(凍太)라 하고 얼렸다 녹였다를 반복해서 노랗게 된 것은 '황태'(黃太)라고 부른다. 중요한 것은 황태를 만들다가 잘못되어 실패한 명태들도 나름대로 다른 이름을 갖는다는 것이다. 황태를 만드는 과정에서 얼릴 때 날씨가 너무 추워서 하얗게 빛이 바래면 '백태'(白太)라고 부르고 반대로 날씨가 너무 풀린 상태에서 말리면 소위 '먹태'나 '흑태'(黑太)가 되고 만다. 수분이 적당히 빠져야 하는데 한꺼번에 다 빠져버리면 '깡태'가 되고, 몸체가 물러 흐트러져 버리면 '파태'(破太)라고 부른다. 또한 알을 낳은 후에 잡힌 명태는 '꺽태'이고 잘못 익어 속이 붉고 딱딱해진 것은 '골태'라고 한다.

리더십이란 말도 행태에 따라 명태처럼 다양한 어휘로 표현된다. 절대 권력을 가지고 앞에서 이끌어가는 카리스마리더십이 있는가 하면, 리더가 추종자를 모시는 서번트리더십도 많이 알려져 있다. 일과 목표에만 집중하는 과업중심형리더십이 있는 반면, 인간적 배려를 중시하는 후원적 리더십도 찾아볼 수 있다. 뿐만 아니라, 독단적 리더십과 참여적 리더십, 지시형과 솔선수범형, 비전중심리더십과 실용적 리더십, 혁신형과 안정형 등 서로 대비되는 다양한 리더십유형들이 존재한다.

재미있는 것은 명태의 다양한 이름들이 리더십유형과 비교될 수 있다는 점이다. 〈표 1-1〉에 명태와 리더십을 비교하였다.

〈표 1-1〉 명태와 리더십

명태 이름	개념	리더십 유형
선태(鮮太), 생태(生太)	갓 잡아 살아있는 명태, 말리거나 얼리지 않은 것	솔선수범형 리더
북어, 건태(乾太)	잡아서 그냥 완전히 건조시킨 것	과업중심형 리더
코다리	반쯤 말려 촉촉함이 남아있는 것	배려중심형 리더
노가리	새끼를 말린 것	미래형 리더
동태(凍太)	겨울에 잡아 얼린 것	공명정대형 리더
황태(黃太)	얼렸다 녹였다를 반복해서 노랗게 된 것	유연적응형 리더
먹태, 흑태(黑太)	날씨가 너무 풀린 상태에서 말린 것	무능무관형 리더
깡태	수분이 한꺼번에 다 빠져버린 것	강압독선형 리더
백태(白太)	얼릴 때 날씨가 너무 추워서 하얗게 빛이 바랜 것	무미건조형 리더
파태(破太)	몸체가 물러 흐트러져 버린 것	자기파괴형 리더
골태	잘못 익어 속이 붉고 딱딱해진 것	표리부동형 리더

생태/선태, 북어/건태, 코다리, 노가리, 동태의 공통점은 이들이 한 가지 뚜렷한 특징을 갖는다는 점이다. 즉 생태/선태는 싱싱한 현장의 솔선수범, 북어/건태는 메마른 과업중심, 코다리는 쫀득쫀득한 배려, 노가리는 앞 길 창창한 미래, 동태는 있는 그대로 얼려버린 공명정대 등을 대변한다. 하지만 리더십이란 한 가지만 잘 해서 되는 것이 아니다. 공명정대하기만 해서는 큰 성과를 내기 힘들고, 솔선수범도 구성원들의 마음을 움직이는 데는 유용하지만, 난제해결을 위한 탁월한 지혜를 얻는 데는 한계가 있다. 과업중심행위와 배려가 잘 조화를 이뤄야 효과적인 리더십발휘가 가능하다는 것은 100년 리더십연구의 부동의 결론이다. 명태들 중에서 리더십 이론적으로 가장 바람직한 것은 '황태'(黃太)이다. 황태는 견뎌낸 온도의 폭이 가장 넓다. 영상과 영하를 빈번히 오가며 독특한 형태로 자리매김한 것이 황태이다. 황태는, 때로는 도전적 목표를 주어 구성원들을 몰아붙이고 때로는 눈물 나게 배려해줌으로써 구성원들의 머리와 가슴을 효과적으로 움직여가는 이상적 리더십 메타포(metaphor)에 가장 가깝다.

대한민국이 여러 명의 대통령을 겪었으면서도 대다수 국민들이 존경하는 리더다운 대통령을 못 갖고 있는 것은 그들이 황태리더십을 발휘하지 못했기 때문이다. 국민들은 황태를 원하는데 대통령은 계속 자기 성질대로만 몰고 가는 깡태나 골태의 행동만 보여줬다. 때로는 국민들의 마음을 보듬어주고 또 때로는 국가를 위해서 희생해달라고 나서서 호소할 줄 아는 유연한 황태리더십은 터럭만큼도 못 보여주고 무미건조한 건태리더십이나 백태의 모습만 보였다. 한국대통령들의 종착점이 한결같이 아름답지 못한 것은 바로 황태 같은 균형 잡힌 리더십을 갖춘 대통령이 없었기 때문이다. '높은 수준의 균형'(high-level balance)! 이것은 서구의 리더십이론들이 처방하는 가장 효과적인 리더십의 핵심이다.

하지만 명태의 지존(至尊)은 황태가 아니다. 리더십의 지존도 균형과 적응의 황태리더십을 넘어선다. 명태의 지존은 '명태식해'(fermented walleye pollack)이다. 명태식해는 말리고 얼리는 명태의 다른 유형들과는 달리 몸통 전체를 삭히고 숙성시켜 뼈와 살에 통일을 이루는 전혀 다른 방법을 쓴다. 명태식해와 같은 리더십을 '한국형 리더십'이라고 할 수 있다. 이것은 건곤일체형(乾坤一體型) 리더십이다. 건곤일체의 한국형 리더십에서는 위가 아래가 하나가 되고, 하늘과 땅이 일체로 나타나며, 과업과 인간, 그리고 조직과 개인이 식해처럼 삭고 숙성되어 하나 된 모습을 보인다. 한국형 리더십은 리더 자신과 부하, 상사, 동료, 과업, 미래, 환경을 삭이고 숙성시켜 하나의 통합체로 만든다. 한국형 리더십은 가난과 부귀, 독재와 민주, 그리고 고난과 영광을 하나로 삭여 숙성시킨 한국의 역사 속에 잘 나타나 있다. 이는 세종대왕과 이순신, 유성룡과 백범 김구, 고산자 김정호와 이중섭, 그리고 오늘날의 대한민국 국민들에게로 면면히 이어져 존재한다. 이들에게서는 개인과 국가, 사람과 예술, 인간의 삶과 과학, 가족과 이상, 현재와 미래가 명태식해처럼 건곤일체의 형태로 녹아 있는 것을 볼 수 있다.

선인장이 건조한 곳에서 자라고 미나리가 습한 곳에서 잘 자라듯이 한국형 리더십은 한국의 숙성형 문화에서 버섯처럼 자라났다. 간장이나 된장, 김치나 식해처럼 오래 묵혀 삭이고 숙성시키는 것이 한국의 문화이다. 친구도 미운정 고운정이 다 든 오래 숙성된 친구를 중시하기 때문에 처음 만난 사람과 관계를 빨리 숙성시키기 위해서 각종 폭탄주의 난음(亂飮)을 일삼는다. 숙성된 음식은 한 가지 맛이 아니라 다양한 맛을 내며, 표현할 수 없는 맛을 내기도 한다. 폭탄주의 맛을 설명하기 힘든 것과 같다. 이것은 이미 알려진 합리성을 뛰어넘어 아직 인간이 밝혀내지 못한 합리성을 포함한다. 그 속에 기존 지식으로는 이해할 수 없는 놀라운 힘이 있다.

숙성에 기초한 한국형 리더십은 단편적 합리주의에 기초한 서양리더십을 뛰어넘는 힘을 갖는다. 그 힘이 오늘날의 한국을 이룩했고 앞으로도 더욱 빛나는 대한민국을 만들어 낼 것이다. 한국형 리더십의 잔잔한 흔적들은 이미 한국의 역사 속에 때로는 희미하게 또 때로는 뚜렷하게 남아 있다. 과거와 현재를 이어가는 것을 미래라고 규정할 때, 한국의 미래는 한국형 리더십을 얼마나 많은 사람들이 얼마나 깊이 있게 발휘하는가에 달려있다.

　　명태라고 다 같은 명태가 아니듯이, 리더십이라고 다 같은 리더십이 아니다. 한국형 리더십이 한국의 숙성된 미래를 보증할 것이다.

한국인 특유의 정서

　　"왜 우리는 우리 나름대로의 리더십에 대한 연구체계나 이론체계를 발전시키지
　　못하고 있는가?"

1991년 한화그룹 최초의 외국인 사원이었던 빌 훈세커(William Hunsaker) 교수는 한국형 리더십 이론은 왜 없냐고 묻는다. 그는 대신증권에서 기업분석부장으로 근무했던 미국인으로, 대학교에서 리더십을 강의하고 있다.

　　"예전에 교수 생활을 할 때 안타까운 점이
　　있었습니다. 학생들을 가르칠 때 교재가 모
　　두 해외에서 수입한 것이라 서양적인 리더십
　　만 가르쳤죠. 가령 조직행위론을 가르치면
　　대부분 서양 조직행위론을 가르치는 겁니다.
　　하지만 이것은 맞지 않습니다. 한국 사람에
　　게 왜 서양적인 개념을 가르쳐야 되는지 안
　　타까웠습니다. 모든 학생이 졸업하고 해외기
업으로 가지는 않을 것이니까요. 물론 국제화가 되긴 했지만, 미국적인 것이 국제화
는 아니라고 생각합니다. 한국 사람도 장점이 있고 자격이 있습니다. 지금은 미국
사람들이 모두 아시아를 보고 배우려고 합니다." ‒ 훈세커 교수 인터뷰 中

　　각 국가 및 다양한 문화의 구성원은 서로 다른 가치관과 신념과 태도를 가지고 있기 때문에 이상적인 리더십도 달라질 수밖에 없다. 문화적 특성에 따라 훌륭한 리더가

되기 위해 갖추어야 하는 요인에는 차이가 존재한다. 그럼에도 불구하고 아직 한국에서는 한국인들의 문화 특성에 맞는 '한국형 리더십'이 생소하다. 그도 그럴 것이 수많은 리더십 이론의 99%는 서양에서 만든 것이며, 한국에서 독자적으로 개발된 것들은 거의 없기 때문이다. 그러다 보니 한국인 특유의 가치관에 입각한 힘 있는 리더십의 참모습은 설명하기 힘들다.

〈사례 1.1〉의 내용을 보면 당신은 어떤 생각이 드는가?

〈사례 1.1〉 서양인들은 이해하기 힘든 한국인의 대화 1

과장 : 날씨도 으스스하고 출출하네. (한잔 하러 가는 게 어때?)
회사원 김 씨 : 한잔 하시겠어요? (제가 술을 사겠습니다.)
과장 : 괜찮아. 좀 참지, 뭐. (그 말을 반복한다면 제안을 받아들이도록 하지.)
회사원 김 씨 : 배고프실 텐데, 가시죠? (저는 접대할 의향이 있습니다.)
과장 : 그럼 나갈까? (받아들이도록 하지.)

전통적인 한국의 직장에서 상사와 부하 사이에 일상적으로 일어나는 일이다. 한국인 하급자는 상사가 직접적으로 이야기하지 않아도 상사의 의중을 파악하여 알아서 행동한다. 이것은 누가 가르쳐 줘서가 아니라 한국의 문화가 자연스럽게 그런 행동을 하도록 유도하기 때문이다. 하지만 이러한 대화에서 회사원 김 씨가 스미스로 바뀐다면 어떻게 될까?

〈사례 1.2〉 서양인들은 이해하기 힘든 한국인의 대화 2

한국인 과장 : 날씨도 으스스하고 출출하네. (한잔 하러 가는 게 어때?)
미국 직원 스미스 : 으스스? 춥고 배고프시면 빨리 집에 가서 식사하세요.
한국인 과장 : 음…… 이런 날은 소주에 삼겹살이 제격인데 말이지. (알아듣지 못하고 있군. 그럼 조금 더 구체적으로 이야기해 볼까?)
미국 직원 스미스 : 그럼 집에 가서 삼겹살 드시면 되겠네요.
한국인 과장 : 음, 그래야겠군. (말귀를 알아듣지 못하는군.)

LEADERSHIP QUIZ

다른 사람의 일에 참견하는 것을 좋아하고 관심이 많은 사람에게 '오지랖이 넓다'라고 표현한다. 이 표현을 영어로는 어떻게 쓸까? 창의력을 발휘해 보자!

서양인들은 이해하지 못하는 미묘한 감정의 흐름이 〈사례 1.2〉의 대화에 녹아 있다. 하지만 이러한 감정은 서양인들은 자세히 설명을 해 줘도 이해하지 못하는 한국인 특유의 정서이다.

한국말에는 한국인의 정서를 반영하는 독특한 표현들이 많다. 그중에 '서운하다'라는 말은 내면의 감정에서 아쉬움을 나타내는 말로서 비슷한 표현으로 '섭섭하다'가 있다. 이 표현은 영어로 'sorry, disappointed, regrettable' 등으로 번역된다. 하지만 서운하다, 섭섭하다는 표현에는 영어 단어에서 표현하지 못하는 한국인들만의 정서가 녹아있다.

'정'(情) 역시도 마찬가지이다. 정을 영어로 바꾸면 'feeling'이나 'love'라는 말이 된다. 정과 사랑은 조금 다른 개념이다. 한국인들은 정으로 소통하고, 배려하며, 인간관계를 구축한다. 하지만 서양의 문화는 합리적이고 개인적이며 이성적이다. 합리적 문화 가치를 가지고 있는 서양인들은 한국인 특유의 정서를 이해하기 힘들다.

인간의 행동을 지배하는 가장 근본적인 부분인 내면의 정서는 문화에 의해 많은 차이를 나타내는 것이 사실이다. 이러한 면을 볼 때, 서양에서 연구된 리더십을 한국에 적용하는 것이 과연 적합한 것인지 깊이 고려해 볼 필요가 있다. 분명히 존재하는 한국인 특유의 정서를 고려하여 한국인들에게 효과적으로 리더십을 발휘할 수 있는 '한국형 리더십'의 연구는 꼭 필요하다.

〈표 1.3〉 한국인의 정서를 반영한 독특한 한국어 표현

한국어	영 어
서운하다	• sorry : 안됨, 안쓰러움, 애석함, 미안함 • disappointed : 실망함, 낙담함 • regrettable : 유감스러움
정(情)	• affection : 애정 • love : 사랑 • feeling : 감정

문화의 교차수렴적(Cross-Vergent) 관점

문화의 차이가 유발하는 가치관의 차이는 어떤 것이 더 중요하고, 어떤 것이 덜 중요한지 판단하는 기준을 다르게 만든다. 우리나라에서는 A라는 리더십이 더 중요하지만, 서양에서는 같은 상황이라도 B라는 리더십이 더 중요할 수도 있다. 문화와 가치관의 차이는 사람들의 행동과 사고에 많은 차이를 만들어내기 때문에 서양의 리더십을 한국에 똑같이 적용하려는 시도는 많은 문제를 내포한다.

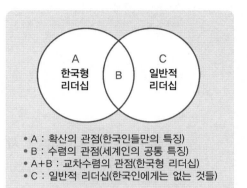

- A : 확산의 관점(한국인들만의 특징)
- B : 수렴의 관점(세계인의 공통 특징)
- A+B : 교차수렴의 관점(한국형 리더십)
- C : 일반적 리더십(한국인에게는 없는 것들)

〈그림 1.2〉 문화의 관점

문화에 대한 관점은 크게 두 가지로 나뉜다. 하나는 과학기술이 발달함에 따라 지리적 거리의 의미가 없어지고, 통신기술의 획기적 발달로 인해 원거리 의사소통에 문제가 없어짐으로써, 세계화가 가속화되어 하나의 통일된 문화로 모아진다는 문화적 수렴(Convergence 또는 etic)의 관점이다. 즉 문화적 차이에 의해 다양하게 나타날 수 있는 가치관, 태도, 행동 등이 세계 공통적인 모습으로 발전할 수 있다는 주장이다. 반면에, 다른 하나는 확산(Divergence 또는 emic)의 관점이다. 국가마다 고유문화의 영향을 받아 독특한 문화를 형성한다는 주장이라 할 수 있는데, 아무리 세계화가 진행된다 할지라도 각 나라들은 고유의 문화를 유지하며, 이러한 문화에 영향을 받은 개인은 고유의 문화에 따라 태도 및 행동이 다르게 나타난다는 것이다.

이러한 문화의 수렴과 확산의 관점은 어느 것이 옳다거나 틀리다는 이분법적으로 보는 것은 문제가 있다. 문화는 수렴되는 부분도 있고, 확산되는 부분도 있기 때문에 모든 문화들이 공통적으로 가진 부분과 특정 문화에서 발견되는 문화적 특수성에 대한 이해가 모두 필요하다. 이와 같은 관점을 '교차수렴(Cross-vergence)의 관점'이라고 한다.

한국형 리더는 이러한 교차수렴의 관점으로 접근한다. 다른 문화에도 존재하고 있으며, 한국의 문화에서도 찾아 볼 수 있는 공통적인 리더십 특징이 무엇인가를 밝히는 동시에, 한국적 문화의 영향을 받아 한국에서만 독특하게 찾아 볼 수 있는 특징적인 리더십이 무엇인가를 밝히고자 하는 것을 목표로 한다.

즉, 기존의 일반적인 리더십이 세계인의 공통적 요소의 특징만을 부각시켜 설명하였다면, 한국형 리더십은 세계인들의 일반적 특징 중에서 공통적인 요소와 한국인 특유의 요소를 모두 고려한 리더십이라고 할 수 있다.

2 | 한 국 형 리 더 십 , 세 계 속 경 쟁 력

한국형 리더십, 그 뿌리를 캐보니…

한국형 리더십을 논할 때 흔히 선비정신 운운하는 경우가 많다. 하지만 그것만 가지고 한국형 리더십을 모두 대변한다고 볼 수는 없다. 선비는 '목숨 걸고 할 말 다 하고', '비리에 눈감지 않으며', '가난해도 청렴을 잃지 않는' 등의 리더십역량을 갖췄기 때문이라고 항변하지만, 동시에 선비란 존재는 '이론에만 밝아 현실을 모르며', '지붕이 비에 새는데도 책에서 해법을 찾을 정도로 고루하고', '자기들끼리 붕당을 설치하여 다른 생각을 가진 사람들을 배척하는' 등과 같이 비판을 받기도 한다. 아무리 좋은 개념도 양날의 칼이다. 뿐만 아니라, 리더가 할 말 다하고 청렴하기만 하면 되는 것인가? 전혀 그렇지 않다. 리더는 구성원들을 신바람 나게 해줄 수도 있어야 하고 미래에 대해서 희망을 갖도록 만들기도 해야 한다. 존경받을 만한 인간적 품격을 갖춰야하면서 동시에 일에 대한 남다른 열정도 보여줘야 한다. 이것은 곧 리더십을 한 가지로 결론지으려 하는 순간 현실을 과소대변(under-representation)하는 문제가 생긴다는 의미이다.

한국형 리더십의 뿌리는 다음과 같은 공식으로 표현하는 것이 이해하기 쉬울 것이다.

$$\text{한국형 리더십} = f\{[(\text{선비정신}) + (\text{실용주의}) + (\text{홍익인간})] \times (\text{관계의 정}) \times (\text{신바람동기})\}$$

즉, 한국형 리더십은 한국인들이 갖는 '선비정신', '실용주의', '홍익인간'의 개념을 더한 것에 '정'(情)과 신바람동기를 곱한 것이다. 선비정신은 우리 역사에 누누이 강조되어온 리더 개인의 품격에 관한 것이고, 실용주의는 일을 꾸미고 행동을 설계하는데 있어 현실적 효용성을 중시해야 한다는 의미이며, 홍익인간은 리더가 가져야 하는 대의(大義)나 큰 그림을 뜻한다고 볼 수 있다. 한국의 역사 속에는 이들 각각의 예들이 잔잔한 파도처럼 많이 남아있다. 이들 세 요인들이 다 크게 작용하면 세종대왕이나 유성룡, 이순신같이 큰 파도의 리더가 탄생하게 되는 것이다. 선비정신, 실용주의, 홍익인간의 세 사상에 관계의 정과 신바람을 곱한 것은 이 두 요인의 중요성을 부각시키려는 의도이다. 리더가 아무리 숭고한 대의(大義)를 내세운다고 하더라도 그와의 정(情)이 없으면 헌신하지 않는 것이 한국인들이다. 아무리 이득이 많은 실용적 일이라고 하더라도 함께 일하는 사람들과 더불어 신바람 동기(動機)를 느끼지 못하면 오래 남아있지 않는 것이 한국인의 정서이다.

선진국으로 들어서면서 법과 규제가 강화되고 경제적 이익이 중요시되며 제4차 산업혁명이라고 일컬어지는 융합정보화 사회의 도래로 한국형 리더십의 뿌리가 흔들리는 것처럼 보이지만 자세히 살펴보면 그 뿌리는 우리가 상상하는 이상으로 우리사회에 깊고 넓게 자리잡혀있다.

한국형 리더십의 증거는 한국이 이룩한 고도성장과 민주화의 과정 속에서 발견되며, 한류 등의 사회적 현상 속에서도 찾아볼 수 있다.

한국의 50년 고도성장과 민주화, 그리고 '숨은 리더들'

"이 나라를 복구하는 데는 적어도 100년 이상의 시간이 걸릴 것이다."
– 한국전쟁 직후 맥아더 장군

한국전쟁 직후 잿더미가 된 서울을 방문한 맥아더 장군은 이런 말을 했다. 1950년대 6·25로 인하여 죄 없는 민간 사망자만 100만 명, 전력 80%, 탄광 50%, 철도 47%, 건물 53% 등 모든 것이 파괴되었다. 입을 옷가지도 없었고, 끼니도 제대로 해결할 수 없을 만큼 한국은 경제적으로 정신적으로 피폐했다.

어떠한 이념이나 사상보다 중요했던 것은 한 그릇의 밥이었다. 당시 아이를 잃지 않은 어머니가 거의 없었다. 태어난 아이 다섯 명 중 한 명은 영양실조로 태어난 지

채 1년도 되지 않아 죽고 말았다. 젖이 나오지 않는 어머니는 죽어가는 아이를 그냥 두고 볼 수 없어 손가락에 피를 내어 먹이거나 허벅지 살점을 떼어 먹이기도 했다. 아이들은 먹을 것이 부족하여 지나다니는 미군들에게 초콜릿을 얻기 위해 거지처럼 달라붙었다. 미군에게 아이들은 모두 거지, 어른들은 모두 도둑놈이라며 조롱을 받기도 했다. 미군이 먹다 남은 음식으로 꿀꿀이죽과 부대찌개를 만들어 먹고, 농업용·방역용 살충제를 몸에 뿌려 득실대던 이와 벼룩들을 죽였다.

전문가들은 당시 한국의 처참한 생활상이 2010년 지진으로 인해 대규모 피해를 입은 '아이티'와 다를 것이 없었다고 말한다. 성냥공장에서 3일 동안 밤낮으로 일하여 겨우 자장면 한 그릇을 사먹을 수 있던 시절, 먹을 것이 없어 흙에 좁쌀가루를 넣어 흙떡을 만들어 먹던 그때의 모습은 지금의 아이티와 너무도 흡사하다.

> "현재 '아이티'는 진흙쿠키를 먹습니다. 우리의 1950~1960년대 상황은 그들과 별
> 반 다를 것이 없었습니다." – 인병택 정책실장, 전 주도미니카 대사

1953년 우리나라의 1인당 총 국민생산은 67달러였다. 당시의 UN 가입국은 120개국, 이중 한국은 119위였다. 118위인 북한보다 못살던 시절이었다. 67달러를 당시의 원화 가치로 환산하면 2,000원이다. 이것을 2008년 소비자 물가 상승 기준(약 240배)으로 감안하여 환산하면 약 48만 원인데, 1년 동안 하루에 쉬지 않고 꼬박 일을 해야 지금의 48만 원을 벌 수 있었다는 얘기이다.

복구하는 데 적어도 100년 이상은 걸릴 것이라고 장담했었던 나라, 지금의 한국은 세계 11위의 경제 대국이 되어있다.

우리사회에서 민주화란 말은 '5·18민주화운동', '경제민주화' 등과 같이 쓰이고 있다. 민주화란 정치적으로는 독재정권이 장악하고 있던 권력을 국민이 쟁취하는 것을 의미하며 사회적으로는 각계각층에 숨죽이고 있던 권위주의를 허물어뜨리는 것을 뜻하고, 경제적으로는 가진 자들에 편중된 경제적 힘을 일반인들에게 재분배하는 것이라고 해석될 수 있다. 한국은 1차적으로 정치적 민주화를 이뤘다. 사회적 민주화도 많이 진척되고 있다. 하지만 경제적 민주화는 지지부진하다. 누군가의 개입을 전제로 하는 경제민주화라는 말 자체가 자본주의의 기본개념과 배치되는 것일 수도 있다. 하지만 자본주의가 여러 번 수정을 거치면서 조정되어왔다는 점을 고려하면 '경제민주화'란 말도 자본주의의 문제를 해결하려는 시도라고 판단할 수도 있을 것이다. 부의 불평등과 그

에 따른 해법추구는 비단 한국만의 문제가 아니라 미국 등 다른 선진국에서도 지적되고 있는 문제이다. 한국에서는 그 해법을 '경제민주화'에서 찾고 있을 따름이다.

세계인들은 한국이 산업화와 동시에 민주화를 이뤘다는 것에 찬사를 보낸다. 그만큼 어려운 과업이라는 것을 아는 것이다. 산업화는 강력한 리더십을 필요로 한다. 그 과정에서 부의 편중이 발생하고 소외계층은 희생을 강요당하게 된다. 이것은 사회적 문제를 유발하게 되고 민주화의 빌미가 된다. 민주화는 개인의 노력이 아니라 집단의 힘으로 추진되는 특징을 갖는다. 민주화를 대변하는 집단저항/길거리 데모세력은 국가 발전을 우선시하는 산업화세력과 대치하면서 오늘날까지 한국의 이념적 흐름을 형성하고 있다. 국가냐 국민이냐의 문제는 어느 나라든 보수와 진보라는 정치적 세력을 낳는다. 이 두 세력이 얼마나 생산적인 방법으로 경쟁, 협력, 도전, 갈등, 대립, 타협하는지가 그 나라의 수준과 가치를 보여준다.

산업화와 민주화는 많은 리더들을 산출하였다. 이들은 시대의 흐름에 편승하여 리더의 위상을 차지한 사람들이다. 하지만 이들이 리더의 훌륭한 자질을 갖고 있기 때문에 대통령, 장관, 국회의원, 군 장군, 또는 그 후보가 되었다고 볼 수는 없다. 이렇게 세상에 알려진 리더들 보다는 오히려 크게 알려지지는 않았지만 주어진 위치에서 묵묵히 자신의 일을 충실히 수행했던 사람들 중에 출중한 리더들이 더 많다. 이들을 '숨은 리더'(hidden leader)라고 할 수 있을 것이다. 산업화와 민주화는 이들 숨은 리더들이 없었다면 이룩될 수 없었을 것이다. 숨은 리더들은 산업화와 민주화의 현장에서 목숨을 바치고 재산을 헌납하고 자식을 잃고 인생을 바친 사람들이다. 그 험난한 과정에서 어찌 대통령, 군 장성, 국회의원, 사장 등 한 자리 했던 사람들만 빛을 봐야 하는가? 한 자리 했던 사람들은 혜택을 받은 '자리꾼들'이다. 아무런 실익 없이 헌신, 목숨을 끊는 희생을 한 한국인들에게 역사는 경의를 표해야한다.

한국형 리더십은 자리꾼들에게서 보다는 숨은 리더들에게서 발견된다. 자리꾼들은 한국인들 누가 봐도 해선 안 될 일을 가책 없이 하며 누가 봐도 해야 할 일은 안면에 철판 깔고 안 하는 극단적 이기주의자들이다. 국민의 목숨이건 국가의 재산이건 자신의 자리차지/보존에 도움이 되면 누구에게든 팔아넘길 수 있는 철면피들이다. 별 투자 없이 얻은 명성과 재산을 대대로 물려주어 잘 살게 하려는 욕심은 하늘을 찌른다.

자리꾼 옆에는 항상 '모사꾼(謀士-, schemer)'들이 득실거린다. 권력을 위임받은 모사꾼들은 자신의 배를 불리기 위해서 나라까지 말아 먹는다. 숨은 리더들은 자리꾼 근처에 가려하지 않으며, 모사꾼들을 경멸한다. 자리꾼과 모사꾼들이 아무리 해먹어도 숨은 리더들이 있어 한국의 오늘이 존재하는 것이다. 한국형 리더십은 이들 숨은 리더들이 지켜온, 한국이 영원히 지켜가며 빛내야 할 보물이다.

한국인의 문화유산과 성장잠재력

한국형 리더십은 한국의 문화유산과 성장잠재력을 기반으로 한다. 예를 들어 한류를 보자. 정부가 시켜서 한 것이 아니다. 한국인들은 간섭 않고 놔두면 창의적으로 재미있는 것들을 잘 만들어 낸다. 숨은 리더들이 있기 때문이다. 한국의 전통문화도 음식에서, 글자, 농업문화, 그리고 뛰어난 수리력에 이르기까지 시공을 초월하여 탁월하다. 한국형 리더들은 이러한 문화유산과 성장잠재력을 잘 조합하여 최고의 성과를 낼 줄 아는 사람들이다.

(1) 한 류

1996년 한국의 TV 드라마가 중국에 수출되고, 2년 뒤에는 가요 쪽으로 확대되면서 중국에서 한국 대중문화의 열풍이 일기 시작했다. 이후 한국 대중문화의 열풍은 중국뿐 아니라 타이완, 홍콩, 베트남, 타이, 인도네시아, 필리핀 등 동남아시아 전역으로 확산되었다. 특히 2000년 이후에는 대중문화뿐만 아니라 김치, 고추장, 라면, 가전제품 등 한국 제품의 이상적 선호현상으로까지 나타났는데, 포괄적인 의미에서는 이러한 모든 현상을 가리켜 한류라고 한다.

　　2004년의 한류열풍은 실로 대단했다. 영화나 드라마, 음반 판권을 수출해 벌어들인 돈은 그 해에만 약 18.7억 달러, 원화로는 2조 1,440억 원이었다. 한국무역협회에서 밝힌 바에 의하면 이러한 직접적 효과 외에도 관광 등의 간접적 수익을 합산하면 한류 경제의 파급효과는 약 4조 5,000억 원 규모이다. 2008년도 한류의 생산 유발효과는 4조 9,336억 원으로 나타나 전년에 비해 1조 543억 원이 증가했다. 이는 쏘나타(2,000만 원 기준) 24만 대 판매액과 맞먹는 수치이다. 2009년도 한해 국내에서 쏘나타가 총 14만 6,326대 판매된 것을 감안하면 한류의 경제적 효과는 결코 작은 수치가 아니다. 또한 부가가치 유발효과는 전년 대비 2,318억 원 상승한 1조 7,139억 원으로 조사됐다. KOTARA에 따르면 2015년에는 3조 2,000억에 이르렀으나 2016년 말부터 시작된 중국의 사드(THAAD) 보복으로 주춤했지만 해외시장 다변화로 한류 수출 상승추세는 이어질 전망이다.

아랍에미리트연합(UAE)의 원자력 발전소 건설 프로젝트에 최종사업자로 선정될 수 있었던 숨은 공신이 한류 드라마라고 보는 시각도 있다. 이러한 주장을 뒷받침하는 근거를 〈사례 1.3〉를 통해 알 수 있다.

〈사례 1.3〉 한류로 인한 아랍에미리트연합국의 원전 수주

2005년부터 UAE에서는 한국 드라마가 선풍적인 인기를 모으고 있었다. 또한 2008년 UAE의 두바이 세이카 마이타 알 마 크툼(H.H. Sheikha Maitha Al Ma Ktoum) 공주가 〈내 이름은 김삼순〉 주인공 현빈의 열렬한 팬이라며 공식적으로 사인을 요청한 사실이 화제를 모았다. 최근 성황리에 종영한 〈바람의 화원〉, 〈상도〉, 〈추노〉 등 여러 사극을 비롯하여 〈커피프린스 1호점〉, 〈태양의 여자〉 등 현대물도 현지 안방을 점령했다.

이처럼 오랜 기간 동안 지속되었던 우리 문화콘텐츠의 인기는 UAE와의 원전건설 수주 확정과 떼어놓고 보기 힘들다. 한국 드라마가 그들 사회에 우리의 문화를 자연스럽게 유입시켜 이루어낸 한국에 대한 호감도 상승이 아랍에미리트연합국의 원전 수주라는 큰 성과의 밑거름이 된 셈이다.

자료 : 『조선일보』, 2010년 4월 7일

2017년 상반기 현재 한류는 K-pop, 한류 드라마, 치맥, 화장품, 한식 등 다양한 소재를 가지고 세계로 퍼져 나가고 있다.

(2) 전통 문화유산

① 한국 전통음식

한국인의 김치가 프랑스에서 인기를 끌고 있다. 100년 전통의 프랑스 요리학교 코르동 블루의 회장 앙드레 쿠앵트로는 말한다.

"프랑스는 음식에 대한 자부심이 매우 강한 나라입니다. 외국의 음식은 현지에서 인기가 별로 없죠. 하지만 김치는 퓨전요리로서 와인과 아주 잘 어울리기 때문에 프랑스인들은 한국의 김치를 매우 좋아합니다. 특히 프랑스의 알자스 지방은 '슈크르트'라는 햄과 소시지를 곁들인 김치퓨전요리로 매우 유명합니다."

10년 전만 해도 프랑스 파리에 20개 정도에 불과했던 한식당은 지금은 약 100개에 달한다. 일본이나 중국 음식처럼 잘 알려지지 않아서 한식을 처음 맛본 사람들은 극찬을 한다. 프랑스인은 포도주나 치즈 같은 발효음식을 즐기기 때문에, 김치나 젓갈 같은 발효식품에 익숙하다. 또 미각도 상당히 발달되어 있어서 다른 외국 음식에 비해 한국 음식이 잘 맞는다는 것이다.

불고기, 비빔밥, 김치, 막걸리, 삼계탕, 순두부 등 다양한 한국 음식들이 해외에서 인기를 끌고 있다.

② 가장 과학적인 문자, 한글

인도네시아의 소수민족인 찌아찌아족은 독자적인 언어를 갖고 있지만 표기문자가 없어 고유어를 잃을 위기에 처해 있었다. 이를 알게 된 훈민정음학회 관계자들이 2009년 7월 당국의 바우바우 시(市)를 찾아가 한글을 고유어로 쓸 것을 건의했고, 이것이 채택되었다. 다른 외국어도 많았지만 굳이 한글을 고유어로 채택한 것은 배우기 쉽고 매우 과학적이라는 언어학자들의 주장 때문이었다. 세계에서 가장 우수한 글자라고 평가 받는 한글은 이제는 수출 품목이 되었다. "지혜로운 사람은 하루아침 안에 깨칠 것이요, 어리석은 사람도 열흘 안에 배울 수 있느니라"라는 훈민정음 원본의 '정인지 서'에서 밝힌 한글의 특성이 세계적으로 인증된 것이다.

미국에 널리 알려진 과학전문지 『디스커버』지(誌) 1994년 6월호에서, 자레드 다이어먼드(Jared Diamond)라는 학자는 "한국에서 쓰는 한글이 독창성이 있고 기호 배합 등 효율 면에서 특히 돋보이는 세계에서 가장 합리적인 문자"라고 극찬한 바 있다. 그는 또 한국이 전 세계적으로 문맹률이 가장 낮은데 그 이유는 한글이 매우 쓰기 쉽기 때문이라고 말했다. 또한 하버드대 역사학 교수 라이샤워(Reischauer)는 그의 저서(1960)에서 "한국인은 국민들을 위해서 전적으로 독창적이고 놀라운 음소 문자를 만들었는데, 그것은 세계 어떤 나라의 일상 문자에서도 볼 수 없는 가장 과학적인 표기 체계"라고 찬탄했다. 이 외에도 영국의 과학자 존만(John Man)은 "한글은 모든 언어가 꿈꾸는 최고의 알파벳"이라고, 독일의 함부르크 대학교수 자세(Werner Sasse)는 "한글은 과학과 전통을 포함한 세계 최고의 문자"라고 언급했다.

이러한 한글의 우수성 덕분에 한국의 문맹률은 거의 0%에 가깝다. 대한민국 국민 누구나 자신의 의견을 글로 표현할 수 있고, 문자로 된 다양한 정보를 얻을 수 있다. 500년을 내다본 세종대왕의 선견지명으로 정보화 사회에서 한국인들은 누구나 익히기 쉬운 글자 한글의 덕을 톡톡히 보고 있는 것이다.

정보화 시대에는 정보를 빠르고 정확하게 처리하는 것이 무엇보다 중요하다. 한글은 이에 이상적인 글자이다. 자음과 모음이 결합하여 하나의 글자가 되는 한글은 키보드로 자료를 입력할 때 자음과 모음을 번갈아 입력하므로 리듬감이 있어 입력이 효율적이고, 중국의 한자나 일본의 가나와 같은 글자와는 다르게 24자의 필요한 글자를 입력하고 변환하는 과정이 없어 굉장히 빠르다는 것이다. 대부분의 한국인들이 컴퓨터 타자를 치는 데 어려움을 느끼지 않는다. 말하는 속도보다 타자 속도가 빠른 한국인들도 매우 많다. 외국인들은 한국인들이 타자를 치는 모습을 보면 필요 이상으로 빨리 친다며 자랑하는 것으로 받아들이기까지 한다고 한다.

중국어나 일본어를 타자치는 것을 본 적이 있는 사람이라면 한글이 얼마나 간편한 문자인지 알 수 있을 것이다. 중국어의 경우 발음대로 알파벳을 친 후 한자로 변환하여 선택한다. 이러한 방식은 나이가 많은 사람이나 영어표기에 익숙하지 않은 사람은 사용하기 힘들다. 하지만 모음과 자음의 조화를 가진 한글은 컴퓨터로 손쉽게 글자를 쓸 수 있고, 이를 통해 인터넷에 자신의 의견이나 생각을 표현한 게시물을 올리는 데 어려움을 겪지 않는다. 이러한 점은 남녀노소 모두가 쉽게 컴퓨터를 사용할 수 있도록 하여 한국의 인터넷 보급률을 높이는 데에도 기여했다.

정보화 사회에서 도태되지 않고 살아남기 위해서는 신속·정확한 정보교류가 필수이다. 한국이 IT 강국이 되고 인터넷 이용률 세계 1위가 되기까지 우리 한글은 뒤에서 이를 남모르게 지원해 주고 있었던 것이다.

한글은 과학적이고 실용적인 문자이기도 하지만 외국인들에게는 아름다운 문자로 인식되고 있다.

배우기 쉬워 한국인들의 문맹률을 낮춰주고, 타자치는 것이 간편하여 정보화 시대 에 신속·정확한 정보교류가 가능하며, 아름답기까지 한 글자 한글은 한국을 더욱 발전 시켜 줄 훌륭한 문화유산이다.

③ 벼농사 문화가 남겨준 문화적 유산, 근면 성실

한국인들은 특유의 근면함과 성실함, 끈기의 국민성을 가지고 있는 민족이다. 예부터 자원이 풍부하지 못하고 기후가 좋지 못해 먹을 것이 항상 부족했기 때문에 부지런히 움직이지 않으면 살아갈 수가 없었다. 아직도 수렵과 채집생활을 하는 칼라하리 사막 의 부시맨 쿵족의 경우 열매와 단백질 덩어리인 견과류들이 지천에 널려 있기 때문에 농사를 짓기 위해 시간을 들일 필요가 없다. 반면 한국은 벼를 재배할 수 있는 기후의 마지막 부분인 북방 한계선에 위치하고 있다. 따라서 지천에 먹을거리가 널려 있거나 씨를 뿌리기만 하면 잘 자라는 기후가 좋은 나라와는 매우 달랐다. 때 맞춰 일을 하지 못하면 한해 농사를 모두 망치게 될 수도 있었기 때문에 먹고 살기 위해서는 부지런할 수밖에 없었다.

벼농사는 말 그대로 '짓는' 것이지 밀농사처럼 '가는' 것이 아니다. 단순히 나무와

잡목을 뽑고 돌을 제거한 후 쟁기질을 하는 것으로 끝나지 않는다. 벼농사는 다양한 토질의 산기슭과 습지 및 강 근처에서 힘겨운 과정을 통해 지어진다. 역사적으로 서양의 농업은 '기계 중심'이다. 따라서 효율성을 높이거나 수확량을 늘리고자 하는 농부는 수확기, 건초기, 콤바인, 트랙터 등 새로운 기계장비를 도입했다. 하지만 우리나라는 가계 중심의 농업이었기 때문에 새로운 장비를 살 만한 여유도 없었고, 새롭게 농지로 개척할 만한 땅도 없었다. 따라서 한국인들은 더욱 머리를 써서 시간을 잘 관리하고 보다 나은 선택을 함으로써 수확량을 늘릴 수밖에 없었다. 이러한 문화적 배경이 근면 성실한 한국인의 국민성을 형성시켰다.

④ 뛰어난 수리력

한국인의 근면성이 세계 최고 수준의 수리력을 갖도록 도왔다는 분석이 있다. 수리력은 재능보다는 끈질기게 답을 구하고자 하는 태도가 더 중요하다고 한다.

<hr>

〈사례 1.5〉 수리력과 근면성의 관계

전 세계의 교육자들은 4년마다 초등학교·중학교·고등학교 학생들을 대상으로 복합적인 수학·과학 문제를 통해 학생들의 능력을 평가한다. 그 시험은 국제수학과학연구경향으로 각국의 학생이 수학, 과학에서 어느 정도 성취를 하고 있는지 비교하는 데 목적이 있다. 이 시험을 보는 학생은 질문지를 전부 채워 넣어야 한다. 거기에는 부모의 교육수준, 수학에 대한 자신의 생각, 친구들이 수학을 좋아하는지 등 온갖 질문이 들어 있다. 이것은 사소한 몸 풀기용 문제가 아니라 질문이 120개나 될 만큼 엄청난 분량이다. 사실 너무 지루하게 많은 것을 물어보는 탓에 많은 학생이 10~20개를 대답하지 않고 넘겨 버린다.

　바로 여기가 핵심이다. 이 질문지에 대답하는 개수를 세어보면 나라별로 다른 평균치가 나온다. 학생들이 몇 개의 문제를 풀지 않고 넘기는지 혹은 대답하는지에 따라 참가국의 순위를 매기는 것도 가능하다. 만약 실제 수학시험 성적 순위를 그 질문지에 대답하는 순위와 비교해 본다면 어떤 결과가 나올까? 똑같은 결과가 나온다. 다시 말해 이 질문지를 놓고 끝까지 앉아 집중하고 대답하고자 노력하는 학생일수록 수학 문제도 잘 풀어낸다는 얘기이다.

자료: 말콤 그래드웰, 2008

한국 학생들은 〈사례 1.5〉에서 말하는 문제를 풀어내는 데 매우 익숙하다. 누가 시키지 않아도 답을 다 채워 넣어야 한다고 생각한다. 이것은 한국 문화에서는 너무 당연하기 때문이다. 한국 학생들은 세계 곳곳에서 벌어지는 수학경시대회에서 항상 최고의 성적을 낸다. 이러한 것이 가능할 수 있었던 것은 예부터 전해온 근면한 국민성 때문이다. 〈사례 1.6〉을 살펴보자.

〈사례 1.6〉 브롱크스 키프 아카데미의 교육

"학생들은 7시 25분부터 수업을 듣기 시작합니다. 7시 55분까지 '사고능력'이라는 과목을 공부하죠. 영어 90분, 수학 90분이 매일 있고 5학년으로 올라가면 수학을 2시간씩 해요. 과학 한 시간, 사회 한 시간, 그리고 한 시간짜리 음악수업이 일주일에 적어도 두 번 있습니다. 7시 25분부터 5시까지가 하루 일정인데, 5시 이후에는 모여서 숙제를 하거나 공부를 하거나 운동을 하죠. 우리 학생들은 일반적인 공립학교 학생들에 비해 50~60% 많은 시간을 공부합니다."

위의 이야기는 뉴욕 시에서도 가장 가난한 지역인 사우스 브롱크스에 위치한 루게릭 중학교에서 시작된 브롱크스 키프 아카데미에 다니는 학생들이 어떻게 교육을 받고 있는지에 대한 것이다. 브롱크스 키프 아카데미는 기존의 미국 공립학교의 시스템과는 완전히 다른 실험적인 공립학교이다.

미국 초기의 교육 개혁자들은 학생들에게 공부를 너무 많이 시키는 것은 정신질환의 원인이 된다고 믿었다. 매사추세츠 공립교육의 선구자인 호레이스 만은 "학생들에게 너무 많은 교육을 시키는 것은 인격과 습관에 유독한 영향을 미치며 정신의 지나친 활동으로 건강 자체가 파괴되는 일 또한 드물지 않다"라고 주장했다. 이러한 영향으로 미국의 공립학교들은 과잉교육을 피하기 위해 수업시간을 줄이며 방학을 늘렸다. 하지만 브롱크스 키프 아카데미는 이러한 미국의 공교육보다 50~60% 많은 시간을 공부시키는 새로운 시스템을 실험한 것이었다. 그 결과 키프 학생들 중 90%는 브롱크스의 낙후된 고등학교가 아닌 사립 고등학교나 가톨릭 교구에서 설립한 고등학교에 장학금을 받고 입학한다. 그리고 키프 졸업생 중 80% 이상이 대학을 간다.

브롱크스 키프 아카데미 학생들의 일과를 보면서 어떤 생각이 드는가? 한국의 학생들이 학창시절을 어떻게 보내는지 아는 사람이라면 키프 학생들의 일과가 평범해 보일 것이다. 한국의 학교는 키프보다 훨씬 치열하게 돌아간다. 아침부터 저녁까지 비정상적으로 부지런한 일상이 한국인들에게는 너무나 당연하다. 이러한 근면성으로부터 수준 높은 인재들이 배출되고 있다. 미국에서는 이러한 면을 긍정적으로 보고 키프 아카데미와 같은 공교육 실험을 시행했고 긍정적 성과를 이루었다. 미국의 교육계에서는 한국을 비롯한 아시아 학생들이 뛰어난 이유가 이러한 학과일정에 있다고 보고 학습시간을 늘려야 한다는 목소리가 커지고 있다. 과거에 우리가 늘 보고 따라했던 강대국 미국이 이제는 우리를 따라하고 있는 것이다.

우리 언어로 숫자를 읽는 방식이 한국인들의 수리력을 높이는 데 바탕이 되었다는 분석도 있다. 9, 4, 6, 5, 1, 3, 7. 이 숫자들을 입으로 소리 내어 읽은 후 20초 동안 다른 곳을 쳐다보며 방금 외운 숫자들을 기억해 다시 말해보자. 한국인들이라면 지능에 문제가 없는 이상 모두 외울 수 있다. 하지만 영어권에 사는 사람들은 일곱 개의 숫자를 완벽하게 외워서 다시 말할 가능성은 50%에 지나지 않는다고 한다. 왜냐하면 인간의 기억이 작동하는 최소단위는 2초이기 때문에 2초 안에 읽을 수 있는 것은 기억하기 쉽지만 영어권에 사는 사람들은 일곱 자리 숫자를 2초 안에 읽을 수 없다. 한국어로는 [구 사 육 오 일 삼 칠] 이지만 영어로는 [나인 포 식스 파이브 원 스리 세븐]으로 발음되어 한국어보다 거의 두 배나 시간이 더 걸린다. 이러한 이유로 어린아이들이 숫자를 셀 때 미국 어린이들은 네 살이 될 때까지 15까지밖에 세지 못한다고 한다. 하지만 한국 아이들은 네 살이면 백까지는 거뜬히 센다. 어릴 때 숫자를 깨우치는 시기의 차이가 수리력의 차이를 만든다는 논리이다. 이것은 한국의 문화적 유산이 한국인들의 수리력 향상에 도움을 주었다는 것을 설명할 수 있게 해 준다.

수학은 논리력과 매우 큰 상관관계가 있다. 벼농사 문화에 의해 형성된 한국인 특유의 국민성과 언어라는 문화적 유산에 의해 한국인들은 세계 최고의 수리력을 가진 민족이 될 수 있었다. 이러한 수리력은 논리적으로 생각하는 데 큰 도움을 주고, 문제 해결력을 높여줄 수 있다. 한국인들이 모든 것이 파괴된 최악의 상황에서도 문제를 정면으로 돌파하고 상황을 역전시킬 수 있었던 데에는 이러한 배경이 있었기 때문일지도 모른다.

많은 침략과 위협 속에서도 고유의 전통과 문화를 간직하고 살아온 한국인들은 훌륭한 문화적 유산을 지켜올 수 있었고, 고유의 문화를 발전시킬 수 있었다. 이러한 저력이 있었기에 기적적인 성장과 발전이 가능했을 것이다. 대한민국이라는 토양에서 자라서 기적적인 성과를 이루어 낸 한국형 리더들을 설명하기 위해서는 한국의 문화를

LEADERSHIP QUIZ

외국여행이나 출장 갔던 경험을 떠올려 보자. 외국과 비교했을 때 '이거 하나는 한국이 최고다'라고 느꼈던 것은 무엇일까?

떼어놓고 생각할 수 없다. 또한 새로운 한국형 리더들을 개발하기 위해서도 '뿌리 찾기'는 매우 중요한 작업이다. 이러한 문화에 대한 이해가 깔려 있어야 미래의 이상적인 한국형 리더십을 이야기하는 것이 가능해진다. 한국적 가치의 이해를 통해 한국인이 가진 강점을 찾아내고 그 원인을 밝히는 작업이 필요하다. 이를 통해 그 강점을 더욱 강화시켜 훌륭한 미래의 한국형 리더를 개발하는 것은 대한민국의 미래를 위해 매우 중요한 부분이 될 것이다.

3 | 한국형 리더십

리더십의 효과성을 극대화하기 위해서는 소속된 사회와 문화의 특수성을 고려해야 한다는 것을 앞에서 살펴보았다. 또한 한국형 리더들이 보여준 기적적인 성과로 인해 기술력 향상과 세계에서 유례를 찾아볼 수 없는 고도성장을 이룩하였다는 사실을 살펴보았다. 훌륭한 한국형 리더들의 성공요인을 분석하고 한국적 토양에 맞는 리더를 양성하기 위해서는 한국형 리더십에 대한 연구가 필요하다.

백기복 · 서재현 · 구자숙 · 김정훈(2010)은 "한국형 리더십"이라는 논문을 통해 훌륭한 한국형 리더들이 가지는 여덟 가지 요인을 도출하고 과학적으로 그 효과성을 검증하였다. 이 책에서는 이 논문의 연구결과를 바탕으로 한국형 리더들이 공통적으로 가지고 있는 여덟 가지 요인들에 대한 연구결과와 각 요인별 구체적인 행동양식에 대해 분석하였다. 〈표 1.5〉는 한국형 리더십 8요인에 대한 설명이다.

한국형 리더십은 서양에서 발표된 리더십 이론들에서처럼 상급자와 하급자의 관계에서 리더십의 문제를 다루지 않는다. 한국형 리더십은 전 방향적인 리더십이라고 할 수 있다. 리더십은 사고, 관계, 전략 등 종합적 관점에서 접근되어야 한다. 예를 들어 팀장의 입장에서 리더십을 발휘하여 팀원들을 조직의 목표달성에 도움이 되는 방향으로 이끌어 가는 것도 중요하다. 하지만 그렇게 할 수 있기 위해서는 그 사람의 상급자인 본부장이나 임원이 그 팀장에게 더 중요한 일을 맡겨도 그 사람은 잘해낼 수 있는 리더십이 있다는 확신을 갖도록 해야 하며, 때로는 팀장으로서 옳다고 생각되는 일에 대해서 본부장을 설득하여 지지와 동참을 이끌어 내는 자세가 필요하다.

동료들과의 관계에서도 마찬가지이다. 특정 동료가 리더십이 있다고 인정받을 때 다른 동료들의 지지를 얻어 낼 수가 있고 어떤 큰일을 수행해 내기가 용이해진다. 따라서 리더가 된다는 것은 하급자와의 문제만은 아닌 것이며 상급자와 동료들의 지지와 동참을 이끌어 낼 수 있어야 한다.

미국의 리더십 연구에서도 상급자와의 관계에 관심을 보인 예는 있었다. 미국의 리더십 연구학자 휴스(Hughes)는 상급자의 스타일을 이해하고 그에 적응하도록 주문하고 있으며, 맥콜(McCall) 등도 상급자의 스타일과 리더 자신의 스타일 일치를 연구한 바 있다. 그러나 이러한 연구들은 단지 리더의 상급자를 리더가 처한 하나의 환경으로 보고 그에 대한 적응의 필요성을 역설했을 뿐 전 방향의 행동패턴을 체계화시키지는 못했다. 뿐만 아니라 리더와 동료와의 관계를 연구한 예도 있었다(Cohen & Bradford, 2005). 하지만 이는 단지 동료들과 좋은 관계를 유지하는 것이 리더 자신의 리더십 발휘에 유익하다는 것만 언급할 뿐이었다.

전 방향적 리더십에 포함되어야 하는 또 하나의 요소는 직무이다. 리더라고 해서

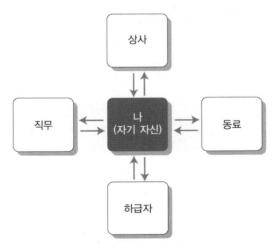

〈그림 1.3〉 전 방향적 리더십의 기본 도식

직무의 공백 속에 존재할 수는 없다. 직무의 특성과 리더의 특성이 매치가 되어야 한다. 훈민정음을 만든 세종대왕이나, 목숨을 바쳐 지도를 그린 대동여지도의 김정호처럼 말이다.

또 한 가지 전 방향적 리더십에 포함되어야 하는 것은 바로 '나' 자신이다. 자기 자신이 할 수 없다는 좌절감이나, 무기력한 상태에 있다면 리더십을 발휘할 때에도 부정적인 리더십이 작용한다. 이것은 마치 조직행동론에서 말하는 '리더십 씨앗 모델'과 비슷한데, 리더십 발휘 의지가 강한 리더는 약한 리더에 비해서, 상황의 요구가 있을 때 보다 적극적으로 리더십을 발휘한다는 것이다. 즉, 좋은 씨앗에서 예쁜 꽃이 핀다는 것과 같은 이치이다.

전 방향적인 리더십을 설명하는 상사, 동료, 하급자, 직무, 자기 자신에 대해서는 여덟 가지 한국형 리더십의 요인들이 있다. 수평조화, 상향적응, 하향온정은 리더십 발휘의 수직적·수평적 관계에 대한 요인이다. 자기긍정, 성취열정, 솔선수범은 개인에 초점을 맞춘 개념으로, 사고하고 행동하는 데 영향을 미친다. 그리고 환경변화, 미래비전은 전략에 관련된 내용으로 의사결정을 하고 미래를 기획하는 데 관련 있는 개념이다. 한국형 리더십의 8요인들을 앞서 제시한 [선비정신, 실용주의, 홍익인간, 관계의 정, 그리고 신바람동기]의 관점에서 해석하면, 선비정신은 리더의 솔선수범으로 구현되며, 실용주의는 환경변화, 홍익인간사상은 미래비전, 관계의 정은 상향적응, 수평조화, 하향온정으로, 그리고 신바람은 성취열정과 자기긍정으로 나타난다.

이 책에서는 이러한 여덟 가지 요인으로 전 방위적인 한국형 리더십을 설명하고 훌륭한 한국형 리더의 이상형을 제시하며, 이러한 리더가 되기 위한 구체적인 방향을 제시하고자 한다.

〈표 1.5〉 한국형 리더십의 8요인

요인	정의	대표적 표현	행동의 예
성취 열정	일에 대한 열정과 개인적 희생, 그리고 책임의식과 자부심 등을 말함. 이것은 해야 하는 일에 대해서는 어떤 개인적 희생을 치르더라도 책임의식을 가지고 전력으로 몰입해서 해내려는 행동성향을 의미	압축성장, 일등주의	• 휴일도 가리지 않고 출근하여 해낸다. • 기러기 가족과 주말부부가 유난히 많은 나라 • 일주일에 하루 저녁 집에 가고 나머지 매일같이 회사에서 먹고 자며 맡은 임무를 챙긴다. • '초일류'와 '제일 먼저', 그리고 일등과 경쟁에서의 승리를 인생의 최고 가치로 여기고 사는 민족 • '빨리빨리'와 '공기단축'에 익숙한 사람들 • 휴가 내놓고 몰래 회사 나와 일처리 한다.
자기 긍정	'하면 된다', '할 수 있다'가 내면의 믿음을 의미. 위험을 무릅쓰고 과감히 결단을 내리고 어떤 난관이 있더라도 도전하여 해낼 수 있다는 확신	하면 된다, Can-Do Spirit	• 언어도 모르고 문화도 접해보지 않은 나라에 무턱대고 부임해 가도 한국 관리자들은 해낼 수 있는 강한 적응력과 자신감을 갖고 있다. • 일본도 미국도 우습게 본다. • 회사에 대한 애사심이 다른 나라의 경우보다 월등하다. • 어느 회사에 가 봐도 자기네가 최고라는, 또는 최고가 될 수 있다는 자부심으로 무장되어 있다.
솔선 수범	'친밀, 모나지 않음, 협력, 존중, 공유, 소통' 등을 내용으로 함. 즉, 동료들과 신의를 바탕으로 친밀·원만한 관계를 형성하여 갈등을 예방하고 소통과 공유를 근간으로 적극적 협력을 이끌어 내는 태도	나를 따르라!, noblesse oblige	• 리더의 작은 흠도 용서하지 않는 풍토 • 깨끗하면 다른 리더십 역량도 함께 뛰어날 것이라고 미루어 추측하려는 성향 • 높은 사람들이 앞장서 희생해야 한다는 생각 • "윗물이 맑아야 아랫물이 맑다" • 앞서 길을 내는 사람이 뒤에 따라오는 사람들에 대하여 배려하는 자세

(계속)

요인	정 의	대표적 표현	행동의 예
하향 온정	리더가 하급자를 보호해 주고, 감싸 주고, 어려운 일을 도와주는 등의 온정적인 행동을 통해 '하나 됨'의 인식을 형성하여 최고수준의 동기를 유발함으로써, 성과를 극대화시키는 것	끌어주고 밀어주기, 후배와 동생	• 상사를 우월한 권한을 갖는 공식적 존재로 보기보다는 개인적인 형이나 선배로 인식하려는 성향 • 고속도로에서 사고를 냈는데 새벽 2시에 팀장에게 전화하여 해결을 부탁한다. • 법을 어겨도, 윤리적 문제가 생겨도 '봐주기'를 기대하고 요구하는 태도 • 잘되면 하급자들을 치켜세우고 잘못되면 앞장서 책임을 지고 희생하기를 기대한다. • 유난히 '하나 됨'을 강조하고 동질성을 중시한다. • 세계에서 구성원들의 일체감 향상을 위한 예산이 가장 많은 기업이 한국 기업들일 것이다(회식, 체육대회, MT, 영화감상, 음악회 단체 참가 등).
상향 적응	리더가 윗사람과의 관계를 원활히 함으로써 집단의 시너지를 극대화 할 수 있는 여건을 창출하는 행동	모시기와 봐주기, SSKK	• 상사를 모신다는 말은 한국 문화의 매우 중요한 특성이며 다른 나라에서는 용어조차 찾아보기 힘들다. • 반대의 생각이 들더라도 상사 앞에서는 "알았다"라고 하고 실제 일처리를 지연시킴으로써 결정이 번복될 수 있는 기회를 만들려 노력한다. • 자신에게 주어진 공식적인 역할이나 임무영역을 벗어나더라도 개인적으로 상사에게 각종의 서비스를 제공한다.
수평 조화	동료들과 신의를 바탕으로 원만한 인간관계를 형성하며 갈등을 극복하고 소통과 공감을 바탕으로 협력하는 태도	모나지 않게 둥글게, 의리에 살고 의리에 죽고	• 한국에서는 네트워킹이 좋아야 성공한다는 생각 • 승진에 가장 중요한 요소는 인간성 • '좋은 게 좋은 거' • 동료들끼리의 친밀감 향상을 위해서 다양한 기회를 제공한다. • 동료들 간의 평판에 의해서 사람을 평가하는 성향 • 가장 중요한 정보는 grapevine을 통해서 신속히 전파되는 한국 기업의 현실 • 동료들 간의 친분을 통해서 비공식적으로 일을 쉽게 처리하는 성향

(계속)

요인	정 의	대표적 표현	행동의 예
환경변화적응	조직환경의 거시적 변화에 항상 관심을 가지며 대세의 흐름에 신속히 대응하기 위해서 정보를 수집하고 외부 네트워크를 강화하는 등의 전략적 노력을 기울임	최신 유행, 생존문제	• 최신 유행, 새로운 인물, 튀는 정보에 매우 민감하다. • 인터넷에서 사회변화나 특이한 사건에 집단으로 민감하게 반응한다. • 앞으로 필요한 기술이나 역량을 계발하기 위해서 많은 한국인들이 새벽반, 저녁반 할 것 없이 학습에 매진한다. • 입시제도 변화에 민감해야 하고, 정부의 정책변화나 새로운 규제내용에 재빨리 대응해야 하며, 변덕스런 소비자들의 기호변화에 살아남아야 하는 한국 기업의 상황을 반영 • 환경변화에 대한 전략적 대응에 있어 한국 기업들은 매우 빠르다.
미래비전	항상 미래의 더 나은 상태를 추구하며 그의 실현을 위해서 구체적으로 계획하여 실천하는 것을 소망하고 핵심가치로 여김	선진국 진입, 우리의 소원은 통일	• "앞으로 좋아질 거야" • "언젠가는 우리도 잘살게 될 거야" • "나도 임원 한번 해야지" • "우리 회사의 목표는 글로벌 시장에서 초일류 기업이 되는 것" • 부하의 미래 경력에 대하여 조언해주고 기회를 제공한다. • 사무실 벽에 비전문(文)과 슬로건을 써 붙인다. • 아이의 장래를 위해서 부모가 치밀하게 계획하며 어떤 희생도 감수한다. • "오늘의 고생이 내일의 행복을 가져온다." • '유비무환'

2

한국형 리더십이론의 탄생

1 | 한국형 리더십 이론의 탄생

'한국형'이라고 하면 알레르기 증상을 보이는 한국인들이 있다. 이유는 글로벌 시대에 무슨 한국형을 찾느냐는 것이다. 삼성전자, LG전자, 포스코, 현대, 기아자동차, SK에너지 등등 한국의 유수한 기업들 어디를 보더라도 국내에서 벌어들이는 돈보다 해외에서 벌어들이는 매출이 훨씬 많은데 과연 한국형 리더십 운운하는 내용이 먹히겠느냐, 또 바람직하냐고 항변하는 사람들이 한둘이 아니다. 특히 이들 글로벌 기업들은 어떻게 해서든 한국의 굴레를 벗어나려고 안간힘을 쓰고 있지 않느냐는 설명도 덧붙인다. 그에 따라 영어를 공용어로 한다거나 외국인 임원을 뽑아 온다거나 하는 등 조직의 글로벌화에 전력투구를 하고 있지 않은가? 이런 상황에서 무슨 뜬딴지같은 '한국형 리더십'이냐는 것이다.

또한 리더를 육성하는 프로그램으로 치자면 외국의 유수한 컨설팅회사에 좋은 프로그램들이 많지 않느냐, 그것을 도입해 써왔고, 또 그것을 통해서 많은 훌륭한 리더들이 육성되어 오늘의 한국이 탄생하게 된 것이 아니냐는 항변도 듣는다. 비용은 좀 비싸지만 서구의 유수한 기업들이 도입했던 프로그램을 도입하는 것이 글로벌 시대의 속성에 보다 더 적합하다는 주장도 곁들인다.

일리 있는 말처럼 들린다. 하지만 위와 같은 주장이야말로 한국 기업들이 글로벌화하는 데 극복해야 하는 첫 번째 장애물이다. 그 이유를 아래에 적었다.

한국형 리더십 이론의 탄생 배경

앞에서 제시한 글로벌 시대의 한국형 리더십 연구는 의미 없다는 주장은 틀렸다. 또한 외국 리더십 프로그램을 도입하는 것이 더 효과적이라는 두 번째 주장도 틀렸다.

첫째, 아무리 외국인과 오래 같이 살아도 한국인은 한국인의 특성을 버릴 수 없다. 한국인 부모 밑에서 교육받고 자란 사람이나 한국의 학교에서 공부한 사람들은 한국인들의 가치관을 은연중에 배우게 된다. 다는 아닐지 몰라도 적어도 몇 가지는 물려받지 않을 수 없게 된다. 성장과정에서 체득한 가치관은 어른이 되어서도 잘 바뀌지 않는다. 겉으로는 안 그런 것처럼 보이지만 내면 어디엔가는 자라면서 배운 가치관이 항상 숨어 있게 되어 있다. 그리고 이 잠재적 가치관은 상황만 주어지면 다시 표면 위로 나타나게 된다. 이러한 숨어 있는 가치관은 개인의 행동뿐 아니라, 생각하는 방식, 삶에 대한 태도, 자세, 지식을 습득하는 방식, 과업과 사회현상을 바라보는 관점, 사람과의 관계를 형성하는 과정 등에 무언중에 나타나게 되는 것이다. MIT대학의 에드거 샤인 (Edgar Shein) 교수는 이것을 '가정'(assump tion)이라고 불렀다. 그래서 우리는 종종 TV 등의 매체를 통해서 겉은 분명히 서양 사람인데 한국인 아버지나 어머니 밑에서 자랐기 때문에 태도나 가치관은 한국인을 많이 닮은 외국인들을 종종 발견할 수 있게 되는 것이다.

한국에서 자라 미국으로 이민을 가서 크게 성공한 예로 많이 거론되는 고(故) 고광림 박사와 6남매를 누구보다도 훌륭하게 키워 미국인들을 놀라게 했던 그의 부인 전혜성 교수의 사례를 보라. 미국으로 이민 가서 몇십 년 살았으니 완전히 미국식으로 살고 미국식으로 아이들을 키웠을 것이라고 생각하면 오산이다. 그들은 6남매를 가장 한국적으로 키웠다. 그녀의 말을 들어보자.

> "여자의 몸으로 숱한 어려움을 슬기롭게 극복하면서 최선을 다하여 최고를 이루어 냈습니다. 천재적인 법학자인 남편을 내조하는 '아내'로서, 가족의 생계까지 돌봐야 하는 '고학생 주부'로서, 층층의 여섯 자녀를 양육하는 '어머니'로서, 수재들을 가르치는 '교수'로서, 한국문화를 세계에 전파시킨 '비교문화대사'로서 자녀도 훌륭하게 키우고, 본인도 학자로서, 한국을 알리는 문화대사로서 훌륭하게 1인 5역의 슈퍼우먼(super-woman) 같은 활동에 고개를 숙이지 않을 수 없습니다."

이것이 한국적 가치이다. 어렵고 힘들어도 자식을 위해서 남편을 위해서, 그리고 가정을 위해서 온몸을 바쳐 헌신하는 한국 어머니의 참모습이다. 이런 어머니들이 한국에는 무수히 많다. 전혜성 교수만 그런 것이 아니다. 아이를 잘 키우기 위해서라면 단어 하나 알아듣지 못하는 이국땅에라도 보따리 싸 들고 가는 것이 한국인들이다. 돈이 없으면 미국 가서 떡 집이라도 하면서 자식을 키워낸다. 실패도 하고 좌절도 하지만 그래도 부모로서 최선을 다했다는 말 한마디를 듣기 위해서 목숨 걸고 헌신하는 것이 한국인의 가치이다. 아내와 자식을 외국에 조기유학 보내놓고 기러기 아빠로 혼자서 전전긍긍하다가 어느 추운 겨울날 오피스텔 소파에서 심장마비로 쓰러져 죽는 예는 세계 어디를 찾아봐도 한국밖에 없다. 좋고 나쁘고를 떠나서 이것이 한국인들이 옳다고 여기는, 또 부모라면 그래야 한다고 믿는 가치인 것이다.

물론 외국에서 오래 살아 그쪽 사회에서 경쟁하면서 생계를 이어가다 보면 그 나라의 풍습과 생활방식을 많이 습득하게 된다. 하지만 이것은 '적응'의 문제이지 사람의 근본이 되는 '가치관 폐기'의 문제는 아니다. 행복을 위해서 행동과 태도와 사고방식을 그 사회에 맞춰 적응하면서 살아가는 것이다. 따라서 한국인은 어디에서 살든지 한국인의 특성을 버릴 수가 없다.

둘째, 한국형 리더십보다 글로벌 리더십을 배워야 한다고 주장하는 것은 '주도가치'보다 '추격가치(또는 추종가치)'를 더 중시한 결과이다. 세상에는 두 종류의 사람이 있다. 즉, 앞서가는 사람과 쫓아가는 사람이다. 앞서가는 사람은 주도가치를 가져야 한다. 따라가는 사람은 추격가치를 갖게 된다. 누구를 이기겠다고 따라가는 사람은 앞선 사람이 하는 것을 따라 하기 바쁘다. 앞서가는 사람은 자신의 것을 이용하여 길을 만들어 가는 사람이다. 이것이 추격가치와 주도가치의 차이다. 그동안 한국인들은 소위 선진국, 선진기업을 모델로 하여 열심히 따라왔다. 그러다 보니 어느덧 그들을 앞서게 된 경우가 많다. 그런데 문제는 그들을 이기고 나서도 계속 추격하는 자세를 갖는다는 것이다. 아니면 더 이상 극복해야 하는 상대가 없어졌기 때문에 어떻게 해야 할지를 몰라 당황하고 있을 수도 있다.

한국 기업 최고경영자들은 외국의 유수한 기업에서 도입한 제도라면 내용도 확인 안 하고 무조건 받아들이라고 지시하곤 했다. 컨설팅도 외국 컨설팅 회사에 맡겨야 믿음이 생기고 연초에 하는 임원들 특강도 외국의 교수를 데려와야 제대로 했다는 평가를 받는다. 이것이 추격가치의 전형이다.

한국은 작은 나라로서 힘이 없고 홀로 방어하기가 곤란한 역사적 사건들을 많이 겪었다. 그러다 보니 다소 손해를 보더라도 큰 나라, 앞선 나라와 잘 지내려고 노력할 수밖에 없었다. 이러한 자세를 사대주의라고 비판하기도 했다. 따라가야 하는 입장에서, 또 생존해야 하는 입장에서 어쩔 수 없는 선택이었는지도 모른다. 하지만 평생 추종가치만 가지고 살다 보면 오히려 더 힘들어진다. 주도가치를 가지고 지배할 줄 아는 것이 필요한 시대가 되었다. 추격가치를 주도가치로 전환해야 선진국이 될 수 있다.

주도가치는 주도의 즐거움, 지배의 책임감을 깊이 느낄 때 얻어진다. 추격-극복을 잘 했다고 평가하던 시대는 지나가야 한다. 주도-지배를 최고의 가치로 상정해야 한다.

한국은 더 이상 글로벌 시장을 뒤에서 따라가야 하는 나라가 아니다. 글로벌 시장을 앞장서 이끄는 나라가 되어가고 있다. 한국적 가치는, 글로벌 무대에서 상황적 필요에 따라 적절히 적용하면서, 놀라운 성과를 내고 있다. 한국적 가치는 글로벌 무대에서 버려야 하는 낙후된 가치가 아니라 장점을 더욱 갈고 닦고, 단점을 보완해 가면서 글로벌 시장을 리드하는 데 무기로 사용해야 하는 자산이다.

그러므로 한국형 리더십을 버리고 글로벌 리더십을 배워야 하는 것이 아니라 글로벌 시장을 분석하여 한국형 리더십을 더욱 강하게 만들어 가야 하는 것이다.

셋째, 글로벌 스탠더드에 입각한 외국의 경영과 리더십 관행은 머리와 제도에만 도움을 줬다. 한 연구에 따르면, 리더십을 학습한 효과는 머리에만 남는다고 한다. 즉, 머리로 이래야 한다고 이해는 하지만 실제 리더십을 발휘할 때를 보면 행동은 한국적 가치의 지배를 받는다는 것이다. 외국의 경영시스템을 도입했을 때 조직원들은 제도를 새롭게 만든다. 하지만 행동은 예전 행동을 못 버린다. 물론 다소 적응하는 형태를 띨 것이다. 하지만 그렇다고 해서 한국인으로서 갖는 가치관이 바뀌지는 않는다. 마음 속 깊은 곳에 존재하는 가치관과 원리를 바꾸지 않으면 작은 적응은 하겠지만, 큰 변화는 기대할 수 없게 된다. 그러므로 외국의 리더십 프로그램들이 큰 기여를 했다고 하는 것은 어느 정도는 일리가 있지만, 그 영향력이라고 하는 것은 우리가 생각하는 것보다 훨씬 작다고 말할 수 있다.

세종대왕은 32년 동안에 그 누구도 이룰 수 없는 위대한 업적을 이룩한 리더였지만, 한 가지 간과하고 있는 것이 있다. 그것은 바로 그가 모든 제도와 표준을 한국화했다는 점이다. 글자를 우리화했으며, 달력을 우리 것으로 만들었고 음악도 한국적 상황에 맞춰 새롭게 재구성했다. 아울러 교육제도나 인사평가 제도 등도 한국인들의 가치에 맞도록 새롭게 바꿨다. 예를 들어, 세종시대에는 상급자가 하급자를 인사고과 하는 제도가 있었다. 그런데 피평가자들이 불만이 많았다. 이 문제를 세종은 기가 막히게 돌파한다. 즉, 오늘날과 같이 차 상급자가 2차 고과를 하도록 했던 것이다. 그런데 차 상급자는 아래 아래의 하급자를 잘 모르니 상급자와 협의해서 하도록 했었다. 이것은 중국에는 없는 제도이다. 세종이 세운 한국적 표준이었던 것이다. 세종은 끊임없이 고민하여 한국적 표준을 하나하나 만들어 갔다. 선진국의 문턱에서 10년 이상 헤매고 있는 오늘날의 한국인들이 시급히 갖춰야 하는 주도정신이다.

넷째, 글로벌 리더십이 더 훌륭하다고 여기는 이유 중 다른 하나는 한국형 리더십에 대한 연구가 그 동안에 상대적으로 적었기 때문이다. 실체를 보여줘야 더 나은지 못한지를 비교해 볼 텐데 한국형 리더십의 실체를 연구결과로 보여주지 않으니 외국에서 이미 많이 연구된 글로벌 리더십을 더 훌륭하다고 생각할 수밖에 없었다. 이것은 의사결정에 있어 구체성의 오류에 해당한다. 즉, 두 개의 대안이 있을 때 하나는 구체적으로 분석되어 있고 다른 하나는 추상적 단계에 머물러 있으면 사실상의 장단점은 무시한 채 구체적 대안을 선택하게 된다는 오류를 의미한다.

이것은 학자들의 책임이다. 외국에서 박사학위를 한 교수들이 대부분인데 훈련된 연구의 라인을 벗어나지 못한다. 훈련은 사고와 행동을 고착시킨다. 박사학위의 경우도 마찬가지이다. 인문사회계나 이공계나 마찬가지다. 어느 대기업 연구소에 미국박사들을 수십 명 데려다 놨더니 회사가 원하는 연구는 안 하고 다 자기가 전공한 것만 파고 있더라는 것이다. 이들에게 회사가, 또는 국가가 필요한 연구가 무엇인가는 중요하지 않았다. 자신이 알고 있고 관심이 있는 것이 무엇인가를 더 중시한다.

한국의 컨설팅 회사들이 외국에 진출하지 못하는 것도 우리의 독자적 이론체계와 연구결과, 그리고 데이터를 축적하지 못했기 때문이다. 한국은 그동안 전대미문의 고도성장을 이룩해왔다. 세계가 이를 부러워하고 있다. 하지만 한국의 경제규모에 맞지 않게 크게 뒤떨어진 산업이 세 개가 있다. 하나는 제약산업이고 다른 하나는 금융업이며 나머지는 바로 컨설팅·교육 등의 소프트 산업이다. 미국, 호주, 유럽 각국, 그리고 일본 등이 해외로 진출하는 컨설팅·교육업체들을 갖고 있는 반면 한국의 경우는 거의 없다. 주로 외국의 프로그램을 한국에 들여와 소개하는 수준에 머무르고 있기 때문이다.

ASTD라는 교육·훈련 컨퍼런스에 가보면 전 세계 업체들이 자사 프로그램 상품을 소개하는 시장이 열린다. 이 시장이 문을 여는 시간에 맞춰 한국의 컨설턴트들이 문 앞에 줄을 서 기다렸다가 오픈하는 순간 서로 먼저 해외 업자와 프로그램 공급계약을 체결하기 위해서 경주를 벌인다. 국내 프로그램을 인정하지 않으려는 한국 기업들도 문제가 있지만, 자체 연구역량이 모자라고 광범위한 데이터베이스를 축적하지 못하고 있으며, 무엇보다도 주도정신과 지배가치를 못 갖고 있기 때문이다. 언어적 문제나 자본 취약 등도 걸림돌이기는 하지만, 일본의 예를 보면 그런 것만도 아니다. 이 분야야말로 국내의 유수한 산·학·연 협력이 절대적으로 필요한 분야라고 볼 수 있다. 여기에 제시된 '한국형 리더십' 과정이 하나의 시발점이 될 수 있다.

결론적으로, 한국형 리더십의 연구가 미진하다고 해서 그 개념 자체가 열등하다거나 필요하지 않다고 주장하는 것은 큰 오류이다.

다섯째, 글로벌 리더십을 강조하는 사람들은 한국형 리더십 연구자들이 한국형 리더십이 글로벌 리더십보다 더 우수하다고 주장하는 것으로 오해하고 있다. 한국형 리더십을 여기에 제시하는 이유는 이것이 더 우수하다고 무조건 주장하기 위함이 아니다. 앞서 말했듯이 장점을 살리고 단점을 보완해 나아가자는 것이다. 버릴 수 없는 것이기 때문이다. 그리고 한국형 리더들의 장점을 체계화시켜 보면 그 안에 참으로 본받을 만한 점들이 많다. 그동안 무시하고 간과하고 폄하했던 우리가 부끄러울 정도이다. 한국형 리더들 중에서도 잘하는 사람이 있고 못하는 사람이 있다. 이들을 잘 구분하여 잘하는 사람은 무엇 때문에 잘하게 되었고 못하는 사람은 무엇이 문제인지를 분석해내는 작업이 필요하다.

여기에서는 우리가 본받고 모델로 삼아야 하는 리더를 '이상적 한국형 리더' 또는 '효과적 한국형 리더' 등으로 표현하였다. 이상적 한국형 리더가 무엇이며 그에 접근하기 위해서 '나'에게 요구되는 것은 무엇인가, 또 어떻게 노력해야 하는가 등을 체계적으로 학습하는 것이 이번 장의 목적이다.

연구방법론과 절차

(1) 리더십 이론의 정립방법

한국형 리더십 이론을 정립하는 것은 쉬운 일이 아니다. 선택할 수 있는 몇 가지 방법이 있다. 각각의 장·단점을 고려하여 선택해야 한다. 아래에는 세 가지 대표적인 방법을 소개하고 본 연구에서 사용한 방법을 구체적으로 설명하려 한다.

첫째 방법은 대표적인 한국의 리더들을 선정하여 그들의 행적을 기초로 한국형 리더십의 전형(prototype)을 도출해 내는 것이다. 세종대왕이나 이순신 등과 같은 역사적 인물들을 표본으로 활용할 수도 있고 한국경제발전에 초석을 놓은 정주영, 이병철, 박태준 등이나 박정희 전 대통령을 모델로 선정할 수도 있다.

이 방법은 2008년에 한국철학사연구회에서는 한국철학논집에 '한국형 리더십모형 개발을 위한 시론'이라는 제하에 기획논문들을 실었다. 이 중에서 김동민(2008)은 한국 유학(儒學)의 리더십을 현대적 리더십 이론들의 입장에서 개인영역, 관계영역, 조직영역, 사회영역으로 나누어 개념적으로 설명하고 있다. 또한 이 시론에서는, 한국의 역사적 인물들을 일정한 범주로 구분하여, 실사(實事), 결사(決死), 풍류(風流), 창안(創案), 그리고 개신(開新) 등 다섯 가지 유형으로 묶어내고, 이들 각각에 대하여 리더십 가치를 구체화한 논문들이 제시되었다.

예를 들어, 안은수(2008)는 왕산악, 원효, 최치원, 김시습 등 예술적 감각이 뛰어났던 한국의 역사적 인물들을 중심으로 선배(先輩)사상에 입각하여 한국적 리더십 요인들을 도출하였다. 그는 풍류의 선배 리더십 핵심가치를, 아름다움을 내면에 머금고 있으면서 얽매이지 않는다는 의미의 함장불기(含章不羈), 이해와 배려에 기초한 관계의 아름다운 조화를 강조하는 함영희음(咸英希音), 신명나게 하나됨을 뜻하는 신명대동(神明大同), 그리고 차이는 인정하되 차별을 지양함으로써 거침없는 소통을 가능케 하는 무애사방(無涯四方) 등 네 가지로 제시하고, 이러한 가치를 존중하는 한국적 리더는 다양성이 존중되는 열린 사회의 주축이 된다고 주장하였다.

이것은 매우 매력적인 방법이기는 하다. 상식적으로 '한국형'이라는 말을 들으면 역사를 떠올리기 쉽기 때문이다. 하지만 이점이 바로 치명적 약점이다. 역사적 인물에 치중하다 보니 자료에 얽매이는 경우가 많고 또 자료가 구체적이지 않아 연구자의 자의적 해석이 가해지게 되며 그에 따라 결과가 왜곡되기도 한다. 아울러 이 방법은 '과거의 성공이 미래의 성공을 보장한다'라는 가정에 기초하고 있는데, 이것은 반드시 그렇다고 보기 힘들다. 과거의 역사적 현장과 오늘날의 경영현장은 너무나 상황이 다르다. 따라서 역사적 결과를 오늘날의 상황에 그대로 적용하는 것은 무리가 따른다.

두 번째 방법은 기존의 리더십이론들을 바탕으로 한국의 연구결과와 다른 나라의 연구결과를 비교하여 한국인들의 리더십 특성을 밝히는 방법이다. 그 동안 전 세계적으로 많이 거론되어온 변혁적 리더십 이론에 바탕을 두어 미국, 중국, 프랑스, 한국 등을 비교함으로써 같은 점과 다른 점들을 일목요연하게 비교·제시하려는 의도이다.

예컨대, 영과 레디(Yeung & Ready, 1995)는 여덟 개 국가 1,083명의 표본을 사용하여 기존 리더십이론을 바탕으로 추출된 13개 역량(예: 전략적 변화의 촉매자 역할, 세계적 안목, 유연성과 수용성 등)을 제시하고 앞으로 3년 내에 가장 필요한 역량 다섯 개씩을 선택하도록 하였다. 이 연구에 따르면, 호주와 미국인 응답자들은 '세계보편적 역량 리스트'에 100% 부합하는 응답결과를 보여준 반면, 한국인 응답자들은 단지 40%만 일치하는 것으로 나타나 조사에 참여한 8개국 중 최하위를 기록하였다. 그만큼 한국인들의 리더십에 대한 인식체계가 독특하다는 것을 알 수 있다.

이 방법의 가장 큰 문제점은 비교의 변수들을 사전에 정하여 비교하기 때문에 선택되지 않은 중요한 변수들이 고려되지 않는다는 것이다. 예를 들어, 한국인들이 갖는 초월적인 열정이나 솔선수범, 사람들과의 조화를 유지하는 것이나 환경변화에 적응하는 문제 등을 포착하지 못하였다. 즉 한국인의 독특한 점을 밝히면서 미국인들에게 중요시되는 기준을 사용하여 비교하면 한-미간에 그 기준에 있어서의 정도 차이는 밝힐 수 있겠지만 미국인들에게는 잘 나타나지 않지만 우리에게는 독특한 리더십의 현상을 포착할 수 없게 된다.

또한 각 국가에서 표본으로 추출되어 응답에 사용된 사람들이 과연 그 나라를 대표하는 사람들인가에 대한 의문도 제기될 수 있다. 특히 직급, 성별, 나이, 인종 등의 변수들을 통제하지 않고 단순 비교를 했을 때 그 차이가 진정한 문화적 차이인지 아니면 직급이나 다른 인구통계변수들의 차이 때문에 생겨난 것인지를 판단하기 곤란해진다. 따라서 이 방법도 한국형 리더십이론을 밝히는 데 있어 한계가 있다.

셋째 방법은 본 연구에서 사용한 방법이다. 한국인들을 대표할 수 있는 표본을 추출하여 바람직한 한국형 리더들이 어떤 행동을 보이는지를 직접 묻는 것이다. 실제 조직에 근무하는 사람들은 제 나름대로 리더십에 대하여 직접 경험을 하거나 목격하면서 '리더는 이렇다'라는 리더의 행동양식을 머릿속에 정리해 놓고 있다. 사회과학적으로 엄격한 방법과 절차를 사용하여 이 형상을 포착해 내고 체계를 구축하여 이론화하는 방법이다.

이 방법을 사용할 때는 표본의 추출에서 결론의 도출에 이르기까지의 전 과정을 철저하고 엄격하게 관리해야 한다. 그러므로 이 방법을 쓸 때는 사회과학방법론의 적절한 훈련을 받은 전문가들이 주도해야 한다. 과정 전반에 관련된 하나하나의 선택을 할 때마다 과학적으로 충분한 이유가 있어야 하고 달리 선택할 수 있는 가능성을 남겨두지 말아야 한다. 여기에서는 대표성 있는 표본을 추출하는 것, 그들에게 질문할 내용을 과학적으로 확정하는 것, 얻어진 데이터를 과학적으로 엄격하게 처리하는 것, 그리고 처리결과에 대해서 치밀하게 해석하고 타당성 있는 결론을 도출하는 것 등이 중요해진다.

물론 숫자로 된 데이터가 모든 것을 설명해주지는 못한다. 숫자 데이터에 어떤 의미를 부여하고 주어진 결과를 어떻게 해석하는가가 더욱 중요해진다. 이때는 인문학적 지식과 역사학적 배경이 큰 도움이 될 수 있다. 아울러 다양한 리더십의 사례들도 보다 논의의 중심에 서게 된다. 우리가 상상할 수 있는, 또는 조직현장에서 목격되는 리더의 행동 하나하나, 의사결정과 말투 하나하나가 모두 데이터로 얻어진 결과와 연계되어 적절히 해석되어야 한다. 이렇게 되면 우리가 조직현장에서 목격하는 리더의 행동들을 탄탄한 근거를 가지고 설명할 수 있게 된다. 이것이 중요하다. 한국형 리더는 이렇더라는 식으로 현상을 설명하는 것도 중요하지만, 왜 그런지, 그리고 그 결과나 효과는 무엇인지를 정확히 설명하는 것이 더 중요하다.

이 책의 기반이 되는 한국형 리더십 연구는 위의 방법들 중에서 세 번째 방법을 이용하여 수행되었다. 한국 기업에 근무하는 임직원들 2,000명을 대표성 있게 표본추출하여 체계적으로 설문조사를 한 결과에 입각해서 한국형 리더십 이론이 구축되었다. 이렇게 도출된 한국형 리더십의 8요인은 자기긍정, 솔선수범, 성취열정, 수평조화, 상향적응, 하향온정, 환경변화, 그리고 미래비전 등이다.

여덟 가지 요인들 각각에 대하여 현대조직의, 또는 역사상에 나타난 사례조사를 별도로 실시하였으며, 아울러 8요인과 관련된 기존의 리더십 연구결과들도 추가로 조사하여 과정내용을 보다 풍부하게 만들었다. 따라서 이 책의 내용은 백기복 등(2010)의 논문에 기초하여 만들어졌지만, 구체적 체계와 사례, 진단지 등은 다른 어느 과정에서도 다뤄진 적이 없는, 독창적인 것들이다. 이론의 뼈에 사례와 논리의 살을 붙여 한국인의 내면을 꼭 닮은 한국형 리더의 모습을 그려냈다고 보면 된다.

한국형 리더십의 8요인의 자세한 도출 과정은 아래에 기술하였다.

(2) 한국형 리더십 이론 도출 연구의 절차

본 연구에서는 한국형 리더십의 주요 요인들을 추출하기 위해서 웹을 사용한 서베이 방법(web-based survey)을 사용하였다. 설문항목 개발은 다섯 단계를 거쳐 이루어졌다.

첫째 단계에서는, 기존에 발표된 국가 간 리더십 비교연구들에서 사용되었던 항목들을 정리, 검토하였다. 특히, 영과 레디(Yeung & Ready, 1995)의 연구와 쑤이 등(Tsui et al., 2006)의 연구에서 사용된 항목들을 검토하였다. 전자는 한국을 포함한 여덟 개 국가의 응답자들을 대상으로 13개 리더십 역량들을 비교한 연구였다. 후자는 중국과 미국 경영자들의 리더십 스타일을 24개의 문항을 가지고 비교한 연구이다.

두 번째 단계에서는, 한국 기업에 현재 근무하고 있는 관리자들 72명을 대상으로 인터뷰를 실시하여 리더십의 주요 행동들을 뽑아냈다. 인터뷰는 한 차수에 1~3명씩 실시하였다. 질문은 "바람직한 리더는 어때야 하는가" 식의 규범적 질문보다는, 경영 현장에서 발생하고 있는 리더들의 실제 행동이 어떠한지를 물었다. 예를 들어, "실무에서 당신이 직접 경험한 상사들은 어떤 리더십 행동을 보여줬습니까?", "효과적인 리더십을 발휘했던 상사를 떠올려주십시오. 그(녀)는 어떤 행동을 보였습니까?", "당신이 경험했던 상사들 중에서 가장 인상에 남는 리더십 사례를 말씀해 주십시오" 등과 같은 질문을 사용하였다. 응답결과들을 정리하여 리더의 전형적 행동이라고 판단되는 구체적 행동들 130가지를 도출하였다.

셋째 단계에서는, 앞의 두 단계를 통하여 도출된 항목들을 가지고 과 · 차 · 부장급들을 대상으로 약 5시간 정도의 FGI를 실시하였다. FGI는 다섯 명씩 10개 그룹으로 나누어 실시하였으며, 3단계로 이루어졌다. 단계 1(30분)에서는 본 연구의 목적과 취지를 설명하였다. 단계 2(2시간)에서는 리더십 행동을 키워드 중심으로 도출한 후, 구체적인 사례들을 간략히 적어보도록 하였다. 단계 3(2시간 30분)은 자신들이 도출한 항목들과 위에서 도출된 130가지 항목들의 리스트를 가지고 토론을 통해 조정하는 단계였다. 이러한 과정을 거쳐 잠정적으로 110개 리더십 항목들이 도출되었다.

네 번째 단계에서는, 위에서 도출된 항목들을 가지고 리더십 전문가 네 명이 워크숍을 실시하였다. 여기에서는 우선 중복되는 항목, 뜻이 모호한 항목, 그리고 현실적으로 중요하다고 판단되지만 빠져 있는 항목들을 브레인스토밍을 통해서 정리하였다. 아울러, 이 워크숍에서는 위에서 도출된 항목들을, 트리안디스(Triandis, 1995)가 제안한 문화해석의 틀을 차용하여, 사람, 일, 시간, 그리고 환경 등의 각도에서 재검토하였다.

리더를 추종자들만을 위한 존재라고 볼 수는 없다. 특히, 앞에서도 살펴보듯이, 한국의 문화적 특징은 리더를 '우리성'에 기초한 사회적 · 역사적 공간 속에 배태된 존재로 해석하기를 요구한다. 그러므로 한국적 상황에서 리더란 하급자들과의 독립적이고 폐쇄적 관계 속에서만 존재하는 것이 아니라 리더의 상급자, 동료, 하급자, 일, 그리고 조직 · 환경 등과 직 · 간접적으로 영향을 주고받는 열린 관계 속에서 존재한다.

미국의 기존 리더십 이론들 중에서는 초기의 VDL이론이 상하관계의 비공식 사슬을 설명하면서 이러한 관점을 취한 바 있다(Cashman, Dansereau & Haga, 1976). 로스트(Rost, 1991)는 리더십에 대한 방대한 자료를 검토한 후, 리더십이란 다면관계 속에서 이해해야 한다고 결론 내린 바 있다. 또한 가드너와 아볼리오(Gardner & Avolio, 1998)도 리더십의 과정을 드라마에 비유하면서 기존의 추종자(follower) 개념을 뛰어넘어 폭넓게 청중

Step 1	Step 2	Step 3	Step 4	Step 5
기존연구 고찰 문항 정리	한국 관리자 72명 면접조사	그룹 면접 조사 항목 검토/정리	리더십 전문가 워크숍 재정리	한국 관리자 15명 어휘 최종 확정

〈그림 2.1〉 본 연구의 설문개발 단계

(audience)이라는 개념을 도입함으로써 리더십의 관계영역을 '상사-하급자' 관계 이상으로 확대하였다.

한편 백기복(2000)도 이슈리더십 이론을 발표하면서 리더란 조직구조 속의 상사가 아니라, 상사-동료-하급자들과의 관계의 중심에 배태되어 있는 존재라고 주장하였다. 같은 맥락에서 Uhl-Bien, Marion, & McKelvey(2007)는 복잡계 리더십 이론에서 리더를 CAS(Complex Adaptive System) 속에서 역동적으로 진화해 가는 존재로 묘사하고 있다. 이 연구에서는 이러한 논리체계를 따라 리더십을 리더를 둘러싼 다양한 영향 요인들인, 상급자, 동료, 하급자, 일, 조직, 조직환경, 그리고 시간 등과의 복합적 관계 속에서 해석하려 하였다. 이러한 취지에 입각하여 이 네 번째 단계에서는, 리더십 행동을 측정하는 문항들을 사람관련 문항 46개, 시간관련 문항 7개, 일 관련 27 문항, 조직 관련 9문항, 그리고 조직환경문항 7개 등 총 96개 문항으로 정리해내고, 이들을 설문양식으로 구성하였다. 측정양식은 1~5까지 리커트 형식을 사용하였다.

다섯째, 정리된 리스트를 가지고 다시 한국조직 관리자들 15명에게 검토를 시켜 어휘 등을 조정한 후 최종적으로 설문을 확정하였다. 여기에 리더십 효과성을 측정하는 문항 세 개, 그리고 리더에 대한 신뢰도 문항 다섯 개를 종속변수로 사용하기 위해서 포함시켰다.

이상의 설문개발과정을 쉽게 이해할 수 있도록 도식화하면 〈그림 2.1〉과 같다.

설문은 총 2,000명의 표본을 대상으로 하였다. 표본추출은 층화표본추출 방법(stratified sampling method)을 사용하였는데, 각 층별 비율은 산업계의 실제 구성비율을 따르려 노력하였다. 우선 업종은 제조업, 건설업, 금융업, 그리고 기타 서비스업 등 네 분야를 채택하였다. 직종은 경영지원, 영업/마케팅, 그리고 생산/R&D의 세 가지로 나누어 적용하였고, 회사의 규모는 대기업과 중소기업으로 나눴다. 그리고 직급은 팀원, 팀장, 그리고 임원 등 세 집단으로 나누어 표본을 구했으며 남자와 여자의 비율도 기업에 근무하는 사람들의 남/녀 비율을 대략적으로 맞추려 하였다. 응답자들의 구성은 〈표 2.1〉과 같다.

〈표 2.1〉 응답자들의 인구통계적 특성

구 분		인원(명)	비율(%)	비 고
성별	남	1,779	89.0	
	여	221	11.0	
학력	고졸	218	10.9	
	전문대졸	324	16.2	
	대졸이상	1,458	72.9	
규모	대기업	1,300	65.0	
	중소기업	700	35.0	전체 유효 응답수 2,000명 (100%)
직급	팀원/부서원	1,293	64.7	
	파트/그룹/팀/부서장	608	30.4	
	임원	99	5.0	
업종	제조업군	938	46.9	
	건설업군	401	20.1	
	금융업군	287	14.4	
	기타 서비스업군	374	18.7	
직종	경영지원	617	30.9	
	영업/마케팅	818	40.9	
	생산/R&D	565	28.3	

　　설문의 실시는 설문조사 및 마케팅 리서치에 풍부한 경험이 있는 국내의 대표적인 설문조사 전문업체에 위탁하여 실시하였다. 본 연구의 저자들은 설문의 성격과 방법 등을 조사업체의 연구원들에게 수차례, 구체적으로 설명했으며 설문이 진행되는 동안에도 지속적으로 대화하면서 과정 하나하나를 본 연구의 저자들이 엄격히 점검하였다. 본 설문을 위해서 별도의 웹사이트를 구축하였다. 설문응답에 있어서는 화면상에 질문이 하나씩 나타나게 해 전체가 얼마나 긴 설문인지를 사전에 알 수 없게 함으로써 응답률을 높이려 하였으며, 지루하지 않도록 중간중간에 흥미를 돋우는 질문들을 넣었다.
　　응답자 표본추출에 있어서는, 우선 산업분류코드를 이용하여 산업별 대상기업들을 선정하고 그 안에서 기업의 규모를 대기업과 중소기업으로 분류하였다. 다음에, 대기업과 중소기업으로 나누어 대상기업들을 무작위 추출하였다. 선정된 기업별로 경영

지원, 영업/마케팅, 생산/R&D를 대상으로 잠재적 설문응답자 수를 정하였으며, 이들 대상자 수를 다시 직급별, 성별로 나누어 구체적인 응답대상자들을 결정하였다. 응답대 상자들에 대해서는 우선 이메일로 참여여부를 묻고 응답이 없을 경우, 연구원들이 직접 전화를 하여 참여를 독려하였다. 응답참여를 거부할 경우, 해당 표본과 가장 유사하다 고 판단되는 대체 응답자를 같은 부서나 조직 내에서 임의 선정하여 재시도하였다. 응 답에 참여하겠다는 의사를 표명한 사람들에게는 웹사이트를 알려주고 절차, 응답기간, 비밀보장 등의 내용을 간략히 설명하였다. 응답참여자들에게는 소정의 인센티브를 제 공하였다. 설문응답은 2008년 10월 23일에서 동년 11월 21일까지의 약 4주 기간 동안 에 이루어졌다.

〈사례 2.1〉 신유근 교수의 한국형 리더십 연구

서울대학교의 신유근 교수는 1967년 국내 최초로 경영학계에서 리더십 논문을 발표 한 학자이다. 그는 1996년에 한국형 리더십의 요체를 밝히기 위해서 다음과 같은 연 구결과를 얻었다. 이에 대해서 함께 생각해 보자. 백기복 등(2010)의 논문에 정리된 그의 연구내용과 결과의 요점은 다음과 같다.

한국형 리더십의 분류는 신유근(1996)에 의해서 이루어진 바 있다. 그는 성공한 기 업의 최고경영자 161명과 실패한 기업의 최고경영자 88명을 대상으로 이루어진 사례 기술-내용분석 방식의 조사결과에 기초하여, 한국 기업에서 많이 나타나는 성공한 리 더의 형태를 ① 야전사령관형, ② 대인관계중시형, ③ '할 수 있다(Can do spirit)'형으 로 구분하고 있다. 또한 실패한 리더의 형태 중 가장 많이 나타나는 리더십의 형태를 ① 노동지배형, ② 우유부단형, ③ 불가근형 등으로 구분하였다. 특히 성공한 리더의 특성 중 남보다 열심히 솔선수범하는 야전사령관형과 대외적인 인맥을 경영에 활용하 는 대인관계중시형은 세계 어느 나라에서도 공통적으로 나타날 수 있는 특징인 반면 에, '할 수 있다'형은 한국적 문화에 기초한 강한 정신력을 보여주는 특이한 형태의 리더십 스타일이라고 주장하였다.

LEADERSHIP QUIZ

신유근 교수는 이 조사에서 최고경영자들을 대상으로 자신이 과거에 목격한 성공한 CEO와 실패 한 CEO를 각각 적으라고 하였다. 그러고 난 후, 그 내용을 분석하여 성공적인 CEO에 나타난 행동과 실패한 CEO에 나타난 행동을 추출해 냈다. 그것이 바로 위에 제시된 각각 3요인들이다. 이러한 방법이 갖는 한계점은 무엇일까?

2 | 한국형 리더십 이론의 내용과 효과

우리는 앞 장에서 이미 한국형 리더십의 8요인에 대해서 배웠다. 그리고 그 요인들이 어떤 과정을 밟아 도출되었는지에 대해서도 학습했다. 그렇다면 이 한국형 리더십 8요인이 리더십 효과를 높이는 데 얼마나 도움이 될까?

한국형 리더십 8요인의 출현빈도

출현빈도란 8요인 각각을 한국형 리더들이 평소에 얼마나 많이 사용하는가를 말한다. 무엇이 바람직한가를 따지는 것이 아니라, 실제 한국의 리더들이 각 요인을 평균적으로 얼마나 많이 보여주는가를 측정한 것이다. 이것은 어렵지 않다. 각 요인들의 평균점수를 비교해 보면 된다. 2,000명 응답자들이 목격한 리더의 행동 빈도는 응답평균을 보면 잘 나타난다. 〈표 2.2〉에 이들을 제시하였다.

평균점수가 큰 순서대로 적어보면, '성취열정 → 상향적응 → 환경변화 적응→ 자기긍정 → 수평조화 → 솔선수범 → 미래비전 → 하향온정'의 순으로 나온다. 이 순서는 매

〈표 2.2〉 한국형 리더십 8요인 출현빈도

항 목	응답수	평가척도	평 균	표준편차
성취열정	2,000	5	3.45	0.74
자기긍정	2,000	5	3.34	0.75
환경변화 적응	2,000	5	3.42	0.76
미래비전	2,000	5	3.19	0.79
하향온정	2,000	5	2.99	0.83
상향적응	2,000	5	3.43	0.62
수평조화	2,000	5	3.28	0.76
솔선수범	2,000	5	3.25	0.84

우 흥미로운 해석을 가능하게 한다.

즉, 한국형 리더들이 잘 보여주는 행동은 주로 자기 자신을 보호하기 위한 행동들이다. 성취열정을 통해서 성과를 내지 않고는 생존할 수 없다. 윗사람에게 잘 적응하기 위해서는 상향적응행동에도 민감해야 한다. 윗사람을 모시고 위하는 행동을 소홀히 할 수 없다는 것이다. 그리고 빠르게 변화하는 환경변화에 적응해야 살아남을 수 있다. 아울러 항상 할 수 있다는 긍정의 마음이 다른 사람들에게서 좋은 평가를 받게 마련이다.

반면에 부하들을 위한 행동에는 소홀하다. 하향온정이 제일 발생빈도가 낮은 것으로 나타나고 있으며 조직구성원들을 위한 미래비전이나 그들의 마음을 사로잡기 위한 솔선수범 행동도 자기 자신을 세우는 행동들보다 낮은 순위에 위치해 있다. 따라서 일반적으로 한국형 리더들은 부하들보다는 자신의 입지를 먼저 생각한다고 잠정 결론을 내릴 수 있다.

한국형 리더십 8요인의 효과성

리더들이 평균적으로 많이 보여주는 행동이 무엇인가와 각 요인이 성과나 리더십 효과성에 얼마나 큰 영향을 미치는가는 다른 얘기이다. 각 요인들이 리더십의 효과성에 얼마나 큰 영향을 미치는가를 확인하는 데 적합한 통계적 기술은 소위 '회귀분석'이라는 것이다.

회귀분석으로 각 요인이 리더십 효과성에 미치는 영향력의 순위를 살펴보면 〈표 2.3〉과 같다.

하급자들이 리더십의 효과성을 결정하는 중요도 중에서 으뜸을 차지하는 것으로 인식하고 있는 것은 솔선수범이었다. 그 다음이 하향온정, 수평조화, 미래비전 등으로 나타나고 있다. 이것은 매우 흥미로운 결과이다. 왜냐하면, 1~4위의 요인들이 발생빈도 차원에서는

〈표 2.3〉 한국형 리더십 8요인이 리더십 효과성에 미치는 영향

순 위	내 용
1위	솔선수범
2위	하향온정
3위	수평조화
4위	미래비전
5위	성취열정
6위	자기긍정
7위	상황적응
8위	환경변화

주로 아래에 속하는 요인들이기 때문이다.

출현빈도와 종합하여 해석하면, 한국형 리더들이 많이 보여주는 행동과 효과적인 리더십 행동은 일치하지 않는다는 것을 알 수 있다. 이것을 한국형 리더십 패러독스(paradox)라고 이름 붙일 수 있을 것이다. 즉, 효과적인 리더십 행동은 솔선수범, 하향온정, 미래비전 등인데 실제로 한국형 리더들은 성취열정, 상향적응, 환경변화 등 자신의 생존을 위한 행동에 더 열중하고 있는 현상을 일컫는다.

이상적인 한국형 리더십의 유형

그렇다면 이상적인 한국형 리더는 여덟 가지 요인들 중에서 어떤 요인에서 높은 점수를 보이는 유형인가?

이것을 알아보기 위해서 본 연구에서는 여덟 가지 요인 각각을 평균점수를 기준으로 상·하로 나누었다. 그런 후, 여덟 가지 요인들을 조합하여 경우의 수를 만들었다. 각 요인이 상·하 두 개의 조건을 갖기 때문에 모두 조합하면 $2^8 = 256$개의 경우가 나온다. 이들 각각의 유형들의 빈도와 각 유형에 속한 응답자들의 리더십 효과성 평균을 취하여 비교하였다. 256개 경우의 수 중에서 어떤 유형이 가장 효과성 평균이 높고 어떤 유형이 낮은지를 일일이 비교 분석하였다. 그 결과 〈표 2.4〉 및 〈표 2.5〉와 같은

〈표 2.4〉 한국형 리더십의 유형

순위	환경변화	미래비전	상향적응	자기긍정	솔선수범	수평조화	하향온정	성취열정	빈도	유형	비율
1	상	상	상	상	상	상	상	상	469	1	23.45%
2	하	하	하	하	하	하	하	하	277	2	13.85%
3	하	하	상	하	하	하	하	하	109	3	5.45%
4	상	상	하	상	상	상	상	상	83	4	4.15%
5	상	상	상	상	상	상	상	하	42	5	2.10%
6	하	하	하	하	하	하	상	하	39	6	1.95%
7	상	상	상	상	상	상	하	상	33	7	1.65%
8	하	상	상	상	상	상	상	상	31	8	1.55%

〈표 2.5〉 한국형 리더십의 유형별 효과성 분석

유 형	빈 도	평 균	표준편차	최솟값	최댓값
1	469	3.92	0.39	2.90	5.00
2	277	2.46	0.61	1.00	4.80
3	109	2.45	0.48	1.30	4.27
4	83	3.60	0.37	2.67	4.40
5	42	3.58	0.33	2.90	4.47
6	39	2.89	0.36	1.77	3.53
7	33	3.49	0.35	3.00	4.33
8	31	3.63	0.29	3.20	4.17
	Sum of Squares	자유도	Mean Square	F	Sig.
집단 간	473.8160539	7	67.688008	321.10376	0.000
집단 내	226.6077771	1075	0.2107979		
Total	700.4238309	1082			

결론을 얻었다.

두 표에서 볼 수 있듯이, 가장 빈도가 많은 유형은 8요인 모두에 있어 상(上)의 점수를 갖는 요인이고(n = 469) 이들이 또 가장 리더십 효과가 뛰어난 것으로 나타났다(제1유형의 평균점수 = 3.92). 반면에, 두 번째와 세 번째로 빈도가 높은 유형은 8요인 모두에 있어 하(下)의 점수를 갖는 제2유형(n = 277)과 상향적응에 있어서만 상(上)의 점수를 갖고 나머지 7요인에 대해서는 모두 하(下)의 점수를 갖는 유형(n = 109)으로 각각 밝혀졌고, 이들 두 유형이 리더십 효과 면에서도 가장 낮은 평균점수를 갖는다(제2유형의 리더십 효과성 평균점수 = 2.46, 제3유형의 평균점수 = 2.45).

아울러, 8요인들 중에서 상향적응에 있어서만 하(下)의 점수를 갖는 제4유형이나, 성취열정(제5유형)이나, 하향온정(제7유형) 또는 환경변화(제8유형)에 있어서만 하(下)의 점수를 갖고 나머지 7요인에 있어서는 상(上)의 점수를 갖는 유형들에 있어서는 리더십 효과성 평균이 3.49~3.63으로 나타나 중간 정도의 리더십 효과성을 보여주었다. 하지만 7요인에 있어 하(下)의 점수를 보이고 하향온정에 있어서만 상(上)의 점수를 보이는 제6유형의 한국형 리더는 리더십 효과성 평균점수가 2.89로 비교적 낮게 나타났다.

이들을 종합하면, 이상적인 한국형 리더십은 앞서 제시한 8요인 모두에 있어 평균 이상의 노력을 보이는 사람들이다. 반면에 피해야 하는 한국형 리더는 8요인 모두에 있어 평균 이하의 점수를 보이는 리더이거나 윗사람에게만 잘 보이려는 상향적응만 잘하는 리더, 또는 아랫사람들에게만 잘하려는 보스형 리더들인 것으로 밝혀졌다.

〈사례 2.2〉 민족원형

한의 무제(武帝)는 전쟁에 패하고 적의 포로가 된 이릉 장군이 흉노의 옷을 입고 있다는 보고를 받고 대로했다. 오랑캐의 옷을 입었다는 사실은 민족원형을 버린 반역이다. 이를 변호하던 당대의 석학, 사마천도 같은 죄로 몰아 남자로서 가장 치욕적인 궁형(宮刑)을 당한다.

구약의 신을 비롯해서 많은 왕들은 이처럼 원형파괴를 가장 싫어했다. 따라서 원형파괴는 민족멸망의 지름길로서 정복국가들이 많이 악용한 상투적인 전략이었다.

가장 대표적인 사례가 '인디언 말살정책'이다. 미국의 개척사는 인디언의 학살사이다. 콜럼버스가 미국에 왔을 때 약 6,000만 명의 인디언들이 살았다고 한다. 그 후 100년 사이에 80%가 죽었다고 하니 인류사상 최대의 비극이다. 인디언들의 운명은 학살되든지 도망가든지 또는 레저베이션(reservation: 거류지)에 수용되는 길밖에 없었다. 말이 거류지이지 우리 속에 갇힌 동물과 다를 바 없었다. 탈출자는 사살되고 남은 사람은 병들어 죽었다. 초원을 달리며 들소(버팔로)를 사냥하던 그들의 민족원형은 철저하게 파괴되었다. 결국 미국은 계산된 음모로 인디언 말살에 성공했다.

일본이 우리나라를 지배하면서 획책했던 단군신화론, 창씨개명, 역사왜곡, 엽전이란 비하의식도 철저한 원형파과였다. 단발령을 거부하고 망국의 끝자락에서 곡기를 끊고 아사한 최익현 옹의 한(恨)도 '나라는 망해도 민족은 망하지 않는다'는 원형보존에 대한 끈질긴 집념 때문이었다.

자료 : 제갈태일, 『한사상의 뿌리를 찾아서』(더불어책, 2004)

LEADERSHIP QUIZ
한국인들의 민족원형은 무엇일까? 오늘날의 기업사회에서 활용할 수 있는 민족원형의 모습을 그려보자.

3 | 기존 리더십 이론들과의 비교

지금까지 한국형 리더십의 전형을 살펴보았다. 설문방식을 통해서 얻어진 결과 여덟 가지 요인이 존재하는 것으로 나타났으며, 이상적인 한국형 리더는 이들 모든 항목에서 우수한 리더인 것으로 정의하였다.

그렇다면 한국형 리더십은 기존의 리더십 이론들과는 무엇이 같고 무엇이 다른가? 어떤 주장을 하려면 기존의 사상이나 현상과의 공통점과 차이점을 분명히 밝히는 것이 중요하다.

기존 리더십 연구의 흐름

연구의 흐름이라고 하면 처음 시작부터 오늘날까지 어떤 과정을 거쳐 변화해 왔는가를 알아보는 것이다. 하지만 흐름이 꼭 중요한 것은 아니다. 어떤 사상이 빛을 보았고 어떤 사상은 중요한데도 아직 빛을 보지 못했는가를 가늠하면서 분석적으로 읽어야 한다. 우선 〈그림 2.2〉를 중심으로 살펴보도록 하자(백기복, 2016).

이들이 각각 무엇을 주안점으로 두고 리더십을 설명하는지를 알아보기 위해서는 각각에 해당하는 주요 관점을 이해할 필요가 있다. 물론 이들은 구체적 이론인 경우도 있지만, 어느 한 시대를 풍미했던 이론들의 집합을 개념적으로 표현한 것이다. 예컨대,

〈그림 2.2〉 리더십 연구의 개념적 흐름도

'행위론'이라고 개념적으로 표현은 되었지만 그 안에 많은 리더십 행위 중심의 이론들이 존재한다. 〈표 2.6〉에 각 이론의 주요 포인트들을 정리하였다.

이들뿐이 아니다. 혹자는 리더십 이론이 1,000개가 넘는다고 하고 어떤 사람은 1만 개 이상이라고도 한다. 왜 그렇게 많은 것일까? 몇 가지 이유가 있겠지만, 리더십이라는 개념이 아무나 쉽게 접근할 수 있는 개념이기 때문이라는 것이 한 가지 이유일 것이다. 이 시점에서 이 한 가지는 꼭 알아둬야 한다. 그것은 곧 리더십을 접근하는 방법이 문학적 접근과 사회과학적 접근의 두 가지 접근법이 있다는 점이다.

문학적 접근은 그야말로 리더십을 에세이 스타일로 접근하는 것이다. 한 자리 했던 사람들은 너 나 할 것 없이 리더십을 말하고 리더십 책을 내기에 바쁘다. 자신의 경험에 입각해서, 아니면 어디서 주워들은 얘기들을 소개하면서, 아니면 구체적 사례를 들어가면서 리더십을 이야기한다. 이것은 문학적 접근으로 과학적 엄격성을 결여한 방법이다. 이런 방식은 때때로 그럴듯하게 들릴지 모르지만, 하나하나 따져보면 따져볼수록 진리라기보다는 소설에 가깝다는 느낌을 받게 된다. 또한 그것은 한 사람이나 소수의 특수한 경우에 해당되는 예인 경우가 많다. 아울러 리더십 때문에 성과가 좋아졌다고 주장하지만 분석해 보면 다른 이유 때문에 좋아진 경우가 대부분이다. 주장은 있지만 분석과 설득력 있는 근거는 없는 것이 많다.

다른 접근법은 사회과학적 접근이다. 본 과정에서 제시한 내용은 이 유형에 속한다. 과학적 근거를 가지고 '내가 주장하는 바가 사실이 아닐 가능성이 매우 낮다'라는 점을 강조한다. 리더십 이외의 다른 가능성을 될 수 있으면 제거하고 순수한 리더십 효과를 찾아 제시하려고 노력한다. 그러므로 과정이 과학적으로 엄격해야 하고 결과의 해석도 잘 통제된 과정에서 얻어진 결과 위주로 제시된다. 지금까지 한국형 리더십이 방치되었던 이유는 바로 과학적 근거를 제시하려는 노력이 일천했기 때문이다. 그 장벽을 뛰어넘기 위해서 한국형 리더십 연구가 수행되었고 본 과정은 그러한 연구결과에 기초하여 만들어지고 있다.

〈표 2.6〉에 제시된 리더십 이론들은 과학적 엄격성을 어느 정도 갖춘 이론들이다.

LEADERSHIP QUIZ

리더는 타고나는가, 육성되는가? 둘 다 아니면 리더는 선택되는 것인가? 나의 생각은 어떤지 말해 보자.

〈표 2.6〉 각 이론의 주요 포인트

구 분	대표적 관점	주요 이론
특성론	리더인가 아닌가는 신체적·성격적·지적 특성으로 구분 가능하다. 리더는 타고난다.	특성이론
행위론	리더가 따로 정해져 있는 것이 아니라 누구나 특정 행동만 보여주면 리더십 발휘가 가능하다. 리더는 후천적으로 육성된다.	OSU 연구
상황론	상황특성에 맞는 리더십 행위를 보여야 효과적이다. 상황을 구체화시키고 리더십 행위를 다양화시켰다.	상황적합화 이론
대체론	조직에는 리더십의 효과를 대체하는 상황요인들이 많다. 이들이 리더십 효과를 조절한다.	리더십 대체이론
관계론	리더는 추종자 각각과 다른 관계를 형성하므로 리더와 추종자 각각의 관계를 따로 봐야 한다. 내집단 형성의 원인을 밝혔다.	LMX 이론
변화론	리더는 추종자들의 가치를 변화시키고 조직에 혁신을 가져오는 사람이다. 변화주도에 필요한 행위 중 핵심은 비전이다.	변혁적 리더십, 카리스마적 리더십 이론
인식론	사람들은 머릿속에 훌륭한 리더십의 전형을 갖는다. 한 리더의 수준을 평가할 때 과장되지 않도록 유의해야 한다.	잠재적 리더십 이론, 리더십의 낭만화
육성론	리더는 다른 사람을 리더로 키우는, 육성하는 사람이다. 다른 사람이 셀프리더가 되도록 돕는 절차와 기법을 제시했다.	수퍼 리더십 이론
자아론	리더는 자기 스스로를 좋은 방향으로 이끌 줄 아는 사람이다. 스스로에게 목표를 정하고 상과 벌을 정하여 시행한다.	셀프 리더십 이론
공유론	리더란 특정 개인 한 사람일 필요는 없다. 리더의 역할을 집단이 나누어 해도 같은 효과를 낼 수 있다.	팀 리더십 이론
출현론	리더는 지명되든가 정해져 있는 존재가 아니라 집단역학을 통해서 비공식적으로 떠오르게(출현하게) 되는 존재이다 (emerge). 집단의 적응적 긴장이 리더를 떠오르게 한다.	적응적 리더십, 이슈 리더십
진성론	리더는 마음속에 진정성이 있고 그를 보여줘야 신뢰를 얻을 수 있다.	진성 리더십 이론
영감론	리더는 영감을 불러일으키는 존재이다. 현실적 이해(利害)와 계산적 행동을 통해서 이끄는 데는 한계가 있다.	영감적 리더십 이론
문화론	각 나라마다 리더십에 대한 가치가 다르다. 이 문화가치가 독특한 리더십 유형을 발전시킨다.	문화적 리더십

한국형 리더십과 기존의 리더십 이론들

여기에 제시된 한국형 리더십 이론은 매우 통합적인 이론이다. 앞서 살펴본 것처럼 기존의 리더십 이론들은 어느 한 가지에만 치중하여 구축된 이론들이 대부분이다. 예를 들면, 특성이론은 리더가 갖는 성격, 가치관, 지능, 신체특성 등 개인이 갖고 있는 내적 속성에 초점을 맞추고 있고 행위론은 리더가 보여주는 하급자들을 향한 행동의 유형을 구체화하는 데 치중하였다. 그런가 하면 지난 20년간 많은 각광을 받아온 변화론은 하급자들을 높은 차원으로 변화시키기 위해서 리더가 보여줘야 하는 일련의 행동들을 제시하고 있다.

한국형 리더십에서는 리더의 특성과 행위를 동시에 고려하였다. 예를 들어, 한국형 리더십의 여덟 가지 요인들 중에서 성취열정과 자기긍정은 리더 개인이 갖는 특성적 측면이 강한 변수들인 반면, 나머지 6요인들인 솔선수범, 상향적응, 하향온정, 수평조화, 환경변화, 그리고 미래비전 등은 대체적으로 리더의 행위를 중심내용으로 하고 있는 변수들이다. 열정과 긍정의 마음이 바탕이 되어 한국인들의 기질을 반영한 행동이 표출된다.

사실, 리더십을 특성이나 행동으로만 보는 관점은 한계를 갖지 않을 수 없다. 사람의 행동이 표출되는 데는 능력, 태도, 가치관, 성격, 경험, 동기, 의지 등의 특성 동력(動力)이 있어야 한다. 즉, 행동과 그 동력이 되는 특성과는 불가분의 관계라는 말이다. 그러므로 특성과 행동을 따로 나누어 설명하는 것은 바람직하지 않다. 특성과 행동은 불가분의 관계로서 리더십을 설명할 때 항상 함께 설명되어야 하는 변수들이다.

예를 들어, 하급자들에게 소통을 해야 하는 상황이라고 하자. 소통의 행위는 같지만 리더마다 다른 방식을 사용할 것이다. 왜냐하면 각자 자신의 특성에 따라 다른 소통 스타일을 사용할 것이기 때문이다. 말을 많이 하는 리더는 일사천리로 필요한 내용을 전달해 낼 것이지만, 눌변인 사람은 처음에는 무슨 말을 하는지 모를 정도로 앞과 뒤가 안 맞고 지루하고 답답하게 내용을 전달할 것이다. 다 듣고 한참을 생각해야 전하려는 내용을 이해하게 되는 불통의 리더도 있다.

아울러, 한국형 리더십은 상하좌우의 다양한 관계 속에서 리더를 설명한다. 아무리 뛰어난 리더라고 하더라도 한국 조직 상황에서는 윗사람에게 인정받지 못하고 동료들로부터 소외당하고 하급자들로부터 버림받아서는 성공할 수 없다. 리더십을 리더와 하급자들과의 관계만을 가지고 설명하려는 것은 근시안적인 서구적 관점이다. 이것은 전체적으로 몸이 허약하여 지구력이 떨어지는 사람에게 적절한 체력단련을 위한 운동과 식사요법, 생활방식 등 다양한 처방을 내리기보다는 근육을 강화하는 약 처방만 하는 것과 같다. 조직에서의 일이란 상하좌우로 관련되지 않는 것이 없다. 어느 팀이든 혼자서 독불장군처럼 존재하는 팀은 있을 수 없다. 팀장의 리더십을 연구하려면 관련된 상하좌우 사람들과의 얽히고설킨 관계를 전제로 접근해야 제 모습을 그려낼 수 있다.

〈사례 2.3〉 오징어와 고등어

사람이든 동물이든 자기에게 맞는 환경을 만나야 편안하게 살아갈 수 있다. 그래서 이국땅에 이민 가서 사는 교포들이 그토록 조국을 그리워하는 것이다. 체질적으로 자신이 존재하기에 적합한 환경을 조국이라는 문화적 환경이 제공하기 때문이다. 이것을 알아볼 수 있는 간단한 사례가 바로 오징어이다. 요즘 횟집에서는 오징어를 잡아다가 수족관에 넣어뒀다가 주문이 들어오면 꺼내어 요리를 만들어 제공한다. 재미있는 것은 수족관에 산 오징어를 제대로 보관하기 위해서는 수족관의 모양이 원형이어야 한다는 것이다. 왜냐하면 오징어는 빙빙 돌면서 헤엄쳐 다니는 습성이 있는데 사각으로 되어 있는 수족관에서는 원형순환운동이 불가능하기 때문이다. 물론 오징어뿐만이 아니다. 다른 어류들도 자신의 습성에 맞는 환경이 주어지지 않으면 오래 살지 못한다.

이것은 사람의 리더십 세계에도 그대로 적용될 수 있다. 한국인들의 속성에 맞는 리더십을 발휘해야 조직원들이 그 안에서 생존할 수 있다. 그런 의미에서 리더란 출중한 인재를 담아두는 수족관과 같은 역할을 한다. 산소가 부족하면 인재는 죽는다. 먹이가 없어도 인재는 남아있지 않는다. 움직일 수 있는 적합한 공간이 없어도 인재는 살아갈 수 없다. 리더는 그토록 중요한 환경적 특성을 제공하는 존재이다.

고등어는 성질이 급하기로 소문이 나 있다. 성질이 급하다는 것을 알 수 있는 것은 잡아 올린 후 얼마나 오래 생존하는가를 보면 안다. 잡은 후 생존시간이 가장 짧은 것이 고등어이다. 잡아 올리자마자 자기가 급해 죽고 만다. 그래서 고등어는 횟감으로는 적합하지 않은 것으로 인식되어 왔다. 우선 산 채로 횟집의 수족관까지 옮긴다는 것이 불가능하기 때문이다. 하지만 최근에 고등어 횟집이 늘고 있다. 기상천외한 방법이 개발되었기 때문이란다. 즉, 고등어가 죽기 전에 어떤 처리를 하면 싱싱하게 산 채로 부산에서 서울까지도 운송할 수 있다고 한다. 물론 고등어뿐 아니라 성질 급한 다른 고기들에 대해서도 이 방법을 쓴다. 고등어를 죽이지 않고 부산에서 서울까지 운송할 수 있는 이 방법은 무엇일까?

수국(水菊)이라는 꽃나무는 토양의 성분에 따라 꽃의 색깔을 바꾼다. 토양이 산성이면 수국은 파란 꽃을 피우고, 토양이 알칼리 성분일 때는 빨간색이나 분홍색 꽃을 피운다. 또 토양이 중성일 때는 보라색이나 흰색, 또는 녹색 꽃을 피운다.

리더십도 이와 같다. 문화적 토양의 성분에 따라 리더십의 꽃 색깔이 달라진다. 이것이 한국형 리더십이 기존의 리더십 이론들과 다른 또 하나의 특징이다. 기존 리더십 이론들은 한 가지 꽃대에서 한 가지 색깔의 꽃만 피는 것으로 리더십을 묘사해 왔다. 한국형 리더십은 다른 색깔의 꽃을 선보이고 있다.

한국형 리더십 이론은 서양문화권 밖에서 문화특수론적 입장에서 과학적 · 귀납적 방법에 입각하여 만들어진 최초의 리더십 이론이다. 이 안에는 세계보편적, 또는 문화 일반적 내용도 포함되어 있지만, 한국문화에 특수하게 적용되는 내용들이 많다. 우리 문화에 걸맞은 리더십 이론을 정립해야 한다는 것은 많은 실무자와 학자들의 오랜 숙원이었고 관심의 대상이었다.

이 책에서는 그동안 축적된 한국인들의 가치와 생활습관과 관련된 철학 · 정치학 · 심리학 · 경영학 분야의 다양한 연구결과들을 고려하여 데이터에 나타난 연구결과들에 체계적인 설명을 가하고 있다. 사례와 한국적 가치 연구에 근거하여 특이한 한국인들의 가치, 문화적 특수성, 행동적 특이성 등을 설명하였다. 그동안에는 마치 집의 규모를 말하면서 서양인들이 평방피트(Square Feet)로 말하고 있는 것을 우리는 평수(坪數)로 이해하여 적용하려 했던 것이라고 비유할 수 있을 것이다.

우리가 우리의 것을 말할 때 수줍어하든가 심지어 수치스럽게 생각했던 시절이 있었다. 어떤 사람은 "한국이 선진국의 일부가 되었으면 더 안전하고 좋았을 텐데……"라고 말하기도 했다. 김치를 저급한 식품으로 혐오하고 한국제 TV를 창피하게 여겼던 시절이 있었다. 유학생 시절에는 한국인들은 왜 그렇게 자기들끼리만 뭉쳐 다니면서 시끄럽게 하느냐며 핀잔을 들은 적도 있다. 88년 올림픽 시절 권투경기를 했는데 심판의 판정이 불공평했는지 패한 한국선수가 링에 주저앉아 내려오지 않는 바람에 경기진행이 안 되자 이를 보고 비웃던 외국인들을 만난 적도 있다. 한국의 자동차는 물로 가는 자동차냐는 비아냥을 들은 적도 있다. 한국인들은 왜 낮의 근무시간에는 대충 일하고 밤이 되면 늦게까지 사무실에 남아서 일한다고 난리법석이냐고 고개를 갸우뚱하는 외국인에게 할 말을 잃었던 적도 있다. 앞으로도 이러한 난감한 상황은 계속 발생할 것이다. 한국인들은 특이하기 때문이다.

하지만 이제는 이 모든 현상에 대해서 하나하나 설명하고 이해시킬 수 있는 논리적 체계를 갖춰야 한다. "한국인들은 본래 그렇다"라고 뭉뚱그려 말하는 것은 통하지 않는다. 우리가 우리에 대해서 더 정확하고 깊이 있게 이해하고 설명할 수 있어야 한다. 그 출발점이 한국형 리더십이다. 그러므로 한국형 리더십 이론 정립과 공유는 우리의 행동에 대한 이론화 작업의 시발점이라고 봐야 할 것이다.

4 | 한국형 리더의 사례

아래의 사례는 한국의 대기업 S 기업에 근무하는 이광수(가명) 팀장의 실제 사례이다. S 기업은 국내에서 크게 성장하고 있는 SI(System Integration) 업체이다. 쌍용정보통신, 삼성SDS, SK C&C, 포스데이터, HIT, LG CNS 등이 이 업종에 속한 기업들이다. 한마디로 경쟁이 치열하고 구성원들의 잦은 이직으로 관리가 매우 힘든 산업에 속한다. 외국계 회사로는 IBM, Sun Microsystems 등이 있다.

이광수 팀장은 '전략 OS팀'을 맡고 있는 팀장이다. 여기서 OS란 'Outsourcing'의 약자이다. 전산능력이 떨어지는 기업의 전산실을 대신 맡아 완벽하게 운영해주고 정기적으로 관리비를 받는 사업이다. 이 사업의 좋은 점은 한번 고객사와 계약을 하면 고객사로부터 지속적으로 매출을 올릴 수 있다는 점이다. 전산실 관리라는 것이 한번 하고 끝내는 것이 아니라 안정적으로 계속 업그레이드를 하면서 관리해야 할 필요가 있기 때문이다. 일단 한 SI업체와 계약을 하고 나면 중간에 다른 회사로 바꾸는 것이 힘들다. 다른 업체가 중간에 들어와서 관리 내역을 속속들이 아는 데 상당한 시간이 걸리고 또 회사의 기밀이 누출될 가능성도 높기 때문이다. 또 소프트웨어의 호환성에도 문제가 발생하기 십상이다. 그러므로 한 회사의 시스템을 구축만 해주는 일반 SI사업과 비교해서 부가가치가 매우 높고 지속성이 있어 SI업계에서는 황금알을 낳는 사업으로 정평이나 있다.

이광수 팀장이 본 S 기업으로 이직해 온 것은 2007년이었다. 그 이전에는 쌍용정보통신에 신입사원으로 들어가 다년간 사원, 대리, 과장으로 근무했으며 그 후에는 텔레콤 회사에 들어가 CRM(Customer Relations Management)을 담당했었다. 그러다가 PWC-IBM에 들어가 컨설팅 업무를 담당하다가 S 기업으로 스카우트되어 들어오게 되었다. 그는 SI 컨설팅에 상당한 매력을 느끼고 있다. 업무가 역동적이고 고객을 만나고 제안서를 작성하여 프레젠테이션을 한 후 계약에 이르는 전 과정에 대해서 상당한 노하우를 갖고 있으며 나름대로 대단한 능력이 있는 것으로 업계에서는 능력을 인정받고 있기 때문이다.

S 기업으로 스카우트되어 온 이후 그의 성과는 놀라웠다. KAI, 한국투자증권 등 굵직굵직한 계약을 체결하여 실력을 확실하게 인정받았다. 부임해 올 때 OS사업의 매출이 200억 원이었던 것을 2009년에 1,000억 원까지 끌어올릴 수 있었던 것은 순전히 이 팀장의 영업능력 때문이었다. 그는 OS컨설팅업에 대한 풍부한 지식과 경험을 가지고 있다. 시장에 대한 지식이나 시장의 변화를 읽는 감각은 업계에서는 누구에게도 뒤지지 않는다. 또한 OS컨설팅 업이 앞으로 어떤 방향으로 나아가야 하는가에 대해서도 자기 나름대로 일가견을 가지고 있다. 시장에 어떤 변화가 있으면 가장 빨리 그것을 알아차려 대응한다. 그동안 여러 컨설팅회사를 전전하면서 깔아놓은 인적 네트워크가 변화를 읽는 데 큰 힘이 된다. 업계와 정부의 많은 관련자들을 수시로 만나 의견을 나누고 정보를 얻는 노력을 수년째 해오고 있다. 그래서 그는 항상 바쁘다.

그는 S 기업의 미래에 대해서 현재 그룹사 위주로 이루어지고 있는 매출 구조를 다변화해야 한다는 철학을 가지고 있다. 그 중심에 OS사업이 있다는 것을 강조한다. S 기업 전체 매출의 30%를 OS에서 담당할 수 있는 규모로 키우는 것이 그의 꿈이다. 나머지는 해외에서의 매출, 솔루션 비즈(Solution Biz) 등이 담당해야 균형을 맞출 수 있다고 믿고 있다. 솔루션 비즈라고 하는 것은 지금은 고객사마다의 필요에 따라 별도로 IT시스템을 구축해주는 사업을 주로 하고 있는데 이렇게 하면 인력은 많이 소요되고 부가가치는 별로 없다. 그러므로 여러 회사에 공통적으로 쓰일 수 있는 하나의 소프트웨어를 만들어 많은 고객사에 판매하면 적은 인력으로 많은 매출을 올릴 수 있어 부가가치가 높아진다. 예를 들어, 어느 회사에서나 사용하는 빌링시스템(Billing system, 돈을 지불하고 처리하는 시스템) 등은 한번 만들면 다양하게 적용할 수 있기 때문에 한 번의 투자와 노력으로 여러 회사에 적용하여 큰 매출을 올릴 수 있다.

현재 OS사업에서는 IBM이 큰 손이다. 이 팀장은 S 기업을 IBM이 인정해 주는 회사로 키우겠다는 포부를 갖고 있다. 이러한 취지에서 이 팀장은 IBM을 벤치마킹하여 내부 시스템도 어느 경쟁사 못지않게 업그레이드하였다. 업무 매뉴얼을 구체적으로 작성하여 운영하게 함으로써 새로 업무를 맡은 사람도 매뉴얼만 잘 읽으면 얼마든지 쉽게 업무를 수행할 수 있도록 하였다. 또한 계약서도 10쪽에 불과하던 것을 그룹 법무팀의 지원을 받아 다양한 상황에 따른 권리와 책임을 분명히 하여 300쪽에 이르도록 세밀화하였다. 누구와 싸워도 이길 수 있는 내적 체제를 완벽하게 구축하는 것을 목표로 하여 지속적으로 직원들을 몰아붙이고 있다.

부하팀원들은 이 팀장에게 별명을 두 가지 지어줬다. '워커홀릭'(workaholic)과 '독사'이다. 일에 있어서는 완벽주의자이면서 누구에게도 뒤지지 않는 열정을 가지고 있는 사람이다. 한번은 제안서를 고객사에 발표하기 전날 새벽 2시에 담당팀원에게 전화가 왔다. 제안서의 내용과 형식을 완전히 새롭게 바꾸라는 것이었다. 갑자기 참신한 아이디어가 생각났다는 것이다. 담당자는 할 말을 잃었다. 주섬주섬 옷을 걸치고 사무실에 나와 밤을 꼬박 새우고 간신히 요구에 맞춰 제안서를 완성했던 적이 있다. 결과는 대박이었다!

이 팀장은 또한 자기가 직접 제안서를 발표해야 할 경우 탁월한 PT능력을 발휘한다. 특히 공공기관 PT에 압권이다. 어떤 질문이 나와도 적절히 답변하여 돌파하는 동물적 감각을 가지고 있다. 그는 표현력이 뛰어나다는 평가도 받는다. 무엇보다도 적절한 예를 드는 것과 비유에 능하다고 한다. 항상 긍정적이고 자신감 있는 모습과 표현으로 상대를 압도한다는 평가도 받는다. 프로젝트 추진에 혼선이 있을 때 순발력 있는 판단으로 빠른 결정과 결단을 내린다. 과감히 포기할 줄 알 뿐 아니라 필요하다고 생각되는 것은 과감히 밀어붙여 승부를 낸다. 발주사에 S사의 역량을 과시해야 할 때 그는 제격이다. 또한 딜(Deal)을 끌고 가는 역량이 탁월하다. 그래서 팀원들 중에 그를 롤모델(role model)로 생각하여 따르는 사람들이 많다.

프로젝트와 관련하여 전사적 도움이 필요할 때는 서슴없이 사장이라도 직접 만나 설득하고 도움을 청한다. 본부장 등 임원들도 그의 실력과 자신감과 감각에 대해서 전폭적인 지지를 보내지 않을 수 없다. 논리가 정연하고 윗사람들에게도 깍듯이 대하는 그를 흠잡을 수가 없다. 특히 그의 성과가 모든 것을 말해준다. 그가 하겠다고 하면 대부분의 사람들이 토를 달지 않는다. 그런 상사들을 이 팀장은 극진히 모실 줄 안다. 항상 겸손하게 상사와 팀원들에게 공을 돌린다. 자기가 잘 했다고 술좌석에서라도 말해본 적이 없다.

아울러 그는 매사에 솔선수범하려 애쓴다. 부하팀원들에게 말로만 요구하는 것이 아니라 스스로 행동으로 보여줌으로써 팀원들의 태도가 능동적으로 바뀌도록 한다. 가령 팀원 각자의 업무 매뉴얼을 구체화할 때에도 팀장인 자신의 업무 매뉴얼을 먼저 작성하여 보여줌으로써 팀원들이 그런 매뉴얼이 왜 필요하며 어떻게 작성하는 것인지를 확실히 이해할 수 있게 하여 능동적 동참을 이끌어냈다.

누가 뭐래도 이 팀장은 업무중심적 리더이다. 숫자가 인격이라는 말을 그는 믿는다. 그는 성과가 있을 때만 칭찬을 한다. 좋은 말을 해주고 선행을 하는 사람에게는 별로 관심이 없다. 그리고 모든 팀원의 일에 관심을 가지고 간섭하는 버릇이 있다. 일일이 지적도 하고 조언도 한다. 그의 지론 중 하나는 '회사를 먹여 살릴 수 있는 사람이 리더이다'라는 것이다.

회식도 가끔 하는데 꼭 1차로 끝내고 먼저 일어난다. 물론 2차를 가라며 회사 카드는 주고 간다. 술을 별로 좋아하지 않는다. 팀원 개인사에는 세세한 것까지 관심을 갖는다. 항상 편안한 분위기를 조성하려 애를 쓰고 팀원들의 의견을 경청하려 노력한다. 인사평가도 팀 기여도를 가장 중시한다. 객관적으로 하려고 팀원 각자에게 스코어 카드(score card)를 만들게 했다. 이 스코어카드에는 계약금액, 사업개발 점수, 협력점수 등이 기록되며 월말에 전 팀원에게 공개한다. 물론 팀원 각자에 대한 평가결과를 직접 일대일로 피드백 해주며 잘한 것과 못한 것을 확실하고 분명히 지적해 준다.

팀원들 몇 명과 인터뷰를 했더니 이 팀장에 대한 평가는 아래와 같았다.

"따뜻함이 부족하고 때론 서운함을 많이 느낀다. 보고할 때 위로 받기를 기대하고 있었는데 실적이 기대에 못 미친다고 질타를 당한 때가 많다. 그리고 중간에 말을 자꾸 끊는다. 딱딱한 표현도 귀에 거슬릴 때가 많다."

"지나치게 업무중심적이고 모든 부문에 간섭하는 스타일이다. 고객사 사장에서 말단 대리까지 자기가 직접 다 관장한다. 그리고 항상 일에 대한 오너십(ownership)을 강조한다."

"자신이 원하는 사람들만 쓴다. 자질이 안 된다고 생각하면 과감히 버린다. 동기 부여 시킬 줄 모른다. 팀원 개개인에게 관심은 많은데 정이 별로 없는 것 같다. 항상 성과에 따라 사람을 대하는 태도가 달라진다. 공식적 관계에서는 명쾌하지만 비공식적인 관계에서 허물어지는 모습을 보고 싶다."

이 팀장과 인터뷰를 했더니, 그의 생각은 이랬다.

LEADERSHIP QUIZ

이광수 팀장을 한국형 리더십의 8요인을 가지고 평가해보자. 이 팀장은 무엇을 고쳐야 할까? 또 이 팀장이 임원으로 승진할 수 있는 확률은 얼마 정도 될까?

"팀원들에게 인정받는 것이 상사에게 인정받는 것보다 더 중요하다고 생각한다. 윗사람에게 8을 인정받으면, 아랫사람들에게는 10을 인정받아야 진정한 리더라고 본다. 아래로부터 존중 받지 못하면 창피하다. 그래서 그들의 미래를 위해서 능력계발을 통해 동기 부여시키려고 노력하고 있다. 스스로 중요한 일을 감당할 수 있도록 계발시켜 주는 것이 목표이다."

"이 회사에 와보니 조직문화에 문제가 있었다. 예를 들어 팀원들을 모아놓고 하고 싶은 말을 해보라고 해도 절대 말을 안 한다. 만약 대리가 먼저 말을 했다가는 회의 끝나고 밖에 나가서 과장, 차장들이 말한 대리를 혼내는 것이 우리 회사의 문화다. 말도 순서대로 해야 한다고 믿고 있는 조직문화를 가지고 치열한 경쟁에서 이겨낼 수 없다. 이것은 임원회의에서도 똑같다. 처음 이 회사에 왔을 때 다른 임원들이 조언했던 첫 마디가 '튀지 마라'였다. 처음에는 뭣도 모르고 하고 싶은 말을 다 했다가 임원들과 선임 팀장들에게 여러 번 불려 다녔다. 그런데 재미있는 것은 여럿이 있을 때는 말을 안 하던 부하들이 1:1로 있을 때는 말을 잘한다. 그래서 주로 팀원 한 사람씩 불러다가 점심식사를 하면서 대화를 한다. 참 많은 시간이 소비된다."

"일을 잘하는 사람 위주로 갈 수밖에 없다. 직급이 높아지다 보니 일 못하는 사람까지 다 챙길 수 없다. 이기는 사람으로 항상 이기는 팀을 만들어 가려 한다."

제2부

3

한국형 리더의 8가지 요인 ① - 성취열정

세계 1등 할 때까지

1 | 성취열정의 중요성

한국형 리더의 가장 큰 특징 중 하나는 지칠 줄 모르는 성취열정이라고 할 수 있다. 백기복 등(2010)의 연구결과 한국형 리더의 여덟 가지 요인 중 성취열정이 평균점수 3.45로 가장 높은 것으로 나타났다. 이처럼 한국형 리더에게서 가장 많이 보이는 '성취열정'은 한국 경제가 기적적인 성장을 한 데 가장 크게 영향을 미친 요인 중 하나이다.

'자기긍정'이 '할 수 있다'라는 내면의 믿음과 자신감으로 목표 실현을 위한 스스로의 마음가짐이라고 한다면 '성취열정'은 '해야 한다'라는, 일을 성공시키기 위한 실질적인 행위라고 할 수 있다. 할 수 있다는 자신감과 긍정적인 자세를 가지고 있다고 하더라도 실제로 그것을 실행하지 않으면 아무런 소용이 없다. 할 수 있다는 내면의 믿음으로 '자기긍정'이 중요하다면 '성취열정'은 마음가짐을 현실로 실행한다는 측면에서 더욱 중요하다고 할 수 있다.

성취동기 이론을 전개한 맥클리랜드는 성취동기를 국가의 경제발전과 연결시켰다. 국민들의 성취동기 수준과 그 국가의 경제발전의 관계를 모델로 표현하면 아래의 〈그림 3.1〉과 같다.

이 모델에 따르면, 부모들이 갖고 있는 일에 대한 윤리관(work ethics)이나 가치관 등이 남아들에 대한 자립심이나 극기 훈련의 강도에 영향을 미치게 되며 그로 인해서 남아들의 성취동기의 수준이 결정된다는 것이다. 남아들이 갖는 성취동기의 수준은 결국 그 국가의 경제발전의 정도를 규정하게 된다고 보았다. 이 모델에서는 남아의 성취동기에 대해서만 이야기하고 있지만 이것은 남아뿐 아니라 여아를 포함한 한 세대의 구성원들의 성취동기가 국가의 경제발전에 영향을 미친다고 확대해 볼 수 있다. 이 모델이 설명하듯이 한 국가의 경제발전은 구성원들의 성취동기에 의해서 결정된다는 것을 알 수 있다.

윤리관, 가치관 → 부모에 의한 자립 및 극기훈련 → 남아에게 심어지는 성취동기 수준 → 국가의 경제발전

〈그림 3.1〉 성취동기와 경제발전 모델

한국의 경제성장의 경우 경제성장을 선도했던 리더들의 높은 성취열정이 아래의 세대들에게 학습되어 높은 성취열정을 갖게 하였고, 이것이 또다시 한국의 경제발전에 원동력으로 작용했음을 알 수 있다. 성취동기이론에 있어 가장 핵심적인 사항은 문화공동체에 의해 "욕구가 학습 된다"라는 것이다. 성취동기 또한 사회화 과정에서 남과 어울리고 공동생활을 하면서 경험을 통하여 학습된다. 한국 사회의 경우 높은 성취는 높게 보상되므로 사회화의 결과 높은 성취욕구가 학습되게 된다. 부모의 높은 성취열정은 자식에게 전승된다. 높은 성취열정을 가지고 있는 부모들은 아이들이 높은 성적과 같은 성취에 대해 보상을 주게 되고, 이러한 보상은 아이들에게 성취동기를 학습시킨다.

이처럼 경제발전 초기 리더들의 성취열정은 아래 세대에 학습되어 한국의 경제발전을 이끈 원동력으로 작용하였다. 이러한 성취열정이 없었다면 지금의 대한민국은 존재하지 못했을 것이다. 한 국가의 발전이 성취동기와 큰 관련이 있듯 국가 안에 속한 개개의 조직들의 발전에도 구성원들의 성취동기와 성취열정이 크게 작용한다. 리더의 성취열정은 구성원들에게 학습되어 조직의 성장과 발전에 큰 역할을 하게 될 것이며, 목표를 이루고 성공해야 한다는 열정이 조직 발전에 강한 추진력으로 작용할 것이다.

2 | 성취열정의 개념

성취열정의 정의

성취열정은 일에 대한 열정과 개인적 희생, 그리고 책임의식과 자부심 등을 말한다. 이것은 해야 하는 일에 대해서는 어떤 개인적 희생을 치르더라도 책임의식을 가지고 전력으로 몰입해서 해내려는 행동성향을 의미한다. 또한 성취열정과 비슷한 개념인 성취욕구는 어려운 일을 달성하려는 욕구, 장애를 극복하여 높은 목표를 이룩하려는 욕구, 어떤 물건이나 인간·사상 등을 철저히 이해하고 조작 또는 조직화함에 있어 보다 빨리 독립적으로 하려는 욕구, 자신을 몰아붙여 다른 사람들과 경쟁하여 능가하고 싶은 욕구, 그리고 자신의 능력을 유감없이 발휘하여 자신의 가치를 높이려는 욕구 등으로 정의된다.

한국인들은 일이 됐건, 노는 것이 됐건 간에 '끝장'을 봐야 직성이 풀린다. 다 따든지 다 잃어야 결론이 난다. '몰아주기', '덮어쓰기', '몰빵' 등 외국어로는 번역이 안 되는 고유한 우리말만 보아도 그 특성을 알 수 있다. 한편 성취열정의 반대는 성취지체이다. "좀 시간이 걸립니다"라는 말은 '안 된다'는 말로 알아들을 줄 알아야 한국 사람이라고 할 정도로 한국인들에게 지체란 곧 포기요, 실패를 의미한다.

"휴일도 가리지 않고 출근하여 해낸다", "기러기 가족과 주말부부가 유난히 많은 나라", "일주일에 하루 저녁 집에 가고 나머지는 매일같이 회사에서 먹고 자며 맡은 업무를 챙긴다", "'초일류'와 '제일 먼저', 그리고 1등과 경쟁에서의 승리를 인생의 최고 가치로 여기고 사는 민족", "'빨리빨리'와 '공기단축'에 익숙한 사람들", "휴가는 상황 봐야 하며 못 가게 돼도 할 수 없는 일이다" 등의 말이 한국인들의 강한 성취열정을 알수 있게 해 준다. 한국인들은 제일 빨리, 1등으로, 제일 잘해야 한다는 것에 익숙해져 있다. 어린 시절부터 학업 성취의 과도한 경쟁상황에 노출되고, 졸업을 해서는 개인적인 사회적 성공을 위해 경쟁상황에 노출된다. 1등만이 기억되는 한국 사회에서 2등은 패배자가 된다. 과도한 경쟁과 1등주의는 자기과시적 행동을 조장하고, 많은 노동중독자들을 양산해 내어 문제를 발생시키기도 하지만, 이러한 1등지향적 사회 분위기가 한국 경제발전을 이끈 원동력이 되었으므로 반드시 분석되어야 할 부분이다.

〈사례 3.1〉은 한 곳에만 매진하는 성취열정으로 세계 1등 기업이 된 세계 최대 절삭공구업체의 송호근 사장의 이야기이다.

〈사례 3.1〉 세계 최대 절삭공구업체의 송호근 사장의 성공비결

"오로지 하나만 쳐다보고 살다 보니 어느새 세계 1등이 됐네요."

창업 26년 만에 불모지나 다름없던 국내 절삭공구 산업을 세계적 수준으로 끌어올린 YG-1 송호근 사장은 비결을 묻는 질문에 이렇게 답했다. 세계 최고 수준의 '엔드밀'을 만들겠다는 목표 하나에 모든 열정과 에너지를 쏟다 보니 자연스럽게 1등을 하게 됐다는 말이다.

대학수학능력시험 전국 수석 학생의 '뻔한 대답'처럼 들리지만 그의 노력은 남달랐다. 송 사장은 기업 사장이라면 으레 당연한 것처럼 여기는 골프도 안 친다. 골프 한다고 하면 부르는 데가 너무 많아 회사 경영에 방해가 된다는 게 이유이다. 출퇴근 시간이 아까워 아예 집을 회사 근처 10분 거리로 옮겼다.

1년 중 4개월을 해외에서 보낸다. 매출의 80% 이상을 해외에서 내고 있어 고객이 주로 해외에 있는 데다 연간 20여 차례의 박람회도 빠짐없이 참가하기 위해서이다. 2006년까지 쌓인 항공마일리지만 360마일. 지구 144바퀴를 돌고도 남는다.

인천 부평구 청천동에 위치한 YG-1은 엔드밀 전문 생산 기업이다. 쇠를 깎는 절삭공구의 일종인 엔드밀은 자동차나 비행기, 휴대전화 등 정교한 제품을 만들 때 주로 사용되는 고부가가치 제품이다. YG-1은 1981년 설립 이후 줄곧 엔드밀에만 매달려 세계시장에서 알아주는 회사로 성장했다. 세계 70개국에 'YG-1'라는 독자 브랜드로 수출하고 있으며, 국내 시장의 80%, 세계 시장의 60%를 차지하고 있다.

그는 "중소기업이 글로벌 경쟁에서 이기려면 시간과 열정, 에너지를 집중하지 않으면 안 된다"라고 강조했다.

이는 꼭 중소기업에만 해당되는 이야기는 아니다. 모든 경쟁에서 이기기 위해서는 높은 열정과 에너지를 집중하는 것이 필요하다. 목표를 이루기 위해서 한 가지에 몰입하고, 성공을 위해 열정을 쏟아 붓는 것이 성공에서 가장 중요한 요인이다.

일 중독자라고까지 불리는 송호근 사장과 같은 대다수의 대한민국 리더들의 성취에 대한 높은 몰입, 즉 성취열정이 한국의 경제를 지탱하고 발전을 이루는 원동력이 된다고 할 수 있다.

자료 : 『동아일보』, 2007. 4. 2

송호근 사장은 한국인의 성취열정의 특징인 한곳에 대한 엄청난 몰입을 잘 보여준다. 소위 '몰빵'이라고 하는 이러한 모습으로 중소기업인 YG-1을 세계 최대 기업으로 성장시켰다. 송호근 사장과 같은 강한 성취열정의 리더들이 있었기에 우리나라의 경제 성장이 가능했다고 할 수 있을 것이다.

성취열정의 4요인

성취열정은 신속한 일처리를 내용으로 하는 '빨리빨리', 목표를 달성하기 위한 끈질긴

〈표 3.1〉 성취열정의 4요인

구 분	내 용
빨리빨리	일을 할 때 속도를 중요시함. 빠른 진행과 빠른 성과를 추구
몰입	고도로 집중된 상태에서 문제를 생각하고 해결함. 성취를 위해 집중하고 한곳에 에너지를 쏟으며 포기하지 않고 일을 성공시키기 위해 끈질기게 노력함
밀어붙이기	강한 추진력과 행동력. 목표를 위해 모든 수단을 동원하고 어떤 장애라도 극복하는 모습을 보여줌
초월열정	월등한 성과를 내기 위해 자기 자신을 계속 발전시키고, 타인보다 뛰어나지기 위해 노력함

'몰입', 강한 추진력과 행동력인 '밀어붙이기', 월등한 성과를 위해 지속적인 발전을 하며 타인보다 뛰어나기 위해 노력하는 '초월열정' 등 4요인으로 구성되어 있다.

(1) 빨리빨리

"한국인은 세계에서 눈깔사탕을 깨물어 먹는 유일한 민족이다." 한국인은 빨리빨리 먹고 치우기 위해 사탕마저 깨물어 먹는다. 하와이 와이키키 해변의 술집 아가씨도 우리말 한두 마디는 안다고 한다. 다름 아닌 '빨리빨리'이다. 칵테일을 주문하면 "빨리빨리!" 하고 재촉한다는 것이다.

〈사례 3.2〉 한국인의 '빨리빨리'

자판기에서 커피를 뽑아 마실 때
- 외국인 : 자판기의 커피가 다 나온 후, 불이 꺼지면 컵을 꺼낸다.
- 한국인 : 자판기 버튼을 눌러놓고, 컵 나오는 곳에 손을 넣고 기다린다. 가끔 튀는 커피에 손을 데기도 한다.

아이스크림을 먹을 때
- 외국인 : 아이스크림을 혀로 핥으며 천천히 먹는다.
- 한국인 : 아이스크림은 베어 먹어야지 핥아 먹다간 벌떡증 걸린다.

다른 사람을 볼 때

- 외국인 : "저런 냄비근성 다혈질 민족 이탈리아 같으니."
- 한국인 : "저런 여유만만 느려터진 지중해 국가다운 이탈리아 놈들. 아, 답답해."

버스를 기다릴 때

- 외국인 : 정류장에 서서 기다리다 버스가 오면 천천히 승차한다.
- 한국인 : 일단 기다리던 버스가 오면 도로로 내려간다. 종종 버스와 추격전이 벌어진다. 가끔은 버스 바퀴에 발이 찧이기도 한다. 문이 열리기도 전에 문에 손을 대고 있다.

택시를 잡을 때

- 외국인 : 인도에 서서 "택시" 하며 손을 흔든다.
- 한국인 : 도로로 내려가 택시를 따라서 뛰어가며 문 손잡이를 잡고 외친다. "철산동!"

영화 마지막

- 외국인 : 영화의 마지막은 엔딩크레디트와 함께 OST를 감상하며 여운에 젖는다.
- 한국인 : 극장에도 리모컨이 있으면 벌써 채널 돌렸다. 빨리 안 나갈 거야?

영화의 줄거리를 물을 때

- 외국인 : "그 영화 어땠어? 연기는? 내용은?"
- 한국인 : "아, 그래서 끝이 어떻게 되는데!!"

자료 : 이지데이, 2011. 2. 20

자동차에 기름 넣고 나서 영수증 나올 때, "나오는 중이니 잡아당기지 마세요"라는 멘트 나오는 나라는 세계에서 한국뿐이다. 한국인의 성급함은 뉴욕 맨해튼 가에도 소문 나 있다. "빌딩 엘리베이터 안에서 '닫힘' 버튼을 누르는 유일한 국민이 한국인"이라는 것이다. 그럴 경우 미국인들은 의외의 반응을 보인다고 한다. '저 사람이 얼마나 급하면 닫힘 버튼을 눌렀을까' 싶어 엘리베이터 양 벽으로 붙어 선다고 한다. 가장 빨리 내릴 수 있도록 돕기 위한 배려에서이다. 엘리베이터의 닫힘 버튼을 누르는 빨리빨리 문화가 엘리베이터 기술력 향상에 기여하기도 하였다.

다음의 〈사례 3.3〉은 한국의 빨리빨리 문화가 실제로 엘리베이터 기술력 향상에 근거했다는 내용이다.

〈사례 3.3〉 한국 시장은 세계 최대의 '엘리베이터 격전지'

브래들리 벅월터 오티스엘리베이터코리아 사장이 가장 먼저 소개한 것은 오티스의 자랑인 '엘리트 시스템'. 365일 24시간 오티스가 관리하는 전국 10만여 대의 엘리베이터 현황을 실시간 관리하는 프로그램이다.

오티스가 관리 업체로 등록된 모든 엘리베이터가 현재 어느 층에 있는지, 작동중인지 서 있는지를 한눈에 볼 수 있다. 비상벨을 눌러 경비실과 연결되지 않으면 자동으로 이 엘리트 시스템으로 연결, 항시 대기 중인 상담원과 대화가 가능하다. 문제가 발생한 엘리베이터는 가장 가까이 있는 AS기사가 출동해 해결하는 방식이다.

"국내에서 엘리트와 같이 24시간 관리 시스템을 사용하는 회사는 오티스밖에 없습니다. 사실 엘리트 시스템은 한국인의 '빨리빨리' 습성 때문에 생겨난 것이라고 해도 과언이 아닙니다. 작은 문제라도 생기면 빨리 손을 봐 정상화시키고 싶어 하는 습성, 지연되는 것을 못 참는 성격 때문에 항상 엘리베이터를 관리하는 방식을 만들어 낸 것이죠."

벅월터 사장은 2000년부터 7년간 오티스 엘리베이터의 서비스(유지·보수) 부문 부사장을 지낸 경험이 있다. 고장과 문제 발생에 대해 그만큼 빠삭하다는 얘기. 하지만 한국만큼 세세한 문제에 민감한 나라는 없단다. 엘리베이터 시장이 급속도로 발전할 수 있었던 이유도 여기에 있다.

"한국 사람들은 유럽인들에 비해서 디자인이나 소음, 탑승했을 때의 느낌 등을 중요하게 여깁니다. 모든 것이 다 완벽해야 한다는 얘기죠. 또한 땅이 좁아 초고층 빌딩이 많이 생기면서 초고층전용 엘리베이터의 수요도 중국 다음으로 빠르게 증가하고 있습니다. 여기에 최근 한국 정부의 친환경 산업을 장려하는 분위기까지 겹쳐서 세계에서 가장 훌륭한 품질과 디자인의 엘리베이터가 완성돼야 경쟁력이 생기는 겁니다."

실제로 오티스 엘리베이터 가운데 한국에서 만드는 제품들은 '시그마'(SIGMA)라는 브랜드로 개별 수출돼 현지의 오티스와도 경쟁한다. 수출하는 80여 개국 가운데 시그마가 시장점유율 1위를 차지하는 곳도 적지 않다. 지난해에는 건설 붐이 일었던 두바이에 엘리베이터를 1,000대 이상 수출했다.

자료: 『아시아경제』, 2010. 1. 15

'빨리빨리'라는 것은 원래 근대화와 함께 스피드를 요구하는 시대에서 비롯되었다. 구한말 시대만 하더라도 외국 사람들에게 한국인은 걸음걸이에서부터 말하는 언행까지

'참 느릿느릿하다', '거북이 같다'라는 평을 받았다. 느리고 여유 있는 이 사람들이 어떻게 빨리빨리 문화를 가지게 되었을까? 이것이 바로 우리가 가지고 있는 적응성의 결과라고 볼 수 있다. 경부고속도로는 착공 후 2년 5개월 만에 완공하여 세계를 놀라게 하였다. 경험도 기술도 없었지만 한국은 불가능해 보였던 것들을 가능하게 만들어 냈다. 이어령 전 문화부 장관은 "산업화 과정, 전쟁을 치르는 과정에서 우리 유전자에 잠재되어 있던 유목민적인 기질이 폭발한 것이다"라고 한국의 압축성장의 원인을 설명했다. 전쟁으로 폐허가 되어 소위 밥도 얻어먹기 힘든 가난한 시절 빨리빨리 움직이지 않으면 굶기 십상이었다. 살기 위해 빨리빨리 움직여야 했으며 살기 힘들던 시절의 생존방식이 계속해서 이어진 것이다.

우리나라가 '빨리빨리'의 전통을 가지게 된 또 다른 관점은 쌀농사 문화이다. 미국의 문화 인류학자 에드워드홀은 이 세상에서 가장 빠른 조기민족은 한국이라는 말을 하였다. 그렇게 된 이유는 아열대 작물인 쌀을 농사지을 수 있는 북쪽 한계가 우리나라이기 때문이다. 적합하지 않은 기후대에서 기후에 기면서 농사를 지어야 하니 더운 여름날에 일이 집중되고 그것을 새벽부터 해내야 하니 일찍 일어나는 것과 동시 집중적으로 단시간 내에 처리해야 하니 '빨리빨리'가 된 것이다.

한국 사회에서는 직장 내에서도 빠른 업무처리가 능력이 된다. 점심시간마저도 느긋함을 찾아볼 수 없다. 점심식사 세계에서 제일 짧은 시간에 하는 사람은 아마도 삼성직원 등일 것이다. 속도가 경쟁인 한국에서 배달문화, 퀵서비스 등은 빨리빨리가 낳은 한국 특유의 문화이다. 이러한 빨리빨리 문화는 한국인들만의 성취열정을 만들어 내는 데 기여했다. 한국인들은 빨리 끝장을 봐야 하며, 빨리 이루어야 하고, 빨리 성과를 보여줘야 만족한다. 이러한 빨리빨리는 한국의 초고속 성장을 이루어낸 가장 큰 요인 중 하나이다.

(2) 몰입

한국인들의 또 다른 특징 중 하나는 한 가지 목표에 대한 엄청난 몰입이다. 하나의 목표를 성취해 내기 위해서 가능한 모든 수단을 동원하고 어떤 장애도 극복해 낸다. 그 목표를 실현하기 위해 다른 것들을 희생하는 것을 당연히 여기고, 엄청난 몰입으로 그것을 이루어 낸다.

"나는 점심시간에 밥을 먹으면서 곁다리로 일을 하기만 해도 좋다고 생각한다. 왜냐하면 지금은 일을 하면서 곁다리로 밥을 먹고 있기 때문이다." 이 말에서도 알 수 있듯이 한국인들은 일에 대한 몰입과 성취열정이 대단하다. 밥을 먹을 때도, 퇴근시간이 지났어도, 휴일에도 성취를 위해 일을 한다.

〈사례 3.4〉는 24년간 연구실에서 먹고 자며 교육한 권철신 교수의 이야기이다.

〈사례 3.4〉 24년간 연구실서 먹고 자며 교육, 권철신 교수

권철현(63) 주일대사의 친형인 권철신 교수는 'R&D'(연구개발) 공학 분야의 선구자로 통한다. 신기술과 신제품을 개발할 때 필요한 시스템과 매뉴얼을 구축하는 학문으로, 그는 이 분야 논문만 193편을 써냈다. 권 교수는 24년 교수생활을 똑같이 반복했다.

월요일 아침이면 부인 하 씨가 싸준 일주일치 반찬을 양손에 챙겨들고 나갔다. 토요일까지 먹을 김치와 멸치조림, 더덕무침 등이 반찬통에 담겨 있었다. 잠자리는 33㎡(10평)짜리 연구실 소파였다. 토요일 저녁에 귀가하는 권 교수가 가족과 보내는 시간은 일요일 딱 하루였다. 그는 이 연구실에서 180여 명의 석·박사를 배출했다. 대부분의 제자는 대기업이나 강단에 진출했다.

그는 여름방학 때마다 제자들과 함께 4주 동안 250시간을 공부하는 '지옥훈련 세미나'를 열었다. 대부분의 제자는 여름휴가 5일 외엔 학교 연구실에서 살며 공부했다. 그는 밥 먹고 잠자는 시간을 제외한 하루 17~18시간을 연구하고 가르쳤다.

"한밤에 학교에서 내다보이는 아파트의 환한 불빛을 보면서 아내와 아이들 생각을 하며 회의가 든 적이 있었지요. 그럴 때면 '자원 하나 없는 나라에서 살 길은 인재교육밖에 없다'라는 생각에 입술을 꽉 깨물고 버텼죠."

부인 하 씨는 "작년 여름에 연구실 소파에서 자보니 아침에 그렇게 허리가 아플 수가 없었다"라며 "항상 원망만 했는데 고생하는 남편 생각에 눈물이 났다"라고 했다.

권 교수는 제자들에게 '연애와 공부 중 하나를 택하라'고 했다. 김기찬(30·박사과정 수료) 씨는 "교수님 제자가 된 뒤 여자친구에게 이별을 통보받았다"며 "우울한 솔로생활이지만 내 꿈이 눈앞에 보여 후회는 없다"고 웃었다. 권 교수의 제자인 남서울대학교 경영학과 이재하(47) 교수는 "대인공포증으로 말을 더듬던 내가 교수님의 가르침을 받아 교수까지 됐다"고 했다. 이 교수는 "나 역시 1주일에 3일은 연구실에서 먹고 잔다"고 했다.

자료 : 『조선일보』, 2010. 2. 1

권 교수가 보여주는 학문과 제자양성에 대한 몰입은 한국인의 전형적인 몰입을 보여준다. 이러한 한국형 리더의 성취열정 덕분에 한국의 경제발전과 성장이 가능했을 것이다. 일과 여가를 분리하여 철저하게 지키는 외국인들과 다르게 목표를 위해 인생을 모두 거는 몰입을 보여주는 한국인들의 특징은 높은 성취열정을 통한 경제성장을 설명해 줄 수 있다.

한때 굉장히 유명했던 '최불암 시리즈'라는 유머가 있다. 구전동화처럼 자연스럽게 만들어 져서 사람들의 입에서 입으로 전해진 이 시리즈는 한국인들의 끈질김을 단적으로 보여준다.

> 최불암과 최주봉이 63빌딩 옥상에서 탁구를 치다 공이 땅으로 떨어졌다. 최불암이 1층까지 내려가 공을 들고 63층까지 헐떡거리며 걸어 올라온 뒤 이렇게 말했다.
> "1대 0"

"다음엔 네가 주워 와"라고 하거나 떼쓰는 게 일반적일 텐데 "1대 0"라고만 얘기하고 넘어간다. 이 이야기는 한국인의 인내와 끈질김을 함축하고 있다.

악조건을 견디며 농사를 지어 살아가야 했기 때문에 오래 전부터 한국인의 끈기와 부지런함은 몸에 배일 수밖에 없었다. 우리와 비슷한 북반구 지역에 살고 있는 국가들의 공통점은 연간 일조량이 적어 농사를 짓기에는 상당히 불리한 조건에서 살고 있다는 것이다. 38선이 쌀농사의 한계선이다. 북쪽에서 농사를 지으려면 부지런함과 근면이 필수였다. 이런 짧은 일조기와 일조량 때문에 씨를 뿌리고 부지런히 수확하는 과정에서 근면과 부지런함을 갖게 된 것은 어쩌면 당연하다. 또한 우리나라는 외세의 침략이 빈발했고 홍수와 가뭄이 자주 발생해 이런 악조건을 이겨내고 농사를 지으려면 부지런하지 않으면 안 되는 원천적인 이유가 있었던 것이다.

이러한 배경이 '의지의 한국인'이라는 끈질김과 부지런함이라는 특성을 만들어 내었다. 우리 주위에서 '의지의 한국인'들을 어렵지 않게 찾아 볼 수 있다. 이러한 끈기와 의지는 한국인을 대표하는 특징으로 볼 수 있으며, 목표를 끈질기게 이루어 내고야 마는 끈질긴 성취열정을 가능하게 한다.

〈사례 3.5〉의 정유선 교수는 한국인의 끈질김을 보여준 의지의 한국인이다.

〈사례 3.5〉 뇌성마비 딛고 미 강단에 선 정유선 조지메이슨대 교수

하고 싶은 일을 마음대로 할 수 있다는 건 정 교수에게 찾아온 기적과도 같은 일이다. 그녀는 3세 무렵 신생아 황달에 의해 뇌성마비 장애인이 됐다. 언어장애와 지체장애가 있어 말을 똑바로 할 수 없으며 걷는 것도 부자연스럽다. 지금도 마찬가지다. 그런 그녀가 이제 하고 싶은 일을 마음대로 할 수 있다고 자신 있게 말하게 됐다.

어머니인 김희선 씨가 결혼을 반대할 당시만 해도 이 같은 삶을 예상할 순 없었다. 어머니 김 씨는 본인도 힘들고 시댁도 힘든 장애인 딸의 결혼생활을 결코 찬성할 수 없었지만, 지금 정 교수는 가정과 사회생활의 꿈을 모두 이룬 '복 많은' 여인이 됐다. '기적은 기적처럼 오지 않는다'라는 정 교수의 자서전 제목처럼, 그녀는 평범한 삶 속에서 비정상을 정상으로 바꾸어나간 의지의 한국인이다.

"교수가 될 줄은 꿈에도 생각지 못했습니다. 남들에게 지기 싫어서 순간순간 최선을 다했더니 이런 꿈같은 날이 왔습니다."

정 교수는 2004년 조지메이슨대에서 의사소통 보조기기에 관한 논문으로 박사학위를 받았다. 언어장애를 가진 사람으로 재활공학 분야에서 일군 한국인 최초의 값진 박사학위 때문에 국내 언론에 크게 소개됐고, 나름대로 유명인이 됐다. 그로부터 6년가량이 흐른 2010년. 그녀는 여전히 자신의 삶을 기적이라고 부르고, 장애인 누구든 기적을 이룰 수 있다고 강조하는 '희망의 전령사' 역할을 하고 있다.

스티븐 호킹 박사가 사용하는 의사소통 보조기기를 정 교수가 사용하고 있다면, 그녀의 상태를 대충 짐작할 수 있을까. 호킹 박사처럼 아예 말을 하지 못하는 정도는 아니지만, 강의를 하는 것은 힘든 수준이다. 미리 준비한 문장을 보조기에 입력해서 목소리 대신 컴퓨터 언어로 강의를 하며, 질문을 받을 땐 보조기기 자판에 글자를 입력하여 전환된 음성으로 대답한다. 정 교수는 보조기기의 성능을 직접 시연하며 보여주었다. 마치 음성자동응답기 같은 녹화음이 나오는데, 강의를 듣는 학생들이 과연 좋아할까.

"그래서 중간중간에 농담도 집어넣고, 강의 준비를 많이 해야 합니다. 학생들의 반응도 미리 예상해서 녹음 음성을 집어넣어야 하고요. 남들보다 훨씬 노력이 필요한 거죠."

그렇지만 이 보조기기는 그녀에게 교수생활을 가능케 해준 도구다.

"저는 언어장애를 가진 분들에게 무조건 보조기기를 사용하라고 권장합니다. 우선 말을 못해서 오는 불편함에서 벗어날 수 있고, 자신감을 가져다줍니다. 저도 진작 이것을 알아 대학 때부터 사용했더라면 훨씬 빨리 석사, 박사학위를 딸 수 있었을 거에요. 이것을 사용하면 언어장애인들이 좌절하지 않고 자신의 목표를 향해 갈 수 있을 겁니다."

지난 고통이 떠올랐을까. 보조기기에 대한 자랑을 한참이나 계속했다. 한국에서 고등학교를 마치고 대학에 낙방한 뒤 유학길에 오른 1989년. 미국 대학의 ESL 수업 때 언어장애 때문에 도저히 영어 발음을 할 수 없어 좌절하고 '죽고 싶다. 난 왜 이렇게 태어난 걸까. 죽으면 이런 고통, 안 받아도 될 텐데……'라고 수없이 썼던 그녀. 그래서 "좀 더 일찍 보조기기를 알았으면 덜 힘들었을 텐데……"라고 말했다.

자료 : 『문화일보』, 2010. 2. 3

조지메이슨대학교의 정유선 교수는 언어장애를 극복하고 끈질긴 노력과 의지로 박사학위를 취득하고 강의까지 할 수 있게 되었다. 불편함이 없는 사람들도 하기 힘든 일을 엄청난 몰입으로 이루어 낸 것이다. 한국인들 중에는 이렇게 사람들이 혀를 내두를 만한 엄청난 몰입과 끈질긴 의지를 가진 사람들이 많다. 이러한 몰입이 한국형 리더들의 성공 요인일 것이다.

(3) 밀어붙이기

일명 '무대뽀 정신'으로도 표현되는 한국인의 특징은 '밀어붙이기'이다. 일단 목표가 생겼으면 무조건 밀어붙인다. 밀어붙이기란 빠르고 강력한 실행력을 말한다. 한국형 리더는 자신이 옳다고 생각하는 것에 대해서는 주위의 장애나 반대에도 굴하지 않고 끝까지 밀어붙여 성취해 내고 만다.

이러한 밀어붙이기식 리더십이 한국경제를 성장으로 이끈 것은 사실이다. 한국의 경제발전은 국가 주도의 계획경제였다. 강력한 리더십과 밀어붙이기를 통한 성취열정이 경제성장을 만들었다. 하지만 이러한 밀어붙이기는 현 민주주의 시대에는 질타를 많이 받는 요인이 되고 있다. 이러한 밀어붙이기에는 '좋은 밀어붙이기'와 '나쁜 밀어붙이기'가 있다. 좋은 밀어붙이기란 미래에 대한 확실한 비전과 계획, 성공에 대한 확신에 의한 밀어붙이기이다. 하지만 '나쁜 밀어붙이기'는 무계획적이고, 리더 혼자의 독단과 아집을 통한 밀어붙이기 이다. 리더로서의 뚝심과 주관을 갖는 것은 중요하지만 조직원들과의 소통이 없는 '나쁜 밀어붙이기'는 지양되어야 할 필요가 있다.

(4) 초월열정

초월열정은 월등한 성과를 내기 위해 자기 자신을 계속해서 발전시키고, 타인보다 뛰어나기 위해 노력하는 것이다. 남들보다 돋보이고 싶어 하고, 사회적으로 인정받고 싶어 하는 욕구를 실현하기 위해 끊임없이 노력하게 만드는 열정이라고 할 수 있다. 다른 사람들보다 뛰어나기 위한 노력에 더 나아가 나 자신마저도 뛰어넘어 자신의 능력을 초월하고자 하는 성장에 대한 열정이다. 일을 할 때에도 기존의 성과에 만족하지 못하고 더욱 뛰어난 성과를 내고자 하여 주어진 일뿐만 아니라 새로운 일을 찾아 하고, 기대되어진 역할보다 더 많은 역할을 해 내려고 한다.

토요일에 뭐든 배우러 다니는 사람들이 한국처럼 많은 나라가 없고 한국인들의 조찬 미팅과 저녁 포럼 참석은 세계적으로 유래를 찾기 힘들다.

성취열정의 이론적 배경

(1) A/B형 성격유형

성취열정과 비슷한 개념으로 A/B 성격 유형 중 A형 성격이 있다. A형 성격은 도전적인 과업을 선택하는 것을 선호하고, 경쟁적이고 조급하다. 과도한 경쟁, 공격성, 시간의 압박, 열정적인 언변 등으로 설명되는 A형 성격은 성취열정이 강한 한국인의 특성을 보여준다.

〈사례 3.6〉 성격유형 A/B 테스트

다음은 성격유형 A/B를 알아보기 위한 설문입니다. 각 항목에 대해 귀하의 행동을 잘 묘사하고 있는 것과 그 정도를 표시하십시오.

1. 약속에 늦을 수 있다.   1 2 3 4 5 6 7 8   약속에 결코 늦어서는 안 된다.
2. 경쟁적이지 않다.   1 2 3 4 5 6 7 8   매우 경쟁적이다.

3. 서두르지 않는다.　　　　1 2 3 4 5 6 7 8　　항상 바쁘다.
4. 한번에 한 가지씩 일을 한다.　1 2 3 4 5 6 7 8　한꺼번에 많은 일들을 한다.
5. 모든 일을 천천히 한다.　　1 2 3 4 5 6 7 8　빠르다.(식사, 걸음걸이 등)
6. 감정을 느긋하게 표현한다.　1 2 3 4 5 6 7 8　감정을 격정적으로 표출한다.
7. 많은 것에 관심을 가진다.　1 2 3 4 5 6 7 8　일 외에는 관심사가 없다.

평 가

점 수	성격형
120점 이상	A+
106~119점	A
100~105점	A-
90~99점	B+
90점 이하	B

일곱 가지 질문에 표시한 수의 합에 3을 곱한다. 120점 이상이면 A형 성격이고 90점 이하는 극단적인 B형 성격이다.

자료: 백기복·신제구·김정훈. 2016. 『리더십의 이해』, 창민사, p. 94.

(2) 알더퍼의 ERG이론

알더퍼의 ERG이론은 인간의 욕구를 세 가지로 분류하였다. E는 존재(Existence)욕구, R은 관계(Relatedness)욕구, G는 성장(Growth)욕구이다. 이 중에서 성취열정과 가장 비슷한 것이 성장욕구인데 성장욕구란 개인의 잠재력 계발과 관련되는 욕구이다. 인간으로서 성장하고 자신의 능력을 잠재한계까지 발휘해 보고 싶은 욕구를 뜻한다. 능력계발뿐 아니라 자율, 성취욕구까지 성장욕구에 포함된다.

(3) 맥클리랜드의 성취동기이론

성취열정과 비슷한 개념으로 맥클리랜드의 성취동기이론에서 성취욕구가 있다. 성취욕구란 뭔가 어려운 일을 달성하려는 욕구, 장애를 극복하여 높은 목표를 이룩하려는 욕구, 어떤 물건이나 인간·사상 등을 철저히 이해하고 조작 또는 조직화함에 있어 보다 빨리 독립적으로 하려는 욕구, 자신을 몰아붙여 다른 사람들과 경쟁하여 능가하고 싶은 욕구, 그리고 자신의 능력을 유감없이 발휘하여 자신의 가치를 높이려는 욕구 등으로 정의된다.

성취열정의 여러 수준

성취열정은 개인 차원의 성취열정과 조직 차원의 성취열정으로 구분할 수 있다. 개인 차원의 성취열정은 스스로의 목표와 개인비전의 실현을 위해 리더 개인의 성취열정을 보여주는 것이다. 자기 자신을 극복하고 다른 사람들보다 뛰어나기 위해 스스로를 발전시키며 노력하여 궁극적으로는 자아실현을 목적으로 하는 성취열정이다.

조직 차원의 성취열정은 조직원들이 모두 성취열정으로 가득 차 조직의 비전을 위해 목표를 달성하고 성과를 내어 조직을 발전시킬 수 있도록 하는 것이다. 개인 차원의 성취열정은 개인의 비전과 자아실현을 위한 것이라고 한다면 조직 차원의 성취열정은 조직의 비전과 조직발전을 위한 조직원들의 성취열정이라고 할 수 있다. 조직 차원에서 모든 조직원이 성취열정으로 가득 차면 폭발적인 성과를 낼 수 있다. 하지만 조직이 지나치게 성취열정을 강조하게 되면 여유가 없어지고 목표성취에만 매달려 인력육성, 미래대비, 저력 강화 등을 등한시하게 될 수 있다.

따라서 성취열정은 단기적 업적에만 매달리게 되면 안 된다. 성취열정에 몰입된 사람들의 비율이 50%를 넘어서면 조직은 웃자란 풀처럼 하체가 약해져서 넘어지기 쉽다. 그러므로 열정과 냉정의 조절이 필요하다.

〈표 3.2〉 개인 및 조직 차원의 성취열정

개인 차원의 성취열정	조직 차원의 성취열정
리더가 각자의 개인 비전을 달성하기 위한 성취열정을 보여주는 것	전 조직원이 성취열정으로 가득 차서 조직의 비전달성을 위해 성취열정을 보여주는 것

3 | 성취열정의 특징

형성배경

한민족은 침략과 타의에 의한 핍박의 역사를 겪었다. 조선시대 문호개방의 경우도 자의가 아닌 타의에 의해 강제로 시작되었고, 일제 강점기 시절에는 일제의 모진 탄압을 견뎌왔다. 광복 후 몇 년이 지나지 않아 동족상잔의 비극인 6·25를 겪었으며, 이후에는 군사정권에 대항한 민주화 운동으로 민주주의를 쟁취했다.

이러한 타인에 의한 강제적 변화를 겪으면서, 한국인들은 '한'(恨)이라는, 다른 나라에서는 찾아 볼 수 없는 독특한 특징을 강화해 나가게 되었다. 일제치하에서 핍박받은 것에 대한 한은 '대한독립만세'를 외치는 독립운동으로 이어졌고, 인권을 보장받지 못하고 인간답게 살 권리를 박탈당한 '한'은 민주화 운동으로 이어졌다. 또한 세계적 최빈국으로서 배고프고 가난했던 시절 못 먹고 못 입은 '한'을 채우기 위해 '우리도 한번 잘살아 보세'라는 새마을 운동이 일어났다. 유교적 전통이 강하게 남아있는 한국인들은 유교사상의 중심인 '인, 의, 예, 지' 중 지(智)에 해당하는 지식 추구를 중요한 덕목으로 삼았고, 살아남기 위해 더 열심히 공부했다. 부모와 자식 간의 연결이 매우 끈끈한 가족 공동체 중심인 한국 사회에서 부모들이 자식은 나처럼 살게 만들지 않겠다는 일념과 부모의 '못 배운 한'을 채우기 위해 비정상적인 교육열을 보였다.

〈사례 3.7〉은 오바마 대통령이 자주 언급하는 한국의 교육열에 대한 내용이다.

〈사례 3.7〉 오바마가 부러워하는 한국의 교육열

버락 오바마 미국 대통령은 한국의 교육열에 대해 칭찬을 아끼지 않고 있다. 주요 연설에서 한국의 교육열을 단골 소재로 삼고 있을 정도다. 미국이 보면 한국의 교육열은 부러워 할 만하지만 우리 입장에서 보면 너무 열기가 심해 문제가 될 수도 있다. 고등학교를 졸업하고 대학에 진학하는 진학률이 80% 이상인 나라는 세계에서 우리나라가 유일하다.

고등학교만 졸업하고 기술을 배워 일터로 나가는 외국에 비해 우리는 무조건 대학을 나와야 한다는 인식을 갖고 있다. 그래서 아무리 공부를 못해도 전문대학이라도 진학하는 것이다. 이 때문에 고등실업자가 늘어난다.

그래도 우리의 경쟁력은 인재뿐이다. 지하자원이 많은 것도, 국토가 넓은 것도 아닌 우리는 훌륭한 인재를 키워 우수한 제품을 개발하고 이를 많이 수출하여 선진국으로 도약해야 한다. 교육열이 높은 것이 다소 부작용은 있지만 이것이 우리의 장점이 될 수 있다는 것이다.

오바마 대통령은 백악관에서 교육 혁신 프로그램을 발표하면서 한국 부모들의 뜨거운 교육열을 소개했다. 또 경제회복을 주제로 한 펜실베이니아주 타운홀 미팅 연설에서도 한국 교육 문제를 소재로 다뤘다.

오바마 대통령은 "한국 교육정책의 과제가 무엇이냐"고 물었더니 이명박 대통령은 "가장 큰 과제는 부모들이 너무 많은 것을 요구하는 것"이라고 말했다고 전했다. 이어 이 대통령이 "초등학교 1학년생이 영어를 배워야 한다고 부모들이 주장해 수천 명의 원어민 교사를 들여올 수밖에 없었다"고 밝힌 내용도 소개했다.

오바마 대통령은 특히 "한국의 아이들은 비디오 게임이나 TV를 보는 데 시간을 낭비하지 않고 수학과 과학, 외국어를 공부하여 경쟁력을 키우는 데 노력한다"고 강조했다. 오바마 대통령은 또 "미국의 어린이들은 매년 한국의 어린이들보다 학교에서 보내는 시간이 1개월이나 적다"며 21세기에 대비한 수업 확충 모델로 한국을 거론하기도 했다.

미 대통령은 미국의 경제위기 국면에서 경쟁을 이겨내기 위해서는 미국의 학교들과 학부모들이 더욱 많은 것을 추구해야 한다고 말하면서 "한국은 과거 가난한 나라로부터 탈출해서 지금 계속 성장하고 있다"고 평가하기도 했다.

한국의 교육열로부터 배워야 한다는 오바마 대통령의 거듭된 발언은 경제위기 타개와 미래 일자리 창출을 위해서는 교육이 중요하다는 메시지를 국민에게 전달하는 데 좋은 사례로 인식하고 있기 때문으로 풀이된다.

자료 : 『충청일보』, 2010. 1. 7

앞의 사례에서도 언급되었지만 지하자원이 많은 것도, 국토가 넓은 것도 아닌 한국이 이만큼 성장했고 앞으로 많은 가능성을 기대해 볼 수 있는 것은 오바마가 부러워하는 높은 교육열이다. 앞으로는 가장 중요한 자원이 인재가 될 것이라는 데에는 반론의 여지가 없다. 과도한 교육열로 인한 문제점이 많이 존재하지만 더욱 훌륭한 한국형 리더들을 양산하기 위해서라도 한국의 교육열은 매우 중요할 것이다.

위와 같은 특징들은 한국 사회의 '성취열정'을 만들었다. 첫째로 부모의 희생으로 교육을 받은 세대는 부모의 희생을 헛되게 하지 않기 위해 꼭 성공해야 한다는 강력한 동기부여가 되었고, 이것은 개인적 성취열정과 연결되었다. 둘째, 배고프고 가난했던 시절은 '우리도 잘 살아보자'라는 나라경제 발전과 소속된 조직의 발전을 위한 성취열정으로 이어졌다. 셋째, 외부의 침략과 탄압의 기억은 우리도 세계에서 잘 나가는 나라가 되어 보자는 성취열정과 연결되어 세계화를 촉진했다. 이처럼 한국인들은 탄압과 핍박의 역사의 반작용으로 우리도 큰소리 치고 살아보자는 강한 성취욕을 갖게 된 것이다.

근대화 과정에서 나타난 또 한 가지 특성은 '빨리빨리'이다. 근대화 이전 조선 사람들은 '거북이 같은 느린 민족'이라고 표현될 만큼 여유가 있었다. 근대화가 진행되면서 급변하는 환경에 적응하기 위해 무엇이든 '빨리빨리' 해야 한다는 강박증이 생겼다고 볼 수 있다. 이러한 결과로 40년 만에 기적적인 성장을 이루었고, 11년 만에 IT 강국이라는 타이틀을 얻을 정도로 빨리 성장해 나갔다. 이러한 성장은 앞선 선진 기술을 베껴서 빨리빨리 따라잡은 결과였다. 한국의 IT산업의 경우 소프트웨어보다 하드웨어가 중심이 된다. 하드웨어의 경우 앞선 기술을 이용해 따라잡는 것이 가능하지만, 소프트웨어의 경우는 그런 방식으로 발전할 수 없다. 콘텐츠 개발은 '창의적'인 사고를 통해 새로운 것을 만들어 내야 하기 때문에 기존의 것을 응용하여 단기간 안에 발전시키는 방식으로는 불가능한 것이다.

이러한 '빨리빨리'는 속칭 '냄비근성'이라고 불리는 특성을 만들어 내는 바탕이 되었다. 긍정적인 시각에서 보자면 냄비근성은 열정적인 국민성이라고 할 수도 있겠지만 문제는 이러한 열정이 빨리 식어버린다는 것이다. 한국인의 병폐를 흔히 냄비근성이라고 한다. 쉽게 달아올랐다가 쉽게 식어 버리는 냄비의 특성을 민족성에다 비유하여 표현한 것이다. 하지만 냄비근성이 과연 나쁜 것일까? 오히려 냄비 근성을 갖고 있는 한국인이기 때문에 보다 적극적이고 문제 해결 능력이 뛰어나다고 볼 수 있지 않을까? 냄비근성은 단거리 달리기로, 뚝배기근성은 마라톤에 비유하자면, 해결해야 할 문제와 성취해야 할 목표가 분명하고 확실할 경우에는 한국인의 냄비근성을 자극해서 한국민을 하나로 뭉쳐 문제를 해결하면 좋을 것이다. 또한 한류열풍처럼 길고 긴 호흡으로 한민족의 우수한 문화적 역량을 펼치는 일에는 뚝배기근성을 자극해서 면밀히 준비하고 계획해서 장기적인 효과를 기울이면 될 것이다. 냄비근성과 뚝배기근성의 조화가 미래 한국인들이 추구해야 할 부분인지도 모른다.

역사적 인물의 성취열정 사례

"그는 어려서부터 물길과 산의 흐름이 어디서 어떻게 시작되고 어떻게 끝나는지 이상할 정도로 언제나 궁금해 했다. 그의 소원은 그것들이 시작되고 끝나는 곳까지 가보고 싶다는 것이었다. 처음에는 길을 따라다녔고, 다음엔 물을 따라다녔고, 일고 여덟 살이 넘어서는 주로 산을 따라 다녔다. 따라갈 수 없다면 새가 되어 바람조차 따라가고 싶었다."

이 이야기는 대동여지도로 잘 알려진 고산자 김정호 선생의 어릴 적 이야기이다. 위의 이야기에서 알 수 있듯이 김정호 선생의 대동여지도에 대한 열정은 어릴 적부터 싹트고 있었다. 정교한 지도를 제작하기 위해 평생 동안 엄청난 몰입과 초월열정을 보였던 김정호 선생은 역사적 인물들 중 단연 눈에 띄는 성취열정을 가진 인물이다.

지금처럼 자동차가 있는 것도 아닌 시절 선명하고도 정교함을 갖춘 지도를 그리기 위해서 그가 겪었을 고통은 가히 상상을 하고도 남음이 있다. 자신의 돈을 들여가며 모든 것을 포기하고 수십 번씩 전국을 방황하면서 지도를 제작한 김정호 선생의 신념은 단 하나였다. '마땅히 지도는 나라의 것이기에 앞서 백성의 것이라야 한다'는 것이다. 이러한 신념으로 평생 그 시대로부터 따돌림을 당했으나 나라가 독점한 지도를 백성에게 돌려주고자 하는 그 뜻이 높아 평생을 대동여지도에 바쳤다.

"이제 바람이…… 가는 길을 그리고, 시간이 흐르는 길을 내 몸 안에 지도로 새겨 넣을까하이. 오랜…… 옛 산이 되고 나면 그 길이 보일 걸세. 허헛, 내 처음부터 그리고 싶었던 지도가 사실은 그것이었네."

평생 한 가지를 이루기 위해 살았던 고산자 김정호 선생의 삶에서 우리는 고귀한 성취열정을 찾아볼 수 있다. 그러한 고귀한 성취열정으로 목판의 아름다움과 선명함, 정교함과 품격을 갖춘 지도가 탄생했지만 지도를 너무 자세히 만들어 적에게 정보를 유출했다는 이유로 김정호 선생은 결국 죽음을 맞이하게 된다.

한글창제와 수많은 업적을 남긴 세종대왕, 거북선의 이순신 장군 등 한반도 역사상 많은 인물들에게서 고산자 김정호 선생과 같은 높은 성취열정을 찾아볼 수 있다.

한국형 리더와 서양 리더의 성취열정 차이

한국형 리더와 서양 리더의 성취열정에는 차이가 있다. 이러한 차이에서부터 일반적인 리더십이 아닌 독특한 한국형 리더십이 형성되는 것이다. 그렇다면 한국과 서양의 리더들 사이의 성취열정은 어떤 차이가 있을까?

(1) 무조건 1등을 해야 만족한다

"올림픽에서 은메달을 따고 우는 나라는 대한민국 뿐"이라는 말을 종종 듣는다. 한국인들은 1등이 아니면 중요하게 생각하지 않는다. 그래서 무조건 1등을 해야 한다는 생각을 하며, 특히 국제적인 경쟁에서는 꼭 이겨야 한다는 생각을 가지고 있다. 이러한

〈표 3.3〉 한국형 리더와 서양 리더의 성취열정 비교

구분	한국형 리더	서양 리더
1	무조건 1등을 해야 만족한다. : 은메달을 따고도 우는 나라, 대한민국	반드시 1등이 아니라도 좋은 결과라면 만족한다.
2	일과 놀이를 명확하게 구분하지 않는다.	일과 놀이를 명확하게 구분한다.
3	일이든 노는 것이든 끝장을 봐야 직성이 풀린다.	일이든 노는 것이든 적당히 즐기면서 하는 것을 추구한다.
4	모든 일에 광범위하게 성취열정을 보인다 (놀 때에도 남보다 더 잘 놀기 위해 성취열정을 보임).	득과 실을 생각하여 합리적으로 성취를 위해 노력한다.
5	모든 것을 희생하고서라도 한 가지 성취를 위해 전부를 바친다.	일의 성취는 행복을 위한 수단이라고 생각한다.
6	무엇이든(일, 노는 것, 밥 먹는 것까지도) 빨리빨리 해야 한다.	합리적으로 스피드를 조절한다.
7	명예 측면의 성취에 큰 가치를 둔다. : 한국인들은 이직을 할 때, 연봉보다는 직위가 높은 쪽을 더 선호한다.	물질적 측면의 성취에 큰 가치를 둔다. : 서양의 경우, 이직을 할 때 연봉이 높은 쪽을 선호한다.
8	집단의 목표 성취를 위해 자기희생을 하는 것을 중요시한다.	개인의 성취를 중요시하며 집단의 목표 성취보다 개인의 성취에 더 높은 가치를 둔다.

승부욕과 1등만이 인정받는 사회 분위기는 성취열정을 높이는 요인으로 작용한다. "한국 사람들은 서울대 법대 수석을 제외하고는 모두 만족하지 못한다"라는 말이 있다. 1등이 아니면 만족하지 못하는 한국인들의 특성을 잘 나타내 주는 이야기이다. 어쩌면 이 이야기는 틀린 이야기일지도 모른다. 서울대 법대를 수석한 사람은 하버드 수석을 못해서 불만일지도 모른다.

외국의 경우에는 한국과 차이를 보인다. 이러한 차이는 올림픽 메달 수상을 할 때 2등의 표정만 봐도 알 수 있다. 한국 사람들은 2등임이 확정되면 굉장히 아쉬운 표정을 짓는다. 올림픽이 끝나고 귀국을 할 때도 죄인인 것처럼 조용히 들어온다. 그리고 국민들께 죄송하다는 사과의 말까지 한다.

사격의 진종오 선수는 이번 베이징 올림픽에서 10m 공기권총 종목에서 은메달로 한국 선수단에 첫 메달을 선사했다. 자신의 주종목도 아닌 10m 공기권총에서 은메달을 딴 것도 대단한 일인데 진종오 선수는 "금메달을 못 따 죄송합니다"라고 말했다. 하지만 외국의 경우 은메달이나 동메달을 따도 매우 기뻐하는 모습을 볼 수 있다. 억지로 웃는 것이 아니라 정말로 기뻐서 웃는 모습이다. 최선을 다 했고 2등도 잘 한 것이기 때문에 만족한다는 것이다. 1등만 인정받는 한국 문화는 모든 사람이 1등을 위해 노력하고, 성취열정을 높이기 때문에 좋은 면이 많다. 하지만 최선을 다 했는데도 1등이 아니란 이유로 인정받지 못하는 것은 분명히 바람직하지 않은 점이다.

(2) 일과 놀이를 명확하게 구분하지 않는다

한국 사람들은 일과 놀이를 잘 구분하지 않는다. 일과 시간에도 커피 한 잔 마신다며 사람들과 수다를 떠는 것이 자연스럽고, 퇴근시간이 지나도 일이 남으면 밤을 새워서라도 한다. 또한 회식도 일의 연장이라고 생각한다. 조직 내 인적 네트워크를 형성하고 정보를 얻으며, 상사에게 잘 보이기 위해서 회식은 일의 일부로 생각한다. 그리고 휴일에도 조직의 단합을 위해 등산을 하는 등 행사에는 절대 빠질 수 없다. 어떤 회사에서는 주말 등산에 빠지는 사람을 인사고과에 반영한다고 하여 가까운 일가친척의 결혼식도 참석하지 못하는 경우가 있을 정도이다.

하지만 외국의 경우에는 일을 할 때는 절대 사적인 업무를 보지 않고 일을 하며, 퇴근시간과 주말을 철저하게 지킨다. 일과 놀이를 명확하게 구분하는 것이다.

(3) 일이든 노는 것이든 끝장을 봐야 직성이 풀린다

조선 세종실록에도 성균관의 유생들이 공부는 하지 않고 떼로 몰려다니며 술을 먹는 것에 대해 우려하는 구절이 나온다. 이처럼 떼로 몰려다니며 노는 것을 좋아하는 것은 한국인들의 오래된 습성인 것 같다.

역사 기록에서도 알 수 있듯 한국인들은 노는 것을 좋아한다. 특히 밤새워 술 마시며 노는 것을 좋아한다. 한국인들은 한번 놀면 제대로 끝장을 볼 때까지 놀아야 직성이 풀린다. 먼저 집에 가는 사람은 배신자가 된다. 술집들은 새벽이 지나도 영업을 하는 곳이 대부분이고, 24시간 하는 술집들도 굉장히 많다. 하지만 외국의 경우 늦게 까지 영업을 하는 술집이 거의 없다. 그래서인지 속칭 '코가 삐뚤어지도록' 취한 사람을 한국에서처럼 볼 수 없다. 외국에서도 'Overnight Party'가 있긴 하지만 한국의 밤새도록 코가 삐뚤어지도록 마시는 음주문화와는 다르다.

일을 할 때도 마찬가지이다. 일을 시작하면 일단 빨리 완성을 시켜야 한다. 끝장을 봐야 직성이 풀리는 것이다. 밤을 새우든 주말을 모두 반납하든 방법을 가리지 않고 끝장을 본다. 하지만 외국의 경우 일을 할 땐 일을 하고 끝나면 더 이상 일에 대한 생각을 하지 않고 여가를 즐긴다.

이런 끝장을 봐야 하는 문화는 추진력과 성취열정을 높이는 효과가 있다. 하지만 균형 잡히지 않고 한 가지에만 과도하게 몰입하는 성향은 몰입했던 것을 잃었을 때 상실감이 커져 우울증이나 건강 악화로 인한 문제를 발생시킬 수 있다. 또한 대박을 바라는 문화를 만들어, 위험한 주식투자나 부동산 투자실패 등 큰 문제를 발생시킨다.

(4) 모든 일에 광범위하게 성취열정을 보인다

한국인들의 성취열정의 가장 큰 특징 중 하나는 거의 모든 일에 대해서 성취열정을 보인다는 것이다. 일은 말할 것도 없고 놀 때에도 성취열정을 보인다. 이왕 논다면 제일 잘 놀아야 한다. 심지어는 버스를 탈 때도 성취열정을 보여 제일 먼저 타기 위해 버스 추격전을 벌인다. 택시를 잡을 때도 먼저 잡기 위해 옆 사람보다 더 앞으로 가다 원래 서 있던 자리보다 한참 앞으로 와 있는 경우가 많다. 하지만 서양의 경우 성취열정을 발휘해야 할 때와 그렇지 않아도 될 때를 합리적으로 구분한다.

이러한 서양과의 차이는 한국인들의 생활 속에 항상 내재되어 있는 성취열정

DNA에 의한 자연스러운 반응이라고 볼 수 있을 것이다. 하지만 사소한 것까지도 성취하기 위해 승부욕을 발휘하는 것은 합리적이지 않은 에너지 낭비가 될 수 있다.

(5) 모든 것을 희생하고서라도 한 가지 성취를 위해 전부를 바친다

모든 것을 희생하고서라도 한 가지 성취를 위해 전부를 바치는 것은 한국인들의 강력한 성취열정의 특징을 잘 설명해 준다. 한국인들 중에는 이러한 성취열정으로 최고의 성과를 낸 사례를 어렵지 않게 찾아볼 수 있다.

세계적인 발레리나 강수진이나, 세계를 감동시킨 김연아 등이 그 예이다. 끊임없는 연습과 자기 자신과의 싸움에서 이겨 동양인 최초로 최고 무용수에 선정된 강수진 씨는 평생을 매일 19시간씩 연습하여 최고의 자리에 오를 수 있었다. 19시간 연습이라는 것은 24시간 중 5시간을 제외한 모든 시간을 연습에 매달렸다는 것을 의미한다. 세계적인 피겨요정 김연아도 비슷한 인생을 살아온 사람이다. 피겨스케이팅이라는 한 가지를 위해 인생을 살아왔다. 그 결과 최고의 자리에 앉을 수 있었다.

강수진 씨와 김연아의 공통점은 한 가지 성취를 위해 인생 전부를 바쳤다는 것이다. 하지만 이들의 성취와 우리가 착각하기 쉬운 성취의 개념에는 큰 차이가 있다. 우리는 단기나 중기 목표의 성취를 위해 모든 것을 희생하는 실수를 범한다. 예를 들면 고등학교 때에는 좋은 대학에 가기 위해 모든 것을 희생하고 대학 졸업 후에는 좋은 직장에 취직하기 위해 모든 것을 희생하며 직장에 들어가면 다른 사람들 보다 빨리 승진하기 위해 몸 바쳐 노력한다. 이것은 목표의 속성이 잘못되었기 때문에 일어나는 현상이라고도 볼 수 있다. 잘못된 목표를 가진 이들은 '무엇'이 되고자 목표를 세우고 노력한다. 하지만 이런 목표를 이루어 '무엇'이 되고 난 후에는 어떻게 할 것인가? 이러한 목표는 단기목표나 중기목표에는 적합할지 몰라도 인생의 최종목표에는 적합하지 않다. 강수진 씨나 김연아의 경우에는 '무엇'이 되기 위해 노력한 것이 아니라 나 자신을 뛰어넘기 위해 노력했다. 스스로 '어떠한' 경지를 설정해 놓고 그것을 달성하기 위해 노력한 것이다.

이와 같이 자아실현을 위해 모든 것을 바치는 것은 매우 존경받을 만한 일이다. 하지만 가시적인 단기 목표를 이루기 위해 자신의 모든 것을 걸고 성취열정을 보이는 것은 바람직하지 못하다. 〈사례 3.8〉에 나오는 K 부장의 경우가 이러한 실수를 범하는 전형적인 예이다.

〈사례 3.8〉 임원승진을 위해 모든 것을 바친 K 부장의 인생

E 기업 리조트의 K 부장은 일주일에 한 번 속옷을 가지러 집에 간다. 그는 회사에서 살면서 일을 한다. 그 이유는 집에 갔다 왔다 할 만한 시간이 없기 때문이다. 새벽부터 일정을 모두 체크하고 회의를 해야 하며, 퇴근 후에도 마무리해야 할 일들이 많기 때문에 집까지 왔다 갔다 할 시간이 없다. 당연히 가족들과 시간을 보내기 힘들다. 아이들은 아빠와 함께 시간을 보내고 싶어 하지만 얼굴을 보기도 힘든 상황이다. 이렇다 보니 아이들과 아내와의 관계가 소원해진 것은 당연했다. 가족들을 위해서 임원승진 때까지 죽었다 생각하고 일만 하려던 것이었는데 이러한 생활 때문에 가족들과 소원해진 것이다.

신입사원들은 그의 모습을 보면서 여기에 계속 남게 되면 나의 미래 모습도 저렇겠구나라고 생각한다. 그래서 입사 1, 2년차에 이직하는 직원들이 많다. 그런데 재미있는 것은 회사에 남은 다른 직원들도 서서히 K 부장과 같이 변해간다는 사실이다. 다들 가지고 있는 생각은 비슷하다.

'임원이 될 때까지만 죽었다고 생각하고 참자.'

임원승진이라는 한 가지 목표를 위해 모든 생활을 포기한 K 부장과 그의 부하직원들이 바라는 성취는 진정 누구를 위한 성취일까?

위 사례의 K 부장이 임원이 되면 행복할까? 우리는 깊이 생각해 봐야 할 필요가 있다. 어쩌면 유일한 목표였던 임원승진을 이루고 나면 K 부장은 앞으로 이루어야 할 목표를 잃고 방황하게 될지도 모른다. 한 가지 성취를 위해 모든 것을 바치는 엄청난 열정을 지닌 한국인들의 특성은 매우 긍정적인 부분이다. 하지만 그러한 열정을 쏟는 목표의 선정이 매우 중요하다. 당신은 K 부장과 같은 목표를 가지고 있지는 않은가? 깊이 생각해 볼 필요가 있는 부분이다.

(6) 무엇이든 빨리빨리 해야 한다

한국 사람들의 국민성을 가장 잘 말해주는 단어가 '빨리빨리'가 아닐까? 한국인은 무엇이든(일, 노는 것, 밥 먹는 것까지도) 빨리빨리 해야 한다. 느린 것은 실패요, 무능력한 것이라고 인식된다. 한 가지 일에 오래 종사해서 인간이라고는 믿기지 않을 정도의 속도를 보여주는 달인들이 TV에 많이 나온다. 우리는 그것을 보면서 존경심을 갖게 되기도 한다.

　이처럼 우리나라는 빠른 것을 중요하게 생각한다. 일뿐만 아니라 생활 모든 부분에 있어서 속도를 중요하게 여긴다. 일은 물론이고, 술도 빨리 마셔야 하고, 밥도 빨리 먹어야 한다. 하지만 외국의 경우에는 느림의 미학이라고 하여 느리고 여유로운 것을 중요하게 생각하는 추세이다.

　〈사례 3.9〉은 슬로비족에 대한 내용이다. 슬로비족이란 시골의 느긋함, 가족만의 단란한 분위기 등 자신의 일상을 살찌우는 느리고 여유로운 삶을 즐기는 사람을 지칭하는 용어이다.

〈사례 3.9〉 실리콘밸리 사장들의 퇴근 이후 실제상황

도시인들의 일상과는 거리가 먼 두메산골 생활이 요즘 미국에서 잘 나가는 실리콘밸리 벤처기업 사장들의 '퇴근 이후의 실제상황'이다. 이들은 '시골 취향의 느긋함', '가족만의 단란한 분위기', '명상과 요가' 이런 것들이 제공하는 편안함이 자신의 일상을 살찌우는 요소라고 굳게 믿고 있다.

　이들을 지칭하여 슬로비족(slobbies)이라고 한다. 'Slow but Better'라는 의미가 담겨 있다. 첨단 디지털기기로 가득 찬 직장환경과는 너무나 대조적인 이 '자연회귀적 삶의 방식'이 이제는 벤처사업가, 과학자, 예술가, 전문직 종사자 등 고소득층에 '느림의 철학'으로 파고들고 있다. 요즘 새롭게 부상하고 있는 라이프스타일이다. 몽상가나 현실도피 계층의 일시적인 해프닝이 아니다.

　놀라운 것은 이들이 태어난 시기가 농경시대가 아니라 물질주의적 소비사회가 만개했던 시대라는 것이다. 아날로그적 문화의 특성인 '느림'이 '광속시대'에도 여전히 우리 모두의 귀소본능을 자극하는 요람임을 일깨워 준다.

　위의 사례에서처럼 느림의 미학을 추구하는 슬로비족과 '빨리빨리'를 중요하게 여기는 한국인 가운데 어떤 것이 옳고 그르다고 판단할 수는 없다. 한국인의 이러한 스피드가 한국 사회를 변화에 빠르게 대응하고 성장할 수 있게 해주는 동력임은 분명하다. 하지만 빠르게 행동해야 할 때와 여유를 가지고 행동해야 할 때를 구분하여 합리적으로 행동하는 것이 무조건 빨리빨리만을 외치는 것보다는 바람직할 것이다.

(7) 명예 측면의 성취에 큰 가치를 둔다

예부터 한국인들은 유교의 '사농공상'과 같은 가치관 때문에 경제적인 면보다 '입신양명'하여 명예를 얻는 것을 중요하게 여겼다. 그래서 한국인들은 이직을 할 때 연봉보다 직급을 더욱 우선시하는 경향이 있다.

하지만 서양 중에서도 특히 미국의 경우 어떤 사람이 얼마나 많은 재산을 가지고 있는지, 어떤 사업이 얼마나 많은 돈을 벌어들이는지가 성공에 대한 정의이다. 물질적인 것을 추구하는 서양과 명예적인 측면을 중요시 여기는 한국을 비교하여 옳고 그름을 판단할 수는 없다. 이것은 단순히 문화적인 차이라고 보는 것이 가장 적절할 것이다.

(8) 집단의 목표 성취를 위해 자기희생을 하는 것을 중요시한다

서양의 경우 개인주의 사회이기 때문에 개인적 성취를 매우 중요시한다. 반면에 특정 목표를 달성하기 위해 서로 단결하고 협력하는 조직력도 가지고 있다. 하지만 이러한 조직력은 한국인들의 '우리'라는 개념과는 차이가 있다. 서양의 경우 특정 목표를 달성하기 위해 일시적으로 협력하는 것이지만 한국의 경우 '우리'라는 공동체의 발전을 위해 지속적이고 헌신적으로 협력한다는 것이 차이점이다. 조직의 이익을 위해 개인을 희생하는 것을 미덕으로 삼는다.

4 | 성 취 열 정 의 긍 정 적 측 면

한국 경제를 40년 만에 세계적인 경제대국으로 만들 수 있었던 원동력은 바로 경제발전을 이끈 리더와의 높은 성취욕구였다. 높은 성취욕구는 높은 성과를 이루어 낼 수 있는 전제가 된다. 따라서 개인적 성장이나 조직적 성장에서 높은 성취욕구는 중요한 부분이다.

〈표 3.4〉 성취열정 4요인의 긍정적 측면

구 분	긍정적 측면
빨리빨리	• 문제가 발생했을 때 빠른 해결이 가능하다. • 적절한 타이밍으로 기회를 잘 포착하여 일을 성사시킬 수 있다. • 빠른 의사결정과 속도감 있는 일의 진행으로 빠른 성과창출이 가능해진다. • 시간낭비를 하지 않으므로 경영의 효율성을 높일 수 있다. • 불만과 새로운 요구에 빨리 대응할 수 있는 조직의 유연성 향상으로 환경 변화에 빠르게 대응하는 것이 가능해진다. • 일의 성패가 빨리 결정되어 계속 밀고 나가야 할 것과 그만둬야 할 것을 구분할 수 있다.
몰입	• 몰입은 집중력을 높여주며 이를 통해 창의적 문제해결을 가능하게 한다. • 리더의 몰입은 하급자들도 일에 몰입하도록 유도하여 집중된 에너지를 통해 빠르고 높은 성과를 달성하는 것을 가능하게 한다. • 꼭 성공시키고야 말겠다는 의지로 끝까지 끈기 있게 일을 진행하기 때문에 완성도가 높아진다.
밀어붙이기	• 리더의 전문성과 동물적 감각에 따른 확신에 의한 의사결정과 밀어붙이기는 비범한 대안을 성사시켜 조직의 큰 성공을 만들어 낼 수 있다. • 리더의 강한 밀어붙이기는 카리스마를 형성시켜 리더십의 유효성을 높인다. • 강한 추진력은 일의 처리속도를 향상시킨다.
초월열정	• 상사의 지시를 기다리는 것이 아니라 성과를 내기 위해 적극적으로 행동하도록 한다. • 높은 성과를 내기 때문에 이러한 조직원들이 많아지면 조직이 보다 발전하게 된다. • 높은 초월열정을 가진 사람은 끊임없는 자기발전으로 진정한 리더가 될 가능성이 높아진다. • 초월열정을 가진 리더 밑의 하급자들은 리더를 보고 배워 리더와 같은 초월열정을 갖게 되고 열정적인 조직 분위기를 형성시킨다.

성취열정 4요인의 긍정적 측면

한국형 리더들의 가장 큰 특징이자 긍정적 측면 중 하나가 성취에 대한 열정이다. 열정은 넘치는 에너지를 의미하며 이러한 에너지는 높은 성과를 내도록 도와주는 요인이 된다. 높은 목표와 성취에 대한 열정은 개인의 발전을 가능하게 해주고 특히 리더가 보여주는 성취열정은 조직을 성공으로 이끌 수 있는 중요한 부분이다. 따라서 이러한 성취열정의 요인별 긍정적 측면에는 어떤 것들이 있는지 알아볼 필요가 있다.

(1) 빨리빨리

빨리빨리는 의사결정과 일의 진행, 성과창출에서 높은 스피드를 보여주는 것을 말한다. 빨리빨리는 한국인들의 대표적인 국민성이라고 할 정도로 한국인들은 다른 나라의 사람들보다 빠른 것을 좋아한다. 따라서 자연스럽게 조직 내에서 일어나는 모든 일에서 '빨리빨리'의 특성을 찾아볼 수 있다.

첫째, 리더가 성취열정의 빨리빨리 요인을 보여주는 것은 조직 내에서 발생하는 사소한 문제에서부터 큰 문제에 이르기까지 빠른 해결을 가능하게 해 준다. 문제를 빨리 해결하지 못하면 더 큰 문제가 발생되기도 하기 때문에 빠른 문제해결은 조직의 실패를 줄여주는 중요한 요인이 된다. 문제를 빨리 해결하지 않고 미루다 보면 작은 문제가 눈덩이처럼 커져 조직을 실패로 몰고 가는 위험한 요인이 될 수 있다. 문제가 발생했을 때 지체하지 않고 빨리 해결책을 모색하고 해결이 이루어지도록 하는 것은 조직의 실패를 최소화시켜 도와준다.

둘째, 높은 성과를 내는 것은 좋은 타이밍이 뒷받침되어야 하는 경우가 많다. 적기에 신사업에 진입한다거나, 조직 내부적으로 가장 좋은 상태에 일을 진행시키는 것처럼 적절한 타이밍이 일의 성공을 도와줄 수 있다. 빨리빨리의 모습을 보여주는 민첩한 리더는 적절한 타이밍을 빨리 포착하고 속도감 있는 진행으로 기회를 포착하여 일을 성사시킬 수 있다.

셋째, 리더의 빠른 의사결정과 속도감 있는 일의 진행은 빠른 성과창출을 가능하게 한다. 빠른 의사결정이라고 해서 대충대충 의사결정을 하는 것을 말하는 것이 아니다. 의사결정 전에 필요한 치밀한 분석을 다른 리더들보다 빨리 하여 의사결정의 질을 향상시키는 민첩한 모습을 보여주고, 속도감 있는 진행을 통해 빠른 성과창출을 가능하게 한다는 것이다.

넷째, "시간이 좀 걸립니다", "아직 준비가 되지 않았습니다" 같은 말을 들으면 한국인이라면 가슴이 답답해지는 것을 느낄 것이다. 한국인들은 이렇게 일의 처리가 지체되는 것을 몹시 싫어한다. 한국형 리더들은 빠른 일처리로 쓸데없이 시간낭비를 하지 않으므로 경영의 효율성을 높인다. '시간은 금이다.'라는 말이 있듯이 시간의 지체는 비용을 발생시키기 때문에 일의 빠른 처리는 비용을 줄여주고 효율적인 경영을 가능하게 만든다.

다섯째, 환경은 늘 변화하기 때문에 이 변화에 맞춰 나가기 위해서는 조직이 유연해질 필요가 있다. 리더가 이해관계자들의 불만과 새로운 요구에 빨리 대응할 수 있는 민첩한 모습을 보여주면 조직의 유연성이 향상되어 환경변화에 빠르게 대응하는 것이 가능해진다. 최근 경영학에서 화두가 되고 있는 혁신의 기본은 기존의 것을 변화시키는 것이다. 위와 같은 리더의 빠른 환경변화는 조직의 혁신을 가능하게 해 주어 높은 성과창출을 가능하게 할 수 있다.

여섯째, 일의 빠른 진행은 일을 실행했을 때의 성패를 빨리 알 수 있게 한다. 잘못된 의사결정으로 실패했을 때 문제가 더 커지기 전에 일을 그만두어 실패의 규모를 줄일 수 있으며 성공가능성이 높다고 판단되는 일일 경우 더 많은 투자를 통해 성과를 향상시킬 수 있다.

(2) 몰입

몰입은 고도로 집중된 상태에서 문제를 생각하고 해결, 성취를 위해 집중하고 한곳에 에너지를 쏟으며 일을 성공시키기 위해 끈질기게 노력하는 것을 의미한다. 한 가지 목표에 대한 높은 몰입은 한곳에 집중하게 도와주고 에너지를 분산시키지 않아 높은 성과창출이 가능하게 하는 등 많은 긍정적 측면을 가진다.

첫째, 높은 몰입은 집중력을 향상시키고 이를 통해 창의적 문제해결력도 향상시킨다. 창의력이란 한 가지 일에 대해 깊게 고민하고 생각하는 몰입에서 나타난다. 일에 대한 높은 몰입은 문제에 대해 깊이 있는 이해를 가능하게 해 주고 여러 가지 대안을 생각해 볼 수 있는 기회를 갖도록 하여 창의적 대안을 많이 만들어 낼 수 있게 한다. 리더의 창의적 문제해결은 새로운 시도를 가능하게 하고, 비범한 대안을 만들어 내어 조직을 성공으로 이끄는 요인이 된다.

둘째, 리더가 몰입하는 모습을 하급자들에게 보여주면 하급자들도 몰입하게 된다. 하급자들의 몰입은 에너지를 집중시키고 집중된 에너지는 빠르고 높은 성과 달성을 가능하게 한다. 하급자들의 몰입은 시너지 효과를 만들어내어 개개인의 몰입을 합한 것보다 더 큰 긍정적 효과를 나타낼 수 있으므로 조직의 성공에 매우 큰 도움이 된다. 또한 하급자들이 공통된 목표에 몰입하도록 리더가 유도하게 되면 자연스럽게 조직 몰입이 가능해져 조직원들의 응집력을 향상시킬 수 있게 된다.

셋째, 한 가지 목표를 달성하기 위해 높은 몰입을 보여준다는 것은 위해 꼭 성공시키고야 말겠다는 의지를 갖는 것을 의미한다. 이러한 자세는 끝까지 끈기 있게 일을 진행하도록 하여 일의 완성도를 높여준다. 일을 성공시키기 위해서는 시작도 매우 중요하지만 마무리가 매우 중요하다. 처음에는 열정을 가지고 시작했던 일이었지만 마무리를 잘 하지 못하여 용두사미가 되는 경우가 적지 않다. 따라서 리더가 끈기 있게 몰입을 보여주는 것은 일의 완성도를 높여주는 매우 중요한 요인이다. 또한 리더의 이러한 자세는 어려운 일도 포기 하지 않고 장애요인이 발생하였을 때에도 장애를 돌파하여 일을 성사시킬 수 있게 만든다.

(3) 밀어붙이기

밀어붙이기란 리더가 강한 추진력과 행동력, 목표를 위해 모든 수단을 동원하고 어떤 장애라도 극복하는 모습을 보여주는 것이다. 이러한 밀어붙이기는 리더의 전문성에 기초한 근거 있는 밀어붙이기여야 한다. 리더의 밀어붙이기는 조직의 혁신과 같은 커다란 변화를 가능하게 하여 큰 성과를 달성할 수 있으므로 많은 긍정적 측면을 가진다.

첫째, 리더의 근거 있는 밀어붙이기는 비범한 대안을 성사시켜 조직의 성공을 이룰 수 있는 중요한 부분이다. 근거 있는 밀어붙이기란 리더의 다양한 경험과 전문성을 기반으로 하여 동물적 감각에 의한 확신이 있는 밀어붙이기를 말한다. 이는 리더의 노련함과 직관, 성공과 실패에 대한 학습을 통해 형성된다. 이러한 확신을 바탕으로 치밀한 분석과 세밀한 계획으로 밀어붙이기를 하여 일의 성공 가능성을 높일 수 있다. 하지만 근거 없이 무조건적으로 밀어붙이는 것은 조직을 실패로 몰고 갈 수 있는 위험한 요인이 되므로 조심해야 한다.

둘째, 근거 있는 밀어붙이기의 성공은 리더의 카리스마를 형성시켜 주는 요인이 된다. 한국형 리더들 중 밀어붙이기의 성공이 조직 내에서 신화적으로 전승됨으로써 리더의 카리스마를 형성시켜주는 경우가 매우 많다. 선구자적으로 앞일을 미리 예상하여 밀어붙여 조직의 성공을 이끌어 내는 리더의 모습은 하급자들에게 매우 인상적으로 받아들여질 뿐만 아니라 성공의 원인을 리더에게서 찾도록 만들기 때문에 리더의 카리스마는 강화된다. 이러한 카리스마 형성은 리더십의 유효성을 향상시켜주어 하급자들을 보다 효과적으로 움직이게 할 수 있다.

셋째, 리더의 강한 추진력은 조직을 빠르게 움직이도록 하여 일의 처리속도를 향상시킨다. 이러한 부분은 '빨리빨리'의 긍정적 측면을 높여주는 요인으로 작용한다. 즉 하급자들의 일처리를 분산시키지 않고 리더가 밀어붙이는 방향으로 모이게 하여 조직이 일사분란하게 움직일 수 있도록 하고, 이를 통해 일의 처리속도를 향상시키는 것이다.

(4) 초월열정

월등한 성과를 내기 위해 자기 자신을 계속해서 발전시키고, 타인보다 뛰어나기 위해 노력하는 모습이 초월열정이다. 타인을 넘어서려는 수준을 넘어서면 자기 자신을 뛰어넘으려는 열정을 보인다. 이러한 초월열정은 능동적으로 높은 성과를 내도록 하며 끊임없는 자기계발을 통해 진정한 리더가 될 수 있도록 도와주는 등 많은 긍정적 측면을 가진다.

첫째, 초월열정을 가진 리더에게는 월등한 성과를 내기 위해 새로운 방식으로 문제를 접근하고, 누가 시켜서가 아니라 높은 성과를 내기 위해 알아서 일을 찾아서 하는 모습을 발견할 수 있다. 즉 다른 리더들과는 차별화된 성과를 창출하기 위해 노력하게 되므로 능동적인 행동을 보여준다.

둘째, 초월열정이 높은 리더들은 기대 이상의 성과를 낼 수 있다. 이러한 리더들이 조직에 많아지게 되면 문제해결방식이 다양화되며 능동적인 성과향상을 추구하기 때문에 자연스럽게 조직이 발전하게 된다. 이러한 리더들을 조직 내에서 체계적으로 길러내어 많은 초월열정 리더들을 많이 확보하는 것이 조직의 성패를 좌우할 수 있는 중요한 요인이다.

셋째, 높은 초월열정을 가진 사람은 다른 사람보다 우월해지고자 하는 것을 넘어서 자기 자신을 넘어서고 싶은 열정을 가지게 된다. 이러한 초월열정은 상상을 초월하는 높은 성과를 가능하게 한다. 자아실현과 자기 발전을 끊임없이 추구하는 사람은 진정한 리더가 될 가능성이 높아진다. 누군가와 비교해서 조금 나은 리더가 아니라 정말로 훌륭한 리더가 되는 것이다. 초월열정은 누구와 비교할 수 없는 진정한 리더를 만들어주는 중요한 요인이다.

넷째, 초월열정을 가진 리더를 따르는 하급자들은 자연스럽게 그의 행동양식을 배우게 되기 때문에 초월열정을 갖기 쉬워진다. 하급자들이 초월열정의 리더를 역할모델로 삼아 학습하게 되면 하급자들이 초월열정의 리더로 발전할 가능성이 높아진다. 이러한 분위기는 열정적인 조직분위기를 형성하여 시너지 창출을 가능하게 한다.

성취열정의 결정요인

성취열정은 리더 개인의 발전뿐 아니라 조직 전체의 발전을 위해서도 매우 중요한 부분이다. 따라서 이러한 성취열정을 강화시켜 개인 및 조직의 성장을 도모할 필요가 있다. 성취열정을 강화시키는 요인에는 개인 차원의 요인과 조직 차원의 요인이 있을 수 있다.

(1) 개인적 요인

① 빨리빨리
유난히 성격이 급한 사람이 있는 반면 느긋한 사람이 있다. 이러한 개인적 특성이 빨리빨리의 정도를 결정하는 면이 있지만 일의 처리와 성과 창출의 관점에서의 빨리빨리는 일에 대한 전문성과 역량을 통해 강화된다. 빨리빨리를 강화시키는 네 가지 개인 차원의 요인에 대해서 알아보자.

첫째, 변화에 민감하게 반응하고 변화가 의미하는 것이 무엇인지 알아내기 위한 개인의 노력이다. 이것이 훈련이 되어 자연스럽게 하게 된다면 가장 이상적이겠지만 빨리 변화를 포착하려는 개인의 노력이 선행되어야 한다. 이러한 노력을 통해 변화 트렌드를 읽어낼 수 있는 직관을 가지게 되면 변화에 빠르게 적응하는 것이 가능해진다. 반면 변화에 대해 둔감하고 변화가 의미하는 바를 알아채지 못하며 심지어 관심조차 없는 리더라면 변화에 뒤처지게 되고 개인의 실패뿐 아니라 조직을 실패로 몰고 갈 수 있다.

둘째, 새로운 정보를 빨리 수집할 수 있는 정보통을 확보하는 것이다. 이러한 정보통을 통해 다른 사람보다 새로운 정보에 빨리 접근할 수 있고 많은 정보를 보유할 수 있으므로 좋은 기회를 빨리 잡는 것이 가능해진다. 하지만 새로운 정보에 둔감하고 정보수집에 느린 리더는 눈앞의 기회도 알아채지 못하고 놓쳐버리게 되어 성과창출을 하지 못한다.

〈표 3.5〉 성취열정의 강화 및 약화 요인

구 분	개인적 요인	조직적 요인
빨리 빨리	• 변화에 민감하게 반응하고 변화가 의미하는 것이 무엇인지 알아내기 위해 노력(↔ 변화에 대해 둔감하고 변화가 의미하는 바를 알아채지 못함) • 새로운 정보를 빨리 수집할 수 있는 정보통 확보(↔ 새로운 정보에 둔감하고 정보수집이 느림) • 좋은 계획이 떠올랐을 때 빨리 실행 할 수 있는 행동력(↔ 좋은 계획이 떠올라도 탁상공론으로 끝나고 실행으로 옮기지 않음) • 상황판단 시 빠른 이해력(↔ 상황판단 시 느린 이해력)	• 빠른 의사결정과 실행을 가능하도록 하는 조직 내 의사결정 체계 및 커뮤니케이션 시스템(↔ 빠른 의사결정과 실행을 가능하도록 하는 조직 내 의사결정 체계 부재) • 조직 구성원들 간의 강한 네트워킹으로 인한 빠른 정보의 공유(↔ 조직 구성원의 개인주의로 인한 약한 네트워킹으로 느린 정보의 공유)
몰입	• 한 가지 일에 대한 높은 집중력(↔ 여러 가지 일을 벌여만 놓고 마무리하지 않는 태도) • 확실한 목표의 성공에 대한 집념(↔ 목표의식의 부재) • 할 수 있다는 강한 자기긍정으로 끝까지 포기하지 않는 자세(↔ '난 안돼'라는 자기부정으로 인한 빠른 포기) • 이것이 아니면 안 된다는 절박함(↔ 안되면 그만이라는 안이한 생각) • 일의 진행에서 발생하는 문제에 대한 문제해결력(↔ 일의 진행에서 발생하는 문제에 대한 문제해결력의 부족)	• 조직에 대한 애착을 통해 조직 몰입을 유도함(↔ 조직에 대한 불신은 조직 몰입을 약화시킴) • 일에만 집중할 수 있는 분위기 형성을 위한 명확한 역할분담 등 조직 차원의 지원(↔ 잡다한 행정업무와 과다하고 명확하지 않은 업무분담) • 성과에 대한 적절한 보상(↔ 일의 성과에 대해 적절한 보상을 해주지 않음) • 작은 실패를 용납해 주어 계속 일을 진행할 수 있도록 해 주는 조직 분위기(↔ 실패에 대해 냉혹한 비난과 처벌을 하여 일을 끝까지 진행할 수 없게 하는 조직체계) • 장애가 발생해도 꼭 일을 성사시킬 수 있도록 적당한 조직적 압박을 가함(↔ 해봐야 안 될 것이라 포기를 부추기는 조직분위기) • 리더가 보여주는 끈질긴 모습은 하급자들도 끈기를 가지고 일을 마무리할 수 있도록 학습시키는 효과가 있음(↔ 리더의 빠른 포기와 약한 끈기는 조직원들도 끈기 있게 일을 진행하지 않도록 만듦)

(계속)

구 분	개인적 요인	조직적 요인
밀어 붙이기	• 리더의 강한 리더십 발휘(→ 리더의 우유부단함) • 성공을 확신할 수 있는 리더의 전문성(→ 전문성 결여로 리더가 일의 성공에 대한 확신이 없음) • 치밀한 계획(→ 계획이 없는 주먹구구식의 진행)	• 조직적 차원에서 리더에게 많은 권한을 줌(→ 리더의 행동을 제약할 수 있는 많은 조직적 시스템) • 밀어붙이기를 통해 성공했던 조직 내 경험의 축적으로 인한 리더에 대한 신뢰(→ 밀어붙이기를 통해 크게 실패했던 조직 내 경험의 축적에 의한 리더에 대한 신뢰 부재)
초월 열정	• 나 자신마저도 뛰어넘고자 하는 높은 성장 욕구(→ 현실에 안주하려는 안이한 삶의 자세) • 다른 사람보다 우위에 서고 싶어 하는 욕구(→ 맡은 일만 하면 된다는 안이한 생각) • 돋보이고 싶어 하며 뛰어나고자 하는 욕구(→ 낮은 자의식과 자신감의 결여) • 개인의 성공에 대한 집념(→ 삶에 대한 소극적인 태도)	• 리더가 역할모델로서 높은 초월열정을 보여주면 하급자들의 초월열정이 강화됨(→ 초월열정이 낮고 자리보전에만 급급한 모습을 보여주는 리더) • 초과 성과에 대한 파격적인 인센티브(→ 초과 성과에 대한 조직적 보상 부재)

셋째, 좋은 계획이 떠올랐을 때 빠른 실행을 할 수 있는 행동력이다. 아무리 좋은 아이디어가 있다고 해도 빨리 실행하지 않으면 기회를 놓쳐버리는 경우가 많다. 따라서 좋은 계획이 떠올랐을 때에는 즉시 실행에 옮기는 것이 중요하다. 반면 좋은 계획이 떠올라도 탁상공론으로 끝나고 실행에 옮기지 않는 리더는 전형적인 성취지체 리더로 높은 성과창출을 하기 힘들다.

넷째, 상황판단 시 빠른 이해력은 빠르고 정확한 의사결정을 가능하게 하고, 이를 통해 빠른 성과창출이 가능해진다. 반면 상황에 대한 느린 이해력은 의사결정을 지체시켜 일의 진행을 느리게 하는 요인으로 작용한다.

이와 같이 변화에 대한 민감성, 정보통 확보, 빠른 행동력, 상황판단에서의 빠른 이해력은 성취열정의 요인 중 '빨리빨리'를 강화시켜주는 개인적 요인이다.

② 몰입

고도로 집중된 상태에서 문제를 생각하고 해결하고, 성취를 위해 한곳에 에너지를 쏟으며 포기하지 않고 일을 성공시키기 위해 끈질기게 노력하는 것은 성취열정 리더들이 보여주는 전형적인 몰입의 모습이다. 이러한 몰입을 강화하는 개인적 요인에는 다섯 가지 요인이 있다.

첫째, 한 가지 일에 대한 높은 집중력이다. 반면 여러 가지 일을 벌려만 놓고 마무리 하지 않는 산만한 태도는 몰입을 약화시킨다.

둘째, 성공에 대한 집념과 확실한 목표의식이다. 개인적 목표에 대한 성공의 집념은 몰입을 향상시켜주는 요인으로 작용한다. 반면 목표의식의 부재는 몰입해야 할 대상이 불분명하므로 몰입을 약화시킨다.

셋째, 할 수 있다는 강한 자기긍정으로 끝까지 포기하지 않는 자세는 몰입을 강화시켜준다. 하지만 '난 안 돼' 라는 자기부정은 일에 몰입하기도 전에 포기를 하도록 하므로 바람직하지 않다.

넷째, 이것이 아니면 안 된다는 절박함은 몰입을 강화시킨다. 한국형 리더들 중 이러한 절박함이 높은 몰입을 유도해 큰 성공을 거둔 경우가 많다. 포스코의 박태준 회장의 경우도 철강산업을 성공시켜야 한다는 국가적 사명감과 절박함으로 높은 몰입을 보여주어 성공한 예이다. 반면 '안 되면 그만' 이라는 안이한 생각은 몰입을 약화시키는 요인이다.

다섯째, 일의 진행에서 발생하는 문제에 대한 문제해결력은 몰입을 강화시킨다. 문제해결력이 부족한 리더는 계속되는 장애를 극복하지 못해 빨리 포기하게 된다. 따라서 몰입을 약화시킨다.

이와 같이 한 가지 일에 대한 높은 집중력, 성공에 대한 집념과 확실한 목표의식, 강한 자기긍정, 절박함, 높은 문제해결력 등은 성취열정의 요인 중 몰입을 강화시키는 개인적 요인이다.

③ 밀어붙이기

강한 추진력과 행동력, 목표를 위해 모든 수단을 동원하고 어떤 장애라도 극복하는 모습을 보여주는 것이 리더의 밀어붙이기이다. 이러한 밀어붙이기를 강화시켜주는 네 가지 요인이 있다.

첫째, 리더의 강한 리더십 발휘는 밀어붙이기를 강화시킨다. 리더의 강한 리더십이 전제되지 않으면 사실상 밀어붙이기가 불가능하다. 리더의 리더십 정도에 따라 밀어붙이기의 성공가능성이 결정되기도 한다. 반면 리더가 우유부단한 모습을 보여주는 것은 밀어붙이기를 약화시킨다.

둘째, 성공가능성을 높이는 리더의 전문성은 밀어붙이기를 강화시킨다. 리더의 경험에 의한 노련함과 전문성이 더해져 확신이 있는 근거 있는 밀어붙이기여야만 밀어붙이기에 대한 하급자들의 거부감을 최소화할 수 있다. 하지만 전문성 결여로 리더가 성공에 대한 확신이 없는데도 무조건 밀어붙이기를 하게 되면 실패의 가능성이 높으며 구성원들의 원성을 사게 될 수 있고 신뢰를 떨어뜨리는 요인이 된다.

셋째, 치밀한 계획은 조직 구성원들에게 일의 성공에 대한 믿음을 주게 되므로 밀어붙이기를 강화시키는 요인이 된다. 하지만 계획 없는 주먹구구식의 밀어붙이기는 조직원들을 동참시키기 힘들며 밀어붙이기를 약화시키는 요인이 된다.

이와 같이 리더의 강한 리더십 발휘, 리더의 전문성에 기초한 성공에 대한 확신, 치밀한 계획은 성취열정의 요인 중 밀어붙이기를 강화시키는 개인적 요인이다.

④ 초월열정

월등한 성과를 내기 위해 자기 자신을 계속해서 발전시키고, 타인보다 뛰어나기 위해 노력하는 것이 초월열정을 가진 리더의 모습이다. 이러한 초월열정을 강화시키는 세 가지 개인적 요인이 있다.

첫째, 나 자신마저도 뛰어넘고자 하는 성장에 대한 개인의 높은 욕구는 초월열정을 강화시키는 요인이다. 반면 현실에 안주하려는 안이한 삶의 자세는 자기발전을 막는 요인으로 초월열정을 약화시킨다.

둘째, 다른 사람보다 우위에 서고 싶어 하는 욕구는 자신을 발전시키기 위한 초월열정을 강화시킨다. 타인보다 돋보이고 뛰어나기 위해서는 계속된 자기발전이 필요하다. 하지만 맡은 일만 하면 된다는 안이한 생각과 낮은 자의식과 자신감 결여는 초월열정을 약화시킨다.

셋째, 개인의 성공에 대한 집념은 초월열정을 강화시킨다. 높은 목표와 이를 달성하여 성공하고자 하는 노력은 초월열정을 강화시킨다. 반면 삶에 대한 소극적인 태도는 초월열정을 약화시키는 요인이다.

이와 같이 성장에 대한 개인의 높은 욕구, 타인보다 우위에 서고 싶은 욕구, 성공에 대한 집념은 초월열정을 강화시키는 개인적 요인이다.

(2) 조직적 요인

① 빨리빨리

성취열정의 요인 중 '빨리빨리'를 강화시켜주는 조직 요인에는 여러 가지가 있다. 먼저 빠른 의사결정을 가능하게 해 주며, 빠른 정보의 공유가 가능해지고, 빠른 실행이 가능한 조직차원의 요인들이 '빨리빨리'를 강화시켜 줄 것이다. 이러한 부분을 도와주는 구체적인 조직차원의 요인에 대해 알아보자.

첫째, 빠른 의사결정과 실행을 가능하도록 하는 조직 내 의사결정 체계 및 커뮤니케이션 시스템은 '빨리빨리'를 강화시켜주는 조직차원의 요인이다. 반면 이러한 의사결정 시스템이 없는 조직의 경우 리더의 뛰어난 대안이라도 빠른 의사결정이 이루어지지 못해 사장될 수 있다. 또한 조직 내 커뮤니케이션 시스템이 원활하지 못하면 일의 원만한 진행을 막기 때문에 일의 처리가 느려지므로 '빨리빨리'를 약화시키는 요인이 된다.

둘째, 조직 구성원들 간의 강한 네트워킹으로 인한 빠른 정보의 공유는 빠른 일의 처리를 가능하게 해 주므로 '빨리빨리'를 강화시키는 요인이 된다. 조직 내 커뮤니케이션 체계는 공적인 부분이라고 한다면 조직 구성원들 간의 강한 네트워킹으로 인한 정보의 공유는 조직 내 문화나 공공연한 분위기 등 비공식적인 부분이라고 할 수 있다. 이러한 강한 네트워킹은 조직의 공식적 시스템보다 더욱 빠른 일처리를 가능하게 해 줄 수 있는 부분이다. 반면 조직 구성원의 개인주의로 인한 약한 네트워킹과 느린 정보의 공유는 '빨리빨리'를 약화시키는 요인이다.

이와 같이 공식적인 빠른 의사결정 시스템과 커뮤니케이션 시스템, 비공식적인 공공연한 조직 구성원들의 강한 네트워킹은 조직 내 빠른 의사결정과 일의 진행을 도와주어 빠른 성과창출을 가능하게 해준다.

② 몰입

조직원들의 높은 몰입을 유도하는 조직 차원의 요인들이 있다. 조직원들의 몰입을 향상시키는 조직적 요인들은 조직 내 폭발적인 에너지를 한 곳에 모아 성과를 낼 수 있는 중요한 요인이다. 구성원들의 몰입을 향상시키는 조직적 요인에 대해 알아보자.

첫째, 조직에 대한 애착을 통해 조직몰입을 유도하면 구성원들의 몰입을 향상시킬 수 있다. 조직에 대한 몰입은 직무에 대한 몰입, 리더에 대한 몰입으로 이어져 몰입을 강화시키는 요인이 된다. 반면 조직에 대한 불신은 구성원들의 조직몰입을 약화시키는 요인으로 작용한다.

둘째, 일에만 집중할 수 있도록 명확한 역할분담 등 조직 차원의 지원은 몰입을 강화시킨다. 반면 잡다한 행정업무나 과다하고 명확하지 않은 업무분담은 몰입을 약화시키는 요인이다.

셋째, 성과에 대한 적절한 보상은 일에 대한 몰입을 강화시킨다. 반면 일의 성과에 대해서도 적절한 보상을 해 주지 않는 조직에서는 몰입해서 높은 성과를 낼 유인이 없기 때문에 조직원들의 몰입을 약화시킨다.

넷째, 작은 실패를 용납해 주어 일을 계속해서 진행할 수 있도록 해주는 조직 분위기는 중간에 일을 포기하지 않고 끝까지 몰입할 수 있도록 도와준다. 반면 실패에 대해 냉혹한 비난과 처벌을 가하는 조직의 경우 구성원들이 실패할 것 같으면 처벌이 두려워 미리 포기하도록 하여 몰입을 막는다.

다섯째, 장애가 발생해도 꼭 일을 성사시켜야 한다는 적당한 조직적 압박을 가하는 것은 조직이 너무 늘어져 안이한 분위기가 형성되지 않도록 하여 몰입을 유도할 수 있다. 반면 해봐야 안 될 것이라는 포기를 부추기는 조직 분위기는 몰입을 약화시키는 요인이다.

여섯째, 리더가 보여주는 끈질긴 모습은 하급자들도 끈기를 가지고 몰입하여 일을 마무리 할 수 있도록 학습시키는 효과가 있다. 반면 리더의 빠른 포기와 약한 끈기는 조직원들의 몰입을 낮추는 요인으로 작용한다.

이와 같이 조직에 대한 애착을 통한 조직몰입 유도, 일에만 집중할 수 있는 조직지원, 성과에 대한 적절한 보상, 작은 실패는 용납해 주는 조직분위기, 일을 성사시키도록 하는 적당한 조직적 압박, 리더가 몰입하는 모습을 보여주는 것 등이 몰입을 강화시키는 조직적 요인이다.

③ 밀어붙이기

리더의 밀어붙이기가 가능하기 위해서는 조직 차원의 요인들이 뒷받침되어야 한다. 그렇지 않은 조직의 경우 리더가 비범한 대안을 가지고 있더라도 실행에 옮기는 데 문제가 많이 발생한다. 밀어붙이기를 강화해 주는 조직 요인은 무엇이 있는지 알아보자.

첫째, 조직 차원에서 리더에게 많은 권한을 주게 되면 밀어붙이기를 강화할 수 있다. 리더의 권한이 작은 경우 사실상 밀어붙이기를 하는 데 많은 제약이 있다. 리더의 행동을 제약할 수 있는 많은 조직적 시스템들은 리더의 밀어붙이기를 막는 요인이다.

둘째, 밀어붙이기를 통해 성공했던 조직 내 경험은 리더에 대한 신뢰를 향상시키고 리더의 밀어붙이기를 가능하게 하며 강화시키는 조직적 요인이 된다. 반면 리더가 밀어붙이기를 통해 크게 실패했던 조직 내 경험은 하급자들이 리더를 불신하게 되어 밀어붙이는 사안에 참여하는 것을 주저하게 된다. 조직원들의 공감 없이는 밀어붙이기가 불가능하기 때문에 이러한 리더에 대한 불신은 밀어붙이기를 약화시키는 요인이다.

이와 같이 리더가 밀어붙이기를 할 수 있도록 조직 차원에서 리더에게 많은 권한을 주는 것, 밀어붙이기를 통해 성공했던 경험 등이 리더의 밀어붙이기에 대한 조직원들의 동참을 유도하고 강화시키는 요인으로 작용한다.

④ 초월열정

조직 내 리더들의 초월열정을 강화시키기 위한 조직적 차원의 요인들이 존재한다. 이러한 조직 요인들은 초월열정이 높은 리더들이 육성되고 발전될 수 있도록 만들어 주므로 매우 중요한 부분이다.

초월열정 강화를 위한 조직 차원의 요인으로 첫째, 리더들이 역할모델로서 높은 초월열정을 보여주면 그 밑의 구성원들은 초월열정이 강화된다. 반면 초월열정이 낮고 자리보전에만 급급한 모습을 보여주는 리더들은 조직 내 구성원들의 초월열정을 매우 약화시킨다.

둘째, 초과 성과에 대한 파격적인 인센티브는 구성원들의 초월열정을 강화시킨다. 반면 초과 성과를 달성해도 적절한 보상이 주어지지 않는다면 초월열정에 대한 유인이 약화된다. 따라서 조직은 높은 성과를 낸 경우에는 그에 맞는 파격적인 인센티브를 지급하여 리더들의 초월열정을 강화시킬 필요가 있다.

이와 같이 리더의 초월열정을 강화하기 위해서는 리더들이 역할모델로서 높은 초월열정을 보여주고, 초과 성과에 대한 파격적인 인센티브를 주는 것이 필요하다.

5 | 성취열정의 부정적 측면과 극복방안

역대 미국 대통령들을 대상으로 한 연구를 보면, 지나친 성취열정은 실패의 원인이 된다는 결과가 나타났다. 리더의 지나친 성취열정은 조직의 실패원인으로 작용할 수 있다는 이야기이다.

커뮤니케이션과 같은 인간관계적 측면이 무시된 상태에서의 성취열정은 오히려 조직의 실패로 이어질 수 있다. 조직원들을 단결시키고 같은 비전을 추구하도록 하는 데에는 과도한 성취열정보다 하향온정이나 수평조화 등과 같은 인간관계적 요소들이 더 유용할 수 있다. 따라서 지나친 성취욕구에 빠져 구성원들의 마음을 얻지 못하고 무조건적으로 목표를 몰아붙이기보다는 인간관계적인 부분도 함께 균형을 맞춰 나가야 조직의 성공에 더욱 다가갈 수 있을 것이다. 긍정적 측면은 강화하고 부정적 측면은 극복한다면 가장 바람직한 성취열정 리더가 될 수 있다.

빨리빨리

빠른 일처리와 성과창출은 효율적인 일처리를 가능하게 해 주기 때문에 매우 긍정적인 측면이 있다. 하지만 무조건 빨리 일을 처리하기만 하는 것은 문제를 발생시킬 수 있다. 이러한 문제로 첫째, 빨리빨리는 자칫 대충대충이 되어 일의 완성도를 낮춘다. 빠른 일의 진행이 유리한 경우와 꼼꼼한 일처리가 중요한 일을 나누어 처리하면 대충대충의 문제를 해결할 수 있다. 또한 신속하고 정확한 일의 처리를 지향하여 결과물의 질을 향상시키도록 노력해야 한다.

둘째, 계획이나 치밀한 구상 없이 빨리빨리 일을 처리하다 보면 실패확률이 높아진다. 따라서 치밀한 계획을 가지고 일을 진행하여 실패확률을 낮추어야 한다. 속도에만 너무 초점을 맞추다 보면 주먹구구식의 계획으로 일을 그르치게 될 수 있으므로 조심해야 할 필요가 있다.

셋째, 빠른 의사결정은 최적이 아닌 결정이나 잘못된 결정을 하게 만들 가능성이

〈표 3.6〉 성취열정 4요인의 부정적 측면과 극복방안

구 분	부정적 측면	극복방안
빨리 빨리	빨리빨리는 자칫 '대충대충'이 되어 일의 완성도를 낮출 수 있음	일의 빠른 진행이 유리한 경우와 꼼꼼한 일처리가 중요한 일을 나누어 처리하여 대충대충의 문제 해결
	계획이나 치밀한 구상이 없이 빨리빨리 일을 처리하면 실패확률이 높아짐	치밀한 계획하의 빠른 진행으로 실패확률을 낮출 수 있음
	빠른 의사결정은 최적이 아닌 결정이나 잘못된 결정을 하게 만들 가능성이 높음	상황판단에서의 빠른 이해력과 치밀한 분석을 통해 의사결정의 질까지 고려한 빠른 의사결정을 하도록 함
	오랜 기간을 두고 연구해야만 성과가 나타나는 일의 경우 빨리빨리는 일을 그르칠 수 있음	오랜 기간을 두고 연구해야만 성과가 나타나는 일의 경우 빠른 성과가 나타나지 않는다고 해서 포기하지 말고 장기적인 계획 하에 추진해야만 함
	일을 빨리 처리하다 보면 중요 부분을 놓치는 실수를 하게 될 확률이 높음	빨리 일을 처리할 경우에도 놓친 것이 없는지 꼼꼼히 뒤돌아 봐야 할 필요가 있음
몰입	한곳에만 몰입하게 되면 더 좋은 기회나 대안을 발견하지 못하는 오류를 범할 수 있음	한곳에 몰입을 하면서도 더 좋은 기회나 대안이 있는지 항상 염두에 두어야 함
	몰입상승현상의 발생으로 분명히 잘못된 결정이나 실패할 것이 확실한 일에 고집스럽게 집착하여 더 큰 실패를 만듦	실패가 확실한 일에 대해서는 집착하지 말고 빨리 포기할 줄 알아야 함
	과도하게 일에만 몰입하게 되면 노동중독증으로 집중력 저하, 건강악화, 가정불화 등의 문제 발생	일과 여가를 구별하여 일을 안 하는 시간에는 재충전의 시간을 갖도록 하여 노동중독증을 예방
	대박을 바라고 성공확률이 낮은 일에 몰입하여 끈질기게 일을 추진하면 속칭 '쪽박'을 차게 될 수 있음	가능성이 없는 일에 미련하게 매달리지 않고, 치밀한 계획으로 성공 가능성이 있는 일에 합리적인 몰입을 하도록 함
	조직의 성과나 합리적이지 않은 대상에 대한 쓸데없는 끈질김은 일의 능률을 낮출 수 있음	개인의 발전이나 조직의 발전을 위한 합리적인 대상에 몰입
	과도한 끈질김은 명백한 결과에도 승복하지 못하고 계속 우기는 태도를 보이게 될 수 있음	실패를 했을지라도 돌이킬 수 없는 명백한 결과에 대해 승복할 줄 아는 태도를 가져야 함

(계속)

구 분	부정적 측면	극복방안
몰입	무리하여 끈질기게 일에 매달리게 되면 목숨을 잃게 되는 등의 돌이킬 수 없는 결과를 초래할 수 있음	포기를 해야 할 때에는 확실하게 포기하고 더 좋은 대안을 성사시키기 위한 태도를 가짐
밀어붙이기	구성원들과 합의되지 않은 사안에 대한 밀어붙이기는 하급자들에게 리더에 대한 신뢰를 떨어드리고 비난을 살 수 있음	합의가 이루어지지 않은 상황에서 독단적으로 밀어붙이는 것을 지양하고 구성원들을 최대한 설득하는 방향으로 일을 처리해야 함
	리더의 독단적인 밀어붙이기는 반대 세력을 만들어 조직을 분열시키는 결과를 초래할 수 있음	조직원들과의 소통을 기본으로 한 밀어붙이기만이 조직원들을 단합시키고 성과를 창출할 수 있음
	목표를 위해 수단과 방법을 가리지 않게 되면 비도덕적인 일까지 하게 되는 부작용 발생	목표를 위해 노력하더라도 비도덕적이거나 윤리적이지 않은 일은 하지 않도록 도덕적 가치기준을 명확히 세워돼야 함
	치밀한 계획 없는 밀어붙이기는 실패확률이 높음	밀어붙이기 전에 리더가 치밀한 계획과 전문성을 가지고 밀어붙여야 함
초월열정	잘못된 초월열정은 허영, 허세, 허풍의 자기과시를 유도함	허세나 허영이 아닌 진정한 실력향상과 자아실현을 위한 초월열정을 갖도록 함
	다른 사람을 주저앉히고 성공을 하려는 태도를 갖게 될 수 있음	다른 사람을 주저앉히고 성공을 하려는 태도가 아닌 주위 사람들과 함께 다 같이 성공하기 위한 방향으로 노력
	개인의 인생에서 일적인 부분의 성공만을 중요하게 여기다 보면 가정불화나 건강악화 등의 문제 발생	일과 여가를 구분하여 일의 성공뿐만 아니라 일 이외의 사적인 성공도 중요하게 여김

있다. 그러므로 상황판단에서의 빠른 이해력과 치밀한 분석을 통해 의사결정의 질까지 고려한 빠른 의사결정을 하는 것이 중요하다. 빨리빨리의 핵심은 빠르고 정확한 의사결정을 가능하도록 하는 것이다.

넷째, 오랜 기간을 두고 연구해야만 성과가 나타나는 경우 빠른 성과의 재촉은 일을 그르치게 만들 수 있다. 따라서 일의 속성을 잘 파악하여 장기적 계획을 세우고 투자해야 하는 일은 가시적 성과에 초점을 두지 않고 장기적 안목에서 일을 진행할 수 있도록 해야 한다.

다섯째, 빨리 일을 처리하다 보면 중요한 부분을 놓치는 실수를 하게 될 확률이 높다. 빨리 일을 처리하더라도 놓친 것이 없는지 늘 따져보고 꼼꼼하게 뒤돌아보는 습관을 갖도록 하는 것이 중요하다.

성취열정의 요인 중 빨리빨리는 속도에만 초점을 맞춘 요인이 아니며 빠르고 정확한 일의 처리를 통한 성과 향상을 목표로 하는 것이다. 따라서 빨리빨리의 개념에 대한 올바른 이해를 통해 부정적 측면을 극복할 수 있어야 한다.

몰입

〈사례 3.10〉은 인터넷 게임이라는 쓸데없는 것에 대한 몰입으로 인해 딸을 굶겨 죽인 잘못된 몰입이 불러온 비극의 예이다.

〈사례 3.10〉 인터넷 게임 빠져 딸 굶겨 죽인 부부

수원 서부 경찰서는 2일 인터넷 게임에 빠져 신생아 딸을 방치해 굶어 죽게 한 혐의(유기치사)로 김모 씨(41, 무직) 부부에 대해 구속영장을 신청했다.

경찰에 따르면 김 씨 부부는 상습적으로 생후 3개월 된 딸을 혼자 집안에 둔 채 인근 PC방에서 장시간 게임을 즐기다 결국 굶어 죽게 한 혐의를 받고 있다.

이들은 지난해 9월 24일에도 여느 때처럼 PC방에서 밤새 게임을 하다 집에 들어왔고 죽어 있는 딸을 발견, 경찰에 신고했다.

그러나 딸이 지나치게 마른 것을 보고 이상하게 생각한 경찰이 국립과학수사연구소에 부검을 의뢰하자 그 사이 김 씨 부부는 도주했고 경기도 양주시의 처가 등에 숨어 있다 5개월여 만에 검거됐다.

경찰은 지난 2008년 인터넷 채팅을 통해 만난 이들이 매일 12시간씩 인터넷 게임을 즐기는 등 게임중독에 빠져 어린 딸에게 하루 한 번만 분유를 주고 방치해 왔다고 말했다.

자료 : 『연합뉴스』, 2010. 3. 3

이처럼 에너지를 한곳으로 모아 높은 성과를 가능하게 하는 몰입도 잘못 발전되면

많은 부정적 측면을 가진다. 첫째로 한곳에만 지나치게 몰입하게 되면 더 좋은 기회나 대안을 발견하지 못하는 오류를 범할 수 있다. 이러한 오류에 빠지지 않기 위해서는 한곳에 에너지를 집중하여 몰입하더라도 더 좋은 기회나 대안이 없는지 항상 염두에 두고 생각할 수 있는 다면적 사고를 해야 한다.

둘째, 몰입상승현상의 발생으로 분명히 잘못된 결정이나 실패할 것이 확실한 일에 고집스럽게 집착하여 더 큰 실패를 만들게 될 수 있다. 실패가 확실한 일의 경우 빨리 포기할 수 있는 대담함과 지혜를 가져 더 큰 실패를 막고 새로운 일에 빨리 적응할 수 있도록 해야 한다.

셋째, 과도하게 일에만 몰입하게 되면 노동중독증으로 집중력 저하, 건강악화, 가정불화 등의 문제가 발생될 수 있다. 일과 여가를 구별하여 일을 하지 않는 시간에는 재충전의 시간을 갖도록 하여 노동중독증을 예방할 수 있어야 한다.

넷째, 대박을 바라고 성공확률이 낮은 일에 몰입하여 끈질기게 일을 추진하면 소위 쪽박을 차게 될 수 있다. 따라서 가능성이 없는 일에 미련하게 매달리지 않고 치밀한 계획과 성공에 대한 가능성이 있는 일에 합리적인 몰입을 보여줘야 한다.

다섯째, 조직의 성과나 합리적이지 않은 대상에 대한 쓸데없는 끈질김은 일의 능률을 낮출 수 있다. 따라서 개인의 발전이나 조직의 발전을 위한 합리적인 대상에 대해 몰입을 갖도록 해야 한다.

여섯째, 과도하게 끈질긴 몰입은 명백한 결과에도 승복하지 못하고 우기는 태도를 보이게 될 수 있다. 실패를 했을지라도 돌이킬 수 없는 명백한 결과에 대해서는 확실하게 승복할 줄 아는 태도를 가져야 한다.

몰입은 고도의 성과창출에서 매우 중요한 부분이다. 하지만 잘못된 대상에 대한 몰입, 과도한 몰입으로 인한 개인의 삶의 질 저하 등은 지양되어야 할 필요가 있다.

밀어붙이기

리더의 근거 있는 밀어붙이기는 많은 긍정적 측면을 가지지만 하급자들과 소통 없는 무조건적인 밀어붙이기나 근거 없는 밀어붙이기는 많은 부정적 측면을 가진다. 따라서 이러한 부정적 측면을 극복할 수 있는 극복방안에 대해 살펴볼 필요가 있다. 첫째, 구성원들과 합의되지 않은 사안에 대한 밀어붙이기는 리더에 대한 신뢰를 떨어뜨리고 비난을 사게 될 수 있다. 이러한 부분을 극복하기 위해서는 밀어붙이기를 할 때 합의가 이루어지지 않은 상황에서 리더가 독단적으로 밀어붙이는 것을 지양하고 구성원들을 최대한 설득할 수 있도록 해야 한다.

둘째, 리더의 독단적인 밀어붙이기는 반대세력을 만들어 조직을 분열시키는 결과를 초래하게 될 수 있으므로 조직원들과 소통을 기본으로 하여 조직원들을 단합시켜 성과를 창출할 수 있어야 한다. 리더는 이러한 문제를 극복하기 위해 한국형 리더십의 수평조화나 하향온정과 같은 다른 요인을 고려할 필요가 있다.

셋째, 목표를 위해 수단과 방법을 가리지 않게 되면 비도덕적인 일까지 하게 되는 부작용이 발생할 수 있다. 따라서 이러한 문제를 극복하기 위해서는 도덕적 가치를 추구하고 윤리적인 모습을 보여주는 것도 하나의 성취라고 생각하는 도덕적 가치기준을 명확히 할 필요가 있다.

넷째, 치밀한 계획 없는 밀어붙이기는 실패확률이 높다. 이를 극복하기 위해서 밀어붙이기 전에 리더가 전문성 있는 치밀한 계획을 조직원들과 공유하여 신뢰를 형성하고 밀어붙이도록 해야 한다.

이와 같이 리더의 밀어붙이기는 많은 부정적 측면을 가진다. 하지만 이러한 부정적 측면을 극복하여 올바른 밀어붙이기를 통해 높은 성과향상을 가능하게 할 수 있다.

초월열정

리더의 초월열정은 개인과 조직의 발전을 가져다주는 매우 중요한 요인이지만 잘못 발전된 초월열정은 위험한 결과를 가져올 수도 있다. 따라서 초월열정의 부정적 측면을 극복할 수 있는 방안에 대해서 살펴볼 필요가 있다. 초월열정의 부정적 측면으로 첫째, 잘못 발전된 초월열정은 허영, 허세, 허풍의 자기과시를 유도할 수 있다.

허영, 허세, 허풍은 모두 부정직을 기본으로 하여 남들에게 보이기만을 위한 외적 과시 노력이다. 즉, 자신의 노력에 의한 성취열정이 아니라 진정성이 결여된 성취욕구의 잘못된 표현인 것이다. 이러한 자기과시의 3요인은 훌륭한 리더가 되기 위해 꼭 피해야 할 부분이다. 따라서 자기과시가 아닌 진정한 실력향상과 자아실현을 위한 초월

〈표 3.7〉 자기과시의 3요인

구 분	내 용	예
허영	경제적인 부분에서 타인보다 우월하다는 것을 과시하는 것	명품, 외제 차, 넓은 평수의 집 등을 타인에게 보이기 위해 능력이 되지 않아도 무리하게 구입하여 과시하거나 돈 많은 배우자를 만나 배우자를 통한 인생 역전을 추구
허세	명예적인 부분에서 타인보다 사회적 지위가 우월하다는 것을 과시하는 것	유명인과의 친분, 학벌, 높은 직함으로 자신의 위치 과시
허풍	없는 것을 있는 척하여 부풀려 과시하는 것	성과 부풀리기, 말만 하고 책임지지 않기, 모르면서 아는 척하기

열정을 발전시키는 것이 중요하다.

둘째, 다른 사람을 주저앉히고 성공을 하려는 초월열정은 매우 큰 문제이다. 다른 사람을 주저앉혀 성공을 이루려는 태도가 아닌 주변 사람들과 함께 다같이 윈-윈 할 수 있는 방향으로 초월열정을 보여주는 것이 필요하다.

셋째, 개인의 인생에서 일적인 부분의 성공만을 중요하게 여기다 보면 가정불화나 건강악화 등의 문제가 발생할 수 있다. 따라서 일과 여가를 합리적으로 구분하여 일의 성공뿐만 아니라 일을 제외한 개인 인생의 성공도 중요하게 여기는 것이 필요하다.

이와 같이 초월열정이 바람직하지 못한 방향으로 발전되거나 과도해지면 문제가 발생한다. 따라서 이러한 부정적 측면을 극복하여 바람직한 초월열정을 형성해 나가야 할 필요가 있다.

6 | 성취열정 리더와 성취지체 리더

성취열정 리더와 성취지체 리더의 행동양식

높은 성취열정은 리더들에게 꼭 필요한 자질이며 높은 성과를 내기 위한 전제조건이 된다. 성취열정 리더들은 많은 특징을 가지기 때문에 눈에 띄는 특징적인 행동패턴을 보인다. 성취열정 리더들의 구체적인 행동양식은 어떤지에 대해 알아보자.

- 스피드 vs. 느린 업무처리 : 성취열정 리더는 일이 계획되면 일의 추진에 있어서 놀랄 정도의 스피드를 보인다. 정확하고 신속한 의사결정과 일의 진행을 통해 **빠른** 성과창출이 가능하다. 반면 성취지체 리더의 경우 느린 업무처리로 목표 달성을 위한 일의 처리가 신속하지 못하고 느리다.
- 끈기 vs. **빠른 포기** : 성취열정 리더는 일의 추진을 가로막는 장애물들이 발생해도 포기하지 않고 장애물들을 하나하나 해결해 가며 끈질기게 일을 추진한다. 하지만 성취지체 리더는 성공가능성과 높은 성과가 예상되는 일이라도 장애물이 발생하면 쉽게 포기한다.
- 성실함 vs. 불성실함 : 성취열정 리더는 한순간에 열정이 끓었다 금방 식는 것이 아니라 일을 성공시키기 위해 성실하게 꾸준히 노력한다. 반면 성취지체 리더는 자신이 내킬 때는 일을 벌여 놓았다가 끝까지 완성하지 못하고 흐지부지되는 경우가 많아 일의 완성도가 높지 않다.
- 자기계발 vs. 현상유지 : 성취열정 리더는 더 큰 성취를 이루기 위해 자기 자신을 계발하고 능력을 향상시키는 데도 열정적이다. 하지만 성취지체 리더는 자기계발을 게을리하고 상황을 유지하고 안주하려는 현상유지의 태도를 갖는다.
- 책임감 vs. 무책임 : 성취열정 리더는 한번 시작한 일은 책임감을 가지고 끝까지 마무리하며, 실패했을 때에도 끝까지 책임을 다 한다. 반면 성취지체 리더는 일을 시작만 해 놓고 마무리를 하지 못하며 일이 실패했을 때 책임을 타인에게 전가하려고 한다.

〈표 3.8〉 성취열정 리더와 성취지체 리더의 행동양식 비교

성취열정 리더의 행동양식	성취지체 리더의 행동양식
스피드 : 일이 계획되면 일의 추진에 있어서 놀랄 정도의 스피드를 보인다.	느린 업무처리 : 목표 달성을 위한 일의 처리가 신속하지 못하고 느리다.
끈기 : 일의 추진을 가로막는 장애물들이 발생해도 포기하지 않고 장애물들을 하나하나 해결해 가며 끈질기게 일을 추진한다.	빠른 포기 : 가능성이 많은 일이라도 장애물이 발생하면 쉽게 포기한다.
성실함 : 한순간에 열정이 끓었다 금방 식는 것이 아니라 일을 성공시키기 위해 성실하게 노력한다.	불성실함 : 자기가 내킬 때는 일을 벌여 놓았다가 끝까지 완성하지 못하고 흐지부지 되는 경우가 많다.
자기계발 : 성취열정 리더는 더 큰 성취를 이루기 위해 자기 자신을 계발하고 능력을 향상시키는 데도 열정적이다.	현상유지 : 성취지체 리더는 자기계발을 게을리 하고 현재 상황을 유지하려는 습성을 가진다.
책임감 : 성취열정 리더는 한번 시작한 일은 책임감을 가지고 끝까지 마무리하며, 실패했을 때에도 끝까지 책임을 다한다.	무책임 : 일을 시작만 해 놓고 마무리를 못하며 일이 실패했을 때 책임을 타인에게 전가하려고 한다.
자기긍정 : 성취열정 리더는 이루고자 하는 목표를 반드시 이룰 수 있다는 강한 자기긍정을 가지고 있다.	자기부정 : '난 안 돼', '난 못해'라는 자기부정적인 생각을 많이 가진다.
내적 귀인 : 일이 잘못되었을 때 외부 요인의 탓을 하지 않고 자신이 부족했기 때문이라고 여기며, 앞으로 더 잘하기 위해 더욱 노력한다.	외적 귀인 : 일이 잘못되었을 때 자신에게서 문제를 찾지 않고 상황이나 타인의 잘못 때문에 실패했다고 생각한다.
몰입 : 목표가 생기면 그 목표에 에너지를 쏟고, 그 목표를 위해 엄청난 몰입을 보여준다.	몰입 부재 : 목표가 있어도 그 목표를 달성하기 위해 충분한 에너지를 쏟지 않는, 몰입하지 않는 모습을 보여준다.
전문성 : 일의 성취를 위해 전문성을 항상 계발하기 때문에 다른 리더들보다 뛰어난 전문성을 가지고 있다.	비전문성 : 맡은 일에 대한 전문성이 떨어지고 전문성 향상을 위한 노력도 기울이지 않는다.
영감 : 일의 성패와 관련된 동물적인 영감을 가지고 있어서 육감적으로 일의 성공과 실패를 가늠하여 성공가능성이 높은 목표에 성취 열정을 보인다.	둔감 : 일을 계획할 때 이 일이 성공할지 실패할지에 대해서 잘 모르고 둔감하다.
강한 추진력 : 자신의 목표에 대한 확신을 가지고 있기 때문에 다른 사람들의 반대가 있더라도 설득을 통해 일을 밀어붙인다.	약한 추진력 : 일을 추진하는 데 우유부단하고 성공할 것 같다는 확신이 있더라도 주위의 반대에 부딪히면 실행을 주저한다.

- **자기긍정 vs. 자기부정** : 성취열정 리더는 이루고자 하는 목표를 반드시 이룰 수 있다는 강한 자기긍정을 가지고 있다. 하지만 성취지체 리더는 '난 안돼', '난 못해'라는 자기부정적인 생각을 많이 가진다.
- **내적 귀인 vs. 외적 귀인** : 성취열정 리더는 일이 잘못되었을 때 외부 요인의 탓을 하지 않고 자신이 부족했기 때문이라고 여기며, 앞으로 더 잘하기 위해 더욱 노력한다. 반면 성취지체 리더는 일이 잘못되었을 때 자신에게서 문제를 찾지 않고 상황이나 타인의 잘못 때문에 실패했다고 생각한다.
- **몰입 vs. 몰입 부재** : 성취열정 리더는 목표가 생기면 그 목표에 에너지를 쏟고, 그 목표를 위해 엄청난 몰입을 보여준다. 하지만 성취지체 리더의 경우 목표가 있어도 그 목표를 달성하기 위해 충분한 에너지를 쏟지 않는다. 즉 몰입하지 않는 모습을 보여준다.
- **전문성 vs. 비전문성** : 성취열정 리더는 일의 성취를 위해 전문성을 항상 계발하기 때문에 다른 리더들보다 뛰어난 전문성을 가지고 있다. 반면 성취지체 리더는 맡은 일에 대한 전문성이 떨어지고 전문성 향상을 위한 노력도 기울이지 않는다.
- **영감 vs. 둔감** : 성취열정 리더는 일의 성패와 관련된 동물적인 영감을 가지고 있어서 육감적으로 일의 성공과 실패를 가늠하여 성공가능성이 높은 목표에 성취열정을 보인다. 하지만 성취지체 리더는 일을 계획할 때 일의 성패에 대해 잘 알지 못하고 둔감하다.
- **강한 추진력 vs. 약한 추진력** : 성취열정 리더는 자신의 목표에 대한 확신을 가지고 있기 때문에 다른 사람들의 반대가 있더라도 설득을 통해 일을 밀어붙여 성공시킨다. 반면 성취지체 리더는 일을 추진하는 데 우유부단하고 성공할 것 같다는 확신이 있더라도 주위의 반대에 부딪히면 실행을 주저한다.

고성취 부장 vs. 저성취 부장의 하루

가장 바람직한 성취열정 리더인 '고성취 부장'이라는 가상의 인물과 극단적 성취지체 리더인 '저성취 부장'이라는 가상의 인물의 하루일과를 통해 좀 더 현실성 있게 성취열정 리더와 성취지체 리더의 행동양식을 알아보자.

⑴ 고성취 부장의 하루

5:30 고성취 부장은 아침형 인간이기 때문에 다섯 시 반이면 일어난다. 해야 할 일도 많고 배워야 할 것도 많기 때문이다. 그리고 건강도 자기관리의 하나이기 때문에 건강즙과 아침밥은 빼먹지 않고 챙겨 먹는다.

6:00 집에서 가까운 중국어 학원에서 수업이 있다. 요즘엔 중국 바이어들과의 일이 많기 때문에 중국어를 배우기로 결심하여 새벽반을 수강한 지 벌써 6개월이 지났다. 기본적인 중국어는 구사할 수 있게 되어서 의사소통은 가능하지만 다른 사람들과 차별성을 갖추기 위해서는 고급회화가 필요하다고 생각하여 앞으로도 계속 다닐 계획이다.

7:00 같은 학원에서 영어회화 수업을 듣는다. 대학 때부터 영어는 잘 하는 편이지만 다른 나라 말은 계속 하지 않으면 자꾸 잊어버리게 되기 때문에 원어민이 하는 회화 수업을 매일 듣는다.

8:00 중국어와 영어회화 수업을 마치고 회사까지 출근하는 데 걸리는 시간은 30분. 이 시간 동안 지하철에서 오늘 하루 수업에서 배운 것들을 정리한다. 자가용이 없는 것은 아니지만 회사까지 가까운 거리이기도 하고 아침시간에는 막히지 않는 지하철을 이용한다. 또한 이동 시간 동안 운전을 하면 배운 것을 정리할 시간이 없기 때문에 매일 지하철로 출근을 한다.

8:30 회사에 도착. 출근시간인 9시까지 30분 동안은 인터넷을 통해 뉴스를 검색한다. 새로운 이슈에 대해서 다른 사람들보다 뒤쳐질 순 없기 때문에 헤드라인 위주로 뉴스를 꼼꼼하게 확인한다.

9:00 아침 회의시간. 현재 진행 중인 프로젝트에 대해 조직원들과 회의를 한다. 조직원들의 좋은 아이디어와 나쁜 아이디어는 조금만 들어도 육감으로 판단할 수 있다. 좋은 아이디어를 받아들여 반대의 의견에도 밀어붙이는 추진력을 보여준다. 하지만 무조건적으로 밀어붙이는 것이 아니라 반대 의견을 가진 사람들의 의견을 들어보고 설득하여 동의를 얻어내어 밀어붙인다.

12:00 점심 식사시간. 점심시간을 줄이기 위해 항상 구내식당을 이용한다. 구내식당에서 빨리 점심을 해결하고 자리로 돌아와 아침에 다 보지 못한 기사를 검색하거나, 새로운 프로젝트와 관련된 주제의 책을 읽는다.

`18:00` 퇴근시간. 그렇지만 프로젝트에서 중요한 일 처리가 남아 있기 때문에 퇴근하지 못한다. 문제가 해결되지 않으면 해결될 때까지 일을 놓지 못하는 성격때문에 오늘도 야근을 하게 될 것 같다.

`22:00` 밤 10시가 되어서야 퇴근을 한다. 퇴근하는 길에 지하철 역사 안에 있는 11시까지 영업하는 서점에 들러 관심 분야의 책들을 둘러본다. 거의 매일 들르지만 새로운 책이 없나 확인을 해야 직성이 풀린다. 괜찮은 책은 구입을 하여 자투리 시간마다 읽는데 이렇게 읽는 책이 일주일에 다섯 권이 넘는다.

`23:00` 고된 하루가 마무리되는 시간. 잠자기 전 오늘 일이 진척된 상황과 하루의 일과에 대해 수첩에 체크를 한다. 잘 된 것과 잘되지 않은 것들을 표시하고 내일은 더 잘 해야겠다고 다짐하며 12시쯤 잠자리에 든다.

(2) 저성취 부장의 하루

`8:30` 출근시간이 9시까지라 늦어도 8시에는 일어나야 하는데 늦잠을 잤다. 어제 늦게까지 술을 먹느라 못 일어나서 오늘도 지각을 할 것 같다.

`9:10` 오늘도 10분 지각을 했다. 허겁지겁 아침 회의를 소집하여 회의 시작. 새로운 프로젝트 계획만 벌써 한 달째 구상중이다. 계속해서 장애물이 발생해서 계획을 수정하느라 실행을 하지 못하고 있는 것이다. 또한 반대의견들 때문에 일의 진행이 이루어지지 않고 있다.

`12:00` 점심시간은 맛집을 찾아다니며 먹는다. 옆 부서의 고성취 부장처럼 미련하게 일을 하는 것이 이해할 수가 없다. 그렇게 열심히 한다고 알아주는 사람이 있는 것도 아니고 적당히 해서 월급을 받으면 그만이라고 생각한다. 그런 자신이 합리적이고 여유를 즐길 줄 아는 사람이라고 생각하여 자랑스럽다.

`18:00` 퇴근시간. 더 일한다고 돈을 더 주는 것도 아니고 퇴근시간은 무슨 일이 있어도 칼같이 지킨다. 퇴근 후에 늘 함께 하는 술친구들과의 약속이 잡혀 있다.

`24:00` 이런저런 이야기를 하며 술 마시고 놀다 보니 벌써 열두 시가 넘었다. 거나하게 취해서 집으로 귀가한다. 아무래도 내일도 지각을 할 것 같다.

LEADERSHIP QUIZ

나의 주변은 어떨까? 주변에서 성취열정이 가장 많은 인물과 가장 적은 인물을 떠올리고 그들의
구체적인 행동특성을 적어 보자.

구 분	빨리빨리	끈질김	몰 입	밀어붙이기
성취열정이 많은 주변 인물의 행동특성				
성취열정이 적은 주변 인물의 행동특성				

CHECK LIST

진단 문항을 읽고 정도에 따라 1(전혀 그렇지 않다)~5(매우 그렇다)로 나누어 체크(✓)해 보세요.

구 분	진단 문항	1	2	3	4	5
빨리빨리	빨리 일이 처리되지 않으면 불안하다.					
	일의 성과를 내기 위해 일처리를 빨리 하는 것을 좋아한다.					
	동료들이나 나의 하급자들에게 빠른 일처리를 요구할 때가 많다.					
	일처리가 늦은 사람은 무능력한 사람이라고 생각한다.					
	어떻게 하면 일을 빨리 할 수 있을까 고민할 때가 많다.					
몰입	일을 위해서는 개인적 생활을 기꺼이 희생한다.					
	일에 몰입한다.					
	어떠한 희생을 치르더라도 책임을 완수한다.					
	일을 성공시키기 위해 끈질기게 노력한다.					
	자신의 일에 대하여 자부심을 가지고 있다.					
밀어 붙이기	일에 대한 높은 책임의식이 있다.					
	완성된 일에 대해 사후관리를 한다.					
	일을 진행할 때 장애물이 생기면 끝까지 장애를 극복해서 일을 성공시키려고 한다.					
	주위의 반대에도 옳다고 생각하는 일은 끝까지 밀어붙인다.					
	의사결정을 할 때 조직을 성장시킬 대안을 알아 볼 수 있는 통찰력을 가지고 있다.					
초월열정	일에 대하여 열정이 있다.					
	다른 사람보다 높은 성과를 내기 위한 창의적인 방법에 대해 계속해서 생각한다.					
	나 자신을 발전시키기 위한 노력을 꾸준히 한다.					
	타인보다 뛰어나다는 인정을 받기 위해 노력한다.					
	나의 능력은 더욱 계발되어야 한다고 생각한다.					

RESULT

각 요인별로 점수를 합산하여 17~25점이면 상(上), 9~16점이면 중(中), 1~8점이면 하(下)입니다.

구 분		진단 결과
빨리빨리	상	당신은 일을 성사시키기 위해 민첩하게 행동하고, 빠른 성과를 내기 위해 노력합니다. 또한 일사불란한 일의 진행을 통해 성취하고자 하는 욕구가 강합니다. 이러한 점은 변화하는 상황에서 적응력을 높여주고, 변화에 유연하게 대처할 수 있는 힘이 될 것입니다. 하지만 자칫 빠른 일처리가 대충대충이 될 수 있으니 주의하세요. 빠른 일처리가 필요한 일과, 시간을 투자하여 성과를 내야 하는 일을 구분하는 것이 중요합니다.
	중	당신은 일을 성사시키기 위해 민첩하게 행동하고, 빠른 성과를 내기 위해 보통 사람들과 비슷한 수준의 노력을 기울이고 있습니다. 또한 일사불란한 일의 진행을 통해 성취하고자 하는 욕구가 보통 사람들과 비슷한 수준입니다. 빠르고 민첩한 일처리는 변화하는 상황에서 적응력을 높여주고, 변화에 유연하게 대처할 수 있는 힘이 됩니다. 따라서 지금보다 조금 더 빠른 일의 진행과 성과창출이 당신의 성취에 도움을 줄 것입니다. 하지만 빠른 일처리와 대충대충 하는 것은 다르다는 것을 기억하세요. 빠른 일처리가 필요한 일과, 시간을 투자하여 성과를 내야 하는 일을 구분하는 것이 중요합니다.
	하	당신은 일을 성사시키기 위해 민첩하게 행동하고, 빠른 성과를 내기 위해 보통 사람들보다 낮은 노력을 기울이고 있습니다. 또한 일사불란한 일의 진행을 통해 성취하고자 하는 욕구가 보통 사람들보다 낮은 수준입니다. 빠르고 민첩한 일처리는 변화하는 상황에서 적응력을 높여주고, 변화에 유연하게 대처할 수 있는 힘이 됩니다. 따라서 지금보다 조금 더 빠른 일의 진행과 성과창출이 당신의 성취에 도움을 줄 것입니다. 하지만 빠른 일처리와 대충대충 하는 것은 다르다는 것을 기억하세요. 빠른 일처리가 필요한 일과, 시간을 투자하여 성과를 내야 하는 일을 구분하는 것이 중요합니다.
몰입	상	당신은 자신의 목표를 이루기 위해 높은 수준의 몰입을 보여주고 있습니다. 또한 하나의 목표를 성취해 내기 위해 최선을 다하고 어떤 장애라도 극복하려는 의지를 가지고 있습니다. 그리고 포기하지 않고 끈기 있게 일을 완성시키는 끈질긴 면도 갖추고 있습니다. 일을 위해서라면 개인적인 희생까지도 기꺼이 감내하는 당신은 성공에 좋은 요소를 갖추고 있습니다.
	중	당신은 자신의 목표를 이루기 위해 보통 수준의 몰입을 보여주고 있습니다. 또한 하나의 목표를 성취해 내기 위해 최선을 다하고 어떤 장애라도 극복하려는 의지를 평범한 사람들과 비슷한 수준으로 가지고 있습니다. 그리고 포기하지 않고 끈기 있게 일을 완성시키는 끈질긴 면도 평범한 수준입니다. 일을 위해서라면 개인적인 희생까지도 감수하며 일에 대한 몰입과 끈질김을 조금 더 갖춘다면 당신의 성공에 많은 도움이 될 것입니다.

(계속)

구 분		진단 결과
몰입	하	당신은 자신의 목표를 이루기 위해 다른 사람들보다 낮은 수준의 몰입을 보여주고 있습니다. 또한 하나의 목표를 성취해 내기 위해 최선을 다하고 어떤 장애라도 극복하려는 의지가 다른 사람들보다 약하다고 볼 수 있습니다. 그리고 포기하지 않고 끈기 있게 일을 완성시키는 끈질긴 면도 부족합니다. 일을 위해서라면 개인적인 희생까지도 감수하며 일에 대한 몰입과 끈질김을 조금 더 갖춘다면 당신의 성공에 많은 도움이 될 것입니다.
밀어 붙이기	상	당신은 자신이 정한 목표를 이루기 위해 주위의 반대나 장애를 극복하고 밀어붙여 성공시키는 능력을 가지고 있습니다. 당신의 이러한 점은 강한 리더십을 형성시킬 수 있는 요인이 될 것입니다. 그리고 일에 대한 확신이나 가능성을 알아채는 통찰력도 가지고 있습니다. 하지만 자칫 조직원들의 동의나 소통이 없는 밀어붙이기는 당신을 독불장군 리더로 조직원들에게 각인되어 조직의 분열을 초래할 수도 있으니 주의하세요.
	중	당신은 자신이 정한 목표를 이루기 위해 주위의 반대나 장애를 극복하고 밀어붙여 성공시키는 능력을 보통 사람들과 비슷한 수준으로 가지고 있습니다. 이러한 점은 강한 리더십을 형성시킬 수 있는 요인이 되기 때문에 향상시킬 필요가 있습니다. 그리고 일에 대한 확신이나 가능성을 알아채는 통찰력에 근거한 밀어붙이기는 조직의 성공을 위해 꼭 필요한 요건입니다. 당신의 성공과 성취를 위해 전문성에 근거한 통찰력을 키우도록 노력해야 할 필요가 있습니다.
	하	당신은 자신이 정한 목표를 이루기 위해 주위의 반대나 장애를 극복하고 밀어붙여 성공시키는 능력이 부족합니다. 이러한 점은 강한 리더십을 형성시킬 수 있는 요인이 되기 때문에 향상시킬 필요가 있습니다. 그리고 일에 대한 확신이나 가능성을 알아채는 통찰력에 근거한 밀어붙이기는 조직의 성공을 위해 꼭 필요한 요건입니다. 당신의 성공과 성취를 위해 전문성에 근거한 통찰력을 키우도록 노력해야 할 필요가 있습니다.
초월열정	상	당신은 월등한 성과를 내기 위해 자기 자신을 계속해서 발전시키고 타인보다 뛰어나기 위해 노력합니다. 또한 사회적으로 인정받고 싶어 하고, 현재보다 더 발전하기 위한 욕구가 강합니다. 기존의 성과에 만족하지 못하고 더 큰 성과를 올리기 위해 새로운 일을 찾는 당신은 성공을 위해 열정적으로 노력하는 사람입니다. 당신의 이러한 요인은 높은 성취에 많은 도움이 될 것입니다.
	중	당신은 월등한 성과를 내기 위해 자기 자신을 계속해서 발전시키고 타인보다 뛰어나기 위해 지금보다 더 노력해야 할 필요가 있습니다. 사회적으로 인정받고 싶어 하고, 현재보다 더 발전하기 위한 욕구가 보통 수준입니다. 기존의 성과에 만족하기보다는 더 큰 성과를 올리기 위해 새로운 일을 찾는다면 당신의 높은 성취에 많은 도움이 될 것입니다.
	하	당신은 월등한 성과를 내기 위해 자기 자신을 계속해서 발전시키고 타인보다 뛰어나기 위해 지금보다 더 노력해야 할 필요가 있습니다. 사회적으로 인정받고 싶어 하고, 현재보다 더 발전하기 위한 욕구가 다른 사람들보다 낮은 수준입니다. 기존의 성과에 만족하기보다는 더 큰 성과를 올리기 위해 새로운 일을 찾는다면 당신의 높은 성취에 많은 도움이 될 것입니다.

FEEDBACK

구 분	구체적인 행동지침
빨리빨리	• 문제가 발생했을 때에는 즉시 조치를 취하고 해결한다. 아직은 괜찮으니 나중에 해결하겠다는 생각은 문제를 더 크게 만들어 해결하기 힘들게 만들 수 있다. • 의사결정을 할 때 신속히 정보를 확보하고 치밀하게 분석을 하여 정확하고 빠른 의사결정을 할 수 있는 훈련을 한다. 의사결정의 타이밍에 따라 일의 성패가 좌우되는 경우가 적지 않으므로 빠른 의사결정은 매우 중요하다. • 일을 진행할 때 하급자들에게 적당한 긴장감을 주어 민첩하게 움직이게끔 해야 한다. 또한 리더부터 일을 미루지 않고 즉시 처리하는 모습을 보여주는 것도 중요하다. • 좋은 기회가 나타났을 때 빨리 잡을 수 있도록 새로운 변화를 받아들일 준비를 해두는 것이 필요하다. 또한 위기의 순간에도 빨리 상황을 파악하고 극복할 수 있도록 늘 준비된 상태를 유지하는 것이 중요하다. • 일을 진행하다가 그만둬야 한다는 판단이 들면 빨리 포기하고 새로운 일을 찾도록 해야 한다. 빠른 방향 전환이 큰 실패를 막아줄 수 있다.
몰입	• 다른 일을 할 때에도 몰입해야 하는 일과 연관하여 생각하는 습관을 가져야 한다. 이러한 습관은 다양한 방식으로 일을 생각할 수 있도록 도와준다. • 몰입을 하다가 한 번씩은 제3자의 관점에서 바라볼 수 있는 여유를 갖는 것이 필요하다. 한 가지 일만 생각하다 보면 그 생각에 빠져 넓은 사고를 하지 못하는 경우가 발생하기 때문이다. • 몰입하고 있는 일에 대해서 꼭 성공시키고야 말겠다는 의지를 갖는 것이 중요하다. '이게 가능할까?'라는 생각은 몰입을 저해하고 일의 성공가능성도 낮춘다.
밀어 붙이기	• 자신이 하는 일에 대한 전문성을 확보하기 위한 다방면의 노력을 기울여야 한다. 전문성이 기초가 되지 않으면 성공을 확신하는 일을 밀어붙이고자 하더라도 하급자들의 동조를 얻을 수 없다. • 한번 시작한 일은 정확한 기간을 정해놓고 정해진 시기 안에는 꼭 끝내는 습관을 가져야 한다. 일의 마무리를 차일피일 미루다 보면 마무리가 제대로 되지 않고 흐지부지 될 수 있다.
초월열정	• 일을 할 때 누가 시켜서 하는 수동적인 태도가 아니라 독립적으로 사고하여 성과향상을 위한 창의적인 일들을 스스로 찾아서 하도록 한다. • 인간이 성장하지 못하는 것은 죽은 것이나 마찬가지라는 말이 있다. 항상 자신을 계발하기 위한 노력을 게을리하지 않고 오늘보다 내일 더 나아지겠다는 각오로써 하루하루를 성실하게 사는 것이 필요하다. • 개인의 확실한 비전과 목표를 가져 뚜렷한 방향성을 가져야 한다. 목표의식이 확실하지 않으면 무엇을 위해 열정을 갖는지 중심을 잃게 되어 초월열정이 사그라들 수 있다.

한국형 리더의 8가지 요인 ② - 자기긍정

꿈★은 이루어진다

1 | 자기긍정의 중요성

자기긍정은 '상황을 파악하여 과감히 결단을 내리고 어떠한 난관이 있더라도 도전하여 해낼 수 있다는 내적 확신'으로 정의된다. 대표적 표현으로는 '하면 된다', 'Can-Do Spirit'가 있다. 자기긍정의 행동의 예로는 "언어도 모르고 문화도 접해 보지 않은 나라에 무턱대로 부임해 가도 한국 관리자들은 해낼 수 있는 강한 적응력과 자신감을 갖고 있다", "일본도 미국도 우습게 본다", "회사에 대한 애사심이 다른 나라의 경우보다 월등하다", "어느 회사에 가 봐도 자기네가 최고라는, 또는 최고가 될 수 있다는 자부심을 무장되어 있다" 등이 있다.

다음 사진은 수 년 전 MBC에서 방영한 〈한글날 특집 실험 다큐 – 말의 힘〉에서 방영된 '밥풀실험' 결과이다.

고맙습니다

짜증나

한 병에는 '고맙습니다'가 쓰인 종이를 붙이고 고운 말로 매일 말을 걸었고, 다른 한 병에는 '짜증나'를 적어놓고 욕설을 퍼부었다. 4주 후 뚜껑을 열었더니 놀라운 일이 벌어졌다. '고맙습니다' 병에서는 하얀 곰팡이가 구수한 냄새를 피우는 반면, '짜증나' 병에선 거무스름한 곰팡이가 심한 악취를 풍기고 있었다.

이처럼 밥풀에게 긍정적인 말은 하얗고 구수한 냄새를 피우는 곰팡이를 피도록 했고, 부정적이고 듣기 싫은 말은 검고 보기 싫으며, 심한 악취를 풍기는 곰팡이를 피웠다. 이 실험의 결과는 긍정적 영향이 얼마나 대단한 것인지를 보여준다.

생명이 없는 밥풀도 이럴진대 감정을 느끼고, 생각하는 인간에게는 어떨까? 인간은 부정적인 환경 때문에 악취를 내며 썩지는 않지만 마음 속, 머릿속은 더욱 심한 냄새를 내며 썩어갈지도 모른다. 또한 긍정적인 환경은 하얀 곰팡이를 핀 밥풀처럼 긍정적인 정서를 인간의 마음과 생각 속에 온통 피워낼 것이다. 조직에서 조직원들에게 가장 크게 영향을 미치는 요인 중 하나가 '리더'이다. 실험에서처럼 리더의 긍정적인 말과 행동은 구성원들의 생각과 감정에 큰 영향을 미칠 것이다. 리더의 "우리는 잘 할 수 있다", "잘 하고 있다"라는 지속적인 표현과 자신감에 넘치는 긍정적인 행동은 조직 내 긍정적인 정서를 하얀 곰팡이처럼 피워낼 것이며, 이것은 조직의 문화와 발전에 긍정적인 영향을 미칠 것이다.

현재까지의 리더십과 같은 조직행동연구의 상당 부분은 하급자들의 부정적인 태도를 어떻게 개선시킬 것인지를 중시하여, 스트레스, 직무소진, 부정적 정서, 신경과민과 신경쇠약 등을 주요 연구 변수로 설정하고 있다(Luthans, 2002: Luthans & Youssef, 2007). 한 연구결과에 의하면 조직 분야 연구의 5/6가 종업원의 부정적 측면과 문제점에 초점을 두고 있다고 한다(Caza & Caza, 2008). 오늘날 리더십 연구를 포함한 조직행동에 관한 이론들은 리더와 구성원들의 강점을 계발하고 관리하는 긍정적인 방식에 대한 연구보다는 병리현상과 역기능을 설명하는 데 상대적으로 치중해 왔음을 알 수 있다.

이러한 연구 현상에 대한 문제점을 제기한 것이 심리학의 한 연구 분야인 '긍정심리학'이다. 인간의 긍정적인 측면을 강조하는 긍정심리학에 대한 관심과 반향은 사상 유례가 없는 학문적 관심을 받게 되었으며 2000년, 2001년, 두 해 연속되는 *American Psychologist* 특집호의 발간, 2007년 *Journal of Positve Psychology*의 창간 등으로 확산되고 있다. 리더십을 포함하는 인사조직분야에서도 긍정심리학의 응용 및 적용에 초점을 두고자 하는 긍정조직행동 접근에 대한 연구에 관심이 쏠리고 있다.

하지만 유세프 등(Youssef-Morgan & Luthans, 2013)은 리더십을 긍정심리변수의 적용이 가장 간과된 영역 중의 하나라고 지적하였다. 초기 리더십 연구인 리더의 특성에 초점이 맞춰진 '리더십 특성이론'에서 긍정심리변수를 설명한 연구가 존재하긴 하였지만 현재에는 이러한 요소들이 간과되고 있다는 것이다.

리더의 자신감이나 역경에 대한 인내력 및 극복능력 등 리더의 긍정적 기질에 대한 연구가 매우 부족한 실정이다. 따라서 한국형 리더십 연구에서는 한국형 리더들이 가지는 여덟 가지 요소 중 하나인 '자기긍정'의 개념을 통해 긍정심리학에서 이야기 하는 리더의 긍정적 기질에 대한 설명을 시도하였다. 세계적으로 리더십 연구에서 결핍

되고 있는 부분인 리더의 긍정적 기질에 대한 설명의 시도는 매우 의미 있는 분석일 뿐만 아니라 한국형 리더들이 독특하게 갖는 긍정적 기질의 특징은 무엇인지 외국과 구분하는 작업을 통해 더욱 심도 있는 한국형 리더십의 특성을 분석하는 것이 가능할 것이다.

2 | 자기긍정의 개념

자기긍정의 정의

자기긍정은 '하면 된다.', '할 수 있다'라는 내면의 믿음을 의미한다. 위험을 무릅쓰고 과감히 결단을 내리고 어떤 난관이 있더라도 도전하여 해낼 수 있다는 확신이다. 긍정적 정서는 기쁨, 만족, 웃음, 사랑과 같은 기분 좋은 정서들을 한마디로 표현한 개념이며 위기에 처했을 때 극복할 수 있는 힘을 주고, 난관을 헤쳐 나갈 수 있는 원동력이 될 수 있다. 이와 같이 긍정적 정서는 자기긍정으로 연결된다. 한편 자기긍정의 반대되는 개념은 '자기부정'이다. 자기부정은 '난 못해', '난 안 돼', '왜 나한테만 이런 일이 생기지?', '또 이런 식이야. 나는 어쩔 수 없나봐!'라는 식의 자기 믿음이 없는 심리상태이다. 분노, 두려움, 슬픔, 죄책감, 혐오와 같은 부정적인 정서는 자기부정의 자신감이 없는 심리상태로 이어진다.

(1) 정서의 순환

우울과 같은 부정적 정서는 염세적인 사고를 증가시키는 악순환을 낳는다. 부정적 정서는 보다 심한 염세주의를 낳고, 이것은 또 다시 부정적인 정서를 심화시키는 것이다. 반면 긍정적인 정서는 역으로 작용한다. 긍정적인 정서는 사고의 폭을 넓게 해주고 많은 대안들을 떠올릴 수 있도록 도와주며, 부정적 정서의 효과를 상쇄시켜 준다. 또한 스트레스 상황에 노출되었을 때 극복할 수 있는 정도인 정서의 탄력성을 높여주어 지속적으로 긍정적 정서경험을 높이는 선순환을 일으킨다.

이러한 정서의 순환은 '되먹임 현상'(feedback)을 발생시켜 효과가 계속해서 증폭된다. 되먹임 현상이란 마주보는 스피커에 작은 소리가 들어갔을 때 양쪽 스피커가 계속해서 소리를 주고받아 증폭되어 엄청나게 큰 소리를 내는 것과 같은 현상이다. 이런 식으로 작은 자극이 양쪽의 되먹임 현상으로 인해 계속해서 증폭되어 엄청나게 큰 효과를 나타내는 것이다. 이처럼 반복적인 긍정적 정서의 선순환은 인간의 건강과 행복을 증폭시켜 주고, 부정적 정서의 악순환은 반대의 결과를 가져오게 된다.

(2) 긍정적 정서와 성공

긍정적 정서는 성공과도 연결된다. 많은 종단적·횡단적·실험적 연구들을 분석한 결과, 긍정적 정서가 많은 사람들은 결혼, 우정, 수입, 직업, 정신적·신체적 건강에서 더 큰 성공을 보이는 것으로 나타났다.

긍정적 믿음이 성공을 만든 사례는 매우 많다. 얼마 전 대 히트를 친 『시크릿』이라는 책은 다소 허무맹랑해 보이긴 하지만 된다고 믿어서 실제로 현실에서 이루어진 많은 사람들의 사례를 이야기하고 있다. 책이 출판된 후 책대로 해서 이루어진 성공담을 보내오는 독자들이 엄청 많았다고 한다.

또한 한국의 리더들에게서도 자기긍정이 성공으로 이어진 경우를 어렵지 않게 찾아 볼 수 있다. 지금 병석에 있는 삼성의 이건희 회장의 경우가 강한 자기긍정으로 성공한 대표적인 사례이다.

〈사례 4.1〉 삼성 이건희 회장의 자기긍정이 이루어낸 반도체 신화

1974년 이건희 회장은 당시 파산에 직면했던 한국반도체라는 회사를 인수하기로 결정한다. 하지만 당시 삼성의 회장인 이병철 회장과 삼성 임원들은 동의하지 않았다. 결국 이건희 회장은 사재를 털어 한국반도체를 인수한다. 모두의 반대에도 불구하고 사재를 털어서까지 한국반도체를 인수한 이유는 1973년 제1차 오일쇼크의 충격 때문이었다. 당시 우리나라는 경공업 중심 경제였기 때문에 큰 피해는 없었지만 전적으로 석유에 의존하던 서구 경제는 직격탄을 맞았다. 하지만 이 모습은 서구경제를 이상적 모델로 삼았던 한국 경제의 미래 그 자체였다(실제로 한국은 2차 오일쇼크를 맞이하고 극심한 피해를 입는다). 때문에 이건희 회장은 하이테크 산업이 미래 성장을 위해 꼭 필요하다고 생각하고 반도체 산업에 진출한 것이다.

주위의 부정적 의견	이건희 회장의 자기긍정
1. 한국 반도체는 이름만 반도체이지 실제로는 전자손목시계에나 들어가는 트랜지스터 수준의 집적회로를 만드는 회사이다.	1. 이름뿐인 한국 반도체는 이름에 걸맞은 반도체 회사로 만들면 된다.
2. 한국 토종기업이 아니라 한미 합작기업이다. 인수에 걸림돌이 많을 것이다.	2. 인수를 복잡하게 만드는 걸림돌들은 하나씩 제거하면 된다.
3. 삼성 경영진의 강한 반대가 있었다. "삼성은 아직 TV도 제대로 못 만드는데 어떻게 최첨단 기술인 반도체 사업에서 성공할 수 있느냐"는 반발이었다.	3. 경영진이 반대하면 사재를 털어서 인수하면 된다.
4. 일본 미쓰비시 연구소의 반대가 있었다. 미쓰비시 연구소는 다섯 가지 근거를 내놓았다. 1) 반도체 사업은 기본적인 국내 수요가 있어야 하는데, 1인당 GNP가 고작 600달러 정도인 한국에 기본적인 반도체 수요가 생길 리 없다. 2) 국내에 기본적인 수요가 없는 만큼 전량 해외수출에 의존해야 하는데 도대체 어떤 나라가 가전제품도 제대로 못 만드는 후발업체인 한국의 반도체를 사겠는가? 3) 독일, 미국, 영국, 일본 같은 선진국과 경쟁하려면 훨씬 뛰어난 기술을 개발해야 하는데 선진국으로부터 기술이전도 받지 못한 삼성이 이를 해낸다는 것은 불가능하다.	1) 한국은 오래 지나지 않아 1인당 GNP가 1,500달러를 돌파할 것이고, 전자제품 수요도 10배 이상 늘어날 것이 분명하니, 국내 수요는 반드시 생긴다. 2, 3) 세계 각지에서 활약하고 있는 한국 출신의 인재들을 국내로 스카우트해서 기술개발에 전력하게 하면 언젠가는 선진국보다 뛰어난 반도체를 생산할 수 있고 당연히 해외 수출의 길이 열린다.

(계속)

주위의 부정적 의견	이건희 회장의 자기긍정
4) 반도체 공장은 투자비만 10억 달러가 넘게 든다. 그런데 삼성전자 총 매출액은 1억 달러도 되지 않는다. 도대체 투자비는 어디서 조달한단 말인가?	4) 부족한 투자금은 정부 지원을 받으면 된다.
5) 반도체 공장은 전기와 물이 1년 365일 내내 단 1초도 끊기지 않고 공급되어야 한다. 그런데 한국은 너무도 가난한 나머지 전력 부족으로 한 등 켜기 운동, 절수운동을 시행하고 있다. 반도체 사업을 시작하기에는 국가 산업 기반이 터무니없이 취약하다. 때문에 불가능하다.	5) 반도체 공장에 전기와 물이 안정적으로 공급되게 만들면 된다.

자료 : 이지성, 2009

반도체 공장을 인수하기로 한 이건희 회장은 거의 한 주도 거르지 않고 한국에서 일본으로 날아갔다. 이후 전자손목시계용 반도체나 만들던 기업이 3년 만에 흑백TV용 트랜지스터, 다시 4년 만에 컬러TV용 집적회로로, 여기서 2년 만에 64K D램 개발에 성공하는 기업으로 변화했다. 한편 1992년에는 D램 시장점유율 세계 1위, 1993년에는 메모리 시장점유율 세계 1위에 오르며 세계적인 반도체 회사로 우뚝 섰다.

(3) 긍정적 정서와 건강

많은 연구결과 긍정적인 심리가 인간의 건강, 행복, 자기실현, 목표달성, 질병치료에 직접적인 연관이 있다는 증거들을 계속해서 보여주고 있다. 긍정적 심리에 대한 연구는 건강심리학, 임상심리학, 발달심리학, 사회/성격심리학과 종교심리학 등 광범위하게 연구되고 있다.

〈사례 4.2〉는 자기긍정과 수명과의 관계를 40년에 걸친 종단적 연구를 통해 입증해 보인 연구이다. 외부요인을 통제하기 쉬운 수녀들을 대상으로 자기소개서의 긍정적 표현을 분석하여 긍정적 정서가 실제 수명에 미치는 영향을 조사하였다. 연구결과는 놀라웠다. 수녀들의 자기소개서에 긍정적 표현이 1개 증가할수록 사망위험은 1.4%씩 감소한다는 것이다.

〈사례 4.2〉 수녀연구 : 자기긍정과 수명의 관계

켄터키 대학교의 심리학자 대너, 스노든, 프리젠(Danner, Snowdon & Friesen, 2001)의 '수녀 연구'(Nun Study)는 자기긍정과 수명의 관계가 매우 강하게 연관되어 있다는 것을 보여 준다. 이 연구의 공식 명칭은 "초기 인생에서의 긍정적 정서와 장수: 수녀 연구를 통한 발견"(Positive emotions in early life and longevity: findings from the nun study)이다. 대너와 그녀의 동료들은 180명의 수녀들을 대상으로 긍정적 정서와 장수 사이의 관계를 검토하였다. 수녀를 연구 대상으로 한 이유는 긍정적 정서 이외에 신체 건강에 미치는 많은 요인들을 통제하거나 최소화할 수 있기 때문이다. 수녀들은 담배를 피우지도 않고, 술을 과하게 마시지도 않으며, 유사한 환경 속에서 생활하고, 동일한 식단의 식사를 하며, 아이가 없기 때문에 출산력도 동일하다.

이 연구에 포함된 수녀들은 1930년대와 1940년대에(이들이 22세 정도의 나이에 가톨릭교회에서 수녀로서 생활하기 시작했을 때) 종교 서약의 한 부분으로 2~3쪽 분량의 자기를 소개하는 자전적 글을 제출했었다. 이 연구자들은 교회의 문서보관소에서 이러한 자전적 글을 찾아 이 글에 포함된 긍정적ㆍ부정적 혹은 중성적 내용의 단어와 문장의 빈도를 조사하였다. 부정적인 정서가 포함된 자전적 글이 별로 없었기 때문에 연구자들은 긍정적 정서 단어의 빈도를 중심으로 자료를 수집하였다. 다음 두 개의 자전적 글 중 하나는 긍정적 정서가 낮은 것이고, 다른 하나는 높은 것이다.

수녀 A : 긍정적 정서가 낮게 나타남
"나는 1909년 9월 26일생이고, 2남 5녀 중 장녀이다. 나는 수녀 견습 시절을 모원(Motherhouse)에서 화학을 가르치며 보냈고, 2년차는 노트르담(Notre Dame) 수도원에서 보냈다. 하느님의 은혜에 힘입어 나는 성직자로서의 직분과 선교, 그리고 나의 개인적 정화를 위해 최선을 다하고자 한다."

수녀 B : 긍정적 정서가 높게 나타남
"하느님은 나에게 헤아릴 수 없는 은혜를 베푸심으로써 나를 새로운 삶으로 인도하셨다. 작년, Notre Dame 수도원에서 보낸 나의 수녀 견습 시절은 너무 행복하였다. 나는 이제 충만한 기쁨으로 수녀복을 입을 수 있기를, 그리고 하느님 사랑 속에서 하나가 되어 사는 삶을 고대한다."

　이러한 측정치들을 통해 이 수녀들의 초기 정서에 대한 정보를 수량화하여 분석할 수 있었다. 이 측정치들은 60년 후에 이들의 사망과 생존 자료와 함께 분석되었다. 연구가 종료된 2001년에 분석 대상이었던 수녀들의 나이는 75세에서 90세였고, 이들 중 42%는 이미 사망하였다.

　이 연구 결과는 대단했다. 연구자들은 장수와 초기 삶에서의 긍정적 정서 표현에 강한 관계성을 발견한 것이다. 자전적 글 속에서 긍정적 정서를 포함한 문장의 수가 1% 증가할 때마다 사망 확률은 1.4%씩 감소하였다. 긍정적 정서를 다양하게 표현한 수녀와 이것이 많지 않았던 수녀들의 평균 수명 차이는 10.7세였다. 가장 긍정적이었던 수녀는 가장 그렇지 못했던 수녀에 비해 12년을 더 생존하였다. 80세 연령에 이르기까지 가장 긍정적이지 못했던 수녀들은 60%가 사망한 반면 가장 긍정적이었던 수녀들은 25%만 사망하였다.

자료 : Danner, Snowdon, & Friesen, (2001)

　또한 〈사례 4.3〉은 희망의 상실이 죽음과 연결된 짐(Jim)이라는 아이의 안타까운 사례이다. 짐은 살 수 있다는 희망으로 살아가고 있었으나 그 희망이 상실되자 다음날 바로 죽음을 맞이한다. 이 사례는 희망이라는 긍정적 정서가 질병치료와 건강에 얼마나 큰 영향을 미치는지 보여준다.

〈사례 4.3〉 희망의 상실과 질병에 대한 패배

짐이라는 이름의 어린 소년이 버킷 림프종이라는 위암에 시달리고 있었다. 열 살 무렵에 짐은 화학치료와 방사선치료로 고통스러운 한 해를 보냈다. 하지만 암은 여전히 진행 중이었다. 희망의 사라짐을 느끼는 주치의와는 달리, 짐은 쾌활하였고 미래에 대해서도 낙관적이었다. 그는 커서 의사가 되어 그의 생명과 다른 아동들의 생명을 위협하는 그 질병의 치유법을 찾아내겠다는 꿈이 있었다. 짐은 저명한 전문의 내방을 앞두고 있었다. 짐의 사례에 관심을 가진 그 전문의는 학회에 가는 길에 짐이 입원해 있는 솔트레이크 시에 들르겠다고 약속하였다. 짐은 자신의 증상을 매일매일 기록

하였다. 그리고 그 기록을 보고 이제 곧 내방할 전문의가 자신의 병을 치료할 수 있는 방도를 찾게 해 주리라고 기대하였다. 전문의가 짐을 방문하기로 한 날, 솔트레이크 시 공항에 낀 짙은 안개로 인해 그 전문의는 학회 장소로 직행할 수밖에 없었다. 짐은 그 소식을 듣고 조용히 흐느꼈다. 다음 날 아침 그는 고열과 폐렴에 시달렸다. 그리고 저녁에 혼수상태에 빠졌다가 그 다음 날 오후에 죽었다.

자료 : Visintainer, & Seligman.(1983)

자기긍정의 중요한 요소인 자신감은 일종의 심리특징이다. 대뇌에 희망과 기대 등 긍정적인 사고를 생산해 내고 쾌활하고 낙관적인 정서와 적극적인 정신을 만들어 낸다. 대뇌피질과 모든 신경계통의 기능을 증강시켜 주고 인체 면역기능을 강화시켜 준다. 강한 자신감으로 질병을 치료하는 방법은 가장 최근에 발견된 치료법 중 하나이며 대단한 발견이다. 어떤 질병에 걸렸을 경우 강한 자신감과 낙관적인 정신은 치료율을 최대한으로 높여준다. 하지만 짐의 경우는 희망의 상실로 인해 살 수 있다는 자신감을 잃게 되었고 이것이 죽음에까지 이르게 만들었다. 이 이야기를 통해 희망이 질병치료와 건강에 얼마나 큰 영향을 미치는지 알 수 있다(Cornejo, 2016).

⑷ 긍정의 전염현상

세상을 살다 보면 어떤 경우에는 다른 사람들에게 무의식적으로 동조하고, 어떤 경우에는 집단 속에서 자기 자신을 잃어버린 채 행동하기도 한다. 그런 현상은 집단의 한 점에서 시작된 소용돌이가 집단 전체로 전염되기 때문에 나타난다. 프랑스의 사회학자 르봉은 이런 현상을 '사회 전염'이라고 불렀다. 집단행동을 병이 전염되어 퍼져나가는 현상에 비유한 것이다. 세균과 바이러스가 질병을 옮기는 것과 같이 사람들의 정서와 행동이 한 사람에서 다른 사람에게로 옮겨지는 현상이 사회 전염이다. 이런 현상은 집단의 한 지점으로부터 원을 그리기 시작해 점차 큰 원을 그리며 확산된다. 사회 전염은 사람들이 가지고 있는 도덕심, 가치 체계, 사회적 규칙들, 책임감에 의한 행동 통제 기제가 무너지고 원초적인 공격성과 성충동들이 나타나기 때문에 발생한다.

이런 현상은 일상생활에서도 흔히 나타난다. 가령 한 사람이 하품을 하면 다른 사람도 하품을 하고, 한 사람이 팔짱을 끼면 다른 사람도 팔짱을 끼고, 한 사람이 담배를 피우면 다른 사람도 담배를 꺼내 문다. 그리고 강의실에서도 질문 있으면 하라고 하면 서로 눈치만 보고 가만히 있다가 한 학생이 질문하기 시작하면 서로 질문하려고 손을 든다. 아래의 개 웃음 전염 사례는 사람들뿐 아니라 동물들도 '웃음'이라는 긍정적 정서가 전염된다는 것을 알 수 있도록 해준다.

〈사례 4.4〉 개 웃음 전염현상

2009년 10월 11일 SBS 동물농장에서 '개 웃음이 다른 개들에게 전염된다'라는 이색적인 실험을 방영했다.

미국의 자연사학자 제이크 페이지는 방송과의 전화통화에서 "개가 짧고 빠르게 헐떡거리는 것이 웃는 것"이라고 말했다. 바로 'HHHH'(흐흐흐흐흐)라는 소리라고 한다. 이 소리에 개가 달릴 때의 헐떡거림에서는 나타나지 않는 '뭔가'가 있다는 것이다.

제작진은 또 개 웃음소리가 다른 개들에게 웃음을 전염시킨다고 주장했다. 제작진은 종류, 성별, 나이를 불문하고 전국에서 '잘 웃는다'고 소문난 개 9마리의 웃음소리를 채집해 1분 20초가량의 음원으로 편집했다. 보기만 하면 싸우고 짖는 폭스테리어 가족 네 마리에게 이 음원을 들려준 결과 서로에게는 관심을 두지 않고 웃음소리에만 집중했다. 양처럼 온순해진 4마리는 꼬리를 흔들며 주인에게 달려가 애교를 부렸다. 또 병에 걸려 걸음조차 떼지 못하는 요크셔테리어에게 이 음원을 들려주자 주인을 향해 비틀거리며 걸어갔다.

난폭한 개를 온순하게 만들고 아파서 걷지도 못하던 개를 살아야겠다는 의지와 희망을 주어서였는지 걷게 만들었다. 이것은 개들이 보여준 긍정의 전염현상이다.

말을 하지 못하는 동물들의 '웃음'이라는 긍정적 정서도 다른 동물에게 전염된다. 아프고 절망에 빠져 있는 개가 긍정적 파장을 전달하는 웃음의 영향을 받은 것이다. 더 많은 것을 느끼고 표현하는 인간의 경우, 동물들보다 이러한 영향이 더 클 것이라는 것을 추측해 볼 수 있다. 위의 사례를 통해 사람들에게 주위의 긍정적 정서가 얼마나 중요한지를 다시 한 번 생각해 볼 수 있게 해준다.

자기긍정 또한 사회 전체적으로 전염되어 집단적인 자기긍정 현상으로 이어질 수도 있다. 한국의 경우는 서양보다 집단주의가 강하기 때문에 전염현상이 더욱 강하게 나타날 것으로 예측된다. 세계적 한국기업 등의 경우 '성공에 대한 경험'으로 집단적 자기긍정이 강화되었고, 긍정의 되먹임 현상으로 인해 자기긍정이 증폭되었다고 볼 수 있다. 또한 세계 속에서 한국이 잘하고 있다는 것과 앞으로도 잘될 것이라는 낙관적인 전망을 대중매체를 통해 많이 접한다. 이것도 한국인들의 집단적 자기긍정을 더욱 강화시키는 요인으로 작용한다.

자기긍정의 4요인

자기긍정은 새옹지마, 위풍당당, 약롱중물, 가여낙성으로 표현되는 4요인으로 구성되어 있다.

새옹지마는 나쁜 일을 겪어도 언젠가는 그 일이 복이 될지도 모른다는 뜻으로, 살면서 안 좋은 일을 겪게 되었을 때에도 낙심하지 않고 항상 긍정적으로 생각하는 태도를 말한다. 부정적인 정서가 강한 사람은 안 좋은 일이 일어났을 때 '왜 나한테만 이런 일이 자꾸 생기는 거야' 혹은 '역시 난 안 돼'라고 생각한다. 하지만 긍정적인 정서가 강한 사람은 안 좋은 일이 일어나도 '좋은 일이 일어나려고 액땜하는 거야', '열심히 하

〈표 4.1〉 자기긍정의 4요인

구 분	뜻	내 용
새옹지마 (塞翁之馬)	나쁜 일을 겪어도 언젠가는 그 일이 복이 될지도 모른다.	살면서 안 좋은 일을 겪게 되었을 때도 낙심하지 않고 그 일이 오히려 복이 될지도 모른다고 좋게좋게 여기는 긍정적인 생각
위풍당당 (威風堂堂)	풍채나 기세가 위엄 있고 떳떳함	주위의 어떤 시련에도 언제나 떳떳하고 자신감 넘치는 모습
약롱중물 (藥籠中物)	무엇이든 넓게 경험하고 깊이 파고들어 스스로를 귀한 존재로 만든다.	'나는 중요한 사람이다', '나만이 할 수 있다'라고 생각하며 스스로를 귀하게 여김
가여낙성 (可與樂成)	더불어 성공을 즐길 수 있다는 뜻으로, 함께 일의 성공을 즐길 수 있음을 이르는 말	긍정적인 정서는 주위에 전파되어 함께 나눌 수 있음

고 있으니 언젠가는 잘 되겠지'라고 생각한다.

위풍당당은 주위의 시련에도 굴하지 않고 항상 당당하고 자신감 넘치는 모습을 말한다. 긍정적인 사람은 주위의 시련에도 주눅 들지 않고 항상 당당하며, '할 수 있다'라는 자신감으로 가득 차 있다.

약롱중물은 스스로를 귀한 존재로 여긴다는 뜻으로 '나만이 할 수 있어', '내가 최고야', '나는 중요한 사람이야'라고 생각하는 것이다. 과도한 약롱중물의 태도는 치명적인 약점으로 작용할 수 있지만 스스로를 귀하게 여긴다는 측면에서 자기긍정에서 꼭 필요한 요소이다.

가여낙성은 함께 일의 성공을 즐긴다는 뜻으로 행복을 나누면 두 배가 되듯이 긍정적인 정서도 나누면 배가 되고 주위에 전염된다는 뜻이다. 위에서 언급한 긍정의 전염현상처럼 리더의 자기긍정은 조직원들에게 '할 수 있다'라는 긍정을 전염시켜 조직 전체에 긍정바이러스를 퍼뜨릴 수 있다.

자기긍정의 이론적 배경

자기긍정을 설명할 수 있는 유사한 이론적 배경으로 긍정심리학의 연구들이 자기긍정의 개념을 설명해준다. 사람의 긍정적인 경험, 특성, 태도가 개인적 삶의 과정뿐만 아니라 조직생활에도 영향을 줄 수 있으므로 긍정심리학에 바탕을 둔 조직행동연구인 긍정조직행동 접근법이 등장하고 있다. 또한 스스로가 얼마나 일을 잘할 수 있는지에 관한 믿음인 '자기효능감'(self-efficacy)과 '자긍심'(self-esteem) 등이 이론적으로 개인적 자기긍정을 설명해 주며, 집단의 역량에 대한 개인의 믿음인 집단효능감(collective efficacy), 조직몰입, 리더십 효능감 등이 집단적 자기긍정을 설명해 줄 수 있는 이론적 개념이다.

(1) 긍정심리학

사람들은 역경을 만나면 우울증에 빠지고 무기력해지며, 자포자기하게 마련이라고 생각했던 기존의 가정과는 대조적으로 어려운 상황에서도 씩씩하고 낙관적인 자세로 문제를 해결한 많은 사례들을 볼 수 있다. 하지만 이러한 낙관적인 부분에 대한 과학적 연구는 많이 이루어지지 않았다. 이러한 연구 현상에 대한 문제점을 제기하며 등장한 것이 긍정심리학이다. 긍정심리학은 지난 한 세기 동안 정신의학자들이 지그문트 프로이트 등의 영향으로 마음의 부정적인 면에만 몰입한 데 대해 반성하고 마음의 밝은 면을 규명해서 북돋우려는 심리학의 새 분야이다. 즉 인간의 긍정적 정서에 초점을 맞춰 연구하는 심리학이라고 할 수 있다.

과거 조직행동연구에서도 조직구성원들을 어떻게 효과적으로 활용할 것인지에 대해 주로 사람의 긍정적인 측면보다는 문제점이 무엇이며, 그 문제점을 어떻게 치료할 것인지에 초점을 맞추어 왔다(Luthans, 2002). 긍정심리학의 영향으로 긍정적 측면에 초점을 맞춘 연구가 늘어나고 있는 추세이다.

루탄스 등(2007)은 리더십을 긍정심리변수의 적용이 가장 간과된 영역 중의 하나라고 지적한다. 리더의 특성에 초점을 맞춘 전통적인 리더십 연구들에서 공통적으로 말하는 요소 중 긍정심리학이 강조하는 개인 특성과 유사한 개념들이 상당히 포함되어 있다. 리더의 자신감이나 역경에 대한 인내력 및 극복능력이 그 예라고 할 수 있다. 한국형 리더십에서는 이와 같은 문제를 '자기긍정'이라는 한국형 리더십의 한 요인으로 설명하고자 하였다. 리더의 자기긍정은 '할 수 있다'라는 신념으로 자신감을 향상시켜 주고 역경을 이겨낼 수 있는 원동력을 제공하며, 인내력 및 극복능력을 향상시켜 줄 수 있는 요인이라고 설명할 수 있다. 따라서 리더의 자기긍정은 리더십의 긍정심리변수 부재를 해결할 수 있는 요인이 될 수 있다.

(2) 자긍심과 자기효능감

사람들은 자신에 대해 모종의 이미지를 형성하게 되는데 이것을 자아개념(self- concept)이라고 한다. 자아개념을 측정할 때 흔히 사용되는 변수가 자긍심(self- esteem)과 자기효능감(serl-efficacy)이다. 자기효능감이란 '개인이 갖는 자신의 역량에 대한 믿음'이며 특정 개인이 특정 상황에서 특정 일을 얼마나 잘할 수 있는지에 관한 스스로의 믿음과 관련된 내용이다. 자긍심은 자기효능감과 유사한 개념으로 보다 일반적인 자신감을 의미한다. 선행연구에 따르면 자긍심이 높은 사람이 자긍심이 낮은 사람보다, 자기효능감이 높은 사람이 낮은 사람보다 높은 성과를 보인다. 귀인이론에서는 자기효능감이 높을수록 내부적 귀인이 이루어진다는 결과가 얻어졌으며, 성공적으로 업무를 수행했을 경우 높아진 종업원의 자기효능감이 다음의 업무에 긍정적인 영향을 미치는 것으로 나타났다. 또한 직무 스트레스와 자기효능감 간에는 부(−)의 상관관계가 있는 것으로 연구되었다. 즉 종업원이 수행하고 있는 특정의 업무에 대해 자신감이 높을수록 그 종업원은 직무에서 오는 스트레스를 덜 받는 다는 것이다.

이와 같은 자긍심과 자기효능감의 개념은 우리가 한국형 리더십의 요인 중 하나인 '자기긍정'으로 충분히 설명된다. 자기긍정은 개인과 집단의 '할 수 있다'는 믿음이므로, 스스로에 대한 개인적인 믿음인 자긍심과 자기효능감과 매우 유사하며, 보다 포괄적인 개념이라고 할 수 있다.

(3) 집단효능감

집단효능감이란 특정 과업을 수행할 수 있는 집단의 역량에 대한 개인의 믿음이며, 집단에 대한 자기효능감이다. 이것은 집단적 자기긍정과 유사한 개념이라고 할 수 있다. 한국인들은 우리나라가 발전하고 있으며, 앞으로 더욱 잘될 것이라는 믿음을 가지고 있다. 따라서 한국 국민들은 한국에 대한 집단효능감이 높다고 할 수 있다. 이러한 집단효능감은 집단사고와 같은 부작용을 만들기도 하지만 집단의 성과에도 긍정적인 영향을 미친다.

(4) 조직몰입

조직몰입이란 개인이 특정 조직에 대해 애착을 가짐으로써 그 조직에 있고 싶어 하고 조직을 위해서 더 노력하려 하며 조직의 가치와 목표를 기꺼이 수용하게 되는 심리적 상태를 뜻한다. 이것은 한국인들의 남다른 애국심에 의한 집단적 자기긍정과 소속된 조직에 대한 집단적 자기긍정과 연결된다.

조직몰입은 집단적 자기긍정을 강력하게 형성하도록 만드는 요인이라고 할 수 있다. 조직몰입으로 조직의 목표 달성을 위한 헌신적인 노력과 희생이 가능해지기 때문이다.

(5) 리더십 효능감

리더십 효능감은 하급자들이 성공적으로 업무수행을 하도록 그들의 자기효능감을 높임으로써 그들을 개발하고 동기부여하는 것이다. 한국의 경제성장의 주역이었던 정치·

경제의 리더들은 구성원들이 할 수 있다는 자신감을 갖도록 동기부여를 함으로써 집단적 자기긍정으로 경제성장을 이루어 낼 수 있었다.

이처럼 리더십 효능감은 집단 구성원들의 개인적 자기긍정을 높여 집단적 수준으로 끌어올리도록 하는 역할을 한다. 따라서 한국 리더들의 리더십 효능감은 리더의 '자기긍정'과 매우 유사한 개념이며, '자기긍정'으로 리더십 효능감을 충분히 설명할 수 있다.

자기긍정의 여러 수준

자기긍정에는 개인 차원, 조직 차원이 존재한다. 개인차원의 자기긍정은 개인 스스로의 긍정적 정서로 '나는 할 수 있다'는 신념과 목표달성을 위해 노력할 수 있는 긍정적인 태도를 말한다. 조직차원의 집단적 자기긍정은 소속된 집단에서 '우리는 할 수 있다'는 신념을 구성원들이 공유하고, 목표달성을 위해 노력할 수 있는 긍정적인 집단 태도를

〈표 4.2〉 개인 및 조직 차원의 자기긍정

구 분	개인 차원의 자기긍정	조직 차원의 자기긍정
내 용	개인 스스로가 '나는 할 수 있다'는 신념과 목표달성을 위해 노력할 수 있는 긍정적인 태도를 가짐	소속된 집단에서 '우리는 할 수 있다'는 신념을 구성원들이 공유하고, 목표달성을 위해 노력할 수 있는 긍정적인 집단 태도를 가짐
유사한 이론적 개념	자기효능감 : 개인이 갖는 자신의 역량에 대한 믿음	집단효능감 : 집단의 특정 과업을 수행할 수 있는 집단의 역량에 대한 개인의 믿음
	자긍심 : 자기효능감과 유사한 개념으로 보다 일반적인 자신감	조직몰입 : 개인이 특정 조직에 대해 애착을 가짐으로써 그 조직에 남아있고 싶어 하고 조직을 위해 더 노력하려 하며, 조직의 목표를 기꺼이 수용하게 되는 심리적 상태
		리더십 효능감 : 하급자들이 성공적으로 업무수행을 하도록 그들의 자기효능감을 높임으로써 그들을 개발하고 동기부여 하는 것

가지는 것을 말한다. 또한 조직을 국가까지 확장시키면 '우리나라는 할 수 있다'는 신념을 국민들이 공유하고, 국가발전을 위해 국민 모두가 노력할 수 있는 높은 애국심을 가지는 것을 설명할 수 있다.

한국의 경제성장과 민주화를 이룬 원동력으로 한국 리더들의 높은 자기긍정을 말할 수 있다. 리더의 자기긍정은 조직 구성원들에게 개인적 자기긍정을 향상시키는 영향을 미치고, 집단적 자기긍정을 강화시킨다. '우리는 할 수 있다'는 긍정적 신념이 조직 내에 피워나면, 불가능해 보였던 일도 가능하게 만드는 원동력이 될 수 있고 기적적인 성공이 가능해지는 것이다. 한 기업 조직원들 중에서 자기긍정적 구성원의 비율이 높을수록 도전하는 기업이 된다. 그러나 자기긍정은 근거 있는 긍정이라야 한다. '우리는 무조건 할 수 있다'가 아니라 '우리는 ○○○한 이유로 할 수 있다'가 되어야 한다는 것이다. 근거 없는 긍정은 만용이고 과다긍정의 문제를 야기한다. 기업은 긍정적인 마인드를 가진 조직원들을 늘리기 위해서 채용, 배치, 교육훈련 등에 투자를 해야 한다. 장기적인 진단과 상담도 필요하다. 근거 있는 자기긍정의 조직원들은 기업과 조직의 성공요인으로 작용할 것이기 때문이다.

3 | 자 기 긍 정 의 특 징

한국형 리더들은 다른 나라의 리더와는 구별되는 분명한 특징을 갖는다. 그것이 한국 경제의 기적적인 성장을 가능하도록 만든 원인을 설명해 줄 수 있을 것이다. 그렇기 때문에 한국형 리더의 자기긍정의 특징에 대해 살펴보는 것은 매우 의미 있는 작업이 될 것이다. 그렇다면 한국형 리더의 자기긍정의 형성배경을 살펴보고 외국의 리더와 비교 분석을 통해 보다 구체적인 한국형 리더의 자기긍정 특징에 대해 알아보자.

형성배경

한국형 리더의 자기긍정은 침략과 전쟁의 역사 속에서 이루어졌다. 조선후기 우리나라는 청나라와 일본 사이에서 바닥에 떨어진 고기 같은 존재였다. 호시탐탐 먹어치우려는 강국 사이에서 살아남기 위해 발버둥을 쳐야 했다. 결국 일제 치하를 겪으며 민족적 자존심은 땅에 떨어졌고, 6·25를 겪으며 국가는 초토화되었다.

6·25는 우리의 모든 것을 파괴시켰다. 정말로 아무것도 없는 거지 나라가 된 것이다. 유일하게 가진 것은 갖은 수모와 핍박의 결과인 일제의 보상금과, 외국에서 빌린 차관이 전부였다. 우리는 이것을 가지고 일어서야 했다.

이런 상황에서 한국의 리더들은 '성공해야 한다'는 생각조차 할 수 없었다. 성공이 아니면 죽음이었고, 끝이었기 때문이다. 실패에 대한 생각 같은 여유는 아무것도 남지 않은 한국에게 허락되지 않았고 성공을 신앙처럼 믿어야만 했다. 한국의 리더들은 '안되면 되게 하라', '실패하면 우향우 해서 동해 바다에 몸을 던지자'등 무조건 해 내야 한다는 것을 강조하며 강한 자기긍정을 형성했다.

한국은 세계 최빈국에서 한강의 기적을 일궈내 한 세기 동안 세계적인 경제대국으로 성장하였다. 이러한 성장은 국민 모두가 '하면 된다', '할 수 있다'는 집단적 자기긍정의 피그말리온 효과의 결과라고 볼 수 있다. 경제적으로 자립하여 선진국 대열에 꼭 진입해야 한다는 의지를 국민들에게 강하게 심어준 국민적 근대화운동인 새마을운동 등과 같은 정부 주도의 노력은 '우리도 잘살아 보자', '우리도 잘할 수 있다'는 긍정적 의지를 심어주었다. 또한 한국 사람이나 기업의 성공을 언론을 통해 계속해서 보도하여 우리는 잘하고 있고 계속해서 잘할 수 있다는 긍정적 신념을 심어주어 한국인의 집단적 자기긍정이 강화되어왔다. 이러한 긍정은 사회적 전염현상을 통해 한반도 전역으로 확산되었고, 긍정의 되먹임 현상으로 인하여 그 강도가 증폭되었다. 이렇게 강화된 집단적 자기긍정은 한국 경제의 기적적인 성장의 원동력으로 작용하였다.

아래의 세 가지 기사는 공영방송인 KBS 1TV에서 하루에 연속으로 보도된 기사이다. 공통적인 내용은 '우리 한국'이 세계에서 중요한 위치이고, 위기 속에서도 잘해 나가고 있다는 것이며, 보도를 통해 한국이 잘하고 있으며 앞으로도 더 잘될 것 이라는 낙관적인 전망을 유도한다.

〈사례 4.5〉 아세안 경제 개발, 한국이 이끈다

한때 악연이었던 우리나라와 베트남이 경제발전 경험을 주고받으며 상생의 미래를 열어가고 있습니다.

해마다 성장률 7, 8%로 맹렬한 기세로 발전하고 있는 베트남. 지난 2008년 드디어 1인당 GDP가 1,000 달러를 넘어 가장 가난한 나라의 대열에서 벗어났습니다. 화물차와 오토바이, 승용차가 뒤섞여 혼잡한 도로. 법과 제도는 정비하고 있지만, 도로 등 기반 시설 건설은 스스로의 힘만으로는 해결하기 어렵습니다.

하노이에서 자동차로 두 시간가량 떨어진 북부 하이퐁, 고속도로를 건설하기 위해 지반을 다지는 작업이 한창입니다. 수도와 북부 최대 항구도시를 잇는, 105km 길이 베트남 최초의 고속도로입니다.

한국의 경인 고속도로를 본떴습니다.

〈인터뷰〉 능웬 티튀 란(베트남 개발은행 외자유치국장) : "한국 기업의 건설 경험과 서울, 인천 고속도로의 인상적인 모습이 이번 고속도로 계획에 크게 작용했다."

지반이 약하고 다리를 놓아야 하는 어려운 구간은 한국 기업 두 곳이 맡았습니다. 연 0.1% 금리, 35년에 걸쳐 갚는 우호적인 조건의 유상 원조입니다.

붉은 진흙을 머금고 있어 이름 붙은 홍강, 수도 하노이를 40여km 돌아 흐르며 베트남 북부의 젖줄이자 마음의 안식처로 자리하고 있습니다. 하지만 정비가 안 돼 쓰레기와 오수가 넘쳐나고, 해마다 우기엔 홍수를 피하기 힘들었습니다.

한강의 개발 경험을 벤치마킹 하겠다는 베트남 정부의 요청에 따라 서울시가 협조에 나섰고, 현재 베트남 국책사업으로 승인 절차를 밟고 있습니다.

〈인터뷰〉 팜 딘(수자원연구원 박사) : "한강과 비슷한 점 두 가지가 바로 홍수 시 범람, 강변에 주민들이 살고 있다는 것이다. 그래서 개발이 필요하다."

홍강이 개발되면 서울의 한강처럼 녹지와 공원, 강변 주거단지가 어우러진 명소로 바뀌게 됩니다.

인프라 구축과 개발경험 전수 등으로 베트남 경제가 한국을 통해 발전하고 있습니다.

자료 : 2010년 1월 8일 KBS 1TV 〈9시 뉴스〉

〈사례 4.6〉 한국 LED TV, 3D로 세계 TV 1등 굳힌다

세계 최대 가전제품 전시회가 열리는 미국 라스베이거스로 가보시죠. 한국 업체들은 입체 영상 기능을 갖춘 고급 TV로 세계 1위를 굳힌다는 전략입니다.

삼성전자가 세계 최초로 공개한 165인치급 입체 LED TV '큐브'입니다. 한 면당 55인치급 TV 9개씩 모두 36개의 TV를 연결해 만들었습니다. 안경 하나로 전 화면에서 입체 영상을 즐길 수 있습니다. 삼성은 이 같은 입체 LED TV를 올해 2백만 대 이상 팔겠다는 계획입니다.

LG전자가 선보인 LED TV는 두께가 6.9밀리미터에 불과합니다. 기존 HD TV보다 무려 4배나 선명한 84인치급 초고해상도 TV도 첫선을 보였습니다. TV 화면을 통해 화상통화를 할 수 있는 기능도 선보였습니다.

일본 업체들도 기존 화면을 자동으로 입체 영상으로 변환해주는 등 한층 진보된 입체 영상 TV를 공개하며 승부수를 걸었습니다.

지난해 미국에서 판매된 LED TV 10대 중 8대가 한국 제품이었습니다. LED로 기선을 잡은 한국 업체들은 입체 TV 시장에서도 시장을 선도해 올해에도 세계 1등을 지켜나간다는 전략입니다.

자료 : 2010년 1월 8일 KBS 1TV 〈9시 뉴스〉

〈사례 4.7〉 불황 속 기계 산업 다시 뛴다!

우리 기계산업이 가격과 품질 경쟁력으로 부활하고 있습니다. 도요타에도 자동차 부품을 납품하기 시작했습니다.

정밀가공에 쓰이는 특수드릴을 생산하는 종업원 15명의 중소기업. 지난해부터 일본 도요타 자동차 계열사에 납품하기 시작했습니다. 가격이 일본산에 비해 60% 수준이란 점이 돋보였겠지만 품질이 뒷받침됐기에 가능했습니다. 일본 자동차 회사들이 지난해 경제난을 겪으면서 가격 대비 품질 경쟁력이 있는 업체를 찾았고 그 기회를 우리 기업이 잡은 것입니다.

〈인터뷰〉 이인수(성산컷팅 대표) : "우리나라 산업기술이 굉장히 발전해 일본에서도 이를 인정해 우리 공구를 많이 쓰고, 사 가지 않느냐."

이 공작 기계 생산업체는 올 들어 자동 선반을 일본을 포함해 캐나다와 이탈리아 등 여섯 개 나라에 수출하고 있습니다. 일본 시장 문을 열자 가격은 싸지만 기술을 의심하던 다른 나라들이 잇따라 주문하고 있기 때문입니다. 일본과 독일 등 선진국 자동차 회사에 구동장치를 수출하는 이 회사는 지난해 9월부터 잔업을 쉰 적이 없을 정도로 주문이 밀려들고 있습니다.

〈인터뷰〉전종인(우수AMS 대표) : "도요타 자동차까지도 경영난을 겪는 과정에서 가격 경쟁력을 갖추지 않으면 살아남기 힘든데 한국 자동차 부품이 그만큼 가격 경쟁력이 있고, 세계적인 불황을 위기로 여기지 않고 기회로 삼을 수 있었던 것은 꾸준히 기술력 향상에 애쓴 덕분입니다."

〈인터뷰〉최해범(창원대 무역학과 교수) : "드릴의 경우, 우리 기술 수준이 일본의 90%를 따라잡았습니다. 90%를 넘어서면 경쟁력에서 동등하다고 봅니다."

우리 기계산업이 도약의 기회를 맞아 새롭게 기지개를 켜고 있습니다.

자료 : 2010년 1월 8일 KBS 1TV 〈9시 뉴스〉

〈사례 4.5〉는 앞선 경제성장을 이룬 한국이 기술과 인프라를 베트남에 전수해 주고 있다는 내용이다. '베트남 경제가 한국을 통해 발전하고 있습니다.'라는 마지막 멘트는 우리가 현재 잘하고 있다는 것과 다른 나라의 모범이 될 정도로 훌륭한 성장을 해왔다는 것을 간접적으로 암시한다. 〈사례 4.6〉은 우리 기업인 삼성과 LG가 세계시장에서 잘하고 있다는 것을 직접적으로 보도하고 있다. "지난해 미국에서 판매된 LED TV 10대 중 8대가 한국 제품이었습니다. LED로 기선을 잡은 한국 업체들은 입체 TV 시장에서도 시장을 선도해 올해에도 세계 1등을 지켜나간다는 전략입니다"라는 마지막 멘트는 한국인으로서 자부심을 갖게 한다. 〈사례 4.7〉은 불황 속에서도 위기를 기회로 바꾸어 우리 기계 산업이 세계시장에서 잘하고 있다는 내용을 보도하고 있다.

이러한 보도들은 한국인들의 애국심을 자극하고, 낙관적인 전망을 유도하여 집단적 자기긍정을 향상시킨다. 이러한 언론보도나 인터넷을 통한 긍정적 정보 확산은 계속해서 한국인들에게 자기긍정을 전염시키고 긍정적 되먹임 현상으로 자기긍정을 강화하여 '집단적 긍정 최면 상태'까지 이르게 하고 있다.

역사적 인물들의 자기긍정 사례

역사적 인물들 중 한국인 특유의 자기긍정으로 성공을 이루어낸 사례들이 많다. 그 중에서도 단신으로 적진에 찾아가 용기와 자신감이라는 자기긍정으로 협상에 성공해 나라를 구한 서희가 좋은 예가 될 수 있다.

993년(성종 12), 거란이 고려를 침입했다. 봉산군을 함락시킨 거란 장수 소손녕은 공문을 보내 알렸다. "80만의 군사가 도착했다. 만일 강변까지 나와서 항복하지 않으면 섬멸할 것이니, 국왕과 신하들은 빨리 우리 군영 앞에 와서 항복하라." 건국 75년 만에 고려에게 국운을 위협하는 심각한 국가적 재난이 찾아온 것이다.

서희는 단신으로 적진에 찾아가 소손녕과 담판을 지었다. 당시 적장은 소손녕과 창과 칼을 든 호위병들이 겹겹이 늘어서서 실로 삼엄한 분위기가 엄습하고 있었다. 그러나 서희는 이러한 분위기에 주눅 들지 않고 대국의 사신으로 거만하던 소손녕을 자신감 있게 끌고 나갔다. 서희는 협상을 진행하는 동안 두둑한 배짱과 예리한 판단력으로 적장을 압도해 나갔다. 소손녕은 서희를 호랑이 굴에 들어온 토끼처럼 생각했지만 오히려 자신감이 넘치는 서희를 보고 서희의 인간됨에 반해 협상이 끝났음에도 서희를 극진히 대접하였다. 뿐 만 아니라 금나라 황제에게도 서희에 대해서 좋게 보고를 하였다. 결국 서희의 해낼 수 있다는 자신감 즉 자기긍정의 모습을 보았기 때문에 협상이 이루어진 것이다.

서희의 자기긍정은 안전이 위협받는 상황에서도 주눅 들지 않고 당당하게 협상을 해 나갈 수 있도록 해 주었고 이것으로 한 나라를 구할 수 있었다. 역사적 인물인 서희의 예에서도 알 수 있듯이 훌륭한 리더에게 자기긍정은 매우 중요한 요소이다. 어디에서도 당당한 자기긍정 리더의 모습은 하급자들이 믿고 따를 수 있는 전제조건이 될 것이고 위기의 순간에서 뒤로 숨는 비겁한 모습이 아닌 리더답게 앞장서서 해결할 수 있는 모습을 보여줄 수 있게 해준다. 〈사례 4.8〉은 서희와 소손녕의 대화 내용은 한국형 리더들의 자기긍정의 모습을 잘 나타내 준다.

〈사례 4.8〉 서희와 소손녕의 협상 중 대화 내용

소손녕 : 나는 큰 나라의 귀인이고 그대는 작은 나라의 신하이므로, 마땅히 뜰 아래
엎드려 예를 갖추어 절을 하라.
서희 : 그대가 임금이라면 신하의 예로써 절을 하는 것이 마땅하나 두 나라의 같은
대신끼리 만나는데 한쪽이 절을 하는 예법은 받아들일 수 없다.

한국은 예로부터 대국의 눈치를 봐야만 했고, 침략과 핍박의 슬픔을 많이 가지고 있는 나라이다. 이러한 역사적 배경 때문에 한국형 리더들은 어려운 상황에도 절대 주눅 들지 않는 자기긍정의 모습을 많이 보여주고 있다. 일제의 핍박에도 절대 굴하지 않았던 독립 운동가들이나 위의 서희와 같이 대국에게도 주눅 들지 않고 배짱 있는 모습을 보여준 예들을 어렵지 않게 찾아볼 수 있다. 역사적으로 약자의 위치에 있을 수밖에 없었던 나라이기 때문에 더욱 기죽지 않기 위해 한국형 리더들은 자기긍정을 강화해 나아갔다고 본다.

한국형 리더와 서양 리더의 자기긍정 차이

한국형 리더의 자기긍정과 사양 리더의 자기긍정에는 많은 차이가 존재한다. 한국전쟁으로 무에서 유를 창조해야 했던 한국의 리더들은 성공을 신앙처럼 믿어야 했고 실패는 죽음이라는 각오로 덤벼들 수밖에 없었다. 반면 서양의 리더들에게서는 이러한 면을 살펴보기 힘들다. 일단 처한 상황 자체가 다르기 때문이다. 또한 개인주의와 집단주의로 대별되는 동서양의 문화 차이는 자기긍정의 속성 차이로 이어진다.

구체적인 사례 비교를 통해 한국형 리더의 자기긍정과 서양 리더의 자기긍정을 비교해 보자.

(1) 포스코 박태준 회장 vs. 미국 철강왕 카네기

한국의 박태준 회장과 미국의 앤드류 카네기는 철강업에서 큰 성공을 거두었다는 공통점을 가진다. 하지만 두 사례는 결정적인 차이점을 가지고 있다. 한국의 박태준 회장은 자본도 없고 자원도 없는 찢어지게 가난한 나라에서 '무에서 유를 창조'한 것이다. 하지만 미국의 카네기는 자본이 풍부하고 자원도 넉넉한 환경에서 개인의 사업수완으로 성공을 이루었다. 또한 박태준 회장의 성공에 대한 신념은 실패는 죽음이라는 절박한 상황에 의한 것이었다. 박 회장의 실패는 혼자만의 실패가 아닌 국가 전체의 실패였기 때문에 반드시 성공시켜야 했다. 하지만 카네기는 돈 많은 투자자들의 자금을 모아 유능한 사업수완으로 성공을 이끌어 냈으며, 만약 실패를 했더라도 자기 혼자의 실패였고, 투자자들의 돈을 날린 것에 불과했다.

〈사례 4.9〉 국가적 숙원을 이루기 위해 헌신한 포스코의 박태준 회장

6 · 25 한국전쟁으로 아무것도 남아있지 않던 대한민국은 건물을 세우거나 여러 공산품을 만들기 위해서도 철의 생산이 중요한 시기였다. 당시 제철회사를 세울 만한 자본금도, 돈을 빌릴 신용조차 없던 시절, 박정희 대통령은 일본과 수교로 인해 받은 무상 3억 달러, 유상 2억 달러의 차관을 종잣돈 삼아 경부고속도로와 포항제철을 짓기 시작했다.

가난한 나라 한국의 제철소 건설을 비웃은 외국의 시각
1968년 세계은행의 보고서는 "한국이 추진하는 제철소 건립계획은 시기상조, 한국의 제철공장은 엄청난 외환비용에 비춰 경제성이 의심되므로 건설을 연기하고 노동 및 기술 집약적인 기계공업 개발을 우선해야 한다"라며 회의적인 시각을 표했고, 그 근거는 다음과 같다. 종합제철산업은 고도의 기술, 막대한 자본, 규모의 경제를 가능하게 하는 충분한 내수시장, 그리고 철광석 등의 천연자원 등을 갖추고 있어야 국제경쟁력을 가질 수 있다. 하지만 1960년대의 한국은 필수요소 중 하나도 갖추고 있지 못했다. 자본과 기술을 해외에서 빌려야 했으며 내수시장은 너무 작았고, 더구나 철광석 등의 주요 천연자원은 전량 수입해야 했다. 바로 이웃나라 일본에는 세계적인 수준의 철강업체가 포진하고 있었다. 철강선진국 입장에서는 일제 식민지(1910~1945)를 거쳐 한국전쟁(1950~1953)을 겪은 가난한 나라, 한국에게 '종합제철소 건설'은 불가능한 꿈이라고 여기는 것이 당연했다.

박태준 회장의 "안 되면 죽어라" 우향우 정신

당시 한국은 가진 것이라고는 굴욕의 시대의 보상금인 식민통치 보상금과 일본에 빌린 차관이 전부였다. 따라서 박태준 회장은 한국에 대한 식민통치 보상금으로 지어진 제철소를 성공적으로 완공해야 한다는 의지가 강한 것은 너무나 당연했다. 이것이 실패하면 국가 전체가 끝나는 것이나 마찬가지였기 때문에 죽을 각오로 성공하지 않으면 안 되었던 것이다. 박 회장은 "우리 조상의 혈세로 짓는 제철소입니다. 실패하면 조상에게 죄를 짓는 것이니, 목숨 걸고 일해야 합니다. 실패란 있을 수 없습니다. 실패하면 우리 모두 '우향우'해서 영일만 바다에 빠져죽어야 합니다. 기필코 제철소를 성공시켜 나라와 조상의 은혜에 보답합시다. 제철보국! 이제부터 이 말은 우리의 확고한 생활신조요, 인생철학이 되어야 합니다"라는 비장한 각오로 사원들을 뭉클하게 했다. 여기서 '조상의 혈세'란 독립운동으로 죽어갔고, 일제에 핍박 받던 조상들의 일제식민지 배상금을 의미했다. 실패하면 오른쪽으로 돌아서서 곧장 나아가 바다에 투신하자는 '우향우'는 구성원들 모두의 애국심을 고양하였다. 자립경제 기반 위에 번영을 구가하고 선진국과 어깨를 나란히 한다는 국가적 숙원을 이루는 것이 포철의 성패에 달려있다는 박 회장의 자각은 개인적 성취가 아닌 애국심과 국가에 대한 헌신으로 목숨을 바쳐 성공을 이루어 내겠다는 굳은 의지를 다잡게 했다. 이러한 목숨을 건 절박함은 실패를 절대 용납할 수 없는 성공에 대한 믿음을 가능하게 했다.

이러한 강한 의지와 자기긍정은 제철소 건설을 가능하게 하였고, 박 회장의 '우향우' 정신은 현재까지 포스코의 기업문화로 자리 잡고 있으며, 어려운 상황에서도 한국인의 '할 수 있다'는 강한 의지가 이뤄낸 성공의 상징이 되었다.

전 세계 경쟁력 1위의 철강기업 포스코

박 회장과 포철 조직원들의 죽음을 각오한 비장한 애국심은 전 세계 경쟁력 1위 철강기업 포스코를 탄생시켰다.

포스코의 우수한 성과는 생산을 시작한 첫 해부터 지금까지 이어지고 있다. 1973년 조강을 시작한 첫 해부터 흑자를 낸 데 이어 지금까지 매출액 대비 영업이익률 1위(2004~2008년 연평균 22.6%), 가동률 1위(2002~2006년 평균 기준), 그리고 주당 수익률 1위를 기록하고 있다. 2008년 기준 조강생산량은 6위, 철강업계 종합경쟁력은 2위다. 세계적인 철강산업 연구기관인 WSD(World Steel Dynamics, 이하 WSD)에 따르면 포스코의 종합경쟁력은 1위(2002~2005), 또는 2위(2006~2008)를 차지한다

국가경제에서 포스코가 차지하는 비중도 크다. 포스코는 품질이 우수하면서 가격

이 10~20% 저렴한 철강제품을 국내 제조업체에 공급함으로써, 조선산업 세계1위, 가전산업 세계 2위, 그리고 자동차산업 세계 6위를 기록하는 데 기여했다. 철강산업의 전후방 연관효과는 3.04(2003년 기준)로 타 산업(평균 2.0)에 비해 높은 수준이며 국민경제효과 역시 산업평균에 비해 높아서 국가경제에 대한 기여가 매우 크다.

한국인의 집단적 자기긍정이 이루어낸 기적, '철강'으로 세계 속에 우뚝 서다
철강은 근대산업의 쌀이라 불린다. 철이 없으면 아무것도 할 수 없기 때문이다. 좋은 철강제품이 있기에 세계 1위 조선강국이 가능했고, 아름다운 외관을 지닌 철판이 나왔기에 멋진 가전제품을 만들 수 있었다. 세계 5위의 자동차 강국도 철강의 힘이 매우 컸다. 또한 경공업에서 중공업으로 국가 체질 개선도 좋은 철강이 없었으면 불가능했다. 이처럼 불가능했던 제철소 건설은 박 회장의 자기긍정과 죽을 각오로 임했던 한국인들의 강한 의지가 있었기에 가능했다.

〈사례 4.10〉 미국의 신이 내린 사업가 철강왕 카네기

미국의 철강왕 카네기는 '신이 내린 사업가'였다. 철강의 수요를 예견하고 다니던 철도회사를 과감하게 그만둔 뒤, 독자적으로 철강업을 경영하기 시작했다. 카네기는 철저한 자본주의자였다. 카네기는 자신의 돈을 쓰지 않고 돈 많은 투자자들의 돈을 끌어들여 사업을 크게 키웠으나, 경영권만은 절대 넘기지 않는 것을 철칙으로 삼았다. 이것은 미국 내의 많은 자본이 있었기에 가능했다. 그는 재정이 악화된 여러 회사들을 사들여서, 1889년 연간 32만 톤에 불과한 톰슨 제철공장의 생산능력을 10년 만에 300톤을 넘어설 만큼 엄청난 속도로 성장시키며 1890년대 철강업을 모조리 손아귀에 넣었다. 1872년 홈스테드 제강소에 이어 1892년 카네기 철강회사를 설립했다. 1901년 카네기는 이 회사를 모건 계의 제강회사와 합병하여, 미국 철강시장의 65%를 독식하는 초거대 철강기업 'US 스틸사'를 탄생시켰다. 카네기는 미국의 석유왕 존 데이비슨 록펠러와 비견될 정도로 엄청난 재산을 모았다.

떡잎부터 사업가였던 철강왕 카네기
카네기의 사업 감각은 어린시절의 일화에서도 나타난다. 어린시절 그는 곧잘 어머니를 따라 가게에 가곤 했는데 어느 날 진열되어 있는 앵두를 한 움큼 가져가라는 주인의 말에 손을 내밀지 않자 꼬마가 부끄러워하는 줄 알고 가게 주인은 얼른 자신이 앵두 한 움큼을 집어서 그의 모자에 넣어 주었다. 그의 어머니가 "너 아까 가게에서 왜 앵두를 집지 않았니?"라고 질문하자 그는 "아저씨 손이 내 손보다 크잖아요"라고 말하며, 멀리 내다보는 능력과 함께 사업가 같은 면모를 보였다.

이성적인 사업가 철강왕 카네기

또 다른 일화는 합리적이고 능률적인 카네기의 모습을 단적으로 보여준다. 카네기가 인재를 채용할 때 낸 시험문제에 관한 이야기이다. 그 문제는 물건을 포장해서 밧줄로 꽁꽁 묶어놓고 그것을 풀어보라는 좀 우스꽝스런 문제였는데 밧줄을 손으로 푼 사람은 모두 낙방하고 줄을 칼로 잘라버린 사람들만이 합격해 손으로 밧줄을 푼 사람이 강력하게 항의했으나 카네기는 조금도 이상할 게 없다고 했다. 그는 오히려 이렇게 말했다. "요즘은 스피드 시대입니다. 밧줄을 푸는 데 쓸데없이 시간을 보내서야 되겠습니까? 나는 그런 비능률적인 사람을 원치 않습니다"라고 말했다. 냉정해 보이는 면이 있지만 이 일화를 통해 카네기의 이성적인 사업관을 알 수 있다.

위의 사례에서 살펴본 박 회장과 앤드류 카네기를 구체적으로 비교해 보자.

박 회장은 공적인 이익을 위해 꼭 성공해야 한다고 믿었던 것에 반해 미국의 철강왕 앤드류 카네기는 사적인 이익을 위해 성공을 해야 한다는 신념을 가졌다는 것이 차이점이다. 또한 카네기는 성공가능성이 높은 좋은 환경에서 투자를 통해 사업을 이루었지만 한국의 박태준 회장은 아무것도 없는 상황에서 새로운 것을 만들어 내야 했다. 그렇기 때문에 실패가 아니면 죽음이라는 각오로 성공할 수 있다는 자기긍정을 신앙처럼 믿을 수밖에 없었다.

〈표 4.3〉 박태준 회장과 앤드류 카네기의 자기긍정 비교

박태준 회장의 자기긍정	앤드류 카네기의 자기긍정
• 공적인 이익을 위해 성공을 해야 한다는 신념을 가짐, 애국심에 기반한 자기긍정 • 자본과 자원이 없는 상태에서 성공을 이루어냄. 기회라곤 없는 전쟁으로 모든 것이 파괴된 나라에서 성공을 이룸	• 사적인 이익을 위해 성공을 해야 한다는 신념을 가짐 • 풍부한 자본과 자원 등 유리한 여건에서 개인의 능력으로 성공을 이뤄냄. '기회의 땅' 미국에서 돈 많은 투자자들을 설득하여 투자금을 마련하는 등 많은 기회가 있었음

(2) 집단적 자기긍정과 개인적 자기긍정

한국인들의 '우리는 할 수 있다'는 집단적 자기긍정은 달성할 수 없을 것 같던 성과를 이루어 내는 원동력으로 작용한다. 반면, 서양의 경우 개인주의를 기반으로 하여 개개인의 자기 인식에서 자아개념(self-concept)의 자기긍정을 추구하는 특성을 보인다.

앞에서 언급된 포스코의 박태준 회장은 자신의 개인적 성취를 위함이 아닌 국가적 사명감을 가지고 제철소 건설을 성공시켰다. 또한 리더로서 구성원들을 이끌고 공동의 목표를 위해 목숨을 건 의지를 갖도록 하고, 제철소 건설이라는 국가적 비전을 공유시켜 집단적 자기긍정을 유도하였다. 서양의 경우 개인주의 사회이므로 조직의 목표 실현을 위해 개인적인 희생을 감수하는 경우는 거의 없다. 또한 '우향우 정신'과 같은 목숨을 건 각오와 의지로 일에 몰입하는 경우 또한 찾기 힘들다. 서양의 경우는 자기 자신에 초점이 맞춰진 개인적 자기긍정을 중요하게 생각하는 경향이 크지만, 한국인들과 같은 집단적 자기긍정의 사례는 매우 드물다.

커넬 샌더슨의 KFC 성공은 기독교에서 이야기되는 바른 자기인식에 의한 개인적 자기긍정의 성공의 전형적인 예라고 할 수 있다. 사례에서도 나오지만 커넬은 교회에서 나오면서 '할 수 있다'는 긍정적 의지를 갖게 된다. 조엘 오스틴 목사의 '긍정의 힘'이 기독교에서 말하는 자기긍정을 잘 설명해 준다. 이 책에서 말하는 마음의 힘은 '하나님 안에서 품는 긍정의 힘'이다. 하나님 안에서 건강한 자아상을 일구고, 높은 비전을 가지라는 것이다. 이것은 서구 사회의 문화적 뿌리가 되는 기독교에서 시작된 자기긍정을 잘 설명해 준다.

하지만 한국의 경우는 유교에 뿌리를 둔 문화이다. 기독교에서 믿음, 소망, 사랑 중 제일은 사랑이라고 하듯이, 사랑을 가장 중요한 덕목으로 생각한다. 이때의 사랑은 모든 것에 대한 사랑이다. 하지만 유교에서는 이러한 사랑은 비현실적이라고 여겨 '가장 가까운 사람부터 사랑하라'라고 가르친다. 때문에 가장 중요한 덕목은 '효'(孝)가 된

〈표 4.4〉 한국의 집단적 자기긍정과 서양의 개인적 자기긍정 비교

한국의 집단적 자기긍정	서양의 개인적 자기긍정
박태준 회장의 국가적 사명감과 한국인 구성원들이 보여준 애국심에 기반한 '집단적 자기긍정'	바른 자기인식에 의한 개인적 자기긍정의 성공, 65세 알거지 노인 커넬 샌더슨의 KFC

다. 세상에 태어나 가장 가까운 사람은 부모님이 되기 때문이다. 부모 자식·형제·친척 등 혈연과, 이웃사촌인 같은 지역 사람들과의 친밀함 때문에 지연, 함께 공부했던 동문들과의 학연이 발생하게 된다.

유교문화는 한국의 집단주의를 만들었고, 이것은 공동의 목표를 위해 집단적인 행동을 유도하며, 집단의 이익을 위해 개인의 희생을 훌륭한 일로 여길 수 있는 생각의 기반을 형성해 준다. 따라서 한국인 특유의 강한 집단적 자기긍정은 이러한 문화적 배경에서 가능해졌다고 설명된다. 긍정이라는 정서는 서로에게 전염되는데 한국인의 집단주의는 이러한 전염을 더욱 강하게 하고, 더 나아가 집단이 미친 상태, 즉 긍정적 집단최면상태에 빠지게 했다. 2002년 거리응원에서 보여준 모습은 거의 나라 전체가 미친 것으로 보였다. 이러한 긍정적 집단최면상태는 불가능했던 4강 신화를 이루었고, 정말로 '꿈★은 이루어졌다.' 이것이 한국인의 기적적 성장을 만든 집단적 자기긍정의 엄청난 힘이다. 되먹임 현상의 극단적인 효과로 인해 한국인의 긍정적 집단최면현상이 증폭되었고, 점점 더 그 효과가 커질 것이다.

〈사례 4.11〉 1,101번의 실패에도 굴하지 않은 65세 미국 알거지 노인의 성공신화

65세에 파산하고 알거지가 된 노인이 있었다. 충격이 얼마나 심했던지 노인은 정신병원에 입원까지 했다. 정신병원에서 퇴원한 뒤 정처 없이 방황하던 노인의 귓가에 문득 찬송가 소리가 들려왔다. 노인이 지친 발걸음을 멈추고 가 보니 작은 교회였다. 노인은 그곳에서 정말 오랜만에 무릎을 꿇었다. 기도를 마치고 나온 노인은 더 이상 과거의 그가 아니었다. 그는 미친 사람이 되었다. 작은 시골 모텔 하나도 제대로 경영하지 못해 파산한 사람이 세계 수십 개국에 자신의 사업체를 세우겠다고 선언했기 때문이다. 노인은 그 길로 사업자금을 대줄 사람을 찾아 나섰다.

당신 앞에 파산하고 정신병원에 다녀온 할아버지 한 명이 서 있다. 할아버지가 말한다. 자신에게 투자하라고. 그러면 수년 내에 몇 배로 불려서 되돌려 주겠다고. 반드시 크게 성공할 자신 있다고. 당신은 어떻게 하겠는가? 그 할아버지에게 돈을 빌려줄 것인가? 아니면 인상을 쓰면서 돌아설 것인가? 아마도 나라면 내가 부릴 수 있는 최대한의 짜증을 부렸을 것이다. 어쩌면 112에 신고했을지도 모르겠다. 사기꾼 잡아가라고.

노인은 노숙자나 마찬가지였다. 그는 트럭에서 자고 공중화장실에서 세면을 했다. 그렇게 매일 비참하기 이를 데 없는 생활을 하면서 투자자를 만나러 다녔다. 다들 노인을 미친 사람 취급했다. 노인의 말이 채 끝나기도 전에 고함을 지르면서 자리를 박차고 일어서거나, 심지어는 구정물을 뿌리면서 욕설을 하기도 했다. 당연한 반응이었다. 노인의 제안은 상식적으로 말이 안 되는 것이었기 때문이다.

노인이 몇 명의 투자자로부터 거절을 받았을 것 같은가? 100명? 200명? 500명? 아니다. 노인은 무려 1,101번의 거절을 받았다. 하지만 노인은 굴하지 않았다. 오히려 신들린 사람처럼 앞으로 나가고 또 나갔다. 노인의 두뇌와 심장 속에는 오직 '나는 성공한다!'라는 확신밖에 없었기 때문이다. 아니 노인은 스스로가 성공의 확신 그 자체였다.

노인은 어떻게 되었을까?

꿈을 이루었다. 당신도 한 번쯤은 노인의 가게에 들어가 본 적이 있을 것이다. 노인이 세운 가게의 이름은 KFC이다.

자료 : 이지성, 2009

비교문화 연구에서 문화들 간의 차이를 나타내는 한 차원은 개인주의와 집단주의이다. 개인주의적 문화는 개별성, 자율성, 표현의 자유, 개인 내부의 생각, 감정, 경험을 강조한다. 이러한 사회에서는 자기충족성과 자기의존성, 자신을 표현하고 내적 자아를 실현하는 것에 초점을 둔다. 미국이나 대부분의 서구 유럽 국가들의 개인주의적 문화에서는 자기만족 같은 사회와 분리된 정서나 자신의 독립을 지지하는 감정을 중시하는 경향이 있다. 따라서 자아실현을 위한 개인적인 자기긍정을 중요하게 여긴다.

대조적으로 한국과 같은 동아시아 나라들에서 나타나는 집단주의적 문화는 사회 지향적이고 집단 내에서 관계를 맺고 있는 사람들을 중시한다. 일반적으로 내 가족을 비롯하여 나와 친밀한 관계를 맺고 있는 집단의 안위를 중요시 여긴다. 집단주의 문화에서는 집단의 이익 추구가 우선시되고 개인의 이익추구는 부수적인 요소가 된다. 따라서 자율성이나 독립성은 개인주의 문화에서보다 덜 중시되며, 개인의 자아실현은 집

〈표 4.5〉 한국과 서양의 문화차이 비교

한 국	서 양
• 전체주의	• 환원주의
• 공동체 의식	• 개인주의
• 시스템적 사고(직관적) 발달	• 분석적 사고 발달

단 속에서 얼마나 가치 있는 존재인지에 따라 달라진다.

　　서양의 개인주의는 인간을 모두 모래알과 같이 서로 떨어진 고립된 존재로 생각한다. 하지만 동양에서는 인간을 관계 속에서 이해하려고 한다. 이것은 동·서양의 생각의 구조 차이에서부터 설명될 수 있다. 서양에서는 세상을 볼 때 보다 작은 것으로 나눠서 생각하려는 환원주의에 의해 분석적으로 사고한다. 서양이 생물을 세포로 나누고, 물질을 원자로 나누어 생각하는 서양식 사고가 동양에 비해 과학이 발달할 수 있었던 원인이었다고 할 수 있다. 또한 의학에서 더욱 극명하게 차이가 나타나는데 서양의 양의는 병의 원인을 찾아내어 그 증상을 억제하는 약물을 투입함으로써 치료한다. 하지만 한의의 경우, 인간의 전체적인 체질과 병이 발병한 근본적인 원인을 해결하여 치료하는 방법을 사용한다. 동양의 경우 전체를 종합하는 반면에 서양은 사물을 분석하는 경향을 보인다.

　　이러한 동·서양의 차이는 사고의 차이를 발생시켜 서양은 개인주의적 특성의 사회로 발전하였고, 동양은 전체적인 균형을 추구하는 시스템적 사회로 발전하였다. 따라서 서양의 경우 개개인의 자아개념의 자기긍정을 중요시하는 반면, 한국인의 경우 내가 속한 조직의 전체적인 발전을 추구하는 집단적 자기긍정을 중시하는 특징을 갖는다. 특히 '한민족'이라는 정체성을 가지고 있는 한국인의 경우, 단일민족이라는 특성과 '우리'를 중시하는 문화 때문에 국가 집단에 대한 몰입 즉 애국심과 집단적 자기긍정이 높은 특징을 갖는다. 한국의 경제발전을 이끈 리더들은 '우리는 할 수 있다'는 동기부여를 통해 집단적 자기긍정을 더욱 강하게 유지하고, 한강의 기적을 만들어 냈다.

(3) 위기극복 사례 비교

한국형 리더들의 노력으로 인한 한국인의 집단적 자기긍정은 위기의 상황에서 기적적인 위기극복을 가능하게 해 준다. 반면 아르헨티나와 같은 서양의 나라에서는 이와 같은 집단적 행동을 찾아 볼 수 없다.

　　IMF위기는 한국 국민들이 자발적으로 위기극복을 위해 움직이게 만들었다. IMF위기는 혹시 예전의 가난했던 과거로 회귀하는 것이 아닐까 하는 생각이 국가 전체의 위기인식을 가능하게 했는지도 모른다. 국민들은 누가 시키지도 않았지만 장롱속의 금과 달러들을 꺼내 나왔고, 금니까지 뽑아서 금을 모았다. 저축을 많이 해야 한다고 하여 집집마다 돼지들은 운명을 달리 하고, 은행으로 모였다. 이러한 돼지들의 희생과 금

〈표 4.6〉 한국과 외국의 위기극복 비교

한국의 IMF 극복	아르헨티나의 IMF 극복
금 모으기 운동에서 보여준 IMF 극복에 대한 국민들의 의지와 집단적 자기긍정이 이루어낸 유례없이 빠른 IMF 극복(2년여 만에 차관을 모두 돌려줌)	미국의 골칫거리 채무국 아르헨티나. 풍부한 자원으로 11번째 경제부국이었지만 국가분열로 인한 금융위기 발생, 이를 우호적인 대외 경제 환경과 대통령의 세일즈 외교를 통해 극복

모으기는 2년여 만에 빌린 차관을 모두 돌려주어 세계적으로 유례없는 기적적으로 빠른 위기극복을 가능하게 만들었다. 이러한 위기극복은 전 세계를 놀라게 했다. 세계 어느 나라에서도 국가의 빚을 갚기 위해 국민들이 자발적으로 금 모으기 같은 집단행동을 한 적이 없었다. 거기에다 국민의 힘으로 2년여 만에 차관을 모두 돌려주는 등 위기극복의 엄청난 위력을 보여줬기 때문이다.

　　우리와 같이 IMF를 겪었던 아르헨티나는 한국의 경우와 매우 차이점을 보인다.

〈사례 4.12〉 세계 11번째 부국이었던 아르헨티나, 그러나……

아르헨티나는 풍부한 자원을 바탕으로 경제성장을 시작했다. 1870년대 세계 11번째 부국이었으며 경제공황이 세계 경제를 강타했음에도 아르헨티나는 큰 어려움을 겪지 않았다.

　　하지만 정치적 불안정과 사회적 분열 등으로 인해 아르헨티나의 경제는 서서히 명들기 시작했다. 무리한 사기업의 공기업화, 하층민에 대한 공적부조, 투자의 부진, 해외 원조 등 효율성을 무시한 인기 영합주의는 이 나라의 풍부한 자원, 높은 농업생산성의 잉여를 갉아 먹고 마침내 이 나라의 통장을 마이너스로 만들고 말았다.

　　한국전쟁으로 모든 것을 잃은 후 집단적인 자기긍정으로 이루어낸 한국의 경제성장에 비해 아르헨티나는 풍부한 자원을 바탕으로 경제성장을 이루었다는 차이가 있다. 외환위기의 경우에도 한국은 발전을 위한 차관 도입으로 외환위기를 맞게 되었고, 아르헨티나는 국가분열로 인해 경제성장의 동력이 멈추고 외환위기를 겪게 되었다는 차이를 보인다.

　　아르헨티나의 경제위기는 어쩌면 필연적이었다고도 할 수 있을 정도로 예견된 것이었다. 정부투자의 증대는 무역적자를 낳았고 아르헨티나의 산업은 이것을 지탱하기에는 너무나 빈약했다. 곧 그들의 빚을 달러로 결제할 수 없게 되었다. 하지만 이 나라는 모라토리엄, 디폴트를 선언하고 속된 말로 '배째' 식으로 나왔다. 이것은 상황이 아르헨티나가 미국에 대해 정치적 우위에 있었기 때문이다. 아르헨티나는 남미에서 브라질 다음으로 큰 시장이며 많은 남미 국가들이 아르헨티나에 의존하고 있다. 그런데 미국은 아르헨티나 외에 브라질, 칠레 등 많은 나라들의 채권국이다. 아르헨티나가 경제위기에 빠지면 당연히 미국의 투자처인 다른 남미 국가들도 위기에 빠지게 되고 결국 미국 역시 빚을 못 받게 되므로 미국경제 역시 치명타를 입게 된다. 울며 겨자 먹기로 미국은 아르헨티나에 도움을 주지 않을 수 없게 되는 것이다.

아르헨티나도 비교적 신속하게 위기를 탈출했다. 아르헨티나가 위기를 탈출할 수 있었던 배경은 바로 우호적인 대외 경제 환경이다. 2003년부터 지속된 세계 경제의 호황은 원자재 수요를 부추겨 원자재 수출 대국인 아르헨티나의 수출이 크게 증대되기 시작했다. 주 수출품인 곡물, 쇠고기뿐만 아니라 석유와 천연가스도 수출에 날개를 달아주었다. 또한 키르츠네르 대통령의 적극적인 세일즈 정상외교에 의한 수출증가도 위기극복에 큰 도움이 되었다. 하지만 한국의 금 모으기, 달러 모으기 등 전 국민적인 극복 노력은 어디에서도 찾아볼 수 없다.

〈사례 4.13〉 2년여 만에 IMF 극복한 '빚지고는 못사는 나라' 한국

일제 식민지를 거쳐 6 · 25전쟁의 경험은 한국의 지울 수 없는 상처였다. 전 국토는 초토화되었다. 농토는 황폐화되었고 공업 시설은 완전히 파괴되었다. 식량 부족은 미국의 원조에 기댈 수밖에 없었고 정부의 부정부패로 인한 대기업들의 독과점으로 그나마 부족했던 자원들의 효율적인 배분도 이루어지지 않았다. 또한 공산주의와 민주주의의 갈등으로 인한 군사비 지출과 인권유린, 정치적 · 이념적인 갈등은 한국의 미래에 그림자를 드리우고 있었다. 이러한 상황에서 한국은 할 수 있다는 의지로 한강의 기적을 이루어 냈다. 하지만 이러한 성장의 배경에는 높은 해외 의존도와 차관 도입이 있었다. 또한 대기업들의 선단식 경영의 비효율성, 꽉 막힌 금융시스템, 정경유착 등의 이유로 1997년 외환위기를 겪게 된다. 하지만 누가 먼저라고 할 것도 없이 온 국민은 위기를 극복하기 위해 장롱 속에 자고 있던 금과 달러를 꺼내 모으고, 저축을 늘리기 위해 저금통의 돈까지 모두 은행으로 가져갔다.

아르헨티나의 경우도 비교적 신속하게 위기를 탈출했지만 우리와 같은 국민들의 노력에 의한 것이 아니다. 아르헨티나는 이해관계가 얽혀 있는 국가들의 도움과 대통령의 세일즈 외교를 통해 위기를 극복할 수 있었다. 국가의 위기가 발생한 것 자체가 국가적 분열이었기 때문에 당연히 한국과 같은 집단적 자기긍정은 기대할 수 없었다. 이와 같은 한국 국민들의 위기극복 의지와 결속력은 아래의 사례에서도 알 수 있듯이 그야말로 세계를 놀라게 했다.

〈사례 4.14〉메트라이프 토페타 사장, "한국 국민 위기극복 의지 놀라워"

"글로벌 금융위기 이후 한국 경제가 세계에서 가장 빠른 속도로 회복된 것은 전혀 놀랄 만한 일이 아닙니다. 한국엔 다른 나라에선 쉽게 찾아볼 수 없는 국민들의 위기극복 의지가 있기 때문이죠."

미국 최대 생명보험사인 메트라이프(MetLife)의 윌리엄 토페타(Toppeta · 60) 사장은 지난 15일 조선일보와 가진 이메일 인터뷰에서 "한국의 선전(善戰)에는 정부의 과감한 재정지출, 환율상승 같은 정책적 요인 외에도 한국 국민의 저력이라는 특별한 요인이 하나 더 있다"라고 말했다.

"한국이 외환위기를 겪을 때 TV방송으로 한국 국민의 자발적인 금 모으기 운동을 보면서 아내에게 "참 대단한 국민들이야"라고 얘기했죠. 흔히 경제 위기의 극복원인을 시스템이나 제도에 초점을 맞춰 분석하는데, 한국 국민들이 보여준 의지와 결속력은 국가 위기 극복에 있어 국민들의 멘털(정신력)의 중요성을 일깨워 준 좋은 사례입니다."

자료 : 『조선일보』, 2009. 11. 17

1998년 IMF위기뿐 아니라 한국인들의 자기긍정에 입각한 위기극복 의지는 2009년부터 시작되어 전 세계를 강타한 금융위기에서 가장 빠르게 회복하는 나라가 되도록 도와줬다. 이러한 위력을 지닌 자기긍정은 한국형 리더들의 성공요인이자 앞으로 한국 경제를 세계적으로 우수한 수준으로 끌어올릴 결정적인 요인이 될 것이다.

LEADERSHIP QUIZ

불가능해 보였던 일을 '할 수 있다'라는 자기긍정으로 이루어낸 본인의 사례를 이야기해 보자.

4 │ 자기긍정의 긍정적 측면

과학에서 인과관계에 대한 많은 초기 접근들은 소위 인과관계의 '당구공 모델'이라 불리는 가정을 설정하였다. 즉, 한 물체가 움직여서 다른 물체를 치고, 인과적으로 두 번째 물체가 움직이게 되는 식이다. 이는 한 가지 요인이 다른 부분에 영향을 미쳐 결과를 발생시키는 과정을 설명해 준다. 한국형 리더의 '자기긍정' 요인도 당구공의 운동과 같은 연쇄작용을 일으켜 긍정적인 결과를 발생시킨다.

예를 들면 리더의 강한 자기긍정이라는 공이 하급자들의 동기나 긍정적 정서에 영향을 미쳐 조직의 성공을 이루거나, 조직원들의 동기부여, 긍정적 조직문화를 형성하게 된다. 이러한 긍정적인 운동은 반복적으로 일어나게 되어 효과가 점점 증폭되고, 사회적 전염현상을 통해 확산되어 조직 내 자기긍정을 강화시킬 수 있다.

자기긍정 4요인의 긍정적 측면

'할 수 있다'는 자기 확신과 자신감이 기초가 되지 않으면 한국형 리더십의 어떤 요인도 훌륭하게 보여줄 수 없다. 따라서 리더의 자기긍정은 한국형 리더십의 모든 요인의 기초가 되는 요인이며 매우 긍정적인 측면을 갖는다. 리더의 자기긍정의 긍정적 측면이 무엇이며, '자기긍정'을 강화하는 요인과 약화시키는 요인은 무엇인지 알아보자.

(1) 새옹지마

자기긍정이 강한 조직에서는 실수나 실패의 상황에서도 다시 한 번 잘 해 보자는 칠전팔기 문화가 자리 잡게 된다. 많은 성공은 그보다 더 많은 실패가 있기에 가능한 것이다. '우린 안돼'라는 자기부정이 강한 조직에서는 시도도 해보지 않고 포기해 버리거나 좋은 전략이 있더라도 실행하지 않고 사장시켜 버려 성공과 점점 더 멀어지게 된다.

〈표 4.7〉 자기긍정 4요인의 긍정적 측면

구 분	긍정적 측면
새옹지마	실패의 상황에서도 끊임없는 도전을 가능하게 하는 칠전팔기 문화 형성
위풍당당	어려운 상황에서도 당당한 모습을 보여주는 리더와 구성원들의 자기긍정과 조직의 성공
약롱중물	서로 칭찬하고 귀하게 여기는 인간존중의 문화 형성
가여낙성	• 리더의 자기긍정 영향으로 인한 구성원들의 집단적인 동기부여와 집단적 자기긍정 • 자유로운 토론을 통한 창의적 문화 형성 • 즐겁고 에너지 넘치는 신바람 일터

(2) 위풍당당

개인적 자기긍정은 어떠한 상황에서도 개인의 목표를 성취할 수 있다는 자신감을 갖게 하여 긍정적 결과를 이루어 낸다. 어려운 상황에서도 당당하게 위기를 헤쳐 나가는 리더와 구성원들의 자기긍정은 조직의 위기극복과 성공을 가능하게 한다.

(3) 약롱중물

긍정적 정서가 만연한 조직에서는 서로를 비난하고 헐뜯는 것이 아닌 서로를 칭찬하고 격려해 주는 문화가 자리 잡힐 수 있다. 이것은 조직원 개개인이 모두 중요한 사람이라고 인식할 수 있게 하며, '나만이 할 수 있다'는 자신감을 갖도록 도와준다. 사람들은 기분이 좋을 때 더 사회적이고 덜 공격적이며 자연스럽게 다른 사람들을 돕고 기업에 도움이 되는 기술을 발달시킨다. 또한 건설적 비판을 하고 선의를 베풀며 조직을 위협과 어려움으로부터 보호하는 행동을 하는 경향이 있다. 이러한 약롱중물의 경영은 조직원들의 만족도와 이직률을 낮춰주는 중요한 요소로 작용한다. 〈사례 4.15〉의 모텍스 사의 사례만 보아도 알 수 있다.

〈사례 4.15〉 세계 1위 가격표시기 업체 모텍스 사의 약롱중물의 경영

"너는 어째 불량 하나 없냐?"

불량품을 찾던 모텍스 사의 장상빈 회장이 장난스럽게 말하며 일하던 직원의 어깨를 툭 쳤다. 직원이 수줍게 웃는다.

장 회장은 매일 오전 9시~9시 반 공장을 돌며 직원들과 인사를 나눈다. 단순한 인사가 아니다. 장 회장은 직원들의 사적인 일까지 속속들이 알고 있다. 모텍스 직원들은 "우리 회사는 노사가 서로를 인간적으로 존중해 주는 것이 장점"이라고 입을 모았다. 모텍스 직원의 약 60%가 평균 근속기간 7년 이상일 정도로 이직률이 낮으며, 30년 무분규와 무재해를 달성했다.

슈퍼마켓 어디서나 필수품인 가격표시기를 만드는 국내 업체인 경기도 부천시의 모텍스 사는 11개 모델 29종의 가격표시기를 생산하고 있다. 모텍스의 가격표시기는 동남아시아, 중동, 미주, 유럽 등 80개국에 수출되고 있다. 세계점유율은 25%로 세계 1, 2위를 다투고 있다.

150여 명의 직원으로 세계에서 1, 2위를 다투는 업체가 된 데에는 이와 같은 인간 존중의 기업문화가 중요한 역할을 하였다.

자료: 『동아일보』, 2007. 5. 4

서로를 칭찬하고 귀하게 여기는 약롱중물의 경영이 150명의 직원으로 세계적 기업이 될 수 있도록 도와주었을 것이다. 이와 같이 리더가 하급자들을 귀하게 여기고 대해주면 그 조직의 성과가 향상되고 비효율적인 갈등을 피할 수 있게 된다.

⑷ 가여낙성

자기긍정의 다른 요인에 비해 가여낙성은 보다 큰 긍정적 효과를 낼 수 있는 중요한 요인이다. 개인의 자기긍정에서 그치는 것이 아니라 조직원들 모두가 자기긍정을 공유하여 시너지를 창출할 수 있기 때문이다.

첫째, 리더의 '자기긍정'은 종업원들에게 할 수 있다는 강한 동기부여를 시켜주는 가장 중요한 요인이다. 리더 개인의 자기긍정을 통한 성공에 대한 확신은 조직 내 구성원들에게 동기부여를 시키게 되고, 집단적 자기긍정을 향상시킨다. 이것은 집단이 같은

목표를 이룰 수 있다는 확신을 가지고 모두가 함께 목표를 이루기 위한 노력을 기울이도록 하여 불가능할 것 같아 보이는 목표를 기적적으로 이루어 낼 수 있도록 하는 힘을 가진다.

둘째, 자신의 의견을 자유롭게 표현할 수 있는 긍정적 문화는 활발한 토론이 가능하게 하여 창의적인 문화를 형성할 수 있다. 앨리슨 아이센(Allison Isen)과 동료들은(Isen, 2001, 2002) 긍정적 정서가 다른 기본적인 심리과정과 직장에 미치는 영향에 대해서 연구해 왔다. 이들의 연구에 따르면 긍정적 정서가 문제해결과 의사결정의 질을 향상시키고 더 유연하고 혁신적이며 창의적인 해결책을 만들어 낼 수 있다고 한다.

셋째, 긍정적 정서가 조직에 만연하게 되면 즐겁고 에너지가 넘치는 활기찬 조직문화를 형성하게 된다. 긍정적 조직 분위기는 조직원들의 직무만족을 향상시키게 되며, 조직원의 직무만족은 이직률을 낮추어 핵심 인재의 유출을 막아 조직의 경쟁력을 계속해서 확보할 수 있게 한다.

요즘 기업들 사이에 신바람 일터를 만들기 위한 노력들이 늘어나고 있다. 신바람 일터란 기업이 직원들을 행복하고 신바람 나게 만들어 조직의 성과를 향상시키는 경영을 말한다. 자기긍정의 요인인 가여낙성이 이루어지면 자연스럽게 신바람 나는 일터를 만들 수 있게 된다. 자신의 업무에 대해 자부심을 갖고 일하며, 자기긍정을 통해 높은 성과창출을 가능하게 되어, 하급자들은 자신의 업무가 회사 성과 창출에 기여한다는 자부심과 긍지를 가지게 되고 이를 통해 자신의 존재가치를 깨닫게 된다. 가여낙성이 이루어지지 않는 조직의 조직원들은 단순 반복적이고, 틀에 박힌 업무 때문에 스스로 쳇바퀴 속에 갇혀 있다고 생각한다. 그래서 시간이 갈수록 입사할 때 가졌던 열정과 목적의식은 사라지고 스스로를 교체 가능한 부품으로 느끼기 시작한다. 이런 환경 속에서는 직원들이 업무에 흥미를 가질 수 없을 뿐만 아니라 직장생활이 즐거울 리 만무하다. 신바람 나는 가여낙성의 조직문화를 형성하기 위해서는 우선 격려와 칭찬을 아끼지 않는 조직 분위기를 형성하는 것이 중요하다. 가장 먼저 리더가 이러한 모습을 보여주어야 한다. 하급자가 어려울 때 격려하고, 다른 하급자에 비해 업무가 과중하거나 일이 익숙하지 않아 어려움에 처해 있는 하급자가 있다면 손수 도움을 줄 수 있어야 한다. 또한 높은 성과를 이룬 하급자에 대해서는 아낌없는 칭찬과 그에 합당한 보상을 해주고, 어려운 상황에서도 하급자들을 비난하기보다는 함께 잘 해보자며 격려하는 모습을 보여주는 것이 필요하다.

신바람 일터에서 말하는 신바람은 예로부터 우리나라 사람들이 가졌던 특성이라고 설명할 수 있다. 함께 어울리고 즐기는 것을 좋아했던 민족이기 때문에 일을 할 때에나 놀 때 우리는 '집단 신바람'을 중요하게 생각했다. 세계적으로도 우리나라 사람들처럼 잘 노는 민족을 찾아보기 힘들 것이다. '흥이 난다'라는 표현은 외국어로도 정확히 번역되지 않는데 우리나라 사람들은 다같이 흥을 돋우고 흥을 내며 놀았다. '흥이 난다'는 것은 혼자 즐거운 것을 의미하는 것이 아니라 한 자리에 모인 모든 사람들이 모두 즐거움을 나눈다는 것을 의미한다. 이처럼 일터에서도 '흥겹게 일을 하자'는 것이 한국적 정서의 신바람 일터를 말하는 것이다.

이와 같이 가여낙성은 개인적 측면뿐 아니라 조직 전체 차원에서 긍정적 효과를 나타낸다. 긍정적 조직문화 형성에 매우 중요한 부분이 가여낙성이다. 리더는 가여낙성의 조직 분위기를 형성하기 위한 노력을 기울여 조직의 성과향상을 위해 노력해야 한다.

자기긍정의 결정요인

리더의 자기긍정은 조직문화 형성에 가장 큰 영향을 미치는 요인이다. '밥풀실험'을 떠올려 보자. 부정적인 말을 계속해서 들었던 밥풀은 악취를 내며 썩었고, 긍정적인 말을 들은 밥풀은 흰 누룩곰팡이를 피우며 구수한 냄새를 풍겼다. 조직의 구성원들은 실험에 사용된 밥풀보다 더욱 심하게 리더의 영향을 받게 될 것이다. 긍정적 리더의 조직은 '할 수 있다'는 긍정적인 문화가 뿌리내릴 것이고 부정적 리더의 조직은 '우리는 안돼'라는 부정적 문화가 뿌리내리게 될 것이다. 그렇다면 개인의 자기긍정을 강화시키고 긍정적 조직문화 형성에 기여하는 요인은 무엇인지 분석해 볼 필요가 있다. 이러한 강화요인에는 〈표 4.8〉과 같이 개인적 요인과 조직적 요인으로 나눠서 생각해 볼 수 있다.

(1) 개인적 요인

개인적인 성취에 대한 성공의 경험이나, 비슷한 사람이 성취를 이루어 내는 모습을 관찰하고 이를 통해 보상을 받는 모습을 보는 것, 주변의 "넌 할 수 있다"는 격려 등이 자기긍정을 강화시키는 개인적 요인이 된다.

첫째, 일반적으로 성공의 경험이 많아질수록 자기긍정의 강도는 증가한다. 작은

〈표 4.8〉 자기긍정의 결정 요인

개인적 요인	조직적 요인

• 자신의 성취에 따른 성공의 경험(↔ 잦은 실패의 경험)
• 자신과 비슷한 사람의 성취와 그로 인해 보상받는 모습을 관찰(↔ 자신과 비슷한 사람이 실패하는 것을 관찰)
• 존경하는 인물(리더)이나 주변 사람의 "너는 할 수 있다"는 격려(↔ 자신에 대한 주위의 낮은 기대와 '넌 안돼'라는 시선)
• 개인의 성격적 강점
  – 지혜와 지식(↔ 무지함) : 창조성, 호기심, 열린 마음, 학구열
  – 용기의 미덕(↔ 비겁함) : 용감함, 인내, 통합, 활기, 성실
  – 인간다움의 미덕(↔ 비인간적임) : 사랑, 친절, 사회적 지능
  – 정의의 미덕(↔ 불의) : 시민의식, 공정성
  – 자제 혹은 극기의 미덕(↔ 자제력 상실) : 용서, 자비, 겸손, 사려 깊음, 자기규제
  – 탁월함의 덕성(↔ 무능함) : 심미안, 희망, 유머, 영성
	• 조직의 성취에 따른 성공의 경험(↔ 소속된 조직의 잦은 실패의 경험)
	• '우리는 할 수 있다'는 조직문화(↔ '우리는 안돼'라는 패배의식에 젖은 조직문화)
	• 실패하더라도 새로운 도전을 장려하는 조직문화(↔ 실패를 질책하여 새로운 도전을 막는 조직문화)
	• 서로를 칭찬하고 중요하게 여기는 인간존중의 조직문화(↔ 서로를 적대적으로 여겨 타인을 밟고 이겨야 한다는 지나친 경쟁의식)
	• 의견을 자유롭게 발언하고 구성원의 의견이 조직에 신속하게 적용될 수 있는 유연한 조직문화(↔ 좋은 의견도 경청하지 않으며 신속하게 반영되지 않는 경직된 조직문화)
	• 리더의 강한 자기긍정(↔ 리더의 강한 자기부정)
	• 조직원들의 성과에 대한 조직 차원의 체계적인 보상시스템(인센티브)(↔ 조직원들의 성과에 대한 명확하지 않은 보상체계)
	• 조직의 성공사례를 구성원들과 공유할 수 있는 조직시스템(↔ 서로에게 무관심하고 맡은 일만 하면 된다는 조직문화)

일이라도 계속해서 성공을 하게 되면 나도 할 수 있다는 자신감을 형성하게 되고, 이는 자기긍정의 강화로 이어지게 된다. 하지만 잦은 실패의 경험은 '난 역시 안 되는 것일까?'라는 생각을 하도록 만들고 계속해서 실패할 것이라는 생각을 갖게 만든다. 따라서 잦은 실패는 개인을 의기소침하게 하며, 계속된 실패로 인해 자신감이 상실되면서 개인의 자기긍정을 약화시킨다.

둘째, 자신과 비슷한 사람이라고 여기는 사람의 성취를 관찰하게 되면 개인의 자기긍정이 강화된다. 왜냐하면 성취를 한 사람이 나와 비슷하다고 여기고 있기 때문에 나도 할 수 있겠다는 자신감이 생기기 때문이다. 즉 타인의 성취가 자신에게 대리학습되는 것이다. 또한 이러한 성취를 통해 보상 받는 모습을 관찰하게 되면 자기긍정은 더욱 강화되는 효과를 얻을 수 있다. 하지만 자신과 비슷하다고 느끼는 사람이 실패하는 것을 관찰하게 되면 나도 저렇게 될 것이라는 생각을 갖게 될 수 있다. 따라서 비슷한 상황에 처했을 때 이전의 경험으로 실패할 것이라고 생각하여 시도도 해 보지 않는 자기부정적 행동을 보이게 된다. 이것은 자기긍정을 약화시키는 요인으로 작용한다.

셋째, 나에게 영향력을 끼친다고 느끼는 존경하는 인물(예：리더)이나 주변 사람의 "너는 할 수 있을 것이다"라는 격려는 개인의 자기긍정을 강화시킨다. 개인에게 영향을 끼치는 인물의 긍정적인 말은 나에게 '설득'으로 작용하여 '그래, 난 할 수 있을거야!'라는 마음가짐을 갖는 데 도움을 주기 때문이다. 사람들은 주위의 평가로부터 큰 영향을 받는다. 주변 사람들의 높은 기대나 믿음은 해 낼 수 있다는 마음가짐을 갖도록 만든다. 하지만 '너한테는 기대도 안 한다'라든가 '넌 안돼'라는 시선은 자기긍정을 약화시키는 요인이 된다.

(2) 조직적 요인

조직의 시스템이나 조직문화가 자기긍정을 강화시키는 요인으로 작용한다. 자기긍정을 강화시키는 요인을 많이 가지고 있는 조직의 리더와 구성원들은 계속해서 자기긍정을 강화시켜 나가게 되며, 이것은 조직의 성공으로까지 이어지게 된다.

첫째, 자신이 소속된 조직의 성공경험은 리더와 구성원들의 자기긍정을 강화시키는 요인이 된다. 리더는 자신이 이끄는 조직을 성공시킨 경험은 리더로서 개인의 자기긍정을 강화시키게 되며, 구성원들 또한 소속된 조직이 성공하는 모습을 관찰하게 되면 '우리는 할 수 있다'는 집단적 자기긍정을 강화시킨다. 하지만 조직의 실패 경험은 자기긍정이 약화시킨다. 또한 구성원들은 소속된 조직이 계속해서 실패하는 것을 경험하면서 일이 시작도 되기 전에 또 실패할 거라고 예상하게 되면 구성원들의 자기긍정은 매우 약화된다.

둘째, 긍정적 정서는 되먹임 현상으로 인해 증폭되기 때문에 '우리는 할 수 있다'는 자기긍정의 문화는 이것 자체로도 강력한 조직적 자기긍정의 강화요인이 된다.

셋째, 한 번의 성공은 일반적으로 그보다 많은 실패가 있어야 가능하다. 실패하더라도 계속해서 도전을 해야 발전할 수 있다. 이러한 계속적인 도전을 장려하는 조직문화는 구성원들에게 새로운 것을 도전하도록 유도하고 이는 자기긍정 강화요인으로 작용한다. 그러나 '우리는 또 실패하게 될 거야', '우리가 뭘 하겠어'라는 생각을 구성원들이 갖기 시작하게 되면 조직의 집단적 자기긍정이 매우 약화된다. 또한 '예전에 해 봤는

데 실패했어', '열심히 해봐야 안 될 거야'라는 조직분위기가 형성되면 새로운 시도를 하지 않게 되고, 이것은 계속적인 조직의 실패로 이어진다.

넷째, 개인의 성공에 대한 주위의 칭찬은 자기긍정의 강화요인이 된다. 또한 자신이 중요한 사람이라고 느낄 때 자기긍정은 강화된다. 따라서 조직의 전반적인 분위기가 서로를 칭찬하고 중요하게 여기는 인간존중의 조직문화를 가질 때 구성원들의 자기긍정은 강화된다. 반면 적대적이고 지나친 경쟁의식이 만연한 조직에서는 타인이 잘한 것을 칭찬해 주기보다 잘못한 것을 비난하는 모습이 많이 보인다. 사람들은 주위의 긍정적 의견과 격려를 통해 자기긍정을 강화시켜 나가는데 이것과 반대되는 조직문화는 당연히 자기긍정을 약화시키는 요인으로 작용하게 된다. 서로에게 무관심하고 각자가 맡은 일만 하면 그만이라는 조직문화 또한 조직 구성원들의 자기긍정을 약화시키는 요인으로 작용한다.

다섯째, 자신의 의견을 자유롭게 발언할 수 있는 조직은 매우 창의적인 조직문화를 갖게 된다. 이러한 의견들이 조직에 신속하게 적용되는 조직 시스템은 자신의 의견이 조직에 반영되는 것과 이를 통해 조직이 발전하는 모습을 구성원들에게 경험하도록 해 준다. 즉 유연한 조직문화와 시스템은 구성원들의 자기긍정을 강화시키는 요인으로 작용한다. 하지만 토론문화가 자리 잡히지 않은 경직된 조직에서는 개인의 의견을 잘 표현하지 않으며, 상대방의 의견을 경청하지 못한다. 또한 좋은 의견이 나오더라도 경청하지 않기 때문에 조직에 적용되지 못하고 사장되는 경우가 많다. 의견이 반영되기로 결정되어도 신속한 의사결정과 추진이 이루어지지 않는 경우가 많아 조직의 성공으로 이어지지 않게 된다. 이러한 조직 분위기는 조직원들의 사기를 저하시키고, 자기긍정을 약화시킨다.

여섯째, 조직이 잘되고 있을 때뿐 아니라 어려운 위기상황에 처했을 때 리더가 보여주는 강한 자기긍정은 조직 구성원들의 자기긍정을 강화시키는 요인이 된다. 상황에 대한 불안감을 리더와 함께하여 위기를 극복할 수 있다는 믿음과 자신감을 갖게 해 주기 때문이다. 리더가 강한 자기긍정을 보여주어도 구성원들의 자기긍정으로 이어지기까지 많은 어려움이 있다. 그런데 리더의 자신감 없는 자기부정의 모습을 구성원이 보게 되면 당연히 자기긍정이 약화될 수밖에 없다.

일곱째, 조직원들이 보여준 성과에 대한 가장 확실한 피드백은 성과에 대한 보상이다. 이러한 보상은 조직원들의 직무몰입을 높여줄 뿐 아니라 계속적인 성과향상을 위한 노력을 유도한다. 또한 이것이 개인적 성공에 대한 경험으로 작용하여 자기긍정을 강화시키는 요인이 된다. 사람들은 자신이 잘 한 일에 대한 보상을 받고 싶어 하며 보상을 받은 경험은 비슷한 행동을 계속해서 해야겠다는 생각을 갖도록 만든다. 따라서 성과에 대한 명확한 보상은 자신의 긍정적 행위에 대한 강한 피드백으로 작용하여 자기긍정을 강화시키며, 앞으로도 계속 비슷한 행위를 하도록 하는 유인으로 작용한다. 하지만 명확한 보상 시스템이 없는 조직에서는 조직원들이 성과를 이루고자 하는 유인이 잘 발생하지 않으며, 자기긍정을 약화시키는 요인으로 작용한다.

여덟째, 본인의 성공 경험뿐 아니라 함께 소속된 조직 구성원들의 성공을 관찰하게 되면 자기긍정은 강화된다. 조직적 차원에서 집단 내 성공사례를 선전하고 공유할 수 있는 시스템은 구성원들의 자기긍정을 강화시킨다.

인간은 긍정적 에너지나 파장에 의해 우리가 생각하는 것보다 큰 영향을 받는다. 연구결과 다른 사람의 긍정적 행동을 관찰하는 것으로도 면역체계가 강화되는 등 신체적으로 긍정적 영향을 받는다는 연구결과가 있다. 〈사례 4.16〉에서 설명하는 테레사 효과가 그 예이다.

〈사례 4.16〉 관찰을 통한 긍정적 정서의 발달 : 테레사 효과

평생을 빈자를 위해 희생과 사랑으로 헌신하다가, 1997년 87세의 나이로 운명한 마더 테레사 수녀를 연상함으로써 얻는 효과이다. 죽어가는 사람들을 위해 테레사 수녀가 일하는 모습이 담긴 다큐멘터리를 보는 것만으로도 면역체계가 강화된다는 연구 결과로 이는 테레사 수녀가 죽은 이듬해 미국 하버드 의과대학 교수가 발표한 것이다. 즉 테레사 수녀처럼 평생을 희생과 사랑을 베풀며 살 수는 없지만 착한 일을 하거나, 선한 생각을 하기만 해도 혹은 봉사하는 모습이 담긴 영상을 보는 것만으로도 면역체계가 강화된다는 것이다. 이를 통해 봉사활동은 당사자뿐 아니라 보는 사람에게도 좋은 영향을 미칠 정도로 강력한 '힘'을 가지고 있다는 사실을 알 수 있다. 놀라운 것은 선한 일을 생각만 해도 테레사 효과가 나타난다는 것이다.

봉사활동을 하면 정신적으로 스트레스를 덜 받게 되고, 마음의 평화가 신체도 건강하게 만들어 자긍심과 자신감 증가, 내적 스트레스와 고민 감소, 엔돌핀 분비 증가, 위기극복 능력 강화, 면역 체계 강화, 노화 속도 감소, 건강 유지 등의 효과가 나타난다고 한다.

선함은 긍정적인 정서 중 중요한 부분이다. 테레사 효과는 긍정적인 정서인 선한 생각과, 선한 행위를 보는 것만으로도 인체의 긍정적인 효과가 나타난다는 것을 실증적 연구 자료를 통해 보여주고 있다. 이처럼 긍정의 힘은 엄청난 영향력을 가지고 있다는 것을 알 수 있다.

이와 같이 자기긍정을 강화하는 개인적 요인과 조직적 요인이 존재한다. 한국형 리더는 자기긍정을 강화시키기 위해 개인적인 노력을 해야 하고, 더불어 하급자들의 자기긍정을 강화시킬 수 있도록 조직적 측면의 자기긍정 강화노력을 기울여야 한다. 하지만 자기긍정이 과도해지거나 잘못 발전되면 치명적인 문제를 발생시키기도 한다. 다음에서는 자기긍정의 부정적 측면에 대해서 알아보도록 하자.

5 | 자기긍정의 부정적 측면과 극복방안

세상에는 빛과 어둠이 있듯이 과도한 자기긍정으로 인한 부정적인 측면도 분명히 존재한다. 자기긍정이 안이한 낙관이나 맹목적인 신념, 자기 최면이 되면 문제가 발생하는 것이다. 리더가 '과다긍정'의 상태에 빠지게 되면 조직의 치명적 실패요인이 될 수 있다. 따라서 과다긍정의 실수를 범하지 않기 위해서는 자기긍정의 부정적 측면에 대한 분석이 꼭 필요하다.

리더가 중심을 잃지 않는 한 집단적 자기긍정은 매우 큰 장점이 된다. 하지만 리더의 아집과 과거의 성공의 경험에 의한 자만이 생기면 구성원들의 집단적 자기긍정은 조직을 파국으로 몰아가는 치명적인 요인이 될 것이다. 따라서 구성원들이 의견을 낼 수 있고, 리더가 그 의견에 귀 기울이도록 시스템적인 장치를 만드는 것이 중요하다. 리더와 반대되는 의견이라도 객관적 상황판단을 위해 필요한 경우라면 적극적으로 받아들일 수 있도록 하는 커뮤니케이션 시스템은 리더가 객관적인 사고를 할 수 있게 도와줄 것이다. 그리고 리더 자신도 타인의 이야기를 들을 수 있는 유연한 사고를 유지하는 것이 필요하다.

또한 리더 자신의 계속적인 자기수양과 반성을 통해 과다긍정에 **빠지지** 않았는지 스스로 점검하고, 리더십 진단과 같은 주위의 평가를 통해 자신을 되돌아 볼 수 있는 기회를 갖는 것이 좋은 방법이 될 수 있다. 진단 결과 부족한 부분을 극복할 수 있는 리더십 교육을 받는 것도 매우 좋은 방법이다.

〈표 4.9〉 자기긍정 4요인의 부정적 측면과 극복방안

구 분	부정적 측면	극복방안
새옹 지마	조직의 생존을 위협하는 위기를 인식하지 못하고 잘될 것이라 생각하여 방치해 조직을 실패로 몰고 감	조직 내부에 위기관리팀을 운영하여 자체적으로 조직의 내부와 외부 위협 요인에 대해 지속적으로 분석하게 함
위풍 당당	리더가 자신을 낮추어 조직의 화합을 이끌어야 할 때 과도한 자신감을 보여주어 조직화합을 저해하며 구성원들을 주눅 들게 함	리더는 항상 자신을 되돌아보고 겸손한 자세를 갖기 위해 자기성찰을 게을리 하지 않아야 함
위풍 당당	과도한 자신감은 자만심으로 이어져 자신의 과오를 반성하지 못하고 잘못된 행동을 고치지 않으므로 발전이 어려움	리더에게도 비판을 할 수 있는 조직문화와 시스템을 구축하여 항상 조직원들의 평가를 경청할 수 있도록 함
위풍 당당	과도한 자신감을 가진 사람은 그것이 무너졌을 때 좌절과 무력감, 자존감 상실을 받아들이기 힘들어하며 극복하기가 어려움	
약롱 중물	아집에 사로잡혀 다른 사람들의 말에 귀를 기울이지 않음	리더와 반대되는 의견이라도 객관적 상황판단을 위해 필요한 경우라면 적극적으로 받아들일 수 있도록 하는 조직 내 커뮤니케이션 시스템 구축
약롱 중물	건설적 비판을 받아들이지 않으며 듣기좋은 말을 하는 사람만 주위에 두어 발전이 이루어지지 않음	토론문화 정착을 통한 창의적이고 유연한 조직문화 발전
약롱 중물	자기 자신만이 중요하다고 생각하여 주위 사람들을 무시하고 존중하지 않음	인간존중의 가치를 실현하기 위해 전사적인 노력을 기울임
가여 낙성	집단적 자기긍정이 과도해지면 집단사고를 유발하게 되어 잘못된 의사결정과 상황판단을 하여 조직을 실패로 몰고 감	집단사고에 **빠지지** 않도록 조직 내외의 비판을 받아들이고, 비판 내용을 고치기 위한 조직적인 시스템 구축
가여 낙성	과거의 성공에 사로잡혀 조직의 혁신을 게을리하게 되고, 이로 인해 경쟁사에게 뒤처져 조직의 위기로 이어질 수 있음	현재에 머무르지 않고 보다 발전하기 위한 혁신을 조직 차원에서 장려함

새옹지마

새옹지마란 안 좋은 상황에서도 낙심하지 않고 오히려 더 잘되려는 것이라고 긍정적으로 생각하는 것을 말한다. 이것은 어떤 상황에서도 용기를 잃지 않고 긍정적인 삶의 자세를 가질 수 있게 한다는 점에서는 매우 긍정적이다. 하지만 나쁜 가능성을 무시하고 좋게만 생각하려고 하는 것은 큰 문제를 야기할 수 있다. 예를 들어 조직에 생존을 위협하는 위기가 발생했을 때 이를 제대로 인식하지 못하고 '잘되겠지'라고 좋게만 생각하여 방치한다면 조직을 되돌릴 수 없는 상황에 처하게 할 수도 있다. 새옹지마의 자세란 무엇이든 다 잘 될 것이라고 생각하는 것을 의미하는 것이 아니라 어려운 상황을 정확히 파악하고 위기를 인식하면서도 '위기는 기회다'라고 생각하여 위기를 극복할 수 있는 긍정적이고 도전적인 자세를 갖는 것을 의미한다.

위기인식을 민감하게 하지 못하는 단점은 위기의 징후를 계속해서 민감하게 관찰하는 것으로 극복될 수 있다. 리더가 위기의 가능성에 대해 예측하고, 위기의 징후를 민감하게 관찰하며, 다양한 의견을 수용하는 것으로 단점을 극복할 수 있다. 그리고 리더 개인만이 아닌 조직적 차원에서 문제를 해결하기 위해서는 조직 내부에 위기관리 팀을 운영하여 조직 내부와 외부 위협요인에 대한 지속적인 분석을 가능하도록 하게 할 수 있다. 또한 집단사고를 방지하기 위해서 다양한 의견을 수용하고, '아니오'라고 말할 수 있는 조직 분위기를 형성하는 것이 중요하다.

위풍당당

어떤 상황에서도 떳떳하고 자신감 있는 모습은 리더가 보여주어야 할 중요한 모습이다. 리더가 위풍당당하지 못하고 자신 없는 모습을 구성원에게 보여준다면 구성원들도 조직의 발전이나 성공에 자신감을 갖지 못한다. 하지만 리더들이 자신감을 넘어 자만심을 갖게 되면 문제가 발생한다. 리더의 자만심은 독불장군으로 보이도록 하여 구성원들의 참여를 저해한다. 때로는 한국문화의 특성상 리더가 자신을 낮추어 조직의 화합을 이끌어야 할 경우가 있는데 독불장군의 리더는 조직의 화합에 나쁜 영향을 미치게 되며, 잘못되면 리더가 하급자들 사이에서 '공공의 적'이 될 수도 있다.

또한 과도한 자신감을 가진 리더는 그것이 무너졌을 때 좌절과 무력감, 자존감 상실을 받아들이기 힘들다. 자신의 과오를 인정하고, 반성하며 잘못된 행동을 고쳐 자신이 좀 더 나은 모습으로 발전하도록 하는 것이 진정한 리더의 자세이다. '실패는 성공의 어머니'란 말이 있듯이 우리는 큰 성공을 이루어 낸 사람들의 이야기에서 공통적으로 큰 실패를 딛고 일어섰다는 것을 발견할 수 있다. 진정한 자신감은 큰 실패에도 굴하지 않고 일어날 수 있는 당당한 모습일 것이다. 다음의 사례는 미국의 한국 이민자 가운데 실패에 좌절하여 자살을 선택하는 사람들이 늘고 있다는 기사이다. 이것은 과도한 자기긍정이 무너졌을 때 발생할 수 있는 문제 중 하나이다.

〈사례 4.17〉 실패해보자 또 시도해보자 더 잘 실패해보자

지난 연말 미국에 다녀왔다. 매일 뉴욕타임스, 월스트리트저널, 파이낸셜타임스, 워싱턴포스트 신문을 펼쳐 놓고 읽으면서, 한국 관련 기사가 정말 많아졌다는 것을 실감했다. 한국이 세계적인 원자력 발전(發電)설비 수출국가로 떠올랐다는 뉴스를 읽었고, 한국 청소년들이 휴대폰 문자 경연대회(競演大會)에서 우승했다는 소식을 보았다. 남북한의 10대 청소년들이 뜻밖의 우정을 나눴다는 뉴스, 2010년에 꼭 가봐야 할 전 세계 31개 명소 중 2곳이 서울에 있다는 기사도 보았다.

하지만 지난해 마지막 날 뉴욕타임스에 실린 기사에는 가슴이 턱, 무너지는 것 같았다. 뉴욕의 한국인 이민자(移民者) 자살이 증가했다는 그 기사는 뉴욕의 택시 기사, 옷가게 주인, 경비원, 네일살롱 주인 부부의 죽음을 전하고 있었다. 경제 위기 속에서 돈 문제가 가장 큰 이유였다. 하지만 왜 하필 한국인들만 더 좌절(挫折)했을까.

뉴욕어린이센터의 아시안 아웃리치클리닉 윤성민 부소장은 내게 중요한 관점을 제시했다. 윤 부소장은 한국인들이 인생의 성취와 경제적 성공을 중시하는 만큼이나 실패를 극단적으로 수치스럽게 여긴다고 말했다. 윤 부소장이 "우리 한국인들은 매우 완고한 정신구조를 갖고 있다"라고 했을 때 나는 반발했다. 한국의 수천 년 역사에서 유연하고 적응력 높은 사람들이 얼마나 많았는데! 끊임없이 이어진 새 왕조들, 민중봉기, 식민지 체험, 기아, 전쟁, 분단과 경제 위기에 이르기까지, 우리 한국인들이 겪어보지 않은 일이 어디 있던가. 한국인들은 구부러질망정 결코 꺾이지는 않았지 않은가.

한국의 발전과 성공담은 전 세계에 물결치고 있다. 2009년 서구의 경제 매체들은 일본의 손실이 한국에는 이득이라고 보도했다. 다른 말로 하면 소니의 손실이 삼성에는 이득이라는 것이다. 식민지 피지배국이 예전의 지배국을 이겨낸 비즈니스의 아이러니를 아무도 놓치지 않았다. 그때, 나는 윤 부소장의 말뜻을 불현듯 알아차렸다. 한국인들은 '성공'에 대해서는 전혀 유연성이 없다는 것을. 한국인들에게 성공이란 양보할 수도 없고 유보할 수도 없는 목표인 것이다.

한국인들이 개인적으로, 또 한 국가로서 집단적으로 무너져 내렸던 경험은 그리 오래 전 일이 아니다. 우리는 가족을 잃었고 재산을 잃었으며 자부심마저 잃었던 아픈 경험을 공유하고 있다. 그런 우리에게 중요한 것은 성공이며, 성공의 증거는 돈이다. 최근 여론조사를 보면 한국인들 가운데 결혼하지 않겠다는 사람, 아이를 낳지 않겠다는 사람이 많다. 이유는 하나. 돈이 없다는 것이다.

하지만 거꾸로 생각해보자. 언제 우리가 항상 돈이 많았던 적이 있는가. 우리가 언제나 성공을 거둔 것만은 아닌데, 한두 번 실패한 사람들에게는 이제 더 이상 기회가 주어지지 않는다는 것인가. 실패란 받아들일 수 없는 일이라고 말하는 것이야말로 수치스러운 일 아닌가.

나는 책상에 극작가 사무엘 베케트의 경구(警句)를 붙여 놓았다. 베케트는 이렇게 말한다. "한번 해보라. 한번 실패해 보라. 안될 게 뭔가? 다시 시도해 보라. 또다시 실패해 보라. 이번엔 좀 더 잘 실패해 보라."(Ever tried. Ever failed. No matter. Try Again. Fail again. Fail better.) 나는 실패, 성공, 실패를 거듭하면서 베케트의 이 경구를 생각한다. 좀 더 멋지게 실패하는 것이야말로 사실은 발전이기 때문이다.

자료 : 『조선일보』, 2010. 1. 25

이 사례에서는 실패는 발전을 의미하고 실패했을 때에는 또 다른 시도를 해야 한다고 말한다. 또다시 실패하면 더 잘 실패하기 위해 노력해야 한다고까지 이야기한다. 우리는 실패를 패배자로 생각하는 경향이 있다. 하지만 실패 자체가 패배자를 의미하지는 않는다는 것을 생각해야 한다. 진정한 패배자는 실패를 딛고 일어서지 못하고 더 잘 실패하기 위해 노력하지 않는 사람이다. 새로운 시도를 멈추지 않고 실패를 두려워하지 않는 모습이 진정 위풍당당한 모습일 것이다.

리더는 항상 자신을 되돌아보고 겸손한 자세를 갖기 위해 노력해야 한다. 자신을 되돌아보는데 리더십 진단과 같은 주위의 평가를 참고하는 것도 매우 좋은 방법이다. 타인의 평가를 통해 현재의 자신을 되돌아보고 앞으로 고쳐야 할 부분과 강화시켜 나가야 할 부분을 확실히 인지할 수 있다. 그리고 리더에게도 비판을 할 수 있는 조직 시스템이 구축되면 리더가 자만심에 빠지는 것을 극복할 수 있다. 하급자들의 평가가 활발히 이루어지고 확실한 피드백이 가능한 조직시스템은 리더들이 신중하게 행동을 하도록 유도하므로 위풍당당의 문제점을 극복할 수 있다.

약롱중물

자기를 귀하게 여겨 스스로를 중요한 사람이라고 인식하는 것이 약롱중물이다. 스스로를 귀하게 여기지 않으면 주위 사람들도 나를 귀하게 여기지 않기 때문에 약롱중물은 매우 중요하다. 하지만 내가 중요하듯 남도 중요하게 여겨야 하는데 나 자신만을 중요하게 여기고 다른 사람은 중요하게 여기지 않으면 문제가 발생한다.

가장 심각한 문제는 자신의 아집에 사로잡혀 다른 사람의 말을 듣지 못하는 것이다. 타인을 수용하지 못하고 자신만의 세계에 갇혀 왜곡된 시각과 자기합리화로 자신에게 유리한 것만 선택적으로 지각하게 되면 치명적인 문제를 인지하지 못하고 계속해서 그 문제를 악화시키게 된다. 건설적 비판도 자신에 대한 도전으로 생각하여 멀리하고, 고분고분한 부하들만 선호한다. 과거 역사에서도 세종대왕 같은 현왕은 왕의 의견과 반대되는 의견을 가진 부하도 끌어안고, 의견을 경청하는 태도를 가졌지만, 그렇지 않은 왕들은 자신이 듣고 싶어 하는 말만 하는 간신배들을 곁에 두고 다른 말은 듣지 않는 과오를 저질렀다. 이는 객관적인 상황 판단을 방해하여 그릇된 의사결정을 하게 만든다.

리더의 잘못된 의사결정은 조직 전체의 실패를 의미하게 되므로, 객관적이고 중립적인 사고가 매우 중요하다. 또한 과다긍정 성향의 리더들은 "나만이 할 수 있어"라는 생각이 왜곡되게 발전되어 다른 사람을 존중하지 못하고 부하들에게 무조건 복종을 요구하게 되기도 한다. 이러한 관계 하에서 추종자들은 창의성과 독립적 자유의지를 잃게 된다. 이것은 조직 내 문화를 경직시키고, 하급자들을 상사의 눈치 보기에 급급하게 만들어 창의적 사고에 의한 업무처리가 아닌 상사의 마음에 들기 위한 업무처리를 하도록 유도한다. 이러한 상황은 조직의 창의성은 저하시키고, 변화에 유연하게 대응할 수 없는 경직된 조직을 만들게 된다.

자신이 귀한 것처럼 남도 귀하게 여긴다면 약롱중물의 문제는 발생하지 않을 것이다. 하지만 '나만이 중요하다'라고 생각하는 것에서 큰 문제가 발생된다. 나처럼 남도 중요하다는 '인간존중' 가치를 실현하기 위해 전사적인 노력을 기울여 조직원들 모두를 존중하는 조직문화를 형성하는 것이 매우 중요하다. 또한 리더가 자기만 중요하다는 잘못된 가치관을 가지고 있을 경우 주위에 듣기 좋은 말만 하는 하급자만 두려고 하게 된다. 이것은 리더가 잘못된 의사결정을 하도록 하여 조직을 실패로 이끄는 매우 치명적인 요인이 된다. 이것은 리더와 반대되는 의견이라도 적극적으로 받아들일 수 있도록 하는 조직 내 커뮤니케이션 시스템을 구축함으로써 해결이 가능하다. 또한 토론문화 정착을 통해 다양하고 창의적이며 유연한 사고를 계발하고 이러한 조직문화를 형성하는 것이 리더의 약롱중물의 문제를 예방하는 것을 가능하게 한다.

〈사례 4.18〉 SCAMPER법을 통한 창의력 증진

창의력 증진기법 중에 SCAMPER법이 있다. 아이디어를 얻기 위해서 의도적으로 시험할 수 있는 일곱 가지 규칙들이다. 여기서, S=Substitute[기존의 것을 다른 것으로 대체해 보라], C=Combine[A와 B를 합쳐 보라], A=Adept[다른 데 적용해 보라], M=Modify, Minify, Magnify[변경, 축소, 확대해 보라], P=Put to other uses[다른 용도로 써 보라], E=Eliminate[제거해 보라], R=Reverse, Rearrange[거꾸로, 또는 재배치 해보라] 등을 뜻한다. 각 기법에 대한 많은 예를 찾아볼 수 있다. A의 경우, 지퍼를 예로 들 수 있다. 영국에서 처음 발명된 지퍼는 미해군 병사들의 점퍼에 사용되기 시작하다가 보스턴 상류여성의 원피스에 사용되게 되었고 결국 1960년대에 남성하의에 적용되기까지 오랜 시간이 걸렸다. M의 확대기법은 『라이프』 잡지를 예로 들 수 있다. 본래 『샘터』 크기로 발간되던 이 잡지는 규격을 크게 하여 읽는 잡지에서 보는 잡지로 변신하여 성공한 예이다.

자료 : 백기복, 『간편 조직행동』(창민사, 2017)

가여낙성

조직의 성공을 구성원들이 함께 나눠 긍정적 정서를 조직에 전파시키는 것이 가여낙성이다. 조직의 성공을 구성원들과 나눠 사기를 진작시키는 것은 매우 중요한 일이지만 과거의 성공에만 사로잡혀 조직의 발전을 위해 노력하지 않는다면 큰 문제가 된다. 과거의 성공에만 빠져 혁신을 게을리 하게 되면 조직은 경쟁사에 뒤쳐져 위기를 겪게 될 수 있다. 발전을 이루기 위해서는 미래를 상상해야 한다. 과거의 성공에 빠져 과거를 기준으로 행동하면 발전을 이룰 수 없다. 사람의 특성 중 하나는 자기 생각의 옳고 그름을 판단하는 기준을 찾으려고 하는 것이다. 이러한 기준은 보통 과거의 경험이 된다. 과거를 통해 미래를 예측하는 것이 어느 정도는 가능하지만, 절대적인 기준이 되어서는 안 된다. 왜냐하면 우리는 과거를 다시 사는 것이 아니라 새로운 미래를 사는 것이기 때문이다. 기업의 생존에 절대적으로 필요한 것은 혁신이다. 혁신을 통해 더 좋고 새로운 것을 만들어 발전해야 한다. 이러한 혁신을 막는 가장 큰 적이 과거의 경험이다. 조직의 결속력을 높이고 긍정적 분위기를 형성하는 데에 매우 중요한 것이 가여낙성이지만 과거에만 빠져 변화를 이루지 않는 과오는 조직 생존에 큰 위협이 될 수 있다.

가여낙성의 조직은 구성원 모두가 '우리는 잘 할 수 있다'라는 자신감과 자기긍정을 가지고 있다. 따라서 조직은 긍정적인 분위기를 형성한다. 하지만 과도한 가여낙성은 과도한 집단적 자기긍정을 형성하여 문제를 발생시킨다. 과도한 집단적 자기긍정은 조직 내 집단사고를 유발하게 되어 잘못된 의사결정과 상황판단을 하게 되고, 이것은 조직의 실패로까지 이어질 수 있다. 집단사고는 의사결정 과정에 나타나는 '집단착각 현상'이다. 집단사고에 빠지게 되면 조직 구성원들은 새로운 정보나 변화에 민감하게 반응하지 못해 상황적응 능력이 떨어지게 된다.

또한 가여낙성으로 조직 내 긍정적 분위기를 조성하려는 노력이 과도해지면 조직에 대한 정당한 비판마저 조직에 대한 '부정적인' 태도로 간주하고 억압하는 분위기를 형성할 수 있다. 따라서 '현실적인 자기긍정'을 유지하는 것이 매우 중요하다. 자기긍정과 이와 반대인 자기부정이 적절하게 균형을 이루어 환경에 적절히 대응할 수 있는 유연한 자기긍정을 형성하는 것이 중요하다.

가여낙성으로 인해 발생하는 문제점은 다양한 관점의 의견을 표현하고 받아들일 수 있는 조직문화를 구축함으로써 해결할 수 있다. 조직결속력을 과도하게 중요시하는 조직은 예스맨만을 선호하고 '아니오'라고 말할 수 없는 분위기를 형성하여 문제를 발생시킨다. 따라서 획일화시켜 결속을 강요하는 문화를 지양하고 다양한 의견과 발상을 환영하는 조직문화를 형성하는 것이 매우 중요하다. 또한 조직원 교육 등을 통해 과거에 집착하거나 현재에 머무르려는 사고방식을 미래지향적이고 혁신을 추구하는 창의적인 사고방식으로 바꾸기 위해 전사적으로 노력해야 한다. 이러한 활동들은 가여낙성이 유발하는 큰 문제인 집단사고를 줄이는 데 도움을 줄 것이다.

〈사례 4.19〉 애쉬의 실험

지각테스트: 오른쪽의 비교카드에 제시된 세 선들 중 왼쪽 카드의 기준선과 길이가 같은 것은 어느 것인가?

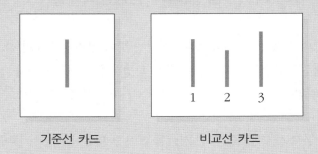

기준선 카드   비교선 카드

정답은 3번이다.

당신은 지금 '정말 그런가?' 라고 생각하여 비교선 카드를 다시 보았는가? 혹시 본인이 틀렸다고 생각하지는 않았는가?

애쉬 효과는 1950년대 애쉬(Asch) 교수의 실험에서 유래된 말로서 사람들이 심리적으로 다른 사람의 의견을 따라가는 성향을 나타내는 것이다.

애쉬는 실험에 참가한 대학생들을 7∼9명 소집단으로 묶었다. 구성원들 중 한 명을 제외한 다른 모든 실험자들은 12회의 실험 중 일곱 번은 의도적으로 틀린 답을 하고 나머지 5회에 대해서는 옳은 답을 할 수 있도록 사전에 조작되었다. 실험의 초점은 얼마나 많은 사람들이 정답을 분명히 알고 있음에도 불구하고 대다수 구성원들이 선택한 명백히 틀린 답을 쫓아가는가를 알아보려는 것이었다. 이 실험결과에 따르면 31명의 실험대상자들(즉, 31개 집단) 중에서 한 번도 흔들리지 않고 정답을 말한 사람들은 전체의 20%에 불과하였고, 나머지 80%는 적어도 한 번은 집단의견(압력)에 굴복하여 틀린 답을 선택하였다. 또한 두 번 이상 틀린 답을 선택한 사람들도 58%나 되었다. 즉, 다수가 공유하는 틀린 생각 때문에 개인의 옳은 판단이 영향을 받게 되는 현상을 애쉬효과라고 한다.

자료 : 백기복, 『간편 조직행동』(창민사, 2017)

6 | 자기긍정 리더와 자기부정 리더

자기긍정 리더와 자기부정 리더의 행동양식

사람들에 따라 반쯤 차 있는 병을 보고 "이젠 반밖에 남지 않았구나"라고 생각하는 사람이 있는가 하면 "아직도 반이나 남았네"라고 생각하는 사람도 있다. 이처럼 같은 상황에서도 긍정적인 반응을 보이는 사람이 있는가 하면 부정적인 반응을 보이는 사람도 있다.

우리는 긍정적 사고방식을 가진 사람들을 보면 덩달아 기분이 좋아지고 에너지를 얻는다. 하지만 부정적인 사고방식을 가진 사람들을 보면 덩달아 기분이 언짢아지고 맥이 빠진다. 내가 속한 조직의 리더가 이러한 부정적인 사람이라면 어떨까? 어렵지 않게 그 상황을 상상해 볼 수 있다. 조직의 중심인 리더는 조직원들에게 가장 크게 영향을 미치는 존재이기 때문에 리더의 사고방식은 조직문화를 좌우하기도 한다. 또한 리더의 사고방식을 기본으로 하여 외적으로 나타난 리더의 행동양식에 의해 조직 분위기가 결정된다.

그렇다면 자기긍정이 강한 리더와 자기긍정이 부족한 자기부정 리더의 행동방식에 대해 구체적으로 살펴보자.

- 자신감 vs. 열등감 : 자기긍정 리더는 어떤 상황에서도 자신만만하며, 어려운 상황에도 주눅 들지 않는다. 항상 할 수 있다는 자기긍정이 어려운 상황에서도 좌절하거나 포기하지 않게 도와주기 때문이다. 하지만 자기긍정이 약한 자기부정 리더는 다른 사람에 비하여 자기는 뒤떨어졌다거나 자기에게는 능력이 없다고 생각하는 열등감을 보여주며, '난 안돼'라는 모든 일에서 자신 없는 모습을 보인다.
- 용기 vs. 비겁함 : 자기긍정 리더는 인생에서 힘든 일을 극복하는 용기를 가지고 있어 주위의 시련에도 굴하지 않는 꿋꿋하고 용기 있는 모습을 보인다. 하지만 자기부정 리더는 어려운 일이 발생하면 비겁하게 그 상황만 모면하려고 하며, 근본적으로 극복하려는 모습을 보이지 않는다.

〈표 4.10〉 자기긍정 리더와 자기부정 리더의 행동양식 비교

자기긍정 리더의 행동양식	자기부정 리더의 행동양식
자신감 : 어떤 상황에서도 자신만만하며, 어려운 상황에도 주눅 들지 않는다.	열등감 : 다른 사람에 비하여 자기는 뒤떨어졌다거나 자기에게는 능력이 없다고 생각하며, 모든 일에서 자신 없는 모습을 보인다.
용기 : 인생에서 힘든 일을 극복하는 용기를 가지고 있어 주위의 시련에도 굴하지 않는 꿋꿋하고 용기 있는 모습을 보인다.	비겁함 : 어려운 일이 발생하면 그 상황만 모면하려고 하며, 근본적으로 극복하려는 모습을 보이지 않는다.
유쾌함 : 자기긍정의 리더들은 주위사람들이 보기에 매우 유쾌해 보이며 옆에 있는 것만으로도 즐거워진다. 또한 기분이 상하거나 안 좋은 일이 일어나도 '잘 되겠지'라는 유쾌한 태도를 가진다.	불쾌함 : 항상 못마땅하며, 불쾌한 감정을 만성적으로 가지고 있다. 그래서 주위의 반응에 신경질적으로 반응하며, 주위까지 불쾌하게 만든다.
추진력 : 자신이 옳다고 생각하는 일에 대해서는 성공에 대한 확신을 가지기 때문에 놀라운 추진력을 보인다.	우유부단함 : 일을 결정하고 추진할 때 확실한 모습을 보이지 못하고 우유부단한 모습을 보인다.
높은 설득력 : 자신의 생각에 대한 확신이 있기 때문에 자신의 의견을 타인에게 설명하고 설득하는 데 능숙하다.	낮은 설득력 : 자기 자신에 대한 확신 결여로 인해 타인에게 설득당하기 쉽지만 자신의 의견을 타인에게 설득하는 데는 미숙하다.
자기주도 : 자기긍정의 리더는 사교적이며 세상에 적극적으로 관여한다. 따라서 자기긍정의 리더들은 자기주도적인 행동양식을 갖는다.	소극적 대응 : 사회적으로 물러나서 자기주장을 하지 않고 사람들과 잘 어울리지 못한다.
긍정적 수용 : 타인의 의견에 '안 돼'라는 부정적인 표현을 하지 않으며, 유연하고 개방적인 태도를 보인다. 자신의 의견을 관철할 때에도 상대의 의견이 '틀리다'는 것이 아니라 '다르다'는 것을 보여주며 설명한다.	타인비난 : 자신과 다른 의견에 '안돼'라는 말을 자주 사용하며, 타인을 비하하고 비난하는 태도를 보인다.
관대함 : 자기긍정의 리더들은 타인들과 잘 어울리고 협동하며, 자신의 이익을 양보할 줄 안다. 또한 타인의 잘못에 대해서도 '용서'하는 관대함을 보인다.	옹졸함 : 이기적이고, 자신의 이익을 절대 포기하지 않으며 옹졸한 행동을 보인다.

- **유쾌함 vs. 불쾌함** : 자기긍정 리더는 항상 할 수 있다는 긍정적 심리상태를 가지고 있으므로 타인에게 보여 지는 모습도 긍정적이다. 따라서 주위 사람들이 보기에 매우 유쾌해 보이며 옆에 있는 것만 으로도 즐거워진다. 또한 자기긍정 리더의 주위

사람들은 기분이 상하거나 안 좋은 일이 일어나도 '잘 되겠지'라는 유쾌한 태도를 가진다. 반면 자기부정 리더는 항상 못마땅하며, 불쾌한 감정을 만성적으로 가지고 있다. 그래서 주위의 반응에 신경질적으로 반응하며, 주위까지 불쾌하게 만든다.

- 추진력 vs. 우유부단함 : 자기긍정 리더는 자신이 옳다고 생각하는 일에 대해서는 성공에 대한 확신을 가지기 때문에 놀라운 추진력을 보인다. 하지만 자기부정 리더는 자신에 대한 자신감이나 확신이 없기 때문에 일을 결정하고 추진할 때 확실한 모습을 보이지 못하고 우유부단한 모습을 보인다.

- 높은 설득력 vs. 낮은 설득력 : 자기긍정 리더는 자신의 생각에 대한 확신이 있기 때문에 자신의 의견을 타인에게 설명하고 설득하는 데 능숙하다. 하지만 자기부정 리더는 타인에게 설득당하기 쉽지만 자신의 의견을 타인에게 설득하는 데에는 미숙하다.

- 자기주도 vs. 소극적 대응 : 자기긍정의 리더는 사교적이며 세상에 적극적으로 관여한다. 따라서 자기긍정의 리더들은 자기주도적인 행동양식을 갖는다. 반면 자기부정 리더는 사회적으로 물러나서 자기주장을 하지 않고 사람들과 잘 어울리지 못한다.

- 긍정적 수용 vs. 타인 비난 : 자기긍정 리더는 기본적으로 긍정적 정서를 가지고 있기 때문에 타인의 의견에 '안돼'라는 부정적인 표현을 하지 않으며, 유연하고 개방적인 태도를 보인다. 자신의 의견을 관철할 때에도 상대의 의견이 '틀리다'는 것이 아니라 '다르다'는 것을 보여주며 설명한다. 반면 자기부정 리더는 자신에게뿐 아니라 타인에게도 부정적 인식을 하며 자신과 다른 의견에 '안돼'라는 말을 자주 사용하며, 타인을 비하하고 비난하는 태도를 보인다.

- 관대함 vs. 옹졸함 : 자기긍정의 리더들은 타인들과 잘 어울리고 협동하며, 자신의 이익을 양보할 줄 안다. 또한 타인의 잘못에 대해서도 용서할 줄 아는 관대함을 보인다. 반면 자기부정 리더는 타인에 대한 부정적 인식으로 이기적이고, 자신의 이익을 절대 포기하지 않으며 옹졸한 행동을 보이기 쉽다.

위에서 살펴본 바와 같이 자기긍정 리더와 자기부정 리더의 행동양식은 큰 차이를 보인다. 자기긍정 리더의 경우 매사에 자신감이 넘치고, 용기, 유쾌함, 추진력, 설득력, 자기주도, 긍정적 수용, 관대함의 행동양식을 보인다. 반면 자기부정 리더의 경우 열등감, 비겁함, 불쾌함, 우유부단함, 낮은 설득력, 소극적 대응, 타인비난, 옹졸함 등의 행동양식을 보인다.

다긍정 팀장 vs. 다부정 팀장의 하루

가장 바람직한 자기긍정 리더인 '다긍정 팀장'이라는 가상의 인물과 극단적 자기부정 리더인 '다부정 팀장'이라는 가상의 인물의 하루일과를 통해 좀 더 실감나게 자기긍정 리더와 자기부정 리더의 행동양식에 대해 알아보자.

(1) 다긍정 팀장의 하루

`8:00` 다긍정 팀장은 하루 중 가장 즐거운 순간이 아침에 눈을 떴을 때이다. 오늘은 또 어떤 즐거운 일이 생길지에 대해 늘 기대가 되며 하루하루가 정말 행복하다. 즐거운 마음으로 아침을 일찍 맞이한 다긍정 팀장은 가족들과 즐거운 아침식사를 하고 출근시간보다 한 시간 일찍 출근한다. 다긍정 팀장은 출근시간인 아홉 시까지 요즘 관심이 생긴 중국어 회화 공부를 한다. 출근하는 부하직원들 한명 한명에게 유쾌한 농담을 던지며 반갑게 인사한다.

`9:00` 아침회의 시간. 신사업의 전략 구상을 위한 아이디어 회의를 시작했다. 회의에 참여한 직원들은 자유롭게 자신의 아이디어를 말한다. 다긍정 팀장은 팀원들의 아이디어에 관심을 보이며, 토론을 통해 아이디어를 구체화해 나가는 주도적인 모습을 보여준다. 또한 자신이 평소에 가지고 있던 아이디어를 팀원들에게 설명하며, 자신의 생각이 신사업 추진에 매우 중요하다는 것을 공감하도록 설득한다.

`10:30` 회의가 끝나고 이번 인사고과에서 좋지 않은 평가를 받아 시무룩해 있는 하급자와 상담을 한다. 능력이 있는데 조금 소극적인 것이 문제인 하급자에게 진지한 조언과 당신은 잘 할 수 있을 것이라는 격려의 말을 해 준다. 이 격려의 말이 하급자에게는 큰 용기가 되고 더 열심히 해야겠다는 동기부여가 되어 밝은 표정으로 업무에 복귀한다. 다긍정 팀장은 이렇게 하급자들을 격려하고 동기부여 하는 데 전문가이다. 다긍정 팀장의 팀은 이러한 팀장의 노력 덕분에 불가능해 보이는 과제도 창의적으로 해결해서 높은 성과를 낸 경우가 많다. 그래서인지 다긍정 팀장의 팀원들은 항상 긍정적인 에너지로 넘친다.

`12:00` 점심시간. 팀원들과 점심내기 사다리타기를 하여 회사 근처의 맛집에서 여럿

이 모여 점심식사를 한다. 다긍정 팀장은 사다리타기에서 걸리지 않았지만 밥을 다 먹고 화장실에 가는 척 나와 팀원들이 먹은 점심을 계산했다. 늘 유쾌한 분위기를 주도하는 다긍정 팀장은 모든 하급자들이 믿고 따르는 정신적 지주 같은 리더이다.

`18:00` 퇴근시간. 팀장이 퇴근을 하지 못해 다른 팀원들이 퇴근하지 못할까 염려되어 퇴근시간에 맞춰 빨리 퇴근한다. 일을 할 땐 일을 하고 쉴 땐 쉬어야 한다는 것이 다긍정 팀장의 지론이다. 자신을 학대해서라도 성공하고자 하는 사람들은 별로 현명하지 못하다고 생각하는 다긍정 팀장은 일을 할 때에도 늘 행복하게 하기 위해 노력한다. 삶의 목적이 행복이라고 생각하기 때문이다. 이러한 다긍정 팀장의 사고방식이 늘 밝고 긍정적인 행복바이러스를 조직 내 퍼뜨리고 전염시켜 다긍정 팀장의 하급자들은 자기도 모르게 긍정적인 마인드를 가지게 되었다.

(2) 다부정 팀장의 하루

`9:10` 다부정 팀장은 9시 출근시간을 지키지 못하고 10분 지각했다. 늘 10분만 더 자고 일어나겠다는 생각이 잦은 지각을 만드는 것 같다. 잦은 지각으로 팀원들이 뒤에서 욕을 하진 않을까 신경이 쓰인다.

`9:30` 아침회의 시간. 신사업 전략 구상을 위한 아이디어 회의를 시작했다. 회의에 참여한 팀원들은 다들 눈치를 보며 자신의 의견을 말하지 못하고 있다. 왜냐하면 괜히 말을 꺼냈다가 그 따위 의견을 내 놓느냐고 다부정 팀장의 비난을 들을까 무서워서이다. 하지만 다부정 팀장은 다들 눈치만 보며 아무도 말도 하지 않는 상황에 매우 화가 났다. "이렇게 할 거면 다들 사표 써"라는 말을 남긴 채 문을 박차고 밖으로 나갔다.

`11:50` 회사 근처 식당들은 점심시간에 매우 혼잡하기 때문에 10분 일찍 점심을 먹으러 나간다. 동행한 팀원은 김만만이라는 직원이다. 혼자 밥을 먹는 것은 매우 불쾌한 일이므로, 가장 만만한 김만만과 함께 점심을 먹기로 한다. 함께 식하를 하면서도 굳이 할 말이 없으므로 그냥 앉아 밥만 먹는다.

`18:00` 퇴근시간이 되었지만 다부정 팀장은 일어나지 않는다. 그중 이당당이라는 직

원이 용감하게 일어나 옷을 입는다. 다부정 팀장은 아직 본인도 퇴근하지 않았는데 퇴근하려는 이당당이 무척 못마땅하다. 저 녀석은 서울대 나왔다고 저러는 건가 하는 열등감도 느끼고 있다. 끝내 "유능한 직원은 다르구만"이라는 비아냥거리는 말을 내뱉는다. 민망해진 이당당은 슬그머니 옷을 내려놓고 자리에 앉는다.

LEADERSHIP QUIZ

나의 주변은 어떨까? 주변에서 가장 긍정적인 인물과 부정적인 인물을 떠올리고 그들의 구체적인 행동특성을 적어 보자.

구 분	새옹지마	위풍당당	약롱중물	가여낙성
주변 긍정적 인물의 행동특성				
주변 부정적 인물의 행동특성				

CHECK LIST

진단 문항을 읽고 정도에 따라 1(전혀 그렇지 않다)~5 (매우 그렇다)로 나누어 체크(✓)해 보세요.

구 분	진단 문항	1	2	3	4	5
새옹지마	상황적응력이 높다.					
	어려운 장애가 있어도 장애를 극복한다.					
	나쁜 일이 생겼을 때 더 좋은 일이 일어나려고 그런 것이라 생각한다.					
	안 좋은 일이 오히려 전화위복이 된 경우가 많다.					
	안 좋은 일을 겪을 때 '왜 꼭 나한테만 이런 일이 생겨'라고 생각한 경우가 많다.					
위풍당당	결단력이 있다.					
	카리스마가 있다.					
	도전정신이 있다.					
	추진력이 있다.					
	자기 확신이 있다.					
약롱중물	매우 중요한 사람이므로 존중받아야 한다고 생각한다.					
	내가 중요하듯이 다른 사람들도 모두 중요하다고 생각한다.					
	이 조직에서 나는 꼭 필요한 사람이라고 생각한다.					
	내가 맡은 업무를 나만큼 잘 수행할 수 있는 사람은 드물 것이라고 생각한다.					
	자신을 존중하기 때문에 스스로에게 부끄럽지 않기 위해 늘 노력한다.					
가여낙성	즐거운 경험이나 좋은 일은 조직원들과 나누는 것이 좋다.					
	주위에서 함께 있으면 유쾌한 사람이라는 소리를 많이 듣는다.					
	나는 나의 하급자나 동료들에게 '넌 할 수 있다'라는 격려의 말을 자주 한다.					
	내가 속한 회의에서는 사람들이 유쾌하고 자유롭게 자기 의견을 말한다.					
	일에 대해서 상사나 하급자들을 설득한다.					
과다긍정	위기상황인데도 '잘 되겠지'라고 생각하고 대책을 세우지 않아 문제가 발생한 적이 있다.					
	문제가 발생했을 때 원인을 나에게 찾기보다 일이 발생한 상황이나 타인에게서 찾으려고 한다.					
	나에게 비판하는 사람보다 좋게 이야기해 주는 사람의 이야기를 더욱 주의 깊게 듣는다.					
	조직 구성원들이 일하는 것을 볼 때 한심하다는 생각을 할 때가 많다.					

RESULT

각 요인별로 점수를 합산하여 17~25점이면 상(上), 9~16점이면 중(中), 1~8점이면 하(下)입니다.

구 분		진단 결과
새옹지마	상	당신은 미래에 대해 상당히 긍정적인 생각을 가지고 있습니다. 이러한 생각은 당신이 어려운 일을 극복하는 데 큰 도움이 될 것입니다. 또한 긍정적인 생각은 긍정적 정서를 형성하기 때문에 행복한 삶을 사는 데도 매우 중요합니다. 당신의 행복과 건강, 성공을 위해서 지금과 같은 긍정적인 생각을 유지하세요.
	중	당신은 미래에 대해 지나치게 부정적인 생각을 가지고 있지는 않지만 좀 더 긍정적으로 생각해야 할 필요가 있습니다. 앞으로의 미래는 더 좋은 일들이 일어날 것이고, 더욱 발전될 것이라고 생각하는 것이 좋습니다. 긍정적인 생각은 긍정적 정서를 형성하기 때문에 행복한 삶을 사는 데도 매우 중요합니다. 당신의 행복과 건강, 성공을 위해서 지금보다 긍정적인 생각을 더욱 많이 해야 할 필요가 있습니다.
	하	당신은 미래에 대해 매우 부정적인 생각을 가지고 있습니다. 부정적인 생각은 부정적인 정서를 형성하게 되므로 과도한 스트레스를 유발할 수 있습니다. 또한 이러한 부정적 정서는 주위 사람들이 당신을 부정적인 인물로 인식하게 할 수 있어 대인관계에서도 문제를 발생시킬 수 있습니다. 그리고 당신의 하급자들에게 부정적인 정서가 전파되어 팀이나 조직에 부정적인 영향을 미치게 됩니다. 당신의 행복과 건강, 성공을 위해서라도 지금보다 긍정적인 생각을 매우 많이 해야 합니다.
위풍당당	상	당신은 '나는 할 수 있다'라는 자기긍정과 자신감이 매우 높습니다. 실패 상황에서도 이를 극복할 수 있는 자신감과 용기를 가지고 있으므로 매우 바람직한 상태입니다. 언제 어디서나 당당한 모습은 리더로서 많은 이점이 있습니다. 당신의 그러한 모습은 하급자들이 믿고 따를 수 있는 확신을 갖도록 도와줄 것입니다. 따라서 실패를 겪을 때나 안 좋은 상황에서도 지금과 같은 자신감 넘치는 모습을 유지하세요.
	중	당신은 심각하게 자신감이 부족한 상태는 아니지만 자신감을 갖기 위해 조금 더 노력해야 할 필요가 있습니다. 믿는 대로 이루어진다는 '피그말리온 효과'가 있습니다. 당신이 할 수 있다는 자신감을 가지면 분명히 할 수 있게 됩니다. 또한 당신의 자신감 넘치는 모습은 하급자들이 당신을 믿고 따를 수 있다는 확신을 갖도록 만들어 주어 당신의 리더십 효과를 향상시켜 줄 것입니다. 지금보다 자신감을 향상시키기 위해 노력하세요.
	하	당신은 심각하게 자신감이 부족한 상태입니다. '난 안돼', '난 못해'라는 자기부정은 실제로도 부정적인 결과를 초래하는 직접적인 원인으로 작용할 수 있습니다. 또한 당신의 자신감 없는 모습은 주위 사람들이 당신을 믿지 못하고 능력 없는 사람으로 인식하게 만들 수 있습니다. 자신감 없는 리더는 하급자들이 믿고 따르지 못합니다. 코칭을 받든가 리더십 훈련을 받는 것이 바람직합니다. 작은 성공을 일상 속에서 체험하는 것도 좋은 출발점이 됩니다.

(계속)

구 분		진단 결과
약롱중물	상	당신은 자기 자신을 존중하는 바람직한 자아상을 가지고 있습니다. 또한 조직 내에서 중요한 위치에 있다고 생각하여 주인의식을 가지고 누구보다 열심히 일하고 있습니다. 또한 스스로 부끄럽지 않기 위해 노력하는 모습과 나 자신처럼 다른 사람도 귀하게 여기는 모습은 하급자들이 보고 배우고 싶어 하는 모습일 것입니다. 앞으로도 나와 남을 존중하고 귀하게 여기는 자세를 항상 유지하세요.
	중	당신은 지금보다 더 자기 자신이 중요한 사람이라고 생각할 필요가 있습니다. 또한 조직 내에서 자신이 중요한 위치에 있고, 누구보다 맡은 업무를 잘 해 낼 수 있는 사람이 자신이라고 여기는 것이 중요합니다. 자기 자신이 그렇게 여기지 않는다면 어느 누구도 당신을 중요하게 여기지 않을 것입니다. 당신은 조직을 변하게 할 수도 있고 성장하게 할 수 있습니다. 조직에서 스스로를 중요한 사람이라고 생각하고, 더욱 중요한 사람이 되기 위해 노력하세요.
	하	당신은 자기 자신이 중요한 사람이라고 생각할 필요가 있습니다. 어렵겠지만 의도적으로 노력하면 어느 정도 자존감 강한 사람으로 구성원들에게 보여지는 것이 가능합니다. 자신에 대해서 깊이 명상하는 데에서 출발하십시오. 그 동안 이뤘던 것, 긍정적인 경험, 소중한 관계를 떠올리며 스스로에게 "나도 괜찮은 사람이야"라는 확신을 갖기 바랍니다. 또한 나 자신에게 부끄럽지 않기 위해 늘 노력하는 것이 중요합니다.
가여낙성	상	당신은 좋은 것은 주위 사람들과 나누려고 하고 함께 있으면 유쾌한 사람입니다. 주위의 사람들에게 긍정적인 말로 격려를 잘 하고, 긍정 바이러스를 전파하는 조직 내에서 매우 중요한 사람입니다. 당신은 딱딱한 조직의 분위기를 부드럽게 바꾸고 주위 사람들과 자연스럽고 즐거운 관계를 유발하기 때문에 긍정적 조직문화 형성에 기여하고 있습니다. 또한 당신의 주변 사람들에 대한 격려와 긍정적 모습은 '함께하면 할 수 있다'라는 자기긍정을 유발합니다. 앞으로도 유쾌한 모습을 항상 유지하세요.
	중	당신은 주위의 사람들에게 '넌 잘할 수 있을 것이다'라는 격려의 말이나 유쾌한 이야기를 지금보다 더 많이 한다면 더욱 좋은 사람으로 인식될 것입니다. 유쾌한 농담이나 격려의 말은 당신을 주위 사람들에게 더욱 포용력 있는 사람으로 느껴지게 할 것입니다. 또한 조직의 분위기를 부드럽게 만들어 자연스럽게 자신의 의견을 이야기할 수 있도록 하여 다양하고 창의적인 의견이 풍부한 조직이 되도록 도와 줄 것입니다. 또한 조직원들의 결속력을 높여주어 조직의 성과향상에도 긍정적인 기여를 할 것입니다.
	하	당신은 주위의 사람들에게 '넌 잘할 수 있을 것이다'라는 격려의 말이나 유쾌한 이야기를 많이 할 필요가 있습니다. 그러지 않으면 주위 사람들은 당신을 고리타분한 사람, 무심한 사람이라고 생각하여 함께 일하는 것을 기피하게 될지도 모릅니다. 스스로 내면에 있는 부정적 감정을 명상을 통해서 정리하는 것이 바람직합니다. '유쾌함'도 습관입니다. 편하고 부드러운 리더의 사례를 보고 따라해 보는 것도 좋은 방법입니다. 노력하면 얼마든지 '가여낙성'의 리더가 될 수 있다는 믿음을 가지십시오.

(계속)

구 분		진단 결과
과다긍정	상	당신은 자신감이 매우 과도한 상태입니다. 자신감을 넘어 자만감이 아닌지 자신을 되돌아볼 필요가 있습니다. 또한 미래에 대해서 과도하게 긍정적으로 생각하는 경향이 있습니다. 이러한 생각은 위기상황에서도 적절한 대비를 하지 못해 조직을 큰 위기에 처하게 할 수 있으므로 매우 위험합니다. 그리고 내가 중요하듯 다른 사람도 중요하다는 생각을 가질 필요가 있습니다. 하급자들을 믿어주고, 존중해 주지 않는다면 당신은 '독불장군형 리더'로 인식되어 주위 사람들이 기피하게 될 것입니다. 주위 사람들을 좀 더 믿어주고, 격려해 주세요. 비판을 하기 전에 칭찬할 것이 없는지 먼저 생각할 필요가 있습니다.
	중	당신의 긍정적 마인드는 과다하지는 않지만 자만에 빠질 우려가 있습니다. 과도하게 긍정적으로 생각하는 경향이 싹트지 않는지 수시로 확인하고 조정해 나아갈 필요가 있습니다. 과다긍정의 예방은 자신을 겸허하게 되돌아보는 데에서 시작될 수 있습니다. 다른 사람들의 조언에 항상 귀를 기울이시고 현실성 없는 긍정 분위기를 만들고 있지 않은지 확인하는 것이 중요합니다.
	하	당신은 자기긍정이 과도해져 발생할 수 있는 함정을 매우 잘 피해가고 있습니다. 위기상황을 합리적으로 인식하고, 대책을 세워 위기를 극복할 수 있는 준비가 되어 있습니다. 또한 다른 사람들을 존중하고 타인의 말에도 열린 마음으로 경청할 수 있습니다. 지금과 같이 과다긍정의 함정에 빠지지 않는다면 합리적인 한국형 리더가 될 수 있을 것입니다.

FEEDBACK

구 분	구체적인 행동지침
새옹지마	• 긍정 노트를 작성하라. 잠자기 전 5가지씩 내일 일어날 좋은 일들을 상상하여 적어 보자. 그리고 다음날 잠자기 전에 그 일들 중 오늘 일어난 일과 일어나지 않은 일을 체크한다. 이것을 바탕으로 내일 일어나길 바라는 5가지 즐거운 일을 적는다. • 행동의 결과로 일어날 일을 상상할 때 긍정적 결과를 먼저 예상하라. • 나쁜 일이 생겼을 때 최악의 상황을 상상하여 그렇게 되지 않은 것을 다행으로 여기는 긍정적인 생각을 갖는다. 그리고 앞으로는 지금보다 좋은 일만 일어날 것이라고 생각한다. 더불어 이것을 통해서 얻게 되는 교훈이나 배울 수 있는 점을 생각하고 이것을 극복할 수 있다는 믿음을 갖는다.
위풍당당	• 새로운 일에 도전할 때 내가 할 수 있는 이유를 세 가지 이상 생각해 본다. 또한 주위에서나 나의 내면에서 내가 할 수 없다고 이야기하는 이유를 써 보고 그것을 반박해 본다. 이렇게 해 보면 사실 내가 할 수 없다고 생각하는 이유는 굉장히 중요하지 않은 이유라는 것을 알게 될 것이고 할 수 없는 이유가 별로 없다는 것을 알게 될 것이다. • 누구 앞이라 할지라도 '나는 ○○○다' 라는 자신감을 가진다. 그 사람이 누구라도 동등한 인간으로 대하고, 당당한 모습을 잃지 않기 위해 항상 노력한다. • 실패의 상황에서 그 실패의 결과를 당당하게 받아들인다. 그리고 내가 부족해서 실패한 것이 아니라 더 큰 성공을 위해 실패한 것이라고 생각한다. 그리고 새로운 도전을 위해 노력한다.
약롱중물	• 나는 가족, 친구, 직장 동료 등 주위 사람들에게 꼭 필요한 존재이므로 중요하게 여긴다. '나 따위가 뭘…….'이라든가 '내 주제에'라는 생각은 금물! 스스로를 가치있게 여기는 사고방식을 갖기 위해 자기비하의 생각은 하지 않도록 한다. • 내가 중요하듯 남도 중요하다고 생각한다. 주위에 능력이 없고 답답하다고 느껴지는 사람이 있다면 그 사람의 장점을 3가지만 찾아보자. 장점이 없고 단점이 없는 사람은 이 세상에 없다. • 주위에 정말 싫은 사람이 있다면 그 사람의 입장에서 생각해 보라. 그리고 그 사람이 그렇게 행동할 수밖에 없었을 것이라고 예상되는 이유를 세 가지만 찾아보자. 그러면 그 사람을 전부는 아니더라도 조금은 이해할 수 있을 것이다. • 옳고 그름을 내 기준으로만 판단하지 마라. 세상에는 다양한 사람들이 있고, 나와 다른 사람들이 많이 있다. 그 사람들의 생각과 의견을 존중하라.
가여낙성	• 조직원들과 모여서 이야기를 할 때 우리가 잘 했던 일과 즐거웠던 일들을 많이 이야기한다. 그때의 기억을 떠올리며 앞으로 해 나가야 할 일들도 잘 해 보자는 동기부여를 해 주는 것이 중요하다. 이러한 긍정적인 조직 분위기는 조직원들에게 '우리는 잘 할 수 있다'라는 자신감을 심어주어 조직성과를 크게 향상시킬 것이다. • 회의를 할 때나 토론을 할 때 내 생각을 강하게 주장하기보다는 상대의 말을 먼저 들어준다. 그리고 그 의견에 반박을 하기보다는 옹호하는 반응을 보여주고, 자신과 의견이 다를 경우 "그게 아니라"라고 이야기하는 것이 아니라 "그건 그럴 수도 있지만 내 생각은……."이라고 자신의 생각을 이야기한다.

(계속)

구 분	구체적인 행동지침
가여낙성	• 안 좋은 이야기를 해야 할 때 직접적으로 '넌 틀렸어', '네가 잘못했어' 라고 말하면 누구나 자신이 잘못한 것을 알더라도 반발심을 갖게 된다. 말에는 쿠션언어라는 것이 있다. 질책을 해야 할 때나 비난이 필요할 때 직접적으로 이야기하기보다는 '네 상황은 이해하지만 그래도 이런 것은 좀 문제가 될 것 같아'라는 식의 부드러운 쿠션언어를 사용하여 말한다. • 질책이나 비난을 해야 할 때 일방적으로 비난하기 전에 그 사람이 변명할 수 있는 기회를 줘라. 잘못을 한 경우라도 오해가 있을 수 있기 때문에 무조건 비난을 하는 것은 상대가 억울하다고 느끼거나 잘못은 했지만 너무하다고 생각하여 반발심을 갖게 만들 수 있다.
과다긍정	• 자신감이 과도해지면 자만심이 된다. 자신감과 자만심은 종이 한 장 차이이기 때문에 긍정적이었던 자신감이 부정적인 자만감으로 변할 수 있다. 그러므로 항상 자신이 자만심에 빠지지 않았는지 반성할 필요가 있다. 자신을 되돌아보기 위해 주위의 반응이나 평판에 귀를 기울여 보자. 본인은 자신감의 표현이라고 생각했는데 주위 사람들은 건방지다고이라고 평가하고 있지는 않은가? 하루에 한 번 이상썩은 자신의 행동 중에 자만심에 의한 행동이 없었는지 체크해 보자. • 자신감이 과도해 다른 사람을 낮추어 보지 않았는지 체크해 보자. 자신감은 나 잘났다고 잘난 척하는 것이 아니라 나 자신에게 떳떳하고 부끄럽지 않은 것이다.

5

한국형 리더의 8가지 요인 ③ - 환경변화 적응

카멜레온처럼 유연하게

1 | 환경변화 적응의 중요성

무릇 인간을 포함한 생명체의 특성 중 하나는 자신을 둘러싼 환경의 변화에 다양한 방법으로 적응하면서 생존해 나간다는 것이다. 어떤 경우는 빠르게 적응하여 변화에 살아남고 다른 경우에는 변화에 둔감하여 소멸된다. 한국형 리더는 환경변화에 빠르게 적응하는 속성을 갖는다. 이것은 한국인들이 갖고 있는 변화에 대한 '본능적 적응' 습관에 기인한다고 볼 수 있을 것이다. 변화에 효과적으로 적응함으로써 한국 기업들은 살아남았고 또 그 방법으로 크게 성장할 수 있었다. 변화란 이처럼 생존과 성장에 필수적인 요소이다.

인간이나 생물체는 환경변화에 대해서 다양한 방식으로 대응한다. 더러는 효과적이고 더러는 효과적이지 못하다. 몇 가지 성공한, 또는 실패한 변화대응의 사례들을 통하여 변화적응의 중요성을 살펴보자.

수십 두씩 양떼를 키우고 평화롭게 살아가던 20가구의 마을 사람들이 있다. 하지만 이 마을 사람들은 자신들의 양떼가 수백 두로 늘어나자 다른 사람과 경쟁적으로 방목하기 시작한다. 결국 많던 목초지가 거덜 나고 마을의 양이 모두 굶어죽는 공멸의 결과가 발생했다.

이것을 '공유지의 비극'(the Tragedy of the Commons) 사례라고 부른다. 마을 사람들의 욕망이 양떼의 급격한 증가를 가져왔고 그럼으로써 한정되어 있던 목초지의 풀들을 양떼가 다 뜯어 먹어버려 결국 식량부족으로 양떼들이 모두 굶어 죽는 공멸의 결과를 가져왔다. 훌륭한 리더가 있어 오늘의 행동이 내일 어떤 결과를 가져올지를 예측하고 마을 사람들을 설득하여 미리 예방하지 못한, 변화적응 실패의 사례이다.

이러한 모습은 우리 주변에서도 쉽게 찾아 볼 수 있다. 기업이나 조직이 최고의 자리에 올랐을 때 현실에 안주하면 변화에 관심을 두지 않는다. 자신들의 일이 아니라고 방관하기도 한다. 도요타의 리콜 사례가 이런 내용을 잘 반영해 주고 있다.

이 외에도 주변에서 일어나고 있는 환경변화 적응에 관련된 다양한 사례들을 확인할 수 있다.

환경변화 적응의 다양한 예들

- 인플루엔자 : 바이러스 문제가 발생된 시점은 산업발달이 진전되던 19세기이다. 이후 기업형 축산의 등장, 신자유주의의 확산으로 인해 환경에 잘 적응하는 바이러스 문제는 더욱 기승을 부리게 된다. 특히 돼지는 인플루엔자 바이러스의 단골 경유지로 몸에 여러 바이러스가 살고 있다. 이 바이러스는 돼지의 폐에서 서로 교잡해 변이를 일으키기도 하고 새로운 종류의 바이러스를 재탄생시키기도 한다. 이 바이러스는 조류·돼지·인간·바이러스의 특성을 두루 갖추고 있으며 그 결과 특정 세포에만 침투했던 바이러스가 여러 종류의 동물과 인간에게 옮겨 붙을 수 있게 되었다. 더구나 돼지는 산업발달에 따라 기업형 축산방식으로 인하여 좁은 곳에 모여 산다. 그래서 질병예방을 위해 돼지에 다량의 항생제를 먹이는데 이 때문에 돼지 몸에서 지내는 바이러스는 여러 종류의 항생제에 대한 내성을 갖게 된다. 바이러스는 인간의 공격에 빠르게 적응하고 있다.
- 물고기 : 주변 환경이 바뀌면 빨리 적응하는 습성이 있다. 예를 들면 물고기는 바다의 평균기온이 섭씨 0.03도만 차이가 나도 새로운 서식처를 찾아 옮겨간다.
- 오리 : 날개가 퇴화된 후 꼬리 끝에 지방(기름)이 조금씩 나오게 진화됐다. 오리는 이 기름을 온몸에 비벼 바름으로써 물위에 계속 떠 있을 수 있게 된다. 발은 헤엄을 잘 칠 수 있도록 갈퀴모양으로 되었다.
- 낙타 : 등의 혹에 지방이 있어서 물이 부족하면 지방을 분해해 물처럼 이용한다.
- 사막여우 : 몸에서 열을 내보냄으로써 더운 지역에서 살아남기 위해 귀가 커졌다.
- 카멜레온 : 때에 달리 자신의 몸의 색을 변화시켜(보호색) 자신을 안전하게 보호한다.
- 뱀 : 십이지 동물 중에서 유일하게 손과 발, 털이 없으면서도 나무·땅·동굴·사막·물에서도 살 수 있는 환경적응력이 매우 뛰어난 동물이다. 또한 온도변화에 따라 허물을 벗어 피부의 온도를 환경에 적응시킨다.
- 도시박새 : 자연 속에서 생활하는 박새는 나뭇가지, 솜털·깃털로 둥지를 만드는 반면 도시에서 사는 박새는 담배 필터·테니스 공 보풀 등으로 둥지를 만들어 번식하고 있는 것으로 확인됐다.

자료 : 인터넷 기사 및 개인 블로그

이상의 바이러스와 동물들의 사례에서 보았듯이 모든 생물체는 환경변화에 민감하게 반응함으로써 생존해 나간다. 오히려 사람들보다 더 뛰어난 민감성을 가지고 있는 생물체들도 많다. 대부분의 사람들은 빠르게 변화하는 현실을 인식하지 못하고 인구의 1%에 해당하는 창의적인 소수가 만들어 놓은 세상에서 둔감하게 살아간다. 한국형 리더는 바이러스나 뱀처럼 환경변화에 민감한 모습을 보인다. 한국형 리더들이 환경변화에 빠르게 적응하지 못했다면 과거 40여 년 간의 한국의 생존, 성장, 성공, 성취는 없었을 것이다.

대부분의 사람들이 인간수명 기간을 100년으로 잡고 그에 맞추어 사는데 K교수는 "앞으로 인간의 수명은 300년이 될 것"이라는 대단히 놀라운 주장을 했다. 그러면서 우리의 과학은 농경 사회 때도 느린 속도였지만 2배씩 발전하고 있었고 지금도 1년에 2배수씩 발전하고 있다고 했다. 지금보다 1,024배 발전된 미래를 상상할 수 있는가?

과학은 우리가 상상할 수 없을 만큼 빠르게 발전되고 변화하고 있다. 그런 변화에 효과적으로 적응하고 민첩하게 행동하는 것이 매우 중요하다. 이제 우리는 변화하지 않으면 죽을 수밖에 없는 세상에 살고 있는 것이다. 최근 미래 학회지의 논문들을 보면 뇌 과학의 발달로 인한 뇌 임플란트, 로봇의 발전으로 인해 생기는 로봇법, 그에 따르는 윤리문제 등 많은 논문들이 쉴 새 없이 나오고 있다. 이러한 변화는 한국의 리더들에게 과거 40여 년의 압축성장기에서보다 더 빠르고 효과적으로 변화할 것을 요구하고 있다.

생존과 성공을 이루기 위한 효과적인 환경변화 적응의 핵심은 적응 스피드와 적응의 적합성(fit)이다. 적응을 하기는 했는데 엉뚱하게 적응하여 오히려 새로운 환경에 적합하지 않은 경우도 있을 수 있다. 빨리빨리 식으로 적응의 스피드만을 강조할 때 생길 수 있는 일이다. 빨리 바뀌는 것도 중요하지만 새로운 환경에 적합한 내용으로 바뀌는 것은 더욱 중요하다. 한국형 리더는 이 두 가지에 있어 뛰어난 역량을 보이는 사람이다.

2 | 환경변화 적응의 개념

환경변화 적응의 정의

'환경변화 적응'이란 조직 환경의 변화에 항상 관심을 가지고 대세의 흐름에 신속히 대응하기 위해 관련 정보를 수집·분석하여 대응방안을 계획하고 실천하는 것과 변화대응 역량을 증진시키기 위한 외부 네트워크 강화 등의 전략적 행동을 포함한다. 전반적으로 자신이 속한 산업이나 대세의 변화에 대한 정보의 수집, 이해, 분석, 대처 등이 주요 내용을 이룬다.

변화대응에는 예견되는 문제나 위기에 대비하는 것과 다가올 기회를 남보다 먼저 포착하여 큰 성장의 발판을 마련하는 것, 두 가지가 있다. 문제나 위기에 적절히 대응하지 못하면 쇠퇴하든가 생존이 위협받는 지경에 이르게 된다. 기회를 미리 포착하지 못하면, 성장과 발전의 기회를 흘려버리게 되는 것이다. 어느 쪽이든 환경변화에 적절히 대응하지 못한 것이 된다. 그러므로 한국형 리더들은 위기와 문제의 위협을 극복할 수 있는 준비를 해야 함은 물론, 좋은 기회를 놓치지 않기 위해서 보다 적극적으로 노력해야 한다. 한국 산업화 40년의 역사는 위기 극복과 기회 선점의 소중한 변화적응의 사례들로 가득 차 있다.

한국형 리더들은 남달리 환경변화에 신속히 대응해 왔다. 잘 되고 있을 때에도 자만하지 않고 항상 위기의식을 강조하며 변화에 미리 준비하는 것이 체질화되어 있다. 예를 들어, 삼성이 위기경영을 외친 지가 벌써 오래 되었고, 또 삼성전자나 그룹사들이 전반적으로 엄청난 이익을 내고 있는데도 불구하고 '위기'를 더 강조하고 있는 것은 과거의 성공보다는 다가올 미래의 변화를 더 중시하는, 바람직한 한국형 리더의 변화대응 행동이라고 볼 수 있다.

한편, 환경변화 적응의 반대개념은 환경변화 둔감(環境變化鈍感)이라고 할 수 있을 것이다. 환경 둔감이란 변화에 적절히 적응하든가 대응할 생각은 하지 않고 과거의 행동양식을 집착하여 결과적으로 개인과 조직이 큰 피해를 입게 되는 리더의 행동을 말한다. 지식이나 정보가 부족하여 그럴 수도 있지만, 리더의 의지와 자세가 변화에 적절히 적응하는가, 적응하지 못하는가를 결정하는 중요한 변수이다. 환경변화가 있으리라는 상당한 시그널이 있어도 별로 움직이려 하지 않는 사람이 있다. 변화에 대한 중요성 인식이 결여되어 있고 체질적으로 변화하기를 싫어하는 경우에 그렇다. 지나치게 낙천적이고 방임적 성격의 소유자나 삶에 대한 긴장감이 떨어져 있는 경우, 또는 과거의 성공에 자만하여 외적 단서의 중요성이나 시급성을 격하시키는 태도를 가지고 있는 사람의 경우에도 변화둔감의 행동이 나타날 수 있다.

옛날에는 스스로 변화하려 하지 않는 조직원을 일컬어 '복지부동'(伏地不動)이라고 했다. 그러나 요즘 세상에서 복지부동은 통하지 않는다. 땅에 엎드려 있다가는 밟혀 죽기 딱 알맞다. 변화를 피하는 데 있어서도 추세에 맞춰 업그레이드해야 할 필요가 있다. 최근에 변화를 피해가는 더 좋은 방법이 나왔다고 한다. 이름하여 '낙지안동'(낙지眼動)이다. 낙지는 빨판이 있어서 바닥에만 붙을 수 있는 것이 아니라 벽이며 천장, 심지어 화장실 천장구석에도 달라붙어 숨을 수 있다. 하지만 숨기만 해서는 변화를 효과적으로 피할 수 없다는 것이 정설이다. '안동'(眼動), 즉 눈동자를 돌려 바람이 어디로 부는지를 간파할 수 있어야 생존할 수 있다.

이처럼 변화에 둔감하거나 또는 적극적으로 저항하는, 환경변화부적응 리더는 조직에 생각보다 많다. 저항의 이유도 매우 다양하다. 개인적인 이유, 집단의 이유, 그리고 조직의 이유 등으로 구분된다. 사람들은 항상 변화의 요구에 접했을 때 총론적으로는 찬성하지만, 자신의 변화가 관련되는 각론에 들어가면 이런저런 이유를 들어 반대하는 성향이 있다. '총론찬성, 각론반대' 현상이라고나 할까? 이러한 개인적 변화둔감, 또는 저항 이유는 변화에 따른 자신의 입지상실인 경우가 많다. 자리를 잃을까봐, 급여가 깎일까봐, 또는 지금보다 더 안 좋은 근무처로 이동해야 하지 않을까, 등 자신의 입지에 대한 근심과 우려가 저항의 주된 원인이다. 또는 동료들이나 다른 대다수의 조직원들이 변화를 좋아하지 않고 현실에 안주하려는 태도를 일반적으로 공유하고 있을 때 혼자만 앞장서 변화를 부르짖어 봐도 별 효과가 없을 때가 많다. 오히려 다른 동료들의 반감만 사고 공격을 당하기 일쑤이다. 특히 '우리성'이 강한 한국조직에서는 더욱 그럴 것이다.

변화에 둔감하다는 것과 변화에 저항한다는 것은 물론 같은 말은 아니다. 환경변화에 효과적이고 선제적으로 적응하는 리더의 행위를 (+)의 극단에 둔다면, 변화둔감은 (0) 상태라고 볼 수 있을 것이고, 변화저항은 (−)로서 변화에 적극적으로 반대하든가 비판적 행동을 보이는 상태라고 말할 수 있다.

중요한 것은, 항상 환경변화에 민감하다가도 어느 한 순간, 한 사건에서 방심하여 큰 문제를 야기하고 막대한 비용을 지불해야 하는 경우도 많다는 것이다. 그러므로 한국형 리더는 항상 환경변화 민감성과 그에 입각한 긴장감을 높은 수준으로 유지하려고 노력해야 한다.

환경둔감 문제를 〈사례 5.1〉을 통해 좀 더 쉽게 이해해 보자.

〈사례 5.1〉 50년 뒤면 사라지는 남태평양의 작은 섬나라 투발루

세상에 아무리 황당한 일이 많다고 해도 지금 살고 있는 땅이 꺼져버리는 것처럼 황당한 일은 없을 것이다. 하지만 그런 일이 실제 일어나고 있다. 정식 명칭은 투발루왕국이다. 날짜변경선 서쪽의 아홉 개 섬(산호섬은 여덟 개)으로 이루어진 엘리스 제도가 영토이다. 섬은 평균 해발고도가 3m 정도로 낮고 지형이 평평하여 지구온난화에 따른 해면 상승으로 인해 수십 년간 2개 섬이 바다 아래로 잠겼다. 머지않아 전 국토가 잠길 위험에 처해 있다. 이에 따라 오스트레일리아·피지 등 이웃나라에 국민을 이민자로 받아줄 것을 호소했지만 뉴질랜드를 제외한 국가들은 모두 거부하였고, 2002년부터 뉴질랜드로의 이주가 이민쿼터에 따라 순차적으로 진행되고 있다.

사실 투발루와 같은 황당한 변화는 역사적으로 볼 때 드문 일이 아니다. 화산이 폭발하면서 도시가 묻혀 버린 로마의 폼페이나 갑자기 사라져버린 공룡, 또는 거대한 흔적을 남기고 증발해버린 남미의 잉카와 마야문명 등과 같이 그 예를 많이 찾아볼 수 있다.

중요한 것은 이러한 거대한 변화가 오늘날에도, 미래에도, 또 자연재해에 의해서뿐 아니라 국가·사회적 차원에서도 항상 일어날 수 있다는 점이다. 특히 한국인들은 중국, 일본, 러시아 등과 같이 큰 힘을 가진 나라에 둘러싸여 있어 작은 변화에도 민감할 수밖에 없는 환경 속에 살고 있다. 그렇기 때문에 중국의 경제정책 변화에 신경을 곤두세우게 되고, 새로 된 일본 수상의 마음과 노선을 읽느라고 바쁘며, 러시아 대통령의 말에도 귀를 기울이게 되는 것이다. 역사적으로 900회 이상 외세의 침략을 받은 한민족에게 생물학적 안테나 같은 것이 작용하고 있는지도 모를 일이다.

이처럼, 보통의 한국인들에게는 환경의 변화 읽기가 습관화되어 있다. 주변국들의 변화뿐 아니라 국내의 다양한 변화에도 평균적으로는 매우 민감하다. 이러한 성향은 또한 자신의 위치에 해를 끼치는 변화요인들을 남보다 먼저 찾아내어 미리 대응하려는 행동을 낳았으며, 리더십 차원에서는 한국형 리더십의 한 축을 이루는 결과를 가져왔다.

반면에, 변화에 무딘 한국인들도 많다. 세상 바뀌는 줄 모르고 옛날 방식만을 고집하다가 일이 잘못되어 큰 피해를 입는 사람들이 예가 될 것이다. 일하는 방식, 생각의 차원, 사람에 대한 가정, 미래를 보는 눈 등이 10년 전이나 지금이나(아니 어쩌면 작년과 올해 간에) 별로 바뀌지 않았다면 변화둔감형이라고 봐도 좋다. 이들은 변화의 흐름을 거부하여 적응할 줄 모르기 때문에 조각난 물들이 강의 한쪽 구석에 모여 썩어가는 것처럼 머지않아 퇴화하는 운명을 맞게 될 것이다.

나를 압박하는 변화 요구들은 무엇이며 나는 그러한 요구와 싸워 이겨내고 있는지를 스스로에게 자문해 봐야 한다.

적자생존(the survival of the fittest)이라는 말은 자연계에만 적용되는 것이 아니다. 사람들이 살아가는 속에도 '사회적 적자생존'(the social survival of the fittest)이라는 말이 존재한다. 조직 사회에서 환경변화에 적절히 적용하는 리더는 살아남고 변화에 둔감한 리더는 도태된다는 의미이다. 이상적인 한국형 리더들은 과거 40여 년의 압축성장 기간 동안, 도전하고 성장하고 좌절하고 실패하고, 또 그를 극복하면서 카멜레온처럼 환경변화에 적절히 적응하는 노하우를 터득하였다. 한국 사회에서는 변화둔감형 리더의 확인과 도태가 매우 효율적으로 이뤄진다. 그만큼 변화적응에 대한 사회적 압박이 강하다는 뜻이기도 하다.

그렇다면 한국형 리더의 환경변화 적응 행동은 구체적으로 어떤 차원으로 설명될 수 있는가? 여기에서는 네 개의 요인으로 나누어 살펴보기로 한다. 즉, 효과적인 환경변화 적응을 위해서 한국형 리더는 네 가지를 갖춰야 한다는 말이다.

환경변화 적응의 4요인

한국형 리더가 환경변화에 효과적으로 적용하는 데 필요한 요인은 민감성, 상황판단, 유연성, 자기성찰 등 네 가지 요인으로 요약될 수 있을 것이다.

환경변화에 민감하다는 것은 항상 주요 환경요인들을 모니터하면서 변화의 증후(clue)를 민감하게 포착한다는 뜻이다. 그러므로 긴장된 상태를 유지하며 사회적 네트워크를 통해서 안테나를 많이 세워놓고 활용한다. 경쟁사나 선진 모델에 대한 정보에 밝고 필요한 경우 바로 도입하여 경쟁력 향상의 발판으로 삼는다.

상황판단을 잘 한다는 것은 민감성과 무관하지 않다. 민감하게 변화의 증후를 포착한 후에는 상황변화의 성격과 내용을 정확히 이해하고 대응방안을 구상해 낼 줄 알아야 한다. 민감하여 정보는 일찍 얻었는데 어찌해야 할지를 몰라, 가슴만 졸이고 있다면 적절한 상황판단 역량을 가지고 있다고 보기 힘들다.

유연성이란 대응전략의 스펙트럼(spectrum)이 넓어야 한다는 의미이다. 리더가 대응할 수 있는 방안이 여럿일수록 대응효과도 뛰어날 것이다. 만약 한두 가지 대응방안만 갖고 있다면, 다양한 환경변화에 대해서 가장 효과적으로 대응하기 힘들다. 무슨 일이 벌어지든지, 그냥 더 열심히만 하려는 리더는 한 가지 대응전략만 갖고 있다고 볼 수 있다. 변화가 심해질수록 점점 근무시간을 늘리고 잠을 줄이고 야근과 휴일근무를 의무화하는 등과 같이 단선적으로 대응하는 것은 오늘날과 같이 변화의 내용과 성격이 다양해져가고 있는 상황에서는 별로 효과적이지 않다. 변화적응 실패를 자기 자신 또는 부하들을 자학함으로써 보상받으려는 심리가 한국인들에게는 존재한다. 이를 극복할 필요가 있다.

아울러, 환경변화에 효과적으로 적용하는 리더는 자기성찰의 습관을 갖는다. 변화적응에 실패하는 이유들 중에서 가장 중요한 이유는 자기 자신이 경직되어 있어 민감성이 떨어지고 상황판단이 흐려지며, 경직되어버린 자아를 발견하지 못하든가 발견했

〈표 5.1〉 환경변화 적응의 4요인

구 분	내 용
민감성	뛰어난 관찰력으로 작은 변화를 빠르게 발견하고 그 변화가 무엇을 의미하는지 알 수 있다. → 금붕어같이 민감하게 반응
상황판단	현재 상황에서 일어난 사건이 의미하는 바를 정확히 인식하고 앞으로 어떻게 해야 할지를 명확히 판단한다. → 뱀처럼 기민하고 슬기롭게 상황판단을 잘 함
유연성	틀에 얽매인 고정관념이나 선입견 없이 상황 그대로를 받아들이며 불필요한 가치판단을 하지 않는다. → 카멜레온같이 변화하고 적응함
자기성찰	자신의 과오를 뒤돌아보고 반성하며 앞으로의 미래를 잘 설계한다. → 내 안의 '나'를 발견할 수 있음

더라도 스스로를 바꿔내지 못했기 때문이다. 특히 직급이 높아져 중요한 결정을 많이 해야 하는 리더일수록 자기성찰 습관은 효과적인 한국형 리더에게 필수적이다. 한국 발전의 지난 40여 년은 도전하고 실험하고 좌절하고 극복하면서 이뤄낸 다양한 시행착오의 내용들에 기초한, 풍부한 자기성찰의 기회를 제공하고 있다.

이들 변화적응의 네 요인들을 재미있게 비유적으로 표현하면 아래의 〈표 5.1〉과 같이 정리될 수 있을 것이다.

(1) 민감성

환경변화 적응의 민감성은 뛰어난 관찰력을 발휘하여 작은 변화의 증후로부터 다가올 변화의 내용을 빠르게 발견해 내는 역량이다. 이를 위해서는 위기의식과 같은 긴장상태의 유지, 탄탄한 정보망의 구축 등이 필요하다. 환경 변화에 대한 민감성은 한 개인이나 조직의 학습능력이나 적응능력과도 관련이 있다. 즉, 민감한 대응은 내면에서 본능적으로 발현될 수도 있지만, 대부분은 많은 학습과 경험의 결과로 나타난다. 또한 현재 자신의 문제 상황 등에 문제의식이 강한 사람일수록 변화에 보다 민감한 성향을 보이기도 한다. 예를 들어, 산전수전 다 겪은 사람들은 어떤 문제의 일단만 보아도 문제의 성격과 가능한 대응전략들을 민감하게 포착해 낼 줄 안다. 반면에 별 경험이 없고 학습이 제대로 안 되어 있는 사람들은 매우 강력한 변화의 증후가 나타났음에도 불구하고 변화 흐름의 단서를 찾아내지 못하는 경우가 많다.

따라서 리더가 환경변화에 대한 민감성을 높이기 위해서는, 위기의식에 기초한 긴장감, 다양한 정보네트워크, 치열한 학습, 토론 등의 대화를 통한 변화대응경험 공유 등의 노력이 요구된다. 이런 상태를 '준비된 민감성'이라고 부를 수 있을 것이다.

다음 〈사례 5.2〉를 통해 민감성을 가진 리더와 둔감한 리더가 조직 내에서 어떠한 차이점이 있는지 살펴보자.

〈사례 5.2〉 W 항공사 이야기

K영업점의 재무구조가 나빠졌다. 매해 같은 상품만을 취급해온 결과였다. 하지만 영업을 책임진 김욕심 팀장은 무엇이 잘못되었는지를 민감하게 포착해내지 못했다.

김 팀장은 본인의 열성이 부족한 탓으로 문제의 원인을 돌렸다. 그러고는 자신도 직접 영업에 나섰다. 김 팀장은 부하 영업사원들과 같이 영업활동을 하면서 밤과 낮이 없이 열심히 뛰었다. 즉 여행사 방문, 운송 가격 협상, 단체좌석 확보를 위한 본사 연락 등 팀장이면서도 일반 영업사원의 업무를 똑같이 수행한 것이다. 그러나 지점의 실적은 향상되지 않았고 많은 여행사들이 자신들의 담당 영업사원보다는, 팀장이고 해당 지역에서 오래 근무한 김욕심 팀장만을 찾는 일이 자주 발생했다. 결국 김 팀장은 너무 많은 업무(업무과중)로 말미암아 직무소진 되었고 팀원들은 담당 여행사에 대하여 영향력을 행사할 수 없는 상태에 이르렀다. 뿐만 아니라, 실적도 호전되지 않은 결과를 가져왔다. 문제는 김 팀장이 이런 어려운 상황에 처해 있으면서도 스스로 무엇을 잘못하고 있는지를 민감하게 포착하지 못하고 있었다는 점이다. 그냥 열심히만 하면 된다는 생각뿐이었다.

그러던 중에 김 팀장이 다른 곳으로 자리를 옮겼다. 새로운 영업팀장으로 이해결 부장이 부임해 왔다. 다행스럽게도 후임으로 온 이해결 부장은 전임 김욕심 팀장과는 180도 다른 스타일이었다. 이해결 부장은 문제의 근원에 대해서 매우 종합적으로 접근하였다.

이해결 부장은 팀장으로 부임해 오자마자 시장에 대해 신중히 분석하고 다양한 측면에서 문제의 핵심을 파악하려 노력하였다. 하나하나의 정보를 매우 민감하고 신중하게 분석하였다. 그런 다음 그는 결론을 내렸다. 정체되어 있는 현 시장에서 기존 상품과 안면으로만 영업해서는 경쟁사와 가격경쟁만 과열되는 레드오션으로 전락하고 말 것이다. 열심히 하는 것이 중요한 것이 아니라, 새로운 상품과 매력적인 노선을 여행사와 구매자들에게 제시해야 한다는 것이 그의 분석이었다. 그는 다양한 대안을 제시하였다. 그 중에서도 A도시에서 출발하는 B나라의 C도시 직항 정기편은 당시 A도시에서 출발하는 국제선이 없었기에 경쟁사를 제압할 수 있는 블루오션이 될 수 있음을 제시하였다. 결국 W 항공사는 A도시-C도시 노선을 취항하게 되었고 A도시는 물론 주변 지역까지 시장지배력을 강화하고 수익을 증가시킬 수 있었다. 동시에 A도시-C도시라는 매력적인 상품을 이용해 타 노선의 상품판매에서도 W 항공이 주도권을 행사할 수 있게 되었다.

소비자 기호나 여행사들의 상품에 대한 인식이 어떻게 변화하고 있는가를 잘 파악하여 민감하게 분석·대처함으로써 이뤄낸 이해결 부장의 리더십이 돋보인다.

이 사례에서 보듯이, 김욕심 팀장은 이미 해오던 관행대로 일을 했고 또한 현재보다 더 나은 성과를 내기 위해 일도 매우 열심히 했다. 하지만 왜 그는 실패했을까? 그는 변화하는 소비자 환경에 민감하게 반응하지 못했다. 반면 민감성을 가지고 있던 이해 결 부장은 부서에 온 지 며칠 만에 조직을 잘 파악했고 위기를 감지할 수 있었다. 또한 그들 사업에서의 트렌드를 잘 포착하여 지역 내 여행경기를 진작시킬 수 있었으며 B나 라에서 들어오는 관광객 덕분에 지역 경제 활성화에도 기여하였다고 한다. 덕분에 경 쟁사보다 더 먼저 우위를 점할 수 있었다. 결과적으로 한 리더의 민감성이 조직의 수입 을 증대시키고 조직을 활성화시켰으며 해당 시장에서의 영향력을 극대화시켰다는 것을 알 수 있다.

⑵ 상황판단

환경변화 적응의 상황판단은 새롭게 얻은 정보나 일어난 사건이 의미하는 바를 정확히 인식하고 앞으로 어떻게 해야 할지를 명확히 판단하는 능력이다. 또한 자신의 직접경 험이나 간접경험, 또는 개인의 성격적 특성과도 관련이 된다. 사실 민감하게 정보를 얻는 것과 상황판단을 잘하는 것은 매우 밀접한 관련이 있다. 특히, 상대방이 공개적으 로 표현하지 않는 내면적인 생각과 감정까지도 민감하게 파악하여 적시에 상황에 맞는 행동을 보여주는 것은 한국 사회에서 매우 중요한 대인관계 기술로 인식되어 왔다. 이 것을 '눈치'라고 부르기도 한다.

눈치에 관한 재미있는 이야기를 〈사례 5.3〉을 통해 살펴보자.

〈사례 5.3〉 유머로 보는 눈치 이야기

유머 1
한 사진작가가 옆집으로부터 저녁식사에 초대받았다. 마침 자신의 솜씨를 자랑하고 싶었던 작가는 직접 찍은 사진 몇 장을 가지고 옆집을 방문했다.
저녁식사가 끝난 후 거실에서 대화를 나누기 시작할 무렵 작가는 사람들에게 사진 을 보여주기 시작했다. 이때 옆집 부인이 눈치가 빠른 사람이라면 어떻게 말했을까? 아마도 다음과 같은 칭찬의 말을 사진작가에게 건넸을 것이다.
"어머, 정말 사진을 잘 찍으시네요. 사진이 마치 예술작품 같네요."
그런데 유감스럽게도 옆집의 부인은 눈치가 둔치요, 게다가 '4가지'까지 약간 없는

사람이었던 모양이다. 다음과 같은 말을 한 것으로 전해진다.

"어머, 사진기를 무척 비싼 걸 쓰시나 봐요. 사진이 정말 잘 나왔네요."

유머 2

술집에서 어떤 남자가 심각한 표정으로 혼자 술을 마시고 있었다. 오래된 단골손님이었기 때문에 걱정이 된 웨이터가 옆으로 다가가서 물었다.

"무슨 안 좋은 일이라도 있으십니까? 오늘따라 과음하시는 것 같네요."

남자는 긴 한숨을 몰아쉬더니 웨이터에게 하소연하기 시작했다. "사실은 얼마 전에 아내와 심하게 말다툼을 했다네. 그랬더니 한 달 동안 일체 말을 안 하겠다지 뭔가?"

웨이터가 들어보니 그리 대수롭지 않은 일이라 남자에게 위로의 말을 꺼내기 시작했다.

"살다 보면 부부싸움을 할 수도 있고, 그러다 보면 부부끼리 말 한마디 없이 지내는 일이 자주 생기죠. 흔한 일인데 뭘 그렇게 고민하십니까? 너무 걱정하지 마세요. 며칠 지나지 않아서 부인과 화해하고 예전처럼 다시 대화를 나누게 될 겁니다."

남자는 어처구니없다는 표정으로 웨이터를 바라보더니 다음과 같이 말했다.

"이 사람이 지금 무슨 엉뚱한 소리를 하는 거야? 내가 술을 먹는 이유는 오늘이 그 한 달째 되는 마지막 날이기 때문이야. 내일부터는 다시 아내와 대화를 해야 한다고!"

한국형 리더의 환경변화 적응의 상황판단 전략으로 '눈치'를 이야기한다는 것은 서양적 시각으로 보면 매우 탐탁지 않을 일이다. 하지만 한국조직의 현실에서는 눈치가 갖는 의미를 결코 축소 해석할 수 없다. 업무적 변화만이 변화가 아니다. 사람의 마음과 생각이 어떻게 변화하며 그에 어떻게 적절히 적응하는가도 중요한 변화에 해당된다.

사전에 의하면 눈치란, ① '남의 마음을 그때그때 상황을 미루어 알아내는 것', ② '속으로 생각하는 바가 겉으로 드러나는 어떤 태도'를 의미한다. 다시 말해서 눈치가 빠른 사람이라고 말할 때는 ①번의 의미가 되고, 눈치를 살핀다고 말할 때는 ②번의 의미가 되는 셈이다.

일반적으로 '상황판단'이란 문제의 시급성, 성격, 관련된 사람들과 그들의 입장, 파급효과, 그리고 가능한 대안 등에 대하여 종합적으로 판단할 줄 아는 능력이다. 위에서 말한 눈치란 이들 중에서 사람과 관련되어 나타난다. 즉, 특정문제가 감지되었을 때 그로 말미암아 손해를 보는 사람과 이득을 얻는 사람이 누군지, 그리고 윗사람들은 어떻게 생각할지 등을 판단하여 대응하는 것이다. 그러나 문제를 감지했을 때는 우선 그 문제의 속성과 가능한 해결책이 무엇인지를 찾아내는 데 집중하는 것이 중요하다. 그리고 난 다음 사람에 대해서 생각할 필요가 있다. 이득과 손실의 당사자들을 먼저 생각하면 문제인식이 왜곡되고 정치적 해결책을 추구하는 결과를 가져오게 되기 때문이다.

(3) 유연성

환경변화 적응의 유연성은 급변하는 환경변화에 맞춰 자유자재로 개인이나 조직을 변신시키는 카멜레온 같은 역량을 뜻한다. 즉, 대안의 스펙트럼의 크기를 뜻한다. 얼마나 많은 대안을 활용할 수 있는가의 의미이다.

대부분의 사람들은 사물을 볼 때 자신만의 틀(고정관념)을 갖고 본다. 하지만 자신만의 틀이 단단하면 결코 변화에 적응하기가 쉽지 않다. 어떠한 상황에 대한 자신의 시각이 반드시 올바른 것은 아니라는 유연성을 가질 수 있어야 한다. 유연성이 있는 사람과 없는 사람의 차이는 크다. 우리는 융통성이 없는 각주구검(刻舟求劍)의 자세를 버려야 한다.

다음의 〈사례 5.4〉를 통해 유연성의 적(敵)인 고정관념의 문제점을 살펴보자.

〈사례 5.4〉 벌과 파리

어떤 학자가 벌과 파리의 생태를 실험하고 있었다. 그는 같은 수의 벌과 파리를 마개가 없는 빈 병에 넣고는 그 병의 입구를 창가 반대쪽으로 향하게 한 채 눕혀 놓았다. 그러자 벌은 밝은 쪽으로만 모여 출구를 찾아 나가려고 애를 쓰다가 지쳐서 죽고 말았으나, 파리는 2분도 채 안 되어 반대쪽의 마개 없는 입구 쪽으로 모두 빠져나갔다. 이 실험은 벌의 높은 지능이 오히려 병에서 탈출하는 데 방해가 된다는 것을 증명했다.

벌은 반드시 밝은 곳에 출구가 있다고 생각한다. 따라서 빛을 찾아가는 논리적인 행동만 되풀이한다. 벌에게 유리병은 일찍이 보지 못한 초자연 현상이며, 어려운 응용문제이다. 그러나 벌보다는 지능이 낮은 파리는 빛의 방향과는 상관없이 제멋대로 날아다니다가 반대쪽의 출구를 어렵지 않게 찾아낸다.

벌과 파리를 실험한 학자는 다음과 같은 결론을 내렸다.

> "벌과 파리의 실험은, 변화에 대응하려면 시행착오, 임기응변, 우회 등의 요소를 모두 동원할 필요가 있다는 것을 말해준다. 가장 간단하게 말해서 경직성과 유연성의 대비라고 설명할 수 있다."

자료 : 조원기, 2006

다양한 상황과 조건에 맞는 적절한 리더십의 발휘가 필요하다는 것을 다시 한 번 생각하게 한다. 항상 개방된 마음으로 유연성을 유지하고 열린 마음으로 다양한 대안을 고려할 줄 아는 유연한 한국형 리더가 되어야 할 것이다.

특히 한국인들은 위의 파리의 사례에서와 같이 임기응변, 임시변통에 매우 능하다. 한 가지 방법만을 우직하게 고집할 줄 모른다. 하나의 방법이 안 통하면 곧바로 기발한 다른 방법을 찾아내어 성공시킨다. 다음은 어느 기업의 사례이다.

〈사례 5.5〉 잉어를 옮겨라!

1970년대 초반의 일이었다. 한국의 K기업이 울산에 큰 집을 지었다. 그리고 그 집 안에 잉어와 붕어들이 유유히 헤엄쳐 다니는 연못을 만들었다. 그 회사 회장이 물고기가 연못에서 헤엄쳐 다니는 것을 보는 것을 좋아하기 때문이었다.

작은 잉어들을 사다가 키워서 회장에게 보여주기에는 시간이 너무 없었다. 그래서 큰 잉어들을 사오기로 하였다. 울산을 다 뒤져봐도 쓸 만한 잉어를 구할 수 없었다. 여기저기 수소문 끝에 대구에 큰 잉어들을 파는 곳이 있다는 소식을 들었다. 담당 부장은 대구로 향했다. 거기에서 다행히도 원하는 크기의 잉어들을 구할 수 있었다. 30마리를 샀는데 문제가 발생했다. 그것들을 울산까지 옮겨갈 방법이 없는 것이다. 당시에는 오늘날과 같이 어류를 옮기는 수조차가 흔한 시대가 아니었다. 모두들 당황해 하고 있을 즈음, 담당부장이 어디론가 사라졌다가 1시간쯤 후에 안면에 미소를 지으며 나타났다. 그리고는 사과상자를 구해오라고 지시했다. 부하직원들은 영문도 모른 채 투덜거리면서 구멍가게를 온통 뒤져 사과상자 10개를 구해왔다. 그리고 자신은 신문지를 한 보따리 얻어왔다.

"자, 잉어를 물에서 꺼내서 신문지로 말아라!"

직원들은 도대체 무슨 소릴 하는 것인지 이해할 수가 없었다. 아무튼 펄떡이는 잉어를 한 마리씩 연못에서 꺼내어 신문지로 둘둘 말아 사과상자에 차곡차곡 넣었다. 잉어 30마리를 이런 식으로 다 포장한 뒤, 차의 트렁크에 옮겨 싣고 달리기 시작했다. 대구에서 울산까지는 짧은 거리가 아니다. 비상등까지 켜고 마구 달려 2시간 만에 울산의 새로 지은 집에 도착했다. 그리고는 신문에 쌌던 잉어들을 하나하나 연못에 풀어놨다. 그 순간 직원들은 모두 놀라지 않을 수 없었다.

"부장님! 잉어가 살았어요."

대구에서 울산까지 물 한 방울 없이 달려왔는데 잉어는 살아 있었다. 담당 부장과 직원들은 모두 환희의 만세를 불렀다. 사실 잉어는 물 밖에 나와도 3시간 동안은 생존한다고 한다. 담당부장이 그 사실을 어디선가 듣고 와서 조치를 취했던 것이다. 이처럼 한국인들의 임기응변은 기발하기 짝이 없다.

이처럼, 유연성이란 자신의 고정관념이나 과거의 방식에 얽매이지 않는 데서 생겨난다. 우리는 항상 "과거의 성공이 미래의 성공을 보장해주지 못한다"는 신념을 가질 필요가 있다. 해오던 방식, 정해진 규칙을 지나치게 중시하다 보면 유연성이 떨어져 대안들을 충분히 검색할 수 있는 기회를 놓치게 되며, 그만큼 창의적 대안이 선택될 가능성도 떨어진다.

(4) 자기성찰

환경변화 적응의 자기성찰은 사전적인 뜻으로는 '자기의 마음을 반성하여 살피다' 이다. 이런 자기성찰이 뛰어난 사람은 환경변화에 잘 적응하고 그 적응에 대하여 자기 자신에게 피드백을 잘한다. 그리고 그것에 맞춘 맞춤형 학습에 능하다. 자신을 잘 평가하며 미래에 비슷한 문제에 접하든가, 기회가 오면 학습에 근거하여 잘 적응하게 되는 것이다.

하지만 자기성찰을 하기란 쉽지 않다. 그보다는 자신이 했던 선택이나 일에 대해서 자기합리화를 하는 쪽으로 행동하기가 더 쉽다. 사람들은 근본적으로 자기방어 본능이 있기 때문에 자기합리화를 통해서 자기방어를 하려는 것이다. 진정한 자기성찰은 자기합리화를 뛰어넘을 줄 아는 데서 이뤄진다. 뒤를 돌아보고 일의 전후를 따지다 보면, 어느덧 자신의 잘못을 두둔하고 있는 자신을 발견하게 된다. 이것이 다름 아닌 자기합리화이다. 그러므로 잘, 잘못을 따지기보다는 바꿔야 할 점, 보완해야 할 부분, 버려야 할 것 등을 체계적으로 정리하는 노력이 필요하다. 이것이 자기성찰의 가장 중요한 내용이다.

다음의 〈사례 5.6〉을 통해 자기성찰에 대해 한 번 더 생각해 보자.

〈사례 5.6〉 고이 이야기

일본인들이 많이 기르는 관상어 중 '고이'라는 잉어가 있는데 그 잉어를 작은 어항에 두면 5~8cm밖에 자라지 못한다고 한다. 그런데 연못에 두면 12~25cm 정도 자라고, 강물에 방류하면 90~120cm까지 자란다고 한다.

사례에 나오는 어항, 연못, 또는 강물은 리더의 자기성찰의 크기에 비유될 수 있을 것이다. 자기성찰의 크기가 클수록 강물의 잉어와 같이 큰 리더가 탄생한다. 즉, 큰 성찰은 큰 생각과 큰 리더를 낳고 작은 성찰은 작은 생각과 작은 리더를 낳는다. 하지만 안타깝게도 대부분의 리더들은 직급이 올라가고 큰 자리를 차지할수록 자기성찰을 잘하지 않는다. 이미 큰 리더의 자질이 충분하기 때문에 높은 자리에 올라왔다고 생각하며, 자신의 생각과 스타일이 항상 옳다고 여긴다. 이것은 자기합리화의 전형적인 모습이다.

우리는 어떤 직위에 있든지 자기성찰의 크기가 곧 리더십의 크기라는 사실을 잊지 말아야 한다. 스스로에 대해서 수정하고 보완할 줄 모르는 리더, 자신의 리더십의 현주소에 대해서 진단받으려 하지 않는 리더는 리더로서의 자격이 없다. 높은 자리를 차지할수록 적극적으로 자신을 진단하고 다른 사람의 마음에 비춰보아 스스로를 바꿔나가려는 지난한 노력이 요구된다.

환경변화 적응의 이론적 배경

우리는 지금까지 환경변화 적응이 무엇인지 그리고 그것을 구성하는 요인들은 무엇인지 각각의 유형을 세분화하여 살펴보았다. 지금부터 환경변화 적응의 이론적 배경에 대해서 알아보자.

환경변화 적응이라는 개념은 새로운 명칭 때문에 생소하게 느껴질 수도 있겠으나 기존의 연구들을 기반으로 하여 만들어진 개념이다. 이러한 이론적 배경하에서 개념을 추출하고, 한국 문화에 맞게 조정한 것이 한국형 리더십의 8가지 요소 중 하나인 환경변화 적응의 개념이라고 할 수 있다.

환경변화의 적응에 관련된 조직이론들은 여러 가지가 있다. 효과적인 변화적응을 강조하는 비유도 많다. 아래에서 중요한 몇 가지를 알아보도록 한다.

⑴ 삶은 개구리 증후군

프랑스에는 유명한 삶은 개구리 요리가 있다. 이 요리는 손님이 앉아있는 식탁 위에서 손님들이 직접 보는 앞에서 개구리를 산 채로 냄비에 넣고 조리를 하는 것이다. 개구리는 수온이 15도일 때 가장 기분 좋은 상태로 지낼 수 있다. 이 요리를 응용하여 실험을 하였다. A와 B 두 개의 그릇에 15도의 물을 각각 부었다. A그릇에는 개구리를 넣은 채 알코올램프의 열을 서서히 가하고 B그릇에는 45도가 될 때까지 개구리를 넣지 않는다. 시간이 지날수록 A그릇의 개구리는 움직이지 않는다. 서서히 온도가 올라가 열을 감지하지 못하고 삶아져 죽은 개구리가 되고 만다. 반면 45도인 B그릇의 개구리는 물에 넣자마자 그릇 밖으로 뛰쳐나온다. A그릇의 개구리는 온도에 적응한답시고 여유롭게 유영하다가 냄비를 뛰쳐나와야 하는 시기를 놓치면서 결국 죽게 되었다. 이 실험은 변혁이 필요할 때 변화하지 못하면 살아남을 수 없음을 시사하는 실험이다. 바야흐로 기업 조직이나 구성원 개인도 비즈니스 환경의 온도에 관심을 갖지 않으면 '방심하여 삶아진 개구리 신세'가 되는 시대다.

이 실험이 의미하는 것은 무엇일까? 물의 온도가 서서히 올라가듯이 지금 당신의 문제점은 조금씩 커지고 있을 것이다. 오늘 할 일은 내일로 미루는 게으름, 책임을 전가하는 태도로 은근슬쩍 넘어간 후에 안도하곤 한다. 깨끗하게 대청소를 한 후에 집이 어질러지면, '이 정도는 괜찮아.' 하며 미루게 되고 그럼 다시 지저분해지기 마련이다. 운동을 거르며 '조금만 더', '이것만 먹고' 과식하게 되면 금방 살이 찌기 마련이다. 작은 변화를 눈치 채지 못하다 후에 나쁜 결과에 도달했을 때엔 이미 늦다. 45℃가 가까워지면서 나가려는 몸부림을 쳐보던 개구리는 번번이 실패한다. 비커를 뛰쳐나가기엔 이미

화상을 입은 피부와, 지처버린 체력 때문이다. 과연 우리는 처음부터 그것들을 해결할 수 없었던 것일까? 45℃ 물에 닿은 개구리는 바로 뛰쳐나간다. 우리도 어떤 큰 위기에 부딪히거나 문제점을 바로 깨달았을 때는 얼른 처리하려고 노력을 한다. 조금씩 변해 가는 주변 환경이나 나 자신을 초반에 알아차리고 대처한다면 빠르고 손쉽게 해결할 수 있을 것이다.

다음은 '삶은 개구리 증후군'(Boiled frog syndrome)과 관련된 실제 사례이다.

〈사례 5.7〉 방심한 K 양

대한민국 여성이라면 누구나 다이어트를 해본 경험이 있을 것이다. 그중 K 양의 사례를 소개하려 한다. K 양은 현재 미국에서 유학중이며 졸업을 앞두고 있다. K 양이 미국에 유학가기 전, 그러니까 지금으로부터 4년 전의 신체사이즈는 43kg/160cm였다. 미국에 도착한 그녀는 미국인들의 거구 체형에 놀라며 '내가 여기서 제일 날씬하네'라고 생각하며 하루하루를 보냈다. 미국에서 공부한 지 6개월째, 미국에서 제일 날씬하다고 생각했던 그녀는 방심했던 것인지 살이 10kg이나 쪘다. 하지만 그때도 '아냐 그래도 내가 제일 날씬해'라고 생각했고 다시 6개월이 지난 후 살이 12kg이나 더 쪘다. 그리고 다시 6개월 후 늘어난 몸무게만큼 그녀의 식탐과 식사량은 증가하였고 미국에서 공부한 지 1년 6개월 만에 처음보다 30kg이나 쪘다. 현재 73kg을 유지하고 있는 그녀는 살이 확 찐 것이 아니라 서서히 천천히 쪘기 때문에 방심했다고 한다. 그러면서 이렇게 살찔 줄 몰랐다며 다시 처음으로 돌아가고 싶다고 얘기한다.

'삶은 개구리 증후군'은 이미 우리에게 잘 알려진 사례이다. 알고는 있지만 우리에게 시사하는 바는 여전히 많다. 이상적인 한국형 리더는 이러한 안일함을 깨고 나올 줄 아는 사람이다. 뜨거운 물에 빠져야 반응을 보이는 것이 인간이다. 하지만 서서히 다가오는 변화의 증후를 민감한 촉수로 알아차리고 그 위험성을 경고할 줄 아는 것이 한국형 리더이다. 우리는 과거에 이처럼 '서서히 다가오는 위험' 때문에 크게 당했던 많은 역사적 경험을 가지고 있다. 그러므로 한국형 리더는 '민감하게 변화를 포착하고 유연하게 대처하는' 역량을 가진 사람들이다.

한국형 리더십의 환경변화 적응의 요소는 삶은 개구리 증후군의 '변화를 감지하지 못하고 현실에 안주하거나 변혁이 필요할 때 변화하지 못하면 살아남을 수 없다'는 내용과 유사하다. 하지만 한국형 리더십의 환경변화 적응 요소는 여기에서 더 나아가 주변의 환경도 중요하지만 나 자신부터 반성하고 바꾸려는 의지와 노력이 필요하다는 요소도 포함시켰다.

(2) 복잡계 이론

겉으로 보기에는 불안정하고 불규칙적으로 보이면서도 나름대로 질서와 규칙성을 지니고 있는 현상들을 설명하려는 이론이다. 이것은 작은 변화가 예측할 수 없는 엄청난 결과를 낳는 것처럼 안정적으로 보이면서도 안정적이지 않고, 안정적이지 않은 것처럼 보이면서도 안정적인 여러 현상을 설명한다.

우리가 살아가는 동안 매우 사소한 사건 또는 우연한 만남 하나가 그 당시에는 잘 몰랐으나 지나고 보면 인생을 완전히 변화시킨 계기가 되었음을 깨닫고 놀란 적은 없었는가? 우리가 경험하는 이러한 수많은 변화 때문에 아무리 용한 점쟁이라도 한 사람의 인생을 예언하기란 쉽지 않고 또 같은 이유로 세상살이가 재미있어진다. 새옹지마, 전화위복, '쥐구멍에도 볕들 날 있다' 등은 모두 이런 일을 말해준다고 볼 수 있다.

아무리 훌륭한 리더라고 하더라도 일을 추진하는 데 영향을 미치는 모든 요소들을 다 통제할 수는 없다. 전지전능하지 않기 때문이다. 카오스 이론은 이처럼 다양한 요인들이 서로 상호작용하여 어떤 결과를 산출하는 과정을 현실감 있게 설명하는 이론이다. 한국형 리더의 경우에도 그대로 적용될 수 있다. 한국형 리더가 오늘 쌓고 있는 다양한 리더십 역량이 언제, 어디에선가는 유용한 효과를 산출하게 될 것이다. 그러므로 한국형 리더는 오늘, 필요한 경험, 좋은 인간관계, 시대를 통달하는 안목을 계발해 둬야 내일의 언젠가에 큰 성과로 연결될 수 있다.

리더가 다져놓은 오늘의 변화가 내일의 좋은 결과를 만들어 낼 수 있다. 한국형 리더는 이처럼 선제적으로 변화를 앞서 가기 위해서 노력하는 사람이다. 즉, 한국형 리더십의 환경변화 적응의 요소는 작은 변화가 예측할 수 없는 큰 결과를 가져오며 하나를 바꾸면 모든 것이 바뀐다는 복잡계 이론의 개념과 유사하다.

(3) 이용과 탐색

상황이나 문제에 대해서 어떻게 접근하는가를 연구하는 학문 주제가 있는데 이것을 '이용'(exploitation)이냐 '탐색'(exploration)이냐의 문제라고 한다. 이용전략을 활용하는 것은 현재 알고 있는 방식대로 적응하는 것을 말한다. 기존의 조직원들이나 의사결정의 책임자가 갖고 있는 스키마 속의 해법을 그대로 적용하는 것을 의미한다. 하지만 탐색의 전략은 새로운 방법을 시도해 봄으로써 새로운 길을 열어가려고 노력하는 것이다. 기존의 방법을 극복할 수 있는 새로운 방법을 채택하는 것이다.

이용은 당장은 안전하지만, 시간이 지나면서 변화에 뒤처지는 결과를 가져올 수 있다. 탐색은 잘되면 신기원을 이룩할 수 있지만, 실패하고 위험에 빠질 가능성이 너무 크다. 리더십의 입장에서 볼 때 탐색 전략을 선택하는 것이 더 힘들고, 더 큰 용기와 결단을 필요로 한다. 한국인들의 강점은 바로 여기에 있다. 과감한 결정, 발 빠른 변신에 한국형 리더는 다른 어느 나라의 리더들보다 능하다.

예를 들어, POSCO는 기존의 용광로를 활용하여 철을 만드는 과정에서 비롯되는 공해문제와 고비용 문제를 해결하기 위해서 지금까지 세계적으로 한 번도 시도해 보지 않은 새로운 방식인 파이넥스(Finex) 방법을 2조 원 이상의 연구개발 자금을 투입하여 세계최초로 기술개발에 성공하였다. 또한 철 생산 공정의 중요한 부분을 과감히 생략하여 비용을 획기적으로 줄일 수 있는 첨단 기술인 스트립 캐스팅(strip casting) 제조법의 개발에도 10년 이상 지속적인 투자를 하고 있다. 이러한 투자들은 일본이나 미국 또는 유럽의 철강사들은 감히 생각도 못하는 투자이다. 우선 어마어마한 자금이 소요될 뿐 아니라, 기술개발에 성공하리라는 보장도 없기 때문이다. 하지만 한국의 리더들은 이러한 통 큰 투자를 과감히 해낸다. 그만큼, 환경변화를 앞서 가지 않고서는 세계적 경쟁에서 살아남을 수 없다는 신념을 가지고 있기 때문일 것이다. 한국형 리더는 이용에 머무르지 않고 끊임없이 탐색하는 사람이다. 과거 40여 년의 성장신화가 이를 입증해주고 있다.

(4) 적응적 리더십

적응적 리더십(adaptive leadership)은 소위 '복잡계 이론'에서 주장하는 바람직한 리더십의 형태이다. 즉, 리더십이란 일방적인 것이 아니라 다양한 요소들이 상호작용하면서 결과

를 창출하는 과정이라고 해석한다. 환경변화에 자신
을 변화시켜 맞추려 할 뿐 아니라, 리더 자신도 환경
에 영향을 미치면서 환경의 조건들을 바꿔나갈 수
있다는 관점이다. 즉, 리더와 환경 요인이 서로 영향
을 주고받으면서 결과를 만들어 간다는 것이다. 그
러므로 적응적 리더십은 매우 유연하고 유기적 특성
을 갖는다. 기계적(mechanical) 대응과 유기적 적응의
차이를 정리해 보았다.

　　이상적인 한국형 리더들은 기계적 대응보다는
유기적 적응의 자세를 갖는다. 한국에서만큼 '관료적'이라는 표현이 부정적으로 쓰이는
나라도 드물다. 가만히 앉아서 시키는 것만 하는 사람들을 용납하지 않는 것이 한국인
들이다. 한국형 리더는 관리나 통제 중심의 행동보다는 유기적이고 결과성취 중심의
행동을 선호한다. 정해진 길, 선진국이 안내해주는 길만을 따라왔다면, 대한민국의 오
늘은 없었을 것이다.

　　이상에서 살펴본 바와 같이 한국형 리더십의 환경변화 적응에 관련된 기존의 이론
들은 대단히 많다. 이론들이 제시하는 다양한 적응유형들 중에서 한국형 리더들은 어
떤 특징을 갖는지를 알아보았다. 요컨대, 한국형 리더들은 환경변화에 적극적으로 대응
하며, 끊임없이 새로운 방식을 탐색하고, 기계적이기보다는 유기적으로 적응하는 유형
인 것으로 정리되었다.

〈표 5.2〉 기계적 대응과 유기적 대응의 차이

기계적 대응	유기적 적응
● 과정의 준수에 초점 ● 엄격한 역할 규정 ● 소통경로 일방적·폐쇄적 ● 통제중심의 정책 실시 ● 효율성과 예측가능성에 치중 ● 전통적 가치에의 복종 강조	● 결과의 부가가치에 초점 ● 유연한 역할 수행 가능, 일정한 범위 내에서 서로 보완해 가면서 역할 수행 ● 소통에 제한이 없음, 소통네트워크의 형성 ● '하면 된다'는 정신고양에 치중 ● 성취, 혁신, 변화에 치중함 ● 새로운 가치의 창조를 강조

환경변화 적응의 여러 수준

리더가 개인 차원에서 얼마나 민감하며 상황판단을 잘하고 유연한가를 분석하는 것도 중요하지만 조직전체 차원에서 한 조직에 어떤 유형의 리더들이 어떤 형태로 분포하고 있는가를 알아보는 것도 매우 중요하다. 혁신과 변화를 주도하는 리더들이 한 조직에 20%가 넘어야 한다는 주장이 있는가 하면, 최고경영자의 강력한 리더십만 있으면 된다고 주장하는 사람들도 있다. 하지만 아무리 최고경영자가 변화의 의지를 가지고 조직을 변화에 앞서 나가도록 만들려고 해도, 조직의 실무를 맡는 중간리더들이 변화와 혁신에 적절히 적응하고 변화를 앞서 가지 못한다면 조직의 성공적 혁신은 불가능할 것이다. 이런 차원에서 볼 때, 한 조직에 어떤 리더들이 어떻게 분포하고 있는지를 알아보는 것은 매우 중요하다. 아울러, 조직이 변화에 적응할 수 있는 여건을 얼마나 지원해주고 있는지를 알아보는 것도 매우 의미 있는 일이다. 어떤 조직은 변화에 적응하기 쉬운 시스템을 갖추고 있지만, 어떤 경우에는 여러 가지 장애물이 많아 하나하나를 극복하기가 너무 힘든 경우가 있다. 그러므로 조직 차원의 변화적응이란, 조직에 변화적응형 리더들이 어떻게 분포하며, 조직은 그들을 어떻게 돕고 있는가를 알아보는 것이다.

〈표 5.3〉 개인 및 조직 차원의 환경변화 적응

개인 차원의 환경변화	조직 차원의 환경변화
• 리더가 민감성, 상황판단력, 유연성 등을 바탕으로 환경과 교류하며 변화에 적극적으로 적응하는 것	• 조직의 다양한 리더들이 환경변화에 적절히 적응할 수 있는 여건을 마련하고 후원하는가? • 변화에 빠르게 적응하는 리더들이 얼마나 되는가? 어디에 분포되어 있으며, 어떤 역할을 하는가?

(1) 개인 차원의 환경변화

리더 개인의 환경변화 적응에 관련되는 것은 앞서 설명한 내용들을 실천함으로써 성취될 수 있다. 스스로 자신의 변화적응 스타일을 진단하고 깨달아 구체적인 변화를 계획하여 추진할 수 있는 것이다. 여기에는 외적 자극이 도화선이 될 수도 있고 리더 자신의 내적 충동에 의해서 변화적응을 잘 해보려는 마음이 생길 수도 있을 것이다. 개인 차원에서는 결국, 내적 불만족 → 동기 → 의지 → 행동 → 결과의 단계를 밟아 적응행동 으로 나타나게 된다.

〈사례 5.8〉을 보며 이해해 보자.

〈사례 5.8〉 시대의 흐름 따라가기

L양과 L양 친구들은 같은 목표와 꿈을 안고 S대 공대에 입학했다. 자신들이 원하는 것을 이루었으나 현실은 너무나 비참했다. 이·공대 기피현상과 이·공대 장학지원금 축소, 비인기과목에는 무투자 때문에 사회에서 여러 가지로 차별당하고 공부도 제대 로 할 수 없었다. L양은 이런 현실에 안주해선 안 된다는 생각에 반수를 하여 K대 한의학과에 입학하였고 생각지도 않았던 한의사의 길을 걷게 되었다. 물론 처음에는 적응하고 공부하느라 조금 힘들었지만, 지금은 촉망 받는 유명한 한의사가 되었고 자 신도 점점 한의사라는 직업에 매료되기 시작했다. 그러나 L양의 친구들은 L양처럼 변 화에 적극적이지 못했다. 학교에 남아 계속 공부하고 졸업하였으나 마땅히 원하는 기 업이 없어 현재 취업도 보류하고 유학길에 오르기 위해 준비하고 있다.

이 사례는 참으로 안타까운 한국의 현실을 그대로 보여준다. 자신의 적성이나 해 보고 싶은 것, 미래의 꿈 등이 현실 앞에서 좌절될 수밖에 없는 한국적 현실이 반영된 사례이다. L양은 자신의 꿈을 버리고 환경에 발맞추어 빠른 선택을 하였다. 물론 자신 의 꿈을 버리고 선택한 것은 조금 안타깝지만 현재 자신도 행복하며 주변 모두에게 축 복 받는 직업으로 성공하고 있으니 환경변화에 잘 적응한 예로 볼 수 있다. 적응은 잘 했지만, 사회적으로는 씁쓸한 뒷맛을 남기는 사례이다.

다음 사례를 살펴보자.

〈사례 5.9〉 '이참에 제2의 인생을' …… 이민파·투잡족

대형 건설사 차장인 김준비 씨(41). 그는 3년 전부터 회사가 끝난 뒤 시간 날 때마다 서울 영등포에 있는 용접학원에 다니고 있다. 여차하면 호주로 이민을 가기 위해서이다. 이민을 위해 절대 필요한 것이 기술. 김준비 씨는 용접을 선택했다. 호주에서는 한국의 용접 기술을 인정하고 있어 한국 학원에서 발급한 수료증만 있어도 취직이 가능하기 때문이다.

　김준비 씨는 조만간 용접학원을 주말 집중반으로 옮길 예정이다. 때가 왔다는 판단에서다. 그는 얼마 전 회사로부터 "3년 치 임금을 미리 받고 나가든지. 아니면 강제 구조조정 후보에 오를 것인지 선택하라"라는 통보를 비밀리에 받았다. 모든 차장급 이상 직원을 대상으로 한 통보였다. 이 통보를 받고 김 씨는 호주로 이민을 가기로 마음을 굳혔다. 그는 "학원에 나가 보면 10명 중 2~3명이 화이트칼라들"이라며 "절대적으로 안정적인 직업은 없겠지만 마음고생을 하니 몸으로 때우며 높은 임금을 받는 게 낫겠다는 사람들"이라고 말했다.

　국내 굴지의 이동통신사에 다니는 박모 씨(37)는 올해 초 투잡족이 됐다. 주위에선 "번듯한 직장이 있는데 왜 무리하느냐"라고 말렸지만 40대에 직장 문을 나서는 선배들을 보고 미리 준비하는 게 상책이라 결론지었다. 업종은 호프집. 직장 근처인 서울 명동에 무리를 해서 가게를 열었다. 직장을 마치고 오후 8시에 가게로 가 새벽 1시까지 일한다. 박씨는 "주위를 둘러보면 인터넷 쇼핑몰을 하든, 부동산 투자를 하든 딴 주머니를 차고 있는 사람이 대부분"이라고 전했다.

　지금 우리 시대는 출세가 최고가 아닌 몸값이 최고인 시대로 변화하고 있다. 번듯한 직장이 있어도 미래를 위해 준비하고 발전해야 살아남을 수 있는 경쟁사회라는 말이다. 너무나 많은 사람들이 자신의 미래를 위해 투자하고 노력하는데 당신은 지금 뭐 하는 것인가? 뚜렷한 목표나 미래 계획 없이 이 강의를 듣고 있지 않은가?

　한국 사람들은 이처럼 자신의 미래에 대해서 항상 불안감을 갖고 산다. 그러다 보니 리더들도 미래의 불확실성에 대해서 어떤 형태로든지 대비하려는 기본적인 자세를 갖고 있다. 위의 사례들이 한국인 일반에 내재하고 있는 근본적인 변화지향적 성격을 설명해주고 있다. 물론 리더들은 더 민감하게 행동할 것이다.

　〈사례 5.10〉은 창의적 인간과 잉여인간의 차이점과 변화를 수용하는 사람의 이야기이다. 이 사례를 보고 미래를 보는 안목을 길러보도록 하자.

〈사례 5.10〉 0.1%의 창의적 인간

레지던트를 마치고 전문의 자격증을 딴 후 스카우트 제의를 받고 어디를 갈지 행복한 고민을 하고 있는 의사 C씨가 있다. 어느 날 C씨의 친구가 자신의 연구소에서 굉장히 좋은 강의를 한다고 들으러 오라고 하였다. 그래서 C씨는 C씨의 백수 친구 B씨와 함께 강연장을 찾았다. 강연장에는 국내 최고의 경제연구소에서 근무를 하고 있는 사실만으로 프라이드가 하늘을 찌르는 많은 연구원들이 있었고 강연자가 들어오고 있었다. 그런데 강연이 시작되면서 문제가 생겼다. 강연자가 들어오는데 그것을 보는 순간 모든 연구원들은 불편한 기침소리, 그 다음에 웅성웅성하면서 아주 불쾌한 기색을 역력히 드러내어 소란스러워졌다. 이유인즉슨 강연자의 외모였다. 키는 조금 크고 통통한 몸에 찢어진 청바지를 입고 UCLA라고 쓰인 흰색 라운드티를 입고 그 위에 뉴욕 양키스 모자도 쓰고 온 것이다. 지금부터 20년 전 특별 초청강연회에 그런 복장으로 나타났다는 것은 상상할 수 없는 일이고 상대방 입장에서는 모욕당했다고 생각할 수 있는 상황이었다. 강연이 30분 정도 지나니까 전원이 퇴장해 버리고 임원진 몇 분과 C씨 일행들만 남았다. C씨의 일행은 꿋꿋이 강의를 경청했다. 강연자는 칠판에 'WWW'라고 적으며 그리 머지않은 미래에 조만간 바로 코앞에 W의 세상이 온다는 것이었다. 1993년, 인터넷이라는 개념 자체가 성숙해 있지 않던 때로 소위 말하는 '알파넷을 통해서 존재할 수 있다' 이런 얘기가 오고가던 시절이다. 이런 시대에 웹의 세상이 온다고 얘기하니 C뿐만 아니라 그 자리에 있던 모든 사람들이 황당한 얘기라고, 저 강연자 망상장애가 있다고 생각했다. 강연이 끝나고 C씨는 강연에 초대한 친구에게 바쁜 사람 불러다가 이게 뭐냐고 타박을 했지만 백수 친구는 갑자기 나는 저 강연자하고 얘기를 따로 하고 가겠다고 하더니 혼자 막 뛰어나갔다.

백수는 주차장까지 뛰어가 강연자에게 "나는 W를 믿습니다, 저도 W의 세상에 뛰어들 수 있게 인도를 좀 해주십시오"라고 했고 강연자는 처음에는 그냥 대꾸하지 않다가 백수가 끈질기게 물고 늘어지자 "내 생각에는 ○○하는 게 좋겠다"라고 조언을 해줬다고 한다.

그로부터 2년 후 백수는 700만 원을 들여 시작한 W사업이 자산가치가 2조 6,000억 원까지 올라갔다. C가 굉장히 이해가 안 됐던 점은 백수가 그 정도의 부자가 되었다는 것이 아니라 그 강연을 들은 날 똑같은 자리에서 똑같은 사람으로부터 똑같은 말을 들었는데 C에게는 망상장애를 가진 사람, 정신병자가 하는 소리로 들렸고 백수에게는 일생을 걸고 뛰어들어야 할 복음으로 들렸다는 것이다. 그러면서 C는 예전에 읽은 책의 구절이 생각났다.

"0.1% 사람들의 창의적인 생각이 "새로운 세상이 이런 것"이라고 말을 하면 그것을 알아본 0.9%의 안목 있는 인간이 손을 잡고 함께 한 배를 타고 함께 건설해 온 문명의 역사이다. 그것에 속하지 않는 99%는 1%가 이루어 놓은 세상 위에 '세상이 많이 달라졌어! 참 놀라워 신기하지' 하며 따라오는 잉여인간이다." 여기서 강연자는 창의적인 인간이었고 백수는 그것을 알아보는 안목을 가진 인간이었지만, C는 잉여인간이었다.

이 사례에서 백수친구는 변화하는 시대를 미리 예측한 것이다. 그게 맞다는 자신의 생각을 믿었고, 변화를 원했던 그는 시대의 흐름을 잘 탔다고 볼 수 있다. 그 결과 자신이 원하는 일을 하면서 크게 성공했다. 결국 똑같은 사실을 접하고서도 누구는 행동을 취하고 누구는 흘러버렸다. 이것은 개인차의 문제이다.

한국형 리더들도 개인차가 있다. 그중에는 변화에 앞서 가려는 전향적 태도를 가진 사람이 있는가 하면, 중요한 정보를 접하고서도 무덤덤하게 지나치는 사람도 있다. 이상적인 한국형 리더라면, 위의 사례에서 말하는 0.1%에 속한 리더여야 할 것이다.

(2) 조직 차원의 환경변화

한국 기업들에 있어서는 변화에 적응하는 것이 상시화되어 있다. 한국 기업에서는 변화의 흐름에 적응하지 못하는 리더들을 과감하게 잘라낸다. 미국의 GE가 웰치 회장이 재임하고 있을 때 일 못하는 사람들 중에서 10%를 잘라냈다고 자랑했지만, 한국 기업들에서는 이미 변화에 적응 못하는 사람들을 수시로 내보내는 것이 하나의 관행으로 되어 있었다. 뿐만 아니라, 일본의 기업들이 종신고용을 자랑하며 이것이야말로 일본식 경영의 핵심이라고 할 때에도 한국 기업들은 인력에 있어 수시로 정리하는 관행을 일반화시켜 놓고 있었다.

연말이 가면 인사이동을 한다. 누가 나가야 하는지를 대부분의 조직원들은 다 안다. 그리고 그 예측은 대략 들어맞는다. 임원들이 잘리는 것은 다반사이고 팀장이나 그 이하의 직급자들도 변화에 적응하지 못하면 소위 '사표를 받는 형식'을 통해서 인력을 정리하곤 한다.

가진 것이라고는 사람밖에 없었던 한국은 변화에 적응하지 못하는 것을 부도덕한 것으로 여겼다. 자기 밥벌이를 할 줄 알아야 하고, 부모의 속을 썩이지 않도록 스스로 적절히 환경변화에 대처할 줄 아는 것이 효도였다. 기업에서도 마찬가지였다. 대기업 조직원들은 언제, 어디로 발령이 날지 모른다. 기업들은 고도성장을 하면서 끊임없이 새로운 일자리가 생겼다. 때로는 사우디아라비아로 가야 했고, 유럽으로, 인도로, 미국으로, 칠레로, 태국으로 내일 아침 출국하라면 가야 했던 것이 한국 기업 조직원들이었다. 그러므로 여권과 비자는 항상 받아둬야 한다. 안 가본 나라, 어디 붙었는지도 모르는 나라, 무슨 언어를 쓰는지도 모르는 나라에 파견되어서도 한국 기업의 조직원들은 기가 막히게 적응할 줄 안다. 그러지 못한 사람들은 이미 도태되었다.

최근 들어서 한국 기업들은 좀 더 과학적으로 변화에 적응할 수 있도록 조직원들을 돕고 있다. 그래서 교육과정도 많이 개발하고 연수제도도 운영하고 있다. 변화적응, 변화주도야 말로 한국 기업이 가장 앞서 가는 장점 중 하나이다. 별로 하는 일 없이 급여만 많이 받아가는 기업들은 그래서 사회적으로 뭇매를 맞는다. 변화가 별로 없는 기업이나 조직은 그만큼 편안한 직장이다. 그래서 그런 직장을 '신이 내린 직장'이라는 별명을 붙여주기까지 하였다. 하지만 그러한 별명의 이면에는 '부도덕하다'는 인식이 깔려 있다. 아무리 정상적으로 책정된 급여라 하더라도 변화를 앞서 가고 성과를 창출한 흔적이 있어야 한다. 이처럼, 한국 사회는 변화적응을 리더의 가장 중요한 덕목으로 생각하는 것이 어느덧 체질화되어 있다. 기업에서는 물론 말할 것도 없다.

〈사례 5.11〉 SK그룹의 임원 리더십 개발

한국 기업들 중에서 변화와 혁신을 위한 리더십 개발에 가장 투자를 많이 하는 기업은 아마도 SK그룹일 것이다.

SK에서는 모든 임원들이 2년에 한 번씩 리더십 진단을 받도록 되어 있다. 진단이라는 것이 그냥 진단이 아니다. 360도 진단은 물론, 시뮬레이션에 임원 한 명을 두고 두 명의 전문가가 질문하는 집중 인터뷰까지 다양한 방법을 통해서 임원의 리더십을 11개 요인으로 입체적으로 진단하여 일일이 개인별로 피드백 해준다. 그 다음에는 임원 개인을 위한 코칭에 들어간다.

그런데 임원리더십 진단의 가장 중요한 요인이 변화와 혁신이다. 산업, 경쟁, 글로벌 차원에서 변화의 추세를 읽고 이에 적절히 적용할 수 있는 능력과 노하우를 갖고 있는가를 보는 것이다. 진단 결과 부족한 부분에 대해서 스스로 보완할 수 있도록 임원 1인당 1,000만 원씩 'learning account'를 주어 마음대로 책도 사보고, 학원도 다니고, 개인 강습도 필요하면 받을 수 있게 하고 있다.

SK와 같은 투자는 세계적으로도 드문 경우이다. 그만큼 큰 각오와 믿음이 있기 때문에 가능한 일이다. 과거에는 투지와 희생으로 변화에 적응해 왔다면, 앞으로는 보다 과학적이고 체계적으로 변화와 혁신을 이끌어 가겠다는 전략이라고 해석할 수도 있다.

3 | 환경변화 적응의 특징

형성배경

한국형 리더의 환경변화 적응의 형성 배경에는 역사적인 사건들, 한국인만의 DNA특성 등이 반영된다고 볼 수 있다. 아래의 내용을 통해 구체적으로 살펴보자.

(1) 압제에 대한 저항정신

일제에 대해서 항거한 것은 물론이거니와, 한국인들은 역사적으로 억압과 압력에 저항하는 속성을 가지고 있다. 그래서 불공정한 관료들에게 저항했던 사례들도 많았고, 외세의 침입에 군, 민이 목숨 걸고 싸워 물리쳤던 사례들이 우리나라 역사에는 유독 많이 존재한다. 일제 강점기 백범 김구 선생의 목숨을 아끼지 않은 저항정신은 그의 '백범일지'에 잘 나타나 있다.

이러한 저항정신은 곧 환경에 영향을 가하여 우리에게 우호적으로 바꾸려는 적응적 시도라고 볼 수 있다. 변화에 적응한다는 것이 곧 변화에 순응한다는 것을 의미하지 않는다. 서로 영향을 주고받는다는 의미에서도 알 수 있듯이, 변화적응이란 때로는 환경을 바꾸기 위해서 매진하고 때로는 변화의 흐름을 거스르지 않으려는 노력을 포함한다.

⑵ 1950년 6·25전쟁

가난하고 헐벗은 나라에 몰아닥친 전쟁은 국민들의 삶을 더욱 힘들게 하였다. 생존을 위해서는 피폐해진 상황에 독창적으로 적응할 수밖에 없었으며, 전사들은 시시각각 바뀌는 전투 상황에 적응해야 했다. 어디론가 길을 떠날 준비를 항상 하고 있어야 했었고, 가족끼리도 언제든 헤어질 수 있다는 가정 하에 서로를 확인할 수 있는 징표를 지니고 다녀야만 했다. 하루의 끼니를 해결하기 위해서는 무슨 짓이든 해야만 했고, 언제 떨어질지 모르는 폭탄의 위험 속에서 선잠을 자야만 했던 시대였다.

전쟁은 압제에 대한 저항과는 또 다른 적응을 필요로 한다. 환경을 변화시키기 위한 몸부림이 아니라, 죽지 않고 살아남기 위한 적응이 필요했던 시기였다. 빨리 달아나야 했고, 민첩하게 식량을 구해 와야 했으며, 죽은 시체의 옷과 신발을 벗겨 내가 착용해야만 했다. 적응하여 살아남기 위해서는 머리를 써야 했고, 열심히 움직여야 했으며, 운이 따라야 했다. 이러한 생존공식은 전쟁이 끝난 후에도 한국인들의 머릿속에 하나의 DNA로 기록되어 남아 있는 것이다.

⑶ 압축 성장

한국은 경제·정치적으로 짧은 기간 동안에 놀라운 성장을 기록한 세계 유일의 국가이다. 우리가 줄곧 들어온 몇 가지 단어들을 회고해 볼 필요가 있을 것이다. 기간산업, 중화학 공업 집중육성, 정부주도형, 성장우선, 수출주도, 경제발달, 남북 유엔가입, 금융위기, 신자유주의, 기업의 구조조정 등. 이들이 가져온 지난 50여 년간의 변화는 실로 놀라운 것이었다.

역사적 사실을 근거해 보면 식민지 시대부터 오늘날에 이르기까지 남북한 분단 상황, 자유민주주의로의 변화, 고도성장기의 습관까지 우리는 쉴 새 없이 환경의 변화에 적응해왔다는 것을 알 수 있다. 일제 식민지 시대를 끝내고 맞이한 신생 한국을 망 가뜨린 전쟁과 전쟁의 결과로 인한 '폐허'에서 불과 한 세대를 조금 넘긴 40년 만에 이룬 '개발'과 '민주화' 과정의 험난한 여정. 이러한 변화에 익숙한 것일까? 한국인은 정부 의 정책변화나 새로운 규제내용에 재빨리 대응하는 능력과 최신유행, 새로운 인물, 튀 는 정보에 굉장히 민감하며 변화에 빨리 대처하는 능력이 뛰어나다. 또한 새로운 것이 라면 누구보다 먼저 받아들이고 실험하기 좋아하는 한국인 고유의 특성이 여기에서부 터 생겨났다고 볼 수 있다.

이러한 억압과 전쟁과 고도성장의 과정에서 변화에 적응하면서 한국인들은 한두 가지 특징적 행동습관을 갖게 되었다. 하나는 '얼리어답터'(Early adopter)라고 불리는 행 동습관이고 다른 하나는 눈치 보기 습관이다.

① 얼리어답터로 본 한국인의 행동습관

원래는 남들보다 빨리 신제품을 사서 써 보아야만 직성이 풀리는 소비자군을 일컫는 말이었다. 그러다 이러한 소비자들이 늘어나면서 의미가 확대되어 제품이 출시될 때 남들보다 먼저 제품에 관한 정보를 접하고, 제품을 먼저 구입해 제품에 관한 평가를 내린 뒤 주변 사람들에게 제품의 특성을 알려주는 성향을 가진 일련의 소비자군을 일 컫는 말로 쓰이게 되었다. 인터넷 사용이 일반화되면서 나타난 현상 가운데 하나로, 인터넷을 통해 미리 신제품의 출시 날짜를 확인하고, 출시와 동시에 제품을 구입해 꼼 꼼히 성능을 확인한다. 이어 확인 결과를 게시판에 올리면, 네티즌 사이에 빠르게 전파 되기 때문에 제조 회사들도 관심을 가지지 않을 수 없게 된다.

다음은 얼리어답터의 실 사례이다.

〈사례 5.12〉 얼리어답터를 수용하는 친구들

사례 1

김빠른 양은 카메라를 무한 사랑하는 직장인이다. 처음에는 카메라와 렌즈에 대한 관 심으로 시작했지만 지금은 새로 나온 신제품이나 한정판 등은 무슨 수를 써서라도 꼭 사고야 만다. 그리고 사용 후기를 지인에게 소개해 주거나 자신의 개인 블로그에

올려 관리하고 있다. 그녀의 블로그가 인기가 많아지기 시작하니 그녀는 더욱 열심히 신제품의 후기를 올렸고 우연찮게 그녀의 블로그를 본 해당업체 관계자는 그녀를 파격적인 대우조건으로 자기회사 홍보팀으로 스카우트 해갔다.

사례 2

유행에 민감해서 옷과 화장품 분야에 살짝 광적인 얼리어답터 친구가 일찍 결혼을 해서 아기 엄마가 되었다. 우리는 결혼했으니 그녀의 행동이 사라질 것이라 생각했다. 하지만 육아에만 신경쓰겠다던 친구가 아기옷, 분유, 아기용품에도 얼리어답터가 되어 버렸다. 아이 때문에 밖에 마음대로 다니지 못하는 친구는 인터넷으로 물건을 주문한 뒤 몇 번 써보고 장·단점에 대해 잘 파악해 자신의 블로그나 해당 사이트에 글을 게재하곤 한다.

그러다 한 분유업체에서 친구에게 주부 얼리어답터와 주부 모니터링을 할 생각이 있냐고 제안을 했고 내 친구는 흔쾌히 허락했다. 자신이 좋아하는 일도 하고 돈도 벌고 하니 '꿩 먹고 알 먹고'라며 자랑하던 친구는 "다른 사람이 써보지 않은 제품을 제일 먼저 써본다는 점이 너무 매력적이고 가끔 짜릿하기도 하다"라고 말했다.

② 한국인 고유의 특성 '눈치 보기' 습관

눈치는 환경 변화 적응의 나쁜 측면 중의 한 가지이지만 빠른 눈치는 우리나라 문화에서 빼놓을 수 없는 특성이다. 눈치기제가 유발되는 이유들은, 상대방과 부드럽고 원만한 대인관계를 유지하고자 할 때, 상호 작용자가 서로의 감정이나 기분, 입장 등을 고려해야 할 때, 자신의 이익과 관련되어 있어 손해를 보지 않기 위해, 규범적 지위 관계의 유지를 위해, 또한 상황이나 상대방에 대한 정보가 부족하여 자신의 행동이나 반응에 자신이 없을 때인 것으로 나타났다. 환경변화와 관련된 눈치는 자신에게 정말 득이 되는 눈치로서 어떤 일이 불어 닥치기 전에(사전에) 먼저 파악하고 그 앞길이나 대처방안을 미리 생각하는 것이다.

또한 환경변화 적응에는 순간적 적응과 효과적 적응으로 나뉘는데 효과적 적응은 긍정적 영향을 가져오는 적응이며 최고의 한국형 리더들에게 나타나는 중요한 특성임에 반해 순간적 적응은 자신이 처한 상황에 빨리 적응하여 피하고자 하는 상황모면, 표면적 눈치 등이 포함된다. 이러한 한국인의 고유 심리 특성 때문에 환경변화에 더 민감하게 반응하고 더 잘 적응하며 대처능력도 빠른 것이다.

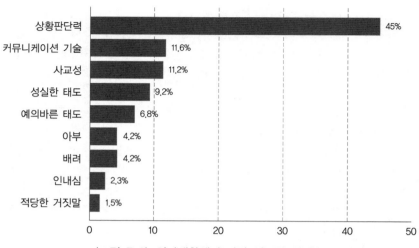

〈그림 5.1〉 회사생활에서 가장 필요한 처세술
자료 : 사람인

직장인 10명 중 9명은 회사생활을 하면서 처세술이 필요하다고 생각하는 것으로 조사됐다. 17일 취업사이트 사람인(www.saramin.co.kr)이 직장인 702명을 대상으로 조사한 결과, 94.3%가 '직장생활을 하면서 처세술이 필요하다'고 응답했다. 이 중 78.4%는 '경기불황으로 인해 처세술의 필요성이 더욱 증가했다'고 밝혔다. 직장생활에서 가장 필요한 처세술은 '상황 판단력'(빠른 눈치, 45%)이 1위로 꼽혔다.

다음은 눈치에 관한 사례이다.

〈사례 5.13〉 눈치에 관한 재밌는 이야기

눈치가 빠르면 직장상사
눈치가 느리면 백수생활 18년째

눈치가 빠르면 BMW
눈치가 느리면 대중교통

눈치가 빠른 건 나
눈치가 느린 건 너

나는 BMW를 타고 다니는 직장상사에 속하는가, 아니면 대중교통을 이용하는 백수생활 18년째인 사람에 속하는가? 눈치에 관한 내용은 우리의 속담에서도 찾아볼 수 있다. 〈사례 5.14〉를 통해 알아보도록 하자.

〈사례 5.14〉 눈치 빠르기는 도갓집 강아지다

'눈치 빠르기는 도갓집 강아지다'라는 속담이 있다. 이 속담은 '도갓집 강아지는 수많은 사람을 대하기 때문에 사람의 기분을 잘 알아채고 눈치가 매우 빠르다'는 뜻이다. 무척 영리하고 눈치가 빠른 사람을 빗댄 속담이다.

도가(都家)는 동업자들이 모여서 계를 하거나 장사에 대한 논의를 하던 집이란 뜻이다. 도갓집은 '도가'와 같은 말이다. 동업자 가운데 우두머리의 집을 도갓집으로 삼는데, 그 집에는 많은 사람들이 드나들게 된다. 이런 집에 사는 강아지는 좋은 사람을 만나면 맛있는 것도 얻어먹고 사랑도 받지만, 심술궂은 사람이나 화가 난 사람을 만나면 발길에 차이기도 한다. 이런 환경에 살다 보면 자구책이 생기게 마련이고, 자연 단련이 되어 눈치가 빨라질 수밖에 없다.

도가를 도매상이라고도 한다. 술도가는 술 도매상이다. 이곳 역시 사람이 많이 드나드는 곳이며 이런 집의 강아지는 이해에 민감하게 반응할 수밖에 없다.

도갓집 강아지를 보니, 형성배경에서 언급했던 우리의 역사적 배경과 일맥상통하는 부분이 있다. 우리도 일제시대, 6·25전쟁 등 수많은 악조건과 고도성장으로 인한 경제발전이라는 호조건 사이에서 이리저리 왔다 갔다 하며 환경에 적응했고 항상 빠르게 변하는 환경에 적응하기 위해 민감하게 반응할 수밖에 없었다는 점이다. 이런 상황에서 빠른 눈치, 긍정적 눈치라는 외국의 'Sense'로도 번역할 수 없는 한국고유의 특성이 생겨났다.

역사적 인물들의 환경변화 적응 사례

조선사회가 얼마나 부패했는지 보여주는 정약용의 시가 있다.

큰 아이는 다섯 살에 기병에 등재되고
작은 아이는 세 살인데 군적에 올랐다네.
두 아이 일 년 세금이 오백 전이나 되니
빨리 죽기를 바라는데 의복에 신경 쓰랴.

다산이 조선의 부패를 보고 한숨을 쉬며 지은 시다. 그는 사회의 부패와 부조리를 바라보며 당시 공무원이던 관료의 개혁 없이는 나라의 개혁이 불가능할 것이라고 여겼다. 그의 개혁정신을 바탕으로 나온 저술이 바로 『목민심서』였다. 조선 사대부로서 드물게 그는 백성과 선비의 관계 사농공상의 신분적 임무에 대해 명쾌하게 정리한 이론을 갖고 있었다.

"차라리 온 나라 사람이 다 양반이 되어 버린다면 존귀를 이야기할 필요도 없을 것이다", "농사를 짓는 사람은 곡식을 얻고 공장(工匠)은 그들이 만든 도구로 곡식을 바꿔 먹으며 상인은 돈이나 물건으로 곡식을 바꾸면 된다."

이와 같이 정약용은 실용지학(實用之學)·이용후생(利用厚生)을 주장하면서 주자 성리학의 공리공담을 배격하고 봉건제도의 각종 폐해를 개혁하려는 진보적인 사회개혁안을 제시했다. 이처럼 정약용은 당시 서학을 통해 세계열강들의 변화를 읽고 조선의 변화와 혁신을 촉구하는 노력을 다각도로 기울였다. 대세의 변화에 따라 자신의 사상적 변화를 이루고 나아가 나라의 변화를 이루려 했던 정약용의 정신은 대표적인 변화적응의 한국형 리더의 참모습이라고 할 수 있을 것이다.

한국형 리더와 서양 리더의 환경변화 적응 차이

한국형 리더와 서양 리더의 차이점은 무엇인지 〈표 5.4〉를 통해 구체적으로 알아보도록 하자.

한국형 리더십과 서양 리더십의 가장 단적인 차이는 서양 리더십이 '평균'을 지향하는 것이라면 한국형 리더십은 '상단 끝'을 지향한다는 표현으로 요약할 수 있다. 즉, 서양 리더들이 문제의 해결과 단기성과에 치중하는 반면 한국형 리더들은 상하좌우의

〈표 5.4〉 한국형 리더와 서양 리더의 환경변화 적응 비교

한국형 리더	서양 리더
• 생존의 문제	• 하나의 스킬
• 장기결과 중시	• 단기결과 중시
• 집단주의 영향	• 개인주의 영향
• 상황 중시	• 인물 중시

교감을 바탕으로 장기적 승리와 궁극적 생존에 집중한다는 의미이다.

물론 서양의 리더들과 한국형 리더들 간에 공통적으로 중요시되는 요인들은 있다. 하지만 각 요인에 대해 사람들이 갖는 감성적 몰입의 강도나 해석에 있어서는 많은 차이를 보인다. 특히 한국과 같은 집단주의 문화권에서는 환경변화에 적응하지 못하는 것은 곧 동료들로부터 배제된다는 것을 의미한다. 개인적인 불이익으로 끝나는 것이 아니라 집단에서의 탈락이라는 부정적 결과까지 감내해야 한다.

또한 한국인들은 관계의 장기적 유지를 중시하기 때문에 단기적으로 모면하기 위한 적응보다는 장기적으로 자신에게 이익이 돌아올 수 있는 방법으로 적응하려 노력한다. 왜냐하면, 결국 다시 보게 될 사람들이기 때문에 나의 행동으로 다른 사람이 피해를 봐서는 안 된다는 개념이 머릿속을 지배하고 있다. 그러므로 한국인들에게 적응은 하나의 사회적 생존의 문제이고 장기적 영향을 생각하지 않을 수 없는 것이다.

한편, 한국인들은 상황을 중시하고 서양인들은 인물을 중시한다. 이것은 곧 한국인들이 환경변화에 민감할 수밖에 없는 태생적 속성을 말해주는 것이라고 볼 수 있을 것이다. 이러한 성향은 사진을 찍는 데서도 나타난다고 한다.

예컨대, 사진을 찍을 때, 사물을 둘러싼 주위 상황은 하나의 장(場)이라고 할 수 있다. 그리고 사물은 항상 자신을 둘러싼 장 속에 있다. 이것을 한국에서는 입장(立場)이라고 한다. 한국인은 대상이 처한 입장이 그 대상의 상태를 거의 결정한다고 믿고 있기 때문에 항상 대상의 주변상황을 잘 살피는 습관을 갖고 있다. 한국의 전통적인 인물화를 보면 일반적으로 구도를 넓게 잡는다는 것을 알 수 있다. 그러나 서양의 인물화는 대부분 구도가 좁거나 반신상이 많다.

〈사례 5.15〉 동양인과 서양인의 사진 찍기

동양인과 서양인에게 사진 찍기를 부탁하였다.

동양인 학생이 찍은 사진   서양인 학생이 찍은 사진

　　서양인이 찍은 사진은 중심인물에 집중이 되어 있는 반면 동양인이 찍은 사진은 배경에 집중되어 있다. 서양인은 중심사물에 집중할 때 배경은 신경 쓰지 않지만 동양인은 사찰이나 유원지 같은 곳에 놀러가서 사진을 찍으면 자신뿐만 아니라 뒤에 보일 건축물이 같이 나오게 찍어달라고 부탁한다. 즉 동양인은 주변상황에 따라 중심물체가 달라지는 반면 서양인은 중심물체에만 집중을 하여 물체 그 자체를 본다.

　　이처럼, 한국인들은 배경을 넓게 보기 때문에 환경에 대한 주변지식이 풍부하고 그에 따라 변화의 흐름과 내용을 입체적으로 파악하기가 보다 용이하다고 할 수 있다. 따라서 한국형 리더는 외국의 리더들과는 달리 상황요인들을 중시하며 이것은 한국형 리더의 중요한 특징으로 자리 잡고 있다. 아래의 사례들이 이러한 사실을 입증해 준다.

　　다음은 한국에서 거주하는 외국인 훈세커 씨의 인터뷰 내용이다.

〈사례 5.16〉 훈세커 씨와의 인터뷰

Q 한국 사람은 집단의 목표를 위해서 개인적인 목표를 포기하거나 희생하거나 우선시 하는 것을 좋은 것이라고 얘기한다. 그러나 서양의 경우에는 그렇지 않다고 알고 있다. 어떤가? 장·단점은 무엇인가?

A 한국에서도 시대가 달라지고 있다. 젊은 직원이 회사에 들어오면 자신의 개인적 목표를 버리고 싶어 하지 않는 것 같다. 만약 기업이 다른 것을 요구한다면 그만 두고 다른 기업으로 간다. 그것을 시대가 달라졌다고 보고 있다. 그런데 내가 알 기로는 원래는 개인적인 목표를 버리고 팀워크나 기업의 목표를 생각하면 나중에 나에게도 손해가 없다고 생각한다. 계속 '우리'가 해줄 것이라고 생각한다. 그런데 젊은 사람은 모른다. 그리고 요새 국제화 추세로 평생직장이라는 개념이 아니라 내 개인적인 목표를 버리면 나한테 손해 보는 게 분명하다고 생각한다. 이제 한국 리더도 개인의 목표를 인식하지 못하면 성공하지 못한다고 생각한다. 젊은 친구 들에게 개인목표를 버리라고 하면 퇴사하게 되므로 그것과 기업목표를 같이 조율 해서 올라가야 한다고 생각한다.

Q 서양의 변화와 한국인들이 인식하는 변화의 차이점은?

A 우선 이것은 리더십과 관련될 수도 있고 안 될 수도 있는데 나는 증권시장 연구를 하게 되면 인구와 관련된 변화가 심해지고 있다는 것을 느낀다. 이미 거의 20년 전부터 예측한 일이 이제 나타나고 있다. 20년 전부터는 이 현상이 일어날 것이라 했지만 사람들은 별로 신경을 안 썼다. 그런데 지금 그 시기가 와서 천천히 일어 나고 있다. 유럽 쪽이나 대부분의 선진국이라 인식하고 있는 나라의 인구는 총인 구가 떨어지면서 노령 인구가 많아지고 있다. 그런데 아시아 쪽에는 총인구가 계 속 올라가고 그 다음에 노령 인구가 올라가는데 그 변화는 선진국의 비해서는 늦 다. 앞으로는 한 20년 동안이나 아시아 쪽에는 계속 성장하고 선진국은 떨어질 거다. 여태까지 선진국 쪽으로 계속 집중하고 있었던 것은 미국이나 유럽이 앞서 가고 있었기 때문에 우리는 그것을 따라해야 할 것이라는 생각이 있었다. 하지만 앞으로 20년 동안에는 그것은 점점 무시되고 아시아 쪽에 뭘 하고 있는지, 우리는 그 나라에 있는 태도나 행동을 보고 따라해야 할 것인가, 반응해야 될 것인가 등 여러 가지 대책을 세울 것이다.

　미국은 약간 예외적인 나라다. 계속 이민하는 인구가 많아서 떨어지지도 않고 그대로 가고 있다. 그래서 증권사의 미래 예측을 보면 한국이나 일본, 중국이나 인도 등 아시아 쪽에 있는 나라의 전망이 매우 밝다고 보고 있다. 반면에 선진국 은 좋진 않다. 이것은 리더십과 관련이 있기도 하고 없는 것 같기도 하다. 모두 환경이 다르기 때문이다. 그런데 내 생각에 이제는 조직행위나 리더십 관련된 책 이나 교재나 점점 아시아 쪽에서 많이 나올 거다. 왜냐면 이제 아시아 쪽에서 보 고 배워야 되기 때문이다. 인구의 변화도 올라가는 추세이다. 어떤 면에선 지난 30~40년에도 마찬가지였다. 선진국은 계속 성장하고 그래서 우리는 계속 따라할 수밖에 없었다.

리더는 그런 스킬이 없으면 많이 실패할 거다. 국제화를 추진하면서도 집단주의의 장점이 무엇인지 인식하지 않고 그 기업 안에 실시하지 못한다면 손해 볼 것이다. 리더는 자기 나라에 있는 자기만 보고 환경이나 문화만 보고 하면 안 될 거라는 생각이 있다. 그것은 지난 10년 동안이나 반복하는 얘기였다. 글로벌 리더가 돼야 된다. 글로벌 리더가 된다고 하는 것은 다른 나라 문화를 인식하는 것이다.

글로벌 시대인 요즘 한국인과 외국인의 관점, 문화, 인식의 차이 때문에 힘들어하는 조직사례가 많이 나온다. 다음은 조직 내에서 한국인과 서양인의 차이점을 극명하게 보여주는 사례이다. 같이 살펴보도록 하자.

〈사례 5.17〉 '한국식 문화' 이해 못 하는 외국인 상사

외국계 컨설팅 회사에 다니는 박모 씨(33). 그는 최근 부임한 영국인 상사 때문에 스트레스가 이만저만이 아니다. 박 씨는 업무 성격상 클라이언트들을 종종 비싼 술집에서 접대하곤 한다. 영국인 상사는 이런 관행을 이해할 수 없다는 반응이다. "밥과 술로 고객을 유치하려 하지 말고 실력으로 승부하라"는 투다. 가끔은 "지나치게 많은 비용을 쓰는 것은 당신의 능력과 관계있는 일"이라며 타박하기도 한다.

제약회사의 민 과장(35)은 일이 밀려 얼마 전 금요일 밤 11시까지 일했다. 다음 날인 토요일에도 잠깐 회사에 나왔다. 어떻게 알았는지 미국인 임원이 불렀다. "혹시 회사가 도와줄 일이 있거나 일거리가 너무 많으냐"는 거였다. 김 과장은 즉시 모범답안을 내밀었다. "그렇지 않습니다. 괜찮습니다"라고. 열심히 일하는 모습을 칭찬할 줄 알았다. 그런데 웬걸. 돌아온 답은 이랬다. "민 과장은 앞으로 좀 더 효율적으로 일할 필요가 있어요. 일을 제 시간에 끝냈으면 더 높은 수준의 일을 맡기려 했는데, 안 되겠네요." 한마디로 능력이 없다는 말이었다.

외국계 엔지니어링 회사에 다니는 신 차장(37)은 미국인 사장 때문에 '뚜껑'이 열린 적이 있다. 그는 작년에 아내의 건강이 좋지 않아 몇 차례 결근을 했다. 당시 사장은 "아내가 아픈데……"라며 결근을 인정했다. 그 뒤 신 차장은 인사고과를 받아보고 깜짝 놀랐다. 기대 이하의 고과를 받았기 때문이다. '사(私)는 사, 공(公)은 공'이라는 외국인의 냉정함에 신 차장은 고개를 절레절레 흔들었다.

외국인을 상사로 모시고 있는 김 과장과 이 대리들의 가장 큰 고민은 가치관 차이다. 우리에겐 '최선, 성실'로 통하는 게 그들에겐 '비효율, 불합리'로 비쳐지곤 한다. 비화하면 '화성에서 온 상사, 금성에서 온 부하' 꼴이다. 이들은 외국인이 한국에 왔으면 '코리안 웨이'(한국식 문화)를 받아들여야 한다고 볼멘소리를 한다.

하지만 이런 '최선, 성실'의 자세가 지금의 한국을 만들었고 이제는 외국에서도 이런 최선, 성실의 자세를 배우려 하고 있다. 이런데도 우리는 외국인의 리더십과 문화를 무조건 쫓아 하는 게 좋은 것일까? 이제 우리도 한국형 리더십과 한국의 문화를 세계에 전파시켜야 한다.

4 | 환경변화 적응의 긍정적 측면

심리학에는 '메시아 콤플렉스'라는 말이 있다. 한 개인이 마치 메시아인양 모두를 감당하지 않으면 안 된다는 강박관념에 사로잡혀 엄청난 스트레스와 착각에 빠져있는 상태를 일컫는 말이다. 군사정권 이후 한국의 리더십은 모두 메시아 콤플렉스를 가진 사람들에 의해 형성되었다. 이러한 리더를 통해 우리는 어느덧 메시아를 기다리고 그 메시아에 의존하는 습관을 길러왔다. 마치 우리의 리더가 조선시대의 왕처럼, 가장인 아버지처럼, 그리고 더 나아가 국가안보와 경제성장을 가능하게 한 유일한 메시아였던 군사정권처럼 철저하게 리더에게 의지하면서 자기 발전을 도외시했던 추종자들의 문화가 우리의 리더십 문화였다.

하지만 우리는 변화하지 않으면 살 수 없는 환경에 처해 있다. 자기발전을 도외시하는 우리의 리더십 문화를 버리고 빠른 환경에 대처하려 노력해야 한다. 한국형 리더의 환경변화 적응에 관한 긍정적 측면을 알아보자.

환경변화 적응 4요인의 긍정적 측면

한국형 리더의 환경변화 적응 요인인 '민감성, 상황판단, 유연성, 자기성찰'의 긍정적인 측면이 무엇인지를 각각 살펴보자.

(1) 민감성

뛰어난 관찰력으로 작은 변화를 빠르게 발견하고 그 변화가 무엇을 의미하는지 알 수 있다. 이러한 민감성은 위기의 증후를 빨리 알아차려 조직의 위기를 예방할 수 있고 유행 트렌드를 빨리 알 수 있으며 경쟁자보다 먼저 우위를 점할 수 있다. 또한 평상시에도 미래에 대한 예측을 할 수 있어 위기대처에 미리 준비할 수 있게 된다.

　　문제는 빨리 발견하면 할수록 문제에 대응할 수 있는 시간적 여유가 늘어나고 그럼으로써 문제 극복에 들어가는 비용은 줄어든다. 생산과정에서 불량품을 생산공정상 조기에 발견하면 할수록 불량품 대처에 소요되는 비용은 줄어든다. 조직도 환경의 변

〈표 5.5〉 환경변화 적응 4요인의 긍정적 측면

구 분	긍정적 측면
민감성	• 위기의 증후를 빨리 알아차려 조직의 위기를 예방할 수 있다. • 유행 트렌드를 빨리 읽어 경쟁자보다 먼저 우위를 점할 수 있다. • 평상시에도 미래에 대한 예측을 할 수 있어 미리 준비할 수 있게 된다.
상황판단	• 상황에 맞는 의사결정을 적절하고 신속하게 할 수 있다. • 위기 상황에서 빠른 상황판단으로 조직의 빠른 대처를 도모할 수 있다. • 빠르고 명확한 업무지시가 가능하다.
유연성	• 위기 상황이 발생했을 때 유연하게 대처할 수 있다. • 창의적인 생각으로 대안을 찾을 수 있다. • 융통성 있는 행동을 보여줄 수 있다. • 고정 관념에 의한 잘못된 의사결정을 막아줄 수 있다.
자기성찰	• 자신이나 조직의 단점을 빨리 발견하고 해결할 수 있다. • 잘못된 길로 가는 것을 막을 수 있다. • 한쪽에 치우치지 않는 공정한 판단을 할 수 있다. • 타인의 피드백을 잘 수용하여 건설적인 자기수양을 할 수 있다. • 마음을 비우고 편하게 생각할 수 있어 스트레스를 감소시킬 수 있다.

화나 위기를 조기에 감지하기 위해서 조기경보시스템(EWS)을 운영한다. 한국형 리더도 변화에 대한 예민한 '조기경보감각'을 갖춘 사람이다.

(2) 상황판단

리더는 때때로 주체할 수 없이 많은 정보와 문제를 다루어야 한다. 이런 상황에서 합리적인 결정을 내리는 경우도 있지만 그렇지 못한 경우도 많다. 일상적인 업무에 묻혀 지내다 보면 무엇이 중요한 문제이고 무엇은 덜 중요한 문제인지를 구별할 수 없게 된다. 급하지 않은 사소한 문제에 지나치게 몰입한 나머지 정작 중요한 문제의 해결에는 시간을 할애하지 못하는 경우가 있다. 하지만 리더가 상황판단능력이 뛰어나면 위기상황이 왔을 때 상황에 맞는 의사결정을 적절하고 신속하게 할 수 있다. 또한 위기상황에서 빠른 상황판단으로 조직의 적절하고 빠른 대처를 취할 수 있으며 빠르고 명확한 업무지시가 가능해진다.

다음 사례를 읽고 나의 상황판단능력을 테스트해 보자.

〈사례 5.18〉 최판단 씨의 상황판단능력

회사원 최판단 씨는 생산기술팀장이며 아홉 명의 기술 전문 인력을 거느리고 있다고 가정하자. 그런데 어느 날 부사장이 최 팀장을 불러 최 팀장 팀을 아홉 명에서 여섯 명으로 줄여야겠으니 해고 대상자 세 명을 선정해서 보고하라고 지시하였다.

아홉 명의 이력을 보면 다음과 같다.

1. 유재석 : 28세, 기혼, 딸 2명, 근속년수는 1년 반, 한양대 공대 졸, 성격도 원만한 편이어서 동료들과 잘 어울리며 일도 아주 잘한다는 평
2. 박명수 : 26세, 미혼, 보훈대상자, 일은 보통 정도 하는 편, 근속년수가 1년 미만이어서 일에 대해서 잘 모름, 울산대 졸, 동료들 간에 별로 인기 없음
3. 정준하 : 53세, 기혼, 3자녀, 대학 중퇴, 대학 때 운동권 출신, 20년 근속, 첫 15년 동안 톱클래스 기술자로 군림하다가 지난 5년간은 평균 정도의 업무실적 평가 받음, 부장이 자신에게 편견을 가지고 있어 실적 평가를 잘못 받는다고 생각하고 있음

---

4. 정형돈 : 34세, 기혼, 자녀 없음, 동료들과 친함. 근속경력 5년, 고려대 공대 학사 및 석사, 실적평가가 좋다가도 나빠지는 등 불안정, 아내는 소아과 의사
5. 고소영 : 29세 여성, 미혼, 아주 열심히 일만 한다는 평, 학사는 연대 공대, 지금은 석사과정에 다니는 중, 항상 기술전문성을 향상시키려고 노력함, 근속년수 3년 동안 실적 평가 평균상회
6. 노홍철 : 38세, 이혼, 딸 2명, UCLA공대 석사, 사회활동에 아주 적극적임, 교회 일을 통해서 부사장과 아주 가까워짐, 동료들도 그를 좋아하며 근속년수 10년 동안 평균 정도의 실적평가 평균상회
7. 이경규 : 45세, 기혼, 자녀 5명, 성균관대 공대 학사, 지나치게 열심히 일하다 심장마비에 걸렸었음, 요즘은 그럭저럭 괜찮은 것 같으나 다른 사람들에 비해 조금 느린 편임, 근속년수 14년, 실적평가 결과는 보통 이상
8. 지상렬 : 48세, 혼자 삶, 근속 16년, 서울대 공대를 집안 사정이 어려워 중퇴, 그러나 아직도 아주 열심히 공부하며 실적평가는 비안정적이나 비교적 평균에서 중상 정도, 다른 사람들과 어울리기 싫어함, 부장은 그의 이런 성격 때문에 평가결과가 별로 안 좋다고 생각함
9. 장윤정 : 24세 여성, 미혼, 포항공대 학사, 근속 1년 미만, 열심히 일을 잘한다는 평, 동료들도 좋아하며 부장도 좋게 생각함

최 팀장은 아홉 명 중 어느 세 명을 해고시켜야 할지 난감하다. 내가 최 팀장이라면 어느 세 명을 추천해야 할까?

최판단 팀장이 처한 상황에는 몇 가지 함정이 있다. 박명수는 보훈대상자라 아무리 일을 못해도 함부로 자르기 힘들다. 정형돈은 아내가 소아과 의사라 나가도 된다고 판단할 수 있는데, 공개할 수 없는 기준이므로 그것을 해고의 기준으로 내세울 수는 없다. 고소영과 장윤정은 미혼여성이라 시집가면 되겠지라는 생각을 할 수도 있지만 이는 성차별에 해당한다. 이경규는 아팠었고 느리지만 아직 성과가 괜찮기 때문에 해고이유가 될 수 없다. 부사장과 가까운 노홍철을 자르려다가 최 팀장 자신이 당할 수도 있다. 정준하는 53세로 정년이 얼마 남지 않았기 때문에 나가도 되지 않느냐는 식의 판단은 나이차별에 걸릴 수 있고, 아울러 남는 사람들에게 '이 회사와 끝까지 할 수 없겠다'라는 메시지를 줄 수 있다. 최 팀장은 이들을 피해갈 수 있도록 객관적 기준을 적용하여 상황을 판단할 줄 알아야 한다.

(3) 유연성

대부분의 사람들은 사물을 볼 때 자신만의 틀(고정관념)을 갖고 본다. 자신만의 틀이 단단하면 결코 변하기 쉽지 않다. 그래서 유연성을 갖고 어떠한 사물에 대한 자신의 시각이 반드시 올바른 것은 아니라는 한계를 인정할 수 있어야 한다. 우리는 반대 의견에 부딪혔을 경우에는 상대편의 주장에 일단 귀를 기울이는 유연성도 가져야 한다. 사고의 고착을 극복하기 위해서 한국형 리더는 끊임없이 학습하고 실험하고 고민한다.

성공적인 한국형 리더는 하나의 스타일에 자신을 고착시키지 않는다. 상황에 따라 카멜레온처럼 적절한 스타일을 다양하게 활용할 줄 안다. 리더의 스타일 고착은 반드시 문제를 야기한다. 항상 독단적 스타일의 리더에게 하급자들은 '혼자 다 하세요'라고 마음속으로 평가하게 되며, 항상 위임만 하는 리더에게는 '정보를 패스만 할 거면 왜 거기에 앉아 있어요?'라고 말한다. 매일 의견 듣는다고 참여적 스타일에 치중한 리더에 대해서는 '회의는 많은데 결정되는 것은 없네'라고 불평한다.

(4) 자기성찰

자기성찰의 정도가 높은 사람들은 타인의 피드백을 잘 수용하며 건설적인 자기 수양을 할 수 있으며, 자기 자신이나 조직의 단점을 빨리 발견하고 해결할 수 있어 잘못된 길로 가는 것을 빨리 막을 수 있다. 또한 항상 마음을 비우고 긍정적으로 생각할 수 있어 스트레스를 감소시킬 수 있다. 직위가 높을수록 자기 잘못을 인정하려 하지 않는 현상이 있다. 진정한 한국형 리더는 '오일삼성오신'(吾日三省吾身)의 정신●으로 항상 자신을 되돌아보며 리드한다. 이러한 자기성찰은 환경변화에 보다 적합한 리더로 자신을 발전시킨다.

환경변화 적응의 결정요인

지금까지 한국형 리더십 환경변화 적응 행동의 긍정적 측면을 살펴보았다. 그렇다면

● '하루 세 번씩 자신에 대해서 반성한다'는 뜻으로, 논어 학이(學而)편에 나오는 증자(曾子)의 말이다.

조직 경영 현장에서 이러한 긍정적 측면을 강화시켜주는 요인은 무엇인가? 또한 이러한 긍정적 측면을 약화시켜주는 요인들에는 어떤 것들이 있는가? 긍정적 측면을 강화시켜주는 요인들은 잘 보존하여 지켜가야 할 것이고, 긍정적 측면을 약화시키는 요인들은 극복해야 할 대상이 될 것이다. 여기에서는 긍정적 측면 강화요인과 긍정적 측면 약화요인들을 체계적으로 살펴보도록 하자.

(1) 환경변화 적응을 강화시키는 개인적 요인

환경변화 적응 강화의 개인적 요인이란 리더가 환경변화 적응 행동을 더 잘할 수 있도록 도와주는 리더 개인에 관련된 심리적·지적·행동적 요인들을 뜻한다. 개인이 가진 특성에 의해 환경변화 적응을 할 수 있는 정도가 달라지는 것이다. 환경변화 적응을 강화시키는 개인적 요인에 대해서 살펴보자.

〈표 5.6〉 환경변화 적응의 강화 및 약화 요인

구 분	개인적 요인	조직적 요인
강화요인	• 목표에 대한 확신과 신념 • 다양한 지식 • 다양한 관점을 받아들이는 수용성 • 강한 추진력 • 원대한 포부 • 성격적 특성	• 조직적 지원 • 건설적 갈등(인지적 갈등) • 다양성 • 공유된 가치 • 신뢰 구축 • 유기적 구조
약화요인	• 아집 • 한정된 지식 • 지나친 우월감 • 고정관념 • 흑백논리	• 파괴적 갈등(감정적 갈등) • 과도한 집단 경쟁 • 관료적 구조 • 조직의 관성법칙

① 목표에 대한 확신과 신념

환경변화 적응을 강화시키는 선행조건 중의 하나는 목표를 수립하는 것이다. 그리고 두 번째 필수조건은 목표달성을 위한 계획을 수립하고 그 계획대로 정확히 실행해 나가는 것이다. 한국형 리더가 환경변화 적응을 잘하기 위해서는 두 번째 필수조건이 필요하다. 목표에 대한 확신이나 신념이 있으면 변화와 적응, 도전에 불안해 하지 않고 조급해 하지 않는다.

다음의 사례를 살펴보자.

<사례 5.19> 차딕 이야기

1952년 7월 4일, 플로렌스 차딕은 카타리나 섬을 출발하여 21마일이나 떨어진 캘리포 니아 해안까지 헤엄쳐서 건너는 데 도전하기 위하여 바다에 뛰어들었다.

시간이 흘러감에 따라 피로가 엄습해오기 시작했다. 그러나 더욱 심각한 문제는 뼈가 시릴 정도로 차가운 바닷물의 온도였다. 15시간이 지나자 차가운 바닷물 때문에 전신에 마비가 와서 더 이상 헤엄칠 수가 없게 되었다. 하는 수 없이 포기를 하고 물 밖으로 나온 그녀는 자신이 도착지점인 해안에서 겨우 반 마일 정도밖에 떨어져 있지 않은 지점에서 포기해 버렸음을 알게 되었다. 그녀는 아쉬운 표정으로 말했다.

"만약 안개가 끼지 않아 목표지점인 육지를 보기만 했더라면 추위와 피로를 능히 이길 수 있었을 텐데……."

목표지점을 볼 수 없게 한 안개가 그녀의 이성과 눈과 마음을 가려버렸던 것이다.

2개월 후, 그녀는 다시 도전을 하였다. 또다시 안개가 그녀의 시야를 가렸지만 이 번에는 목표에 대한 확고한 신념을 가지고 헤엄쳐 나갔다. 안개 속 어딘가에 목표지 점인 육지가 있으리라는 변함없는 신념으로 마침내 그녀는 캘리포니아 만을 헤엄쳐 건넌 최초의 여성이 되었다. 뿐만 아니라 남자 기록을 2시간이나 단축하는 놀라운 기 록을 세웠다.

비록 한번 실패했지만 차딕은 뚜렷한 목표가 있었고 이 목표를 이룰 수 있다는 확신을 갖고 경기에 임했다. 그 결과 그는 놀라운 기록과 함께 자신의 목표를 달성했 다. 만약 그녀가 자신의 목표에 대한 확신도 없이 매진했다면 완주할 수 있었을까?

한국형 리더도 마찬가지이다. 운동선수가 목표 없이 지내면 살도 찌고 운동도 안 하며 게을러지는 것처럼 한국형 리더도 목표가 없으면 현실에 안주하게 되고 변화를 시도하려 하지 않는다. 당신은 지금 어떤 목표에 도전하고 있으며, 얼마나 그 목표에 확신을 가지고 있는가?

② 다양한 지식

리더가 여러 면에 다양한 지식을 갖고 있으면 변화를 받아들이는 데 유연해진다. 그리고 이러한 다양한 지식을 결합시키고 기존 아이디어를 새롭게 조합하여 창의력을 이끌어 낸다. 창의력은 변화에 대한 민감성과 상황판단에 많은 영향을 준다. 한국의 그룹 회장들은 하나의 새로운 변화를 시도하기에 앞서 무수히 많은 지식을 섭렵한다. 전문가들의 의견을 듣고 외국의 관련사들을 방문하여 실상을 직접 보기도 한다. 많은 지식을 취하다 보면 환경변화의 추세를 읽을 수 있게 되고 변화의 필요성을 절감하게 되며, 무엇을 어떻게 바꿔야 하는지도 가늠할 수 있게 된다.

③ 다양한 관점을 받아들이는 수용성

자신의 의견만 고집하는 것이 아닌 다른 사람의 생각과 느낌을 이해할 수 있는 능력으로 이런 수용성이 있는 사람은 상황에 능숙하게 대처하고 공감과 동정을 보여 구성원들의 호감을 얻을 수 있다. 환경변화에 민감하게 대처하는 한국형 리더는 자신의 주장을 펴기 전에 상대방의 의견을 먼저 듣고 자신의 생각과 맞춰본 뒤 느끼는 감정을 이야기한다. 상대방과 의견이 다를 때는 "저는 이렇게 알고 있었는데 잘못 알고 있었던 것 같네요"라고 표현하면 상대방은 기대한 것 이상의 정보를 쏟아낸다. 수용적 태도는 상대방이 마음의 문을 열게 하는 데 더없이 효과적인 도구이다.

④ 강한 추진력

사람은 누구나 익숙하지 않은 환경에 대해서는 망설이고 주춤거리게 되어있다. 리더가 어떤 일을 할 때 밀고 나가는 추진력이 있으면 그가 이끄는 팀도 같이 따라가게 마련이다. 조직원들이 리더의 추진력을 따라하게 되면 변화와 적응에 대한 속도도 빨라진다. 추진력이 강한 한국형 리더는 일 추진과정에서 발생하는 온갖 문제나 장애요인들을 몰입과 창의력, 그리고 임기응변의 기지를 발휘하여 돌파해 나간다. 이것은 마치 적의 미사일 공격을 방어하는 패트리어트 미사일이 대충의 방향을 정해 일단 하늘 위로 뜬 뒤 변화하는 타깃을 향해 수시로 궤도를 수정해 나아가 결국은 목표물을 명중시키는 것과 같다. 한국형 리더는 일 추진과정에서 변화하는 상황에 따라 수시로 궤도를 미세 조정하지만 나아가는 방향, 목표로 하는 타깃은 항상 확고하다.

⑤ 원대한 포부(또는 미래비전)

원대한 포부를 가지고 있는 사람은 미래의 꿈을 이루기 위해 현실에 안주하지 않고 자신의 목표를 위해 항상 노력하며 미래를 위해 준비할 수 있다.

다음의 사례를 살펴보자.

〈사례 5.20〉 원대한 포부가 리더를 만든다

마이크로소프트의 인사 책임자가 빌 게이츠와 함께 사원 면접을 보는데, 그중 세 응시자가 제일 두각을 나타냈다. 책임자가 마지막 질문을 던졌다.

"입사한 뒤의 계획을 말해 보세요." 첫 번째 응시자가 말했다.

"위대한 기업에서 일하는 걸 영광으로 알고 최선을 다하겠습니다."

인사 책임자는 만족한 듯 고개를 끄덕였다. 두 번째 응시자가 말했다.

"하루 빨리 업무를 익혀 실수가 없기를 바랄 뿐입니다." 세 번째 응시자가 말했다.

"어떤 일이든 경험으로 삼아 훗날 큰 사업을 하고 싶습니다."

빌 게이츠가 웃으며 물었다.

"당신이 말하는 큰 사업이란 게 뭔가요?"

"회장님과 똑같은 사업입니다."

세 번째 응시자의 당돌한 대답에 앞의 두 사람 중 그의 친구인 듯한 사람이 열심히 눈치를 주었다. 그러나 빌 게이츠는 뜻밖에 이렇게 말했다.

"좋습니다. 포부가 크면 무대도 넓지요. 당신에게 야망이 있으니 저도 큰 무대를 드리겠습니다. 당신 포부를 마음껏 펼쳐 보세요."

면접이 끝난 뒤 인사 책임자가 이해할 수 없다는 말투로 빌 게이츠에게 물었다.

"몽상가 아니면 허풍쟁이일 겁니다. 설령 진짜 능력이 있다 해도 성공하는 즉시 회사를 떠날 위인이에요. 그런 사람을 왜 뽑은 겁니까?"

"성공하느냐 못 하느냐는 그 사람의 포부가 있느냐 없느냐에 달려있습니다. 능력이 있다고 하더라도 포부가 없다면 크게 성공하는 건 불가능하지요. 당신 걱정대로 성공하면 이 회사를 떠날지도 모릅니다. 하지만 두고 보세요. 그 친구는 다른 직원보다 몇 배의 이윤을 만들어 낼 겁니다. 우리가 손해 볼 건 없지요."

빌 게이츠의 예상은 틀리지 않았다. 마이크로소프트에 입사한 세 번째 응시자는 뛰어난 업무 능력으로 일찌감치 경영진에 합류하여 마이크로소프트에 크게 공헌하였으며 뒷날 회사를 떠나 한 유명 기업의 CEO가 되었다.

일반 사원이나 평범한 리더가 탁월한 리더가 되고자 할 때 갖춰야 할 가장 기본적인 조건은 스스로 최고가 되겠다는 원대한 포부를 갖는 것이다. 이것을 여기서는 '미래비전'이라고 표현하고 있다.

⑥ 성격적 특성

변화에 대한 적절한 적응 여부는 리더의 성격에 따라 결정되기도 한다. 한국형 리더가 모험 감수 성향이 높으면 모험성향이 낮은 사람에 비해 의사결정 시 정보를 적게 활용하고 또한 의사결정의 속도를 빠르게 할 수 있다. 또한 과감하고 큰 결정을 잘하여 대부분 선택의 폭을 넓게 갖고 있어서 큰 변화에도 잘 적응한다. 또한 사람의 성격에는 '새로운 경험에 대한 개방성'(openness to new experience)이라는 것이 있다. 이 개방성이 높은 리더가 낮은 리더보다 환경변화에 민감하고 더 잘 적응하리라는 것을 예측할 수 있다. 새로운 것에 대한 호기심이 많고 항상 신기하고 놀라운 것을 찾는 사람들은 같은 사물에 대해서도 다른 각도에서 바라볼 줄 안다. 또한 급한 성격인 A형과 느긋한 성격인 B형을 비교해 볼 때 A형이 더 빨리 환경변화에 적응할 것이라고 예측된다(3장 참조). 하지만 빠른 대응이 더 효과적인가 하는 것은 상황에 따라 달라질 수 있는 문제이다.

(2) 환경변화 적응을 강화시키는 조직적 요인

환경변화 적응 강화의 조직 요인이란 리더를 둘러싼 환경요인들로서 리더의 환경변화 행동을 지원해주는 구조적 · 문화적 · 시스템적 요인들을 의미한다. 인간은 개인이 가진 특성뿐 아니라 주위를 구성하고 있는 환경에 대해서도 많은 영향을 받는다. 이러한 환경에 따라 변화와 적응이 빠르게 이루어지기도 하고 반대의 결과를 낳기도 한다. 환경변화 적응을 강화시키는 조직적 요인에 대해서 살펴보자.

① 조직적 지원

조직의 변화를 위해서는 변화에 유연한 리더와 조직원들의 개인적 특성보다 더욱 중요한 것이 유연한 조직 문화와 시스템이다. 변화를 빠르게 실행하고 조직 전체에 신속하게 전파시킬 수 있는 유연한 조직문화가 체질화된 기업의 경우, 환경의 변화에 민감하게 반응하며, 새로운 시도를 장려하고, 새로운 환경에 대한 적응이 매우 빠르다. 여기에 시스템적 요인까지 뒷받침이 되면 조직의 환경변화 적응은 매우 신속하게 일어날 수 있다. 빠른 의사결정시스템과 빠른 실행력, 새로운 시도를 장려하는 보상제도 등은 환경변화 적응을 강화시키는 데 큰 영향을 끼친다. 개인이 변화하고자 해도 조직환경이 변화를 어렵게 하는 경우도 매우 많다. 새로운 시도에 대해 "예전에 다 해봤는데 안 되더라"라는 조직분위기가 만연한 조직은 뛰어난 개인이 아무리 변화를 시도해도 환경적 요인에 의해 변화가 힘들어지기 쉽다. 또한 새로운 시도가 실패했을 때 실패에 대한 가혹한 처벌은 변화를 막는 조직적 요인이 된다. 새로운 사안에 대한 의사결정이 더디게 이루어지거나 실행이 늦어지게 되어도 변화는 빨리 일어날 수 없다. 따라서 환경변화 적응을 강화시키기 위해서는 조직적 차원의 지원이 매우 중요하다.

② 건설적 갈등(인지적 갈등)

갈등은 그 자체로 부정적인 것이 아니다. 대부분의 사람들이 제대로 해결하는 방법을 알지 못하기 때문에 매번 좋지 않은 결과로 끝나게 되고 이것이 갈등에 대한 나쁜 인식을 만들어낸 것뿐이다. 잘만 해소하면 더 좋은 성과를 가지고 오는 갈등. 한국형 리더는 이러한 갈등을 조직에서 어떻게 해결해야 할까? 건설적 갈등은 조직의 목표달성에 도움이 되고 조직성과를 높이는 데 큰 기여를 하는 갈등 형태이다. 한국형 리더는 이러한 건설적인 갈등을 잘 활용하여 변화에 능동적으로 대처할 수 있어야 한다.

갈등(葛藤)의 한자어를 자세히 들여다보면 칡나무 갈(葛), 등나무 등(藤)이 합쳐진 말이라는 것을 알 수 있다. 칡나무와 등나무를 보고 있자면 서로 얽혀서 어지럽게 자라고 있다. 복잡한 실타래와도 같은 갈등의 이미지를 잘 형상화해 놓았다는 생각이 든다. 그러나 칡나무와 등나무는 서로가 서로의 버팀목이 되어 더 강하게 자라날 수 있다고 한다. 비바람이 몰아치면 서로를 지지해주고, 썩은 가지는 알아서 도려냄으로써 생명력을 유지하는 것이다. 우리 주변의 갈등도 마찬가지이다. 갈등은 지금보다 더 나은 상황, 결과, 삶을 위해서 서로 생각하고 고민하는 과정에서 필연적으로 일어난다. 그러나 많은 사람들이 갈등을 부정적으로만 느끼고, 이른 피하고만 싶어 하기 때문에 갈등은 속에서 썩고 곪는다. 갈등을 잘만 해결한다면 나와 우리 조직 모두 한 단계 성장하게 될 것이다.

즉, 건설적 갈등은 한국형 리더가 환경변화에 빨리 적응해야 하는 자극제로서의 역할을 수행한다. 칡과 등나무의 공통된 특징은 햇볕과 의지할 곳을 찾아 무한히 뻗어나간다는 점이다. 이들은 자기 자리를 잡더라도 그 자리에 머물지 않는다. 더 높은 곳, 또 다른 곳으로 끊임없이 변화해 나아가는 속성을 가졌다. 이것이 환경변화에 공격적으로 적응하는 한국형 리더의 모습이다.

③ 다양성

다양한 전문성을 가진 구성원들로 구성된 조직은 조직 내 창의와 유연성, 혁신을 촉진할 수 있다. 한 조직 내에 한 가지 같은 생각을 가진 사람들만 있다면 그 조직은 급변하는 경쟁 및 시장 환경에 효과적으로 대응하기 어려울 것이다. 다양한 구성원들이 다양한 시각에서 시장과 이슈를 분석하고 해석함으로써 유연하고 창의적인 대응 방안을 찾아 낼 수 있다. 이런 다양성을 가진 조직에서 한국형 리더는 구성원들과 함께 변화에 잘 적응하고 성장할 수 있다.

사실, 리더가 이끄는 조직의 과업이 단순하고 반복적이고 절차가 표준화되어 있으면 동질적 구성원들로 팀을 구성하는 편이 일처리에 더 빠를 수도 있다. 하지만 일이 복잡하고 구조화 되어 있지 않으면 이질적 역량과 사고를 가진 다양성 높은 구성원들로 팀을 구성해야 적절히 과업을 수행할 수 있게 된다. 사람이 많아야 일이 더 잘 되는 유형의 과업이 있고 필요한 능력을 가진 사람들이 제 역할을 해줘야 수행이 원활해지는 과업이 있다. 하지만 다양한 구성원들로 이뤄진 팀은 리더에게 변화해야 할 필요성을 보다 강하게 느끼도록 만든다.

④ 공유된 가치

미래의 기업 환경은 새로운 기술, 경쟁 방식 등이 서로 융합적으로 결합하여 끊임없이 변화할 것이고 그 속도 역시 빨라질 것으로 예측되고 있다. 따라서 조직도 살아남기 위해 변화해야 한다. 한국형 리더가 이런 변화에 적응하기 위해서는 조직 구성원들이 미래 환경변화에 끊임없이 고민하고 신속하고 적절히 대응하도록 변화에 대한 공감대를 형성하고 움직이게 해야 한다.

성공적 변화대응을 위해서는 구성원들이 회사의 경영 철학이나 가치를 깊이 공유해야 한다. 구성원들은 무엇을 위한 변화인지 이해하고 어떻게 행동하는 것이 옳은지 스스로 판단하면서 최소한 조직에 누가 되는 행동은 스스로 자제할 수 있어야 한다. 공통된 가치관을 가지고 한 회사 속에서 함께 일하는 운명 공동체이기 때문에 이기적인 마음을 버리고 회사 전체의 이익을 고려해서 의사결정을 할 수 있어야 한다.

가치가 공유되어 있으면, 리더는 환경변화에 대응하기 위해서 다른 사람들의 동참을 호소하는 데 훨씬 노력이 덜 들어간다. 그만큼 이해시키기가 쉽다는 뜻이다. 그런 이유로 공유가치는 한국형 리더의 환경변화 적응을 돕는 기제가 된다.

⑤ 신뢰 구축

리더에게 있어 신뢰는 인간관계를 이끌어가는 원동력이다. 신뢰는 정보, 보살핌, 공동 활동 등의 자유로운 흐름을 가능케 하며 모든 관계의 질을 향상시킨다. 타인을 신뢰하고 또한 타인으로부터 신뢰를 얻으며 조직을 움직이는 비전과 에너지를 만든다. 이러한 신뢰는 조직이 변화를 시도할 때 도움을 준다. 아무리 좋은 시스템을 구축해 놓는다 하더라도 상호간의 신뢰가 없다면 변화가 시도되기도 어려울 뿐만 아니라 구성원들도 자발적으로 변화적응을 하려 하기보다 이런 기업환경을 악용할 우려가 있다. 따라서 조직은 구성원들을 인간적으로 믿고 구성원들 역시 능동적인 주체자로서의 자세를 회복할 필요가 있다.

조직 구성원들 간에 신뢰가 형성되어 있지 않으면 리더가 변화를 추진하려고 할 때 좋지 않은 시선으로 바라보며 다른 음모가 있지 않은지 의심의 눈초리를 보내게 되는 경우가 많다. 또한 변화추진 과정과 추진 이후에도 항상 꼬투리를 잡아 원래의 상태로 돌려놓으려는 저항세력이 끊임없이 생겨난다. 그러므로 변화를 추진하는 리더는 조직의 신뢰 상태가 어떤지를 항상 점검하여 신뢰를 높이는 노력을 평소에 게을리 하지 않아야 한다. 신뢰는 모든 리더십의 근본 토양이다.

⑥ 유기적 구조

유기적 구조는 조직구조의 유형 가운데 하나로, 적은 규칙과 규정, 분권화, 광범위한 직무, 넓은 통솔 범위, 높은 팀워크를 특징으로 하는 조직구조를 말한다. 이러한 구조는 리더가 구성원들의 창의적인 생각을 장려하고 급격한 환경변화에 유연하고 빠르게 대응할 수 있게 도와준다.

또한 이런 유기적 구조는 조직의 목표설정과 달성에 대한 책임을 구성원 모두가 가지고 있게 하여 조직의 목표나 방침을 활발한 토의에 의해 정함으로써 각자의 능력과 창의성을 최고도로 발휘하게 될 뿐 아니라 그 진행을 촉진하고 이끌어 간다. 또한 조직 구성원의 건설적인 관계를 장려하여 직원과의 마찰과 긴장을 완화함으로써 조직의 분위기를 조화시킨다. 따라서 이에 대한 책임도 모든 구성원이 분담하고 상벌을 객관적이고 타당성 있는 근거에 의거하여 처리하게 된다. 이렇게 함으로써 조직의 팀 활동을 통하여 높은 생산성과 사기를 통합할 수 있는 조건을 마련해 나갈 수 있다. 구성원 개인의 목표와 조직의 목표를 일치시켜 개인의 목표를 달성시키는 데 도움을 준다.

따라서 유기적 조직구조는 변화지향의 한국형 리더를 탄생시키는 데 있어 매우 중요한 조건으로 작용한다. 유기적 구조 하에서는 한국형 리더가 변화를 주도하고 변화에 대응해 나가는 것이 보다 용이하다.

⑶ 환경변화 적응을 약화시키는 개인적 요인

① 아집

자기 중심의 좁은 생각에 집착하여 다른 사람의 의견이나 입장을 고려하지 않고 자기만을 내세우는 것으로서 항상 '아무리 봐도 내 말이 맞네'라고 생각한다. 물론 리더의 말이 맞을 수도 있지만 실제로는 잘못된 판단일 가능성이 더 높다. 이러한 아집은 자신의 신념, 기대, 생각을 지지해주는 정보는 중요하게 여기는 반면 이에 반하는 정보는 무시하거나 축소시키는 경향이 있어 잘못된 생각일 수 있는데도 자신의 생각에서 벗어나지 못하고 잘못된 의사결정을 초래하며 이런 잘못된 의사결정이 변화를 방해한다.

다음의 사례를 살펴보자.

〈사례 5.21〉 조직 내에서 발생한 서 팀장의 아집

새로 부임해 온 서 팀장은 CEO의 최측근이다. 본래 영업부문에서 자라난 서 팀장은 새로 맡게 된 인재개발 부문에 대해서는 문외한이다. 용어도 낯설고 인재육성에 대해서 별로 생각을 깊이 해본 적도 없다. 그런데 이번에 승진하면서 영업 쪽에 자리를 만들지 못해서 인재개발팀장으로 일단 온 것 같다. 얼마나 오래 있을지는 아무도 모르지만 별로 오래 있을 것 같지는 않다. 자신도 술좌석에서 "내가 있으면 얼마나 있다고⋯⋯"라는 말을 자주 하곤 한다.

그러다 보니 팀원들과의 관계가 아주 안 좋다. 힘 자랑이나 하고 잘난 체하는 상사를 좋아할 부하는 없을 것이다. CEO의 측근이다 보니 서 팀장은 과거 어느 인재개발팀장보다도 더 큰 권한을 갖게 되었다. 그는 원하면 언제든지 CEO를 만날 수 있으며 CEO도 그를 자주 찾아 이런저런 문제들에 대해 상의하곤 한다. 그는 여느 팀장들보다 더 강력한 보상력을 가지고 있었다. 필요한 자원을 따오는 능력도 대단했다. 예산배정이나 팀별 인센티브 등에 있어서 인재개발팀은 여느 팀보다 혜택을 많이 받았다.

서 팀장의 이러한 힘은 종종 반대 방향으로 나타나기도 한다. 누군가를 벌해야겠다고 마음 먹으면 확실하게 벌할 수 있는 힘을 그는 갖고 있었다. 지난달 박사 학위를 갖고 있는 고 차장이 팀장에게 직무와 관련된 일로 갈등을 빚었다가 바로 다음 날 저 멀리 지방 사업장으로 전보되었던 예가 있다. 문제는 서 팀장에게 있었다. 그는 업무에 대해서 아는 것도 없으면서 인재개발 전문가들의 체계적 접근 노력에 자꾸 간섭하고 지시하려 든다. 부하들의 말을 들으려고도 안 하고 배우려고도 안 한다. 여기저기서 주워들은 것으로 밀어붙이려는 자세를 보인다. 사실 인재개발팀원들은 거의 석사나 박사학위를 가지고 있는 엘리트들이다. 과업에 대해서는 팀장을 가르치고 지도할 수 있는 수준이다. 가만히 놔두면 잘 돌아갈 터인데 서 팀장이 자꾸 일을 복잡하게 만들고 있다. 처음 왔을 때는 힘 있는 팀장이 왔다고 기대도 많이 했었지만 시간이 지나면서 팀원들은 점점 그에 대한 신뢰를 철회하기 시작하였다. 팀원들에게 제일 힘든 일이 서 팀장을 설득하는 일이라는 말이 공공연하게 나돌기 시작했다.

아집에 빠져있는 리더들은 서 팀장과 같이 잘못된 판단으로 인해 조직에서 신뢰를 잃고 조직을 위기에 빠뜨릴 위험이 크다. 아집에 빠진 리더는 자신이 무엇을 잘못하고 있는지를 잘 모르며 스스로 반성하고 수정할 줄 모른다. 그러므로 한국형 리더는 아집에 빠졌을 때 환경변화에 적응하는 힘이 매우 약하다. 위의 사례에서 서 팀장은 전문경영인 CEO도 영원히 CEO를 할 수 없다는 것을 간과하고 있다. CEO가 도와줄 때 그가 없어도 자신의 입지가 확고해질 수 있도록 스스로를 변화시켜 나아가는 자세를 가졌다면 더 빨리, 그리고 더 높이 조직에서 성장할 수 있는 기회를 가지게 되었을 것이다.

② 한정된 지식

변화를 이끌어내는 데 있어 리더의 한정된 지식은 곧바로 회사의 실패로 연결될 수 있다. 특히 직원들의 열정과 재능 속에서 바람직하거나 필요한 변화의 바람이 일고 있을 때에는 더욱 그러하다. 최고의 경영자는 종종 조직이 직면한 위협과 복잡한 도전을 자기만 인식하고 있다고 생각한다. 그리고 중간관리자는 항상 자기보다 높은 사람에게 인정받지 못하고 있다는 느낌에 괴로워하며 부하직원들에게서는 별다른 반응을 얻지 못한다며 분개하는 경우가 많다. 한편 말단직원들은 체제 안에서 억압받고 있다고 느끼고 고립되어 있다고 단정 짓는다. 그러나 이들 모두 각자의 재능으로 사태를 개선시킬 수 있으리라는 희망적인 생각을 할 엄두도 내지 못한다. 대부분의 리더들은 사고방식을 변화시킬 수 있는 방법을 모르며 시도할 용기나 비전조차 없는 경우도 많다. 이런 경우라면 수많은 컨설턴트를 고용한다고 해도 리더들이 직원들에게 변화를 아무리 강요한다고 해도 그 효과는 느리기 마련이다.

그러므로 한국형 리더는 자신의 한정된 지식으로 인해 잘못된 결정을 하는 것을 예방하고 항상 자기계발을 통해 지식을 쌓음으로써 환경변화에 대한 대응력이 무뎌지지 않도록 스스로 가다듬어야 한다.

③ 지나친 우월감

리더는 자기 우월감으로 인해 독단적인 태도를 가질 수 있다. 무조건 자신의 의견을 고집하거나 구성원들의 의견을 듣는다고 하면서 실제로는 형식적인 의견수렴에 그치고 자기 뜻대로 결론을 내리는 것이다. "경험도 부족한 친구들이 뭘 알겠어?"라는 식으로 반응하거나 새로운 아이디어를 제시해도 "예전에 다 해봤어, 이름만 다르니 전에 있던 내용이랑 다를 게 없네"라는 식으로 반응하는 것이다. 결국 구성원들은 스스로 생각하고 아이디어를 제시하려는 동기가 감소할 수 있어 리더의 판단에만 의존하는 타율적인 조직 문화 형성으로 이어질 가능성이 크다. 또한 새로운 지식이나 정보습득에도 소홀해질 수 있다. 시시각각 변하는 경영환경에서 올바른 판단을 내리기 위해서는 환경의 변화를 민감하게 잡아낼 수 있어야 하나 이를 무시하고 자신의 머릿속에서만 상황을 분석하고 결론을 내릴 경우 조직에 해를 끼칠 수 있는 판단을 내릴 위험이 있다.

막연하고 근거 없는 우월감은 리더로 하여금 변화에 대응할 필요성을 못 느끼게 만든다. 지금이 최고라고 느끼기 때문이다. 환경변화에 적절히 적응하는 한국형 리더는 항상 자신보다 더 나은 상대를 설정하여 이기려 한다. 카르타고의 한니발과 싸우던 로마의 스키피오 장군은 한니발이 죽었다는 소식에 "이제 로마도 망했다"라고 말했다고 한다. 출중한 적이 없으면, 우월감을 갖게 된다. 이것이 변화와 발전의 필요성을 못 느끼게 변화탐지 감각을 마비시킨다. 그러므로 한국형 리더는 항상 스스로 겸손하며 최상의 이상적 목표를 향하여 변화해 나아가는 리더이다.

④ 고정관념

사람은 세월이 흐르면서 습관과 관습, 전통에 길들여진다. 옛날부터 그래왔다는 것에 지나치게 가치를 부여하다 보니 그것을 새롭게 전환시키는 걸 망설이게 된다. 새 구두를 신으면 발이 아프지만 헌 구두를 신으면 발이 편한 이치와 비슷하다. 누구나 옛것을 편하게 여기고 변화하기를 거부하려는 경향은 조금씩 있기 마련이다. 이것이 고정관념이다.

당연하다고 생각하는 고정관념과 신화적 사고방식 이면에 변화를 가로막는 장벽이 존재한다. 모든 변화와 혁신은 오랫동안 자리잡아온 고정관념과 타성을 창조적으로 파괴하는 데에서 시작된다. 사람의 생각은 차갑고 뻣뻣하게 굳어버리기 쉽다. 경직된 사고는 사람의 생각과 행동을 제약할 수밖에 없다. 리더가 고정관념에 빠지면 어떤 일이든 개척하기 어려울 뿐 아니라 나태해지기 쉽다.

아마도 리더가 변화대응을 하는 데 있어 가장 큰 걸림돌이 되는 것은 리더 자신일 것이다. 리더가 갖고 있는 고정관념 때문이다. 사람들은 누구나 관념과 관성에 의해서 움직인다. 이것을 극복하지 않고서는 새로운 행동을 실행하거나 변화를 주도할 수 없다.

⑤ 흑백논리

어떤 사상을 극단적으로 양분하여, 어느 한쪽만을 판단의 절대적인 기준으로 삼아 전개하는 논리로 이러한 흑백논리를 갖고 있는 리더는 옳은 방향에 가까이 가는 것이 아니라 '생존을 위한 적대시'를 통해 경쟁을 부추기는 경향이 있다. 또한 새로운 변화를 두려워하고 변화에 대해 비관적인 생각을 가질 수 있다.

〈사례 5.22〉를 통해 실생활에서 우리도 모르게 사용하고 있는 흑백논리에 대해 살펴보자.

〈사례 5.22〉 실생활에서 본 흑백논리

우리는 남을 비난할 때 흑백논리라는 말을 많이 하지만 자기가 흑백논리에 빠져 있다고 전혀 생각하지 않는다. 그러나 우리는 부지불식간에 엄청난 흑백논리에 빠져 있다.

흑백논리는 전부가 아니면 전무란 생각이며, 현실을 오직 두 가지 확연히 구분되는 양극단으로만 보는 것이다. 모든 게 흑과 백만 있으며 회색 지대는 없다.

이런 사람들이 잘 쓰는 말은, '만날, 항상, 절대, 완전히, 전적으로, 완벽하게' 등이

다. 더 적응적이고 편한 용어인, '자주, 보통, 가끔씩, 일반적으로, 다소, 종종' 등은 잘 쓰지 않는다. 이 생각은 두 짝이 있어서 자신과 세상을 이분법적 구분으로 보는데, 그 한쪽은 좋은 범주이고 다른 한쪽은 나쁜 범주이다. 모든 것을 선-악, 성공-실패, 매력-추함, 유식-무식, 명석-멍청의 눈으로 본다. 그런데 좋은 범주에 들어갈 것들은 범위가 좁고 성취하기가 어려운 것들이며, 나쁜 범주는 그 범위가 매우 넓어서 여기에 들어갈 것은 많다. 이 사고의 결과, 자신을 선하게, 성공적으로, 매력 있게, 명석하게 보기보다는, 악하게, 실패작으로, 추하게, 멍청하게 보기가 훨씬 쉬운 것이다. 중립적인 시각이나, 편견 없이 바라볼 수가 없으므로, 이 생각은 부정적인 기분과 의욕상실감을 가져온다.

만약 한 여성이 자신을 매력이 없고 남성의 주의를 끌 수 있는 것이 아무것도 없다고 생각한다고 하자. 이 여성은 남자를 만나도 잘 안 될 거란 생각을 하므로 남자와의 만남에서는 불안할 수밖에 없다. 이 여성은 흑백논리를 갖고 있는데, 이 여자에게 '매력 있는 여자'란 모델이나 영화배우 정도라야 매력 있는 여자이다. 자신이 매력이 있다고 생각하려면 자신이 그런 스타들 정도의 외모와 매너가 있어야 하는 것이다. 세상 대부분의 여자들에게 해당하는 보통 정도의 매력이나 잘생긴 정도로는 어림도 없는 것이다.

다른 흑백논리의 예는, 사교모임에 잘 못 나가는 남자이다. 이 사람의 생각은 '분위기에 맞지 않는 말을 하면 어쩌나?' 하는 것이다. 이 사람이 생각하는 천박한 말들은, 날씨, 스포츠, 영화, 뉴스 등에 관한 이야기였다. 대부분의 사람들의 화제를 이 사람은 천박하다고 생각하고, 더 고상한 어떤 말만 하려 했기 때문에 결국 말을 하기가 더 어려웠다.

새로운 운동을 하려고 해도 자주 할 수가 없을 것 같아서 시작할 수 없다는 사람이 있다. 이 사람에게도 완벽해야 한다는 생각이 있으며, 결국 운동을 시작할 수가 없다.

우리가 실생활에 쓰는 흑백논리의 단어와 예를 살펴보았다. 당신도 자신도 모르게 이 단어들을 사용하고 있지 않은가? 흑백논리에 빠진 리더들은 창의적일 수 없고 무엇인가 시작도 하기 전에 실패에 대한 두려움 때문에 도전하려 하지 않는다. 이처럼 흑백논리에 빠진 한국형 리더는 좋아하는 것과 싫어하는 것이 분명하고 싫어하는 것에 대한 반감이 강하여 싫어하는 쪽으로의 변화를 선택할 가능성이 매우 낮다. 이것은 곧 변화의 선택이 반쪽짜리임을 뜻하는 것이다. 그만큼 선택의 폭이 좁은 리더가 될 수밖에 없다.

(4) 환경변화 적응을 약화시키는 조직적 요인

① 파괴적 갈등(감정적 갈등)

파괴적 갈등은 조직의 성과를 저해하는 불필요한 갈등의 형태로 언제나 문제를 유발시키므로 한국형 리더들은 이를 근절시킬 수 있는 방안을 강구해야 한다. 환경변화 적응의 강화 요인 중 건설적 갈등은 순기능적 갈등을 유발시키지만 파괴적 갈등은 갈등을 가져온다. 그러므로 한국형 리더는 파괴적 갈등을 억제하고 건설적 갈등을 통해 상부상조하여 환경변화에 민감하게 반응하고 잘 적응하도록 노력해야 한다.

다음은 파괴적 비판을 하는 사람의 행동이다.[*]

- 빈정거리며 신랄하고 가혹하게 비판한다.
- 위협적 요소를 포함한다.
- 이유도 없이 한참 뒤에 비판이 시작된다.
- 잘못을 상대방의 내적 원인으로 돌린다.
- 모든 것을 싸잡아 비판한다.
- 사람 자체에 대한 비판한다.
- 상대방에 대한 지배와 복수 심리를 충족시킬 목적이다.
- 개선을 위한 제안이 없다.

우리는 건설적 비판과 파괴적 비판에 대해서 공부했다. 당신은 건설적 비판을 하는 사람인가? 아니면 파괴적 비판을 하는 사람인가?

다음의 사례를 살펴보자.

〈사례 5.23〉 어느 젊은 점장의 고백

조그만 중소기업을 다니던 나는 새로 발령받은 대리점으로 갔다. 아홉 명의 직원들로 구성된 조그만 대리점. 하지만 처음으로 대리점에 나가는 자리라서 나는 기대와 긴

---

[*] 백기복, 『조직행동연구』(창민사, 2006)

장으로 가득 찼다. 더구나 여자로서 기존의 남자 점장이 있었던 곳이라 더욱 가슴을 졸였다.

그런데 그곳에는 그 대리점에 6년이나 있었다는 매우 나이 많은 여자 분이 근무하고 있었다. 막상 업무를 시작해서 보니 역시나 그녀의 텃세는 대단했다. 오래된 직장에서 최고참의 역할을 해왔던 그녀의 입장은 충분히 이해가 가지만 새로 온 책임자에게 적대감을 드러낸다는 건 나로선 매우 불쾌할 수밖에 없는 일이다. 그녀는 나이로 따져도 나보다 5살이나 어렸고 직장의 경험으로 따져도 나보다 7년이나 적었다. 단지 대리점에 오래 있었다는 이유로 나를 바지호랑이로 대접한다는 것은 참으로 근시안적인 생각이라고 보았다. 장기근무자로서 많은 고객을 알고 있을 뿐만 아니라 많은 고객들의 불평사항도 알고 있을 터인데 그녀는 내게 보고도 잘하지 않을 뿐 아니라 오히려 문제가 발생한 사실을 보고하지 않는 바람에 내가 고객에게 큰 낭패를 보는 일이 발생했었다. 새로 온 직원에게 쉽게 마음을 연다는 것도 어렵겠지만 개인적인 감정을 회사 일에 접목한다는 것은 참으로 어리석은 일이다.

내막은 이렇다. 그녀는 매우 친한 남자 대리점장을 적극 요청하였던 것이다. 그런데 본사에서 그녀의 요구대로 하지 않았다는 사실 때문에 새로 온 나에게 그런 적대감을 보였던 것이다. 나는 그녀와 상당 시간의 면담을 하였다. 그리하여 내린 나의 결정은 그녀를 다른 대리점으로 발령을 내는 것이었다. 하지만 오랜 터줏대감을 교체하기란 쉬운 일이 아니었다. 다른 대리점에서도 그녀의 조금 까다로운 성격은 이미 소문이 나 있었기 때문에 모두들 거부했던 것이다 그녀는 일은 참 잘하지만 매우 비판적인 성격의 사람으로 그녀의 비판은 건설적이기보다는 상당히 파괴적이라고 생각되었다. 그 이유는 대부분 본인의 뜻대로 되지 않으면 다른 어린 후배들에게 매우 신경질적인 반응을 보이기를 주저하지 않았기 때문이다. 그러다 보니 모두들 그녀를 피하고 있었고 사실상 팀워크가 이루어지지 않고 있었던 것이다.

결국 나는 그녀의 역량을 인정할 수 있는 더 큰 대리점으로 보내야 한다고 주장했고 결국 상급 대리점으로 발령이 나면서 우리 대리점의 갈등은 종결되었다. 그녀가 떠난 후 대리점은 상당히 평화스러워졌다. 나는 최근 들어서 직원간의 단합이 얼마나 소중한 것인가를 다시금 깨닫고 있다. 예전 그녀가 있을 때는 상상도 못할 직원들의 밝은 표정을 보고 어느 조직에서나 사람이 제일 중요하다는 것, 사람만이 사람의 마음을 움직일 수 있다는 것을 다시 한 번 생각하게 되었다. 요즘 열심히 일하고 싶은 마음이 마구 솟아오른다.

② 과도한 집단 경쟁

과도한 집단 경쟁을 하는 조직에서는 집단 구성원끼리 경쟁에서 승리하기 위하여 필요 이상의 시간, 돈 등을 소비하는 경쟁함정에 빠질 수 있다. 또한 지나친 경쟁으로 인해 구성원간의 의사소통이 되지 않으며 이기주의적인 사고를 하게 되어 팀워크 형성을 어렵게 한다. 이러한 경쟁은 리더가 변화적응을 시도하거나 노력할 때 큰 장애물이 될 수 있다.

물론 일반적으로 경쟁은 변화를 촉진한다. 그러나 과도한 집단간 경쟁은 상호협력과 협조에 기초한 변화추진을 어렵게 만든다. 우리가 흔히 쓰는 부서이기주의, NIMBY 등의 용어들은 과도한 집단 경쟁과 적대시의 예에 해당한다. 이러한 환경에서 리더는 변화주도리더십을 발휘하기 힘들다. 사실 과다경쟁 자체가 리더십을 통해서 해결해야 하는 핵심과제이기도 하다.

③ 관료적 구조

리더가 환경변화에 적응하려고 할 때 관료적 구조는 조직구성원의 행동이나 결정 등을 일체 방임하고 집단성원의 행동결정에 대해 방관적인 태도를 취하게 한다. 구성원간의 연대감이 없고 딱딱한 분위기에서 일하기 때문에 일의 능률이 쉽게 오르지 않고 밀린 일로 인해 야근으로 이어진다.

또한 수직적 조직체계, 권위주의적 조직문화가 뿌리 깊게 자리 잡은 경우엔 엄격한 위계질서에 바탕을 둔 상명하복(上命下服), 만장일치에 대한 암묵적 압력 때문에 개인의 의사와는 다르게 의사결정이 이루어질 확률이 높다. 물론 이것이 조직의 응집력을 도모할 수 있고, 빠른 의사결정을 통해 실행력을 강화할 수 있다는 장점이 있을 수 있으나 조직의 다양성을 해칠 수 있고 견제와 균형의 기능도 제대로 작동하지 않을 뿐더러 하나의 사안에 대해 장점과 단점을 충분히 고려하기 어렵기 때문에 환경변화 적응을 어렵게 만든다.

약 20년 전 한국 굴지의 어느 대기업에서 도장이 가장 많이 찍힌 서류를 본 적이 있다. 무려 130개의 도장이 찍혀 있었다. 결재를 위한 것이기도 하였고 봤다는 것을 확인하기 위해서 도장을 찍기도 하였다. 이런 상황에서 리더가 한 가지 변화를 주도하기 위해서 기꺼이 나서리라고 가정하는 것은 지나친 기대에 지나지 않는다.

④ 조직의 관성법칙

어린 코끼리를 도망가지 못하도록 작은 말뚝에 매어 놓으면 성장한 이후에도 말뚝을 뽑아버릴 수 있다는 생각을 못한 채 그냥 묶여 있다고 한다. 조직이 심리적 관성에 얽매여 있으면 과거의 습성에 젖은 채 새로운 아이디어를 창출하지 못하는 어리석은 코끼리와도 다를 바 없다. 이러한 관성의 힘이 조직 내에 장기간 유지될 경우 성공을 가로막는 위협 요인으로 작용하기도 한다. 구성원들이 현재의 상태에 만족해서 변화하려는 시도를 하지 않는 경우, 혹은 한번의 성공 경험에 도취된 나머지 성공 방정식을 지속적으로 모든 사업에 적용하려고 하는 경우가 이에 해당된다.

그러므로 한국형 리더는 조직이 심리적 관성에 빠지지 않게 하기 위해서 원점사고를 할 수 있어야 한다. 설령 기존의 방식이 맞는 것이라 할지라도 의도적으로 원점에서 다시 생각해 보고 바라보는 시각도 달리해 보는 것이다.

5 │ 환 경 변 화 적 응 의 부 정 적 측 면 과 극 복 방 안

한국형 리더십의 환경변화 적응의 행동은 긍정적 측면만 있는 것이 아니라 부정적 측면도 동시에 존재한다. 그러므로 한국형 리더는 큰 성과를 달성하기 위해서 긍정적 측면을 보존하고 부정적 측면을 극복할 필요가 있다. 최고의 한국형 리더는 이러한 부정적 측면에 주의하여 이를 극복할 수 있는 효과적인 행동을 보여주는 리더이다. 여기에서는 환경변화 적응 행동의 단점을 적시하고 그를 극복할 수 있는 방안을 체계적으로 설명하려고 한다.

민감성

변화에 대한 민감성이 과도하여 굉장히 예민하게 반응하다 보면 자주 빠른 변화에 적응하려 애쓰게 된다. 이런 노력은 변화에 대한 '적응 피로'로 발전하게 되고 피로가 쌓이면 스트레스로 이어지게 된다.

〈표 5.7〉 환경변화 적응 4요인의 부정적 측면과 극복방안

구 분	부정적 측면	극복방안
민감성	• 과도한 민감성은 위험한 수준의 피로와 스트레스를 유발한다. • 원칙이나 소신 없이 주위의 변화에 민감하게만 반응하게 되면 변화의 방향을 잃을 수 있다. • 중요도의 고려 없이 지나치게 민감하여 작은 요소를 과대평가하면 잘못된 상황판단을 하게 될 수 있다.	개인과 조직에 정말 필요한 변화에 몰입하여야 한다.
상황판단	• 빠른 상황파악을 위해 여러 가지 요인들의 분석 없는 부정확한 판단을 내릴 위험이 있다. • 눈앞의 상황만으로 판단하여 장기적인 관점에 적합하지 않은 판단을 하게 될 수 있다.	넓은 시야를 확보해야 한다.
유연성	• 확실한 주관이 없는 유연성은 자칫 우유부단함으로 보일 수 있다. • 방향성을 잃은 유연성은 정체성 상실로 이어져 혼란을 야기한다.	적극적으로 피드백을 구해야 한다.
자기성찰	• 지나친 완벽주의를 유발한다. • 자신에 대한 지나친 반성으로 자신감을 상실하거나 부정적 성향을 강화시킬 수 있다. 자기학대로 이어질 수 있다.	항상 겸손의 미덕을 가져야 한다.

또한 자기의 원칙이나 소신이 없이 수시로 변하는 세태에 휩쓸려 다니며 방향을 잃고 표류할 수 있다. 변화의 방향을 잃은 사례를 살펴보자.

<사례 5.24> 샤워실의 바보

샤워를 할 때 따뜻한 물이 나오게 하려고 손잡이를 온수 쪽으로 돌린다.
그런데 그렇게 하다 보면 너무 뜨거운 물이 나와 이번에는 손잡이를 냉수 쪽으로
급하게 돌린다. 그러다 조금 있으면 물이 너무 차가워 다시 온수 쪽으로 손잡이를 돌
린다. 결국 샤워하는 내내 온수와 냉수를 오가며 손잡이를 돌리다 샤워를 끝마친다.
이것을 '샤워실의 바보'(a fool in shower)라고 한다.

노벨 경제학상을 수상한 바 있는 시카고 대학의 밀턴 프리드먼 교수가 한 말이다.
그런데 샤워실의 바보가 어디 샤워실에만 있겠는가. 우리도 살다 보면 샤워실의 바보
처럼 행동할 때가 많다. 이런 말에 쫑긋, 저런 말에 솔깃하며 이리저리 왔다 갔다 어쩔
줄을 몰라 한다. 저것이 인기 있다고 하면 우르르 몰려갔다 이것이 좋다고 하면 한꺼번
에 몰려온다. 자기의 원칙이나 소신이 없이 수시로 변하는 세태에 휩쓸려 다니며 방향
을 잃고 표류하기 일쑤이다. 마치 샤워실의 바보처럼 온수와 냉수를 오가며 손잡이를
돌리느라 어떻게 샤워를 하는지도 모르고 헤매는 것처럼 말이다.

그리고 지나치게 민감하여 중요한 부분이 아닌 작은 요소를 과대평가하여 잘못된
상황판단을 하게 될 수 있다. 작은 변화까지도 모두 알아차릴 수 있는 민감성을 가지는
것은 긍정적일 수 있다. 하지만 중요도를 함께 고려하지 못하면 문제를 유발하게 된다.
중요하지 않은 부분에 대해서도 크게 반응하는 것은 비효율적일 뿐만 아니라 잘못된
의사결정을 하게 만들 수 있기 때문이다.

중요하지 않은 부분에 초점을 맞추다 보면 잘못된 상황판단으로 실패를 유발하게
된다. 변화를 할 때 새로운 것을 받아들이는 것만큼, 중요하지 않은 부분을 버릴 줄
아는 것이 중요하다. 가장 중요한 부분에 몰입하지 못하고, 여러 가지 사소한 변화를
한꺼번에 진행하게 되면 효율성이 떨어지고 성공확률도 낮아지게 된다. 또한 꼭 필요
치 않은데 변화를 진행하는 경우도 많다. 새로운 리더가 부임을 했을 때 조직개편을
추진하는 등 꼭 필요하지도 않은 변화를 하는 경우가 그 예이다. 또한 연말이 되면 멀
쩡한 보도블록을 뒤집고 새로 까는 것을 자주 볼 수 있다. 이러한 변화는 꼭 필요한
변화인가? 당연히 아니다. 꼭 필요한 변화가 무엇인지 정확히 인지하고 상황을 판단하

여 중요하다고 판단되는 변화에만 몰입해야 한다. 혹시 자신도 멀쩡한 보도블록을 뒤집고 새로 깔고 있지는 않은지 뒤돌아 볼 필요가 있을 것 같다.

상황판단

환경에 민첩하게 변화하기 위해서는 빠른 상황판단이 필수적이다. 상황판단을 정확히 해야 어떤 방향의 변화를 해야 하는지 결정할 수 있기 때문이다. 하지만 빠른 상황파악을 위해 여러 가지 요인들의 분석 없는 부정확한 판단을 내릴 위험이 있다. 정확한 상황판단을 하기 위해서는 다양한 정보를 수집하고 분석하는 과정이 필요하다. 하지만 빠른 상황판단에 중점이 맞춰지게 되면 정보를 수집하고 분석하는 과정이 제대로 이루어질 수 없는 경우가 발생한다. 그렇게 되면 상황판단의 정확성은 당연히 떨어질 수밖에 없다. 더 나아가 한정된 정보를 가지고 판단을 내렸기 때문에 잘못된 상황판단을 하게 될 수 있다. 이것은 변화적응을 실패로 만드는 가장 큰 요인 중 하나이다. 따라서 빠른 상황판단을 중요시하되 꼼꼼한 정보수집과 분석이 선행된 후 정확한 상황판단을 하기 위해 노력해야 할 필요가 있다.

또한 눈앞의 상황만으로 판단하여 장기적인 관점에 적합하지 않은 판단을 하게 될 수 있다. 우리는 모든 상황에 대한 판단을 할 때 현재시점을 기준으로 판단한다. 하지만 상황판단을 하는 이유는 미래시점에 대해 예상하기 위한 경우가 대부분이다. 현재시점을 기준으로 한 판단으로 미래시점을 예상하는 데에는 많은 오류가 발생할 수 있다. 따라서 현재의 상황에 대한 분석과 함께 장기적 안목에서의 직관과 통찰력이 요구된다. 이러한 장기적 안목 없이 내리는 상황판단은 현재상황에 대한 단편적인 기술에서 벗어날 수 없다. 따라서 상황판단은 현재시점의 상황판단과 더불어 장기적 안목에서 미래의 가능성을 예측할 수 있는 통찰력이 함께 요구된다.

약육강식의 전쟁터인 아프리카 세렝게티 초원에서 야생 동물들이 보여주는 생존 전략을 기업 경영의 시각으로 연구한 책 '세렝게티 전략'에는 넓은 시야의 중요성을 보여주는 동물로 기린이 나온다. 기린의 눈은 포유류 중 가장 크다. 크기만 큰 것이 아니라 6미터 높이에서 사방을 두루 살필 때 멀리 지평선에 있는 조그마한 움직임도 잡아낼 정도로 시력도 뛰어나다. 우두머리 기린은 아득히 먼 곳에서라도 포식자를 발견하게 되면 무리를 안전한 곳으로 미리미리 이동시킨다. 기린에게 종족 보존의 가장 중요한 전략 중 하나는 넓은 시야인 것이다. 크건 작건 조직을 책임지는 리더라면 넓은 시야를 확보해야 한다. 중요한 업무나 우수한 인재에만 시야를 좁혀서는 곤란하다. 1%의 핵심 인재에만 집중하다 99%의 더 중요한 역량을 잃을 수도 있다. 리더는 조직 내부와 외부에서 일어나는 크고 작은 변화, 모든 팀원들의 일거수일투족을 살필 수 있어야 한다.

유연성

새로운 변화를 시도하고 받아들이는 데 유연한 생각은 매우 중요하다. 하지만 확실한 기준 없는 유연성은 자칫 우유부단함으로 보일 수 있다. 주위를 보면 '귀가 얇은' 사람들이 있다. 자신의 주관에 의한 판단을 내리지 못하고 주위의 이야기에 좌지우지되는 사람들을 '귀가 얇다'라고 말한다. 이런 사람들은 매우 유연하다고도 할 수 있다. 유연하기 때문에 타인의 말에 태도를 빨리 바꿀 수 있는 것이다. 하지만 주관이 없는 유연성은 그저 우유부단함일 뿐이다. 자신의 소신과 주관이 뚜렷한 상태에서 다른 사람의 말을 받아들이거나 적당히 비판할 줄 아는 것이 바람직한 유연성이라고 할 수 있다. 우유부단함과 주관이 있는 유연성은 매우 다르다. 자신이 유연성을 가졌다고 생각하고 있지만 사실은 우유부단하지 않은지 뒤돌아 볼 필요가 있다.

또한 방향성을 잃은 유연성은 정체성 상실로 이어져 혼란을 야기한다. 변화의 방향을 확실히 하지 않은 상태에서는 방향성을 잃고 환경의 변화에 휘둘리게 될 수 있다. 이러한 상태가 되면 자신이 누구이고 무엇을 하고자 했는지에 대해 모호해지게 된다. 이와 같은 정체성 상실은 혼란을 야기해 변화의 갈피를 잡지 못하고 어떻게 해야 할지 몰라 갈팡질팡하게 될 수 있다. 따라서 변화의 방향에 대한 확실한 이해가 선행되는 것이 매우 중요하다.

이러한 문제를 극복하기 위해서는 피드백을 통해 보다 객관적으로 자신을 돌아볼 필요가 있다. 하지만 리더가 피드백을 받기는 쉽지 않다. 낮은 직급의 구성원들에 비해 주변에 피드백을 줄 수 있는 사람이 적고, 부하가 상사에게 서슴없이 피드백을 제공하기도 쉬운 일이 아니기 때문이다. 이런 맥락에서 개인 차원에서 피드백을 주고받기가 어렵기 때문에 조직 차원에서 접근할 필요가 있다. 직급에 관계없이 상호간에 적극적인 피드백을 장려하는 조직 문화를 강조하는 동시에 360도 다면평가, 코칭, 멘토링 등의 제도적 장치를 마련하여 리더에게 피드백을 제공할 수 있는 장치가 마련되어야 한다.

자기 성찰

자기성찰이 과해지면 과거에 했던 실수나 잘못을 반복하지 않기 위해 자주 자신의 모습과 자신의 행동을 의식하여 지나친 완벽주의 성향을 보일 수 있다. 지나친 완벽주의 성향은 과도한 스트레스를 유발하고 사소한 부분까지 많은 신경을 써 업무의 효율을 떨어뜨리게 될 수 있다. 또한 완벽주의는 일 중독을 유발하는 요인이 되므로 개인의 건강과 인간관계에 부정적 영향을 주게 된다. 그리고 자신뿐만 아니라 다른 사람에게도 완벽성을 요구해 주위 사람들에게도 스트레스를 유발하고 심신을 지치게 만드는 등의 문제를 유발할 수 있다.

또한 자신에 대한 지나친 반성으로 자신감을 상실하거나 부정적 성향을 강화시킬 수 있다. 자신을 되돌아보고 반성하는 것이 자기성찰이다. 하지만 자신의 과오를 심각하게 받아들이고 지나친 반성을 하게 되면 자신감이 약해질 수 있다. 또한 자신이 잘못한 부분에만 치우쳐 생각하게 되면 부정적인 방향으로 생각이 흘러가기 쉽다. 자기부정은 '난 안돼', '난 못해'라고 생각하는 상태로 부정적 정서는 순환과정을 통해 증폭되는 특성을 가진다. 따라서 자신을 반성하되 생각의 방향이 잘못된 부분을 극복할 수 있는 방안으로 형성되어야 한다. 자기성찰을 하는 이유는 과오를 되돌아보고 그것을 극복하여 더욱 발전하기 위해서이지 자신의 잘못된 부분을 질책하기 위한 것이 아니다.

LEADERSHIP QUIZ

나의 주변은 어떨까? 주변에서 가장 긍정적인 인물과 부정적인 인물을 떠올리고 그들의 구체적인 행동특성을 적어 보자.

구 분	민감성	상황판단	유연성	자기성찰
긍정적인 주변 인물의 행동특성				
부정적인 주변 인물의 행동특성				

리더가 아무리 지식과 경험이 많고 성공한 적이 많아도 인간이기 때문에 누구나 실수하고 실패할 수 있다. 중요한 것은 무슨 일이 있어도 실패하지 않겠다는 태도가 아니라 실패하더라도 실패에서 배우고 반복하지 않겠다는 자세이다. 리더는 '내 생각이 틀릴 가능성은 반드시 있다'라는 태도를 갖고 자신의 생각과 의견을 검증할 필요가 있다. 자신의 판단이 틀렸다는 생각이 불편하고 이를 다시 검증하는 일이 번거로울 수도 있다. 그러나 이 과정에서 오류를 발견하여 합리적이고 올바른 변화적응 능력과 올바른 의사결정을 내릴 수 있다면 결과적으로 조직뿐만 아니라 자신에게도 바람직할 것이다.

6 | 환경변화 리더와 환경둔감 리더

환경변화 리더와 환경둔감 리더의 행동양식

환경변화에 잘 적응하고 변화를 추진하는 리더와 환경변화에 둔감하고 변화를 꺼리는 리더는 행동양식에서 큰 차이를 보인다. 다음은 환경변화 리더와 환경둔감 리더의 행동양식 비교이다.

〈표 5.8〉 환경변화 리더와 환경둔감 리더의 행동양식 비교

환경변화 리더	환경둔감 리더
• 통찰력 있는 안목	• 근시안적 안목
• 창의성 발휘	• 구태의연한 발상
• 박학다식한 지식	• 좁고 얕은 지식
• 새로운 시도 추구	• 변화를 두려워함
• 업무에 대한 전문성 확보	• 업무 몰(沒)이해
• 확실한 목표의식	• 목표가 없음

- **통찰력 있는 안목 vs. 근시안적 안목** : 환경변화 리더는 통찰력 있는 안목으로 변화의 흐름과 미래에 대한 예측에 깊은 통찰력을 보여준다. 이러한 통찰력을 기본으로 하여 환경변화를 감지하고 변화를 주도하는 리더가 될 수 있다. 하지만 환경둔감 리더는 변화를 감지하지 못하고 근시안적으로 현재상황에 얽매여 미래에 대한 예측도 하지 못한다.

- **창의성 발휘 vs. 구태의연한 발상** : 환경변화 리더는 변화를 실행할 때 창의적인 방법을 사용한다. 기존의 방법이 아닌 새로운 방법을 창의적으로 시도함으로써 기존에 없던 새로운 것을 창조해 낼 수 있다. 하지만 환경둔감 리더는 새로운 발상을 하지 못하고 구태의연한 발상에 머문다. 문제해결을 할 때도 기존의 방식에 머물러 새로운 변화를 만들어 내지 못한다.

- **박학다식한 지식 vs. 좁고 얕은 지식** : 변화를 감지하고 주도하기 위해서는 폭넓은 지식이 필요한 것이 사실이다. '아는 만큼 보인다'라는 말이 있듯이 많이 알고 있는 사람에게는 많은 환경적 요소들이 보이게 마련이다. 따라서 환경변화 리더는 박학다식한 지식을 가지고 환경변화에서 많은 요소를 도출해 낸다. 또한 다양한 방법과 경로를 이용하여 문제를 해결하고 변화를 주도할 수 있다. 하지만 환경둔감 리더는 좁고 얕은 지식으로 다양한 가능성을 생각하지 못하기 때문에 기존의 상태에서 발전을 이루기 힘들다.

- **새로운 시도 추구 vs. 변화를 두려워함** : 환경변화 리더는 새로운 시도와 도전을 좋아한다. 기존의 것으로는 높은 성과창출이 불가능하기 때문에 새로운 시도를 통해 성과를 높이고자 하는 것이다. 경영학에서 '5%의 성장은 불가능해도 50% 성장은 가능하다'는 말이 있다. 이 말은 기존의 것으로는 5%의 성장도 불가능하지만 혁신을 통해서는 50%의 성장도 가능하다는 것이다. 환경변화 리더는 이러한 사실을 매우 잘 알고 있기 때문에 새로운 시도를 좋아한다. 하지만 환경둔감 리더는 현재와 달라지는 변화에 적응하는 것을 두려워하기 때문에 기존의 것을 고수하는 행동양식을 보인다.

- **업무에 대한 전문성 확보 vs. 업무 몰이해** : 환경변화 리더는 업무에 대한 전문성 확보로 자신감을 가지고 있기 때문에 새로운 변화에 대해 두려워하지 않는다. 어떤 상황에서도 적응하고 변화를 주도해 나갈 수 있기 때문이다. 하지만 환경둔감 리더는 업무에 대한 이해도가 낮기 때문에 새로운 상황에 당황하고 적응하지 못한다.

- **확실한 목표의식 vs. 목표 없음** : 확실한 목표의식이 없는 변화는 혼란만 가중하게

된다. 따라서 환경변화 리더는 확실한 목표의식을 가지고 상황을 판단하며 변화를 주도한다. 목표가 확실해지면 중요도에 따라 변화요소를 선택할 수 있고 중요한 변화에 몰입할 수 있다. 따라서 성공확률도 올라가게 된다. 하지만 환경둔감 리더는 목표의식이 없고 막연하게 상황을 판단하고, 변화를 추진하기 때문에 혼란만 가중하고 결국 실패하게 된다.

초변화 과장 vs. 초둔감 과장의 하루

(1) 초변화 과장의 하루

`6:00` 잠에서 깨어 씻고 10분간의 명상시간을 보낸다. 마음의 안정과 여유를 찾은 후 아침식사를 하면서 오늘의 신문을 읽는다. 자신이 좋아하는 경제 분야에서 유익한 정보가 있으면 스크랩 하는 것도 잊지 않는다.

`7:00` 회사 근처의 중국어 학원에서 회화공부를 한다. 이미 영어와 일본어를 능숙하게 하는 초변화 이지만 세계화에 발 맞춰 중국어 공부까지 마스터 할 생각이다.

`8:30` 출근시간보다 30분 일찍 도착해 오늘의 스케줄을 점검하고 남은 시간에는 책을 읽는다. 회사 직원이 한두 명씩 출근을 한다. 초변화는 직원들을 보며 "좋은 아침", "아침 밥 안 먹었어? 왜 이렇게 힘이 없어 보여? 힘내! 으으!"라며 밝게 인사하고 직원들의 기운을 북돋아준다. 초변화 덕분에 직원들도 활기찬 하루를 시작하는 것 같다.

`9:00` 본격적인 하루 일과가 시작되었다. 오늘은 직원들과 회의가 있는 날이다. 초변화는 먼저 오늘의 회의 안건과 목표, 그리고 변화의 중요성에 대해 얘기한다. 회의 도중 직원들은 자신들이 해온 기획안을 발표하고 초변화 과장은 자연스럽게 직원들이 토론할 수 있는 분위기를 만들어준다. 직원들은 이런 분위기 속에서 자신들의 의견을 마음껏 얘기하고 남의 의견을 경청하며 창의적인 아이디어를 제공하곤 한다. 회의는 30분 동안 진행되었고 초변화, 직원들 모두 만족스러운 결과를 얻었다.

12:00 기다리고 기다리던 점심시간이다. 초변화는 직원들에게 "오늘은 뭐 먹을까? 어제는 내가 골랐으니 오늘은 김 팀장이나 미스 리가 정해 봐"라며 선택권을 준다. 오늘은 간단하게 갈비탕을 먹기로 했다. 식사를 하며 초변화는 직원들과 사적인 얘기도 하고 직원들의 얘기에 귀를 기울였다. 직원들과 한층 더 친해진 기분이다.

15:00 과장회의가 있다. 사업관련 팀의 과장들이 모여 의견을 교환하는 자리이다. 초변화는 현 업계의 변화의 동향과 미래의 아젠다를 분석했다. 분석 결과 지금과 같은 방식으로는 시장경쟁력에서 밀릴 수밖에 없다는 안건을 제시한다. 이 안건은 구체적으로 프로젝트 팀을 구성하여 진행해야 할 필요성이 있다고 주장한다. 초변화의 안건은 통과되었고 새로운 프로젝트 팀의 팀장으로 초변화 과장이 선정되었다.

17:00 퇴근하는 길에 서점에 들러 신간 책을 살펴본다. 자신이 좋아하는 경제 경영서를 비롯, 철학, 인문, 음악 등 다양한 분야의 좋은 책을 선정해 구매했다. 거기에다 경제잡지 한 권도 구매했다. 집에 돌아온 초변화는 오전에 배운 중국어를 복습하고 새로 사온 책도 읽으며 하루를 마감했다.

주말 초변화 과장은 다른 사람과 얘기하는 것을 좋아하고 다른 사람이 얘기를 하면 관심 있게 들으며 자신이 모르던 정보나 내용은 늘 메모하는 습관을 갖고 있다. 다른 사람의 이야기를 듣다 보면 자신이 잘못 생각하고 있는 부분이나 놓치고 있는 부분을 알게 되기 때문이다. 사회에서 만난 다양한 사람들, 주말 레포츠 동호회 사람, 책의 저자 등 다양한 분야에서 일하는 사람들과도 만남을 갖는다. 주위 사람들을 거울삼아 자신을 되돌아보는 것도 잊지 않는다. 또 필요할 때는 사람들에게 조언을 요청하기도 한다. 기획의 재료는 그에게 늘 널려 있으며 언제든 원하는 창고에서 적당히 꺼내 쓰면 된다.

(2) 초둔감 과장의 하루

7:30 아침 7시 반에 겨우 눈을 떴다. 늦게 일어난 덕분에 아침을 걸렀다. 회사까지 한 시간 정도 걸리는 거리라 서두르지 않으면 지각이다. 대충 씻고 집에서 부랴부랴 나왔다. 버스를 타러 뛰어가면서 넥타이를 매고 남은 눈곱을 뗀다.

출근 버스 안은 오늘도 만원이다.

8 : 40 버스에서 시달리다 보니 어느새 회사 앞이다. 엘리베이터를 타고 올라가는 동안 같은 부서 오 팀장을 만났다. 오 팀장은 초둔감을 못 봤는지, 아니면 보고도 못 본 척하는 건지 인사는커녕 쳐다보지도 않는다. 초둔감이 인기척을 몇 번 했지만 끝내 쳐다보지 않는다. 사무실에 도착해 컴퓨터를 켜고 하루의 업무를 보기 시작한다.

10 : 00 회의시간이다. 오늘은 안 팀장이 회사의 혁신의 필요성에 대해 얘기한다. 초과장은 "무슨 그런 쓸데없는 소리를 하고 있어? 요즘 같은 시대엔 그냥 조용히 변화 없이 가는 게 좋은 거야. 예전에 했던 것처럼 하면 되지 뭘 또 바꾼다고 그래? 피곤하게, 혁신에 관한 얘기면 더 안 듣는 게 좋겠어"라며 다른 직원의 프레젠테이션을 듣는다. 2시간의 지루한 회의시간으로 모두들 지쳐 있다.

12 : 00 직원들이 모두 회사 앞 생선구이를 먹으러 가자고 했지만 초둔감은 자장면이 먹고 싶어 직원들을 데리고 자장면을 먹으러 갔다. 오랜만에 내가 쏘겠다고 했더니 한 여직원이 탕수육과 고추잡채까지 시킨다. 초둔감은 오늘도 법인카드로 계산을 했다.

13 : 00 오늘은 거래처 사장을 만나는 날이다. 거래처 사장은 항상 초둔감의 이야기를 잘 경청해준다. 초둔감은 자신의 얘기를 잘 들어주는 사람을 만나면 한 시간이고, 두 시간이고 자기 얘기 하는 걸 좋아한다. 가끔은 상대방이 지루해하고 힘들어하는 것을 눈치 채면서도 말하는 것을 멈추지 않는다. 자신의 얘기는 상대방이 들어야 할 '아주 흥미진진하고 꼭 알고 있어야 할' 이야기라고 생각하기 때문이다. 하지만 몇 번 초둔감과 자리를 함께 한 사람은 초둔감의 레퍼토리를 이미 다 꿰뚫고 있다. '새로운 내용으로 업데이트되지 않은 과거사'를 끊임없이 반복하며 재생산하고 있기 때문이다. 하지만 여전히 초둔감은 사람들을 만날 땐 자신의 얘기를 잘 들어주는, 일명 스스로 '죽이 잘 맞는다고 생각하는' 사람들과만 주로 만난다.

14 : 00 점심을 먹고 사람을 만나 얘기를 오래 하고 돌아오니 잠이 몰려온다. 어제 늦게까지 회식자리를 가진 탓인지 오늘은 졸음이 더 하다. 10분 정도 눈을 붙이고 싶지만 그럴 만한 여유가 없다. 이번 달 실적이 만만치 않기 때문이

다. 목표를 달성하려면 더 많은 아이디어가 필요하다. 하지만 머리는 멍하다. 초둔감은 기획을 할 때마다 점점 어려워지고 있음을 느끼지만 그렇다고 책을 사거나 잡지를 구독하지도 않는다. 평소 책을 읽을 시간도 없을 뿐더러, 잡지를 정기 구독하는 데 들이는 돈도 아깝다고 생각하기 때문이다.

18:00 초둔감은 이것저것 한 것 없이 시계를 보니 어느새 6시가 넘었다. 저녁을 먹고 일을 할까, 좀 더 일하다 퇴근을 할까 잠깐 고민을 한다. 일도 일이지만 사장의 눈치가 보이니 오늘도 야근을 해야 할 것 같다. 집에서 아이들과 함께 저녁을 먹은 지가 언제였던가. 이제는 기억도 나지 않는다. 그러고 보니 아이들 얼굴도 가물가물하다.

22:00 직원들의 여러 가지 아이디어를 짜맞추고 짜내서 보고서를 작성하였다. 이것저것 잡무를 처리하다 보니 어느새 10시가 훌쩍 넘었다. 오늘도 집에 가면 12시가 다 될 것 같다.

주말 초둔감에게 주말은 세상에서 제일 행복한 날이다. 늦게까지 늦잠을 잘 수도 있고 비좁은 만원버스에서 시달리지도 않기 때문이다. 초둔감 씨는 오후까지 늦잠을 자다 아내가 차려준 밥을 대충 먹고 아빠와 같이 놀고 싶어 하는 아이들을 뒤로 한 채 계속 TV를 보고 있다. 드라마, 오락, 뉴스, 다큐멘터리 등 주중에 못 봤던 것까지 다 재방송으로 보고 나니 어느새 새벽이다. 마지막으로 영화 한 편을 더 보고 일요일 오전이 돼서야 잠이 들었다. 자고 일어나니 일요일 저녁. 밥을 대충 먹고 TV를 보며 다가오는 월요일을 생각하며 스트레스를 받고 있었다.

이 두 사람 중 누가 더 창의적인 기획을 만들어낼 수 있을까? 물론 처음에는 큰 차이가 없었을 수도 있다. 하지만 시간이 갈수록 초둔감 과장은 창의력의 싹이 시드는 데 반해, 초변화 과장은 창의력이 꽃을 피우고 열매를 맺게 될 것이다.

CHECK LIST

진단 문항을 읽고 정도에 따라 1(전혀 그렇지 않다)~5(매우 그렇다)로 나누어 체크(✔)해 보세요.

구 분	진단 문항	1	2	3	4	5
민감성	조직의 작은 변화에도 민감하게 반응한다.					
	나의 기술과 능력에 대해 잘 파악하고 있다.					
	경쟁사 정보에 민감하다.					
	매일 TV나 뉴스 등 대중매체를 통해 사회적인 변화를 살핀다.					
	유행에 민감한 편이다.					
상황 판단	어려운 상황에 처해 있을 때 당황하지 않고 일을 잘 해결하려 노력한다.					
	변화하는 상황에 대응하기 위해 계획이나 활동의 우선순위를 잘 조절하는 편이다					
	예측하지 못한 일에 대해 신속하고 정확히 해결하려고 노력한다.					
	결과를 알 수 없는 불확실한 상황에서는 일할 의욕이 생기지 않는다.					
	예상치 못한 상황에 당황스러워서 일의 체계를 잘 잡지 못하고 허둥댈 때가 있다.					
유연성	평소 원칙적인 것을 싫어하고 변화를 중시한다.					
	나에게 주어진 일에 대해 여러 각도에서 살펴보고 새로운 접근방식을 찾아서 풀어보려고 한다.					
	다른 사람들이 생각해 내지 못하는 새로운 아이디어를 잘 생각해 내는 편이다.					
	어떤 일을 할 때 항상 정해진 규칙을 따라야 한다고 생각한다.					
	내 아이디어를 여러 가지 방식으로 표현할 수 있다.					
자기성찰	문제를 해결하기 위해서라면 개인적으로 싫어하는 동료나 친구라도 그 사람의 의견을 기꺼이 들으려고 한다.					
	다른 사람들 혹은 다른 상황에서 이전에 했던 행동을 바꾸는 능력이 부족하다.					
	내 잘못에 대한 옳고 그름을 잘 판단하는 편이다.					
	스스로를 잘 통제하지 못하여 일을 끝내기까지 많은 시간을 낭비한다.					
	하기 싫은 일이라도 마음을 잘 조절하여 계속해 나가는 편이다.					

RESULT

각 요인별로 점수를 합산하여 17~25점이면 상(上), 9~16점이면 중(中), 1~8점이면 하(下)입니다.

구 분		진단 결과
민감성	상	당신은 조직의 작은 변화를 빨리 알아채고 관찰하는 능력이 뛰어난 사람입니다. 또한 경쟁사 정보에 민감하여 항상 경쟁사보다 우위를 점할 수 있는 유리한 위치에 있습니다. 대중매체와 독서를 통해 변화를 빨리 감지하고 혹시나 찾아올지 모르는 위급상황에 대비하세요.
	중	당신은 변화에 관심은 있으나 많이 민감하게 반응하지는 않는 편입니다. 당신의 현재 상태를 한번 점검해 보고 직장과 사회의 변화에 관심을 갖도록 노력해 보세요. 또한 변화의 중요성에 대해 다시 한 번 생각해 보고 현실에 안주하려 하는 나약한 모습을 고치도록 노력하시길 바랍니다.
	하	훌륭한 한국형 리더가 되는 길은 쉽지 않습니다. 끊임없이 노력하고 연구하고 공부하여야 합니다. 집 앞의 도서관에 가서 리더십에 관한 책을 보고 연구해서 조직에 접목시켜 보세요. 매일 뉴스와 신문에 귀 기울이고 직원들과 많은 시간을 함께 하려고 노력하세요. 훌륭한 리더가 되기는 쉽지 않지만 조금씩 노력한다면 언젠간 당신도 존경받는 한국형 리더가 될 수 있습니다.
상황판단	상	당신은 어떤 어려움이나 위급한 상황에 처해 있어도 당황하지 않고 상황에 대응하기 위한 우선순위를 잘 정하여 해결하는 현명한 사람입니다. 임기응변이 강하여 따르는 사람이 많고 위기에 능하지만 방심하지 말고 항상 노력하는 모습을 보여주시길 바랍니다.
	중	변화와 혁신에는 관심이 있지만 일의 순서나 문제의 해결방법을 몰라 고민하시고 계시는군요. 조직의 문제점이 무엇인지, 그 해결책은 무엇인지, 그것에 대한 분석은 어떻게 해야 하는지에 초점을 맞추어 생각해 본다면 해결방안은 쉽게 나올 것입니다. 창조적 해결방법에 탁월한 Swot방법을 사용해 보세요.
	하	안정성만 추구하고 변화를 두려워하거나 변화를 잘 파악하지 못하는 당신! 혹시 지금처럼만 하면 될 것이라는 안일한 생각을 갖고 있진 않은가?! 진정한 안정성을 추구하고 싶다면 변화와 혁신경영에 관심을 가지고 공부하시길 권유합니다. 시대는 변하고 고객, 협력업체, 직원들의 마인드도 점차 변해가는 시대입니다. 이제 그들보다 앞서 생각하고 결정하는 자세가 필요한 때입니다.
유연성	상	반짝이는 아이디어와 창의력을 겸비하고 있는 당신! 새로운 것에 대한 도전도 잘 하는 편이므로 변화하는 환경에 항상 유연하게 대처할 수 있고 대처방안이 뛰어납니다. 그러나 자유롭지 못한 것에 대한 스트레스를 받을 수가 있으니 조심하십시오.
	중	때로는 창의적이지만 중요한 일을 해야 할 때는 조금은 고정관념에 사로잡혀 있습니다. 새로운 일에 직면하게 되었을 때 자신의 아이디어와 기존의 틀을 가지고 고민을 많이 하지만 결국엔 기존의 틀을 많이 생각하는 편입니다. 실패를 두려워하지 말고 자신감을 가지고 새로운 것을 시도해 보세요. 처음엔 어색하고 불안할 수 있으나 자신의 현명한 사고와 아이디어를 중시한다면 빨리 극복할 수 있습니다.

(계속)

구 분		진단 결과
유연성	하	자신도 모르게 틀에 박힌 고정관념적인 사고를 갖고 있는 당신! 타인이 시도하는 것을 따라하는 게 더 편하고 알아서 해결하기보다는 타인의 코칭을 받고 일을 하는 게 더 편하다고 생각하고 있습니다. 또한 이러한 문제를 생활환경이나 자신의 성격 탓이라고 생각하며 애써 자기 합리화하는 경향이 있습니다. 이러한 문제를 해결하기 위해선 평소에 원칙적인 것을 피하고 새로운 것에 많이 도전해 보세요. 그리고 창의성을 기를 수 있는 도서나 교육프로그램을 통해 역발상적인 사고를 할 수 있는 능력을 기르시길 바랍니다.
자기 성찰	상	자신에 대해 잘 이해하고 잘못한 부분은 고치려는 마음이 강한 당신! 당신의 이런 마음이 당신의 욕망, 두려움, 재능 등을 잘 다루어 효과적인 삶을 살아갈 수 있게 도와줍니다. 또한 이런 모습이 구성원들에게 신뢰를 주어 원만한 인간관계 형성에 도움을 줍니다.
	중	자신의 장점을 잘 알고 자기 제어 능력이 뛰어나나 간혹 스스로를 잘 통제하지 못하여 불이익을 받습니다. 일을 실천하기 이전에 한 번 더 생각해 보고 다른 사람과 상의하여 문제를 해결하기를 권유합니다.
	하	당신은 갑작스런 변화를 두려워하고 있습니다. 타인이 볼 때는 성실하게 일하는 것 같지만 항상 위기의식을 간직하고 있어 불안한 상태입니다. 자신의 능력에 대한 자신감도 많이 떨어져 있는 편이기도 합니다. 문제는 당신이 이를 타개하고 보다 발전된 업무를 수행해 나가겠다는 의지가 부족하다는 점. 당신은 좀 더 현실적으로 자신을 되돌아보는 계기를 가질 필요가 있습니다. 정확하게 자신을 인식하고 자신을 자주 채찍질하며 자기인식과 자기 관리능력을 키우기 위해 노력하세요. 게으름과 거만함은 절대 금물입니다. 자신의 목표를 명확히 하고 그것에 대한 구체적인 계획을 세워 천천히 목표를 이루는 것부터 시작하시길 권유합니다.

FEEDBACK

구 분	구체적인 행동지침
민감성	• 쉬지 말고 변화에 노력해야 한다. 트렌드를 읽고 그에 앞서 가려고 노력해 보자. 변화에는 따라가는 변화와 앞서 가는 변화가 있다. 추세가 확실해지고 난 다음 그에 맞추는 것도 필요하다. 하지만 앞서 가는 변화가 리더의 성공과 실패를 결정한다. 변화에 노력하다 보면 세상변화에 저절로 민감해진다. • 국내외 유명 심포지엄에 참석하여 전문지식을 확대해야 한다. 이러한 모임활동은 서로의 의견을 공유하고 토론함으로써 관찰력을 키워주고 때때로 변하는 환경에 빨리 적응할 수 있게 해준다.
상황판단	• 전문서적을 통하여 미래를 내다보는 탁월한 통찰력을 키운다. 자신과 관련된 전문서적을 많이 읽고 자신의 상황에 대비시켜 본다. 또한 책 내용의 상황에서 나라면 어떻게 했을지에 대해서 생각해 보고 기술해 본다. 이러한 노력은 리더의 상황판단 능력을 키우는 데 도움이 된다. • 어려운 상황에서 냉철한 판단을 위해 노력한다. 리더는 여러 가지 일에 대해 한쪽으로 치우쳐서 생각하는 습관을 고치고 항상 중립적인 입장에서 상황을 봐야 한다.
유연성	• 주위 상황에 관심을 가져라. 관심을 가지고 주위상황을 보면 자신이 놓치고 보지 못했던 소소한 것에서 좋은 아이디어와 창의적인 생각을 얻을 수 있다. 창의적인 생각은 고정관념이나 선입견을 없애주어 리더가 환경변화에 적응하는 데 큰 도움을 준다. • 본업에 집중해야 한다. 주어진 역할과 책임을 소홀히 해서는 다른 주변적인 것들을 아무리 잘해도 소용이 없다. 본업이란 시키는 것, 주어진 것만을 뜻하는 것이 아니다. 주어진 과업을 다양한 각도에서 바라보고 새롭게 해석하여 접근하는 것을 생명으로 한다. 본업을 깊이 분석하고 고민하면 창의적인 시각이 나온다.
자기성찰	• 스스로를 돌아봐야 한다. 리더는 자신을 잘 알아야 한다. 자신의 성격과 인지의 틀, 강점과 약점 등에 대해서 항상 돌아보고 스스로 조절해 나아가려는 노력을 기울여야 한다. 리더의 문제점은 리더 자신만 모르고 있고 주변에 있는 다른 사람들은 다 알고 있는 경우가 많다. 그러므로 리더는 항상 다른 사람들로부터 자신의 스타일에 대해서 피드백을 구해야 한다. • TO DO 리스트를 만든다. TO DO 리스트에는 자신이 해야 할 일과 하고 싶은 일을 적어 놓고 매일 검토하고 우선순위를 확인한다.

한국형 리더의 8가지 요인 ④ – 미래비전

미래는 만들어가는 것이다

1 | 미래비전의 중요성

사람은 왜 늘 과거에서 헤어나지 못하고 과거에 얽매여 살아가는 것일까? 일본의 유명한 생물학자인 모타카와 타츠오 씨는 '시간으로 보는 생물이야기'란 책에서 우리가 먹는 음식물 가운데 약 80%는 몸으로 흡수되고 나머지 20%는 배설물로 버려진다고 말한다. 이렇게 해서 몸으로 흡수된 에너지 가운데 97.5%는 생명을 유지하는 데 쓰이고 단지 2.5%만이 생장(生長)하는 데 쓰인다고 한다. 바로 이 생장 에너지가 현상 유지와는 별도의 미래를 주도하는 에너지인 셈이다. 결국 우리 몸은 섭취하는 에너지의 거의 전부를 현상을 유지하기 위해 사용하며, 겨우 2% 정도만을 새로운 변화를 모색하는 데 사용하는 것이다.

태생적으로 육체가 이럴진대 정신이라고 크게 다르겠는가? 우리가 늘 과거의 끈에 묶여 사는 이유 역시 과거부터 현재까지 살아왔던 삶을 유지하는 데 급급하기 때문이다. 어쩌면 우리들 육체가 본질적으로 그러는 것처럼 하루의 98%는 현상을 유지하는 데 쓰고 나머지 2%를 가지고 미래를 변화시키는데 사용하는 것이 우리의 삶이 아닌가 한다.

그런데 그 2%라도 미래를 위해 요긴하게 사용하고 있는 것일까? 혹시 변화를 위한 에너지는 1%, 아니 아예 전무한 것은 아닐까? 하루 가운데 단 2%라도 오늘과 다른 내일을 위해 살아라. 과거를 유지하고 보존하는 데만 급급해하지 말고 미래를 위해서도 투자를 하라. 매일 2%씩만 달라져도 50일을 꾸준히 지속하면 100%가 달라질 수 있다. 아니 1%씩만 어제와 다르게 살아도 100일 후에 우리는 오늘과 완전히 다른 삶을 살 수 있다.

미래는 이미 오래 전의 과거에 시작되었으며, 현재라는 거울 속에 그대로 투영되고 있다. 우리가 오늘 걷는 삶의 길이 어제 걸었던 길일 수 없다. 마찬가지로 내일 걸어갈 삶의 길은 오늘 걷고 있는 길과는 다를 것이다. 그러나 길은 어제로부터 오늘을 지나 내일로 끝없이 이어진다. 그 삶의 여정에서 우리는 오늘의 땅 위에서 어제와 내일의 연관성을 찾을 수 있어야 한다. 그것이 미래를 바라보는 '열린 눈'이다.

지금, 이 위기의 순간에서 우리를 살릴 수 있는 열린 눈을 가진 '새로운 리더'가 과연 존재할까. 우리의 가야할 길은 멀고, '잃어버린 성배'는 아직 시대의 변화를 읽을 줄 하는 통찰력을 가진 지도자를 꿈꾸고 있다.

　미래는 주어지는 것이 아니라 만들어 가는 것이다. 불확실성이 강하면 강할수록 미래는 적극적으로 만들어가는 사람의 것이 된다. 비전에 대한 긍정적인 사고와 흔들리지 않는 확신으로 낙관하고 조직에 신념을 전파하여 나아갈 수 있는 리더만이 미래를 만들어 갈 수 있다. 앞으로 10~30년간 나를, 우리기업을, 어떤 사람, 어떤 기업으로 만들고 싶은가? 왜 그렇게 만들려고 하는가? 앞으로 얼마나 성장할 수 있고 또한 해야 하는가? 이는 비전을 어떻게 설정하고 실현하는가에 달려 있다.

　프랑스의 곤충학자 앙리 파브르는 31세에 레온 뒤프르의 소책자를 읽고 감명을 받아 곤충연구에 일생을 바친다. 그래서 그는 평생토록 부유하지는 못했지만 곤충의 생리를 연구하며 '곤충기'라는 10권의 유명한 저서를 출판한다. 파브르의 연구는 작은 곤충의 생리에서 우리 인간이 배워야 될 교훈이 많다는 것을 알려준다. 그중에 우리가 왜 인생의 의미를 가져야 되는지 날벌레의 생리를 통해서 간접적으로 전달해 주는 이야기가 있다. 어떤 날벌레의 한 종(種)은 아무런 목적도 없이 앞선 무리가 가는 대로 막무가내로 떠돌아다닌다. 심지어 먹을 것을 앞에 주고 방향을 바꾸어 보려고 했지만 여전히 정처 없이 떠돌아다니기만 한다는 사실을 발견했다. 부지런히 맴돌기만 하던 날벌레는 일주일 정도 되면 결국 모두 굶어죽고 만다. 이처럼 이것은 삶의 의미나 목표가 얼마나 중요한지의 교훈을 보여준다. 인생의 목표가 중요하다는 사실은 대부분의 사람들이 제 나름대로 알고 있다. 그러나 확실한 목표의식을 가지고 있는 사람들은 그리 많지 않다. 그래서 사람들은 아무것도 하지 않거나 때론 아무 목적이나 방향도 없이 방황하면서 인생을 낭비하는 경우가 많다.

　사람들은 자신이 원했던 삶은 현재의 모습이 아니었다고 불평한다. 그러나 어쩌면 우리가 원하는 삶을 살지 못하는 이유는 능력이 부족하거나 기회가 없어서가 아니다. 삶의 올바른 비전을 세우지 못했고 올바른 삶의 의미를 찾지 못했기 때문일 수 있다. 혹시나 우리도 이 날벌레들처럼 의미 없이 인생을 맴돌고만 있는 것은 아닐까? 부지런히 움직인다고 해서 내 꿈이 성취되는 것일까? 나는 오늘도 어디를 향해서 이렇게 열심히 달려가고 있는 것일까? 비전은 우리에게 살아가야 할 의미를 전해준다. 무의미한 삶이 아니라 의미 있는 삶을 살아가도록 만들어 주는 것이다.

　그럼 우리 주변에서 쉽게 찾아볼 수 있는 개인 비전의 사례를 살펴보자.

〈사례 6.1〉 민들레영토 지승룡 사장

대학로, 홍익대, 경희대, 신촌, 연대 앞……. 젊은이들의 거리에 가면 늘 눈에 띄는 곳
이 있다. 중세의 성 모양에 알프스 소녀 하이디같이 차려입은 직원들이 반갑게 고객
을 맞이하는 카페, 바로 민들레영토이다. 5천 원의 이용료를 내고 3시간 동안 맘껏 이
용하고, 공연까지 덤으로 즐길 수 있다. 이곳은 젊은이들 사이에 하나의 문화운동지대
로서 영 컬처 코드로 자리 잡은 지 오래다. 민들레영토의 대표 지승룡은 39세에 성직
자를 그만두고 나서야 자신의 몸에 장사꾼의 피가 흐르고 있다는 것을 깨달았다.

그러던 어느 날 새로운 일을 구상하느라 인사동의 한 카페를 찾았는데 오래 앉아
있다고 거의 쫓겨나다시피 했다. 이때 지승룡 소장은 '외로운 도시인들을 위해서 고향
의 집과 같은 아늑함을 느낄 수 있는 도시 속 휴식공간을 만들어야겠다'라는 비전을
세웠다. 그 후 그는 창업관련 서적을 읽으며 정보를 얻고 10평짜리 카페를 오픈했다.
그리고 자신의 비전을 실행하기 위해 고민하다가 카페를 찾는 사람들에게 '어머니의
사랑'을 느끼게 해야겠다는 생각을 하였다. 그는 '어머니의 사랑'을 손님들에게 실천할
사람들이 직원들이기에 민들레영토를 직원들의 것이라고 느끼게 하도록 비전과 목표
들을 직원과 공유할 수 있는 서비스 교육을 실시하고, 직원 스스로가 동참할 수 있
도록 업계 최고의 대우와 각종 포상 등을 만들었다. 또한 그는 요즘도 민들레영토의
홈페이지를 통해 커뮤니티 공간을 넓혀가고 있다. 아예 고객들의 미니홈피를 찾아서
매일 밤 떠난다. 고객들의 생각과 감성을 이해하는 통로이기도 하면서 인터넷 시대에
걸맞은 고객관리의 일환이기도 하다. 그는 신촌신관을 오픈하면서 스타벅스와 차별화
된 우리만의 공간을 만들겠다고 생각했다. 스타벅스는 세계 어디에서나 같은 모습이
다. 그러나 민들레영토는 여러 지역에서 각기 다른 모습으로 그 지역에 가장 어울리
는 문화공간으로 자리 잡고 있다.

현재 민들레영토는 여러 해외지점을 준비하고 있다.

지승룡 사장의 사례를 살펴보면, 그의 비전에는 자신의 생각을 이루고자 하는 구
체적인 모습, 이유, 그리고 의미가 담겨 있다는 것을 알 수 있다. 이처럼 비전은 사람의
일생을 바꾸며 하루의 삶을 보다 의미 있게 만든다. 한국형 리더에게 요구되는 것도
바로 이런 것이다. 많은 사람들에게 한국형 리더는 희망이어야 하고 비전이어야 하며,
또 그들과 공유할 수 있는 참신한 가치의 제공자여야 한다.

2 | 미래비전의 개념

미래비전의 정의

비전이란 단어는 외국어라서 다소 생소하게 느껴질 수도 있다. 이미 알고 있는 사람들도 용어에 대한 정확한 뜻을 이해하지 못하는 경우가 종종 있고 간혹 종교적으로 해석하는 사람들도 있다. 비전은 용어의 뜻을 정확하게 이해할 필요가 있는 단어이므로 그 의미를 좀 더 자세히 알아보고자 한다. 사전적으로는 '미래에 대한 구상, 미래상'이라고만 짧게 표현되어 있다. 좀 더 살펴보면 '보는 행위 또는 능력, 보는 감각, 꿰뚫어보는 힘, 마음의 시력'을 뜻함을 알 수 있다. 흔히 상상력, 선견, 통찰력 등으로 번역되기도 하고 '광경, 상상도, 미래도' 등과 같이 보이는 모습의 의미를 담고 있다. 서양에서 들어온 말이라 우리나라 말에 딱 들어맞는 용어를 찾기가 힘들다. 그래서 원어 그 자체인 비전으로 불리는 경우가 많다. 굳이 우리말과 비교해서 쉽게 말한다면 '꿈, 사명'이라는 용어에 가장 근접할 것 같다. 다음으로 '목표, 목적, 소명, 소망, 소원, 목표설정' 등의 용어와도 근접한 뜻으로 이해될 수 있다. 동양적으로 바라본다면 '삶의 철학, 사상' 등이 유사한 뜻으로 해석될 수도 있다. 때때로 '혼, 뜻, 신념, 신조, 의지, 믿음, 정신' 등의 뜻으로 이해되기도 한다. 구어체에서는 '어떤 사람의 됨됨이, 미래성, 발전 가능성' 등으로 사용되기도 한다.

　미래비전이란 핵심가치의 미래지향적 표현이다. 한국형 리더십에서 미래비전은 '항상 미래의 더 나은 상태를 추구하며 그의 실현을 위해서 구체적으로 계획하여 실천하는 것을 소망하고 핵심가치로 여기는 것'이라고 정의한다. 최고의 한국형 리더는 회사에 헌신함으로써 자신의 핵심가치를 실현하고 회사는 그로 말미암아 성장하게 한다. 또한 기업을 성장시키면서 자신의 가치가 실현된다고 믿는다. 그리고 구성원 개인의 비전보다 회사의 비전을 강조하는 일반적인 리더에 비해 최고의 한국형 리더는 구성원 개인의 비전과 기업의 비전을 일치시키고 그 비전을 추구하는 것이 개인의 성장에 도움이 될 것이라고 확신한다.

　비전의 반대 개념으로는 '과거몰입'이 있다. 과거몰입이란 미래비전의 반대 개념으로 과거 몰입적 리더는 입만 열면 "내가 과장 때는……", "내가 왕년에는……" 하는 식으로 옛말을 잘한다. 과거의 이념에 잡혀 살고, 청춘을 그리워하며, 친구도 옛 친구만을 찾는다. 과거몰입적 리더는 미래에 대한 신비감보다는 과거에 대한 향수(鄕愁)를 먹고 산다.

과거몰입의 예는 우리 주변에서도 쉽게 찾아 볼 수 있다. 〈사례 6.2〉는 모 통신사에 입사한 어느 신입사원이 경험한 것이다. 리더의 과거지향적 태도가 아랫사람들에게 어떤 상처를 주는지를 여실히 보여준다.

〈사례 6.2〉 과거만 기억하는 상사

나는 2008년 대한민국 굴지의 대기업 중의 하나인 모 통신사 전략 팀에 입사했다. 이렇게 좋은 회사에 입사하게 되어 나름대로 큰 자부심을 가졌고 회사 내에서 꼭 성공하리라 마음먹었다. 하지만 몇 달이 지난 지금 나는 혼란 속에 빠졌다. 처음 입사한 날부터 나를 포함한 신입사원들에게 신사업 아이디어를 제시하라고 했다. 우리들은 밤을 새어가며 보고서도 만들고 갖고 있는 최대의 역량을 발휘하여 최고의 아이디어를 냈다. 하지만 상사들은 우리들의 아이디어를 자세히 읽어보지도 않고 "이거 우리가 옛날에 다 했던 거야" 혹은 "이런 생각 우리는 옛날에 안 해 봤는지 알아? 다 해 본 거야"라며 무시하기 일쑤였다.

그리고 사석에선 "옛날에는 출근만 하면 책상 위에 돈 봉투가 쌓여있어 하루하루가 즐거웠는데…… 너희는 단물 다 빠진 후에 들어와서 안타깝다", "옛날에는 하는 일은 많았지만 즐거웠는데 지금은 하는 일도 별로 없으니 그냥 돈만 받고 편히 쉬어"라고 자주 말한다.

이런 말을 듣고 나면 굉장히 진이 빠진다. 일하기도 싫다. 벌써부터 내 주변 동기들은 다른 것을 준비 중이거나 경력을 쌓고 1~2년 후 이직하려고 생각하고 있다. 나와 친한 어떤 동기는 "처음엔 부푼 꿈을 안고 회사에서 내 비전을 실현하려고 했어. 그런데 회사의 상황은 나와 너무 다른 것 같아. 그래서 그냥 지금은 회사를 돈을 버는 수단으로만 생각하고 그동안 하고 싶었던 공부를 하려고 준비 중이야. 너도 괜히 시간 낭비하지 말고 네가 하고 싶은 일을 시작해 보는 게 어때?"라고 얘기했다. 이 얘기를 듣고 나니 나도 정말 혼란스럽다.

혼히 조직을 이끄는 리더들은 나이가 들고 경험이 쌓여갈수록 미래를 생각하기보다는 과거에 몰입하게 된다. 또한 과거 경험을 근거로 자신의 지식과 판단력 등이 구성원들에 비해 더 낫다는 생각에 빠지기 쉽다. 무조건 자신의 의견을 고집하거나 구성원의 의견을 듣는다고 하면서 실제로는 형식적인 의견 수렴에 그치고 자기 뜻대로 결론을 내리는 것이다. 새로운 아이디어를 제시하면 "예전에 다 해봤어. 이름만 다르지, 전에 했던 내용이랑 다를 게 없네"라는 식으로 반응한다. 결국 구성원들은 스스로 생각하고 아이디어를 제시하려는 동기가 감소할 수 있어 리더의 판단에만 의존하는 타율적인 조직 문화형성으로 이어질 가능성이 크다. 또한 과거몰입적 리더는 더 이상 배울 것이 없다는 착각에 빠져 자신도 모르는 사이 우물 안 개구리가 될 수도 있다.

미래비전의 4요인

그럼, 이러한 미래비전을 잘 실행하려면 어떻게 해야 할까? 사실, 한국형 리더십의 미래비전은 한 가지 측면으로는 설명하기 힘든 부분이 많이 있다. 〈표 6.1〉은 비전을 실행하기 위한 행동모습을 4요인으로 나눈 것이다.

(1) 가치 지향

한국형 리더가 미래비전을 갖는 이유는 '가치(value)의 완성'을 위해서이다. 리더가 추구하는 가치는 박정희 전 대통령이나 포스코의 박태준 명예회장처럼 국가발전의 사명감일 수도 있고, 삼성의 창업자 이병철 회장처럼 세계에서 일등 가는 기업을 일으키겠다

〈표 6.1〉 미래비전의 4요인

구 분	내 용
가치 지향	구체적이고 의미 있는 가치지향점을 가져야 한다.
창의성 발현	개인, 조직 안에서 새로운 변화를 통한 발전을 위해 창의성을 키우고 발현시켜야 한다.
인고(忍苦)감수	어려움 속에서 희망을 잃지 않고 항상 자신의 핵심가치를 보존하는 고진감래(苦盡甘來)의 마음을 가져야 한다.
위험감수(risk-taking)	비전을 위해서라면 위험도 감수한다.

는 원대한 포부일 수도 있다. 아니면, 개인 차원의 평안함과 행복일 수도 있을 것이고, 민족사관학교를 일으킨 최명재 설립자의 인재육성에 대한 열정(비록 지금은 물러났지만)이 될 수도 있다. 한국형 리더가 추구하는 가치는 꼭 이렇게 거창할 필요는 없다. 조직에서 근무하는 사람들의 가치는 대부분 현실적이고 소박하다.

하지만 중요한 것은 리더가 조직에서 제대로 역할을 하려면 가치통합을 위해서 노력해야 한다는 것이다. 리더의 위치는 리더 자신의 가치와 조직의 가치, 그리고 하급자들을 비롯한 주변사람들의 가치가 집중되는 곳이다. 이러한 가치들은 그대로 놔두면 서로 충돌하고 갈등을 빚는다. 리더의 '가치 일치화' 노력이 그래서 필요한 것이다. 회사가 추구하는 것과 하급자가 원하는 것, 그리고 리더의 욕구가 각각 따로 놀아서는 조직이 힘을 받을 수 없을 뿐 아니라, 리더십을 발휘하려 해도 효과가 나타나지 않는다.

이러한 가치 일치화가 이루어지면, 미래의 비전은 그로부터 자연스럽게 흘러나온다. 세계최고의 기업을 만들겠다는 가치가 회장, 임원, 그리고 조직의 말단에까지 공유되어 있다면, 그 가치를 실현하기 위해서 무엇을 추구해야 하는지, 즉 미래의 비전이 무엇이어야 하는지가 자명해진다.

이처럼, 한국형 리더는 미래비전을 설정함에 있어, 우선 자신의 가치가 무엇인지를 분명히 하며, 조직과 구성원들의 가치를 일치시키고, 그러한 바탕 위에 미래의 모습을 구체화하여 공유한다.

(2) 창의성 발현

한국형 리더는 창의성 발현(發現)을 통해서 미래의 비전을 실현한다. 창의성을 극대화하기 위해서는 리더 자신과 구성원 개개인의 아이디어, 상상력, 호기심을 최대한 이끌어 낼 수 있어야 한다. 물론 이를 위해서는 여러 가지 요인이 필요하지만 구성원이 갖고 있는 창의성을 최대한 발현하는 가장 핵심요인은 바로 경영진을 비롯한 관리자들의 지원이라고 할 수 있다. 아무리 창의적인 조직원이 있어도 주변사람들이 그것을 후원해주지 않으면, 창의력은 죽는다.

그렇다면 창의성을 발현시키는 최고의 한국형 리더가 되기 위해 어떻게 해야 할까? 우선 한국형 리더는 자신과 구성원의 창의성 발현을 위해 창의적인 분위기를 조성해야 한다. 리더가 지시일변도의 자세를 취한다든가 지나치게 통제 위주의 성향을 띠면 구성원들의 창의력은 소멸되고 만다. 리더는 지원적이고 열린 관계를 유지할 필요가 있다. 가정의 환경을 보면, 부모가 자식에게 교육을 하더라도 억압적인 환경에서 교육을 하면 아이가 창의적인 자기의 소양을 발휘할 수 있을까? 이는 학교와 직장에서도 마찬가지이다. 리더가 아주 권위적이고 틀에 박힌 행동을 요구한다면 하급자들을 창의적으로 키울 수 없을 것이다. 또한 하급자들이 창의적인 아이디어를 내도 리더가 그것을 몰라주고 조직에서 원하는 것이 그것이 아니라면 하급자는 그 조직에서 도태될 수밖에 없다. 이렇게 다양하고 도전적이면서 새로운 것들이 받아들여질 수 있는 환경 만들기에 한국형 리더가 앞장서지 않으면 안 된다. 또한 리더는 자신의 창의적인 생각과 조직원들의 창의적인 생각을 교환할 수 있는 분위기를 조성해야 한다. 즉 창의적 리더가 그런 분위기를 조직에 만들어줌으로써 창의적인 환경의 조직 문화를 정착시켜야 한다.

　그 다음으로는 한국형 리더가 창의성을 발현하기 위해서는 넓은 시야를 가져야 한다. 비유컨대 시야는 터널(tunnel) 시야와 정상(Top) 시야로 대비된다. 터널 안에서 내다보이는 세상은 터널 입구모양에 불과하다. 그만큼 시야가 제한되는 것이다. 그러나 산 정상에 올라 바라보면 무한히 넓고 광활한 하늘과 넓은 세상을 조망할 수 있다. 최고의 한국형 리더가 되기 위해서는 항상 넓게 보고 크게 보고 깊게 볼 수 있는 시야를 가지도록 노력해야 한다.

　다음의 사례를 살펴보자.

〈사례 6.3〉 안경 낀 꿩

꿩은 부화 후 40~60일 사이에 안경을 씌워 사육한다. 이유는 꿩에게 안경을 착용시킴으로써 시력을 차단하게 하여 정면을 볼 수 없게 하므로 야생성을 순화시켜 주기 때문이다. 또한 알을 깨어먹는 습성을 억제시킬 수 있다. 꿩 병아리에게 안경을 착용시키게 되면 앞을 잘 볼 수 없기 때문에 행동이 부자연스러워 먹이와 물을 잘 찾아 먹지 못한다. 오로지 앞만 보이지 주변은 보지 못하게 된 것이다. 안경을 낀 꿩은 동굴시야를 갖게 되어 닭처럼 기어 다니는 가금류가 되고 만다.

사육장 우리 속의 꿩은 고개의 각도만을 기억에 담고 그것으로 방향을 틀어 물을 찾고 사료를 찾는다. 안경이 씌워진 꿩은 자신이 보고 있는 정면만이 세상의 전부라고 생각하기 때문에 옆에서 무슨 일이 벌어져도 관심을 두지 않는다. 우리는 언제부턴지 꿩의 안경을 쓰고 자신이 보이는 시야만큼만 생각하고 판단하고 그것만이 옳다고 하게 되었다.

우리는 꿩보다는 다양한 생각을 할 줄 아는 복잡한 사람이기에 주변 사람들의 보는 세계는 인정하려 들지 않을 뿐만 아니라 배격하려 든다. 자신이 보지 못하는 세계의 것들은 자신이 보는 것과 다르기에 그것이 사실이어도 아니라고 생각한다.

그러므로 한국형 리더는 꿩의 좁은 시야로 틀에 박힌 사고를 하지 말고 좀 더 광범위하고 창의적인 생각을 하기 위해 노력해야 한다. 시야가 죽으면 잠재력도 죽는다. 항상 안경 낀 꿩의 시선으로 바라보고 판단하지 말고, 이제는 그만 안경을 벗자.

이처럼, 한국형 리더는 미래비전을 추구함에 있어 항상 열린 시야로 창의력을 발휘하여 기발한 방법을 찾아내어 실현시키는 사람이다. 한국형 리더들은 비전을 추구함에 있어 정해진 틀에 얽매이지 않는다. 항상 기발한 방법을 찾아낼 줄 안다. 이(齒) 없으면 잇몸으로 한계를 뛰어넘는 발상을 해왔다.

지난 50여 년 한국의 경제성장 과정은 정해진 길대로 따라가면서 조금씩 발전시킨 것이 아니다. 길이 없으면 창의적 발상으로 길을 열고, 길이 막히면 그를 뛰어넘을 수 있는 방법을 강구해 냈다. 그래서 우리의 산업화는 급격한 발전을 이룩할 수 있었던 것이다.

다음의 〈사례 6.4〉를 보고 나는 어느 유형에 속하는지 생각해 보자.

〈사례 6.4〉 구성원의 창의성을 떨어뜨리는 리더들

유아독존(唯我獨尊)형 – 독선과 닫힌 귀
창의성 발현의 기본은 구성원 개개인이 생각하는 다양한 의견과 아이디어를 부담 없이 밖으로 표출할 수 있는 열린 커뮤니케이션이다. 구성원들이 상사의 눈치만 보거나 자신의 생각을 격의 없이 이야기할 수 없는 닫힌 조직에서는 창의성을 기대하기 어렵다. 특히 상사가 구성원의 이야기를 들어주는 경청의 인내심이 부족하거나 생각만 강요하는 독선적 성향이 강하면 구성원들은 자연스럽게 입을 닫게 된다.

예를 들어, 회의석상에서 상사가 권위를 내세워 자신과 다른 의견을 말하는 구성원에게 화를 내거나 무시하면 구성원들은 하고 싶은 말이 있어도 하지 않고 상사의 눈치만 살피게 된다. 이렇게 되면 구성원들은 조직의 문제를 숨기고 참신한 아이디어가 있어도 말하지 않는 '조용한 조직'이 될 수 있다. 이러한 조용한 조직에서는 구성원들은 리더가 시키는 일만 하게 되고 스스로가 창의성을 발휘하여 주도적으로 일하지 않게 된다. 따라서 창의성 발현을 위해서는 상하 간에 치열한 토론과 대화를 통해 여러 다른 생각과 아이디어를 상호작용하여 융합될 수 있는 커뮤니케이션 문화가 필요하다. 10년 이상 지속적으로 높은 성과를 내는 위대한 기업들은 임직원 간에 치열한 논쟁과 토론이 활발히 이루어지는 커뮤니케이션 문화를 가지고 있다고 한다. 이러한 문화를 가능케 하는 동인은 바로 리더들의 열린 마음일 것이다.

눈뜬 장님형―흡수능력 부족

창의성 발현을 위한 보다 질적인 요인은 아이디어에 대한 리더의 가치파악 능력이다. 구성원들이 아무리 창의적인 혁신 아이디어나 지식을 제시한다 하더라도 리더가 그 아이디어의 잠재 가치를 제대로 간파하고 활용하여 조직성과물로 이끌어내지 못한다면 무용지물이 되기 때문이다. 일반적으로 새롭고 창의적인 아이디어들은 기존에 익숙한 것이 아니기 때문에 항상 어딘가 어색해 보이기 마련이다. 그렇기 때문에 리더가 미래를 보는 안목이 없으면 창의적인 아이디어들이 경시될 수 있다. 안목이 없는 리더는 "그거 해서 성공할 수 있겠어?", "내 경험으로 그건 성공 못해", "쓸데없는 데 시간 낭비하지 마"라는 식으로 이야기하여 아이디어의 싹을 자른다.

미국의 저명한 경영학자인 코핸 웨슬리 교수는 성공하는 기업의 핵심 역량 요인으로 '흡수능력'(Absorptive Capacity)이라는 것을 얘기한다. 흡수능력이란 어떤 아이디어나 정보에 잠재된 가치를 간파하고 이를 상업적으로 활용하는 능력으로서 리더가 이러한 흡수능력을 충분히 갖지 못하면 창의적인 아이디어들이 빛을 보지 못하고 사라질 수밖에 없다. 실제로 흡수능력 부족으로 아이디어의 가치를 간과하여 중요한 사업기회를 놓친 기업들을 어렵지 않게 찾아볼 수 있다.

예를 들어 벨이 전화기를 발명한 직후 한 전기 회사를 찾아갔지만 그 회사 경영진은 '이런 장난감 같은 걸 뭐 하러 사냐'면서 한 번에 거절했다고 한다. 안목이 없어 대박을 터뜨릴 수 있는 사업기회를 놓쳤던 것이다.

복사기형―me-too의식

'남들이 하지 않는 새로운 것을 먼저 개척해 나가는 선도자적 실험정신이 부족한 리더도 창의성을 저해할 수 있다.' 내부에서 좋은 아이디어가 있어도 자신이 없어 실행을 주저하거나, 나중에 다른 기업들이 하는 것을 보고 나서야 따라하는 리더가 많은 조직에서는 조직의 창의성은 죽을 가능성이 높다. 상품이든 제도이든 그 아이디어가 참신한 것일수록 기존에 없었던, 남들이 하지 않은 새로운 것이기 때문에 그 실행을 위해서는 리더가 불확실성을 감수할 수 있는 용기가 있어야 한다. 구성원들이 기존과 다른 파격적인 아이디어를 제시하더라도 리더가 "그런 사례 있느냐?", "성공할 수 있다는 증거를 가져와 봐라"라는 식으로 반응을 하게 되면 절대 실행에 옮겨질 수 없다. 이런 식으로 리더가 대응하면 결국 아이디어 그 자체로 끝나 버리고 아이디어의 실행을 통한 성과 창출은 어렵게 된다. 세계적인 히트 상품들이 나오는 배경에는 창의적 아이디어의 성공가능성을 믿고 실행으로 옮기는 리더들의 용기가 자리 잡고 있음을 명심할 필요가 있다.

(3) 인고감수

한국인의 삶을 보면 '어려움을 참고 견딘다'라는 인고(忍苦)의 생각이 일상생활이나 가치판단 체계에 강하게 스며있다. 그래서 그런지 최고의 한국형 리더는 손실과 희생 모두다 잘 참는다. 일단 지향점이 정해지면 한국 사람들은 모든 고난을 다 참고 나아간다. 실패도 두려워하지 않는다. 아니 실패를 용납하지 않는다. 수없이 실패해도 반드시 이뤄내고 만다. 중간의 고생이나 희생은 지향점을 달성하기 위한 당연한 투자로 생각한다. 최고의 한국형 리더들은 이렇게 생각하지만 그렇지 못한 한국형 리더들은 고생하지 않고 원하는 것만 차지하려 한다. 이것이 문제이다.

최상진과 정태연(2001)은 인고감수에 대해서 '인고과실상계가설'(忍苦過失相計假說)과 '인고보상수반가설'(忍苦報償隨伴假說)이라는 두 가지 가설을 제시했다. 인고과실상계가설이란 뭔가를 잘못한 사람, 또는 죄지은 사람은 스스로에게 고통을 줌으로써 잘못을 면제받을 수 있다(상계)는 생각이다. 노인에게 폭력을 휘둘렀던 젊은 연예인이 스스로 산에 움막을 짓고 살면서 고통의 나날을 보냄으로써 자신의 죄를 도덕적으로 면제받으려 했던 사례가 이에 해당한다. 반면, 인고보상수반가설은 고통 받은 사람은 나중에 보상을 받는다는 가설로 심청이의 고통과 희생이 심 봉사의 눈을 뜨는 보상으로 연결되는 상황을 생각해 볼 수 있다. '고생 끝에 낙이 온다'라는 속담은 이를 두고 한 말이다. 기업에서는 일이 잘못되어도 부하들이 고생한 것만큼은 알아줘야 한다.

한국인들의 마음속에 내재하고 있는 이 두 가지 가설은 한국형 리더십의 미래비전을 추구함에 있어 절대적으로 중요한 기능을 한다. 한국형 리더는 미래비전을 '예견된 보상'과 일치시켜야 한다. 비전 달성과 보상이 연결되었을 때, 어떠한 인고도 감내하려 하는 것이 한국인들이다. 비전이 보상이 되도록 만드는 것은 한국형 리더의 매우 중요한 스킬이다. 이것은 곧 조직의 비전과 개인의 비전이 일치되었다는 것을 뜻한다. 이 둘이 일치되지 않고서는 조직의 미래비전이 곧 개인 조직원의 보상이 될 수 없는 것이다. 그러므로 최고의 한국형 리더는 미래의 비전을 실천하는 데 '의무적'으로 동참하라고 강요하지 않는다. 비전의 의미와 상징성을 내세우고, 비전이 달성되었을 때 모두 공유하게 되는 보상을 명확히 얘기한다. 그렇게 되면 조직원들은 어떤 희생도 감내하면서 비전 달성에 동참하게 된다.

아울러, 미래비전은 성과가 미진한 구성원들이나 그동안에 인정받지 못했던 조직원들에게는, 비전 달성과정에서 '인고'를 보여줌으로써 인정받을 수 있는 기회로 작용할 수 있다. 비전 달성과정에는 고통이 따른다. 희생을 해야 하는 경우도 많다. 시장을 확보하기 위해서 어려운 나라에 파견되어 동분서주해야 하는 경우도 있고, 기술이 모자란 직원들을 데리고 고품질 상품을 만들어 내야 하는 수도 있다. 빠듯한 예산으로 고급인력들을 이직하지 못하도록 묶어둬야 하는 경우도 있고, 현장에서 사고가 날까봐, 불량이 생길까봐 책임자로서 몇 달씩 숙식을 해야 하는 경우도 생긴다. 이 모든 것이 비전 달성을 위한 '인고감내'의 과정인 것이다.

인고(忍苦)의 유래

- 인(忍) = 마음 심(心)과 칼날 인(刃)으로 이루어져 있으며 '마음에 꾹 참다'를 뜻한다.
- 고(苦) = 풀을 뜻하는 초두머리[艹(=艸): 풀, 풀의 싹]와 옛 고古: 오래다 → 낡다 → 굳게 긴장(緊張)하는 느낌이 쓰대로 이루어져 '쓰다', '괴롭다'를 뜻한다.

다음은 개인의 인고보상 수반가설을 잘 나타내주는 사례이다.

〈사례 6.5〉 휠라코리아 윤윤수 회장의 인고감수

2남 5녀 중 막내로 태어난 그는 100일도 안 되어 어머니를 여의었고 아버지마저 고등학교 2학년 때 폐암으로 잃었다. 재수, 삼수 모두 실패한 뒤 후기로 한국외국어대학교에 들어갔는데 친구 대신 시험을 보다가 적발돼 무기정학을 당했다. "자포자기 심정으로 입대해 군복무를 마치고 대학을 나오니 벌써 서른 문턱이더군요. 제 인생에서 20대는 암흑기였습니다." 잃어버린 20대를 만회하기 위해 그는 밤낮없이 뛰었다. 첫 직장으로 해운공사에 들어갔는데 무역 일을 하려고 사표를 던졌다. 서른둘의 나이에 다시 신입사원이 될 수도 없어 택한 곳이 미국 유통업체 JC페니. 그는 여기서 신발과 핸드백을 구매하는 일에 수완을 발휘했다. 이리저리 회사를 옮기며 직급이 몇 단계 뛰기도 했지만 실패도 많았다. 화승의 최연소 임원 시절 대량 제작한 수출용 ET 인형이 저작권 시비에 걸려 몽땅 청계천 노점에 풀어놓기도 했다. 이 일로 회사에 60만 달러의 손실을 입히고 1984년 자의 반 타의 반으로 이사 자리에서 밀려난 뒤 직접 무역회사를 차렸다.

"내가 살아온 이야기는 절반 이상이 실패담입니다. 휠라코리아 사장이 되기 전까지는 여느 샐러리맨과 다를 게 별로 없었어요. 하지만 잇따른 실패에도 결코 한 번도 포기한 적은 없습니다." 윤 회장은 JC페니 근무시절 안면을 튼 사람부터 만나면서 죽기 살기로 덤볐다. 이 시절 윤 회장은 수출비중이 큰 신발과 더욱 깊은 인연을 맺었고 이것이 휠라와 연결고리가 됐다. 의류 중심이던 휠라에 한국의 신발산업을 접목했고 여기서 윤 회장의 성공신화가 시작됐다. 1991년 휠라코리아의 CEO로 발탁된 그는 철저한 현지화 전략으로 전 세계 27개 휠라 지사 중 가장 알짜로 키웠다.

윤 회장의 좌우명은 '기본에 충실하자'이다. 자신의 '좌절과 실패의 2030시절'을 자주 회상하며 각오를 다지는 그는 요즘 젊은이들이 너무 쉽게 포기하는 것 같다며 안타까워한다.

사례의 주인공인 윤윤수 회장은 어렸을 때부터 많은 시련과 고통을 겪었다. 하지만 매 순간마다 꿈과 희망을 잃지 않았다. "한 번도 포기한 적이 없다"라는 그의 말에서 시련은 보상을 수반한다는 그의 내면의 믿음을 엿보게 한다. 한국인들은 자신의 시련이 나중에 보상을 가져올 것이라는 믿음으로 고통을 인내한다.

(4) 위험감수

세계일류 개인, 기업, 조직 및 국가의 공통점은 훌륭한 비전이 있고 이를 실현하기 위해서 헌신하고 모든 위험을 감수(risk-taking)하는 것이다. 개인이나 회사의 비전 달성을 이루기 위해 자신의 시간, 재산, 마음, 심지어는 생명(건강)까지 바쳐가면서 이루려고 한다. 최고의 한국형 리더가 그렇다는 말이다. 최고의 한국형 리더들은 마음으로부터 기업에 올인한다. 모든 마음을 다 쏟아 붓는다. 그래서 '우리 회사'라고 하고 '회사와 운명을 같이 한다'고 한다. 지향점을 이루지 못하면 마치 죄를 지은 것처럼 느끼기도 한다. 원대한 비전을 달성하기 위해서는 위험한 대안이라고 하더라도 과감한 선택을 하는 것이 한국인들이다. 합리적인 사고방식으로는 선택할 수 없는 대안이지만, 한국인들은 비전 달성을 위해서라면 위험한 선택도 한다.

2010년 3월, 백령도 앞바다에서 천안함이 북괴의 공격으로 침몰했다. 군함의 앞쪽에 타고 있던 군인들은 구조가 되었지만, 후미에 타고 있던 병사들은 구조되지 못한 상태였다. 함선 후미의 일정 부분이 닫혀 있었다면, 그 안에 있는 병사들은 살아있을 확률이 높았다. 수심은 45m, 물살은 5노트로 서 있기 힘든 정도였다. 기온은 섭씨 3~5℃밖에 되지 않았다. 민간 다이버들은 입수한지 7분 만에 정신을 잃을 정도였다. 수심 40m를 넘어가면 잠수부의 생명이 위협받는 상황이었다. 우리 해군과 해경 함정들이 구조하러 왔다. 미군함정도 도착했다. 한국의 UDT대원들은 이런 상황에서도 '살아있을 병사들'을 먼저 생각하며 구조를 강행했다. 미군들은 '잠수규정'을 먼저 생각했다. 당시의 상황은 수심, 수온, 조류속도 등 모든 것이 미군 규정치를 넘어서는 극한상황이었다. 한국군에도 규정은 있었다. 그렇지만, 아무도 규정을 말하는 사람은 없었다. 미국 병사들은 아마도 침몰된 배가 미국의 함정이었어도 똑같은 선택을 했을 것이다. 한국인들은 '동료구조'라는 비전 앞에서 목숨을 건 위험한 선택도 서슴없이 하는 속성을 갖고 있다. 미국 등의 서양적 가치로 해석할 수 없는 부분이다.

기업에서도 마찬가지이다. 위험감수 성향이 강한 사람은 형식보다는 실질을 숭상하며 변화의 트렌드에 앞서 과감히 변신할 줄 안다. 또한 새로운 아이디어에 항상 열려 있고 일반적으로 인식의 한계를 뛰어넘는 선택을 할 수 있다. 위험감수의 장점은 새로운 사업 시작이 빠르고 과감한 결정으로 사업선택의 폭이 넓어지며 타인, 타 기업보다 우위를 점령할 수 있다는 점이다. 또한 위험감수 성향이 높은 사람은 낮은 사람에 비해 의사결정 시 정보를 적게 활용하고 또한 의사결정의 속도가 빠른 것으로 나타났다.

반면 부정적 측면은 이것을 잘못 이해하여 실패가능성이 높은데도 빠르고 과감한 결정으로 밀어붙이는 잘못된 경향이 있다. 이것은 한국인의 특징에서도 잘 나타나는 모습이다. 예를 들어, 주식시장에서 선물시장은 인간의 한계를 테스트해 볼 수 있는 최고의 시험장이다. 선물거래는 이익을 낼 수 있는 가능성과 손해를 볼 수 있는 가능성이 1:1인 확률게임으로서 일시에 큰돈을 벌기 위해서는 한 순간에 큰돈을 잃을 수 있는 위험성을 감수해야 하는 것이다. 이런 선물시장에서의 거래를 외국인은 90% 기관에 맡겨 리스크 관리를 한다. 하지만 한국인은 90% 자신이 결정하고 큰돈을 벌어보려는 욕심을 제어하지 못하고 리스크를 무시한 채 과다거래를 시도하다가 단 한 번의 거래에 감당할 수 없는 큰돈을 잃는 어리석은 실수를 한다.

하지만, 한국인들의 이러한 위험감수 성향이 조직의 모든 구성원들에게 그대로 나타나지는 않는다. 전문경영인들처럼 대리 경영을 하는 경우에는 책임소재가 따르기 때문에 일반적으로 위험한 선택을 하려 하지 않는 것이 한국기업의 일반적인 현상이다. 과감하게 위험을 감내하면서 투자할 줄 아는 사람들은 오히려 소유경영자들이다. 미국이나 일본의 기업들은 소유구조가 분산되어 있어서 뚜렷한 주인을 찾기가 힘들다. 하지만 한국의 기업들은 대부분 분명한 주인이 있어 책임을 전담한다. 그러다 보니 회사를 자기 자식 키우듯이 불철주야 노심초사한다. 오너 경영자들의 학습 양과 범위는 매우 깊고 넓다. 이러한 학습을 바탕으로 과감한 결정, 외견상 보기에 위험한 결정을 할 줄 아는 것이 오너 경영자들이다. 소유가 분산되어 있으면, 이익 남은 것을 배당하느라고 바쁘다. 또 내부에 세력 싸움하는 데 시간 다 보낸다. 하지만 소유자가 분명한 기업은 가치통일이 잘 되어 비전이 분명하고 그 비전을 달성하기 위한 대안선택에 있어 위험을 무릅쓴 과감한 선택을 할 줄 안다. 한국의 기업들은 이러한 바탕 위에 비전을 달성해 왔다.

다음은 우리나라의 오너십 경영의 장점을 나타내주는 사례이다.

〈사례 6.6〉 '한국형 오너십' 아래 공격경영 주효

'세계 TV 및 LCD 시장 석권, 현대차 미국 시장 6위 도약, 일본 아성 누른 2차전지……' 금융위기로 전 세계 경기가 침체의 늪에 빠졌던 지난 1년 동안 국내 기업들이 거둔 성적표이다. 미국의 자존심이라는 GM이 파산하고 철옹성으로 여겼던 소니가 위축되는 동안 한국의 글로벌 기업들은 이 같은 성과를 거뒀다. 경제협력개발기구(OECD) 등 각종 국제기구와 평가기관들이 경제 불황을 가장 빨리 극복할 나라로 한국을 꼽는 것도 이 같은 국내 기업들의 선전이 있었기에 가능했다.

그렇다면 한국 기업의 힘은 어디서 나온 것일까? 파이낸셜타임스(FT)는 최근 기사에서 환율 효과가 컸지만 그게 전부는 아니라고 평가했다. 즉 환율에서 유리하더라도 품질이 글로벌 제품 수준에 근접하지 않고서는 일본 기업을 제치지는 못하는 것과 마찬가지라는 설명이다. FT는 해외 기업들과 달리 한국 기업들이 과거 3~4년 동안 적극적 투자를 해오는 등 기업들이 제품 품질 등 여러 면에서 강력한 경쟁력을 확보했기에 가능했다고 평가했다. 배상근 전국경제인연합회 상무는 "국내 기업들은 비용 절감 등을 통해 내실을 다지면서도 시장 확대를 위한 마케팅 비용이나 연구개발비는 줄이지 않는 등 과감하게 공격경영에 나선 것이 주요했다"고 말했다.

이 같은 공격경영 이면에는 합리성으로 대변되는 영·미식 지배구조에서 볼 수 없는 한국만의 강력한 리더십이 자리 잡고 있다. 수익에 매몰될 수밖에 없는 전문경영인 시스템과 달리 전문경영인 체제와 더불어 오너가 주요 경영사항을 결정하는 한국식 지배구조가 그것이다. 당장의 기업 생존보다는 먼 미래를 본 오너십 경영이 지금의 한국 기업을 있게 한 원동력 중 하나라는 설명이다.

단적인 예로 한국 기업의 빠른 의사 결정이 위기를 효과적으로 극복한 힘으로 꼽히고 있다. 한 대기업 관계자는 "예전에는 일본 경쟁사들이 우리 의사 결정 과정을 보면서 무모하다고 평가했다. 그러나 이젠 한국 기업들의 용기와 선견지명에 놀랍다는 얘기를 한다"라고 설명했다. 빠른 의사결정은 영·미식의 전문 경영인 체제하에서 기대하기 힘든 것이 사실이다. 한때 한국의 오너경영은 전근대적 산물로 인식됐다. 황제경영으로 불리면서 분식회계 등 수많은 부작용을 낳았기 때문이다. 이 같은 부작용은 외환위기를 거치면서 글로벌 스탠더드를 받아들이고 투명성이 높아지면서 새로운 형태로 진화했다.

익명을 요구한 재계의 한 관계자는 "오너경영이 시대를 거치면서 새롭게 진화했고 이제 과거 구습에서 벗어났다"며 "과거에 오너 경영하면 황제 식 경영을 떠올렸지만 현재는 오너가 책임지고 전문경영인이 앞장서는 한국형 오너십으로 발전했다"라고 말했다. 이렇다 보니 최근 국내 학계 일각에서는 '한국형 리더십'을 조명하자는 움직임이 일고 있는 상태다.

자료 : 『인터넷한국일보』, 2009. 10. 25

지금까지 한국형 리더십의 미래비전 실현에 필요한 요인을 살펴보았다. 요인에는 가치지향, 창의성 발현, 인고감수, 위험감수, 이렇게 네 가지가 포함된다. 모두 다 쉽게 갖추면 좋겠지만 처음엔 어떤 요소가 강하고 어떤 요소가 약할 수 도 있다. 예를 들어 인고감수가 약하면 쉽게 포기하게 되고, 위험감수가 약하면 새로운 것에 도전하지 못하게 되며 가치지향이 약하면 쉽게 방향성을 잃을 수 있다는 것이다. 그러므로 최고의 한국형 리더가 되기 위해 자신을 계속 점검하고 부정적인 측면을 보완하고 긍정적인 측면을 강조하여 최고의 성과를 내야 한다.

미래비전의 이론적 배경

사실 미래비전이란 서구의 리더십 이론들에서 많이 다뤄지고 있는 내용이다. 아마도 리더십을 말하는 사람들이 가장 많이 사용하고 있는 단어가 비전일 것이다. 하지만 그들이 말하는 비전과 한국형 리더들이 말하는 비전은 단어는 같지만 내용은 많이 다르다. 여기에서는 그 차이를 살펴보도록 한다.

서구의 리더십 이론들 중에서 비전을 중심으로 구성된 리더십 이론은 카리스마 리더십 이론과 변혁적 리더십이론 등 두 가지가 있다. 물론 이들이 워낙 유명한 이론들이라 그 아류에 해당하는 이론들도 많이 거론되고는 있지만, 사실상 이들과 동일한 내용으로 보면 된다.

(1) 카리스마 리더십 이론에서의 비전

카리스마적 리더십 이론(Conger & Kanungo, 1987)은 카리스마 리더의 행동을 구체화한 이론으로, 〈그림 6.1〉에서와 같이 다섯 가지 요인들로 이론을 구성된다.

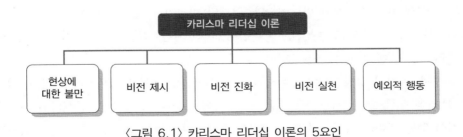

〈그림 6.1〉 카리스마 리더십 이론의 5요인

이 다섯 가지 요인들은 세계적으로 많이 알려진 카리스마 리더십 이론의 핵심 요인들이다. 비전의 제시, 전파, 그리고 실천이 핵심내용을 이루고 있다. 이에 대해서는 그동안 수많은 연구가 이루어졌다. 성과에 대한 영향도 다른 리더십 이론들에 비해서 비교적 큰 것으로 나타났다. 한국을 비롯한 전 세계 대학원생들이 논문의 주제로 가장 많이 택하는 이론이 바로 이 카리스마적 리더십 이론과 그에 준하는 변혁적 리더십 이론일 것이다. 학자들 간에도 가장 연구논문이 많이 나오는 이론으로 알려져 있다.

그럼에도 불구하고, 하나하나 뜯어보면 한국적 상황에 맞춰 이론이 조정되어야 할 필요성이 있음을 발견하게 된다. 우선, 카리스마 리더십 이론은 너무 추상적으로 요인들이 제시되고 있다. 비전을 제시하고 전파하고 실천하는 것은 비전에 관련된 표준적 프로세스를 밝히고 있는 것이지만, 실제로는 다양한 변형들이 있을 수 있다. 예컨대, 한국의 경우는 리더가 비전을 제시하기보다는 리더 자신이 하나의 비전으로 인식되는 경우가 많다. 또한 분명히 하나의 문구로 제시하지 않더라도 회사의 상황과 돌아가는 판을 보고 사람들은 비전이 있다, 없다를 판단하게 된다. 이것을 우리는 가치지향이라고 불렀다. 나의 리더가 따를 만한 가치를 갖고 있는 사람인지, 이 회사가 다닐 만한 가치가 있는 회사인지를 조직원들은 항상 민감하게 판단하여 자신의 노력과 헌신의 정도를 결정한다.

둘째는, 지나치게 합리적 과정을 상정하고 있어서 문화적 가치가 반영되지 않았다. 비전의 제시, 전파, 실행의 과정 속에는 한국인들이 마음 속 깊은 곳에 갖고 있는 인고, 창의, 위험의 감수 등과 같은 가치특성들이 개입될 수 있는 여지가 없다. 비전은 리더가 제시한다고 다 그대로 받아들여지는 것이 아니다. 뭔가 보상이 있어야 하고 비전을 달성할 수 있을 것이라는 상황증거가 필요하며, 무엇보다도 그 비전을 제시하는 리더가 나에게 (정으로 뭉쳐진) 특별한 사람이어야 한다. 또한 비전을 전파(즉, Vision communication)하면 다 통하는 것인 양 제안하고 있는 것도 문제이다. 비전을 전파하는 데 노력하기보다는 그 비전을 탄생시킨 '가치'를 위·아래 구성원들 간에 일치시키려는 노력이 선행되는 것이 보다 바람직하다. 그래야 비전이 쉽게 공유될 수 있다. 아울러, 비전 실행에는 희생과 고통과 인고가 따른다. 비전 실천이라는 단어 속에는 이러한 인고관리(忍苦管理)에 대한 내용은 포함되어 있지 않다.

셋째, 비전의 실행과정에 있어서의 창의적 발상의 역할을 도외시하고 있다. 비전은 보통의 방식으로 실행만 하면 달성되는 것이 아니다. 만약 그 수준이라면 비전의 자격이 없는 것이나 마찬가지이다. 비전은 오랜 동안의 각고의 노력과 많은 장애물들을 극복해야 달성될 수 있는, 일종의 극단적 도전이다. 그 과정 속에는 많은 창의적 발상과 독특한 방식의 돌파전략 등이 요구된다. 그러므로 조직원들의 고민과 학습과 분석과 때로는 기상천외한 발상 등이 필요한 것이 비전의 실행과정이라고 볼 수 있다.

비전은 제시하고 전파하고 실행하는 과정을 거치는 것이 일반적인 과정이다. 하지만 그 내용에 있어서는 한국과 서양이 다르다. 한국의 리더들은 보다 가치중심적이어서 때로는 나라와 국가 등의 사명감을 내세우기도 한다. 비전 달성과정에서의 인고는 한국인들에게 독특한 문화적 특성이다. 그리고 비전 달성방법에 있어서 위험감수와 창의성은 한국형 리더십의 핵심 특징이라고 할 수 있을 것이다.

(2) 변혁적 리더십의 미래비전

변혁적 리더십은 이념화, 지적 자극, 그리고 개별적 배려 등을 핵심내용으로 하는 리더십 이론이다. 즉, 리더란 저차원 욕구 상태에 있는 구성원들이 고차원 욕구를 갖도록 가치전환을 하는 역할을 하는데 이때 리더에게 필요한 행동이 위의 세 가지라는 것이다. 저차원 욕구란 먹고 사는 욕구, 현실적 욕구, 돈을 위해서 뛰어다니는 욕구 등을 의미하며, 고차원 욕구란 자존욕구, 인정받는 욕구, 자아를 실현하는 욕구 등을 뜻한다. 카리스마적 리더십 이론과 마찬가지로 1990년대 이후 서양의 리더십 학계를 대표하는 이론이다. 한국에서도 많은 연구가 이루어졌다. 변혁적 리더십의 경우, 미래비전은 바로 처음의 이념화 행동과 관련된다. 즉 리더는 하급자들에게 일의 의미를 새롭게 하고 고차원 욕구에 입각하여 나아갈 방향, 즉 미래의 비전을 갖도록 하는 것이다. 변혁적 리더십은 한국형 리더십에서 주장하는 미래비전과 이런 점에서 연관된다.

하지만 변혁적 리더십은 미래비전에 대해서 구체적 내용과 추진방법을 제시하지 못하고 있다. 하급자들의 가치를 고차원 가치로 바꾸는 것을 목적으로 한다는 측면에서 한국형 리더십의 가치지향과 일치하는 듯이 보이지만, 한국형 리더십의 미래비전에 있어서는 저차원의 가치와 고차원의 가치가 통합적으로 나타난다고 보는 것이 옳을 것이다. 한국인들에게 비전이란 단순한 이념이라기보다는 미래의 개인적 보상과도 연결된다. 이것은 변혁적 리더십이 저급한 리더의 행동이라고 폄하한 리더의 '조건적 보상' 행위가 많은 연구에서 변혁적 리더십의 3요인들과 매우 연관성이 크게 나타나고 있다는 사실에서도 나타나고 있다. 비전을 가지고 오늘의 고통을 인고하는 노력에 대해서 한국인들은 미래의 어느 시점에서 반드시 보상을 한다. 그리고 구성원들은 그러한 문화적 가치에 대해서 확신을 가지고 있다. 만약 미래에 그러한 인고에 대한 보상이 주어지지 않았을 때는 '나쁜 사람', '심했다' 등의 표현으로 리더를 비난하며, 그 리더의 주변에는 더 이상 사람들이 모이지 않는다. 한국의 리더들은 그러한 비난에 대해서 민감하다.

한편, 변혁적 리더십의 지적 자극은 한국형 리더십의 미래비전에서 이야기하는 창의성과 관련된다. 하지만 지적 자극과 여기서 말하는 창의성과는 개념이 다르다. 지적 자극은 미시적이고 단편적인 차원에서의 창의성 유발행위이다. 그러나 한국형 리더십의 창의성은 지속적인 속성을 가지며, 언제든 비전을 추구하는 과정에서 나타날 수 있는 문제, 저항, 난관, 장애요인들을 돌파하는 수단으로서의 역량이라는 개념이다. 고도성장의 과정은 하루하루의 일과가 문제와 막힘의 연속이었다. 이것은 곧 한국형 리더들이 매일같이 극복과 돌파의 문제로 고민하고 분석하고 벤치마킹하고 자문을 구하면서 시간을 보냈음을 의미한다. 때로는 무리한 행동을 해야 할 때도 있었고, 때로는 참으로 위험한 선택을 할 수밖에 없는 시간도 있었다. 내수 시장도 크고 제품의 인지도도 세계적으로 형성되어 있는 평범한 상황에서 기업경영을 해온 미국인들에게는 평범하고 정상적인 리더십 행동이 관측되었을 것이다. 하지만, 없는 인지도를 쌓아야 하고 문제가 많은 제품의 품질을 높여야 하며, 앞서 가는 선진기업들을 짧은 기간 내에 추격해야 했던 한국기업들에서는 리더십이란 마치 전쟁을 치르는 것과 같은 것이었다. 정상적 상태의 행동이 아니라, 비상상황의 행동이었으며, 누구나가 따라할 수 있는 합리적 방법이 아니라 소위 '특단의 조치'를 통해서 세계경쟁을 뚫고 나갈 수밖에 없었다. 쓰러져 목숨을 잃은 임원들도 많았고, 지나친 음주로 반신불수가 된 직원들도 어렵지 않게 찾아볼 수 있다.

이처럼, 한국형 리더십은 모든 것을 바라고 원하는 비전에 맞춰 헌신과 희생으로 성취해 나가는 특수한 리더십이다.

(3) 비전과 목표

비전과 목표는 다르다. 비전은 장기적이며 이념적인 성격이 강하여 실제적으로 완벽하게 성취될 수 없는 속성을 갖는 반면 목표는 구체적이며 실제에 있어 달성 가능한 형식으로 표현된다. 비전은 조직 전체의 구성원들의 가치와 관련되는 반면에 목표는 가치의 실천적 구현과 밀접한 관련을 갖는다. 그러나 양자는 추종자들의 성과에 영향을 준다는 측면에서는 유사하다.

〈표 6.2〉 목표와 비전의 차이점

목 표	비 전
단기적	중·장기적
구체적	추상적
분할적	구성원 공통적
현실적	미래지향적

목표설정이론에 따르면, 도전적 목표를 수립하고 자신의 능력에 자신감을 갖도록 함으로써 구성원들이 최고의 성과를 달성할 수 있도록 할 수 있다고 하였다. 도전적인 목표 없이 매일 그렇고 그런 일만 반복하면서, 일상성의 노예가 되어 하루하루를 살아가는 하급자들의 경우에는 큰 성과를 기대하기 힘들다. 하지만 조직원들이 단기적 목표에만 도전하도록 한다면, 조직생활의 의미를 잃게 된다. 도전적 목표와 더불어 미래에 대한 원대한 비전을 심어주는 리더가 되어야 한다.

요즘 기업에서는 '스트레치 골'(stretch goal)이라는 것이 유행이다. 하급자들이 상식적으로 감당할 수 없는 높은 목표를 주는 것을 말한다. 예를 들어, 내년 목표를 세울 때 매출이나 이익목표 증가율을 10%나 15% 정도를 주는 것이 아니라 30%나 40%의 높은 성장목표를 준다. 스트레치 골은 구성원들이 평소에 발휘하지 않던 잠재력과 상상력을 총동원하게 함으로써 작은 목표를 줄 때보다 오히려 달성가능성을 높여준다고 한다.

코리안리(Korean RE)라는 한국 유일의 재보험회사의 박종원 사장은 직원들에게 항상 다음과 같은 말을 한다. "5%의 성장은 불가능하지만 30%의 성장은 가능하다." 직원들에게 5%의 목표를 주었더니 매번 해오던 방식대로만 하더니 30% 목표를 주었더니 목표를 달성하는 새로운 방법을 찾더라는 것이다. 결국은 해오던 방식에 얽매인 5% 목표보다 불가능해 보이는 30%의 목표를 받았을 때 새로운 방법을 찾게 되고, 결국은 목표를 달성하게 되더라는 것이 그의 주장이다. 이처럼 스트레치 골과 같은 도전적 목표는 하급자들의 잠재력을 깨워 새로운 방법을 찾게 한다.

하지만 스트레치 골을 줄 때는 이유와 의미가 동시에 설명되어야 한다. 그 이유가 될 수 있는 것이 비전이다. 즉, 비전을 달성하는 수단으로서 스트레치 골이 제시되고 강조될 때, 더 큰 성과를 기대할 수 있게 되는 것이다.

미래비전의 여러 수준

한 벤처기업에 들어온 신입사원이 모처럼 사장과 대화할 수 있는 기회가 생겼다. 의욕적으로 사업을 확장한다는 얘기를 입사 전부터 들었던 터라 이렇게 물었다고 한다.

"우리 회사의 비전은 무엇입니까?"

사장으로부터 멋진 비전을 듣고 싶었던 그는 다음과 같은 답변을 듣는 순간 머쓱해지고 말았다.

"비전은 귀하를 포함한 모든 직원이 함께 만들어 나가야지요."

이것은 가장 한국적인 대답이다. 미국의 경영자들에게 같은 질문을 했다면 100명 중에서 아무도 이런 답을 하지 않았을 것이다. 한국에서는 비전을 조직원들이 함께 만들어 나아간다. 하지만 아직까지 함께 만들어놓은 비전이 없다는 말도 된다. 그만큼 가치공유에 진력하지 않았다는 말이기도 하다. 무엇을 위해서 기업을 하는지, 어떤 가치를 추구하는지, 어디로 가고 있는지, 조직원들의 희생과 헌신의 이유는 무엇인지를 명쾌하게 설명할 수 없는 최고경영자는 자격이 없다.

위의 사장의 대답은 또한 비전이 개인의 문제만이 아니라 조직 전체의 문제이기도 하다는 것을 뜻하기도 한다. 1,000명의 조직원이 있을 때, 비전을 추구하는 리더가 얼마나 되는가는 조직의 잠재력이 얼마나 되는가와 직결되는 문제이다. 조직 차원의 비전과 관련해서는 몇 가지 짚어봐야 하는 사항들이 있다.

- 비전추구형 리더들이 얼마나 되는가?
- 조직의 비전이 구성원들의 비전과 일치되어 있는가?
- 리더의 비전 추구 행동이 적절히 인정받고 보상받고 있는가?
- 비전 달성을 위해서 모두가 노심초사하고 있는가?

이 네 가지에 있어 모두 '예'라고 답할 수 있는 조직은 머지않아 비전을 달성하게 되고 큰 성취감을 맛보게 될 것이다. 아마도 더 큰 비전과 더 원대한 희망을 위해서 지속적으로 매진하는 조직이 될 것이다. 하지만 이들 중에서 하나라도 '아니오'라는 대답이 나오면, 문제가 있는 조직이다. 이런 조직에 근무하는 조직원들은 '돈 버는 기계'의 부품이거나 아니면 '일만 아는 개미'의 수준을 못 벗어날 것이다. 의미가 있어야 하고 가치 있는 무엇인가를 마음에 두고 일해야 한다.

리더 개인이 비전을 갖는 것과 조직이 그러한 비전을 추구하는 리더들을 어떻게 확보하고 활용해야 하는지를 아래에 정리하였다.

(1) 개인 차원의 미래비전

한국형 리더가 보여주는 미래비전은 명분가치, 성장가치, 이익가치 등 세 가지 차원에서 평가해 볼 수 있다. 명분가치란 비전이 어떤 명분을 갖는가를 뜻하며, 성장가치란 그 비전이 나의 성장에 어떤 도움이 되는가의 문제이고, 이익가치란 나에게 미래에 어떤 이익이 돌아오는가를 의미한다.

이 세 가지 중에서 적어도 하나에 대해서는 확신할 수 있어야 리더의 비전에 구성원들이 공감하게 되며, 그것이 리더의 비전으로서의 역할을 할 수 있게 되는 것이다. 만약 명분이나 상징적 의미도 없고, 성장기회도 안 되며, 이익도 없으면 사람들은 들으려 하지도 않는다.

예컨대, 평생을 고산 등반에 도전하겠다는 엄홍길 씨, 평생을 NGO단체에서 봉사할 것이라는 한비야 씨의 비전 등은 이익이나 자신의 능력신장을 위한 것이 아니라, 인간으로서의 명분과 의미를 찾는 비전 추구이다. 돈을 벌기 위함이라면 산에 오르는 것보다 다른 일을 하는 것이 더 효과적일 것이다. 또한 NGO에 헌신하는 것으로 자신의 성장을 바라고 있는 것 같지는 않다. 순전히 명분가치를 추구하고 있는 결과이다.

조직에서 리더의 비전이 가장 강력한 힘을 발휘하게 되는 것은 이 세 가지 가치가 일치하는 경우이다. 명분과 성장과 이익이 되는 비전이라면, 한국의 조직원들은 헌신적으로 자신을 몰입한다. 하지만 많은 경우, 세 가지를 다 확보한 비전을 제시하기는 쉽지 않다.

다음은 직장을 하나의 수단으로 생각하고 있는 사례이다.

〈사례 6.7〉 직장이요? 돈 버는 수단이죠

어느 화창한 주말 오후, 지인의 소개로 알게 된 한 친구를 만났다. 한국의 일류대학을 졸업하고 한국 굴지의 일류회사에 입사해서 일하고 있는 엘리트 직원이었다. 만나서 이런저런 얘기를 하는 도중 나는 놀라운 사실을 알게 되었다. 매사 열정적이고 성취 열정이 대단히 높은 그가 사내에서 제일 편하고 할 일(?) 없는 부서로 옮겼다는 것이다. 편하고 할 일도 없으니 업무성과도 못 낼 뿐더러 승진에도 영향력이 커 사람들이 기피하는 부서라고도 했다. 나는 너무나 의아했다. 대체 왜? 하지만 그는 곧 나의 의문점을 풀어 주었다.

"요즘 신입사원들은 정말 임원으로 승진하고 싶어 하는 사람은 몇 안 돼요. 대부분 회사에 갓 입사했을 땐 열정적이고 패기도 넘치지만, 얼마 지나지 않아 자기가 원했던 회사가 아니고 자기 발전이 없을 것 같다고 생각하죠. 그래서 입사 후 얼마 안 있어 정말 자신이 하고 싶은 일을 새롭게 시작한답니다. 회사는 그냥 자신이 하고 싶은 일을 할 수 있게끔 돈을 벌어주는 도구로 생각하는 것이에요. 저도 제가 원하던 미국 내 로스쿨 입학준비를 다시 시작하기 위해 비교적 시간적 여유가 많은 부서로 옮긴 것이고요. 매일 자투리 시간을 이용해 제가 하고 싶은 공부를 하고 있어요. 빨리 로스쿨에 입학하게 돼서 웃으며 회사에 사표 내는 날이 왔으면 좋겠어요."

당차게 이야기하는 그의 모습에 일정의 돈을 모아 로스쿨에 입학하겠다는 굳은 의지가 보인다. 나는 그제야 고개를 끄덕이며 세상이 많이 달라지고 있음을 실감하였다.

조직원들에게 성장가치가 넘치는 비전을 제시하지 못한 결과이다. 많은 사람들은 성장을 원한다. 조직이 그것을 충족시키지 못하면 구성원들은 다른 방법을 찾는다. 그렇다고 명분가치나 이익가치를 제공해주고 있지도 못하다. 머지않아 좋은 인재는 다 빠져 나가고 머뭇거리다가 이러지도 저러지도 못하는 직원들만 남게 될 것이다. 이들에게 비전을 제시해 줄 수 있는 진정한 한국형 리더십이 더욱 필요해지는 시점이다.

〈사례 6.7〉이 특수한 경우일까? 다음 설문이 그 답을 준다.

<사례 6.8> 직장 내 개인 비전의 현실

온라인 취업사이트 사람인이 자사회원인 직장인 2,410명을 대상으로 "경력을 채우기 위해 회사를 참고 다닌 경험이 있습니까?"라고 물어본 결과, 74.4%가 '있다'라고 답했다. 참고 다닌 이유로는 절반이 넘는 52.5%가 '더 나은 조건으로 이직하려고'를 선택했다. 다음으로는 '업무 전문성을 쌓으려고', '조기퇴사로 경력단절을 피하기 위해서', '퇴직금을 받기 위해서' 등이 있었다. 목표로 했던 경력은 '2~3년 미만'이 33.9%로 가장 많았다. 뒤이어 '1~2년 미만', '3~4년 미만' 등의 순으로 평균 2년 6개월 정도 계획하는 것으로 나타났다.

이렇게 목표 경력을 쌓은 후에 이직 성공 여부를 묻는 질문에는 38.1%가 '성공했다'를 택했다. 또, 목표한 경력을 쌓은 것이 이직에 도움이 되었다는 응답자는 87.5%였다.

반면, 경력연수를 채우기 위해 회사를 참고 다닌 경험이 없는 응답자는 그 이유로 '싫은 일은 못하는 성격이라서'를 첫 번째로 꼽았다. 다음은 '신입으로 이직을 준비했기 때문에', '경력 없이도 취직할 자신이 있어서', '자격증 등 스펙이 뛰어나서' 등이 뒤를 이었다.

자료: 『노컷뉴스』, 2009. 6. 29

시대는 바야흐로 자기성장의 시대이다. 성장가치의 비전을 제시하지 못하는 회사는 출중한 리더를 확보할 수 없음을 여실히 보여주는 통계이다. 많은 한국형 리더들을 육성하여 이에 대처해야 한다.

(2) 조직 차원의 미래비전

기업이 성공하기 위해서는 비전을 갖춘 리더들이 가득 찬 조직을 만들어야 할 것이다. 어떻게 하면 그렇게 만들 수 있을까? 가장 중요한 것은 회사의 명분가치와 성장가치, 그리고 이익가치를 정책 차원에서 조직원들에게 확실히 하는 것이다. 이것이 있어야 조직의 리더들이 구성원들에게 공유할 근거가 생긴다. 이것은 리더가 개인 차원에서 자신의 부하들에게 제시하기 힘든 것들이다.

삼성의 이병철 창업자는 세계일류, 사업보국 등의 명분가치를 앞세워 삼성을 이끌어 왔다. 현대의 정주영 창업자나 LG, SK, 포스코 등도 한편으로는 '보국'의 명분을 내걸고 구성원들을 이끌어 왔다. 하지만 이러한 명분가치는 오늘날의 조직원들에게는 가치로서의 명분이 많이 희석되었다. 나라가 발전하고 그들이 내걸었던 비전이 어느 정도 달성된 때문이기도 하고, 또 한편으로는 글로벌 시대를 맞이하여 20~30대의 젊은 층이 선택할 수 있는 폭과 넓이가 너무 달라졌기 때문이기도 하다. 그러므로 명분가치를 내걸더라도 오늘날의 감각에 맞는 명분을 찾아야 할 것이다. 가령, '아름다운 재단'은 국가를 내세우기보다는 사회의 가난한 계층을 돕는 것을 명분으로 내세워 많은 국민들에게 가치창출을 하고 있다.

보다 현실적으로는 성장가치와 이익가치를 내세우는 것이 비전을 조직원들에게 공유시키고 내재화하는 데 있어 가장 효과적이다. '안철수 연구소' 등은 주식을 조직원들에게 나눠주면서 조직의 가치를 공유시켰고, 하이닉스 등의 기업들은 사내 대학을 설치하여 적극적으로 조직원들에게 성장기회를 제공하고 있다. 기업들은 이 세 가지 가치에 대해서 현상을 진단하고 증진시켜 나아가야 할 것이다.

조직 차원의 가치체계가 명확해지면 공감대 형성에 앞장서야 한다. 이것은 단순히 비전을 전파하는 서양식 행동과는 다른 것이다. 공감대는 행동으로 보여줘야 한다. 한국인들은 말로만 떠드는 사람을 예의 없고 신뢰할 수 없는 사람이라고 말한다. 말로 조직원들에게 시키기보다는 리더가 스스로 앞장서는 모습을 보이고 비전 달성을 위해서 예산과 인력을 배정하는 등 구체적인 행동을 보일 때 공감대가 형성된다. 소유주와 CEO가 진지하게 비전을 행동으로 보여주고 맨 앞에 서서 삽질을 해댈 때 구성원들은 공감한다.

일단 공감하게 되면, 헌신과 희생을 마다하지 않는 것이 한국인들이다. 장애물이 있으면, 창의적 발상으로 돌파하고 자원이 부족하면 밤샘을 하더라도 구해온다. 가족을 동원하고 친구를 동원하며, 학교의 은사님까지 동원해서라도 필요한 것을 만들어 낸다. 하지만 전제조건은 '공감대'의 형성이다. 한국인들은 공감하지 않는 일에 대해서 헌신하지 않는다.

한국인들에게 비전은 누군가가 '제시하고 전파하는' 것이 아니다. 한국인들에게 비전은 '함께 공감하고 함께 만들어 가는' 것이다.

〈사례 6.9〉 "회사의 큰 그림, 직원 개인 비전 모두 소중"

'예탁자산 5,000억 원을 훌쩍 돌파한 우수점포'

○○종합금융증권 골드센터 △△지점에 따라붙는 수식어다. 골드센터로 전환한 지 단 2년 반 만에 예탁자산 5,000억 원을 돌파함과 동시에 최근 우수점포로 선정돼 증권업계의 주목을 받고 있는 골드센터 △△지점의 남비전 지점장을 만났다.

그는 3년 전 일반지점이었던 △△지점으로 부임한 이후 한 해 동안 직원들과 많은 고민을 한 이후 직원들의 의견을 수렴해 PB센터로 전환하게 됐다고 말했다. 그는 PB 센터로의 전환은 직원들의 일에 대한 열정과 능력 면에 충분히 가능성이 있을 것으로 판단했다고 당시를 회고했다.

남비전 지점장은 "직원들의 시장변화를 읽는 능력과 긍정적인 사고가 PB자산관리를 가능케 했다"며 "직원들에게 PB센터에 대한 비전을 제시하되, 면담을 통해 직원들의 비전을 파악하였고 회사의 큰 그림과 직원들 개개인의 비전을 한데 아울렀던 것이 성공의 비결"이라고 거듭 강조했다.

증권영업은 회사차원에서의 직원들에 대한 아낌없는 지원과 이를 바탕으로 한 직원들의 노력이 병행된다면 시장을 읽고 방향성을 잡아갈 수 있는 안목이 생긴다는 게 남 지점장의 신념이다.

골드센터 △△지점을 이끌어가는 남비전 지점장이 가장 중요하게 생각하는 것은 현실에 맞는 비전 제시다. 이는 허황된 비전이 아닌 정확하고 달성 가능한 비전을 제시함으로써 직원들에게 성취감을 부여하기 위함이다.

또한 변화에 순응하면서 긍정적인 자세로 일을 한다면 결과는 언제나 좋을 것이라고 믿고 있는 남 지점장은 "직원들에게 오늘 하루가 전부는 아니기에 지금 앞서가야 한다는 강박관념을 가질 필요는 없다"라고 말했다. 이것이 골드센터 △△지점 직원들이 스스로 노력하는 것과 회사 프로그램의 PB교육 · 자산관리 포럼 등에 집중하는 이유다.

자료 : 『서울파이낸스』, 2007. 4. 23

우리는 남비전의 행동을 눈여겨볼 필요가 있다. 그는 어떠한 의견에 대해 항상 조직원들과 고민하고 의견을 수렴한다. 자주 의논하다 보니 직원들을 이해하게 되었고 그들의 가능성을 판단했다. 그리고 제일 중요한 '그들이 필요로 하고, 하고 싶은 일'이 무엇인지를 잘 파악하여 그것을 조직의 성장에 일치시켰다. 그로 인해 회사는 놀라운 성과가 나오고 직원들에게 동기부여가 되었다. 개인과 조직의 비전이 일치하면 자신과 구성원의 미래도 달라진다고 생각하고 비전을 일치시킨 남비전 지점장은 한국형 리더의 가장 이상적인 모습이다.

한국 사람은 자신의 비전과 조직의 비전이 일치되지 않으면 혹은 도움이 되지 않으면 희생적으로 노력하지 않는 부분이 있다. 두레와 품앗이처럼 주고받는 것 또한 내가 얻는 게 있기 때문에 몰입해서 다른 사람을 도와주려 하는 것이다. 그러므로 회사는 사원들에게 회사의 비전만을 강요해서는 안 된다. 그들이 갖고 있는 나름대로의 가치와 지식을 인정해주고 조직의 비전에 그대로 녹아들게 하는 것이 최고의 한국형 리더가 할 일이다.

3 | 미 래 비 전 의 특 징

한국형 리더의 미래비전의 형성배경과 역사적 인물들의 미래비전 사례, 한국형 리더의 미래비전과 서양 리더의 미래비전의 차이로 나누어 설명하였다. 우선 형성배경을 살펴보자.

형성배경

한국의 역사를 살펴보면, 한(恨)을 극복하는 과정에서 비전을 갖게 되었고, 일제의 억압에 저항하고 극복하면서 독립의 비전이 큰 역할을 하였다. 또한 가난에서 탈출하기 위한 고도성장기에 한국인들의 에너지를 집약시킨 것도 '미래의 잘사는 나라'의 비전이었다.

(1) 한에서 꽃 피우는 비전

조선시대, 부패한 권력에 수탈당하고 자연재해에 피폐해지고, 왜와 중국의 침략에 당하면서 백성들은 한(恨)을 품게 되었다. 어찌할 수 없는 힘에 휘둘리면서 백성들은 돌파구를 필요로 했다. 꽹과리와 장구와 같은 타악기를 만들어 한풀이를 위해서 흐드러지게 놀아보기도 하였다. 그러나 그네들의 마음 깊은 곳에는 항상 선(善)과 정의와 풍요가 지배하는 미래의 희망이 자리 잡고 있었다. 언젠가 초인 같은 리더가 나타나 모두가 잘 사는 나라, 착취당하지 않는 나라, 힘 있고 공평한 나라를 이루어 줄 것을 기대하고 소망했다. 그래서 임꺽정이 백성들에게 큰 인기를 끌었고, 홍길동이 그리워했던 이상 국가 율도국(硉島國)이 탄생하게 된 것이다.

오늘날에도 한국인들의 한은 여러 가지 형태로 한국인들의 마음속에 남아 행동에 영향을 미치고 있다. 한이란 비전을 추구하는 하나의 동인이다. 한국인들은 한을 풀기 위해서 미래의 이상적인 상태를 추구한다. 부모님이 환경적 이유 등으로 마음 놓고 공부하지 못한 한 때문에 자녀들에게 자꾸 큰 비전을 지워주고 그 비전을 달성하기 위해 헌신하는 것과 같은 맥락이다. 기업의 경영자나 관리자들도 성공에 대한 일종의 한을 갖고 있는 경우가 많다. 스스로 기업의 주인이 되지 못하고 남의 밑에서 일해야 하는 데서 오는 한, 좀 더 좋은 환경에서 자라지 못하여 오늘날의 수준밖에 되지 못한 데서 오는 한, 일류대학을 졸업하지 못하여 사회적으로 크게 인정받지 못하는 데서 오는 한, 그리고 갑(甲)의 입장에 서지 못하고 을(乙)의 입장에 설 수밖에 없는 상황에 대해서 갖게 되는 한 등은 오늘날 한국인들의 마음속에 남아 있는 한의 잔재들이다.

이상의 내용을 간략히 그림으로 표시하면 다음의 〈그림 6.2〉와 같이 요약될 수 있다.

〈그림 6.2〉는 한과 비전과 열정의 관계를 나타낸 것이다. 한에서 비전이 생기고 그것이 열정을 부른다. 한이 많은 사람은 마음속에 독기를 품는다. 그것은 곧 미래의 꿈으로 연결되고 그것을 달성하기 위해서 물불을 가리지 않는 열정적 태도를 보이게

〈그림 6.2〉 한과 비전의 관계

되는 것이다.

⑵ 압제에서 돋아난 비전

한국인들은 일제의 억압에 저항하면서 독립의 비전을 보여줬다. 다른 어떤 피지배 국가들보다도 더 강력하게 저항하며 국권회복의 비전을 실천에 옮겨 이루어 냈다. 백범, 안중근, 이봉창 등 수 많은 저항의 리더들이 독립이라는 비전을 위해서 목숨을 걸었다. 일제의 억압은 한국인들에게는 너무나 가슴 아픈 잊을 수 없는 경험이다. 그리고 억압으로부터의 탈출이 얼마나 소중하고 당당한 것인지를 기억하고 있다.

　　오늘날 부당한 억압이나 강제에 남달리 민감하게 반응하는 한국인들의 속성은 이러한 아픈 경험과 관련된다고 볼 수 있다. 부당한 억압이나 이유 없는 강제가 있을 때 그것을 타파하는 일에 관한 한 한국조직원들 간에는 쉽고 신속하게 공감대가 이루어진다. 그리고 억압과 강제 너머에 어떤 이상향, 또는 대안이 있는지를 한국인들은 알고 있다.

　　그러므로 한국형 리더는 억압과 강제와 불편함과 소홀함, 그리고 비효율로부터 탈출하여 정의롭고 효율적인 모습으로 거듭날 수 있는 방향으로 미래의 비전을 형성해 나아가려는 속성을 보인다.

⑶ 가난에서 일으켜 세운 비전

과거 50여 년 동안 한국은 가난으로부터의 탈출에 성공하였다. '잘산다'는 이익가치와 그것이 '국가적 사명'이라는 명분가치에 대한 국민적 공감대가 이루어진 시기였다. 가난으로부터의 탈출은 한이나 압제탈출의 경우보다 더 현대적 경험이었다. 가난탈출의 비전은 단계적으로 이루어졌다. 처음에는 보릿고개를 극복하는 것이 시급한 비전이었다. 그것이 가능할까를 의심하는 사람들도 많았다. 그것이 어느 정도 달성되자, 그 다음에는 수출 100억 불 달성, 국민소득 1만 불 달성, 선진국 진입 등으로 비전의 수준을 조정해 왔다. 이 과정에서 수많은 역경을 이겨냈고 기록적인 경험과 지식을 축적하였다. 앞으로 나아가야 했고 더 높이 올라가야 했다.

　　가난 탈출 과정에서 경험한 비전달성의 경험은 한국형 리더들에게 고귀한 자신감을 가져다 줬다. 미래의 이상적 상태가 무엇인지를 알게 되었고 비전을 어떻게 추진해야 하는지에 대한 방법론을 체득한 것이다. 아울러 비전 달성과정의 고통이라는 것은 어떤 의미를 가지며 그것을 어떻게 하면 극복할 수 있는지에 대해서도 배웠다. 무엇보다도, 비전을 추구하기 위해서 리더는 어떤 역할을 해야 하는지를 알게 되었다는 것이 큰 수확이었다. 이러한 지식들은 도서관의 책속에 있는 것이 아니다. 오늘날 조직에 근무하는 사람들의 머릿속에 존재한다. 친구에게 듣고 상사에게 배우고 같은 업무를 하는 삼성, 현대, LG, SK, 포스코의 담당자들과의 비공식 미팅을 통해서 공유하게 된다.

지난 40여 년 한국의 가난 탈출 과정을 통한 비전 달성경험은 한국형 리더들의 머리와 가슴속에 DNA로 심어져 있다.

역사적 인물들의 미래비전 사례

역사는 '과거와 현재의 대화'라고 흔히 말한다. 그런데 사실상 우리는 역사와 대화를 잘 나누지 못한다. 왜 그럴까? 역사는 스스로 말하지 않고 우리가 말을 걸어 줄 때에만 말하기 때문이다. 그렇다. 역사 속에서 진실을 발견하려면 우리는 일단 말을 걸어야 한다. 그렇다면 누구에게 말을 걸 것인가? 그 대화 상대를 잘 고르는 것이야말로 역사를 접하는 첫 관문이다. 이에 한국형 리더십 미래비전에서는 비전을 가지고 자신을 돌아 볼 줄 아는 현명한 지도자로 삼봉 정도전과 지성과 합리성을 바탕으로 한 도산 안창호 선생에게 말을 걸기로 했다.

우선 현명한 지도자 정도전에게 말을 걸어 보자.

(1) 비전을 가지고 자신을 돌아볼 줄 아는 지도자, 정도전

정도전은 고려말기의 어수선한 분위기 속에서 태어나고 자랐다. 당시 대표적인 성리학자였던 이색으로부터 학문을 배웠으며 그는 이곳에서 정몽주 등과 함께 공부하였다. 고려 말기는 국내적으로나 대외적으로나 매우 어수선한 시기였다. 국내에서는 왕조가 막바지로 치달으면서 부정부패가 성횡하였으며 관리의 부당한 착취는 이미 도를 넘어서고 있었다. 정도전은 유배 당시 순박한 백성들이 부당하게 착취당하고 있는 참담한 현실을 목격하면서 유배 초기에 가졌던 정치적 복권의 뜻을 넘어서서 이 나라 정치공동체 구성원의 대부분인 백성을 위한 참되고 올바른 정치 실현을 이상으로 품게 되었다.

정도전은 민본정치의 단서를 인(仁)에 두었다. 인으로써 정치하는 것은 백성들을 군주의 행복을 위해 언제든지 희생시킬 수 있는 존재로 파악하는 것과는 확연히 다르다. 민본정치를 할 수 있는 단서를 군주가 인의 마음을 갖고 정치를 시작하는가의 여부에 두었다. 정치가 백성들을 자기자식처럼 사랑한다면 백성들은 행복해진다고 하였다. 그렇지 못하고 군주가 백성을 동물 보듯이 취급하는 불인(不仁)정치를 자행하면 백성들은 불행해진다고 했다. 정도전은 군주보다는 관료에 의한 정치를 주장하였다. 군주는 정치공동체, 그리고 백성들 전체와 자신을 동일시하려는 시도를 해야 한다고 말하였다. 그 단서로 정치공동체를 자신처럼 사랑하는 마음인 인(仁)을 들었고 그런 정치인 인정(仁政)을 강조하였다.

정도전의 민본정치에서는 관료들은 권력을 쥔 인간을 위한 정치가 아니라 정치공동체 모든 구성원 자체인 백성을 위한 정치를 하는 것이다. 정도전의 사상하의 관료들은 군주의 가신 차원의 관료가 아니라 공공선과 백성 모두의 행복이라는 것이 그 판단기준으로 채택되는 것이다. 군주와 관료가 하늘을 우러러 한 점 부끄럼 없이 정치를 실천할 수 있게 기약하고 다짐하는 민본정치의 이상을 정도전은 조선의 기본정치 이념으로 제도화한 것이다.

삼봉 정도전의 자기 자신의 이익보다는 공동의 이익을 우선시하고 백성들을 사랑했던 민본정치의 모습은 현재 최고의 한국형 리더가 조직원들의 의견을 존중해주고 위기를 같이 극복하려 하는 모습과 비슷하다. 또한 기존의 인식을 비판하고 보다 이상적인 국가상을 만들기 위해 민중을 사랑하고 믿었던 것처럼 한국형 리더도 새로운 비전을 제시하여 조직원들을 이해시키고 믿어, 같은 비전을 바라보고 갈 수 있게끔 도와주는 것도 비슷하다.

오늘날의 관점으로 보면 정도전은 뛰어난 기획력을 갖춘 전문경영인이라고 할 수 있다. 실제로 그는 놀라운 기획 능력을 발휘하며 역성혁명과 조선 창업과정을 주도한다. 우리는 흔히 조선 태조 이성계를 조선창업의 주체로 알고 있지만 정도전이 없는 이성계는 상상할 수가 없다. 요컨대 새로 창업한 조선은 이성계의 것이라기보다는 정도전의 것이었다. 창업 직후에 정도전은 종종 이렇게 말했다고 한다. "한고조가 장양(張良)을 쓴 것이 아니라 장양이 한고조를 썼도다." 위험수위를 넘나드는 이러한 넋두리에 면전에 있던 태조 이성계도 고개를 끄덕였다고 한다. 그것은 가히 리더십에 대한 기획력의 승리였다(박남일, 2008).

(2) 지성과 합리성을 바탕으로 한 도산 안창호

> "동포 여러분! 인생을 승리하려면 꿈과 비전을 가져야 합니다. 꿈을 갖지 못한 개인이나 나라는 승리할 수 없습니다. 꿈을 가지려면 어떻게 해야 할까요? 꿈은 막연히 생각하면 안 됩니다. 엮어가야 합니다. 비전을 가지려면 어떻게 해야 할까요? 나는 여러분께 세 가지 비전을 갖기를 권합니다. 무엇이 될까? 무엇을 할까? 무엇을 가질까? 입니다." – 북경연설회

도산은 모든 일을 추진함에 있어서 항상 원대한 목표와 치밀한 계획을 가지고 착수하며 합리적 비전을 제시함으로써 많은 사람들의 신뢰와 협조를 얻을 수 있었다. 또한 독립운동을 하는 데 있어서도 비분강개로 감정에 치우치기보다 긴 안목에서 광복 후의 국가 형태와 발전 전망까지 생각하면서 종합적이고 구체적인 독립 운동 방략을 설계했다. 이는 흥사단을 창립할 때의 구상을 메모했던 자료에 잘 나타나 있다. 그 메모에 의하면 독립 후 부강한 나라를 만드는 것을 '완전결과'라고 하여 최상위의 목적으로 하고 그 전 단계로 '진행결과', '완전 준비', '진행 준비' '기초단계'를 설정하여 각 단계마다 구체적인 목표와 사업을 설정하고 있다. 흥사단은 바로 그 기초 단계로 인격훈련과 단결훈련을 위한 과정이며 한편으로 종합적인 독립운동기지로서 '모범촌' 건설 계획도 수립하고 추진하였던 것이다. 도산의 비전은 동포들을 대상으로 하는 강연과 연설 혹은 서간문에서 부분적으로 제시되고 있다.

또한 도산은 자주독립과 민족국가 건설을 위해 다양한 운동을 전개한 중에도 생산성과 실용성의 가치를 중시했다. 허위의식을 배척하고 철저한 자기비판의 기반 위에서 인력, 재력, 조직 등 현실 여건을 조성해 나갔으며 모든 진영의 지지를 이끌어 내는 현실성 있는 운동을 주도해 나갔다. 그러면서 한국 민족주의의 이상을 간과하지 않고 항상 현실과의 조화를 꾀하였다. 우리 민족운동계의 지나친 현실주의 지도자들은 현실만으로 무장하다가 결국 냉혹한 현실의 벽에 부딪히면 무너져 버렸고 몽매한 이상주의 지도자들은 현실을 도외시하고 이상만 좇다가 좌절하고 말았다. 도산은 명분과 실리를 지키면서 독립운동의 이상을 포기하지 않았으며 이를 현실적으로 실현해 간 실용주의자이다. 민족 운동을 거시적인 안목에서 독립운동에 머물지 않고 민족국가 건설이라는 큰 플랜을 갖고 이를 실현하고자 하였다(도산아카데미연구원, 2004).

한국형 리더와 서양 리더의 미래비전 차이

한국형 리더의 미래비전의 특수성을 보다 뚜렷이 부각시켜 서양 리더와의 미래비전 차이를 살펴보자.

(1) 통합적 vs. 단편적

한국형 리더들의 비전은 단순한 한 문장으로 정리되지 않는 경우가 많다. 리더 자체가 비전이고 리더를 통해서 비전을 느끼게 된다. 회사와 하는 일로부터 비전을 느끼게 되기도 하고 비전이 없다고 실망하기도 한다. 이것은 바로 한국에서는 리더가 '나의 성장을 보장해주고', 리더가 '나에게 이익을 가져다주는 존재'라고 생각하기 때문이다. 이런 의미에서 한국형 리더들의 비전은 통합적이다.

반면에 서양 사람들의 경우에는 비전이 단편적이다. 리더가 제시하는 조건과 리더가 표현하는 언어로 비전의 내용이 결정된다. 그러다 보니 한국인들의 경우에는 비전에 대해서 정서적 소유의식이 강한 반면, 서양인들에게 비전은 경영에 필요한 하나의 도구이다.

이것은 회사의 비전을 보더라도 한국기업의 경우에는 비전이 '초일류기업 달성', '글로벌 리더' 등과 같이 매우 통합적으로 표현된다. 하지만 서양기업의 비전은 '5년 안에 매출 배가' 등과 같이 구체적이고 단편적이다. 통합적 비전을 달성하기 위해서는 투자가 이뤄져야 하고 유능한 인재가 필요할 뿐 아니라, 생산, 기술, 영업, 마케팅 등 모든 분야가 집약적으로 '초일류'가 되어야 한다. 하지만 단편적 비전인 경우에는 영업이면 영업, 생산이면 생산, 또 기술이면 기술에 관심의 초점이 맞춰진다. 값싼 생산기지를

〈표 6.3〉 한국형 리더와 서양 리더의 미래비전 비교

한국형 리더	서양 리더
통합적이다.	단편적이다.
공감대 형성을 중시한다.	주로 CEO가 제시, 전파한다.
위험한 선택에 익숙하다.	계산된 선택에 익숙하다.
헌신적 실행을 강조한다.	합리적 실행과정을 따른다.

확보하여 시장점유율을 늘릴지, 기술개발을 통해서 고부가가치 제품으로 공략할지가 뚜렷하다. 하지만 한국기업들은 다 잘해야 이룰 수 있는 통합적 비전을 갖는다.

　　이것은 한국형 리더들이 갖는 가치지향적 속성이 반영된 결과라고 본다. 비전을 미래에 달성해야 할 수치로 보기보다는 하나의 '이상적 미래 상태'로 보기 때문에 비전과 목표를 구분하여 접근한다. 그러므로 서양의 기업들이 비전이라고 내세우는 것은 한국인들에게는 목표로 인식되는 경우가 많다. 대신에 한국인들에게 비전이라고 하면 추상적인 가치, 최상의 균형을 의미한다.

(2) 조직원들과 함께 vs. CEO가 제시

한국형 리더들은 비전에 대한 구성원들의 공감대 형성을 생명으로 생각한다. 그러므로 회사의 비전을 만들 때도 모든 구성원들을 대상으로 설문조사를 하고 가치관 확인을 위한 인터뷰를 하느라고 난리를 피운다. 회사가 아닌 팀과 같은 하부조직의 리더가 비전을 구축할 때도 마찬가지이다. 팀 구성원들의 의견을 많이 듣고 원하는 것과 필요로 하는 것을 중심으로 공감대를 형성하기 위해서 노력한다. 한국에서는 공감대가 형성되지 않은 비전에 대해서 구성원들은 남의 일처럼 생각하여 동참하기를 꺼린다.

　　서양기업에서는 주로 CEO가 비전을 제시하고 전파한다. CEO는 자신의 철학과 판단에 의해서 비전을 만든다. 그리고 그의 비전이 월스트리트의 투자자들에게 먹혀 들어가면 오랫동안 CEO의 자리를 차지하게 되는 것이고 그들에게 별로 매력을 주지 못하면 다른 사람으로 바로 대체된다. 그러므로 구성원들의 의견을 경청한다든가, 그들의 가치를 반영한다는 것은 서양 사람들에게는 별로 의미 없는 일이다.

　　한국기업의 경우에는 비전을 위한 의견수렴 과정에서 구성원들이 하고 싶은 말을 다 할 수 있도록, 또 객관성을 유지하기 위해서 컨설턴트를 이용하는 경우가 많다. 하지만 서양기업에서는 이러한 과정을 거의 거치지 않는다.

　　따라서 한국기업의 리더들은 비전을 조직원들과 함께 만들어 가는 반면, 서양기업들은 CEO가 제시하고 일방적으로 전파하는 방식을 택한다. 그러므로 리더십을 논할 때 서양적 비전 접근방식을 그대로 원용하여 한국인들에게 적용하면 괴리가 발생할 수밖에 없는 것이다. 이것은 아마도 한국인들이 갖는 집단주의적 문화가치 때문이라고 생각된다.

(3) 위험한 선택 vs. 계산된 선택

한국인들은 보편적으로 모험가(risk-taker)들이다. 계산보다는 의지를 앞세운다. 한국형 리더들의 많은 선택사항들의 결과를 놓고 볼 때 아무리 과학적으로 계산을 해도 도저히 그런 선택을 할 수 있으리라고 예측할 수 없는 선택을 하는 경우가 많다. 비전 달성을 위해서 목표를 설정하고 전략을 구축하고 실행과정에서 장애를 극복하는 전 과정을 통해서 이런 현상이 벌어진다. 서양 사람들의 눈에는 무모하다고 비춰질 수도 있다. 하지만 한국인들에게는 정서라는 것이 있고 그 정서에 따르면 아무리 위험하더라도 그 대안을 선택할 수밖에 없는 경우가 많다.

하지만 서양인들은 철저히 계산적이다. 모든 것이 개인을 중심으로 한 거래와 협상으로 이루어진다. 거래와 협상은 합리적 계산과 과학적 판단이 기초가 돼야 한다. 리더가 비전을 제시하고 실천하는 데 있어서도 리더의 계산적 판단이 항상 저변에 깔려 있다. 서양인들에게 계산되지 않은 위험은 무모한, 비과학적인, 이해할 수 없는 행동에 해당한다. 한국인들은 비전의 성취, 일의 성공을 먼저 생각한다. 성취와 성공에 꼭 필요한 선택이라면 언제든지 위험을 무릅쓸 수 있다.

(4) 헌신적 실행 vs. 합리적 실행

한국형 리더들은 위험한 대안을 선택하고 실행과정에서 특별한 헌신을 통해서 그 위험을 상쇄시킨다. 합리적으로 분석해보면 승산이 없는 일인데도 불구하고 한국인들은 실행과정에서 방법을 찾아낸다. 그리고 모든 열정을 다해서 일이 성취될 수 있도록 헌신하는 모습을 보인다. 개인 사생활의 포기나 가족과의 거리감 등은 언제든지 감수할 준비가 되어 있다.

한두 사람만이 그렇게 헌신하는 것이 아니라 집단적으로 헌신한다. 예를 들어, 팀의 비전에 대해서 팀원들 간에 충분한 공감대가 형성되어 있으면 팀장은 물론이고 팀원 모두가 헌신하는 모습을 보인다. 누가 어디에서 무엇을 하며 어떻게 움직이는지가 손금 보듯이 확연하게 확인된다. 그러면서 축구선수들이 골을 넣기 위해서 서로 패스를 하고 상대팀 선수를 돌파해 나가듯이 고비, 고비를 팀워크로 돌파해 나아간다. 담당 업무가 분할되어 있기는 하지만 기본적으로 모두가 모두의 일에 대해서 관심을 가지고 필요할 때 투입되도록 구성된다.

하지만 서양기업에서는 실행이 합리적 절차와 과정에 의해서 이루어진다. 일은 분할되고 각자의 업무영역은 분명하다. 모든 것은 매뉴얼과 규정집에 입각해서 이루어진다. 일처리는 매우 합리적이고 효율적이다. 그러므로 합리적 비전밖에 달성할 수 없다. 한국기업에서처럼 모든 영역에서 최고가 되어야 하는 통합적이고 가치지향적 비전을 추구하는 데 있어서는 일의 방법과 전략을 정형화시키기 곤란하다. 그러므로 언제든, 무슨 일이든 할 준비를 하고 있어야 한다. 누구든, 어떤 일에든지 투입할 수밖에 없는 것이다.

4 │ 미 래 비 전 의 긍 정 적 측 면

멧돼지 사냥을 할 때 사냥꾼은 숲 속에 사냥개들을 풀어놓는다. 그 중에서 멧돼지를 맨 처음 발견한 사냥개가 마구 짖어대며 멧돼지를 추격한다. 그러면 멧돼지를 보지 못한 다른 사냥개들도 함께 짖어대며 그 사냥개를 따라간다. 그러나 멧돼지를 직접 보지 못한 사냥개들은 중간에 장애물을 만나거나 지치면 멧돼지 추적을 그만두고 돌아가 버린다. 하지만 멧돼지의 모습을 생생히 본 사냥개는 어떠한 난관이나 어려움이 있어도 멧돼지의 흔적을 따라 끝까지 쫓아간다. 그리고 마침내 멧돼지 사냥에 성공한다.

변화를 해야 하겠다고 단단히 벼르고 나섰던 많은 사람들이 다시 옛날로 되돌아가는 것은 대부분 분명하고 구체적인 비전이 없기 때문이다. 변화의 방향을 제대로 잡으려면 명확한 비전과 목표가 있어야 한다. 그때 비로소 이루고자 하는 욕망이 생기게 된다. 변화를 시작하고 지속할 수 있는 에너지는 분명한 비전과 목표를 가지고 있고 그것을 달성했을 때의 자신의 모습이 생생히 떠오를 때 만들어진다. 그리고 그 에너지가 충만해야 멧돼지를 발견한 사냥개처럼 용기와 신념을 갖고 달릴 수 있다.

억울한 누명을 쓰고 옥살이를 하던 실존 인물의 일화를 그린 영화 〈쇼생크 탈출〉에서 주인공 앤디는 조각용 칼 하나로 조금씩 조금씩 흙을 파 들어가 결국 꿈에 그리던 자유를 얻을 수 있었다. 그가 감옥에서 탈출하여 탈옥에 성공할 수 있었던 것은 자신이 그토록 바라던 삶의 모습을 분명히 그릴 수 있었기 때문이었다.

병아리는 한번 껍데기를 깨고 밖으로 나오면 다시는 달걀 속으로 들어가지 않는다. 그러나 사람들은 익숙한 '일상의 껍데기'를 깨고 밖으로 나왔다가 장애물을 만나면 다시 껍데기 안으로 들어가 버린다. 마치 건드리면 금방 껍데기 속으로 숨어버리는 달팽이처럼 어디로 가야 할 것인지 방향이 분명하지 않고 어떤 일이 있어도 가야만 할 목적지가 명확하지 않기 때문에 많은 사람들은 다시 두꺼운 습관의 껍데기 속으로 숨어버린다.

멧돼지라고 하는 사냥감 자체를 본 적이 없는 사냥개가 무턱대고 따라가다가 지치면 이내 돌아서는 것처럼, 세상과 남들이 변화해야 살 수 있다고 하니 무턱대고 따라나섰다가 지쳐서 다시 발걸음을 돌려 버린다. 막연한 변화는 차라리 하지 않는 것만도 못하다. 시야에 멧돼지의 모습이 들어왔을 때 전력을 다하여 목표물을 추적해야 한다.

양궁 선수가 혼신의 힘을 다해 시위를 당기는 것은 명중시켜야 할 분명한 과녁이 있기 때문이다. 당신의 과녁은 무엇인가? 그것이 분명히 보이거든 이제 변화라고 하는 시위를 힘껏 당겨라. 만일 과녁이 보이지 않거든 먼저 과녁이 어디에 있는지부터 찾아야 한다. 그러지 않고 화살을 날려 봤자 허공만 맴돌다 땅에 곤두박질치고 만다.

미래비전 4요인의 긍정적 측면

한국형 리더의 미래비전 행동에는 구체적이고 도전적인 지향점을 가져야 한다는 '가치지향', 개인이나 조직 안에서 창의성을 키우고 발현시켜야 한다는 '창의성 발현', 어려움 속에서도 항상 자신의 핵심가치를 보존하는 고진감래의 마음을 가져야 한다는 '인고감수', 비전을 위해서라면 위험도 감수하는 '위험감수'의 4요인을 살펴보았다. 이들 네 가지 요인의 긍정적 측면을 살펴보자.

(1) 가치지향

사람들은 누구나 고유한 가치 기준을 가지고 있다. 가치는 삶의 기준이 되고 세상을 해석하는 무의식적인 필터 중의 하나이다. 이러한 가치는 스스로를 동기부여 할 수 있도록 도와주며 모든 판단의 기준이 된다. 미래비전의 한 요인인 가치지향은 리더 자신

〈표 6.4〉 미래비전 4요인의 긍정적 측면

구 분	긍정적 측면
가치지향	무엇을 해야 하는지 분명하기 때문에 위기에도 흔들림 없이 한 방향으로 나아갈 수 있다.
창의성 발현	처음에 어려워 보이던 과업도 마음속에 분명한 비전을 가지고 접근하면 다양한 대안을 모색하게 되므로 창의성이 자연스럽게 발휘된다.
인고감수	어려움에 처해서도 그 어려움을 하나의 과정으로 생각하고 이겨내려고 노력한다. 어려움을 이겨내야 하는 분명한 이유를 갖고 있기 때문이다.
위험감수	진정으로 비전에 몰입하고 있는 한국형 리더는 일을 시작하면서 잘못될 것을 먼저 생각하지 않고 잘될 수 있다는 확신을 가지고 헌신한다. 그러한 헌신이 위험도를 낮춰주어 결국 성공에 이르게 되는 것이다.

이 무엇을 해야 하는지 분명하게 해 주는 중요한 부분이다. 따라서 명확한 가치지향점을 가진 리더는 위기에도 흔들림 없이 한 방향으로 나아갈 수 있게 된다.

(2) 창의성 발현

창의성이 높은 사람들은 강한 자신감, 유연성, 도전성향, 위험감수 성향, 뛰어난 직관력, 지칠 줄 모르는 정력 등의 개인적인 특징을 보인다. 그리고 일반적으로 물질적인 보상과 같은 외적 동기에 의해서가 아니라 스스로 선택한 일을 잘해내고자 하는 내적 동기가 강하여 문제 자체를 즐기는 성향이 있다.

또한 누가 시켜서가 아니라 스스로 노력하게 되므로 관심분야에 대하여 남다른 전문성을 쌓게 된다. 일 자체를 즐기기 때문에 그렇지 않은 사람보다 다양하고 창의적인 생각들을 많이 하게 되어 참신한 아이디어를 산출해 낼 수 있다. 처음에 어려워 보이던 과업도 마음속에 분명한 비전을 가지고 접근하면 참신하고 다양한 대안을 모색하게 되므로 창의성이 자연스럽게 발휘된다.

실제로 최고의 한국형 리더에게는 이런 성격을 가진 사람이 많다. 다음은 한국형 리더 중 창의적 리더로 알려진 전 삼성전자 윤종용 부사장의 사례이다.

〈사례 6.10〉 창의적 리더 윤종용 부사장

"미래는 예측하는 것이 아니라 창조하는 것이다."

　시대흐름을 꿰뚫고 탁월한 통찰력으로 삼성의 신 경영을 주도한 혁신리더 윤종용 전 삼성 부회장은 항상 이렇게 말했다. 삼성전자 성공신화에 가장 기여한 인물로 윤 전 부회장을 꼽는 데 주저하지 않는다. 그는 이병철 회장을 만나 70년도에 흑백TV를 생산하고 냉장고를 수출하면서 직접 회로칩을 개발한 주역이다. 그 후 그룹의 사활을 걸고 반도체 산업에 매진한 결과 1992년에 D램 시장 1위를 하고 1993년에 메모리 분야 1위를 차지한다. 애니콜 신화로 불리는 휴대전화 매출은 2003년 100억 달러 고지를 넘어 2006년에는 200억 달러가 넘는 것으로 알려졌다.

　IMF 외환위기 때의 과감한 사업구조 혁신이 오늘의 삼성전자의 디딤돌을 마련한다. 비수익 사업을 과감하게 정리하고 미래 사업에 집중 투자한다. 이때 반도체 메모리 사업에 대한 공격적 투자로 삼성전자는 글로벌 기업으로 뿌리내린다. 한발 앞선 미래사업 투자가 오늘의 삼성을 만든 것이다. 이러한 인간의 창의성과 진취성 그리고 자율성을 존중하는 윤종용 회장의 창의성을 강조하는 리더십은 후대에도 많은 영향력을 미치고 있다.

자료 : 홍하상, 『CEO 윤종용』(위즈덤하우스, 2007)

　　시시각각 급변하는 디지털 시대에 생존하기 위해서는 무한한 창의성 발휘를 통해 미래를 창조하는 것이 매우 중요하다. 창의적 리더는 미래에 대한 선견지명과 통찰력을 통해 다른 사람이 생각해 낼 수 없는 창의적인 미래상을 그려낼 수 있는 능력을 가진다. 이러한 미래상을 통해 명확한 미래비전을 제시할 수 있다.

　　윤종용 부사장 사례에서도 언급되고 있듯이 미래는 예측하는 것이 아니라 창조하는 것이다. 미래를 창조하는 사람만이 미래를 이끌어 갈 수 있는 진정한 리더가 될 수 있는 것이다. 다른 사람보다 앞서기 위해서는 새로운 것, 기존의 익숙한 것과 반대되는 '낯설고 가치 있는 것'을 만들어 내야 한다. 다음의 〈사례 6.11〉은 창의력을 발휘하기 위한 한 가지 방법인 '낯설게 하기'에 대한 이야기이다.

〈사례 6.11〉 뷰자데(Vu ja de)를 아시나요?

처음 방문한 곳인데도 예전에 한번 와본 것 같은 느낌, 처음 접하는 상황인데도 언젠가 꼭 이와 같은 상황에 처한 적이 있었다는 강렬한 느낌을 받을 때가 있다. 이처럼 '처음 접하지만 낯설지 않은 느낌'을 가리키는 심리학 용어, 바로 '데자뷰(De ja vu) 현상'이라고 한다.

그런데 이 '데자뷰'라는 말을 거꾸로 쓴 '뷰자데(Vu ja de) 현상'이라는 것도 있다는 사실을 아는가? 러시아의 슈클로프스키가 예술창작 이론으로 처음 사용하기 시작한 '뷰자데'는 우리말로 '낯설게 하기'라고 번역된다. '낯설게 하기'는 바로 일상적으로 접하는 익숙한 상황도 어린 아이가 세상을 보듯 낯설게 바라보는 것을 가리키는 용어이다.

우리는 어떤 일을 할 때 두 가지 방식 중 한 가지를 택한다. 즉 기존에 늘 하던 방식대로 그냥 해가든가, 그렇지 않으면 탐험정신을 발휘하여 전혀 새로운 방식으로 해가는 것이다. 물론 기존의 방식을 답습하면 실패할 확률이 적고, 탐험정신을 발휘하면 단기적으로 볼 때 실패할 가능성이 높다. 하지만 혁신으로 이어질 가능성 또한 높다.

기존의 방식을 답습하면 남을 뒤따를 수는 있지만 남을 능가할 수는 없으니, 1등이 되려는 자는 반드시 남들이 하지 않는 새로운 방식으로 접근해야 하는데 바로 이런 '신사고 이론'을 '뷰자데' 즉 '낯설게 하기' 방식이라고 부른다는 것이다.

그렇다고 전혀 엉뚱하고 생뚱맞은 방식을 생각해내려고 머리를 쥐어짤 일은 아니다. '낯설게 하기' 방식은 익숙한 세계를 낯선 시각으로 보면서 다시 구성하는 것이기 때문이다.

예를 들면 매일 앉던 의자에서 벗어나 책상 위에 올라가서 사무실을 내려다본다거나 지하철 의자의 입장이 되어서 피곤한 현대인의 스트레스 무게를 가늠해보는 일도 '뷰자데' 즉 '낯설게 하기'의 한 가지 방식이 될 수 있다. 낯선 시각으로 보면, 늘 대하던 빤한 일상이 무궁무진한 아이디어 창고였음을 알게 될 것이다.

자료 : 이영직, 『세상을 움직이는 100가지 법칙』(스마트 비즈니스, 2009)

우리는 항상 익숙한 것에 편안함을 느끼고 그 편안함을 좋아한다. 물리학에서 기본이 되는 '관성의 법칙'이 우리의 삶에도 적용된다. 정지된 물체는 계속해서 정지하고자 하고 움직이던 물체는 계속해서 움직이려고 한다는 것이 관성의 법칙의 기본 원리이다. 우리는 이러한 관성의 법칙에 의해 현 상황을 계속해서 유지하고 싶어 한다. 변화는 항상 위험을 내포하고 있기 때문에 현 상황의 안락함을 유지하고자 한다. 비커에 물을 담아 개구리를 넣고 천천히 가열하면 개구리는 온도의 변화를 크게 느끼지 못하고 삶아진다는 '삶아진 개구리 증후군'처럼 현재의 상황이 따뜻하고 안락하다고 안주하게 되면 언젠가는 나도 모르는 사이 삶아져 버릴 수도 있다.

따라서 변화에 민감하고 능동적으로 행동하기 위해서는 미래에 대한 명확한 비전을 가지고 현재보다 나은 미래를 창조하기 위해 노력해야 한다. 이러한 창조는 미래에 대한 무한한 상상을 통한 창의력, 기존의 것을 다르게 바라볼 수 있는 뷰자데의 낯선 시각을 통해 가능하다. 따라서 남들보다 앞서서 미래를 이끌어나갈 수 있는 한국형 리더가 되기 위해서는 창의력을 갖춘 미래비전의 리더가 되어야 한다.

⑶ 인고감수

미래비전의 리더는 어려움에 처해서도 어려움을 비전을 달성하는 데 필요한 하나의 과정으로 생각하고 극복하기 위해 노력하는 인고(忍苦)감수의 모습을 보여준다. 미래의 확실한 비전을 가진 리더는 어려움을 이겨내야 하는 분명한 이유와 인고를 감수하면 자신의 비전과 목표를 이룰 수 있다는 확신을 가지고 있다. 하지만 확실한 비전을 가지지 못한 리더는 눈앞에 장애물이 나타나면 쉽게 포기하는 특징을 보인다. 명확한 목표점과 비전이 없기 때문에 현재의 인고를 감수하더라도 성공할 수 있다는 확신이 없기 때문이다.

미래비전은 개인과 조직의 성장과 큰 관련이 있다. 비전을 가진 사람은 달성해야 하는 구체적인 목표점이 있는 반면 그렇지 않은 사람은 무엇을 해야 할지조차 확실히 알지 못한다. 달성하고자 하는 목표가 확실한 개인과 조직은 계속해서 발전하는 방향으로 변화하게 되고 그렇지 않은 개인과 조직은 현 상황에 머물거나 주위의 경쟁자들에 뒤쳐져 실패하게 된다.

사점(死點)이란 말이 있다. 사점은 체력이 한계에 도달하는 지점인데 육체가 사점에 도달하면 죽을 것같이 힘든 게 아니라 오히려 몸은 엔도르핀과 도파민을 분비하게 된다. 그래서 오히려 고통을 느끼지 못하고 달려갈 수 있게 한다는 것이다. 그래서 사점은 자신의 한계에 도달하는 지점이 아니라 새로운 힘이 분출하는 지점이다. 사람들은 사점을 너무 힘들어서 포기하는 점(點)이 아니라 모든 힘이 빠졌다고 생각할 때에 다시 시작할 수 있는 힘이라고 정의한다. 한국형 리더들도 이런 사점을 이겨내는 인고 감수를 통해 높은 목표와 비전을 달성할 수 있을 것이다.

(4) 위험감수

확실한 비전을 가지고 비전에 몰입하고 있는 한국형 리더는 일을 시작하면서 잘못될 것을 먼저 생각하지 않고 잘될 수 있다는 확신을 가지고 헌신한다. 이러한 성공에 대한 확신과 헌신은 위험을 낮춰주어 결국 성공에 이르도록 도와준다. 또한 이루고자 하는 목표와 비전이 확실하기 때문에 일의 진행과정에서 발생하는 위험을 감수하고 밀어붙일 수 있도록 해 준다.

다음의 〈사례 6.12〉는 위험한 선택이라는 평가에도 불구하고 신사업인 LCD 부문에 대한 집중 투자를 하여 성공을 이룬 삼성의 도전자 정신에 대한 사례이다.

〈사례 6.12〉 끊임없이 도전하는 도전자의 정신

2005년 세계 시장 1위의 M/S를 유지하고 있는 TFT-LCD 사업은 1994년 삼성전관에서 삼성전자로 이관되었으나 높은 불량률과 선진업체들의 견제로 휘청거리게 되었습니다. LCD 사업이 지지부진하자 이건희 회장은 "5~10년 후에 무엇을 해서 먹고살 것인지를 고민하라"라는 말과 함께 LCD 사업을 앞장서서 미래 수종 사업(당시의 투자 확대 사업)에 포함시켰습니다.

사실 삼성전자에서는 1994년부터 본격적으로 사업을 추진했는데 매년 수백억 원대의 적자가 이어진 데다 1995년 양산 체제가 시작되면서는 불량률이 이만저만이 아니어서 내부에서조차 LCD 사업에 발을 잘못 내디딘 게 아니냐는 불만이 터져 나오고 있었습니다. 그런 와중에 회장이 직접 나서 LCD 부문을 미래 수종 사업에 포함시키고 삼성전자에 힘을 실어주었던 것입니다.

삼성은 1995년 이후 반도체 호황으로 여력이 생긴 자금을 LCD에 집중 투입했습니다. 위험한 선택이라는 일반적인 평가에도 불구하고 일본의 LCD업체들과는 달리 도시바 등 일본 노트북 PC업체들은 삼성의 손을 들어 주었습니다. 급기야 1997년까지 적자를 기록하던 LCD 사업은 IMF를 맞아 빛을 내기 시작했습니다. 그러나 그는 끝까지 'world best'를 실현하기 위해 끊임없이 노력하고 도전하였고 그 노력이 오늘날의 삼성을 있게 했습니다.

경영학에서 기본이 되는 이야기 중 'high risk-high return'이라는 말이 있다. 높은 위험을 감수할수록 높은 수익이 돌아온다는 것이다. 위의 사례에서 보여주는 삼성의 LCD 투자는 위험하지만 위험을 감수하는 도전을 통해 기업의 발전에 큰 공헌을 하였다. 대박을 바라는 도박과 같은 위험한 투자는 지양되어야 하겠지만 명확한 비전과 목표를 이루기 위한 위험감수(risk-taking)는 발전을 위해 필수적인 부분이다.

최고의 한국형 리더는 위험상황이 발생하더라도 미래에 대해 항상 긍정적이다. 새로운 일에 도전하여 실패하면 다시 도전하면 될 것이라는 칠전팔기의 자세를 가진다. 그리고 자신이 도전한 일에 대해서는 성공에 대한 확신을 가지며 장애물이나 위험상황에서도 좌절하지 않고 항상 열정적으로 임한다. 위험이 발생하여도 비전을 달성하기 위한 하나의 도전이라고 여겨 위험에 정면으로 돌파하는 태도로 위험감수의 모습을 보여준다.

미래비전의 결정요인

지금까지 한국형 리더십 미래비전 행동의 긍정적 측면을 살펴보았다. 그렇다면 개인이나 조직 경영 현장에서 이러한 긍정적인 결과를 나타낼 수 있도록 강화시켜주는 요인들은 무엇이고, 약화시키는 요인들은 무엇인지 알아볼 필요가 있다. 이러한 과정을 통해 긍정적인 결과를 강화시켜주는 요인들은 유도하고, 긍정적 측면을 약화시키는 요인들은 제거할 수 있다. 여기에서는 긍정적 측면 강화요인과 긍정적 측면 약화요인들을 체계적으로 살펴보도록 하자.

한국형 리더의 미래비전 행동 강화요인들을 개인 요인들과 조직 요인들로 나눠볼 수 있다. 개인요인들이란 리더가 미래비전 행동을 더 잘할 수 있도록 도와주는 리더 개인에 관련된 심리적·지적·행동적 요인들을 뜻한다. 조직요인들이란 리더를 둘러싼 환경요인들로서 리더의 미래비전 행동을 지원해주는 구조적·문화적·시스템적 요인들을 의미한다. 이들 개인적·조직적 요인들을 정리하여 제시하면 〈표 6.5〉와 같다.

〈표 6.5〉 미래비전의 결정 요인

개인적 요인	조직적 요인
• 자신에 대한 정확한 이해(↔ 자신에 대한 부정확한 이해) • 뚜렷한 목적의식(↔ 목적의식 부재) • 도전성향(↔ 현실에 안주하고자 하는 성향) • 내적 에너지(↔ 내적 에너지 결핍)	• 비전지향의 조직 문화(↔ 조직원들과 비전을 공유하지 못한 조직문화) • 미래지향적 시스템(↔ 단기성과에만 치중하는 시스템) • CEO의 경영철학(↔ CEO의 경영철학 부재)

(1) 개인적 요인

① 자신에 대한 정확한 이해

첫째, 자신에 대한 정확한 이해는 개인의 미래비전을 강화시켜주는 요인이다. 자신의 가치와 욕구, 강점과 약점에 대해 명확하게 파악하지 못하는 사람들이 있다. 이 경우 '나는 누구인가'에 대한 대답인 정체성을 명확히 인식하고 있지 않기 때문에 무엇을 해야 하는지 모른 채 남이 하거나 하자는 대로 따라 하는 '비전 부재'의 상태에 있기 쉽다. 자신에 대한 부정확한 이해는 '비전 부재'로 이어져 미래비전을 약화시키는 요인으로 작용한다. 나 자신에 대한 정확한 이해와 판단이 선행되어야 앞으로 무엇을 해야 할지에 대한 답을 찾을 수 있다. 앞으로 무엇을 할지 정확히 알고 이에 따른 미래상을 구체적으로 그려 지향점을 찾는 것이 '비전 형성'이다. 자신에 대한 이해가 없이는 명확한 비전을 가질 수 없다. 따라서 미래비전을 강화시키는 가장 기본적인 요인이 자신의 정체성을 찾는 '자신에 대한 정확한 이해'이다. 자신에 대한 이해를 통해 내가 가장 잘할 수 있는 일, 최고가 될 수 있는 일인 강점과 반대의 개념인 약점을 잘 알아야 한다.

강점과 약점을 올바르게 인식했다면 약점을 줄이기 위한 노력보다 강점에 집중해 계발할 필요가 있다. 경영학의 구루 피터 드러커는 "사람은 오직 강점으로만 성과를 올릴 수 있다"라고 말했다. 또한 미국 건국의 아버지인 벤자민 프랭클린은 "인생의 진정한 비극은 우리가 충분한 강점을 갖고 있지 않다는 데에 있지 않고, 오히려 갖고 있는 강점을 충분히 활용하지 못한다는 데에 있다"라고 말했다. 피나는 노력으로 약점을 보완하는 것을 통해 실패를 피할 수 있을지는 모르나 동시에 결코 성공에 도달할 수 없다는 것이다. 성공은 강점과 약점을 정확히 인식하고, 강점을 계발하는 것을 통해 이룰 수 있을 것이다.

② 뚜렷한 목적의식

뚜렷한 목적의식은 한국형 리더의 미래비전을 강화하는 개인적 요인이다. 뚜렷한 목적의식은 매 순간 목적의식을 가지고 임할 수 있도록 도와준다. 사람들이 방황하는 데는 저마다 다른 원인과 이유가 있지만 거의 공통적인 문제는 자신의 삶에 대한 뚜렷한 목적의식이 없다는 것이다. 목적의식의 부재는 미래비전을 약화시키는 개인적 요인으로 작용한다. 하지만 뚜렷한 목적의식은 매 순간 삶의 중심이 되어준다. 이러한 중심이 잘 잡혀있는 사람은 힘든 상황에서도 흔들리지 않고 자신이 세워놓은 미래비전을 추구할 수 있다. 명확한 비전을 가지고 있더라도 매 순간 목적의식을 가지고 행동하지 못하면 비전은 현실화될 수 없다. 한 단계씩 목적의식을 가지고 목표를 이루는 사람은 미래비전에 한 단계씩 가까워지는 것이다.

다음의 〈사례 6.13〉은 뚜렷한 목적의식을 가진 한 노인의 이야기이다.

〈사례 6.13〉 뚜렷한 목적의식으로 히말라야를 횡단한 80세 노인

티베트에서 중국의 탄압을 피해 80세가 넘은 한 스님이 히말라야를 넘어 인도에 왔다. 놀란 기자들이 "어떻게 그토록 험준한 히말라야를 안전장비도 없이 넘어올 수 있었습니까?" 하고 묻자, 스님께서 웃으며 대답하셨다.
"한 걸음, 한 걸음 걸어서 왔지요."

스님은 뚜렷한 목적의식으로 한 걸음 한 걸음 걸어 안전장비도 없이 히말라야를 넘었다. 만약 목적지가 확실하지 못했다면 결코 이룰 수 없는 일이었다. 개인의 비전을 이루는 일도 이와 비슷하다. 단계별 목표와 목적의식을 가지고 한 걸음 한 걸음 나아가야 비전을 이루는 것이 가능해지는 것이다.

윤회방황(輪廻彷徨)이라는 말이 있다. 100m 앞에 목표를 두고 그것을 바라보면서 걸어가라고 하면 정상적인 대부분의 사람들은 다소 차이는 있지만 대체적으로 곧장 걸어간다고 한다. 그러나 눈을 가리고 20m씩 다섯 번에 나누어 목표 지점까지 걸어가라고 하면 사람들은 결국 다섯 번에 출발했던 제자리로 돌아오게 된다는 것이 윤회방황의 개념이다. 윤회방황은 우리에게 목적의식이 얼마나 중요한지 직관적으로 알 수 있게 해준다. 자신이 목표하는 바를 정확히 바라보고 걷지 않으면 사람에게는 발전이 있을 수 없으며 결국 제자리에 머물게 된다. 느낌은 앞으로 가는 것 같지만 실상은 제자리를 맴도는 결과를 가져오기 때문이다. 또한 비전을 놓이게 되면 되돌릴 수 없는 실패로 이어지게 될 수 있다.

다음의 〈사례 6.14〉는 자동차 레이스 F1의 운전에서 시야를 놓이면 끔찍한 사고로 이어진다는 이야기로, 이와 비슷하게 우리가 비전을 놓이게 되면 끔찍한 실패로 이어질 수 있다는 것을 말해준다.

〈사례 6.14〉 F1 운전자의 시야

F1은 300~407km/h의 속도로 달리는 스피드 있는 자동차 레이스이다. 엄청난 속도로 경주를 하는 것이다 보니 조그만 실수가 끔찍한 사고로 이어질 수 있는 매우 위험한 경기이다. F1의 운전자가 빠른 속도로 운전을 할 때 앞의 시야는 테니스 공 크기 정도밖에는 되지 않는다고 한다. 이 테니스공만 한 시야에 집중하여 경기를 임해야 한다. 선수는 이 조그만 시야를 놓치면 죽을 수 있기 때문이다. 온 신경을 이 테니스공에 집중하여야 하고 한눈을 파는 것은 용납되지 않는다. 그래야 사고를 면할 수 있기 때문에 선수들은 이 조그만 시야에 집중하고 놓치지 않으려는 훈련을 반복한다고 한다. 이 테니스공만 한 시야는 우리들이 집중해야 하는 목적의식과 비슷하다. 결승점이라는 비전을 향해 달려가면서 테니스공만 한 시야인 목적의식에서 눈을 떼지 말아야 실패가 없으며 성공에 가까워질 수 있다.

이처럼 미래비전 리더에게 목표에 한시도 눈을 떼지 않는 목적의식은 성공에서 굉장히 중요한 요소이다. 따라서 미래비전의 리더는 항상 정확한 목적의식을 가지고 목표를 향해 앞으로 나아갈 수 있어야 한다.

③ 도전성향

원대한 비전을 설정하였다면 이를 실행에 옮길 수 있도록 하는 도전정신이 필요하다. 어쩌면 누구나 거창한 비전을 가질 수는 있을지 모른다. 하지만 생각만 하고 행동으로 옮기지 못하는 비전은 허상에 불과하다. 비전을 세웠다면 이를 이루기 위해 노력하는 도전정신을 가져야 한다. 이러한 도전정신은 위험을 감수할 수 있도록 해주고 실행력을 높여주는 작용을 한다. 비전을 세웠다고 해서 저절로 이룰 수 있는 것은 아니다. 현재의 상황을 변화시켜 비전에 도달할 수 있도록 구체적인 행동을 취해야 비전을 이룰 수 있기 때문이다.

현재 상황을 변화시키는 데에는 많은 장애물들이 따르기 마련이다. 이러한 장애물들을 하나하나 제거하는 과정에서 도전은 필수적인 부분이다. 도전을 통해 새로운 것을 얻을 수 있으며 발전을 도모할 수 있다. 비전에 도달하기 위해 한 계단 한 계단을 밟아 올라가는 것은 한 단계 한 단계의 도전을 하고 이를 이루는 것으로도 설명될 수 있을 것이다.

따라서 미래비전의 리더는 자신이 세운 비전을 실천하기 위해 실패를 두려워하지 말고 끊임없이 도전하는 도전성향이 필수적이다. 현재 상태를 더 나은 상태로 변화시키기 위한 도전이 아닌 현실에 안주하고자 하는 성향은 실행력을 낮추는 요인이다. 따라서 도전을 두려워하고 현실에 안주하고자 하는 성향은 미래비전을 약화시키는 요인이 된다.

④ 내적 에너지

원대한 비전을 가지고 이를 실행하기 위해 노력하는 사람은 일반적으로 내적 에너지가 높아 선택한 일이나 문제 자체를 즐기려는 성향을 갖는다. 누가 시켜서가 아니라 자신이 즐거워서 하는 일이기 때문에 열정을 가지고 임할 수 있다. 이런 내적 에너지를 가진 한국형 리더는 추구하고자 하는 미래비전이 명확하고 이를 이루기 위해 노력한다. 내적 에너지가 원대한 비전을 세울 수 있는 열정을 갖도록 도와주고, 비전을 이루기 위한 실행력을 높여주기 때문이다.

내적 에너지는 비전을 향해 날아오를 수 있도록 도와주는 연료의 역할을 한다. 비행기가 이륙을 할 때 연료가 충분하지 않으면 날아오를 수 없다. 날아오른다고 하더라도 목적지까지 갈 만한 연료가 충분하지 않으면 도착하기 전에 추락할 수도 있다. 따라서 내적 에너지가 부족한 리더는 원대한 비전을 가지기도 힘들며 비전을 추구하는 열정도 부족하다. 미래비전의 리더가 되기 위해서는 이러한 연료인 내적 에너지가 항상 충분히 차 있어야 한다.

(2) 조직적 요인

① 비전 지향의 조직문화

한국형 리더는 회사의 비전을 강압적으로 강요하기보다는 개인의 비전과 회사의 비전을 일치시키려고 노력하는 문화를 갖도록 노력해야 한다. 이런 문화를 만들기 위해서는 개인의 생각을 존중해 주고 그들이 비전을 갖도록 유도해 주어야 한다. 또한 구성원들이 갖고 있는 비전을 파악하여 그 비전이 실행될 수 있도록 후원해 주고 격려해 주어야 한다.

반면에 비전을 지향하지 못하는 조직은 구성원의 생각은 존중해 주지 않고 항상 회사의 비전만 강조하며 가시적인 성과만을 중요시한다. 조직원들과 비전을 공유하지 못하는 조직문화는 조직원들이 조직의 비전에 몰입하는 것을 막아 미래비전을 약화시키는 요인이 된다.

② 미래지향적 시스템

한국형 리더는 구성원의 가시적인 성과만이 아닌 잠재력을 평가해줘야 한다. 또한 새로운 아이디어를 중시하고 변화를 강조하려는 노력도 필요하다. 또한 공평하게 이를 평가하기 위해선 이에 적절한 인사제도가 필요하다. 구성원 개개인의 특성과 회사의 필요를 일치시켜 적재적소에 인재를 배치시켜 능력을 십분 발휘할 수 있도록 도와주어야 한다.

넓게 보지 못하고 단기성과에만 치중하는 시스템은 우리 주위에서도 쉽게 찾아볼 수 있다. 예를 들어 ○○회사는 박사급 연구원들을 많이 뽑지만 그들의 전문성을 발휘할 수 있는 기회를 주지 않고 관리직으로 근무하도록 한다. 그들의 능력을 살려 향후 회사에 도움이 되는 방향으로 발전시킬 수 있음에도 불구하고 그렇게 하지 않는 것이다. 가시적인 성과가 없더라도 미래를 위해 투자해야 하는데 그렇게 하지 못하고 있는 것이다. 당장 필요한 관리직에 박사급 인재를 배치함으로써 미래에 더 큰 성과를 창출할 수 있는 가능성을 발전시키지 않는다. 이러한 단기 성과에만 치중하는 시스템은 조직의 미래비전을 약화시킨다.

③ CEO의 경영철학

미래비전을 실천할 수 있게 도와주는 조직요소에는 CEO의 경영철학이 포함된다. 리더는 회사나 자신만의 비전이 아닌 구성원 모두의 비전을 중시하는 경영철학을 가져야 한다. 한 중소기업은 조직원들 한 사람 한 사람의 비전을 조사하고 어떻게 하면 그들의 비전과 회사의 비전을 일치시켜 효과적인 업무 성과를 낼 수 있을지 연구하고 노력해야 한다고 한다. 훌륭한 한국형 리더는 이와 같이 조직원들의 비전에 귀 기울이고 이들의 비전과 회사의 비전을 모두 달성할 수 있는 방법을 찾기 위해 노력해야 하며 그러한 경영철학을 가져야 한다.

5 │ 미래비전의 부정적 측면과 극복방안

한국형 리더의 자기긍정에는 부정적 측면도 존재한다. 〈표 6.6〉은 미래비전의 부정적 측면과 극복방안을 정리한 것이다.

〈표 6.6〉미래비전 4요인의 부정적 측면과 극복방안

구 분	부정적 측면	극복방안
가치지향	• 고정된 가치에 얽매여 변화된 환경에 적기에 적응하기 힘들어진다. • 경직되고 우매한 결과를 가져올 수 있다.	• 시야를 넓힌다. • 유연한 생각과 다면적 사고를 통해 고정된 가치에 얽매이지 않는다.
창의성 발현	• 지나치게 허황된 대안을 무조건적으로 추구할 수 있다. • 창의적이긴 하지만 비용과 희생이 많이 발생할 수 있다. • 창의적이긴 하지만 현 상황에서 받아들이기 힘들다.	• 양면성을 가져야 한다. • 창의성과 현실성을 모두 고려해야 한다.
인고감수	• 불필요한 고통을 사서 할 수 있다.	• 보상이 있는 고생을 한다. • 고생에 대한 기회비용을 냉철하게 잘 따져본다.

(계속)

구 분	부정적 측면	극복방안
위험감수	• 지나치게 위험한 대안을 선택하여 실패할 수도 있다. • 비전이나 대의명분에 지나치게 얽매여 현실을 보지 못한다. • 쉽게 올인 & 올 망함 • 리스크 있는 선택을 했을 경우 실행 과정에서 헌신하지 않으면 실패할 수 있다.	• 계산된 위험(calculated risk)으로 가야 한다. • 정확한 계산을 통해 현실적으로 실행 가능한 대안에 대해서 위험을 감수한다.

가치지향

첫째, 가치지향점이 확실하지만 유연하지 못하고 고정된 가치에 얽매이게 되면 변화하는 환경에 적응하기 힘들어진다. 이러한 경우 부정적 결과로 몰입상승현상이 발생하게될 수 있다. 몰입상승이란 분명히 잘못된 결정이나 실패할 것이 확실한 일에 고집스럽게 집착하여 더 큰 실패를 만드는 것을 말한다. 예를 들면 평생을 받쳐 일궈온 중소기업의 사장이 업의 쇠퇴로 망할 것을 뻔히 알면서도 그동안 들인 노력과 열정, 그리고 인생이 아까워서 포기하지 못하고 계속 자원을 쏟아 부어 결국 큰 실패를 하게 되는 경우를 들 수 있다. 이런 몰입상승이 발생하는 원인으로는 의사결정자의 자기합리화, 도박꾼의 착각, 지각결함, 그리고 함몰비용에 대한 미련 등을 들 수 있다. 사람은 누구나 성공하고 싶지 실패하고 싶어 하지 않는다. 그러다 보니 자신의 능력을 과신하게되고 체면을 먼저 생각하게 되며 잘못되는 것에 대해서는 자기합리화하려는 노력을 계속하게 된다.

둘째, 가치지향적인 생각이 고집이 되면 경직되고 우매한 결과를 가져올 수 있다. 이러한 경우 부정적 정보를 과소평가하고 심각한 문제가 발생했는데도 그 심각성을 축소 해석하려는 지각의 결함을 보일 수 있다. 경직된 가치지향적인 생각은 자기가 세운 비전을 수정해야 하는 경우 이를 받아들이지 못하여 실패를 초래할 수도 있다.

이러한 부정적 결과를 극복하기 위해서는 시야를 넓혀 유연한 생각과 다면적 사고를 통해 경직된 사고에 얽매이지 않아야 한다. 기존의 고정된 가치에 국한되는 것이 아니라 더 나은 가치에 대한 새로운 가능성을 항상 열어놓고 유연하게 사고하는 것이 중요하다. 또한 자신이 좋아하고 익숙한 것에만 얽매이지 않고 더 나은 방식을 찾아내기 위한 다면적 사고를 통해 최적의 대안을 모색할 수 있어야 할 것이다.

창의성 발현

첫째, 무조건 새롭고 창의적인 생각만을 추구하게 되면 창의적이고 새롭지만 실행가능성이 낮은 대안을 구분하지 못하여 실패를 초래할 수 있다. 따라서 창의적 발상을 할 때 여러 가능성을 고려하여 현실적으로 합리적인 대안을 고를 수 있는 안목이 필요하다.

둘째, 창의적인 대안이나 목표는 때로는 많은 비용과 희생을 요구하기도 한다. 무조건 새로운 것이라는 허상을 보며 계속 추구하고 도전하지 말고 자신이 갖고 있는 최대한의 자원과 능력을 이용할 수 있는 것을 실천하도록 해야 한다. 또한 이 대안을 통해 얻어낼 수 있는 이익과 비용을 고려하여 높은 성과를 낼 수 있는 방향으로 대안을 선택해야 한다.

셋째, 창의적인 생각은 때때로 과도한 미래지향적인 생각을 갖게 하여 현실과의 적합화 문제를 야기시킨다. 태양열 전기가 비전은 확실하지만 현실적 실현에 부적합하여 사람들에게 거부감을 느끼게 하고 현 상황에서 받아들이기 힘든 소모품이 되어 버리고 만 것이 그 예이다. 반기문 사무총장은 단원들을 만난 자리에서 "머리는 하늘에 두 발은 땅에 굳게 딛고 있어야 한다"라고 말했다. 이는 리더가 되기 위해서는 이상은 높게 갖되 현실도 잘 생각해야 한다는 의미이다. 높은 이상을 가지는 것도 리더로서 중요한 일이지만 현재의 상황을 정확하게 인식하여 현실에서 받아들일 수 있는 비전을 제시하는 것이 더욱 중요할 것이다.

이러한 부정적 결과를 극복하기 위해서는 창의성과 현실성을 모두 고려한 양면성을 가져야 한다. 현실에 너무 얽매이다 보면 창의력을 발휘하기 힘들다. 또한 창의력만 중요시 여기다 보면 현실성이 떨어진 대안을 제시하게 된다. 따라서 창의성과 현실성의 균형이 매우 중요하다. 이러한 균형은 창의적이고 실행 가능한 좋은 대안을 모색할 수 있도록 해줄 것이다.

인고감수

사람들은 인고과실상계가설(忍苦過失相計假說)에 입각하여 무조건적인 고통이 보상인 것처럼 생각할 수 있다. 고통에 비례해서 보상이 돌아올 것이라는 잘못된 믿음을 갖는 것이다. 때론 이것이 자학적인 고통을 수반할 수도 있다.

다음의 〈사례 6.15〉는 원하는 것을 얻기 위해 불필요한 인고를 감수하며 노력한 잘못된 예이다.

〈사례 6.15〉 인고감수의 잘못된 예

사례 1

1988년 서울올림픽에서 권투선수 변정일은 헤딩으로 반칙을 판정 받고 패배하였다. 그는 링 안에 주저앉아 침묵의 시위를 벌였는데 그가 앉아있던 시간은 67분이었다. 그 정도 시간이면 22라운드의 경기를 할 수 있는 시간이다. 부당한 판정에 불복한 변정일은난동과 링 점거 등 불상사에 휘말려 국치의 대명사가 되고 말았다.

사례 2

스피드 스케이팅 이규혁 선수는 2010년 밴쿠버 올림픽에서도 메달 획득에 실패했다. 7전 8기의 도전 정신으로 20년에 걸쳐 5번의 올림픽 경기에 출전했지만 메달을 한 번도 따지 못한 불운의 선수가 되고 말았다. 그는 한 인터뷰에서 "알면서도 해야 되는 게 고통스러웠다. 하지만 운동선수로서 메달에 계속 도전해 보고 싶었다"라고 말해 온 국민의 가슴을 울렸다.

이들은 사회적인 압박이나 체면으로 인해 안 되는 줄 알면서 끝까지 물고 늘어지면 언젠가 원하는 것을 취할 수 있을 것이라는 잘못된 믿음을 가지고 있다. 합리적이지 않은 인고감수는 그저 고통만 수반할 뿐 더 이상의 성과를 얻도록 해 주지 않는다는 사실을 알지 못하기 때문이다. 명확한 목표와 이를 달성하기 위해 꼭 필요한 인고를 감수하는 것이 고통 뒤에 열매를 맺도록 도와 줄 것이다.

이러한 부정적 결과를 극복하기 위해서는 보상이 있는 고생을 해야 한다. 냉철하고 합리적으로 인고를 감수했을 때 얻을 수 있는 보상을 꼼꼼하게 따져보고 난 후 이익이 있는 것에 대해서만 인고를 감수하는 합리성이 필요하다. 보상이 없는 인고는 그저 고통만 수반할 뿐 성장과 발전에 아무런 영향을 주지 못한다. 뿐만 아니라 더 나은 가능성을 보지 못하고 쓸데없는 곳에 시간과 노력을 투입하도록 하게 만들 수 있다. 따라서 고통을 감수함으로써 얻을 수 있는 확실한 보상이 있는 것에 대해서만 인고감수를 할 수 있어야 한다.

위험감수

첫째, 실현 가능성이 높지 않음에도 불구하고 대박을 좇아 지나치게 위험한 대안을 선택하게 되면 큰 실패를 초래할 수 있다. 위험한 선택은 돌이킬 수 없는 실패를 만드는 위험한 요인이다. 따라서 합리적으로 실현가능성이 있고, 너무 위험하지 않은 대안을 선택할 수 있는 통찰력이 매우 중요하다.

둘째, 확실한 비전과 이것을 실행시켜야 하는 명백한 명분이 있을 때 이에 얽매여 현실을 직시하지 못하는 오류를 범할 수 있다. 현실적인 자원이 없거나 비전을 실행하는 것이 불가능한 상황임에도 불구하고 명분에 얽매여 포기하지 못하고 계속해서 시도하다가 실패하게 되는 것이다. 사재 600억 원을 털어 민족사관학교를 설립한 파스퇴르의 최명재 회장이 대의명분에 지나치게 얽매인 전형적인 사례라고 할 수 있다. 민족사관학교는 최명재 회장이 '한국의 이튼스쿨'을 만들겠다는 필생의 숙원을 이루기 위해 설립되었다. 하지만 민족사관학교를 유지하기 위해 재정적으로 큰 어려움을 겪고 있다. 한국에 민족사관학교와 같은 학교는 꼭 필요하고 대의명분에 어긋남이 없지만 현실적인 부분이 해결되지 못했기 때문에 문제를 가지고 있는 것이다. 훌륭한 한국형 리더는 높은 이상과 대의명분도 중요하지만 현실적인 부분을 직시할 수 있는 합리성도 매우 중요하다.

셋째, 모든 것을 걸어도 좋을 만큼 중요한 일이거나 성공에 대한 확신이 없음에도 불구하고 쉽게 올인하면 모두 망할 수 있다. '모 아니면 도'라는 말처럼 모두 얻거나 모두 잃게 된다는 뜻이다. 강원도 정선의 카지노 부근에 가면 중고차를 매우 싸게 살 수 있다고 한다. 왜냐하면 도박에 빠진 사람들이 도박 자금을 확보하기 위해 타고 갔던 자동차를 헐값에 팔기 때문이다. 이들은 가지고 간 돈은 물론이고 현금화할 수 있는 모든 것을 팔아 도박 자금을 만든다. 그리고 결국 모든 것을 잃게 된다. 이처럼 도박과 같은 위험한 곳에 모든 것을 올인하게 되면 전부를 잃게 될 수 있다. 따라서 합리적으로 위험을 분산하고 쉽게 한곳에 올인하지 말아야 한다.

넷째, 충분히 실행 가능한 리스크 있는 선택이라고 할지라도 실행과정에서 충분한 헌신을 하지 않으면 실패하게 된다. 일에 몰입하여 꼭 이루어 내겠다는 자세가 아니라 충분히 가능한 대안이니까 실행될 것이라고 믿는 안이한 생각은 실패하도록 만드는 가장 큰 요인 중 하나다. 일을 성공시키고 발전을 추구하기 위해서는 위험을 감수하는 도전적인 성향과 이를 이루기 위한 열정적 몰입이 조화를 이루어야 한다.

이러한 부정적 결과를 극복하기 위해서는 계산된 위험(calculated risk)으로 가야 한다. 계산된 위험이란 계산된 위험으로 막연하게 가능할 것 같은 대안에 대해 위험을 감수하는 것이 아니라 체계적으로 위험을 분석하여 정확한 계산을 통해 실행가능성을 높이는 위험감수이다. 이러한 계산된 위험은 실패를 줄여주고, 합리적인 선택을 가능하게 하기 때문에 위험감수 상황에서 매우 중요한 부분이라고 할 수 있다.

합리적으로 미래비전을 추구하고 긍정적 결과를 도출하기 위해서는 다음의 물음을 항상 염두에 두고 체크하여 비전 추구에서 발생할 수 있는 부정적 결과를 피하도록 노력해야 한다.

- 비전이 있는가?
- 현실을 무시하고 있지 않은가?
- 무모하지 않은가?
- 시야가 좁지 않은가?
- 불필요한 노력에 얽매여 있지 않은가?
- 과오를 되돌아 봤는가?

6 | 미래비전 리더와 과거몰입 리더

미래비전 리더와 과거몰입 리더의 행동양식

(1) 환경변화 리더의 행동양식

① 키워주기, 챙겨주기, 팔아주기, 띄어주기

미래비전 행동양식에서 가장 중요한 '키·챙·팔·띄'를 들어본 적이 있는가? 이 말은 "키가 작아 챙(창)피해서 미치고 팔짝 뛰겠네"의 줄인 말이 아니다. 바로 한국형 리더가 행동해야 할 '키워주기, 챙겨주기, 팔아주기, 띄워주기'의 앞 글자를 따서 만든 것이다.

- 키워주기 : 최고의 한국형 리더는 하급자에게 앞으로 좋은 리더가 될 수 있다는 것을 자주 알려줌으로써 지향점을 정확히 제시해준다. 사실 대부분의 하급자들은 리더를 통한 자기성장을 꿈꾸고 원한다. 그러므로 리더는 이런 하급자를 잘 챙겨주고 키워줘야 한다. 하급자의 재능을 잘 파악하고 어떻게 키워줄지 고민해야 한다.
- 챙겨주기 : 최고의 한국형 리더는 구성원 한 명, 한 명의 비전에 관심을 가져주고 이를 이룰 수 있도록 도와준다. 또한 하급자와 함께 구체적으로 나아갈 지향점에 대해 같이 고민하고 용기를 북돋아준다.
- 팔아주기 : 최고의 한국형 리더는 자신의 상급자에게 자신의 하급자를 잘 PR해주고 하급자의 능력을 다른 사람들에게 잘 이야기해 주는 '팔아주기' 행동을 매우 잘한다.
- 띄워주기 : 최고의 한국형 리더는 하급자의 장점을 부각시켜 주고 그의 능력과 장점을 더 발휘할 수 있도록 도와준다. 하급자의 자신감을 높여주는 칭찬과 듣기 좋은 말들을 자주 해주며 조직에서 중요한 구성원임을 상기시켜 준다.

② 비전 파악

미래비전 리더는 자신의 비전과 조직의 비전뿐 아니라 하급자들의 비전을 파악하는 데 관심이 많다. 조직원들 개개인의 비전을 파악하는 것은 조직의 비전을 일치시키는 것을 가능하게 만든다. 또한 조직의 새로운 비전을 만드는 것에 집중하는 것보다 중요한 것은 기존의 비전을 정확하게 파악하고 이를 달성하기 위해 조직원 모두 몰입할 수 있도록 유도하는 것이다.

2001년 교보생명의 비전 선포식에서 격려사를 읽던 도중 유명 개그맨의 얼굴이 그려진 가면을 꺼내 들고 옆으로 걸으며 코믹한 장면을 연출한 후 "비전을 바꿨다고 우리 회사가 갑자기 좋아지는 것은 아닙니다. 얼굴만 바꾼다고 제가 개그맨이 될 수 없듯이 새로운 비전을 만드는 게 중요한 것이 아니라 이를 정확하게 파악하고 실천해야 결실을 맺을 수 있는 것입니다"라고 했다고 한다. 비전 파악이 얼마나 중요한지를 코믹하게 조직원들에게 알린 것이다. 이와 같이 훌륭한 미래비전 리더는 개인의 비전, 조직의 비전, 하급자의 비전을 정확하게 파악해야 한다.

③ 비전 발휘

비전의 발휘는 구성원들이 도전적 목표에 대해 느끼는 무능감을 감소시키며 업무에 대한 자기존중과 자기효능감을 더욱 높여줌으로써 높은 성과와 성취감을 가질 수 있게 한다. 리더십에서 비전의 역할은 더 높은 수준의 노력과 성과로 사람들을 동기부여 하는 데 있다. 강한 비전은 사람들을 고무시키며 높은 조직 성과와 관련되어 있고 비전을 제시하는 리더는 부하가 조직에 매력을 느끼도록 하는 가치를 강화한다. 리더에 의해 발휘되는 비전은 팀원들을 미래의 이미지로 자극시키고 고무시키며 또한 팀 내에서 같은 비전을 강하게 공유하게 됨으로써 팀원들 스스로가 강한 연대감을 형성하여 조직 내 편차를 줄일 수 있다. 팀장의 비전 발휘는 팀 내 구성원들을 하나의 내집단으로 형성할 수 있도록 해 준다. 조직 전체 구성원들에 대한 자기 범주화가 발생하면 긍정적인 내집단 선호가 발생하며 조직구성원으로서 자기 정체성을 갖게 되어 긍정적 결과를 나타낼 것이다.

④ 비전 제시

최고의 한국형 리더들은 구체적이면서도 구성원들의 가슴을 울렁거리게 하는 비전을 제시한다. 비전 속에는 직원들이 만족감을 갖고 일할 수 있는 인간적이고 친밀한 환경을 조성하는 일이 포함되어 있어야 한다. 진정한 비전을 품고 이를 실천에 옮긴다면, 이것은 조직구성원의 에너지를 결집할 수 있는 강력한 요인이 된다.

⑤ 비전 공유

비전을 함께 공유한다는 것은 조직의 비전을 조직원들이 몰입할 수 있도록 유도하는 것이라고 할 수 있다. 훌륭한 비전을 만드는 것만큼 중요한 것이 조직원들이 비전을 가슴속에 새기고 몰입할 수 있도록 하는 것이다. 리더는 비전에 대한 확신과 가치, 실현 가능성을 구체적으로 보여주어야 한다. 또한 구성원과 회사의 비전을 같이 달성할 수 있는 방향으로 비전을 모색하여 조직과 개인의 비전을 일치시키기 위해 노력해야 한다. 비전이 공유되면 구성원 자신도 무엇인가를 하고 있다는 사명감과 책임감이 생겨 조직의 일에 열정적으로 참여하고 자신의 일처럼 돕게 된다. 비전의 공유가 없는 경우 조직원들은 자신이 무엇 때문에 고생을 해야 하는지, 헌신해야 하는지, 야근을 해야 하는지에 알지 못해 목표의식이 없게 되고 이는 동기부여를 저해하는 요인으로 작용한다. 그러므로 회의나 공개모임에서 회사의 발전을 위한 성공모델과 비전을 제시하며, 이를 조직원들이 모두 공유할 수 있도록 만들어야 한다. 또 다양한 대화 창구를 열어 부하직원들의 애로사항을 적극적으로 해결하는 등 근무환경의 불합리한 요소들을 사전에 차단하여 수준 높은 근무환경을 제공하여 사업성과의 극대화에 힘써야 한다.

⑥ 비전 실행

비전 실행은 제시되고 공유된 비전의 계획수립 및 구체적 행동을 보이는 것이다. 리더는 선택된 조직의 전략적 방향인 비전에 대해서 조직원들이 믿고 몰입할 수 있도록 조직원들을 독려해야 한다. 앞에서 제시된 키워주기, 챙겨주기, 팔아주기, 띄워주기가 대표적이다. 또한 직원들이 신바람 나고 열정적으로 일할 수 있게 계속 동기부여 해주며 함께 비전을 실행해 나가야 한다.

(2) 과거몰입 리더의 행동양식

① 무관심형

과거의 향수만 먹고 사는 과거몰입 리더는 변화에 무관심하며 변화에 대해 과거의 경험을 살려 해결하면 될 것이라는 안일한 생각을 한다.

② 무비전형

개인과 조직에 대한 뚜렷한 비전이 없어 매일 갈팡질팡한다. 자기 자신이 어디로 가고 있는지 모르고 시간을 마구 낭비한다.

③ 무도전형

현재의 자기 능력을 최고라 생각하고 새로운 일에 도전하는 것을 귀찮아하고 하기 싫어한다. 때론 도전의 중요성을 이해하지 못하며 위험부담이 큰일은 쳐다보지도 않는다.

④ 나 중심, 나 홀로형

여기에 해당되는 리더는 같이 열심히 일하고서는 나중에 하급자들을 나 몰라라 하거나 성과에 크게 기여한 사람을 다른 사람들에게 칭찬하지 않으며 모든 것을 자신의 공으로 돌린다. 또한 자신의 비전에만 신경 쓰고 조직원들의 비전에는 관심이 없다.

장미래 과장 vs. 장과거 과장의 하루

(1) 장미래 과장의 하루

6:00 잠에서 깨어 씻고 아침식사를 한다. 식사를 하며 신문을 보고 사회 동향을 살핀다. 그리고 자신의 비전노트를 보며 다시 한 번 마음속으로 파이팅을 외친다.

7:30 매일 한 시간씩 일찍 나와 회사에서 실행하는 글로벌 영어 강의를 듣는다. 장미래의 꿈은 영국지사 총괄 리더이기 때문에 평소 영어공부를 소홀히 하지 않는다. 강의가 끝나고 사무실로 돌아와 오늘 할 일을 체크하고 우선순위를 선정한다. 직원들이 오면 반갑게 인사해 주는 것도 잊지 않는다.

10:30 그동안 힘들게 해왔던 프로젝트를 상사에게 보고하러 갔다. 더불어 이번 프로젝트를 매일 야근하며 열심히 일한 이열심 사원과 좋은 아이디어를 제공하고 일을 서포트 해준 최창의 사원을 칭찬하며 상사에게 얘기해 주었다. 상사는 장미래 과장의 깊은 뜻을 헤아렸다는 듯 방긋 웃으며 대박 프로젝트라고

잘 진행시켜 보라고 했다. 장미래 과장은 너무 기뻐 빨리 가서 이 사실을 알려야겠다고 생각했다.

`12:00` 오늘은 모두 기분이 좋아 맛있는 점심을 먹기로 했다. 점심을 먹으며 프로젝트가 잘 이행되도록 도와준 모든 직원들에게 고맙다고 얘기한다.

`13:00` 강슬픔 직원이 장 과장에게 상담요청을 해왔다. 평소에 씩씩하던 사원이 상담요청을 해 와서 걱정이 되었다. 우선 그의 얘기를 잘 들었다. 강슬픔 직원은 본인이 다른 직원에 비해 업무능력이 떨어져 다른 직원에게 피해를 주는 것 같다고 하며 항상 쳇바퀴처럼 돌아가는 하루가 너무 힘들고 지겹다고 했다. 장미래 과장은 강슬픔 직원의 이야기를 끝까지 듣고 답변을 했다. 우선 강슬픔 직원이 갖고 있는 장점과 그 장점이 어떤 성과를 낼 수 있는지 얘기해주고 칭찬해 주었다. 그러고 나서 왜 강슬픔 직원이 다른 직원에게 피해를 주는 것 같다고 생각하는지 조심스레 얘기를 꺼냈다. 강슬픔 직원은 장 과장이 얘기한 부분이 맞다고 했다. 장 과장은 강슬픔 직원에게 회사의 비전을 얘기해주며 비전 달성에 강슬픔 직원의 장점이 꼭 필요함을 언급했다. 그리고 그 장점을 부각시키기 위해 같이 노력하자고 했다. 또한 하루하루 똑같은 지겨운 생활을 하고 있다는 강 직원에게 장 과장은 즐거운 취미생활 한 가지를 만들 것을 권유하며 자신이 하고 있는 댄스스포츠에 관심이 있으면 같이 하자고 했다. 강 직원도 동의했고 기분이 한결 나아졌다고 박 과장에게 고마움을 표시했다. 자신을 통해 기분이 나아진 강슬픔 직원을 보면서 장 과장도 기분이 좋아졌다.

`16:00` 인사팀에서 전략팀에서 해외 사업전략팀으로 승진시킬 대상자를 1명 뽑아 달라고 했다. 장 과장은 고민 끝에 그동안 실적도 좋고 영어와 중국어가 능통한 최천재 사원을 적극 추천했다. 신입사원임에도 불구하고 노련미와 열정이 있고 외국어가 능통할 뿐만 아니라 창의성이 뛰어나 좋은 아이디어를 많이 내서 눈여겨보던 사원이었다. 어떻게 도움을 줄지 고민했었는데 이번이 기회인 것 같았다. 인재를 뺏긴 것 같아 아쉽지만 최천재의 장래성을 인정해주기로 했다.

`19:00` 퇴근시간이 되었다. 회사 메신저를 통해 오늘 번개모임을 갖자고 했다. 물론 강제적이지 않고 오고 싶은 사람만 참석하는 것이다. 가끔 이렇게 번개모임

을 제안하는데 직원들 사이에서 반응이 꽤 좋다. 오늘도 3명을 제외한 모든 인원이 참석하기로 했다. 번개모임의 장점은 직급이 사라지고 다들 친구처럼 편하게 대화하고 스스럼없이 자기의 고민과 힘든 점을 얘기한다는 것이다. 장 과장은 이런 모임을 통해 직원들의 생각과 꿈을 엿본다.

`21:00` 집에 돌아온 장미래 팀장은 오늘 배운 영어를 복습하고 내일 배울 것을 예습한다. 그리고 오늘 하루 일과를 정리하는 일기를 쓰며 내일 할 일의 목록까지 작성해 둔다.

(2) 장과거 과장의 하루

`7:00` 아침에 일어나 드라마 혹은 뉴스를 보며 아침식사를 한다. 회사에 가기 귀찮아 느릿느릿 준비를 하고 집을 나선다.

`8:30` 사무실에 도착하니 아무도 없다. 다른 직원들은 회사에서 실행하는 글로벌 영어 강의를 들으러 간 것이다. 장미래 과장은 영어는 자기에게 필요 없다고 생각하여 신청을 하지 않았다. 자리에 앉자마자 어제 채 끝내지 못하고 퇴근하면서 노란 포스트잇에 메모를 해 컴퓨터 화면에 붙여 놓은 할 일들을 보았다. 이걸 또 해야 한다니 머리가 지끈하다. 우선 커피를 마시며 신문을 뒤적거린다.

`10:30` 그동안 해왔던 프로젝트를 상사에게 보고하러 갈 시간이다. 직원들에게만 시켜놓고 정작 장과거 과장이 한 일은 없다. 상사에게 프로젝트를 제출하며 자신이 모든 아이디어와 계획을 구성했다고 했다. 마음은 편치 않았지만 이게 세상 사는 방식이라고 생각했다. 상사는 듣는 둥 마는 둥하다 몇 군데 지적을 하며 고쳐오라고 했고 장 과장은 이런 일도 제대로 못한 직원들에게 화가 났다. 사무실로 돌아와서 프로젝트를 한 직원들을 불렀다. 일을 이런 식으로 진행시켰냐고 화를 냈다. 수정할 부분을 모두 수정해서 다시 가져오라고 했다.

`12:00` 예전부터 알고 지내던 친구와 점심을 함께 하기로 했다. 예전부터 자주 즐겨먹었던 순댓국을 먹으러 갔다. 친구와 오전에 있었던 일을 얘기하며 요즘 애들은 왜 그런지 모르겠다고, 우리 땐 안 그랬다는 얘기를 나누었다. 친구도 장 과장의 말에 맞장구를 쳐주었다. 아침에 났던 화가 친구 덕분에 풀렸다.

장 과장은 역시 친구는 오랜 친구가 좋고 항상 익숙한 것이 좋다고 생각했다.

14:00 점심을 먹고 오니 너무 졸려 의자에 앉아 잠시 눈을 붙인다는 게 한 시간이 지났다. 자고 일어나니 머리가 띵하고 더 피곤한 느낌이다. 커피를 한잔 마시며 책상 앞 포스트잇에 쓰인 오늘의 할 일을 한번 점검했다. 왠지 천천히 해도 될 것 같았고 오늘은 하기 싫었다. 그래도 신경이 쓰여 간단히 빨리 끝낼 수 있는 일을 시작했다. 갑자기 인사팀에서 전화가 왔다. 전략팀에서 해외사업전략 팀으로 승진시킬 대상자를 1명 뽑아 달라고 한다. 장 과장은 생각도 안 하고 우리 팀에는 그런 사원이 없다고 딱 잘라 말했다. 전화를 끊고 보니 왕똑똑이 생각났다. 하지만 다시 전화하기 귀찮기도 하고 나중에 또 기회가 있을 거라 생각하고 다른 일을 했다.

15:30 입사 3년 차 나갈래 사원이 상담신청을 해왔다. 약속을 미룰까 하다가 왠지 급한 일인 것 같아 마주 앉았다. 도저히 힘들어 못하겠으니 다른 팀으로 보내달라고 울먹인다. 속에서 짜증이 솟구쳐 올랐다. 그러지 않아도 사람이 없어 난리인 것을 뻔히 알면서 어떻게 그런 생각을 할 수 있는지 모르겠다. "너는 생각도 없냐?" 한 시간 내내 화풀이를 하였다. 면담은 그렇게 끝이 났다.

19:00 부서 예산이 남아 오늘은 회식을 해야겠다고 생각했다. 퇴근하는 직원들을 불러 회식을 하자고 했다. 왕똑똑 사원은 영어학원에 가봐야 한다며 못 온다고 했다. 장 과장은 회식이 더 중요하다고 승진하고 싶지 않느냐며 협박 아닌 협박을 했다. 그리하여 모두들 다 참석했다. 1차로 술을 마시고 2차로 노래방에 갔다. 장 과장은 흘러간 옛 노래를 부르며 흥을 돋우려고 했으나 직원들의 반응은 영 썰렁하다. 하지만 장과거 과장은 '내가 팀장 때는 과장님 앞에서 재롱도 떨고 비위 맞추느라 힘들었는데, 요즘 사원은 정말 버릇없네'라고 생각하며 꿋꿋이 몇 곡 더 불렀다.

23:00 4차의 회식을 마지막으로 택시를 타고 집에 왔다. 술을 너무 많이 마신 탓인지 기운도 없고 졸렸다. 그렇게 장과거 과장은 대충 씻고 잠이 들었다.

나의 주변은 어떨까? 주변에서 가장 긍정적인 인물과 부정적인 인물을 떠올리고 구체적인 행동특성을 적어 보자.

구 분	가치지향	창의성 발현	인고감수	위험감수
주변 긍정적 인물의 행동특성				
주변 부정적 인물의 행동특성				

CHECK LIST

진단 문항을 읽고 정도에 따라 1(전혀 그렇지 않다)~5 (매우 그렇다)로 나누어 체크(✓)해 보세요.

구 분	진단 문항	1	2	3	4	5
가치지향	개인 혹은 조직의 비전을 구체적으로 수립한다.					
	나의 비전은 가치지향적이다.					
	나의 비전은 큰 가치를 내포하고 있다.					
	우리 조직이 나아가야 할 방향을 정확히 알고 있다.					
	나와 우리 조직이 무엇을 해야 할지 정확히 알고 있다.					
창의성 발현	조직원들에게 제 나름대로의 비전을 개발하도록 강조한다.					
	창의성이 뛰어난 사람이라고 생각한다.					
	틀에 박힌 사고를 싫어한다.					
	브레인스토밍 등을 통해 구성원들과 자주 의견을 교환한다.					
	주변사람들한테 "기발한 생각을 자주 한다"는 말을 듣는다.					
인고감수	나의 비전을 실천할 수 있는 확고한 의지를 가지고 있다.					
	'고진감래'를 믿고 매사 열심히 일한다.					
	비전달성을 위해 무엇이든지 할 수 있다.					
	뭐든지 열심히 하면 나의 비전은 꼭 이루어질 것이라고 믿는다.					
	내 비전을 위해서라면 어떠한 고난도 이겨 낼 수 있다.					
위험감수	빠르고 과감한 결정을 두려워하지 않는다.					
	빠른 의사결정을 중요시한다.					
	위험감수 성향이 강하다.					
	조직과 나의 비전을 위해서 희생할 수 있다.					
	내가 세운 비전은 무슨 일이 있어도 이뤄야 한다.					

RESULT

각 요인별로 점수를 합산하여 17~25점이면 상(上), 9~16점이면 중(中), 1~8점이면 하(下)입니다.

구 분		진단 결과
가치 지향	상	당신은 당신 자신과 조직이 나아가야 할 방향과 비전을 위해서 무엇을 해야 할지를 정확히 알고 있습니다. 또한 비전을 통해 큰 뜻을 이루려는 성향이 강하므로 비전을 구체적으로 수립하는 능력이 강하고 매사 노력합니다. 지금의 현상을 유지하되 자신의 가치뿐만 아니라 구성원의 가치도 생각하여 조직과 일치시키려는 노력이 필요합니다.
	중	당신은 당신 자신과 조직, 구성원의 비전은 파악하고 있으나 그 비전을 위해서 무엇을 해야 할지는 자세히 알지 못합니다. 우선 당신과 조직에 제일 필요한 점이 무엇인지 파악하고 비전을 위해 해야 하는 일을 체크리스트로 만들어 하나하나 실천해 나가는 노력이 필요합니다.
	하	당신은 미래에 당신이 하고 싶은 일이나 해야 할 일에 대해서 구체적인 생각을 해보지 않은 것 같군요. 우선 자신과 조직이 무엇을 원하고 해야 하는지 파악하는 과정이 필요합니다. 자신의 비전이 확립되면 구성원들의 가치와 비전을 일치시키려는 노력이 필요합니다.
창의성 발현	상	당신은 굉장히 창의성이 뛰어나며 적재적소에 창의성을 잘 발현하는 사람입니다. 구성원의 생각을 잘 듣고 조직에 반영하며 틀에 박힌 고정관념을 타파하려 노력하는 리더입니다. 이런 유형에 속하는 사람들은 빠른 변화에 잘 적응하고 자신의 비전을 이루기 위한 노력을 많이 합니다.
	중	당신은 창의성의 중요성은 인식하고 있지만 당신과 구성원의 의견을 교환하거나 그들의 창의성을 키워주는 데는 많은 신경을 쓰지 않고 있습니다. 브레인스토밍, 워크숍 등의 단체활동을 통해 구성원들의 의견을 잘 들어주고 편안한 조직 환경을 만들어 주어야 합니다. 또한 당신도 독서와 강의를 통해 스스로 창의적인 생각을 많이 할 수 있도록 노력해야 합니다.
	하	많은 조직과 회사들이 창의성이 있어야 살아남는다고 아우성이지만 당신은 변화하는 환경에 적응하기 위해 창의성은 필요하지 않다는 안일한 생각을 하고 있습니다. 창의성은 참신하고 다양한 해답을 고안할 때 활용됩니다. 이는 고정적인 생각을 탈피할 수 있고 기발한 생각을 하여 변화하는 환경에 빨리 적응할 수 있는 능력을 길러줍니다. 당신이 먼저 창의성을 발현하고 모범을 보이며 구성원들과 의견을 많이 교환하고 그들의 의견 하나하나에 집중하여 경청하는 습관을 길러야 합니다.

구 분		진단 결과
인고감수	상	당신은 당신의 비전을 위해 고진감래의 마음으로 굉장히 열정적이고 헌신적인 마음을 가지고 있습니다. 열심히 임하는 모습은 좋으나 당신의 비전이 정말 현실가능성이 있는지, 고집스러운 것은 아닌지, 한번 점검해 보는 시간이 필요합니다.
	중	당신은 고진감래를 실천하려고 노력하나 실패에 대한 두려움과 실패 경험을 생각하며 열정적이고 헌신적으로 비전에 임하려 하지 않습니다. 하지만 당신의 비전을 위해서 고난이나 책임을 이겨낼 수 있어야 합니다. 이것을 혼자서 이겨내려 하지 말고 타인과 함께 나누고 공유하려는 마음을 가지세요.
	하	당신은 노력 없이 비전을 성취하려는 사람입니다. 본인이 노력해서 얻으려는 생각보다는 다른 사람에게 의지하거나 타인이 해놓은 노력에 묻어가려는 모습이 보입니다. 지금은 편하고 좋을지 모르지만 흥진비래(興盡悲來)할 수 있습니다. 그러므로 자신의 비전을 성취하기 위해서는 와신상담(臥薪嘗膽)의 자세가 필요합니다.
위험감수	상	당신은 위험감수 성향이 높은 리더로서 의사결정이 빠르고 도전적인 사람입니다. 빠르고 과감한 의사결정을 하면 타인보다 빠른 결정으로 우위를 점할 수 있다는 장점이 있습니다. 그러나 어떠한 일을 시도하기 전에 한 번 더 생각해보고, 올인 하는 습관은 버려야 합니다.
	중	당신은 때때로 위험감수 성향을 갖고 있으나 대부분 안정성을 택하는 경우가 많습니다. 당신의 비전을 위해서 위험부담을 감수하려는 생각을 하지만 실패가 두려워 대부분 안정성을 택하게 되는데 이러한 습관을 고치고 감수할 수 있는 위험을 판별하는 능력을 길러야 합니다.
	하	당신은 위험보다는 안정적인 선택을 하는 리더입니다. 실패에 대한 두려움에 시도도 하지 않고 지나쳐 버린 안건이 많을 것입니다. 그리고 당신의 비전은 비전일 뿐 현실의 문제를 해결하는 데 급급합니다. 당신의 도전성향을 기르기 위해 노력하고 조금 더 빠르고 과감한 결정을 위해 노력해야 할 것입니다. 실패하면 또 다시 도전하면 되는 것이니 절대 두려워하지 마시고 자신이 세운 비전을 이루기 위해 무슨 일이든 할 수 있다는 용기를 가지시길 바랍니다.

FEEDBACK

구 분	구체적인 행동지침
가치지향	• 비전에 몰입한 모습을 보여야 한다. 리더 스스로 비전에 몰입한 모습을 보여야 하며 구성원들이 왜 이 비전을 자신의 비전으로 해야 하는지를 감동적으로 설파할 줄 알아야 한다. 리더는 비전을 다른 사람이 정해준 것처럼 말하든가 전파해서는 안 된다. 자신의 것으로 만든 후에 비전을 전파하려고 노력하는 것이 바람직하다. • 자신의 비전과 가치를 자주 이야기해야 한다. 백 개의 화살을 쏘면 한 개가 명중하듯 리더가 100번 얘기해야 구성원은 하나를 안다. 그러니 항상 지긋지긋하게 얘기하라.
창의성 발현	• 창의성 구축방법을 항상 연구해야 한다. 최고의 한국형 리더가 되기 위해선 항상 참신한 생각이 가득해야 된다. 그러기 위해서는 항상 똑같은 것을 생각하게 되는 데자뷰의 눈을 버리고 거꾸로 생각하는 뷰자데의 눈을 갖도록 노력하는 것도 창의성 구축방법의 하나가 될 수 있다.
인고감수	• 비전을 위한 고난을 구성원과 함께 공유해야 한다. 자신의 비전과 그 비전을 실현하는 과정에서의 고난은 타인과 함께 나눠야 한다. 혼자 끙끙대며 고민하게 되면 스트레스만 받게 되지만 타인과 나누게 되면 자신이 생각하지 못한 좋은 정보도 얻을 수 있고 마음의 위안도 받을 수 있다. • 고통과 인내를 즐겨라. '피할 수 없으면 즐겨라'라는 명언이 있다. 즉 일을 피할 수 없으면 그 일을 즐기라는 말이다. 당신이 뚜렷한 비전이 있고 그것을 반드시 달성하려고 하는 마음이 있다면 그 과정에서 생기는 모든 인고(忍苦)를 즐기려는 마음가짐이 필요하다. 보석이 진정 아름다울 수 있는 건 깨어지고 부서지는 아픔을 견디고 견디며 자신의 몸을 갈아내는 수많은 인고의 과정을 거쳤기 때문이다. 빛나는 아름다움을 만들기 위해서는 우리 역시 많은 고통과 인내를 감수하며 즐기고 그 인고의 시간이 빚어낸 아름다움을 빛낼 수 있어야 한다.
위험감수	• 풍부한 경험을 쌓아라. 자신의 인생과 풍부한 경험을 많이 쌓으면 매 순간 감당하기 어려운 위기가 왔을 때 겁먹지 않고 쉽게 해결할 수 있다. 또한 우리가 살아가면서 만날 수 있는 수많은 위기의 순간에서 감수할 만한 위험을 분별하는 능력을 기를 수 있다. 그러므로 주변에서 발생하는 모든 일에 관심을 갖고 참여하여 풍부한 경험을 쌓는 것이 필요하다.

7

한국형 리더의 8가지 요인 ⑤ - 하향온정

가는 정, 오는 정

1 | 하향온정의 중요성

2005년 허리케인 '카트리나'가 미국의 남부를 강타했을 때 도시 전체에 수많은 이재민이 발생했다. 그리고 미국 정부는 뉴올리언스 지방에 이들을 위한 난민수용소를 마련했다. 그런데 그곳에 한국 사람들은 없었다. 흑인, 백인, 일본인, 중국인 등 득실거리는 난민 사이에서 유독 한국인이 보이지 않은 것이었다. 재해지역에 3,000명이나 살고 있다던 한국인들은 모두 어디로 간 것일까? 한국 난민들은 인근 동포의 가정이나 한국인 교회에 이미 대피한 상태였다. 같은 민족이라는 이유만으로, 모르는 사람까지 자신의 집에 들어오게 해서 숙식을 함께 한 것이다.

누가 시키거나, 강요해서 하는 것이 아니라 마음에서 우러나는 '진정성'에 근거한 위와 같은 한국인들의 독특한 행동을 '우리' 인식에 기초한 '정'(情)에 의한 행동이라고 표현한다. 이러한 정은 외국에서는 표현하기 힘든 한국인의 고유한 문화 심리 현상이다. 특히 서구사회에서는 한국의 '정'에 상응하는 용어를 찾기 힘들다.

유독 한국인들이 정이 많은 원인에 대해서는 다양한 설(說)이 있지만, 한국인의 심리를 연구하는 학자들은 남의 고통을 보고 그냥 지나칠 수 없는 특별한 '동정심'과, '정'을 인간의 본성으로 간주한 유교사상 때문인 것으로 보고 있다. 물론 정은 현대사회에서 정실주의˙라는 폐해를 낳기도 했지만, 한국인들의 인간관계에 있어 정을 빼놓으면 더 이상 이야기할 것이 없을 정도로 우리 사회에서 정의 위치는 확고하다.

한국의 조직사회에서도 정은 매우 중요한 의미를 갖는다. 높은 권력격차˙˙를 보여주고 있는 한국의 조직에서 리더는 가부장적인 온정으로 구성원들을 보살펴야 하는 것이 경영의 관행으로 인식되어 왔고(Janelli, 1993), 이러한 관행이 시간이 지나면서 하급자 구성원들도 리더가 자신들을 특별히 보살펴주는 온정을 베풀어 주기를 기대하는 가치를 당연시하게 되었다.

● 상대적으로 다른 개인이나 집단을 무시하거나 피해를 주면서 특정한 개인이나 가족 집단에게 특별한 호의나 편애를 베푸는 행위

●● 홉스테드(Hofstede, 1980)가 한국을 포함한 50개 국가들의 문화 차이를 포괄적으로 연구한 결과, 권력격차가 높은 문화에서는 상사와 부하가 동등한 수준에서 상호작용하기보다는 부하가 상사에게 크게 의존하는 경향을 보이게 된다.

특히 한국의 하급자들은 이러한 자신들의 온정기대가 리더에 의해 채워졌을 때 매우 강력히 동기부여 되는 것으로 나타났다(백기복 등, 2010). 그러므로 한국형 리더는 하급자가 좋은 성과를 내고 기대 이상의 목표를 성취할 수 있도록 그들의 온정기대를 효과적으로 다룰 줄 알아야 한다.

하지만 백기복 등(2010)의 연구에 따르면, 한국의 리더들은 실제로는 하급자들의 온정기대에 효과적으로 부응하지 못하고 있는 것으로 나타났다. 하급자들은 리더에게 강한 온정을 요구하고 있는 반면, 실제로 한국의 리더들은 하급자보다 상급자를 모시는 데 더욱 치중하고 있다. 즉, 서로 다른 곳을 바라보고 손을 뻗치는 현상이 한국의 조직사회에서 일어나고 있는 것이다. 이것을 '한국형 리더십의 패러독스(paradox)'라고 한다. 그러므로 한국형 리더는 하급자와의 인식의 불일치를 줄이고 하급자들에게 한국적 가치에 입각한 신바람 나는 동기를 부여하기 위해서는 그들의 리더에 대한 온정기대를 적절히 관리할 줄 알아야 할 것이다.

불행하게도, 기존의 리더십 이론에서는 이러한 한국인의 가치체계인 정을 거의 다루지 않아왔다. 그러므로 이번 장에서는 리더와 하급자의 관계를 '하향온정'이라는 관점에서 보다 체계적이고 종합적으로 살펴봄으로써 효과적인 한국형 리더의 또 다른 측면을 깊이 있게 이해해보려 한다.

2 | 하 향 온 정 의 개 념

하향온정의 정의

한국형 리더의 하향온정 요소는 '리더가 하급자를 보호해 주고, 감싸 주고, 어려운 일을

● 한국의 리더들은 윗사람과 현실문제에 관심과 열정을 집중하는 반면, 하급자들은 아랫사람과 미래문제를 위해서 더 많은 노력을 기울여 줄 것을 주문하고 있는 현상

도와주는 등의 온정적인 행동을 통해 '하나됨'의 인식을 형성하여 최고 수준의 동기를 유발함으로써, 성과를 극대화시키는 것'을 말한다. 이것은 하급자들의 잘못과 약점을 넓은 관용과 아량의 마음으로 너그럽게 감싸주고, 격려해주며, 깊은 유대감을 형성하여 하급자가 최고의 성과를 낼 수 있도록 적극적으로 지원하는 리더의 하급자들에 대한 온정적인 행동의 집합을 뜻한다.

한국인의 마음을 움직이는 것은 온정이다. 세계에서 구성원들의 일체감 향상을 위한 예산(회식, MT, 체육대회 등)이 가장 많은 기업이 바로 한국 기업들이다. 외국기업들 중에서 직원들의 영어, 중국어 등의 외국어 능력향상을 위해서 앞장서 강의 비용을 지불해주는 기업은 거의 없다. 중국에 진출한 한국기업 지사장들에 따르면, 중국 현지인들이 가장 좋아하는 것은 단합을 위해서, 회사 돈으로, 지사직원들이 다 함께 경치 좋은 곳으로 1박 2일 MT나 워크숍을 가는 것이라고 한다. 중국기업에서는 이러한 신나는 관행을 전혀 기대할 수 없기 때문이다.

한편, 하향온정의 반대되는 개념은 '하향무심'(下向無心)이라고 할 수 있을 것이다. 하향무심은 하급자를 단순히 성과를 내고 기업이나 조직의 목표를 달성하기 위해 노동력만을 제공하는 수단으로 간주하는 리더의 자세이다. 상하 간에 마음을 터놓고 얘기 한번 제대로 하지 않으며, 서로 간에 교감이 없고 상사와 하급자는 공식적 계약관계를 넘어서지 못한다. 미국인들에게는 이러한 리더와 하급자의 관계가 당연시되지만, 한국에서 팀장이 팀원들에게 이러한 태도를 보인다면 '차가운 팀장', '이기적 팀장', 그리고 '무심한 팀장'이라는 좋지 않은 평가를 받게 될 것이다. 아울러 이 무심한 팀장은 팀원들의 헌신적 지원을 받지 못하게 되는 것은 한국 기업에서는 당연한 이치이다.

그렇다면 한국형 리더는 하향온정의 행동을 함에 있어 어떠한 자세를 가지고 어떻게 행동하는 것이 바람직할까? 한국형 리더십 서베이 결과에 따르면(백기복 등, 2010), 한국형 리더의 하향온정 행동에는 네 가지 요소가 있는 것으로 파악되었다. 이번 장을 통해 하향온정의 4요인을 구체적으로 알아보고 하향온정을 잘 베푸는 한국형 리더로 거듭나는 발판을 마련하도록 하자.

하향온정의 4요인

한국인의 토착심리인 정에 관하여 연구한 최상진·전수향(1990), 최상진과 박정열(1999),

〈그림 7.1〉 한국인들이 정이 드는 5대 조건

최인재(2002) 등은 정의 개념을 체계적으로 정리하고 있다. 이들은 "정은 한국인들의 가장 대표적인 심리내적 경험속성"이라고 규정하며, 정이 드는 조건을 다음과 같이 분류하였다. 즉, 상대와 동고동락할 때(공동운명성), 상대를 자신처럼 아껴주고 배려해줄 때(아껴주는 마음), 격의 없고 경계가 없어졌을 때(허물없음), 서로 이해를 떠나 내 것 네 것의 구분을 초월할 때(비타산성), 함께 오랜 세월을 보내어 관계가 숙성될 때(장기동거성) 등의 다섯 가지가 한국인들이 정이 드는 조건이다.

이들은 리더와 하급자처럼 일종의 서열관계를 전제로 하지 않은 일반 한국인 대 한국인의 관계에서 정을 쌓는 과정을 풀어놓은 것이다. 리더와 하급자라는 관계에 그대로 적용할 수도 있으나 용어나 개념을 약간은 조정할 필요가 있다.

이들의 정에 관한 연구결과를 현재의 기업이나 조직 그리고 역사적인 인물들의 사례를 통해 리더십의 맥락에서 살펴본 결과 하향온정은 넓은 아량, 동고동락, 특별배려, 간담상조와 같은 네 가지 요인으로 구성되는 것을 알 수 있었다. 그리고 하향온정을 잘하는 한국형 리더들은 네 가지 요소를 모두 지닌 리더들이었다. 그에 관한 내용을 〈표 7.1〉에 정리하였다.

물론 이 네 가지는 정교하게 구분될 수 있는 성질의 요인들이 아니다. 리더가 하급자들에게 보이는 하나의 행동을 놓고 볼 때, 이들 네 요인들이 복합적으로 작용하여 나타나게 되는 수도 있다. 하지만 설명의 편의를 위해서 위와 같이 4요인으로 구분하여 설명하기로 한다.

〈표 7.1〉 하향온정의 4요인

구 분	뜻	내 용
하위여기 (下位與己)	하급자들을 너그럽게 대하고 자기 자신처럼 특별히 보살펴주는 마음과 행동	하급자의 실수를 넓은 포용력으로 감싸주고, 모자란 점을 채워주며, 안 티를 수용함. 하급자가 원하는 것을 미리 알고, 필요한 것 이상의 배려를 제공함
동고동락 (同苦同樂)	리더가 하급자와 괴로움과 즐거움을 함께함	● 동고 : 하급자의 고통이나 어려움을 함께 나눠 줄이고, 격려함 ● 동락 : 하급자의 즐거움을 같이 기뻐하고, 나누며, 잘한 일은 적극 칭찬함
간담상조 (肝膽相照)	리더와 하급자, 위와 아래가 서로 허물없이 지냄. 때로는 이해를 초월하여 희생적으로 하급자를 도와줌	하급자에게 먼저 다가가고, 허물없이 지내기 위해 권위적인 태도를 버림
일심숙성 (一心熟成)	오랜 시간을 함께하면서 사랑하고 미워하고 갈등하면서 서로에 대해서 마음으로부터 하나 됨	리더와 하급자가 서로의 행동, 사고방식, 생활패턴, 성격, 가족관계 등을 모두 이해하게 됨으로써 발생하는 사랑과 미움을 초월한 마음

(1) 하위여기

하위여기(下位與己)는 리더가 하급자들을 자기 자신과 같이 생각하여 그들에게 넓은 아량을 보여주는 행위와 하급자들을 특별히 배려하는 행위를 포함한다.

우선, 넓은 아량을 보여주는 행위란, 리더가 하급자의 잘못이나 실수를 넓은 포용력으로 감싸주는 것을 말한다. 이를 통해서 리더는 하급자들의 특수신용(idiosyncrasy credit)을 확보하게 된다. 특수신용을 확보한 리더는 다음에 하급자들의 특별한 헌신이나 희생을 필요로 할 때 하급자들에게 그러한 헌신과 희생을 요구할 수 있게 된다. 이러한 아량 없이 하급자들에게 희생을 요구한다면 하급자들이 거부하게 될 뿐 아니라 불만이 쌓이게 되고 리더에 대하여 '착취하는 사람', '지나친 희생을 강요하는 리더'라는 평가를 내리게 되어 관계가 악화될 수밖에 없어진다. '잘못과 실수에 대한 감싸줌' 없이 일방적 희생을 요구하는 리더를 신유근(1996) 교수는 '노동착취형'이라고 이름 붙였다.

한국인들은 '착취'에 대해서 매우 아픈 역사적 상처를 가지고 있다. 그러므로 한국형 리더, 또는 한국인들을 이끌어야 하는 외국인 리더들은 '착취'의 인상을 주지 않기 위해서 우선 넓은 아량과 포용력을 보여줌으로써 하급자들을 자기 자신처럼 여긴다는 인상을 심어줄 필요가 있다.

넓은 아량을 가진 한국형 리더는 하급자들에게 "다음번엔 좀 더 잘하면 좋겠는데?", "괜찮아! 하지만 이 정도로는 안 되는 거 알고 있지?", "그래? 그렇다면 그 점은 다시 생각해보자"라는 식의 부드러운 언행과 행동을 보여주며, 이는 리더가 조직을 효율적으로 이끌어 가기 위해 구성원들을 이해하려는 마음가짐에서 비롯된다.

넓은 아량의 반대말은 '비정비감'(非情悲感)이다. 잔인하고 아량 없다는 뜻의 이 말은 용서나 관용은커녕 하급자의 허물을 캐기 위해 노리는 사람, 착취하는 리더를 말한다. 하급자의 잘못에 대해 부적절한 언행과 행동을 보이며, 모자란 점에 대해 비아냥, 질타, 무시를 일삼는다. 리더의 이러한 행동은 하급자들의 감성에 큰 상처를 주며, 리더에 대한 강박관념, 정서적 불안, 스트레스 등을 유발시켜 사기와 업무에 대한 몰입을 저하시킨다. 아무리 유능한 하급자라도 누구나 실수는 할 수 있기 때문에 리더는 그러한 실수를 너그럽게 용서해 줘야 한다는 인식을 한국의 하급자들은 확고히 갖고 있다. 그러므로 하급자의 잘못을 다른 사람들이 보는 자리에서 질타하기보다는 우선은 감싸주고 개인적으로 조용히 바로 잡아 주기를 하급자들은 기대한다. 한국인들은 공개적 압박이나 질타로 인한 체면손상을 매우 민감하게 받아들임으로 한국형 리더들은 하급자들 대할 때 이 점에 유의해야 한다.

비정비감한 한국형 리더는 하급자에게 "이 따위 보고서로 월급 받는 게 회사에 미안하지도 않나?", "저러니 아직 승진을 못하지"라는 식의 공격적인 언행과 행동을 일삼는데, 이는 지나치게 일이나 성과 등의 결과만을 중시해 과정인 동기나 감정에는 무관심하거나 의도적으로 자존심을 꺾어 자신의 권위에 도전하지 못하도록 하려는 마음가짐에서 비롯된다. 하급자를 자기 자신처럼 생각하는 하위여기의 마음이 있는 리더라면 이런 말을 할 수는 없을 것이다.

다음 〈사례 7.1〉과 〈사례 7.2〉를 통해 넓은 아량의 한국형 리더와 비정비감한 리더는 조직에서 각각 어떠한 행동을 보이는지 살펴보도록 하자.

〈사례 7.1〉 K의 선배

1992년, W전자 입사 1년 차 K 군의 이야기다. K 군은 1992년 2월에 입사한 풋내기 신입사원으로 5개월 정도가 지나가고 있을 즈음이었다. K 군이 맡은 업무는 PCB 보드가 설계되어 나왔을 때, 거기에 맞게 각종 부품을 맞추어야 하는 하드웨어 부품 담당이었다. 하드웨어 부품 담당은 여러 가지 보조 장비를 잘 다루어야 한다.

그러던 어느 날 K 군의 직속선배 S 씨는 K 군에게 다가와, 입사 초라 아직 잘 모르겠지만, 주력 담당 보드를 한번 맡아서 해보라고 제안했다. K 군은 자신의 담당 보드가 생길 수 있다는 뿌듯함으로 떨 듯이 기뻐하며 흔쾌히 승낙했다. 그리고 열심히 일했다. 약 2개월을 거의 밤을 낮처럼 일하면서 어느 정도 테스트가 가능한 수준까지 다다르고 있었다. 그런데 호사다마라고 했던가. 프로젝트를 맡은 지 2개월이 다 되어가던 어느 날 밤 10시경, K 군은 지금까지 작업해 놓은 주력보드를 테스트하다가 그만 전원케이블을 잘못 연결하여 담당 보드가 모두 전기에 감전되는 사고를 저지르고 말았다. 부품은 모두 다 고장 나고 파손되어 새로운 PCB 보드를 설치해야만 하는 대형사고가 터지고 만 것이다. 순간 앞이 캄캄했다. K 군은 '이대로 내 인생이 끝나는 건가'라는 절망감에 온몸이 떨려왔다. 잠을 잘 수가 없었다. 열 잔 가까이 마셔댄 다방커피 때문이기도 했지만, 그동안에 혼신의 힘을 다하여 노력했던 피눈물의 결과가 한순간에 무(無)로 돌아간 데 대한 허탈감이 불면의 더 큰 이유였다. 그리고 다음 날 아침이 되었다. 빨갛게 충혈된 K 군의 눈을 보고 S 선배가 다가왔다. 그는 무엇인가 낌새를 알아차린 듯한 태도를 보였다. 그리고는 K 군에게 차 한 잔 마시자고 하며 조용한 곳으로 데려갔다.

K 군은 사건의 전말을 다 털어놓을 수밖에 없었다. '이제 죽었구나' 하고 있는데, S 선배는 뜻밖의 한마디를 건넸다. "음, 그래. 걱정하지 마. 나도 너처럼 신입 시절에 보드 많이 날렸다. 우리 둘이 같이 다시 2주만 밤새면 돼. 자, 일어나서 오늘 밤에 술이나 한잔 하고 다시 시작하자."

K 군은 눈앞에 갑자기 번개 같은 섬광이 번쩍 빛나는 것을 보았다. K의 눈에서는 눈물이 마구 흘렀다. K 군과 선배는 그렇게 몇 주를 매달렸고, 결국 프로젝트를 스케줄에 맞추어 끝낼 수 있게 되었다. 그리고 프로젝트는 예상보다 좋은 평가를 받게 되었다. 프로젝트가 끝나던 날 밤 선배와 K 군은 정말 뜨거운 한잔 술을 마시며, 그동안의 힘들었던 일을 곱씹었다. K의 마음은 이랬다. "고맙습니다, 선배님! 목숨 바쳐 평생 모시겠습니다."

〈사례 7.2〉 비정비감의 한국형 리더의 사례

M 씨의 팀장은 이렇다. 한번 화내면 불같은 성격으로 부하직원 팀원들을 장악한다. 팀원들에게는 "한 사람 한 사람이 기업을 운영하는 매니저라 생각하고 자발적으로 일하세요"라고 말하지만 회의 때는 팀원들의 말에 전혀 귀를 기울이지 않는다. 자기주장만이 항상 옳다. 자신이 내린 결론에 토를 달 수도 없게 한다. 모두가 그의 의견에 따라야 한다. 그래서 붙여진 별명이 '게슈타포'이다.

이뿐이 아니다. 지시한 일이 제대로 돌아가지 않는다 싶으면 불같은 성격이 화산처럼 폭발하여 담당자를 다른 직원들 다 보는 앞에 세워두고 앞뒤 안 가리고 마구잡이로 욕설을 퍼붓는다. 부하들에게 호통쳐야 할 일이 있으면 자기 방에 불러다 놓고 조용히 혼내도 될 텐데, 단 둘이 있을 때는 전혀 아무 말도 없다가 여러 사람이 모이면 그때 꼭 저 혼자 열 받아서 한 달 전의 것까지 거슬러 올라가 족보 따져가며 호통을 치곤 한다.

일 처리할 때에도 계획도 없고 이유도 설명해주지 않고 다짜고짜 일을 시키고, 맘에 들지 않는 보고서를 가져오면 사소한 것을 트집 잡아 화부터 낸다. 그러고선 어디를 어떻게 고쳐야 할지 정확하게 말을 해주지도 않는다.

게슈타포는 마치 중국 청나라 시절 옹정제를 연상케 한다. 그는 '문자옥'(文字獄)이라는 제도를 운영했다고 한다. 황제는 하루 종일 앉아 신하들이 올린 보고서를 꼼꼼히 읽는 것이 일이었다고 한다. 내용을 보는 것이 아니다. 오자나 탈자를 찾는 것이다. 보고서에 오자나 탈자가 하나라도 나오면 보고서를 올린 사람은 곧바로 사형이다. 신하들은 보고서를 올릴 수 없었다. 하는 수 없이 보고서를 올려야 하는 날에는 집에 하직인사를 하고 출근한다. 혹시 오늘이 비명횡사를 하는 그날일 수 있기 때문이다. 운이 좋아 무사히 퇴근을 하면 집에서 생환파티를 하곤 했다고 전해진다. 중국인들이 그토록 위대한 황제로 여기는 옹정제마저 이랬으니 다른 황제들이야 오죽했겠는가? 게슈타포와 옹정제, 시대는 몇백 년 차이가 나지만 21세기 옹정제의 화신을 보는 듯한 느낌을 팀원들은 가지고 출근하곤 했다. '오늘도 무사히!'

결국 M 씨는 도저히 견딜 수 없어 2년 만에 사직서를 내고 그 회사를 나오게 되었다. 퇴사하는 날 M 씨는 회사 정문에 서서 이렇게 외쳤다. "굿바이, 게슈타포!"

〈사례 7.1〉에서 보듯이, 넓은 아량의 한국형 리더는 직원들을 항상 따뜻하게 감싸주고, 잘못했을 때도 격려의 말로써 하급자들에게 자기 자신처럼 여긴다는 기분을 느끼게 해준다. 그 덕분에 하급자는 의욕이 보다 고취되어 기대 이상의 성과를 내기 위해 헌신적으로 노력하는 놀라운 동기부여 효과를 기대할 수 있게 된다.

반면 〈사례 7.2〉의 비정비감의 한국형 리더는 하급자를 공격적인 어투로 자극하고, 하급자의 의견에도 귀를 기울이지 않았으며, 결국 회사를 떠나게 만드는 결과를 초래했다.

위의 두 가지 사례는 우리에게 바람직한 한국형 리더의 모습은 어떤 것인지 짐작할 수 있게 한다. 그렇다고 하급자의 모자란 점을 무조건 감싸주어 상황을 해결하라는 말은 아니다. 잘못이나 실수를 무조건 용인하기만 한다면, 하급자는 오히려 나태해지거나, 업무에 대한 의욕을 상실할 수도 있다. 잘못에 대해 무조건 다그치기보다는 그것을 헤아리고, 스스로 깨닫고 다짐할 수 있는 기회를 주라는 것이다. 하위여기는 구성원들의 잘못을 나의 잘못처럼 여기면서도 하급자가 스스로 문제에 대한 답을 찾아낼 수 있도록 도와주는 행동이다. 이러한 리더가 하향온정 행동을 잘하는 한국형 리더이다.

한편, 특별배려란 하급자가 원하는 것을 미리 알고 필요한 것을 제공하는 행동을 말한다. 특별한 선물이나 행동으로 하급자들의 기분을 유쾌하게 만들어 주는 것, 기대 이상의 배려 행위로 하급자를 감동시키는 것, 하급자를 진급에 추천해주는 것, 자신의 공을 하급자에게도 나누어 주는 것 등 일반적으로 리더가 취할 수 있는 배려 수준을 넘어 하급자에게 기대이상의 배려를 제공하는 행동이다. 한국형 리더의 특별배려 행동은 하급자들로 하여금 자신이 리더로부터 관심을 받고 있다는 인식을 심어주고, 리더에 대한 신뢰와 믿음을 형성시킨다.

특별배려의 반대말은 '의례행동'이다. 하급자들에게 의례적인 태도로만 일관하고, 더 잘해줘야겠다는 생각 없이 습관에 따라 되는 대로만 행동한다. 일정한 거리를 유지하거나 자신의 이해관계가 침해되는 선에서는 배려를 하려 하지 않으며, 적절히 생색만 내는 등의 행동이 이에 속한다.

다음 〈사례 7.3〉과 〈사례 7.4〉를 통해 특별배려의 한국형 리더와 의례행동의 리더는 조직에서 각각 어떠한 행동을 보이는지 살펴보도록 하자.

〈사례 7.3〉 세상에서 가장 아름다운 사장님, 직원 아들에 신장 기증

한 건설업체 사장이 신부전증으로 고생하는 직원 아들에게 신장을 기증하기로 해 감동을 주고 있다. 주인공은 성실아이종합건설 사장 김병보 씨(48)와 이 회사 현장소장 손기배 씨(57)의 아들 손영준 씨(27). 서울아산병원에 따르면 김 씨는 11일 오전 한덕종 외과 교수 집도로 신장 한 개를 손 씨에게 이식하는 수술을 받을 예정이다. 김 씨는 "올해 3월 손기배 소장과 함께 지방에서 올라오는 길에 신부전증을 앓고 있다는 아들 얘기를 들었다"며 "젊은 사람이 앞으로도 계속 혈액투석을 받아야 한다는 게 무척 안타까웠다"라고 장기 기증을 결심하게 된 계기를 설명했다.

김 씨는 "건설현장에서 성실히 일해 준 직원을 위해 무엇을 해줄 수 있을까 고민을 하다 신장 기증을 생각하게 됐다"며 "모든 조건이 잘 맞아 이식을 할 수 있게 돼 다행"이라고 말했다.

김 씨에게 신장을 받게 된 손영준 씨는 2003년 6월 갑자기 호흡곤란 증세를 느낀 뒤부터 얼굴이 붓고 몸에 이상을 느꼈다고 한다.

손 씨는 "처음에 아버지 회사 사장님이 신장 기증을 해주신다는 말씀을 들었을 때는 반신반의했다"며 "적극적으로 검사를 받으시는 모습을 보니 너무 감사해 어쩔 줄을 몰랐다"고 말했다.

자료 : 매일경제, 2005. 8. 11

〈사례 7.4〉 의례행동 팀장의 사례

K 회사의 김 팀장은 40대 중반으로서 50여 명의 팀원을 거느리고 있다. 주변의 반대에도 불구하고 정의를 구현한다는 사명감으로 추진력도 좋고 스스로를 가슴이 따뜻한 사람으로 여기며, 직원들에게는 늘 미안하다, 고맙다는 말을 자주 한다. 그러며 자신은 이상적인 리더에 가깝다며 호언장담을 한다. 하지만 그건 김 팀장 본인이 느끼기에 그렇다는 것이고, 주변 사람들은 모두 그렇게 생각하지 않음과 동시에 바람직하지 않은 상사로 생각하는 사람들이 대부분이다.

김 팀장은 자신이 생각하는 진급 대상자가 진급을 못 했을 경우 매우 가슴 아파한다. 그러고는 반드시 다음에는 자신이 진급할 수 있도록 돕겠다며 "다음번엔 내가 힘쓸게"라고 약속한다. 그리고는 이번 진급 사정에서는 본인의 평가는 없었음을 수차례 강조한다. 처음 보는 사람들에게는 좋은 인식을 심어 줄 수도 있다. 그런데 문제는 너무도 많은 사람들에게 이런 식의 접근을 한다는 것이다. 김 팀장이 거느리는 대부분의 직원들은 김 팀장에게 이런 말을 서너 번 들어봤음은 물론이고, 처음에는 헛된 기대에 부풀었다가 시간이 지나면, '역시나' 하면서 특별한 대우를 받을 것이란 기대감도 더 이상 갖지 않게 되었다.

김 팀장에게 이런 말을 처음 듣게 되는 사람들은 순간 기분이 좋아지고 희망에 부풀기도 하나, 조작된 해프닝임을 알게 되는 순간 그런 식으로 가벼이 취급되는 듯한 느낌은 유쾌하지 않은 경험이라고 다들 입을 모은다.

결국 상사 리더십 조사(상향평가)에서 김 팀장은 대부분의 직원으로부터 최하위 등급을 받으면서 결국 팀장으로서의 직위까지 상실하게 되었다.

위 사례에서 보듯 건설업체 김병보 사장은 직원들에게 진심으로 감동을 줄 수 있는 특별한 배려로 직원들뿐 아니라 기사를 읽는 모든 사람들을 감동시켰고, 열정적으로 믿고 따르게끔 만들었다. 사장이 직원의 아들에게 자신의 신장을 떼어준다는 것은 다른 나라에서는 쉽게 생각해볼 수 없는 일이다. 물론 우리나라에서도 특별한 일이기도 하지만. 이것은 가벼운 배려행위라기보다 한국형 리더 특유의 하향온정 행동이라고 할 수 있다. 직원을 나 자신과 같이 생각하는 하위여기의 특별한 정이 없이는 불가능한 일이다. 이렇듯 단 몇 번이라도 하급자들에게 진심이 느껴지는 온정적인 행동은 하급자와 특별한 관계를 형성시키는 계기로 작용한다.

반면, K회사의 김 팀장은 지나친 의례행동으로 인해 직원들에게 좋지 못한 평을 받았다. 김 팀장 역시도 자신이 하는 행동이 하급자에 대한 배려행위라고는 생각했을 것이다. 하지만, 모든 하급자에게 동일한 방법으로 의례적인 거짓말로 일관했기 때문에 불신을 낳았고 이는 자신의 직위까지 상실하게 만드는 결과를 초래했다.

이렇듯 특별배려는 아무 생각 없이, 또는 속으로는 이기심에 가득 차서, 겉으로만 의례적으로 하는 것이 아니다. 상대가 원하는 것을 진심으로 도우려 할 때, 그리고 기대 이상으로 감동을 주려고 노력하는 것 등의 행동을 보여야 한다. 리더가 아무리 값지고 좋은 선물을 주더라도, 하급자에게 소용이 없는 것이라면 그들은 감동하지 않는다. 반면 작고 별 볼 일 없는 선물이라도 하급자가 정말 소중하게 여길 수 있고, 자신에게 도움이 되는 것이라면 하급자는 리더에게 진심으로 감사한다. 그러므로 한국형 리더는 매사에 하급자에게 관심을 갖고, 그들이 원하는 것이 무엇인지를 적기에 파악하여, 자신의 일인 것처럼, 신속하게 대응하도록 노력해야 한다.

하위여기(下位輿己)는 이처럼 넓은 아량과 특별한 배려로 현실화될 수 있다.

(2) 동고동락

동고동락(同苦同樂)이란 리더가 하급자의 어려움과 즐거움을 같이 나누는 것을 말한다. 하향온정을 잘 하는 한국형 리더들은 하급자가 어려운 일에 힘들어 하고 있다면 직접 나서서 도와주고, 격려하는 행동으로 고통을 덜어주며, 업무에 보다 몰입할 수 있게 만든다. 또한 즐거운 일에는 적극적으로 관심을 보이며 같이 기뻐하는 방법으로 추가적인 동기를 촉발 시킨다.

이러한 동고동락의 예는 업무를 완수하지 못한 하급자와 함께 야근을 하며 지원해 주는 행동, 경조사와 같은 아픔과 기쁨을 같이 나누는 행동, 하급자들이 노력해서 달성한 성과를 적극 칭찬해 주는 행동 등 다양한 것들이 있으며, "어려움은 나누면 반이 되고 즐거움은 나누면 배가 된다"라는 말과 맥락을 같이 한다.

특히 한국인들은 우리성(Weness)과 같은 집단주의적 · 상호의존적 가치체계를 지니고 있기 때문에(권석만, 1996) 자신에게 어려운 일이 있을 때에는 혼자서 해결하려 하기보다 자신이 속한 집단에 의존하거나 서로 도와가며 해결하려는 성향이 짙다. 기쁨이나 슬픔과 같은 감정에 있어서도 타인으로부터 관심과 애정, 위로를 받고 그로부터 자신의 소속욕구를 충족시키려 한다.

그러므로 한국형 리더는 하급자와 동고동락하며 시너지를 창출하고, 하급자들의 다양한 욕구를 충족시켜 신바람 나는 조직분위기를 형성시키는 것이 바람직하다.

중요한 점은 리더의 이러한 동고동락 행동은 '진정성'이 가미되어야 한다는 것이다. 어려운 일을 도와준답시고 적절히 행동하는 척만 하거나, 위로하고 기뻐하는 척만 한다면 고통과 기쁨을 진심으로 공유할 수 없기 때문이다. 작은 고통과 기쁨이라도 진심으로 나누려 하는 마음과 진심어린 따뜻한 말 한마디가 그 어떤 보약보다도 더 큰 에너지를 가져다준다는 것을 기억해야 한다.

동고동락의 반대말은 '무감가중'(無感加重)이다. 하급자의 감정에는 무관심하고 어려운 일을 더 어렵게 만든다는 말로, 칭찬에 매우 인색하고, 같이 기뻐 할 줄 모르며, 하급자에게 어려운 일이 발생하면 '나는 모르쇠'의 태도로 방관하는 리더들을 말한다. 또한 기쁨과 고통을 진심으로 나누려 하기보다 피상적인 마음으로 함께 하는 척하지만 마음은 그렇지 않은 리더, 어려운 일에 부닥치면 회피하려 하거나 혼자 자신만의 살길을 모색하려는 리더들도 여기에 포함된다. 이러한 행동은 이기주의적 사고방식에서 비롯되는 것으로, 하급자들로부터 리더 자신의 신뢰를 잃게 만든다.

다음 〈사례 7.5〉의 B팀장과 C팀장의 사례를 통해 동고동락의 한국형 리더는 조직에서 어떠한 행동을 보이는지 그리고 〈사례 7.6〉을 통해 '무감가중'의 리더는 어떠한 모습인지 한번 살펴보도록 하자.

〈사례 7.5〉 B 팀장과 C 팀장의 동고동락

B 팀장은 어떻게 보면 '동고동락'의 리더라고 할 수 있다. 업무에 지원이 필요할 때 하급자들을 위해 불가능해 보이는 일들을 본인이 직접 나서서 확보해주고, 팀원들의 조사뿐 아니라 경사까지도 일일이 챙기며, 팀원들에게 자주 개인적인 격려의 메일을 보내기도 한다. 또한 팀원들이 아프거나 힘들어할 때 강제로라도 휴가를 실시하도록 조치를 취하기도 한다. 하지만 팀원들은 B 팀장의 이러한 '동고동락'을 별로 고마워하지 않았다. 반면, 옆 팀의 C 팀장은 B 팀장과 별반 다르지 않은 '동고동락'의 행동을 보였음에도 C 팀의 팀원들은 큰 감동으로 반응을 보였다. C 팀장은 고생하며 하나의 프로젝트를 마친 팀원들에게 밥을 사주고, "힘들지? 고생했어. 아무 생각 말고 푹 쉬어"라는 문자 메시지를 보내거나, B 팀장과 마찬가지로 몸이 아파 힘들어하는 팀원들이 있으면 다른 팀원에게 양해를 구하고 아픈 팀원을 쉬게 해주기도 했다.

이렇듯, 두 팀장의 배려 방식은 그다지 큰 차이가 없었고, 어쩌면 업무적으로 B 팀장이 더 능력 있고, 더 큰 도움을 주는데도 B 팀장의 팀원들은 별로 고마워하지 않았다. 반면, C 팀장의 팀원들은 B 팀장의 팀원들과는 다르게 매우 큰 감동을 받곤 했다.

왜 그런 것일까? 그것은 다름 아닌 두 리더의 성향 때문이었다. B 팀장의 동고동락은 그의 지나친 과업 달성 열정에 가려 빛을 보지 못했다. 안타깝게도 팀원들은 B 팀장의 모든 행동을 성과 달성을 목표로 한 고도의 계산된 행동으로 생각하고, 그냥 의례적으로 저러는 것이겠거니 하고 생각했던 것이다. B 팀장이 선의를 갖고 행동할 때조차도 곧이곧대로 받아들이려 하지 않았다.

반면, C 팀장에 대한 팀원들의 신뢰는 무척 두터웠다. 말씨며, 행동이며 모든 것

하나하나에서 팀원들을 자신의 가족처럼 돌본다는 진심이 보였다. 때문에 팀원들은 가끔 C 팀장이 무리한 요구를 하더라도 충성스럽게 그 업무를 수행했고, 결과가 형편없더라도 어김없이 C 팀장이 팀원들을 격려하고 다독여 줄 때 더 큰 감동을 느꼈다.

두 팀장이 떠나는 환송회의 분위기도 역시 사뭇 달랐다. B 팀장은 환송식에서 팀원에 대한 고마움과 본인의 부족함을 눈물까지 보이며 표현했지만 별다른 감흥이 없었다. 반면, C 팀장은 환송식에서 짤막한 인사말을 건넸을 뿐이지만 팀원들 한명 한명과 교감하는 분위기였고, 팀원들 역시 아쉬움으로 많은 눈물을 보였다.

〈사례 7.6〉 S 대학 Y 과장님의 사례

K 군은 S 대학의 교직원이다. K 군은 학교의 학사일정 프로그램을 추진하고, 학교의 예산을 확인하며, 수업별 학생 현황을 파악하는 등 일반 회사와는 크게 다르지 않은 사무일을 보고 있다. 대부분의 사람들은 모두 교직원이라고 하면 '신이 내린 직장', 혹은 군대에서 말하는 '땡보'쯤으로 생각하고 있다. 하지만 요새 K 군은 일을 그만둬야 할지, 계속해야 할지 심한 갈등에 시달리고 있다. 이유인즉, K 군의 부서를 관리하고 있는 과장 때문이다. Y 과장은 다른 부서에서 작년 말 K 군이 일하는 경영학과 부서로 왔다. 학교에서 직원들을 고생시키기로 유명한 사람이었지만, 단지 고생시키는 것뿐 아니라 가끔 보면 상사로서의 자질을 의심하게 만드는 부분들이 눈에 보인다.

Y 과장의 업무처리 방식은 일명 '뒷북 때리기'로 통한다. 항상 퇴근시간이 가까워오면, 오전 중에는 별 말 없이 가만히 있다가 미뤄왔던 업무를 뒤늦게 쥐어주고는 퇴근 전까지 끝내라는 식이다. 이뿐 아니다. 방학 때면 학교 수업이 없는 관계로 교직원들은 교직법상 보름간의 단축업무를 하게 되어있다. 그 기간 동안 K 군의 부서 사람 중 단축근무를 제대로 해본 사람은 단 한 명도 없다. 다른 학과 사무실의 불은 모두 꺼져있어도 유독 K 군이 근무하는 경영학과의 사무실만은 밤늦게까지 불이 켜져있다.

Y 과장은 매일 자신이 처리해야 할 일을 다른 직원들에게 떠넘기고 자신은 인터넷으로 UCC를 보는 것을 하루의 일과처럼 여긴다. 또한 주 5일 근무 중 4일은 야근이 필수이다. 야근할 때 직원들이 밥은 제대로 먹고 일을 하는지 신경도 안 쓰고 자신은 나 몰라라 하는 식이다.

위의 〈사례 7.5〉에서 B팀장과 C팀장, 두 명의 리더는 각각 비슷한 동고동락의 행동으로 하급자들에게 행동했다. 그럼에도 B팀장의 팀원들은 C팀장의 팀원들과는 다르게 좋은 반응을 보이지 않았다. 동고동락은 고통과 즐거움을 함께한다는 점에서 마음과 마음의 교류라 할 수 있다. "팀원들의 고통과 즐거움을 함께 나누겠다"라고 진심어린 마음 없이 수백 번을 얘기해봐야 듣는 상대에게는 효과적으로 전달되지 않는다. 단한 번을 말하더라도 진정성을 가미하여 자신의 팀원들에게 전달한다면 팀원들의 마음은 움직인다. B팀장에게는 그러한 점이 부족했고, 팀원들에게 불신이라는 결과를 야기시켰다.

〈사례 7.6〉은 무감가중 리더의 사례이다. 자신의 업무를 돌보지 않는 동시에, 하급자들은 나몰라라는 식으로 그들의 어려움을 더욱 더 가중시키고 있다. 리더가 모든 일에 대추 놔라, 감 놔라 하는 식으로 시시콜콜 함께 하려는 자세도 문제지만 이러한 무감가중(無感加重)한 태도도 문제다. 이러한 행동은 하급자에게 스트레스를 주고, 매일 매일을 힘들게 만든다. 결국은 '일할 맛'이 떨어지고 스스로 회사를 떠난다. 이는 궁극적으로 조직 전체의 효율성과 성과를 떨어뜨리는 결과를 가지고 온다.

한번 생각해 보자. 〈사례 7.5〉와 〈사례 7.6〉에 등장하는 세 명의 리더들 중에 자신은 어떤 리더인지. 그리고 자신의 리더가 이러한 행동들을 했다면 자신은 과연 어떻게 반응해야할지, 또 어떤 리더의 모습이 가장 바람직한지.

동고동락은 한국의 리더들이 하급자들과 정을 쌓을 수 있는 가장 강력한 무기이다. 어려울 때 함께 해준 리더를 한국인들은 결코 잊지 않는다. 일이 잘못되었다고 하더라도 그 잘못을 나무라거나 하급자의 능력이나 태도의 탓으로 돌리지 않고 자신의 잘못처럼 생각하여 함께 해결해 나아가는 자세가 리더에게는 요구된다. 사회적으로도 하급자의 잘못이 곧 리더의 잘못이라는 분위기가 한국에는 보편화되어 있다. 일선 경찰서의 하급 순경이 큰 잘못을 저질렀을 때 위의 상급자들이 도덕적 책임을 지고 줄줄이 사표를 내는 것이 그 예에 해당한다. '도덕적 책임'이라는 말은 영어로 번역하기도 힘든 용어이다. 상사로서의 감독 잘못이라고 죄(?)명을 붙이지만, 사실 서양에서는 이런 일이 별로 일어나지 않는다. 하급자에게 주어진 직무에 있어서의 책임은 하급자 자신이 지게 되어있기 때문이다. 하지만 한국에서는 하급자와 리더를 한 묶음으로 여긴다. 그러므로 하급자의 관혼상제를 찾아보지 않은 리더는 리더로서의 자격이 없다고 한다. 100일이나 돌잔치도 빠져서는 안 된다. 미국사람들은 그저 자신의 즐거움을 위한 금요일 밤의 맥주 파티 정도로 모든 사적 관계는 종료된다.

(3) 간담상조

간담상조(肝膽相照)란 리더가 하급자를 허물없이 대하는 태도이다. 하향온정을 잘하는 한국형 리더들은 하급자와 깊은 친밀함을 유지하고, 하급자가 자신에게 쉽게 다가올 수 있도록 권위적인 모습을 누그러뜨린다. 또한 사내외를 떠나 다양한 자신의 경험담이나 도움이 될 만한 조언을 적극 제공하며, 개인적인 일까지도 함께 의논해주는 리더가 되어준다. 한국형 리더의 이러한 행동들은 하급자와 막역한 사이를 유지하게 만들고, 유대관계를 강화시키며, 좋은 팀워크를 구축하는 데 촉매제로서의 역할을 한다.

리더가 하급자에게 간담상조하기 위해서는 무엇보다 하급자가 자신에게 다가오기를 기다리지 않고 먼저 대화를 시도하려는 자세를 가져야 한다. 특히 한국 사회는 서양과는 다르게 정이 있는 유대를 매우 중시한다. 그러므로 리더는 하급자와 계약적인 관계 이상의 유대감을 형성시키기 위해서 그들을 단지 하급자로만 취급해서는 안 된다. 친구관계, 우정관계 등의 보다 깊은 관계를 맺을 수 있는 대상으로 여기고, 마음을 툭 터놓고 공감할 수 있는 분위기를 조성해야 한다.

하지만, 자신과 마음이 잘 맞는 하급자들에게만 특혜를 주는 편애행동 또는 지나친 친분으로 인해 공과 사를 구분하지 못하는 행동은 바람직하지 않은 모습이므로 이러한 함정에 빠지지 않도록 리더는 스스로 노력해야 한다.

간담상조와 반대되는 개념은 '소원무정'(疏遠無情)이다. 관계가 소원하고 정이 없다는 이 말은 하급자들에게 매우 무관심하고, 권위적인 모습만 보이는 리더를 말한다. '나는 상사고, 너는 부하야.'라는 사고방식이 머릿속에 내재되어 있으며, 상하의 관계가 철저한 계약 속에서 이루어진다고 생각한다. 가슴과 마음으로 하급자를 헤아리지 못하고 머리와 행동으로만 이끌려고 하는 리더들로서 리더의 이러한 행동은 조직 내 경직된 분위기를 조성하거나 팀워크를 해치기도 한다.

다음 〈사례 7.7〉과 〈사례 7.8〉에 제시된 강원도 모 군수와 P감독의 이야기를 살펴보고 간담상조하는 리더와 소원무정한 리더는 어떤 행동을 보이는지 비교해 보도록 하자.

〈사례 7.7〉 ○○ 군수의 청심환

강원도 ○○ 군의 ○○ 군수의 하루는 매우 특별하게 시작된다. 아침에 일어나서 출근 후 제일 먼저 하는 일은 동네를 시찰하는 것이다. 여러 사람을 태울 수 있는 대형 밴을 몰고 다니며 길에서 만나는 사람마다 동네 사람처럼 대한다. 길에서 노인을 만나면 목적지까지 태워주고 말벗을 해준다.

이뿐 아니다. 그가 항상 주머니에 가지고 다니는 비장의 무기가 있었으니, 그것은 바로 청심환이다. 할머니와 할아버지들을 위해 항상 청심환을 주머니에 넣고 다니다가 안색이 안 좋은 노인들을 보면 하나씩 꺼내어 "오래 사세요"라는 말과 함께 손에 꼭 쥐어주곤 한다. 거창한 그 어떤 것보다 손에 쥐어준 작은 청심환 하나가 시골 노인들의 마음에는 더 큰 감동을 일으킨다.

올해 80이 넘은 양 노인은 "얼굴은 알지만, 군수인지 몰랐어. 높은 사람들이 우리네 삶을 알기나 아나? 이렇게까지 신경 써주니까 좋지"라며 고마움을 표했다.

지위를 떠나 위와 아래가 허물없이 친밀감을 쌓을 수 있는 것. 바로 우리의 정으로 소통하는 길이다. 이러한 군수의 행동은 서양에서는 상상할 수 없는 한국의 고유한 특수행동이다.

〈사례 7.8〉 P 감독의 소원무정 행동

야구감독 P 씨는 대표적인 소원무정형 리더이다. 평소에는 선수들과 말도 없고, 오로지 작전으로만 선수들을 지도한다. 게다가 선수들을 코치에게 훈련시키게끔 하고 자신은 먼저 퇴근해 골프를 치러 가기도 한다. '선수는 선수, 감독은 감독'이라는 철저한 계약적인 관계로, 선수들과 형식적인 관계 이외의 더 높은 차원의 관계를 형성시키지 못했다. 1군 선수와 2군 선수의 얼굴과 이름도 제대로 모르고, 감독 생활 10년 동안 선수들의 숙소에는 단 한 번도 들른 적이 없다. 그가 이끄는 팀은 시즌 몇 해 동안 지속적으로 꼴찌를 맴돌지만, 그래도 철저한 시간엄수로 자신이 퇴근할 시간만 되면 칼퇴근을 고수했다.

P 감독은 선수 생활 시절, 매우 뛰어난 활약으로 야구계를 제패한 경험이 있다. 반면 감독으로서는 만년 꼴찌 팀의 감독이라는 불명예를 벗어나지 못했고, 그는 결국 실패한 감독으로 자의 반 타의 반으로 은퇴를 하게 되었다.

위 사례에서 보듯 강원도에 있는 모 군수는 편안한 어투와 행동 그리고 청심환을 이용해 서민적인 모습으로 마을 사람들에게 다가가 그들에게 감동을 일으켰다. 반면 P감독은 선수들에게 매우 무관심했고, 감독으로서 선수들에게 지시 외에는 별다른 애정을 보이지 않았다. 그 결과 팀과 자신을 파멸로 이끌었다.

각각의 사례에 등장하는 리더들은 우리에게 바람직한 한국형 리더의 모습을 일깨워준다. 물론 리더에게 적극적으로 다가가지 않는 하급자도 문제가 있을 수 있다. 하지만 리더가 자신의 직위에 따른 권위적인 모습만을 보이고, 무관심하다면, 하급자도 선뜻 용기를 내어 다가가기 힘들다. 그러므로 리더는 하급자에게 부드러운 태도와 열린 마음으로 자신에게 하급자들이 다가올 수 있는 기반을 마련하고, 자신도 하급자에게 깊은 친밀감을 유지할 수 있도록 노력해야 한다. 그러한 점에서 강원도의 모 군수 사례는 한국형 리더들에게 매우 좋은 본보기가 된다고 할 수 있다.

한국인들은 보편적으로 윗사람에 대해서 멀게 느낀다. 권력격차(power distance)가 매우 높은 문화권에 우리는 살고 있기 때문이다. 그렇기 때문에 리더가 웬만큼 노력해서는 하급자들이 진정으로 가깝게 느끼지 않는다. 가까이 가면서도 '눈치'를 항상 살피게 되는 것이 현실이다. 이것은 곧 리더가 하급자들이 가깝게 느낄 수 있도록 하기 위해서 아주 특별한 노력을 기울여야 함을 의미한다.

그러므로 리더는 평소에 사소한 것에서부터 격의 없이 행동하려는 노력이 필요하다. 평소에는 말도 없고 멀게 대하다가 갑자기 직원들을 모아놓고 술 한 잔 사주면서 하고 싶은 말을 해보라고 해도 눈치 빠른 하급자들은 말문을 열지 않는다. 평소에 가깝게 느껴지도록 행동하는 것이 중요하다. 아래의 〈사례 7.9〉는 이런 측면에서 성공하고 있는 사례라고 볼 수 있다.

〈사례 7.9〉'정'으로 똘똘 뭉친 한 가족

경일영업소를 들어서는 순간 기자는 두 번 놀랐다. 웬만한 영업소 2~3개를 합쳐 놓은 듯한 사무실 크기에 우선 놀랐고, 영업소장이 아침회의 중이라 부재중인데도 불구하고 그날 조회 자료를 미리 펼쳐놓고 숙지하고 있는 FP들의 모습에 또 한 번 놀랐다. 무엇보다도 출산일이 얼마 남지 않은 한 FP가 불편한 몸으로 아직 출근하지 않은 팀원들을 위해 차 준비를 하고 있는 모습이 인상 깊었다. 지난 1995년에 동소문영업소에서 분할됐을 당시 4~5명에 불과하던 경일영업소는 현재 팀장 여덟 명을 포함해 46명의 FP들이 활동하는 대식구가 됐다. 이진수 소장이 준비한 영업소 조회는 독특하다. 상품교육이나 간단한 경제상식은 본사 사내방송인 KBC에서 매일같이 제작해 보내는 영상 자료로 대체할 뿐 이 소장이 준비하고 주관하는 조회는 철저히 화법 위주로 이루어진다.

기자가 찾아간 날 있었던 조회에서는 거절처리 전화응대에 관해 직접 시연을 통해 실습하는 교육이 이뤄졌다. 다양한 사례를 설정하고 그 상황에 맞는 화법을 구사해 FP들의 순발력과 응용력을 키워주는 교육이 이채로웠다. 계약자를 향한 제안서를 작성하는 등 교육 자료는 철저히 이 소장이 준비한다. 준비가 안 되면 전날 퇴근도 안 할 정도로 조회에 대한 이 소장의 마인드는 철저한 프로의 모습, 그 자체였다.

FP를 고객의 행복을 추구하는 최고의 직업이라고 생각하는 이 소장의 영업소 운영의 모토는 바로 '정'이다. 여고 선생님이 꿈이었다는 이 소장은 영업소 FP들을 상대할 때도 마치 선생님이 감수성이 예민한 학생을 대하듯이 '정'으로 관리하고 있다.

이날 출산 이후 영업소에서 비공식적으로나마 자체적으로 실시한 한 달간의 휴가 기간을 보내고 첫 출근해 새로운 출발을 다짐한 한 FP의 모습은 이 소장의 '정' 관리가 어떻게 FP들의 활동력을 이끌어 내는지를 보여주는 좋은 사례이다.

출산으로 인해 영업활동에 상당한 공백 기간이 있었음에도 불구하고 탈락하지 않고 계속 근무할 수 있었던 것도, 또한 경일영업소가 대한생명 전체 지원단 내에서 꾸준히 상위권에 들 수 있었던 것도 어찌 보면 이러한 이 소장의 '정' 관리가 FP들의 자긍심과 소속감을 높여 영업소 단합을 이끌었기 때문일 것이라는 생각이 들었다.

이러한 이 소장에게도 어려움은 있었다. 영업소장 부임 초 대부분 주부들인 FP들의 직업의식이 희박한 탓에 출퇴근 관리가 잘 안 됐기 때문이다. 하지만 이 소장은 이 부분에 있어서만큼 정이 아닌 매서운 관리를 했다. 잔정 관리 이면에 있는 이러한 기강 관리도 영업소 발전에 한몫을 했다.

경일영업소 FP들의 특징 중 하나는 많은 독서량이다. 매달 여섯 권 정도의 책을 이 소장이 자비로 구입해 영업소에 비치해 놓으면 FP들이 돌아가며 읽는다. 책을 많이 읽는 것으로 자기계발을 하는 경일영업소 FP들. 이들의 왕성한 독서량이 영업 활동에 있어 훌륭한 무기가 되고 있음은 물론이다.

자료 : 보험신문, 2005. 12. 9

〈사례 7.9〉에서 보듯이, 그야말로 정으로 뭉쳐진 한 가족이 되기 위해서는 평소에 리더가 비범한 노력을 기울여야 한다. 사례에서처럼 민감성을 유지하는 것도 중요하다.

(4) 일심숙성

일심숙성(一心熟成)은 리더-하급자의 관계를 전제로 하지 않은 일반인들에게는 장기동거성(時間熟成)이라고 표현된다. 하지만 동거한다는 것은 가시적 현상을 표현한 것이고 사실은 오랜 시간을 함께 하면서 리더와 하급자의 관계가 숙성된다고 표현하는 것이 더 적절할 것이다. 오랜 시간을 거치면서 술이 익어가듯이 리더와 하급자의 관계도 세월의 풍파를 거치면서 익어가는 것이다. 즉, 숙성되어 간다고 표현할 수 있을 것이다.

사실 관계를 숙성시켜야 한다는 것은 단시일 내에 정들게 하지 못하는 장애물이다. 그래서 때로는 짧은 시간에 정이 들도록 하기 위해서 밤새 술을 함께 마시며 허물어지는 모습을 보이든가 기억에 남을 만한 특이하고 강한 경험을 함께 함으로써 압축숙성을 위해 노력한다. 미국 경영학회에서 발행하는 Academy of Management Executive라는 저널이 있다. 몇 년 전에 이 저널에 한국인들의 음주습관이 논문에 실린 적이 있다. 이 논문에 따르면, 한국조직의 근무자들은 술을 마실 때 세 가지 특징이 있다고한다. 첫째는 마시면 밤새 마신다는 것이고 둘째는 마실 때 섞어서 마신다는 것이며, 셋째는 마시면 노래를 해야 한다는 것이었다. 외국인이 쓴 논문인데 우리의 술 관습을 정확히 지적한 것에 놀라지 않을 수 없었다. 이처럼 한국인들을 '밤새', 빨리 취하도록 '독한 술'을 나누어 마셔 가면서, 그리고 또 함께 어울려 되지도 않는 노래를 해가면서 단기간에 숙성된 관계를 이룩하려고 노력한다. 이러한 한국인의 정 나누기 관행을 미친 짓이나 비합리적 행동으로 치부해버릴 수는 없다. 나름대로 중요한 이유가 있는 것이다.

숙성된 관계 속에서 모든 사회적 규범은 무너진다. 한국의 어느 허물어져 가는 식당에는 들어서자마자 할머니가 손님들에게 욕을 해댄다. 그래도 그 식당을 찾는 사람들은 경찰에 명예훼손으로 이 할머니를 고소하는 사람은 없다. 한국인들은 이 할머니가 친한 체를 하기 위해서, 즉 정을 나누기 위해서 자기표현을 하는 것으로 다 이해하고 있다. 욕쟁이 할머니 같은 존재는 서양에서는 발견할 수 없다. 욕을 해도 '이해'가되고 '떼'를 써도 '용서'가 된다. 욕을 해대는 만큼 남다른 음식을 준비해 주며, 떼를 쓰는 만큼 마음에 고마움으로 가득 차 있다는 것을 한국인들은 다 알고 있기 때문이다.

리더와 하급자의 관계에 있어서도 관계가 숙성되면 리더가 아무리 험한 표현을 하고 무리한 요구를 해도 하급자는 리더의 마음을 읽는다. 그리고 리더는 그처럼 무리한 요구를 했던 사실을 절대로 잊지 않는다. 언젠가는 상당한 혜택으로 보상해준다.

시간이 걸리더라도 하급자의 어려움이나 실수에 대해서 각별히 도와주고 감싸줄 것을 하급자는 마음으로부터 알고 있다.

관계가 숙성되면 마음이 하나가 된다. 리더는 하급자의 처지를 다 읽고 있고 하급자는 리더의 마음이 어떠리라는 것을 다 알게 된다. 하나 된 마음은 놀라운 힘을 발휘한다. 그야말로 신바람, 신명(神明)이 나서 일하게 되고 달리 보상을 바라지 않는다. 그냥 리더와의 정 때문에 궂은 일, 불가능한 일에도 목숨을 거는 것이다. 숙성된 관계는 미국의 리더십 이론에서 이야기하는 '파트너십'(partnership)의 관계보다 더 깊은 관계이다. 파트너십은 일 대 일의 동등한 관계이면서도 별개의 개인을 상정하지만, 숙성된 관계는 메주와 누룩처럼 하나 된 관계이다.

리더와 하급자가 마음으로 하나 되는 일심숙성의 반대말은 '단심미숙'(端心未熟)이라고 볼 수 있을 것이다. 마음은 짧고 관계는 숙성되지 않았다. 서로가 서로의 처지를 잘 모른다. 말을 해도 무슨 뜻인지 그 속뜻을 알지 못한다. 리더와 하급자들이 서로 상대방이 자신에 대해서 어떤 생각을 하고 있는지를 전달받지 못한다. 마음이 짧아 갈등이 잦고 관계가 숙성되지 않아 상대방의 생각에 깊이 관여할 수 없다. 따뜻한 정이 느껴지지 않는다. 서로 눈치를 보고 상대의 작은 반응에도 긴장한다. 와인으로 치면 '보졸레누보'와 같다고 할 수 있을 것이다. 반면에 '일심숙성'의 리더-하급자 관계는 '잘 익은 김치'나 '막걸리'처럼 숙성된 깊은 맛을 보여주는 관계이다.

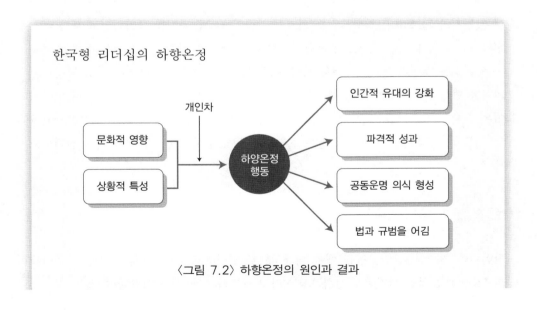

〈그림 7.2〉 하향온정의 원인과 결과

하향온정은 왜 발생하며 어떠한 결과를 가지고 오는가?

한국형 리더십의 하향온정 행동은 우선 문화적 영향과 상황적 특성에 의해서 촉발된다. 정을 중시하는 문화적 배경에서 성장하고 생활해온 한국형 리더가 정의 행동을 촉발하는 상황을 만났을 때 마음으로부터 넓은 아량으로 대하고, 허물없이 지내고, 특별한 배려를 하고, 즐거움이나 어려움을 같이 나누는 하향온정의 행동을 보이면, 서로 유대감도 강화되고, 하급자의 성과도 파격적으로 높아지며, 다 같이 함께하자는 공동운명 의식까지도 형성시킬 수 있다.

또한 부정적인 측면이지만, 하향온정이 깊어지면 법과 규율을 어기면서까지도 하급자를 돌봐주려 한다. 하지만 정을 주고받으며 자라난 리더가 정의 행동을 촉발하는 상황을 만났다고 하더라도, 냉정하고 이성적으로 행동하는 사람도 있다. 이것을 개인차라고 표현한다. 한국인이라고 하더라도 정이 별로 없는 사람은 어떤 상황 속에서도 이성적으로 행동한다. 평균적으로 한국인들은 정의 행동을 많이 보인다고 이해하는 것이 옳다.

하향온정의 이론적 배경

우리는 지금까지 하향온정이 무엇인지 그리고 그것을 구성하는 요소들은 어떠한 것들이 있는지 살펴보았다. 하향온정은 리더가 하급자들에게 동기를 촉발시키고 보다 좋은 성과를 내기위해 정을 매개로 관계를 형성한다는 점에서 기존의 다른 리더십 이론들과는 차이점을 갖는다. 정을 매개로 하급자와 깊은 관계를 형성한다는 것은 공동운명의 의식을 형성하며 서로를 위해 헌신하는 것을 뜻한다. 이것은 한국심리학계에서 연구되어온 한국인들의 고유한 특성인 '우리성'과 같은 맥락이다(최인재 등, 2002). 그렇다면 한국인의 '정' 그리고 '우리성'이 하향온정을 이해하는 데 어떻게 도움이 되는지 살펴보도록 하자.

(1) 정(情)과 우리성(Weness)

최인재와 최상진(2002)은 정을 매우 체계적으로 정리하고 있다. 이들은 정은 한국인들의 "가장 대표적인 심리내적 경험속성"이라고 규정하면서, 서양 사람들의 애정(affection)

이나 사랑(love)과 그 성격 면에서는 유사하나 "사랑과 같은 낭만적이고 열정적인 감정 상태가 아니라, 장기적인 접촉과정에서 잔잔하게 쌓여져 느껴지는 누적적 감정 상태"로 보고 있으며, 한번 정의 관계가 형성되면 그 관계가 오래 지속된다고 보고 있다. 이러한 정(情)의 개념을 바탕으로 최인재와 최상진(2002)은 '우리성'이란 정을 주고받으며, 정을 바탕으로 하여 묶여진 관계라고 하였다. 특히 한국인들의 '우리성'은 집단 속에 자신을 동질화시키는 탈개성화 경향이 강하게 나타나며 '우리' 안에서 개인의 경계가 약화되고 개인의 정체성도 그 안에서의 역할에 의해서 규정된다고 보고 있다.

이러한 정과 우리성의 연구결과들은 한국형 리더와 하급자의 리더십 인식을 이해하는 데, 매우 중요한 단서를 제공한다. 한국형 리더는 하급자들을 대상으로 리더십을 발휘할 때 하급자들과 단순 계약적·합리적 관계를 넘어 정에 입각한 보다 깊은 관계를 형성해야 한다는 것으로 해석될 수 있는데, 이것은 하향온정과 같은 맥락이다.

한편, 서양에서도 하향온정과 유사한 관점의 리더십 이론들이 몇 가지 존재하는데, 다음에서 제시될 특수신용이론, LMX이론, 그리고 파트너십이 그것들이다. 이들은 리더십을 한국형 리더십의 하향온정과 같이 리더와 하급자들이 관계를 형성하는 관점으로 이해하고 있다.

⑵ 상급자와 하급자 교환론

① 특수신용이론

특수신용이론에 따르면 리더와 추종자들은 끊임없이 서로에게서 받은 것과 준 것을 계산한다. 리더가 추종자들로부터 큰 지원과 충성과 복종을 받아왔다면, 리더는 추종자들에게 빚을 진 것이다. 리더는 추종자들이 기대하고 원하는 것을 충족시켜 줌으로써 빚을 갚고 리더의 역할을 더 강력히 수행할 수 있게 된다. 만약 리더가 이 채무를 추종자들에게 갚지 못하면 추종자들은 리더에 대한 지원과 복종, 충성을 철회할 수 있다. 그러므로 리더는 추종자에게 많은 것을 베풀고 기대하는 것을 충족시킴으로써 특수 신용을 쌓아야 한다. 추종자들로부터 인정받지 못하는 리더는 아무것도 주도할 수 없기 때문이다.

이 이론은 리더와 하급자가 교환의 관계를 형성한다는 점에서 하향온정과 유사한 점을 보인다. 실제로 한국형 리더들도 하급자와 특수한 관계를 맺는다. 하지만 특수신용이론은 리더가 하급자의 신뢰나 충성을 얻기 위해서는 끊임없이 무언가를 주어야 한다는 계산적인 의미를 내포하고 있다. 한국형 리더십에서 하향온정은 특수신용이론과 같이 사회적 교환거래를 기초로 하지 않는다. 한국형 리더들은 정을 매개로 신뢰를 쌓고 동기부여를 하며, 시너지를 극대화한다. 정은 미워서도 주고 고와서도 주고, 아무런 이해타산 없이 주는 개념임을 의미한다. 그러므로 한국형 리더십에서는 한국인의 가장 대표적인 심리속성인 정을 통해 리더와 구성원들 간에 마음속으로부터 교감을 이루고 깊은 관계를 형성시키라는 점을 보다 강조하고 있다.

② LMX이론

LMX란 'Leader-Member Exchange'의 약어로, 상급자와 하급자가 관계를 교환한다는 점에서 특수신용이론과는 다소 비슷하나, 다른 점이 있다면, 상급자와 하급자의 관계를 상호 1 : 1의 관계로 본다는 것이다. 예를 들어 A팀장이 이끄는 팀에 10명의 팀원들이 있다고 할 때, 리더는 팀원 10명과 각각 다른 관계를 발전시킨다는 관점이다. 즉, 리더는 하급자 10명을 다 똑같이 대하지 않는 다는 것이다. A팀장은 손 과장, 문 차장 등과는 매우 친밀한 관계를 갖지만, 조 과장, 서 과장 등과는 관계가 소원할 수 있다는 것이다.

이 이론 역시도 사회적인 교환거래를 기초로 한다는 점에서 하향온정과 차이점을 보인다. 그러나 한 가지 더 크게 부각되는 차이점은 본 이론은 내집단(in-group)과 외집단(out-group)을 구별한다는 것이다. 내집단은 하급자의 관계가 좋은 경우, 외집단은 하급자의 관계가 좋지 못한 경우이다. 이러한 편 가르기나 편애는 나쁘지만, 본 이론에서는 둘을 나누어 리드하라는 것이다. 다음에서 제시되는 〈사례 7.10〉이 이러한 LMX의 내집단과 외집단에 관한 적절한 사례가 될 것이다.

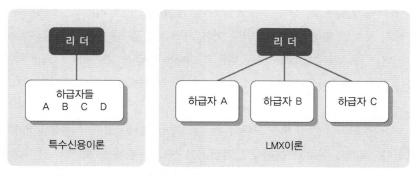

〈그림 7.3〉 특수신용이론과 LMX이론의 차이점

〈사례 7.10〉 내집단과 외집단을 구분 짓는 C 팀장

C 팀장은 언제나 친절하다. 신입사원에게는 친절하게 가르쳐주고, 고참 과장에게는 예의를 갖춰 상냥하게 말한다. 팀 여직원의 사소한 일까지도 신경 쓰고 직원 가족의 생일날이면 일찍 들어가 가족과 함께 저녁 식사를 하도록 배려한다.

그러나 문제는 C 팀장이 팀의 모든 직원에게 친절하지는 않다는 것이다. C 팀장이 친절을 베푸는 직원들의 면면을 보면 이렇다. 일을 잘하는 직원, 회사에서 성장가능성이 있어 보이는 직원, 팀에서 담당하는 일의 비중이 그리 크지 않은 여직원 등이다. 물론 당연한 일이라 얘기할 수도 있다. 어떤 리더가 일 못하는 직원을 칭찬하고 배려하겠는가? 그렇다면 C 팀장이야말로 부하직원들이 이상적으로 생각하는 리더가 아닐까? C 팀장 부서의 성과가 나쁜 것도 아니고 자신의 상사들에게도 인정받고 있어 표면적으로 그는 너무 완벽해 보인다. 하지만 C 팀장의 편애는 왠지 공정하지 못하고 너무 노골적이란 느낌을 갖게 한다. 또한 배려를 받는 팀원들조차도 공통적으로 느끼는 것은 팀장의 배려가 굉장히 불편하다는 점이다. 일단 옆의 동료에게는 냉정하게 대하면서 본인에게 친절하게 대하는 것 자체가 부담스럽고 어색하다는 것이다. 때로는 같은 일을 하고도 서로 다른 평가와 반응을 보일 때면 당혹스럽기까지 하다. 동료들 간에도 어색해지기는 마찬가지다. 이 같은 그의 편애는 팀원들 간에 갈등을 일으키기도 하고 계파를 만들게 한다.

물론 C 팀장이 자신이 아끼는 직원에게 베푸는 배려는 정말이지 존경스럽다. 팀원의 어려운 점을 멘토링하고 자기 계발 계획이나 미래의 비전에 대해서도 상담하고 조언해주는가 하면, 집안의 대소사까지도 관심을 보인다. 자신이 가지고 있는 고급정보를 알려주고 주변사람들에게 칭찬을 하여 상사들이 그의 이름을 기억하도록 만들어준다. 이 정도 된다면 배려를 받는 부하직원들은 정말 목이라도 내놓고 충성해야 하지 않을까?

헌데, 왜 부하직원들은 부담을 느끼게 되는 것일까? 앞서 얘기했던 주변 동료와의 관계 문제도 있겠지만 보다 중요한 것은 C 팀장의 배려가 왠지 가식적이라는 느낌을 받게 되기 때문이다. 게다가 더욱 심한 것은 가끔씩 C 팀장이 측근 부하직원들을 불러 놓고 그의 눈 밖에 나있는 동료에 대한 험담을 할 때로, C 팀장의 리더로서의 자질을 더욱 의심스럽게 한다.

조직생활을 하는 직장에서 상사의 배려가 반드시 진심에서 우러나오거나 진심이길 기대하는 것은 어렵다. 하지만 모든 구성원에게 평등하지 못하다는 점에서 배려의 역효과를 가져오게 한다. 배려의 마음에 감사하기는 하지만 동료에게 가해지는 상반된 모습들이 다른 자리에서 나에 대해 험담을 하는 것은 아닐까 불안하게도 하고 팀장과의 우호적 관계를 계속 유지해야 한다는 부담으로 작용하기도 하기 때문이다. C 팀장은 불가근불가원의 원칙을 사람마다 다르게 적용하는 것으로 오해하고 있는 것은 아닐까 생각해 본다.

위 사례는 LMX가 말하는 내집단과 외집단 구별의 대표적인 예이다. 리더의 이러한 사고방식은 하급자들에게 편애를 느끼게 한다. 하지만 한국형 리더십에서 말하는 하향온정은 편애와는 다른 개념이다. 한국형 리더들은 서로 차이를 두지 않고 모든 사람의 입장을 배려하여 온정을 나눈다. A하급자의 경조사는 챙겼음에도 B하급자의 경조사를 미처 챙기지 못했을 때는 미안한 마음을 갖는 것, 여러 명의 하급자들 중 부득이하게 한 명의 하급자에게 휴가를 줘야할 때 다른 하급자들의 눈치를 보거나 다음번에는 꼭 챙겨줘야겠다는 마음을 갖는 것, 하나의 집단이 모두 '우리'가 되고, 그 안에서 모두 정을 나누는 것. 이것이 바로 한국형 리더의 하향온정이다.

(3) 파트너십

파트너십이란 이해당사자들이 상호 이익을 지속적으로 추구하기 위하여 의도적으로 그들의 능력을 결합하는 것이다. 즉, 어떠한 과업을 이루고자 함에 있어 일을 추구할 때 관계를 맺고 합심하는 것을 뜻하는 것으로 관계를 형성한다는 점에서 하향온정과는 다소 유사한 개념이 될 수 있으나, 이성적, 비즈니스적, 지분참여, 거래적 관계를 바탕으로 한다는 점에서는 하향온정과 다소 차이가 있다. 서로 간의 희생을 원치 않아 희생이 강요되면 둘의 관계는 깨지게 되는 것이 파트너십이기 때문이다.

LEADERSHIP QUIZ

'정들자 이별', '그놈의 정 때문에', '정이 없다', '정이 많다', '정이 안 간다', '정을 주고받으며 산다', '정떨어졌다', '정붙이기 어렵다', '정에 웃고 정에 울며', '나의 정든 고향', '냉정하다', '온정적이다', '모정, 부정', '미운 정, 고운 정' 등 우리 생활에서 정을 나타내는 표현은 다양하다. 이 외에 어떤 표현들이 있을까?

하향온정의 여러 수준

리더의 하향온정 행동은 개인 차원에서만 이해되기보다 조직 전체 차원에서도 이해될 필요가 있다. 여기에서는 리더들이 조직원들 전체에게 집합적으로 어떤 행동패턴을 보여주고 그것이 어떤 결과를 야기하는지 알아보고자 한다. 이것을 하향온정 행동의 조직 차원의 분석이라고 한다.

〈표 7.2〉는 한국형 리더의 개인 차원의 하향온정 행동과 조직 차원의 집단적 하향온정 행동을 비교 설명한 것이다.

개인 차원의 하향온정은 리더 개인이 자신의 하급자에게 하향온정 행동을 보여주는 것을 말한다. 반면, 조직 차원의 하향온정은 조직전체 차원에서 리더들이 하급자에게 집합적으로 보여주는 하향온정 행동이라고 할 수 있다.

조직행동이론들 중에는 소위 대리학습(vicarious learning)이라는 것이 있다. 이것은 리더를 모델로 두고 하급자들이 리더의 행동을 모방함으로써 새로운 행동을 습득케 된다는 것이다. 이를 조직 차원의 하향온정 관점으로 이해해보면, 우리는 하향온정의 리더가 대다수인 조직은 하급자들에게 어떤 긍정적인 효과를 야기할지, 그리고 하향무심의 리더가 대다수인 조직은 하급자들에게 어떤 부정적인 효과를 야기할지 예상하게 만든다.

하향온정의 리더가 대다수인 조직은 서로 존중하고, 배려하며, 정에 기반한 유대를 중시하는 조직문화를 꽃피우게 만든다. 이러한 조직문화에서는 네 일과 내 일을 구분 짓지 않고 서로 협력하고, 이타적인 행동을 보여 서로간의 시너지를 극대화한다.

〈표 7.2〉 개인 및 조직 차원의 하향온정

개인 차원의 하향온정	조직 차원의 하향온정
• 한국 조직의 어느 한 리더가 자신의 하급자에게 어떤 행동을 보이는지를 유형화하여 이해하려는 시도 • 리더로서 하급자에게 다양한 온정적인 행동을 보여주고 그로부터 하급자를 동기부여시켜 협력하는 자세를 이끌어 낸다.	• 조직 전체 차원에서 조직원 전체를 대상으로 한 리더들의 하향온정 행동의 집합적 유형 • 조직 차원에서 대부분의 리더들이 하향온정 행동을 보여주며 조직의 성과를 극대화한다. 하지만 하향무심 행동을 보이는 리더가 대부분인 조직은 서로를 배려할 줄 모르고, 경직된 조직문화를 갖게 되어 신바람 나게 일할 수 없게 된다.

뿐만 아니라 조직원들로 하여금 심리적인 안정감과 사회적 욕구, 조직에 대한 소속욕구를 충족시켜주며, 이로 말미암아 헌신적 노력을 이끌어 내고 고단위의 성과를 창출할 수 있게 만든다.

반면, 하향무심의 행동을 보이는 리더가 대다수인 조직의 구성원들은 리더로 하여금 이기주의적 행동, 무관심의 행동을 학습한다. '우리성' 또는 '우리'라는 개념을 매우 중시하고, 시너지를 통한 성과창출을 성공의 열쇠로 여기는 한국 사회에서 조직원들의 이러한 태도는 조직몰락의 원인으로 작용한다.

물론 '온정적'이라는 말은 오늘날의 많은 한국인들에게 부정적 이미지를 갖는 말로 인식되고 있다. '온정적=비합리적, 비윤리적, 무원칙적'이라는 등식을 갖게 되었다. 하지만 아무리 온정적 자세를 갖지 말라고 해도 한국인들은 이 전통적 가치를 버릴 수 없는 것이 현실이다. 계약을 하고 법을 집행하고 통제를 하고 나누고 자르고 사람을 뽑고 하는 모든 경영과 관리의 행위에 온정이 개입하는 것은 곧 일을 제대로 못하는 결과를 가져온다는 판단 때문이다. 그러나 이러한 법적 · 윤리적 행위들과 온정적 행위는 분명히 양립될 수 있다. 법을 엄격히 하고 윤리적 행동의 기준을 엄격히 하되 그에 피해를 본 사람, 한 번의 잘못으로 죄를 지은 사람에게 따뜻하게 대하고 뉘우치도록 돕는 행위는 온정적 행위에 해당한다. 이 둘이 병립할 수 있을 때 한국의 조직은 더 큰 경쟁력을 갖게 될 것이다. 사람을 자르더라도 잘린 사람들을 위해서 다른 직장을 알아봐 준다든가 미리 충분한 시간을 두고 통보해 주는 것, 또는 미리 다른 기술을 습득할 수 있는 기회를 주는 것 등은 규범과 온정을 적절히 병합한 좋은 사례라고 볼 수 있다. 서양의 경영관행은 무기질같이 생명력이 없지만 한국의 온정을 포함한 경영관행은 살아있는 생명체의 경쟁력을 갖는다. 그 중심에 한국형 리더가 자리 잡고 있다.

〈사례 7.11〉 박 상무의 사례

인사담당 박 상무는 마음이 착잡했다. 자신을 뽑아주었고 오랫동안 모셔오던 선배 고 상무를 해고해야 했기 때문이다. 고 상무는 지금 영업에 가 있는데 몇 년 동안 성과를 별로 내지 못했다. 회장은 벌써 고 상무를 내보내야 하겠다고 마음을 먹고 있었던 듯 하다. 연말이 되어 회사 사정도 안 좋고 하여 더 이상 고 상무를 묶어 둘 필요가 없다 고 생각한 회장이 드디어 박 상무에게 지시를 내렸다. 박 상무는 입장이 난처했다.

회장에게 다른 사업부를 맡겨 보자고 건의를 한 것도 한두 차례가 아니다. 하지만, 객관적으로 도저히 더는 버틸 수 없는 상황이 되고 말았다.

그날도 눈이 내리고 있었다. 서울의 1월은 춥다. 박 상무는 고 상무에게 무거운 목소리로 전화를 했다. 저녁을 함께 하자고. 고 상무도 눈치를 어느 정도는 채고 있었던 것 같았다. 둘은 한식집에 마주 앉았다. 두 사람은 얼굴빛이 이미 평소와 달랐다.

"상무님, 저……." 박 상무가 참으로 무겁게 말을 꺼냈다.

"걱정하지 말게. 감지하고 있네. 그리고 각오도 되어 있어."

"죄송합니다."

"맛있게 밥이나 먹고 나중에 술이나 한잔 하세. 걱정 마. 불편할 테니 이메일로 보내게. 오늘은 밥이나 먹자고."

"죄송합니다."

그날 그렇게 헤어졌다. 박 상무는 고개를 들지 못했다. 자신이 막지 못한 것에 대한 자괴감도 들었다. 사람은 참으로 법 없이 살 수 있는 분인데…….

그리고 6개월이 흘렀다. 박 상무는 고 상무가 잘린 것이 자신의 잘못인 양 가슴 아파 했다. 그래서 온갖 정보네트워크를 동원하여 작지만 충실한 회사에 부사장 자리를 찾아줬다. 고 상무는 감사하기도 하고 미안하기도 했다. 그리고 박 상무의 그런 마음에 보답이라도 하겠다는 듯이 혼신의 힘을 다해 노력했다. 예년과는 다른 모습이었다. 고 상무를 채용한 중소기업 사장도 너무나 흡족해했다.

만약 서구의 기업이라면 자르면 그만이다. 뒤도 안 돌아본다. 하지만 한국에서는 그렇게 매정하게 할 수 없다. 자신도 언제 당할지 모른다는 생각을 하기 때문일 수도 있지만, 그동안의 정에서 우러나오는 당위적 행동이기도 하다.

3 | 하향온정의 특징

형성배경

한국형 리더의 하향온정 행동은 크게 두 가지에 의해 형성된 것으로 보인다. 유교사상에서 공자가 가장 중요시 여기던 덕목인 '인'(仁)과 농경사회를 바탕으로 한 '품앗이'이다. 하지만 그보다도 우리의 민족에게는 애초부터 온정이라는 DNA가 있었고, 전쟁이나 각종 국난을 거치면서도 사라지지 않고 유지되어 온 것으로 풀이되는 게 맞을 것이다. 이러한 역사적 맥락에서 하급자에 대한 리더의 하향온정은 유지되어 왔다.

(1) 인(仁)

유학의 창시자인 공자는 인의예지(仁義禮智)라는 네 가지 덕목을 인간이 갖춰야 할 도리로 보았고, 그 중 '인'이라는 덕목을 가장 중요시 여겼다. 공자는 인을 한마디로 딱히 정의한 바가 없지만, 공자가 인에 대해 한 말을 모두 종합해 보면 '사람을 사랑하고, 배려하는 마음'이라 할 수 있다. 물론 예수나 부처도 다른 사람이나 이웃을 사랑하라고 가르쳤지만, 공자가 강조하는 인이란 이것과는 조금 다른 개념이다.

공자는 세상 만물에 무조건적인 사랑을 베푸는 것은 실천하기 어렵다는 점을 간파하고 보다 현실적으로 나와 가장 가까운 사람을 먼저 사랑하고 그 사랑을 확장해서 남도 사랑하라고 가르쳤다. 나와 가장 가까운 사람은 부모이며, 부모에 대한 마음은 효(孝)이다. 즉, 인은 효라고도 할 수 있다(이동욱, 2016). 공자는 효의 마음으로 주변 사람들을 사랑하라고 가르쳤고, 일부 학자들은 이것이 오늘날 한국인에게 존재하는 정의 근원이라고 간주하기도 한다(이정규, 2001). 이렇듯 정은 한국인의 가족주의에서부터 출발하며, 한국인의 정이 끈끈한 이유는 가족애를 바탕으로 하기 때문이다. 또한 서양과는 다르게 한국인들에게 유독 '우리성'이 짙은 이유는 정을 바탕으로 한국 가족관계의 원형이 그대로 반영되어 있기 때문이다(Choi & Choi, 2001).

(2) 품앗이

농경사회에서는 공동의 어려움을 해결하고, 상호부조를 위한 공동체인 '품앗이'를 만들었다. 품앗이란 농촌에서 전통적으로 행해져온 노동력의 교환 방법이다. '일을 하다'라는 뜻의 '품'과 '교환하다'는 뜻의 '앗이'가 결합된 말로 베푸는 쪽은 일을 도와주기는 하지만 보답하는 쪽에게 어떤 이익을 바라고 도와주는 것이 아니라 호의, 은혜, 자비 등의 형태를 취하는 것이 원칙이었다. 갚는 사람 역시도 돈과 같은 대가로 보상을 하기보다 호의, 은혜, 자비 등의 형태를 취하는 것이 원칙이었다.

전통사회에서는 품앗이를 통해 서로 가는 정과 오는 정을 실천하며 서로 상부상조했다. 단순히 노동력 교환의 수단이었던 품앗이는 좀 더 발전하여 관혼상제를 비롯한 각종 의례행사시에도 상호 방문하여 도움을 제공하게 했고, 한국인들이 정에 인색하지 않은 것은 품앗이 때문이다.

유교에서 중요시하던 인과 농경사회를 바탕으로 한 품앗이에서 볼 수 있듯 한국인들은 수백 년 동안 자신 속에 정이라는 개념을 내재시켜왔고, 정을 나누는 것은 한국인에게 보편화된 문화적 현상이다. 그렇기 때문에 한국인들은 인간관계에 있어 정을 나누는 것을 미덕으로 여기며, 한국인이라면 누구나 온정에 대한 욕구가 있다. 특히나 인간관계를 보다 중시하는 한국의 조직사회에서는 하급자의 온정욕구가 채워지지 않으면 신바람 나게 일할 수 없다. 직장 내에서 외국인 상사들과 일하며 가장 힘든 것이 인간미나 정 없는 태도로 꼽은 것이 이를 뒷받침 해주는 결과이다(머니투데이 경제, 2009).

그러므로 미국 사회처럼 리더와 하급자가 단순히 능력 대 능력 또는 인간 대 인간으로 묶인 순수한 계약관계로 치부되어져 버린다면, 하급자들에게 적절한 동기부여가 되지 않는 것이 한국 사회의 현실이다. 이러한 맥락에서 리더는 하급자에게 정과 같은 행위를 간과할 수 없게 되었으며, 매우 온정적인 자세로 구성원들을 보살펴야 하는 것이 경영상의 관행으로 인식되어 왔다.

한국형 리더십의 요소인 하향온정에 기여한 역사적 배경은 이외에도 많다. 과거의 역사적 인물이나 전래로 내려오는 많은 이야기들 역시 한국인들의 마음을 자극해 으레 그렇게 해야 되는 것과 같은 정의 문화 내지는 가치관을 성립하게 했다.

예를 들면, 세종대왕은 80세 이상인 사람들에게는 존중하는 뜻으로 추석 때마다 남자는 왕이, 부녀자는 왕비가 친히 불러 잔치를 열어 주었으며, 100세 이상 된 사람들에게는 정월에 쌀을 주고 달마다 술과 고기를 내려 장수를 축하했는데, 이처럼 우리 조상들은 정을 베푸는 것을 미덕으로 여기며 그러한 것이 당연한 것처럼 여겼다는 것이다. 또한 대부분의 한국에 전해져 내려오는 전래동화에서도 마찬가지다. 예를 들어 〈흥부전〉을 보자. 놀부가 나쁜 짓으로 모든 재산을 잃었을 때에도 흥부가 쌓은 덕을 게으른 놀부에게 나눠줘야 한다는 이야기가 전개된다.

즉, 우리 민족은 어떻게 온정이라는 개념이 처음 생겼고 구체적으로 그것이 어떻게 이어져 왔는지 정확하게 알 수 없지만, 조상들은 온정을 베푸는 것을 중요시했으며, 그만큼 온정에 대한 기대 또한 매우 컸다.

그러므로 이러한 온정의 기대와 욕구를 충족시키지 않고서는 구성원들의 헌신적 노력을 쉽게 이끌어 내지 못할 것이다. 즉, 대한민국 사람에게는 모두 온정의 DNA가 있고, 이것은 엄연한 문화로 자리 잡았으며, 많건 적건 그 차이만 있을 뿐 진정한 한국인이라면 누구든 가지고 있는 것이다.

이러한 온정은 못 먹고 못살던 50년대에도, 전쟁 중에도 발휘되었고, 각종 국난을 통해서도 사라지지 않고 21세기까지 이어져온 하나의 문화가 되었다.

역사적 인물들의 하향온정 사례

> 세종 : 집현전엔 아직도 불이 꺼지지 않았는가?
> 내관 : 예. 그런 줄 아옵니다.
> 세종 : 그럼 지금 집현전에서 무엇을 하는지 살펴보고 오너라.

내관이 편전을 나간 사이 새벽닭이 울었다. 세종은 그 소리에 일어나 나인 몇을 대동하고 집현전으로 향했다. 세종은 집현전 앞에서 막 안에서 나오던 내관과 마주쳤다.

> 내관 : 신이 소리 나지 않게 들어가 지켜본즉, 신숙주 공은 조금 전까지 붓으로 무언가를 쓰고 있다가 새벽닭이 울고서야 하던 일을 멈추었습니다.
> 세종 : 그럼 이제야 자리에 누웠다는 말이냐?
> 내관 : 자리에 누운 것이 아니오라 옷도 벗지 않은 채 탁자에 몸을 엎디어 눈을 붙이는 듯했습니다.
> 세종 : 그러하냐? 가서 갖옷(추운 겨울에 입던 외투로 호랑이 짐승의 가죽을 덧씌워 만든 털옷)을 가져오너라.

안에는 신숙주가 커다란 탁자에 엎드린 채 잠이 들어 있었다. 곁에는 쓰다만 서책이 보였다.

　내관 : 깨워서 전하께서 납시었다고 이르겠…….
　세종 : (내관의 입을 막고) 내가 온 걸 알면 다시 잠들지 못할 게다.

세종은 신숙주가 더 깊이 잠들기를 기다렸다가 그의 어깨에 갖옷(호랑이 가죽옷)을 덮어주었다. 그리고 물끄러미 잠든 신숙주를 바라보다가 조용히 집현전을 물러나왔다. 신숙주는 아침이 돼서야 어깨에 덮인 갖옷을 발견했고, 나중에 내관을 통해 자초지종을 알게 되었다.

한국형 리더와 서양 리더의 하향온정 차이

〈표 7.3〉 한국형 리더와 서양 리더의 하향온정 비교

한국형 리더	서양 리더
사적 영역까지도 배려함	개인적인 프라이버시(Privacy)를 매우 존중함
감정에 입각한 사고방식	합리, 이성에 근거한 사고방식
공동체적 사고방식	개인주의적 사고방식

(1) 사적 영역의 구분 차이

"당신 자신에 대해서 말해보시오"라는 요구는 누구나 쉽게 이해할 수 있는, 지극히 상식적인 질문이다. 그러나 자기 개념(self-concept)을 묻는 이 질문에서 한국은 서양과는 조금 다른 대답양상을 보인다. 서양인들은 자신의 행동, 즉 자신에 관한 것을 직접 진술한다. 하지만 이와는 다르게 한국 사람들은 주로 자신이 속해 있는 사회적 집단 또는 자신의 사회적 역할을 동원하여 진술한다. 다소 복잡한 듯하지만 〈표 7.4〉를 통해 비교해 본다면 매우 간단한 개념이다.
　왜 서양과 한국은 이러한 차이의 견해를 보이는 것일까?

일찍이 산업화와 도시화에 의하여 이익사회가 되어버린 서양에서는 자율성을 가진 개인을 우선으로 내세운다. 즉, 개인의 이익을 매우 중시하고, 그러한 개인의 이익들은 모두 자기 자신의 노력이나 행동으로부터 비롯된다는 사고방식을 지닌다. 그리고 그 행위에 대한 책임도 역시 자신이 진다. 이것이 바로 서양 문화가 갖는 개인주의의 중요한 특징이다.

또한 서양은 이러한 개인주의적 맥락에서 자유와 평등을 추구하는 자유주의 윤리를 매우 강조했고, 개인적 영역인 프라이버시(Privacy)는 모든 인간에게 보장되어야 할 기본권으로 여겼다. 서양에서는 프라이버시권 보호 이념을 거의 절대시하고 있다. 그 때문에 누군가 자신의 사생활이나 프라이버시를 침해하는 행동이나 발언을 조금이라도 하게 되면, 매우 불쾌한 모습을 드러낸다.

반면 농경생활을 하면서 오랫동안 혈연 중심의 집단적 가족생활을 영위해 온 한국인들은 행동의 기준을 개인 자신에 두는 것이 아니라 자기가 속해 있는 공동체나 주위 사람들에게 두게 되었다. 그래서 개인의 이익보다는 공동의 이익과 공동의 선을 추구하는 경향이 매우 강하다. 또한 한국의 전통사회에서는 이러한 공동체적 맥락에서 내것과 네 것에 대해 구분을 부덕한 것으로 생각했으며, 개인에 대해서도 사적인 영역과 공적인 영역을 크게 구분 짓지 않았다. 그래서 한국인들은 상대의 사적인 관심사를 아는 것과 자신의 사적 영역을 드러내는 데 크게 거리낌이 없다.

이는 현대의 기업이나 조직사회에서도 나타난다. 서양에서는 리더가 하급자의 사적인 영역을 침범하면서까지 배려에 관한 행동을 않는다. 반면, 한국의 리더들은 하급자의 사적인 부분까지 챙겨주며 하향온정 행동을 보인다. 하급자들도 지극히 개인적이고 사적인 부분들까지 리더가 감싸주기를 원하며, 자신의 사적인 부분의 온정적인 행동

〈표 7.4〉 한국과 서양의 자기개념 차이

구 분	한 국	서 양
예	• 나는 한 집안의 엄마로서 아이들을 돌본다. • 나는 2학년 3반의 이OO이다. • 나는 친구들과 노는 것을 좋아한다. • 저는 N그룹 대표 최OO입니다.	• 나는 캠핑을 자주 간다. • 나는 친절하다. • 나는 아이들을 돌본다. • 내 이름은 최OO이다.
특징	자신이 속한 사회적 집단이나 맥락 속에 자신을 함몰시켜 자기개념(self-concept)을 서술한다.	자신의 행동이나 자신의 성격 등 자신에 대한 구체적인 것만 서술한다.

에 대해 더욱 고마움을 느끼고 동기부여가 된다.

하향온정 행동을 잘하는 한국형 리더들은 하급자의 표정이 어둡거나 안색이 좋지 못하면 그들에게 다가가 그러한 원인을 알아내고 직접 해결해 주고자 노력한다. 예를 들어 안색이 좋지 못한 하급자에게 무슨 일이 있는지, 왜 그런지 묻고 그것을 해결해 주려 노력한다.

다음 사례는 하향온정 행동을 보이는 한국형 리더와 그렇지 않은 서양 리더의 예를 각색해 본 것이다.

<사례 7.12> 한국과 서양의 하향온정 상황

한국의 하향온정 리더
나 팀장 : 김 대리, 무슨 일이야? 안색이 안 좋아.
김 대리 : 아무것도 아닙니다. 별일 없습니다.
나 팀장 : 나한테만 말해봐. 무슨 일이야?
김 대리 : 별일 없습니다.
나 팀장 : 자네 안색이 말해주고 있어. 무슨 일인지 나한테만 말해봐. 자네가 이러면 내가 정말 섭섭하네.
김 대리 : 사실은…… 개인적인 일이라…….
나 팀장 : 말해 보래도. 한솥밥 먹는 사이끼리 왜 이래?
김 대리 : 애 엄마가 몸이 좀 좋지 않아서요.
나 팀장 : 사람 사는 게 중요하지, 일이 중요한가? 집에 다녀오게.

서양의 리더
피터 팀장 : 스미스, 안색이 안 좋은데 무슨 일 있나?
스미스 : 별일 없습니다. 프라이버시 문제입니다.
피터 팀장 : 그래, 그럼 수고하게나.

사례에서 보듯 한국형 리더는 사적인 영역까지 챙겨주려 노력한다. 반면 서양의 리더는 사적인 영역에 대해서는 철저히 존중하기 때문에 깊은 관여를 하지 않으려 한다.

⑵ 사고방식의 차이

한국의 리더들은 하급자와 정을 기반으로 한 인간관계를 매우 중요하게 생각하며, 하급자와 관계를 형성할 때 사내에서만 통용되는 계약적인 관계보다 의리, 인정, 우정 등의 인간적이고 정적인 부분에 보다 큰 비중을 두고 관계를 맺는다. 그래서 한국의 리더들은 하급자와의 인간관계를 해치면서까지 굳이 계약대로 행동함으로써 '피도 눈물도 없다'라는 평을 받기 싫어한다. 사내에서 하급자에게 해고 통지를 매우 어려워하는 것도 이와 같은 맥락이다.

하지만 한국형 리더들의 이러한 정 지향적인 인간관계와는 달리 서양 리더들의 하급자에 대한 인간관계는 계약에 의한 것으로 볼 수 있다. 또한 인센티브가 개인의 성과와 직접적으로 관련이 있어 네 일과 내일을 매우 지나치게 구분 짓거나 리더가 협력해서 일을 돌봐주려는 것이 거의 없다. 즉, 서양의 리더들은 하급자와 이해관계를 잘 따져서 가급적 많이 취하고 될 수 있으면 적게 양보하는 식의 계약을 맺고, 그러한 계약을 준수하며 엄격하게 행동한다. 계약을 위반하면서까지 하급자와의 관계를 유지하려는 하향온정 행동은 하지 않는다.

〈사례 7.13〉은 이러한 서양 리더의 행동을 잘 보여주는 사례이다.

〈사례 7.13〉 서양의 합리, 이성에 근거한 사고방식

세계 최대 햄버거 체인 맥도널드가 동료에게 햄버거를 팔면서 치즈 한 장을 더 얹어 준 종업원을 해고했다가 법원으로부터 부당해고라는 판결을 받았다.

27일 영국 일간지 텔레그래프에 따르면 네덜란드의 한 맥도널드 매장에 근무하는 여종업원은 2009년 3월 햄버거를 주문하면서 치즈를 더 요구하는 동료에게 치즈를 한 장 추가로 얹어 줬다. 매장 측은 햄버거가 치즈버거로 바뀐 것이기 때문에 당연히 추가로 돈을 받았어야 했다면서 종업원을 해고했다. 그러나 법원은 26일 여종업원이 낸 부당해고에 따른 임금 지급 청구 소송에서 "서면 경고 정도가 더 적절했다"라면서 맥도널드 측은 종업원에게 계약 기간인 5개월간의 급료로 4,200유로(한화 약 695만 원)를 지급하라고 판결했다. 매장 측은 가족이나 친구, 동료에게 공짜를 주지 않도록 돼 있는 수칙을 어겼다고 주장했지만 법원은 판결문에서 "치즈 한 장 얹었을 뿐인데 해고는 너무 지나쳤다"라고 지적했다.

자료 : 『세계일보』, 2010. 1. 27

위 사례는 서양 리더들의 이러한 행동은 합리적이고 개인적인 문화를 반영한 가치 체계를 잘 보여주는 것이다. 만약 한국의 리더와 하급자의 관계에서 위와 같은 상황이 발생한다면 한국의 리더는 적당히 꾸짖는 수준으로 끝내거나 오늘은 수고했으니 치즈를 같이 나누어 먹으라는 식으로 온정적인 태도를 취할 수도 있다.

4 │ 하향온정의 긍정적 측면

우리는 일반적으로 하루의 2/3라는 시간을 조직 내에서 할애하기 때문에 같이 일을 하게 되는 상사와 동료 그리고 하급자들은 가족보다 시간과 감정을 더 많이 공유하는 사람들이다. 그렇기 때문에 곁에 있는 조직의 구성원들은 가족과 같은 친밀감과 애증이 묻어있다. 하지만 가족끼리도 불협화음이 있듯이, 조직원들 간에도 서로 부합하지 않는 측면 때문에 갈등이 발생하기도 한다. 조직 내 적당한 갈등이 유발되는 것은 매너리즘을 극복하는 긍정적인 결과를 가져다주지만 격한 갈등은 팀워크를 해치고 이직 등을 유발하여 조직의 성과를 떨어뜨린다.

구성원들에게 격한 갈등으로부터 비롯되는 다양한 문제점들을 해결해 줄 수 있는 것은 정(情)이다. 한국인들은 정이 들면 경계를 허물고, 서로를 헌신적으로 아껴주는 행동을 보이기 때문에 조직 내에서도 구성원들 서로가 정을 나누게 되었을 때 꽉팍한 조직 분위기는 한층 부드러워질 수 있다. 하향온정도 이와 마찬가지이다. 한국형 리더의 하향온정 행동은 구성원들의 온정에 대한 기대를 효과적으로 충족시키고 조직이 보다 큰 목표와 비전을 향해 나아갈 수 있도록 만든다.

이번 장에서는 한국형 리더의 하향온정 행동이 갖는 긍정적 측면에 대해서 구체적으로 살펴보고자 한다. 또한 이러한 긍정적인 결과들이 어떠한 상황에서 보다 강화되는지 또 약화되는지도 함께 구체적으로 알아보자.

하향온정 4요인의 긍정적 측면

(1) 하위여기의 긍정적 측면

① 하급자의 자신감을 고취

인간은 누구든 완벽할 수 없기 때문에 실수나 실패를 하는 것은 어찌 보면 당연하다. 하지만 그런 일이 자주 반복되어지면 곤란하기 때문에 잘못 이후에 자신이 어떤 마음 가짐을 갖는지, 그리고 어떤 깨달음을 얻었는지가 무엇보다 중요하다. 한국형 리더의 하위여기는 구성원들의 잘못을 감싸주고, 포용력으로 이해하며, 그들 스스로가 문제에 대한 답을 찾을 수 있도록 격려하는 행동이며, 이는 하급자들의 자신감을 보다 고취시키는 긍정적인 결과를 가지고 온다.

빌 게이츠는 최근 한 인터뷰에서 "어릴 때 부모님은 내가 운동을 못 해도 늘 격려했다. 그런 점이 이상해 보였지만 결국 부모님의 격려는 나 자신이 완벽한 인간이 아니라는 것을 알게 해 주었고, 그것은 현재 나 자신을 성공으로 이끄는 길이었다"라며 격려의 중요성에 대해 역설했다.

하지만 리더가 하급자의 잘못을 이해하지 못하고 꾸짖거나 폭언 등을 일삼게 되면 하급자들의 자신감은 결여된다. '내가 그렇지'라는 부정적인 마음과 강박관념, 정서불안, 스트레스 등을 유발시켜 사기를 잃게 만들거나 '나의 잘못은 처벌받을 것이다.'라는 불안감으로 일에 대한 회피성향을 보이게도 만든다.

〈표 7.5〉 하향온정 4요인의 긍정적 측면

구 분	긍정적 측면
하위여기	• 실패에도 다시 도전할 수 있도록 하급자의 자신감을 고취시킴 • 공정성 인식과 신뢰 형성
동고동락	• 공동체 의식과 상호 간의 유대감 증대 • 서로 상부상조할 수 있는 조직문화를 형성
간담상조	• 유연한 조직구조와 창의성 증대 • 커뮤니케이션 증대
일심숙성	• 확고한 관계몰입 • 이심전심(以心傳心)의 관계형성

리더는 구성원들과 상호작용을 통해 성과를 만들어 내는 사람이다. 아무리 자신의 역량이 탁월하다고 하더라도 리더 혼자서 모든 일을 할 수는 없다. 그러므로 리더는 하급자를 따뜻하게 품어주고 보살펴줄 수 있는 하위여기의 마음가짐으로 잘못에 연연하지 않고 계속 도전할 수 있도록 격려하고 이해하여 서로간의 시너지를 극대화하도록 노력해야 한다.

② 공정성 인식과 신뢰 형성

리더의 하위여기 행동은 하급자들로 하여금 자신이 리더로부터 관심과 애정을 받고 있다는 인식을 심어주며, 이는 하급자들에게 공정성을 인식시키는 데 매우 큰 역할을 한다. 하급자들의 공정성 인식과 리더에 대한 신뢰형성은 리더십 발휘에 있어 가장 기초가 되는 발판이다. 아무리 리더가 열정적으로 노력을 해도 신뢰와 공정성이 기반이 되지 않으면 하급자들은 따르려 하지 않는다. 그러므로 리더는 하급자들을 자기 자신처럼 사랑하고 배려하는 모습을 보여줘야 한다. 〈사례 7.14〉는 하위여기의 사례이다.

〈사례 7.14〉 부하의 고름을 빨아주는 장수

옛말에 '연저지인'(吮疽之仁)이라는 말이 있다. '종기를 입으로 빨아주는 인자함'이라는 뜻으로, 노나라의 오기라는 장수에 관한 이야기이다. 한번은 병졸 중에 종기를 앓는 자가 있었는데 오기는 제 입으로 그 고름을 빨아주었다. 그 병졸의 어머니가 그 소리를 듣고 소리 내어 울기 시작했다. 주위 사람들이 그 이유를 묻자 "예전에 아이 아버지가 종기로 고생할 때 오기 장군이 고름을 입으로 빨아준 적이 있습니다. 그 일에 감격한 애 아버지는 싸움터에서 충성을 다해 싸우다가 끝내 돌아가셨습니다. 이제 그 아들의 고름을 또 오기 장군이 빨아주었다고 하니 저 아이가 언제 어디서 죽을까 생각하고 우는 거랍니다"라는 말을 했다고 한다.

병졸 어머니의 울음이 가슴에 와 닿는다. 어머니는 알고 있었다. 장수의 하위여기가 병졸의 마음을 사로잡게 될 것이고, 그렇게 되면 전장에서 목숨을 바쳐 싸우게 되니 죽을 것이 뻔하다는 것이다. 이렇듯 하급자를 감동시킬 수 있는 리더의 남다른 배려는 하급자를 진정으로 추종하고 신뢰하게 만드는 계기를 형성한다. 그렇게 되면 하급자는

리더에게 필요한 자원이 되며, 리더가 올바른 길로 나아갈 수 있도록 도와준다.

한국인들에게 온정은 특별한 관계를 형성하는 데 있어 가장 유효한 도구이다. 상급자와 하급자 간에 싸우고 풀고, 또 싸우고 또 술집에서 풀며 살아가는 동안에 정이라는 것이 어느새 상사와 하급자의 마음속에 깊이 자리 잡게 된다. 한 조사에 따르면(SBS, 2005. 8. 25), 직장인 5명 중 3명(59.9%)은 상사와 잦은 갈등을 빚으며, 갈등을 해결하기 위해서 술자리 등 인간적 대화를 할 수 있는 자리를 마련한다는 응답이 32.4%였다. 또한 가장 중요한 상사의 자질로 리더십과 조직 내 융화력을 들었다. 온정적 관계의 형성이 갈등을 예방 또는 해결하는 데 있어 가장 중요한 동인이 된다.

(2) 동고동락의 긍정적 측면

① 상부상조 조직문화 형성

옛말에 '가는 정, 오는 정'이라는 말이 있다. 자신의 진심어린 정에 근거한 행동이 받는 사람의 마음을 감동시키고, 받은 사람도 나에게 정으로 돕고자 하는 것이다. 이렇듯 정을 주고받는 사람들은 그러한 것을 계산하고 주고받지는 않지만, 한국인의 정은 오고 가는 것이다.

조직이나 기업 내에서도 마찬가지다. 리더가 하급자의 어려운 일을 보고 그냥 지나치지 못해 진심으로 돕게 되면, 하급자도 감사의 마음으로 진심을 다해 리더의 어려운 일을 돕게 된다. 이것이 바로 조직 내에서 발휘되는 '상부상조'이다. 상하 간에 서로 상부상조하며 돕다보면 조직의 목표는 어느새 가까워진다.

리더는 이러한 상부상조의 조직문화를 자신과 하급자와의 관계에서만이 아니라 조직 내의 직원들에게 핵심 가치로 전파해야 한다. 조직원들에게 동고동락의 마음을 나누도록 하여 서로를 진심으로 이해토록 하면 조직 내 상부상조는 저절로 이루어진다. 다른 직원의 어려움을 알고 돕다보면, 상대 역시 나의 어려움을 알고 언젠가는 돕기 때문이다.

리더는 조직원들과 어렵거나 즐거운 일을 항상 함께 함으로써 모두가 윈-윈(win-win)하는 문화를 만들어 가게 된다.

② 조직목표 달성 용이

리더의 동고동락(同苦同樂)은 조직 목표의 달성에도 매우 큰 영향력으로 작용한다. 리더가 몸소 하급자들과 어려운 일을 같이하고, 즐거움을 함께 나눔으로써 동고동락의 조직문화를 장려하게 되면, 조직원들의 정의 교류는 보다 활발해지고, 조직원들은 깊은 유대관계가 형성된다.

특히 한국인들은 어려움과 기쁨을 함께 나누다 보면 한국인 특유의 '우리성(Weness)'이라는 공동체의식이 형성되는데, 그렇게 되면 자기의 개인 생각이나 이해관계 보다는 '우리 집단'의 목표나 규범을 더욱 우선시하게 되어 자신의 이익을 감수하고라도 집단의 이익목표를 향해 기꺼이 희생하려 한다(IMF의 금모으기 운동을 보면 쉽게 납득이 가리라 생각한다).

그러므로 리더는 어려움과 즐거움을 함께 나누고 공동체의식을 함양시켜, 조직의 목표를 달성하는 데 기여해야 할 것이다.

(3) 간담상조의 긍정적 측면

① 유연한 조직구조와 창의성 증대

리더와 하급자가 매우 친밀하고 허물없이 다양한 소통을 하다 보면, 조직의 분위기는 보다 유연하고 자유스럽게 변모한다. 이러한 분위기 속에서 하급자는 부담 없이 자신의 의견을 드러내게 되고, 다양한 아이디어는 속출한다.

허물없고, 친밀한 의사소통과 반대되는 개념인 리더의 권위주의적인 소통방식은 '상명하복'으로 리더가 명령을 하면 조직원들은 그에 따르고 보고만 하는 형태를 취하게 한다. 그렇게 되면 의사소통이 단절되어 발언의 기회나 다양한 아이디어의 창출을 어렵게 만든다.

특히 이러한 권위주의적인 소통방식은 '조직 내 침묵 현상'(Organizational Silence)*을 유발시키기도 하는데, 조직 내 침묵 현상은 구성원간의 아이디어 교류를 차단시키고, 구성원의 냉소주의를 만연하게 한다.

또한 토론 분위기에서만 얻을 수 있는 '집합적 창의성'(Collective Creativity)** 발휘를 어렵게 만들고, 조직의 혁신을 방해하여 쇠퇴하도록 만든다.

● 리더 혼자 이야기를 하고 구성원들은 조용히 듣고만 있는 현상

●● 한 사람의 지식으로만 탄생된 창의성이 아닌, 축적된 지식을 조직원들이 공유함으로써 얻어지는 창의성

② 커뮤니케이션 증대

상·하가 허물없이 지내는 간담상조의 관계가 형성되면 소통(커뮤니케이션)이 증대되는 것은 당연한 일일 것이다. 특히 비공식적 커뮤니케이션이 상시화된다. 많은 경우 소통이 잘 안 되는 것은 소통을 할 줄 몰라서라기보다는 분위기 때문이다. 리더는 하급자들로부터 말을 듣고 싶어 한다. 그래서 하급자들을 한 사람씩 불러다가 마음에 있는 말을 해보라고도 하고 한꺼번에 모아놓고 하고 싶은 말을 해보라고 권하기도 한다. 그러나 대부분의 리더들은 하급자들이 말하라고 해도 말을 하지 않는다고 불평한다. 이것은 하급자들의 머릿속에 리더(상사)가 말 하라고 해도 말하고 나면 후유증이 따른다는 사실이 깊이 자리 잡고 있기 때문이다. 그러므로 리더가 진정으로 하급자들로부터 마음속의 말을 듣고 싶으면 분위기부터 만들어 줘야 한다. 흔히 '눈높이를 맞춘다'라는 말을 한다. 리더-하급자 간에는 눈높이가 아니라 '얼굴색깔'을 맞춰야 소통이 제대로 된다. 리더가 근엄한 얼굴로 하급자에게 말하라고 하면 하지 않는다. 하급자들은 자신과 얼굴색깔이 같은 사람에게만 말문을 연다. 그러므로 리더가 진정으로 하급자들과 마음속 소통을 원한다면 간담상조의 자세로 접근하는 것이 바람직하다.

⑷ 일심숙성의 긍정적 측면

① 확고한 관계몰입

리더-하급자의 관계가 오래 지속되면서 정이 들면, 숙성단계에 들어간다. 숙성된 관계란 서로가 서로에 완전히 몰입하게 된 관계이다. 너와 나의 벽이 거의 없어지고 한마음이 된 상태를 뜻한다. 이런 관계가 되면 부탁하지 못할 것이 없고, 나누지 못할 것이 없다. 기쁨도 어려움도, 그리고 아주 사소한 것조차 서로 상의하고 공유한다. 물론 마음만 하나가 되는 것은 아니다. 행동과 태도도 같아진다. 개인 간에 있어서뿐만 아니라 가족 간에 보다 친밀한 관계가 형성된다. 관계몰입 상태가 되면, 관계가 점(點)과 선(線)의 모습에서 면(面)의 모습으로 발전한 것이다. 일을 같이 하기 위해서 이성적 관계를 맺는 것을 점이라 하고, 같이 지내면서 정서적으로 공감하게 되는 것을 감정적 선의 관계라 한다면, 숙성된 관계 몰입에 기초한 관계는 영적 감흥에 기초한 면의 관계라 할 수 있다.

② 이심전심의 관계형성

진정한 의미 전달은 의사소통만으로 이루어지는 것은 아니다. 말로 하기 어려운 부분도 조직 내에서는 상당히 존재하기 때문이다. 리더와 하급자가 매우 친밀한 관계를 형성하게 되면, 상대가 무엇을 원하는지 보다 쉽게 알 수 있다.

예를 들어 업무를 처리할 때 서로의 마음이 통한다면 하급자는 리더가 원하는 것을 보다 더 잘 알게 되고 그에 따라 업무를 보다 신속하게 처리할 수 있다. 또한 리더 역시도 하급자와 보다 더 깊은 공감대를 이끌어 냄으로써 보다 더 깊은 신뢰를 형성시킬 수 있다.

이것은 리더와 하급자의 관계가 진정한 친밀감을 바탕으로 서로를 진심으로 위하는 관계에서만이 성립될 수 있다. 이것을 백기복(2011)은 『소통지능』(HCQ: Human Communication Quotient)이라는 책에서 '육감소통'이라고 부르고 있다. 리더와 하급자들 간에 동고동락하다보면, 말을 하지 않아도 서로의 마음을 읽을 수 있는 육감소통 역량이 발달하게 된다. 〈사례 7.15〉에 정리하였다.

〈사례 7.15〉 동고동락의 결과, 육감소통

"이청용 선수가 23번의 찬스를 만들어 줬는데 다른 선수들이 골로 연결시키지 못했다."
이것은 프로축구 영국 프리미어 리그의 볼튼 팀에 소속된 이청용 선수를 칭찬하면서 쓴 신문기사의 일부이다. 축구를 해본 사람들은 잘 알겠지만 골 찬스를 만드는 것은 쉬운 일이 아니다. 선수가 현재 서 있는 곳으로 공을 줘서는 완벽한 골 찬스를 만들기 어렵다. 그보다는 앞에 있는 선수가 어디로 움직일 것인가를 예측하여 빈 공간으로 패스를 했을 때 골 찬스는 만들어진다. 그러기 위해서는 공을 패스하는 선수와 그 공을 받으려는 선수 간에 완벽한 육감소통이 필요하다. 이것은 말로 소통하여 만들 수 있는 찬스가 아니다. 말로 설명할 수 있는 시간이 없다. 0.1초 만에 이뤄져야 하는 패스이기 때문이다. 완벽한 골 찬스는 선수와 선수 간의 말 없는 순간교감을 통해서 만들어지게 된다.
상대방의 문전에서 골키퍼와 1:1로 맞서게 되는 경우나 페널티킥을 차는 경우에도 똑같다. 골키퍼가 어디로 움직일 것인가를 예측하여 반대 방향으로 공을 차 넣었을 때 골을 기록할 수 있는 것이다. 이것은 바로 서로 간의 육감이 교차하는 순간이다.
이러한 육감소통은 일반 사람들의 교류 속에서도 흔히 나타난다. 특히 조직에서는 매우 중요한 역할을 한다. CEO가 일일이 지적하고 지시하지 않아도 아랫사람들이 결정적인 일들을 스스로 찾아서 처리해 주는 예는 CEO와 직원들 간의 육감소통의 결과이다. 직원들이 CEO의 마음속에 들어가 있을 때, 또 CEO가 직원들의 마음과 정확한 교감이 이뤄질 때 발생할 수 있는 일이다. 하지만 대개는 육감소통이 안 되어 CEO들이 괴로워한다. 육감소통은 고사하고 일일이 설명을 해줘도 말귀를 못 알아듣는 경우가 대부분이기 때문이다.

하향온정의 결정요인

리더의 하향온정 행동을 촉발하고 지원해주는 요인들은 무엇일까? 리더의 개인적 특성 때문에 하향온정의 태도를 보일 수도 있고 조직적 요인 때문에 리더가 온정행동을 잘 보여 줄 수도 있을 것이다. 리더의 하향온정 강화, 촉발변수들을 개인 차원과 조직 차원으로 나누어 살펴보도록 하자.

〈표 7.6〉 하향온정의 결정 요인

구 분	개인적 요인	조직적 요인
강화요인	• 성장과정의 온정학습 • 인고의 경험 • 인간중시 가치관	• 최고경영자 스타일 • 약한 시스템 • 조직의 전통과 관성
약화요인	• 단순 '관리자'의 태도 • 하급자들과의 감정적 갈등	• 경쟁·도태의 조직 분위기 • 조직 내의 냉소주의

(1) 하향온정을 강화시키는 개인적 요인

리더의 하향온정 행동을 촉발시키는 개인적 요인들로는 리더의 가부장적 성향, 인고(忍苦)의 경험, 그리고 인간중시의 가치관 등 세 가지를 들었다. 〈사례 7.16〉에 나온 K과장의 하향온정 행동은 이 셋 중 어느 요인에 의해서 발현된 것으로 볼 수 있는지를 생각해 보자.

〈사례 7.16〉 K 과장의 하향온정

S 그룹에 다니는 K 과장은 평소 하급자들의 업무일정에 대해 세세한 관심을 보인다. 그러다가 밀린 업무가 있는 사원을 몰래 기억해 둔다. 그리고 주말에 그 사원에게 전화를 건다. 대부분 업무에 뒤처져 있는 직원은 주말에 출근해 업무를 할 수밖에 없다는 것을 K 과장은 잘 알고 있다. 회사의 문화가 그런 식이고 직원들의 분위기도 그랬다. 전화를 해 보면 열 중 아홉은 회사에 있다는 말을 한다. K 과장은 바로 회사로 출근해 그와 같이 업무를 돌본다. 업무가 끝나고 바쁘지 않으면 간단하게 맥주와 치킨을 먹으며, 다정다감한 얘기를 나눈다.

---

① 성장과정의 온정학습

리더가 하급자들에게 온정적 행동을 보이는 이유 중 하나는 어렸을 때부터 자라면서 온정적 분위기 속에서 그런 행동을 학습한 결과일 수 있다. 부모가 정을 중시하고 주변 사람들도 정을 중시하는 환경이었다면, 리더도 온정적 성향을 보일 확률이 높다. 반면, 차갑고 냉랭한 분위기 속에서 자란 사람은 성정한 후 리더십을 발휘할 때에도 그와 같은 태도를 유지할 가능성이 높다.

맥클리랜드(McClleland)는 1961년에 성취동기이론을 제창하였다. 이 이론에 따르면, 성취욕구, 친화욕구, 권력욕구, 자율욕구 등 인간의 4대 욕구는 성장과정에서 학습된 결과라고 한다. 한국인들의 온정지향성도 같은 논리로 해석될 수 있다고 본다. 엄격한 원칙 중심으로 성장한 아이보다는 온정적 관계를 최고 가치로 여기는 가족분위기 속에서 성장한 아이는 그러한 부모들의 성향을 은연중에 학습하게 되어 본인도 같은 행동 스타일을 갖게 되는 것이다.

② 인고경험

인생을 살면서 고생을 많이 한 사람, 어려운 환경에 처했던 사람, 생사의 기로에 섰던 사람 등 인고경험을 했던 사람들은 일반적으로 상대방의 처지에 쉽게 공감하고 역지사지(易地思之)의 태도를 보이는 경향이 있다. 자기가 부모 상(喪)을 치러 봐야 다른 사람이상을 당한 것이 얼마나 힘든지를 알게 되는 것과 같다. 따라서 인고의 경험을 맛본 리더일수록 온정적 성향을 보이기 쉽다.

떡볶이 집을 하면서 평생 모은 큰돈을 가난한 사람들을 위해서 선뜻 기부했던 어느 할머니의 이야기나, 본래는 깐깐하던 박 팀장이 큰 병을 앓고 나서 너무나 인간적으로 바뀌었다는 얘기를 듣는 것은 바로 이런 때문이다. 물론 이것은 특정 개인이 인고를 어떻게 받아들이는가에 따라 달라질 수는 있다. 어떤 사람은 인고를 겪고 나서 더 비인간적이고 이기적인 태도를 보이는 경우도 있다. 하지만 한국인들의 경우, 보편적으로 인고의 경험이 사람을 철들게 하고 정을 중시하게 하는 것은 사실이다.

③ 인간중시 가치관

사람들 중에는 이성적이고 계산적인 성격을 가진 사람이 있는가 하면, 감성적이고 인간중심적인 성격을 가진 사람도 있다. 이성적이고 계산적인 가치관을 갖고 있는 사람은, 감성적이고 인간중시의 성격을 가진 사람보다 온정적 스타일을 보일 가능성이 낮다. 사람들을 이끌어감에 있어서도 이성·계산적 리더는 거래적이고 성과만을 중시하는 반면, 감성적이고 인간적인 리더는 부드럽고 온정적인 태도를 보이기 쉽다.

이 두 유형의 리더들 중에서 누가 더 효과적인가? 하나는 성과중심의 이성적 리더십을 보이는 리더이고 다른 하나는 감성과 온정을 중시하는 리더이다. 한 마디로 말해서 경영자의 측면에서 보면, 성과중심의 리더가 매력적이지만, 하급자의 입장에서는 온정적 스타일을 더 선호하는 경향이 있다. 이론적으로는 가장 효과적인 리더는 성과와 온정을 다 잘 보여주는 리더이다. 한국형 리더십에서 주장하고 있듯이 효과적인 리더는 한 가지만을 잘 하는 사람, 한쪽으로 치우친 사람이 아니다. 효과적인 한국형 리더는 적어도 8가지 측면에서 보통 이상의 행동을 보여주는 사람이다.

인간중시의 리더는 단기적으로는 성과중시의 리더보다 효과가 떨어지는 것처럼 보인다. 하지만, 장기적 관점에서 보면, 인간중시의 리더가 성과만을 중시하는 리더에 비해서 훨씬 더 큰 성과를 창출한다. 결국 사람이 일을 하기 때문이다. 사람이 최고의 능력을 발휘하여 업무를 처리하도록 하기 위해서는 하급자들의 마음을 움직여야 한다. 온정적 리더십은 한국조직 하급자들의 마음을 사로잡는 가장 좋은 수단이다.

> **〈사례 7.17〉 알렉산더의 물**
>
> 페르시아를 점령하기 위해 알렉산더 대왕은 부하들을 이끌고 사막을 건너고 있었다. 찌는 듯한 햇볕 아래서 5일간 계속 강행군을 하였으나 물이 있는 오아시스는 찾을 수 없었다. 목마름을 더 이상 견디지 못하고 부대 전체가 사막에 주저앉아야만 했다.
>
> 근위병 한 명이 이리 뛰고 저리 뛰고 해서 겨우 철모에 반쯤 채운 물을 구해 와 알렉산더 왕에게 바쳤다. 물을 받아 든 대왕에게 병사들의 시선이 집중되었다. 그러나 알렉산더 대왕은 이 물을 마시지 않고 모래에 쏟아버렸다. 그리고 병사들에게 "지금 목마른 사람은 나뿐이 아니다. 목말라 죽게 되면 우리 모두 같이 죽자"라고 비장하게 외쳤다.
>
> 알렉산더 대왕에게 크게 감복된 병사들은 모두 일어나 다시 걸어 무사히 사막을 횡단했다. 그리고 그 후 알렉산더 대왕은 병사들의 사기를 얻어 페르시아 전투를 승리로 이끌었다.

(2) 하향온정을 강화시키는 조직적 요인

조직의 구조, 시스템, 문화, 전략적 특성 등 거시적 요인들 중에서 리더들의 하향온정 행동을 촉발 또는 강화하는 특징은 무엇일까? 이것은 곧 한국형 리더십의 하향온정의 상황 변수들을 찾는 노력이다. 기업이나 조직의 특징에 따라 하향온정을 보이는 리더십이 그 조직에 하나의 표준으로 인식되고 있는 조직이 있는가 하면, 어떤 조직은 '온정적'이라는 평가를 매우 나쁘게 받아들이는 조직도 있다. 그런가 하면, 어떤 조직은 리더가 하급자들과 너무 멀지도 않게 또 너무 가깝지도 않게 적당한 거리를 유지하는 것을 가장 바람직한 태도로 인식하는 경우도 있다. 그래서 하급자들 간에 다음과 같은 격언이 처신의 원리로 자리 잡고 있다.

> "상사에게 너무 가까이 가지마라. 타 죽는다. 너무 멀리 떨어져 있지 마라. 얼어 죽는다. 타 죽는 데는 1주일, 얼어 죽는 데는 3년 걸린다. 그러므로 차라리 얼어 죽는 것이 낫다."

리더의 관점에서 이 현상은 소위 '불가근불가원'(不可近不可遠)의 원칙으로 통용된다.

하급자들을 다룰 때, 너무 가까이해도 안 되고 너무 멀리해도 안 된다는 원칙이다. 이 원칙은 한국형 리더십의 하향온정 행동과는 배치된다. 하급자들에게 권위를 세우고 싶을 때 쓸 수 있는 원칙이다. 하향온정은 '가근'(可近)의 원리를 지향한다.

리더와 하급자의 관계는 여러 가지 측면을 갖는다. 일, 대화, 개인적 상호보완성, 취미 등 다양한 측면에서 관계의 거리가 다양하게 설정된다. 하향온정은 이 다양한 측면들을 따로 보지 않고 하나의 통합된 개념으로 인식한다.

하향온정에 영향을 미치는 조직적 요인인 최고경영자의 스타일, 약한 시스템, 그리고 조직의 전통과 관성 세 가지를 구체적으로 살펴보자.

① 최고경영자의 스타일

최고경영자에 따라 온정적 스타일을 중시하고 강조하여 조직의 리더들이 그런 스타일을 따라 하도록 하는 경우가 있다. 물론 용어를 꼭 온정이라는 말을 사용하지 않더라도 그런 취지의 용어를 사용하여 온정적 행동을 이념화하고 일처리나 조직원관리에 그 원칙을 적용하도록 한다.

〈사례 7.17〉에 나와 있듯이, 직원들과의 '의리'를 기업이념으로 내세우고 온정(溫情)적인 이념으로 기업경영을 하고 있는 기업이 한화이다.

한화에는 이러한 김 회장의 이념이 뿌리내려 직원들 서로 간에도 어려운 일이 있을 때 자기 일처럼 돕는 끈끈한 온정적 문화가 자리 잡고 있다.

〈사례 7.18〉 한화 김승연 회장의 '의리 경영'

한화의 김승연 회장은 직원들과의 '의리'를 바탕으로 리더십을 발휘한다. 그의 애칭은 화끈한 성격을 반영하여 '다이너마이트 주니어'로 통하기도 하고, 항상 인간적 의리를 앞세운다고 해서 '의리의 사나이'라고 불리기도 한다.

1998년 한화에너지를 현대정유에 매각했을 때도 완전고용승계를 최우선으로 제의하여 한 사람도 해고되지 않도록 하였다. 미국의 국가기밀을 유출했다는 이유로 펜실베이니아 감옥에 갇혀있던 로버트 김을 도와주기도 하였고, 법정에서 변론을 할 때는 직원들에게는 죄가 없고 자신에게만 죄가 있다고 극구 변론하는 모습을 보여주기도 하였다. 한화의 계열사였던 경향신문의 한 부장이 타계하자 빈소를 찾아 8시간 동안 빈소에 머물며 통곡했던 예는 그의 스타일의 일면을 보여준다.

이러한 김 회장의 '의리 경영'은 한화 계열사들의 기업이념으로 자리 잡고 있다. 한화증권의 윤리헌장은 이렇게 시작된다. "우리는 신용과 의리를 존중하는 한화인으로서……."

② 약한 시스템

통상적으로 보면 온정적으로 일을 처리하는 방식이 반드시 옳다고는 할 수 없다. 일반적으로 '온정적'이라고 하면, 원료나 부품 공급자를 선정할 때 자기가 아는 사람이나 친인척을 봐주고, 사람 뽑을 때 능력 모자라는 후배 뽑고, 잘 아는 브로커에게 프로젝트를 몰아주는 등의 비윤리적·탈법적 행동들을 지칭한다. 하지만 이것은 '온정'에 대한 불공정한 평가이다. 특히 한국형 리더의 하향온정이란 확고한 윤리적 원칙을 바탕으로 집단시너지를 극대화하는 수단이다.

조직을 움직이는 시스템이란 그 안에 있는 사람들의 행동을 규제하고 질서를 만드는 장치이다. 규정, 규율, 규범, 정립된 직무 프로세스 등이 시스템의 질서 만들기를 돕는 도구가 된다. 하지만 아무리 시스템을 정교화하고 규범을 치밀하게 만든다고 하더라도 조직원의 모든 행동을 다 규율화 할 수는 없다. 이것을 '조직설계의 불완전성'(IOD: Incompleteness of Organizational Design)이라고 한다. 이것은 바로 리더를 포함한 조직원들이 스스로의 가치와 판단에 의해서 결정해 나아가야 하는 일이 어느 정도는 반드시 존재한다는 것을 의미한다. 중요한 것은 조직원의 행동을 규제하는 정도가 시스템마다 차이가 난다는 사실이다. 즉, 강한 시스템을 가진 조직은 조직원의 행동을 비교적 자세하게 규제하여 조직원이 제 나름대로 선택할 수 있는 여지(자율성)를 별로 남겨놓지 않는 반면, 약한 시스템은 큰 틀만 규정으로 정해놓고 나머지는 조직원 각자의 자유재량에 맡긴다.

그러므로 리더의 온정적 행동은 강한 시스템 하에서보다는 약한 시스템 하에서 발휘될 수 있는 여지가 더 많다. 강한 시스템은 전통적인 '온정적 행동'에 따르는 비윤리적·비합리적 판단과 업무수행의 가능성을 규율과 업무절차의 표준화를 통해서 통제하려 한다. 하지만 약한 시스템은 리더의 개인기와 가치판단을 중시한다.

③ 조직의 전통과 관성

큰 변화 없이 오랫동안 운영되어온 조직의 경우 창업할 때의 가족적인 분위기, 온정적인 색채가 하나의 관성으로 남아 계속 이어져 내려오는 것을 알 수 있다. 이것은 갑자기 성장하여 중소기업에서 대기업으로 규모가 커진 기업들이 온정적 관계에 의해서 기업을 운영하던 초기의 관행을 극복하고 효과적인 시스템을 장착하려는 취지에서 삼성, 현대, LG 등의 관리자나 임원들을 초빙해가는 관행을 통해서도 확인할 수 있다.

기업이 성장했는데도, 지나치게 창업자가 모든 것을 일일이 관리하고 지시하여 조직을 운영하는 것은 매우 바람직하지 않다. 규율, 규칙, 표준화를 통해서 일처리를 해나가려는 시도는 바람직하다. 하지만 리더의 온정적 태도를 잘못 이해하여 나쁘고 극복해야 할 대상으로만 보면 안 된다. 여기에 한국형 리더십의 핵심이 있다.

(3) 하향온정을 약화시키는 개인적 요인

하향온정을 강화시키는 요인이 있다면 물론 약화시키는 요인들도 있다. 생산적 하향온정을 약화시키는 리더의 개인적 요인에는 리더 자신의 '단순히 기업의 관리자일 뿐이다'라는 단순 관리자 인식이나 하급자들과 감정적으로 갈등을 빚을 때 등을 들 수 있다.

① 자신은 단순히 '관리자'라는 마음가짐

관리자란 계획과 예산 등의 업무 중심적인 일을 사람을 뜻한다. 관리자는 자신의 업무에 대해서 주어진 일만을 처리하기 때문에 직원을 관리·감독하려고만 하지, 직원들에게 동기를 부여하거나 격려 등의 행동은 하지 않는다. 반면 리더는 다른 사람을 격려하고 지원하고 동기부여 하는 등 하급자들과의 관계를 역동적으로 만들어 최고의 성과를 내도록 한다는 점에서 관리자와 차이를 보인다. 〈표 7.7〉에 관리자와 리더의 차이를 정리하였다.

사실 이것은 지나치게 극단적인 대조이다. 관리자는 나쁜 사람, 리더는 좋은 사람으로 묘사하고 있는데 실제로 관리를 하지 않고 조직이 운영될 수는 없다. 관리적 행동과 리더십의 행동을 다 잘 보여줘야 한다고 말하는 것이 바람직하다. 단지 리더는 사람과 변화를 중시하지만 관리자는 업무와 안정을 추구한다고 할 때, 리더가 관리자의 자세만을 갖고 있으면 한국형 리더십의 생산적 하향온정 행동을 보이기 힘들다는 것이다. 생산적 하향온정 행위는 사람을 일회성 비용(cost)으로 생각하는 상황에서는 기대할 수

〈표 7.7〉 관리자와 리더의 차이

관리자	리 더
남에게 지시함	남을 안내하고 개발시킴
경쟁 분위기를 조성함	상호 협력적인 분위기를 조성함
직책·직급을 활용	관계를 활용
동질적·획일적인 것 추구	다양성·유연성의 추구
'어떻게 할까요?' 식의 느린 의사결정 패턴을 보임	'이렇게 합시다.' 식의 신속한 의사결정 패턴을 보임
위험의 회피	위험의 감수
위에서 하라는 대로 함	스스로 일 처리를 주도함
사람을 비용(cost)으로 여김	사람을 자산(asset)으로 여김

없다. 직책에 부여된 권한만을 사용하여 사람을 대하는 자세를 가질 때도 마찬가지로 하향온정은 발생하지 않을 것이다. 또한 리더가 윗사람의 명령을 받아 아랫사람들에게 전달만 하는 기계적 자세를 가지든가 획일적 생각에 사로잡혀 있을 때에도 하향온정 행동이 수행될 가능성은 낮아진다.

② 하급자들과의 감정적 갈등

리더가 하급자들과 감정적으로 갈등을 빚을 때 리더의 온정적 행위는 사라진다. 하급자들이 리더를 인정하지 않는 분위기가 존재하면 아무리 리더가 온정적 행동으로 하급자들의 마음을 사려고 해도 정치적 제스처나 어떤 의도가 있어서 그런 행동을 보이는 것으로 해석되기 쉽다.

이것은 곧 갈등 이전에 리더와 하급자들 간에 상당한 충돌이 있었다는 것을 전제로 한다. 리더가 하급자들의 공과를 가로챘거나 일에 대한 책임을 지려하지 않고 회피하려 했다거나 아니면 하급자들의 처지를 생각하지 않고 안 되는 일인데도 무조건 도전하도록 일방적으로 몰아붙이는 등 리더가 하급자들을 자극시키는 사건들이 있었을 수 있다. 또는 하급자들이 서로 똘똘 뭉쳐서 리더를 왕따시키는 경우도 생각해 볼 수 있다. 이런 경우에는 하급자들 사이에 비공식적인 리더가 따로 존재한다. 이 비공식적인 리더가 사실상 팀이나 공장을 이끌어 가게 된다. 팀장이나 공장장이 내리는 명령에 어떤 행동으로 대처할 것인가를 비공식 리더가 결정하여 응집된 하급자 집단을 주도하는 현상이 벌어진다. 이렇게 되면 리더와 하급자들 간에는 감정의 골이 깊어지고 서로가 서로를 인정하지 않는 분위기가 자리 잡게 된다. 상·하의 관계가 이처럼 파손된 상태에서는 리더의 온정적 행위는 오히려 나약함의 증후로 인식된다. 또한 리더도 실제로 상처받은 마음을 안고 하급자들에게 온정을 베풀 수는 없는 것이다.

⑷ 하향온정을 약화시키는 조직적 요인

하향온정을 약화시키는 리더의 조직적 요인에는 리더 자신이 속한 조직의 문화 또는 제도, 조직원들의 반응 등이 주요한 원인들이다. 이러한 요인으로는 지나치게 경쟁적이고 경쟁에서 패배한 사람들을 과감히 도태시키는 조직분위기와 조직 내의 냉소주의 현상 등을 들 수 있다.

① 경쟁-도태의 조직분위기

어떤 기업은 조직원들 간에 과도한 경쟁을 부추긴다. 그리고 경쟁에서 낙오된 사람들, 성과가 안 나오는 조직원들을 수시로 회사에서 내보낸다. 조직원들은 잘려 나가지 않기 위해서 그야말로 목숨 걸고 경쟁한다. 성과가 없는 사람은 아예 포기하고 미리미리 다른 직장을 알아보는 분위기이다. 조직이 수시로 바뀌고 인사이동이 잦다. 이번에 잘리지 않았다고 해서 다음번에도 그러리라는 보장이 없다. 그러므로 '생존자들'도 항상 긴장과 초조함 속에서 생활할 수밖에 없다.

이러한 분위기 속에서 리더가 하급자들에게 온정적 행동을 보일 가능성은 매우 낮다. 특히 자신을 누르고 언제라도 치고 올라올 수 있는 하급자들이기 때문에 리더는 하급자들을 자신이 이끌어 육성해야 하는 잠재적 리더로 보는 것이 아니라 잠재적 경쟁자로 보기 쉽다. 언제 리더의 자리를 빼앗을지 모른다.

성과경쟁을 하는 조직들은 성과평가 시스템이 매우 정교하게 발달한다. 그러므로 소위 KPI(Key Performance Index)에 살고 KPI에 죽을 수밖에 없는 것이 현실이다. 즉, 리더는 성과향상에 도움이 되는 행동 위주로 행동하게 되기 때문에 매우 계산적이고 냉정하며 사람이 아무리 좋아도 능력이 없으면 과감히 도태시킬 수밖에 없게 된다. 이렇게 되면 조직원들은 모두가 모두와 치고받고 싸우고 경쟁하는 분위기가 되고 만다. 이런 상황에서 리더가 하급자들에게 하향온정 행동을 보이면 크게 돋보일 수 있다. 하지만 그런 행동을 보일 수 있는 분위기가 조성되어 있지 않기 때문에 리더들의 온정행동 빈도는 매우 낮아진다.

② 조직 내의 냉소주의

냉소주의(cynicism)는 '이기주의의 패배한 모습'이다. 자신에게 보장된, 또는 마련된 이득이 날아가든가 오래 지연될 때 발생하게 된다. 몇 년 전, 아직 기업공개를 하지 않은 E기업에서는 사장이 종업원들에게 우리사주를 나눠주겠다고 약속한 적이 있었다. 마치 기업공개가 임박한 것처럼 떠들어 대면서 직급별로 나눠줄 주식의 수까지 다 계산을 해놓고 있었다. 그런데 갑자기 회장이 제동을 걸고 나왔다. 소유주가 제동을 걸면 아무리 잘 나가던 사장도 멈출 수밖에 없다. 우리사주는 취소되었다. 그리고 난 후부터 회사에는 묘한 냉소주의가 퍼져 나갔다. 냉소주의의 타깃은 사장과 회장이었다. 이제 조직원들은 사장이나 회장이 무엇을 한다고 해도 믿지 않는 분위기이다. 사기는 떨어져 있고 약속했던 우리사주를 대신하여 대체보상을 한다고 해도 시큰둥하다. 아예 처음부터 말을 말든가(사장이 신중했어야 했다), 우리사주를 못줄 상황이라면 그 이유라도 명쾌하게 들려주든가(회장이 반대한다는 것밖에 아무도 왜 취소되었는지 설명해주지 않았다), 대체보상을 하려거든 제대로 해주든가(우리사주에 비해서 턱없이 작은 보상이었다) 등의 반응을 보이면서 조직원들은 '되는 게 없는 회사', '사장은 어린애고 회장은 치매'라고 말할 정도로 냉소적 분위기다.

중간관리자나 임원들의 경우도 마찬가지이다. 이러한 냉소주의 분위기가 만연하게 되면 하급자들 마음 깊은 곳을 움직여 강력한 동기를 유발하기 위한, 리더의 하향온정 행동은 먹혀들지 않을 가능성이 높다.

5 | 하향온정의 부정적 측면과 극복방안

온정이란 동기를 유발하고, 파격적인 성과를 내는 등의 긍정적인 측면도 존재하지만,

항상 긍정적인 것만 존재하는 것은 아니다. 부정적인 부분도 함께 공존한다.

중요한 것은 정과 같은 고유한 문화적 특성들은 쉽게 떼어놓을 수 없는 부분이기 때문에 보다 큰 성과를 달성하기 위해서는 긍정적인 측면은 보존하고, 부정적인 측면은 극복할 필요가 있다. 여기서는 하향온정의 부정적인 측면을 적시하고 이를 극복하기 위한 방안을 체계적으로 설명하고자 한다.

하향온정의 부정적 측면

리더의 온정이 지나치게 되면, 다양한 부정적인 측면이 발생할 수 있다. 상황에 따라 정을 이기지 못하여 정 때문에 법을 어기고 윤리적으로 문제가 되는 요구를 거절하지 못하는 경우, 또는 공(公)적인 일과 사(私)적인 일을 구분하지 못해 일어나는 폐해 등이 그러한 것들이다. 이러한 내용들을 〈표 7.8〉에 제시하였다.

(1) 하위여기

한국형 리더의 하위여기는 넓은 아량의 행위와 특별히 배려하는 행위를 포함한다. 리더의 아량과 포용력은 구성원들에게 너그럽다는 인식을 심어주고, 어버이와 같은 온정을 느끼게 해줌으로써 매우 큰 동기를 유발시킨다. 하지만 잘못과 실수를 감싸주는 아량의 행동이 잘못 발휘되거나 하급자들에게 옳지 못한 방향으로 인식되면 부정적인 측면으로 작용하기도 한다. 특히 한국인들은 '봐줌', '용인', '아량' 등을 미덕으로 여기며 자신의 잘못에 대해 용서받아야 한다는 인식을 확고히 갖고 있다. 그러므로 리더가 구성원들의 잘못을 지속적으로 비판 없이 감싸주게 되면 그들의 마음속에는 '이번에도 당연히 봐주겠지'라는 안일한 인식이 내재한다. 이러한 행위는 조직 내 규율에 혼란을 초래하고 업무에 대한 구성원들의 몰입을 저하시킨다.

구성원들을 위한 리더의 특별한 배려행위들도 지나치면 다양한 문제점을 야기한다. 심리학이나 의학에는 '자극포만효과'(刺戟飽滿效果)라는 것이 있다. 자극포만이란 어떤 가벼운 자극을 받았을 때 처음에는 그 자극이 크게 느껴지지만 반복되면 나중에는 자극으로 생각되지 않게 되어 점점 더 큰 자극을 기대하게 되는 것이다. 더 나아가면 점점 상승된 자극에도 불구하고 자극의 효력을 잃게 되어 완전히 그 역할을 하지 못하게

〈표 7.8〉 하향온정 4요인의 부정적 측면

구 분	부정적 측면
하위여기	• '당연히 봐주겠지'라는 안이한 인식 • 리더의 더 큰 배려에 대한 기대 • 조직 내 규율에 혼란 초래
동고동락	• 리더에 대한 의존성 증대로 인한 동기 저하 • 지나친 간섭으로 인한 구성원들의 업무 자율성 방해
간담상조	• 리더의 카리스마 손상 • 조직 내 위계적 질서의 약화 • 편애 유발
일심숙성	• 갈등의 부재로 인한 매너리즘 • 공(公)과 사(私)의 구분 모호 • 순응과 타협으로 인한 경쟁 회피와 비효율적 성과 • 타 집단에 대한 배척

되는 상태가 된다.

리더의 특별한 온정적 배려행위도 이와 같은 맥락으로 작용한다. 구성원들로 하여금 처음에는 관심과 감사에 대한 마음으로 좋은 성과를 내도록 만드는 동기를 유발시키지만, 횟수가 잦아지고, 그 강도가 이전보다 약하다고 느끼면 하급자들은 배려에 대한 감각이 무뎌질 수 있다. 그러므로 한국형 리더는 이 점을 항상 유념하여야 한다.

(2) 동고동락

한국형 리더의 동고동락 행동은 조직에 긍정적인 분위기를 형성시키고, 상호간의 시너지를 통해 조직성과를 극대화할 수 있다는 이점을 지닌다. 하지만, 리더의 잘못된 동고동락행동은 오히려 하급자를 리더 자신에게 의존하도록 만드는 부정적인 결과를 초래하기도 한다.

리더가 하급자의 어려움을 지속적으로 도와주다 보면 하급자들의 마음속에는 어느새 '의존심'이라는 것이 싹튼다. 하급자들에게 의존심이 생기게 되면 조금만 어려운 일이 생겨도 이전에 받았던 리더의 도움을 떠올리게 되며 또다시 리더에게 의존하려 한다. 이런 일들이 다람쥐 쳇바퀴 돌듯 지속적으로 반복되면 하급자들은 자신이 감당할 수 있는 일조차 스스로 노력해보지 않고 무기력한 상태가 되기 쉽다. 결국 하급자들은 스스로 성장할 수 없게 된다.

2008년 왓슨와이어트 사의 '한·중·일 리더십에 관한 비교연구'에 따르면 한국의 하급자들은 중국이나 일본에 비해 리더에게 과도한 기대와 지나친 의존성향을 띠는 것으로 나타났다. 이는 한국의 하급자들이 다른 국가에 비해 스스로 업무를 처리하는 능력이 떨어진다는 것을 나타내며, 리더의 잘못된 동고동락 행동은 한국의 하급자들에게 더 큰 부정적 결과를 초래할 수 있음을 암시한다.

리더의 잘못된 동고동락으로 비롯되는 문제점은 또 있다. 그것은 하급자로 하여금 일을 자율적으로 하지 못하게 만드는 것이다. 하급자를 도와준답시고 시시콜콜 개입하거나 통제하려는 시어머니와 같은 리더의 잘못된 동고동락 행동은 하급자가 스스로 할 수 있는 일임에도 편안한 마음으로 몰입할 수 없게 만들어 좋은 성과를 내지 못하도록 만든다. 또한 문제에 대해 다면적으로 사고하는 능력과 해결능력을 결여시키고, 유연한 사고를 적절히 발휘할 수 없도록 하여 조직 전체에 부정적인 결과를 야기한다. 리더의 지나친 개입으로 인해 업무에 대한 자율성을 보장받지 못한 구성원들은 책임의식이 결여되고 리더에게 자신의 책임을 전가하는 행동을 보이기도 한다.

다음 K 차장의 사례는 이러한 잘못된 동고동락 행동이 가지고 오는 부정적 결과이다.

〈사례 7.19〉 S 대학교 K 차장의 지나친 동고동락

S 대학교 시설부서에서 일하는 K 차장은 직원들의 일을 헌신적으로 돕는다. 한 달에 한 번씩 중고 기자재들을 들여오거나 수거하는 날이면 직접 직원들과 함께 기자재를 옮긴다. 직원들에게만 적당히 지시하고 자신은 다른 업무를 돌볼 수 있으나, 힘든 일은 도와가며 해야 한다는 것이 그의 철학이다. 어떤 때에는 다른 직원들에게는 말도 없이 자신이 직접 강의실에 있는 에어컨을 점검하러 다니기도 한다. 심지어 얼마 전에는 직원들과 함께 본부실에 있는 메인 물탱크 청소까지 하는 열성을 보이기도 했다.

K 차장의 이러한 직원들을 위한 열성적인 행동은 업무에만 그치는 것이 아니다. 직원들과 회식이 있는 날이면 1차, 2차, 3차까지 동행해 주고, 다음날 오전이 되면

해장국까지 챙겨준다. 교수들에게 K 차장에 대한 평가는 두말할 것 없이 100점 만점에 100점이며, K 차장 역시도 자신의 이런 행동에 대해 하급자들은 매우 흡족해할 것이라 생각한다.

그런데 시설 팀에서 K 차장과 같이 일하는 직원들의 반응은 전혀 다르다. 오히려 이런 K 차장의 동고동락 행동들이 불편하다는 식으로 하소연한다. 자재를 옮길 때는 적당히 쉬엄쉬엄 하고 오늘 끝내지 못한 일은 다음 주에 끝냈으면 좋겠는데, 지나치게 열성적으로 일하니 그런 말도 꺼내지 못하겠다는 투이다. 회식 때도 마찬가지다. 회식 자리에서 K차장 없이 진지하게 직원들끼리 얘기해본 기회도 없다. 노래방에 같이 가면 자신들이 부르고 싶은 최신 유행곡보다는 차장 취향에 맞는 곡을 불러야 하니, 몸은 신나는 것 같아 보이나 마음은 무겁다. 그렇게까지 안 해도 될 일이 많은데, 무조건 앞뒤 없이 참견하고 도와주려고 하시니 직원들은 차마 말은 못 하겠고 속만 타들어간다. K차장이 속한 시설팀의 직원들은 차장의 눈치 없는 오지랖으로 이래저래 마음이 무겁다.

위 사례에서 보듯, K차장의 동고동락은 오히려 직원들에게 지나친 간섭으로 작용해 부정적 결과를 야기하고 있다. 그리고 이는 K차장의 조직원들에게 안 하느니만 못한 결과를 가져오고 있다.

(3) 간담상조

간담상조는 리더가 하급자에게 격 없이 대하는 태도이며, 이는 서로 간에 보다 깊은 친밀감을 유지할 수 있게 만들고, 좋은 팀워크를 구축할 수 있도록 만드는 이점이 있다. 하지만 리더의 잘못된 간담상조 행동은 자신의 카리스마를 무너뜨리게 만드는 원인이 될 수 있음을 항상 유념해야 한다.

카리스마에 대한 수많은 연구결과에 따르면 리더의 자질구레한 개인적 습관과 이상한 일상적 행동들을 매일같이 옆에서 보고 체험하는 이들에게는 리더의 카리스마가 평범한 사람들로밖에 비춰지지 않는다고 한다. (생각해 보면 박정희 전 대통령 같은 카리스마 이미지의 리더들도 주변의 친구들이나 지인들에게는 그저 평범하고 고집 센 할아버지로 느껴졌을 수도 있다.) 리더의 간담상조 행동도 이와 마찬가지이다. 때와 시기를 적절하게 구분하지 못하고 구성원들과 무조건 막역하게만 지내려 하는 리더의 행동은 오히려 독으로 작용한다.

일반적으로 구성원들이 리더를 카리스마적이라고 생각하게 되면 리더는 자신의 비전과 목표를 보다 설득력 있게 전달할 수 있게 되며, 구성원들은 리더에 대한 강한 자신감과 고도성과 기대감을 갖게 된다. 하지만 리더의 카리스마가 상실되면 리더는 구성원들에게 신비감을 줄 수 없을 뿐 아니라 비전이나 미래의 지향점에 대한 영감적 호소도 안 먹혀들게 된다. 이것을 카리스마의 '거리효과'라고 한다. 하급자들과 너무 가까이 하면 카리스마의 신비감이 소멸된다는 내용이다. 카리스마(charisma)의 본래 뜻이 '신이 주신 능력'(endowed gift)이므로 보통의 사람들에 비해서 탁월한 능력을 가졌다는 의미를 내포하고 있다. 이것은 곧 보통 사람 이상의 신비로운 예지와 실천력을 가졌다는 뜻이다. 하지만 가까이서 일상의 시시콜콜한 습관이나 이상한 버릇을 다 아는 가까운 사람들은 아무리 카리스마적인 리더도 그냥 보통의 사람으로 인식될 수밖에 없는 것이 현실이다.

리더가 구성원들과의 관계에서 지나친 친밀감으로 인해 야기될 수 있는 또 다른 문제점은 편애행동이다. 리더와 구성원들이 막역한 사이가 되다보면 보다 선호하는 스타일이 있게 되고 자연스럽게 마음이 끌리는 하급자가 있게 될 것이다. 그렇다고 해서 리더가 편애행동을 하는 것은 옳지 못하다. 이러한 리더의 행동은 조직 내의 팀워크를 해치고, 리더 자신에 대한 신뢰를 떨어뜨리기 때문이다.

⑷ 일심숙성

일심숙성은 리더와 하급자간에 가족과 같은 마음으로 하나가 되고, 모든 것을 이해함으로써 서로를 아끼고 사랑하는 조직문화를 형성한다는 이점을 지닌다. 하지만 리더와 하급자간의 지나친 일심숙성의 관계는 갈등의 부재로 인한 매너리즘을 초래하게 만든다. 일반적으로 갈등은 부정적인 것으로 치부되기 쉬우나 조직 내의 적당한 갈등은 오히려 긍정적인 결과를 가져다준다. 이를 순기능적·인지적 또는 건설적 갈등(cognitive conflict)이라 한다. 이에 대비되는 파괴적 갈등을 감정적 갈등(affective conflict)이라 한다.

건설적 갈등은 보다 발전된 대안과 이해의 조정을 모색케 하는 과정이 된다. 침체된 조직을 생동하게 만들며, 혁신은 이러한 조직에서 보다 더 유효하다. 반면, 갈등이 별로 없는 매너리즘에 빠져있는 조직은 창의력 결핍, 우유부단, 무사안일이 만연하고 환경변화에 적절히 대응하지 못하는 결과를 야기한다.

구성원들 간의 경쟁도 이와 맥락을 같이한다. 리더와 구성원 간의 잘못된 일심숙성의 관계는 순응과 타협으로 일관하는 조직문화를 양산하기도 하는데, 순응과 타협의 조직문화에서는 구성원들 간에 적절한 경쟁이 야기되지 않는다. 경쟁이 없는 조직에서는 구성원들이 갈등이 없는 조직처럼 매너리즘에 빠지고 나태해지기 쉬우며, 성장하기 어렵다. 한편, 상호간의 경쟁을 통한 위기의식은 적당한 긴장감과 활력을 불어넣어 보다 좋은 성과를 낼 수 있도록 만든다.

이외에도 일심숙성은 공과 사를 모호하게 만드는 부정적 결과를 초래하기도 한다. 서로 좋은 게 좋은 것이라는 태도로 비윤리적인 행동도 묵인하게 되며, 실력보다는 감정에 호소하거나 지켜야 하는 법과 규범을 어기고 서로에게 혜택을 제공한다.

타 부서나 팀에 대한 배척도 큰 문제가 된다. 보다 숙성된 관계에서는 '우리'라는 인식이 강하게 내재되고 한국인들의 '우리성'은 '비(非)우리'에 대한 배타감정이 매우 크게 증대되기 때문이다. 유대의식이 매우 강한 집단 내에서 텃새가 유독 심한 것도 이와 같다고 할 수 있다. 이는 부서이기주의나 부서 간 배타 및 무관심으로 이어져 조직 전체의 시너지를 창출할 수 없도록 만든다.

하향온정의 부정적 측면 극복방안

이처럼 리더의 잘못된 하향온정 행동은 공(公)과 사(私)의 구분 모호, 경쟁회피, 배타적 감정 증대, 편애 유발 등 다양한 문제점을 야기한다. 그러므로 한국형 리더는 하향온정 행동으로 인해 야기될 수 있는 문제점을 항상 직시하고, 긍정적인 측면만을 보존할 수 있도록 해야 한다. 이처럼 긍정적 측면을 강화하고 부정적 측면을 극복하는 하향온정을 '생산적 하향온정'이라고 정의하였다.

하향온정의 부정적 측면을 극복하기 위한 핵심 중 하나는 감정에 치우치지 않고 내면의 균형과 평정을 유지하는 것이다. 설령 온정이 지나쳐 잘못된 선택을 하더라도 한국형 리더는 곧바로 제자리로 돌아올 수 있도록 마음의 중심을 확고히 해야 한다.

한국형 리더의 하향온정은 마치 배를 운항하는 것과 같다. 바람과 파도에 배가 흔들리기 시작하면 승객들은 한쪽으로 쏠리기 쉽다. 이때 배의 중심이 제대로 잡혀있지 않으면 전복되고 만다. 그런 이유로 배의 중심 하부에는 항시 무게중심을 아래쪽 한가운데로 유지하는 밸러스트(Ballast)가 설치되어 있다.

한국형 리더는 배처럼 자신의 내면 깊은 곳에 밸러스트를 두어 평정심을 잃지 않도록 해야 한다. 그릇된 온정을 자극하는 풍파에 치우치더라도 내면의 균형을 되찾아 제자리로 돌아 올 수 있도록 노력해야한다. 한국형 리더십에서는 이를 '생산적 온정' 또는 '절제된 온정'이라고 한다. 최고의 한국형 리더는 긍정적인 부분은 최대한 취하고, 부정적인 부분은 절제할 줄 아는 진정한 리더의 자세를 보인다.

이러한 절제된 온정은 다음 세종대왕의 사례에서 찾아볼 수 있다.

〈사례 7.20〉 세종대왕의 절제된 온정

하위지는 절개가 대쪽 같고 '공동의 선'을 최고의 가치로 여기던, 세종대왕이 매우 아끼는 신하였다. 특히 세종이 그를 아끼던 이유는 세종 자신이 원칙을 매우 중시하던 왕이었고, 하위지 역시도 그러한 원칙을 매우 중시하여 세종대왕과 아주 궁합이 잘 맞는 남다른 신하였기 때문이다.

세종 28년 지방의 현감으로 있던 하강지가 죄를 지어 옥에 갇힌 일이 있었다. 아우인 하위지는 형의 석방을 위해 1년 동안 송사(訟事)에만 매달렸다. 하위지는 처음에는 형의 무고함을 상소하더니, 그것이 받아들여지지 않자 사직서를 제출했다. 즉, 매우 억지를 부렸던 것이다. 세종은 이를 지속적으로 만류했다.

그러나 세종의 만류에도 한 걸음 더 나아가 하위지는 형 대신 노역을 하겠으니 형의 죄를 노역한 만큼 사하여 달라고 청원하기까지 하였다. 다소 지나친 감이 없지 않은 하위지의 태도는 자신을 아끼는 세종의 마음을 흔들어 형의 죄를 줄여보려는 속셈에서 비롯된 것인지도 모른다. 오늘날의 리더라면 아마도 적당한 시기를 봐서 하위지를 사면시켜 주었을 수도 있다. 하지만 세종은 달랐다. 그렇고 해서 아끼는 신하가 그리도 가슴 아파하는 일에 마음의 동요가 없었겠는가. 그러나 하강지를 선처한다는 것은 곧 공과 사를 구분하지 못하는 일이 된다. 세종은 끝까지 하위지의 청원을 거절함으로써 공과 사를 지켰다.

위 하위지와의 사례에서도 보듯 세종 자신은 아끼는 신하를 위해 온정을 남용하지 않았다. 그토록 아끼는 신하가 간곡한 청을 하는데 어찌 마음의 동요가 없었을까? 하지만 세종은 온정을 절제했다. 그것이 공동의 선(善)을 지키는 길인 것을 알았기 때문이다. 어쩌면 세종은 온정에 대해 누구보다 잘 알고 있었는지도 모른다. 무조건 봐주는 것이 온정이 아니라 법을 엄격히 하고 잘못한 사람에 대해 따뜻하게 뉘우치도록 돕는 행동,

그리고 아끼는 신하가 잘못된 생각을 하고 있다면 그에 동조하지 않고, 올바른 생각을 갖도록 헤아리는 행동을 온정이라 생각한 것이다.

한국형 리더의 하향온정은 무조건 봐주고, 도와주고 하는 것이 아니다. 잘못된 것을 올바르게 뉘우치게 만들고, 도와줄 때도 구성원들이 스스로 해나갈 수 있게끔 길을 만들어주는 방식이 하향온정이다. 구성원들의 온정 기대를 충족시키기 위해 비윤리적이거나 조직에 해를 가져 올 수 있는 옳지 못한 행동보다 절제된 온정을 통해 제 3의 방법을 모색하여, 공동의 선, 고단위 성과창출을 위해서 함께 매진하는 것이다. 즉, 생산적 하향온정이다.

물론 인간은 감성과 이성이 함께하기 때문에, 항상 이성적으로 판단할 수는 없다. 특히 한국인은 정이라는 감정이 우리의 가치에 매우 큰 부분을 차지하고 있어 더욱 그럴 것이다. 그러므로 이를 위해 끊임없이 노력하고, 구성원들의 온정기대를 효과적으로 다룰 줄 알아야 한다.

하향온정은 양날의 칼과 같다. 좋게 사용하면 기대 이상의 성과를 가져오게 하지만, 잘못 사용하면 손을 베게 된다. 그러므로 한국형 리더가 하향온정이라는 칼을 잘 사용하기 위해서는 용법을 확실히 알아야 한다. 하향온정을 좋은 방향으로 활용하기 위해서는 다음과 같은 간단한 명제들을 기억하는 것이 바람직할 것이다.

명제 1 한국 조직원들은 리더에게 온정을 기대한다

이러한 기대를 리더는 어떻게 처리해야 하느냐가 중요한 과제이다. 답은 '생산적 온정'을 실천하는 것이다. 원칙을 가지고 절제된 온정을 보여줄 때 하급자들은 오히려 더 리더를 존경하게 된다. 하급자의 이야기를 다 들어주고 사정을 살펴주는 것은 매우 중요하다. 하지만 조직의 원칙, 시스템의 규범, 사회적 정의 등에 저촉될 때는 자기도 어찌할 수 없다는 점을 분명히 하되 같은 효과를 내는 다른 방법을 찾아보는 것이 바람직하다. 리더가 규칙과 규범의 적용을 더 강하게 받는다는 사실을 주지시키는 것이 좋다. 어찌할 수 없는 선(線) 앞에서 리더는 하급자들의 딱한 처지에 공감하면서 함께하는 모습을 보여야 한다.

명제 2 하급자들은 리더에게 의존하려 한다

이때 리더는 '심리공감-사고독립'으로 가야 한다. 마음으로부터는 항상 함께하지만 생각은 독립적으로 할 수 있는 여지를 많이 남겨놔야 한다. 리더가 일일이 다 알려주고 지시하려 하기보다는 스스로 찾아가도록 후원자의 역할을 수행하는 것이 바람직하다. 하급자의 독립적 생각을 듣고 존중하며 일을 결정함에 있어서는 충분한 설명을 통한 공감대 형성이 요구된다.

명제 3   상·하의 질서가 약화된다고 우려한다

질서에 대한 새로운 개념을 가져야 한다. 허심탄회하게 허물없이 지낸다는 것, 아랫사람을 나와 같이 아끼고 사랑하는 것, 어려움을 함께하는 것이 리더의 권위를 허물어뜨리는 것이 아님을 인식해야 한다. 권위는 더 이상 '나를 모셔라'하는 데서 나오지 않는다. 이런 질서는 더 이상 유효하지 않다. 기회를 열어주고 마음을 공유하며 일에 헌신하는 모습이 새로운 질서의 지표이다. 직책상 위에 있다는 것이 전부가 아니다. 자신의 역할을 제대로 하는가에 따라 질서가 생긴다. 질서는 하급자들의 마음속에 존재한다. 그들이 마음으로부터 리더를 존경하고 따르는 정도에 따라 마음속 질서의 강도가 정해진다. 그러므로 리더는 하향온정을 통해서 마음속에 강력한 질서를 정립해야 한다.

명제 4   '온정적'인 것은 나쁜 것이라는 인식이 지배적이다

'김 팀장은 온정적이다'라고 하면 별로 좋은 말이 아니다. 원칙이 없고 성과를 위해 칼같이 몰아붙일 줄도 모르며 '옹야옹야'하면서 '좋은 게 좋은 거'라는 물러터진 태도로 하급자들에게 휘둘린다는 뜻으로 표현하기도 한다. 하지만 이것은 '온정'에 대한 억울한 누명이며 함정(trap)이다. 과거의 이야기이기도 하다. 온정의 부정적 측면만을 강조한 반쪽짜리 평가이기도 하다. 그런 비판을 하는 사람도 실제 행동에 있어서는 다분히 온정적 행동을 보인다는 점에 주목해야 한다. 비판하고 없애려 한다고 해서 한국인들의 온정적 성향이 말소되는 것은 아니다. 그것은 한국인들의 태생적 DNA이다. 그렇다면 온정의 성과를 극대화하는 도구로 활용하는 것이 바람직하다. 어떻게 온정적 행동을 안 하도록 할 것인가라고 묻는 것은 소극적 질문이다. 그보다는 적극적으로 온정적 행동을 통해서 성과를 극대화할 수 있도록 하는 것이 보다 바람직하다. 한국인들은 온정 없이 지낼 수 없으며 잘 활용하면 기적 같은 성과를 창출하지만, 잘못되면 '온정의 함정'에 빠져 몰락하게 된다. 기적 같은 성과를 낼 수 있는 리더의 적극적 온정활용을 '생산적 온정'이라고 표현하였다.

명제 5 **하급자들이 매너리즘에 빠질 위험이 있다**

리더의 하향온정이 지나치면 하급자들이 변화에 앞서려 하기보다는 서로 간의 정서적 유대만을 강조하여 매너리즘에 빠질 수 있다는 우려가 있다. 이것은 리더와 하급자의 관계를 단순차원으로 잘못 이해한 데서 오는 오류이다. 물론 온정적 행동 하나만으로 하급자들을 리드하려 한다는 것은 비효과적이다. 하지만 온정 없이 지시하고 지도하고 감시와 감독만으로 훌륭한 리더십을 발휘할 수 있으리라는 생각은 잘못이다.

온정이 도전, 변화, 비전, 목표 등과 접목되면 막강한 힘을 발휘하게 된다. '허물없이 지낸다, 자신처럼 아낀다, 어려움을 함께한다, 그리고 숙성된 관계로 발전한다'는 등의 온정적 자세는 단순히 하급자들을 만족시키기 위한 행동이 아니다. 리더가 하급자들을 어렵고 힘든 목표의 달성에 헌신하게 하고 비전을 위해서 함께 희생하며 자신이 잘릴지도 모르는 혁신과 구조조정에 선뜻 나서도록 만드는 데 숙성된 온정은 강력한 도구와 수단이 된다. 서구의 어떤 고용계약서에도 '자기희생', '헌신', '몰입' 등이 명문화되어 있지 않다. 한국의 경우는 명문화시킬 필요가 없다. 리더가 잘만 해주면, 정을 느끼게 하면, 하지 말라고 해도 알아서 희생하고 헌신하며 변화하자고 나서는 것이 한국인들이다.

위의 다섯 가지 명제를 마음에 새기고 '온정의 함정'에 빠지지 않도록 노력해 나가는 것이 한국형 리더십을 구현하는 길이다. 그렇다면 생산적 하향온정을 행동으로 보여주는 한국형 리더의 구체적 행동양식은 어떤 것인가? 그리고 그러한 행동은 그 반대되는 하향무심의 리더십 행동과는 어떻게 다른가? 이러한 내용을 다음에서 살펴보자.

6 하향온정 리더와 하향무심 리더

하향온정 리더와 하향무심 리더의 행동양식

조직에서 리더와 하급자의 관계는 항상 좋게만 형성되는 것이 아니다. 하급자의 온정 기대를 효과적으로 다뤄 조직의 효율성을 극대화하는 리더들도 있지만, 하급자를 단순히 성과를 내고 목표를 달성하기 위한 노동의 대상으로 간주하는 리더들도 많이 있다. 후자를 하향무심형 리더라 이름을 붙인다.

리더의 역량이 아무리 뛰어나다고 해도 '우리' 또는 '우리성'을 매우 중시하는 한국 사회에서는 리더 혼자만 잘해서는 성과를 극대화하기 어려운 것이 사실이다. 하급자들에게 정이 지나쳐 공과 사를 적절하게 구분하지 못하는 '온정함정'에 빠지는 것은 잘못된 것이지만 상하 간에 정 없이 무심하기만 하다면 신바람 나게 일할 수 없는 것이 한국 조직사회이다.

최고의 한국형 리더는 하급자의 온정의 요구를 충족시키는 동시에 절제된 온정을 발휘하여 윤리와 온정이 공존할 수 있도록 조직을 이끌어가는 리더이다. 한마디로 위에서 제시한 애인여기, 동고동락, 간담상조, 그리고 일심숙성을 보이는 것이다. 그렇다면 하향온정 리더와 하향무심 리더의 행동 차이점은 무엇일까?

(1) 넓은 포용력, 온화한 모습으로 하급자들을 존중한다

하향온정의 리더는 하급자의 잘못을 너그럽게 이해할 수 있는 강한 포용력을 지니며, 허물이 있어도 덮어주고 감싸준다. 하급자에게 온화한 표정, 부드러운 언행, 모범이 되는 모습을 보이기 위해 항상 노력하며, 하급자의 체면과 인격을 존중한다. 설령 서로에게 서운한 일이 있더라도 술 한 잔으로 달래며 두터운 정을 유지한다.

반면, 하향무심의 리더는 하급자에게 폭언과, 감정을 손상시키는 언행을 자주 보여준다. 권위적인 모습으로 조직분위기를 경직시킨다.

(2) 공은 하급자에게 돌리고 책임은 리더 자신이 진다

아무리 자신의 역량이 탁월하다고 하더라도 리더 혼자서 모든 일을 할 수는 없다. 설사, 혼자서 모든 일을 다 해내는 리더가 있더라도 그 사람은 뛰어난 실무자일 뿐 리더로서의 역할을 하고 있는 것이 아니다. 한국형 리더는 '우리', '우리팀'이라는 마음가짐으로 구성원들과 함께 상호작용을 하며 성과를 창출한다. 그 과정에서 잘못된 점은 하급자의 능력이나 태도의 탓으로 돌리지 않고 자신의 잘못처럼 생각하며 해결하고자 노력한다. 좋은 성과를 창출했을 때에는 뒤에서 적극적으로 지원해준 하급자들의 고마움을 잊지 않는다. 그리고 성과의 일부를 그들의 몫으로 돌리는 자세를 취한다. 하급자들도 리더의 이러한 행동을 절대 잊지 않고 보답한다.

반면, 하향무심의 리더는 성과는 혼자 독점하고 책임은 하급자들에게 전가시킨다. 하급자들에게는 언제나 불평과 불만이 내재한다.

(3) 진정성에 기초한 온정행동을 보인다

매사에 정이 많아 온정적으로 행동하는 리더는 자칫 우유부단하기 쉽다. 반면, 하향온정의 리더는 진정성을 가지고, 깊은 감흥을 줄 수 있는 온정적 행동을 보인다. 냄비근성이 말해주듯 한국인들은 화끈한 것을 좋아한다. 구성원들도 마찬가지이다. 리더의 진심어린 온정행동은 구성원들로 하여금 깊은 여운을 남기게 만든다.

반면 하향무심의 리더들은 진정성이 없다. 온정행동보다는 의례적인 행동을 취한다. 마음과 행동에 정이 없고, 자신만이 중요하다는 이기적 사고를 취한다.

(4) 공과 사의 구분이 확실하며, 마음의 중심이 확고하다

일반적인 리더들은 정과 인간관계라는 것에 얽매여 공과 사를 구분하지 못하거나, 심지어 비윤리적인 요구도 응하는 경우가 많다. 그것은 단기적인 처방일 뿐이다. 장기적으로는 독이 되어 서로에게 좋지 못한 결과를 야기한다. 한국형 리더들은 마음속 깊은 곳에서 우러난 진심으로 하급자를 아끼고 위하기 때문에 그들의 온정기대를 채우기 위해 비윤리적 행동은 하지 않는다. 절제된 온정을 항상 유념하고 비윤리적인 것을 윤리적인 측면에서 온정과 함께 양립할 수 있도록 제 3의 방법을 끊임없이 모색한다.

반면 하향무심의 리더들은 생산적 온정이라는 개념도 없고, 공과 사의 구분도 불분명하다. 자신의 개인적인 것을 위해 하급자들을 희생시키고, 그들의 노력을 착취한다. 자신에게 도움이 되는 하급자들만 편애하는 행동도 보인다.

⑸ 가족과 같은 마음으로 끊임없는 관심과 애정을 보인다

리더가 하급자 한 사람 한 사람에게 관심을 가지고 평소 주의 깊게 관찰하면 무엇을 필요로 하고 무엇에 대해서 어려움을 갖고 있는지를 파악할 수 있게 된다. 부탁을 받으면 자기 일처럼 도와주고 좋은 기회가 생기면 알아서 챙겨준다. 사람에 대해서 갖는 감정적 정의에는 여러 가지가 있다. '죽일 놈', '미친 놈', '모르는 놈', '좋은 사람', '대단한 사람' 그리고 '편안한 사람' 등으로 구분할 때 생산적 온정행동을 보이는 한국형 리더는 '좋은 사람, 대단한 사람', 또는 '편안한 사람'이라는 평가를 듣는다.

반면에 하향무심의 리더는 관심과 애정이 없다. 하급자들과의 정서적 교감이 별로 없기 때문에 서로를 잘 모르고 친밀감이 없다. 그러다 보니 서로 오해를 하는 경우가 많고 공식적 관계에 머무른다. 하급자들은 하향무심의 리더에 대해서 '잘 모르는 사람'이라는 생각을 마음속에 갖고 있지만 때로는 '죽일 놈, 미친 놈', 아니면 '웃기는 사람'이라는 비판적 태도를 취하기도 한다.

유온정 팀장 vs. 왕무심 팀장의 하루

우리의 일상은 매일 매 시간이 리더십 발휘의 연속이라 할 수 있다. 조직에서 일어날 수 있는 유온정 팀장과 왕무심 팀장의 하루를 시간대 별로 구성해 보았다. 하향온정행동을 잘하는 최고의 한국형 리더는 회사에서 어떠한 하루를 보내는지 또 반대의 경우는 어떤지 비교해 보도록 하자.

⑴ 유온정 팀장의 하루

`8:00` 유온정 팀장은 오늘 다른 직원들보다 1시간 일찍 출근했다. 간단하게 스트레칭을 하고 자리에 앉으려는데, 조미진 사원이 출근한다. "조미진 씨, 오늘 웬

일로 이렇게 일찍 출근했어? 아무튼 좋은 아침." 조미진 사원은 충혈된 눈빛으로 별다른 반응 없이, "예"라고만 간단히 대답한다. 조미진 씨의 얼굴빛을 본 온 팀장은 뭔가 느꼈다. 누렇게 뜨인 얼굴에 충혈된 눈가, 밤사이에 제대로 잠을 못 잔 것 같다. 생각해보니, 이틀 뒤면 계약직으로 일하는 조미진 사원이 일을 그만둬야 한다. 온 팀장은 평소 누구보다 열심히 일하고, 자신의 일을 좋아하던 조미진 사원이 일을 그만두는 것에 마음이 아프다. 무언가 조치를 취해야겠다고 생각한다.

`9 : 00` 직원들이 하나둘씩 출근한다. "좋은 아침"이라는 인사와 함께 직원들의 얼굴을 읽는다. 15명이나 되는 팀원들을 하나하나 챙겨 줄 수 없기 때문에, 유 팀장은 항상 출근시간이 되면 직원들의 얼굴을 살핀다. 어제 급하게 퇴근하던 나급해 대리의 안색이 그다지 좋아 보이지 않는다. 평소엔 항상 밝게 웃던 직원인데, 오늘따라 안색이 좋아 보이지 않는다는 것은 무언가 일이 있다는 증거이다. 밖에 나가 자신의 휴대폰으로 몰래 나급해 대리의 집에 전화해 본다. 아니나 다를까 시골에 계신 나급해 씨의 어머니가 많이 편찮으시단다. 유온정 팀장은 나급해 사원을 위로한다. "어머니가 계신 고향에 내려가 봐." 나급해 사원은 화들짝 놀란다. 눈시울이 붉어지며, "팀장님 어떻게 아셨……감사합니다, 감사합니다"를 연거푸 말한다.

`10 : 00` 오늘은 팀원들과 회의가 있는 날이다. 유온정 팀장은 직원들을 회의실로 부른다. "오늘은 회의 전에 잠시 할 말이 있어요. 모두들 괜찮다면 조미진 씨 우리 쪽에 정규직으로 두고 싶은데"라며 직원들에게 말한다. 직원들은 너도 나도 좋다는 분위기이다. "조미진 씨가 우리 쪽에 계속 남아있으면 좋겠습니다!", "좋습니다", "조미진 씨처럼 일 잘하는 직원이 우리 쪽에 있으면 좋죠"라며 다들 찬성한다. 회의가 끝나고 온 팀장은 조미진 사원에게 괜찮다면 회사에 정규 사원으로 일할 것을 제시한다. "인사팀에는 내가 강건하게 말하고 추천해 줄 거니까……." 조미진 사원의 축 처진 어깨가 펴지며 눈 위로 눈물이 흐른다. "감사합니다." 온 팀장도 입가에 미소가 번진다.

`12 : 00` 점심시간이다. 오늘은 직원들과 사내식당에서 밥을 먹기로 했다. 온 팀장은 식사를 하며 직원들과 이런저런 얘기를 한다. 밥을 먹는 중에 온 팀장은 발 밑에 숨겨둔 상자를 꺼내 신입사원인 구준표 사원에게 건넨다. "자네 등산

좋아한다고 했지? 등산모자야." 구준표 사원은 어리둥절해 한다. 주변 직원들도 '밥 먹다가 무슨?'이라는 표정을 짓고 있다. "부하직원 생일 모르는 팀장은 팀장 자격도 없는 거야"라며 눈웃음을 준다. "감사는 나중에 하고 우선 밥이나 먹자고." 온 팀장은 얼굴을 묻고 밥을 먹는다. 구준표 사원은 자신의 취미는 어떻게 꿰고 있었는지, 또 생일은 어떻게 안 것인지 온 팀장이 그저 신기하다. 구준표 사원은 온 팀장에게 태평양보다도 넓은 감사를 느낀다.

15 : 00 조미진 사원이 업무에 관한 보고서를 가지고 왔다. 보고서를 읽고 있는데 오타가 너무 많다. 표 형식의 간격도 완전히 제각각이다. 그래도 유 팀장은 보고서를 하나하나 꼼꼼하게 읽어본다. 읽어보며 고개를 갸우뚱한다. "팀장님 죄송합니다. 어제 오늘 걱정이 너무 많아서 업무에 제대로 몰입을 못했습니다." 조미진 사원이 얼굴을 붉히며 말한다. "조미진 씨 이번에 봐주면 잘할 겁니까?" 온 팀장이 웃으며 말한다. "팀장님께 만날 신세만 져서 죄송합니다. 열심히 하겠습니다!" 조미진 사원의 얼굴에 회심의 미소가 돈다.

18 : 00 퇴근 시간이다. 다들 퇴근 채비를 하고 나가는데 조미진 사원이 퇴근을 안하고 있다. 얼핏 보니 조미진 사원은 아직도 보고서에 열을 올리고 있다. 따뜻한 커피를 2잔 뽑아와 조미진 사원에게 한잔을 건네고 옆에 앉는다. "조미진 씨 다음 달부터는 정규사원으로 일할 텐데 이 기쁜 소식을 빨리 가족에게 알려야 하지 않겠어요? 보고서는 내일 퇴근 전까지 해. 어차피 급한 것 아닌데." 조미진 사원은 절대 그럴 수 없다며 보고서를 작성한다. 온 팀장도 지지 않는다. 조 사원이 퇴근 안하면 자신도 퇴근 안하겠다며 고집을 피운다.

19 : 00 조미진 사원이 보고서를 마쳤다. 온 팀장도 역시 퇴근을 하지 않고 조미진 사원을 기다렸다. 둘은 같이 퇴근한다. "팀장님 제가 고집 부려서 죄송합니다. 팀장님도 저 때문에……." 온 팀장은 웃는다. "오늘도 수고했어." 조미진 사원도 오늘 하루 동안 온 팀장에게 신세진 것에 감사하며 미소를 짓는다. 즐거운 마음으로 퇴근하는 유 팀장과 조 사원의 발걸음이 가볍다.

(2) 왕무심 팀장의 하루

8 : 00 왕무심 팀장은 무거운 눈꺼풀을 겨우 뜨며 잠자리에서 일어난다. 오늘도 왠

지 지각할 것 같다는 생각이 든다. 대충 씻고 회사로 출발한다.

9:00 회사에 겨우 정시에 도착했다. "좋은 아침입니다"라고 인사하는 직원들의 말을 무시하고 "미스 김, 커피 좀 부탁해"라는 말부터 던진다. 자리에 와서 앉아보니 자신의 자리가 정리가 되지 않았다. 어제 칼퇴근을 하는 바람에 미처 신경 쓰지 못했다. '자리가 더러우면 치워줄 것이지.'라고 생각하며 직원들을 향해 혼자 씩씩댄다. 커피를 타온 미스 김의 안색이 좋지 않다. 무슨 일이 있는 것 같긴 한데, 내 알 바 아니다. 커피나 마시자는 생각으로 커피를 마신다. "미스 김! 나 크림 안 넣는 거 몰라? 나랑 같이 일한 게 몇 년째인데 이러는 거야? 아직도 내 취향 몰라?"라며 씩씩댄다. "죄송합니다. 팀장님 알고 있는데, 집에 무슨 일이 좀 있어서 그 생각하느라 제가 좀 실수를 했나 봐요. 죄송합니다."

"(무관심한 말투로) 다시 타와!"라고 말한다.

10:00 오늘은 직원들과 회의가 있는 날이다. 했던 얘기 또 하고 했던 얘기 또 하고 하는 직원들이 짜증이 난다. 좀 새로운 아이디어 없냐며 직원들을 달달 볶는다. 그러면서 정작 회의를 주도할 생각은 안 하고, 아이디어가 한 가지 나오면 비판하기 일쑤다. 직원들은 무서워서 더 이상 아이디어를 내지 못한다.

12:00 점심시간이다. 점심밥을 먹기 위해 직원들에게 "오늘은 뭘 먹을까?"라고 묻는다. 직원들 대다수가 약속이 있다는 식으로 슬쩍 빠진다. 결국 왕무심 팀장과 나비실 사원 둘만 점심을 먹으러 간다. 왕무심 팀장은 기분이 단단히 상해서 나비실 사원에게 다른 직원들의 험담을 마구 한다. "내가 밥을 먹으러 가자면 가는 거지!"하며 씩씩댄다. 나비실 사원은 밥이 입으로 들어가는지 코로 들어가는지도 모르고 그냥 마구 삼킨다. 식사가 끝나고 나비실 사원을 혼자 보낸 뒤 자신은 사우나에 가서 사우나를 실컷 즐긴다.

15:00 오후 3시가 돼서야 사우나를 끝내고 회사에 들어갔다. 회사에 들어가니 나비실 사원이 보고서를 가지고 왔다. '어디 흠잡을 거리 있나 볼까?'라는 마음으로 하나하나 살핀다. 하지만 보고서는 거의 완벽했다. 이어서 맞춤법이나 띄어쓰기를 검사한다. 역시나 발견되었다. "자네는 보고서가 몇 년차인데 이딴 띄어쓰기 하나 못하나? 잘 좀 하게"라며 질타한다. 그러면서 옛날 일들까지 모두 들춰내 나비실 사원의 사기를 마구 꺾어 버린다.

`18:00` 퇴근시간이다. 그런데 오늘은 팀 회식이 있는 날이다. 나비실 사원이 아직 나갈 채비를 안 하고 있다. 이상해서 살펴보니 아직도 업무처리가 덜 끝났다. "빨리 하지 못해?! 여러 사람 기다리잖아!"라고 화를 낸다. 그러고는 "우리 먼저 갈 테니 끝나고 와"라며 화를 낸다. 급한 것 아니면 내일 처리하고 같이 나가자는 말 한번 건네줄 법한데, 인정은 눈곱만치도 없는 왕무심 팀장에게 나비실은 한숨만 나온다.

`19:00` 회식이다. 다같이 모여서 즐겁게 회포를 풀 만도 한데, 왕무심 팀장은 회식자리에서 오늘 회의는 어쨌다는 둥, 업무 추진을 확실히 하라는 둥의 업무에 관련된 얘기만 늘어놓는다. 하급자의 최근 관심사가 뭔지, 팀 내의 최근 이슈가 뭔지는 관심도 없다. 혼자서만 말하고 다른 팀원들은 끼어들 기회를 주지 않는다.

CHECK LIST

진단 문항을 읽고 정도에 따라 1(전혀 그렇지 않다)~5 (매우 그렇다)로 나누어 체크(✓)해 보세요.

구 분	진단 문항	1	2	3	4	5
하위여기	항상 팀원들의 어려움을 헤아린다.					
	팀원의 개인적 감정은 고려하지 않는다.					
	팀원의 잘못을 감싸주려 애쓴다.					
	팀원들에게 항상 더 잘해줘야겠다는 생각을 한다.					
	나와 반대되는 사고방식을 지닌 팀원은 배척한다.					
동고동락	팀원이 어려운 일을 할 때 도와준다.					
	팀원들과 같이 기쁨을 나누는 데 익숙하다.					
	팀원에게 내 업무를 미루곤 한다.					
	팀원의 즐거움에 무심한 편이다.					
	팀원의 잘한 일은 적극 칭찬 또는 격려한다.					
간담상조	팀원들과 거리감 없이 지낸다.					
	팀원들과 사적으로 어울리지 않는다.					
	팀원들은 나에게 허물없이 얘기한다.					
	팀원들과 개인적인 얘기를 자주 주고받는다.					
	팀원들이 나와 같이 있으면 편안해 보인다.					
일심숙성	팀원들의 경조사는 꼭 챙기려고 노력한다.					
	팀원들이 내 가족 같다.					
	팀원들과 공동의 성과를 중요시한다.					
	팀원들과 정을 나누려 노력한다.					
	팀원의 가정사는 신경 쓰지 않는다.					
과다온정	하급자의 윤리적·법적 문제까지도 감싸준다.					
	팀원들과의 관계 때문에 그들의 잘못을 지나칠 정도로 봐주는 행동을 한다.					
	팀원들과 인간관계적으로 마찰이 생길까 두려워 일을 그르치곤 한다.					
	주위 사람들로부터 팀원들을 지나칠 정도로 챙긴다는 얘기를 듣는다.					

RESULT

각 요인별로 점수를 합산하여 17~25점이면 상(上), 9~16점이면 중(中), 1~8점이면 하(下)입니다.

구 분		진단 결과
하위여기	상	당신은 하위여기 행동을 잘 발휘하는 한국형 리더입니다. 하급자를 자신과 같이 생각하여 보살피고, 기대 이상의 특별한 행동들로 하급자를 감동시키기도 합니다. 이기주의가 만연한 현 세태에서 구성원들을 자신과 같이 아낀다는 것은 참으로 숭고한 일이며, 온정의 마음이 없이는 불가능합니다. 이러한 행동은 구성원들의 동기를 고취시키고, 성과를 극대화하는 데 매우 큰 부분으로 작용합니다. 당신의 하위여기 행동이 있는 곳은 항상 인정이 있으며, 감동이 넘쳐흐릅니다. 하지만 과다한 혹은 잘못된 하위여기 행동은 부정적 결과를 야기할 수도 있으니 항상 마음의 중심을 확고히 하시기 바랍니다. 지금과 같은 마음을 유지한다면 구성원들에게서 보다 헌신적인 지원을 이끌어 낼 수 있으며, 항상 감사와 감동이 끊이지 않는 신명 나는 조직 분위기를 유지할 수 있을 것입니다.
	중	당신은 하급자들의 마음을 좀 더 이해하고, 자신과 같은 마음으로 감싸주기 위해 애써야 합니다. 지나치게 아량이 없거나 하급자들을 위한 배려가 없는 것은 아니지만, 하급자들이 깊은 감동과 잔잔한 여운, 어버이와 같은 포용력을 느끼지 못하는 것도 사실입니다. 좀 더 관심을 갖고 진심 어린 온정행동을 실천해 보시기 바랍니다.
	하	당신은 비정비감(非情悲感)하고 의례적 행동을 보이는 리더가 아닌가 하고 반성해야 합니다. 본 강의를 보다 충실히 다시 공부하여, 하위여기의 중요성을 깨달아야 합니다. 하위여기 행동이 부족하게 되면 하급자들이 업무에 대한 의욕을 상실하는 기회가 빈번하고, 조직에는 감동, 감흥이란 말은 찾아 보기 힘들어집니다. 또한 의례적 행동과 비정비감한 리더의 모습은 학습을 통해 주변 사람들에게 전이됩니다. 공격적인 언행을 자제하기 위해 한 번 더 마음을 가다듬고 구성원들에 대한 고마움과 미안함을 먼저 생각해 보세요.
동고동락	상	당신은 어려움과 즐거움을 함께 나누는 동고동락(同苦同樂)의 행동을 탁월하게 발휘하는 한국형 리더입니다. '우리'라는 공동체 의식 속에서 하급자들을 따뜻하게 감싸주며, 어려운 문제는 서로 돕고 고민하면서 해결하고자 노력합니다. 당신의 동고동락 행동은 주변에 모범이 되고 이를 학습한 구성원들로 인해 조직은 서로 상부상조할 수 있는 긍정적인 조직문화를 형성합니다. 하지만 잘못된 동고동락은 구성원들의 의존성을 증대시키는 등 다양한 부정적인 결과를 야기할 수 있으니 이 점을 항상 유념해야 합니다. 앞으로도 동고동락 행동을 통해 구성원들과의 시너지를 극대화하고, 즐거움도 함께 나누어 웃음과 활력이 넘쳐흐르는 조직을 이끌어 가시길 바랍니다.
	중	당신은 하급자들의 즐거움이나 어려움을 좀 더 헤아리고, 이것들을 함께 나누어야 할 필요가 있습니다. 자신의 어려움만을 하급자가 알아주길 바란다면 자칫 무감가중의 리더가 될지도 모릅니다. 우리는 남을 돕는 사람이 어려운 일을 당할 경우, 따뜻하고 포근한 인간미 때문에 주변의 많은 사람들이 그를 도우려 하는 모습을 쉽게 볼 수 있습니다. 이는 리더와 하급자와의 관계에서도 마찬가지입니다. 그렇다고 해서 내가 도와줬으니 너도 도와줘야 한다는 이해타산적인 동고동락의 행동은 진정성이 없습니다.

(계속)

구 분		진단 결과
동고동락	중	옛날 우리 조상의 품앗이처럼 정의 미덕을 발휘하도록 노력하세요. 부족한 부분은 도와 조직의 성과를 극대화하고 즐거운 것은 공유해 웃음과 활력이 넘쳐흐르는 조직을 만들어야 합니다.
	하	당신은 누군가에게 어려움을 가중시키고, 자신 외의 다른 사람에게는 별로 관심이 없는 무감가중(無感加重)의 리더입니다. 혹시 어려운 일에 부닥치면 혼자 자신만의 살길을 모색하지는 않나요? 혹시 자신의 일을 다른 직원에게 맡기고 회사에서 UCC를 보는 행동을 하지 않나요? 다른 사람의 어려움을 헤아리고, 진심으로 타인의 즐거움을 축하해주는 연습을 해보세요. 본 강의를 다시 충실하게 공부하여, 나쁜 사례에 있는 행동을 자신의 모습이라고 생각하며 반성한다면, 당신의 못된 습관은 쉽게 고쳐질 수 있습니다.
간담상조	상	당신은 하급자들과 벽을 허물고 진정으로 소통하는 리더입니다. 당신의 그러한 의사소통은 팀이나 조직 내에 유연한 사고방식과 자율적인 언로(言路)를 가능하게 해 조직 내에 직원들이 다양한 아이디어를 제시할 수 있게 합니다. 또한 이러한 당신의 행동은 조직 분위기를 보다 긍정적으로 바꾸는 데 매우 큰 힘이 됩니다.
	중	당신은 하급자들과 소통하는 데 다소 어려움이 있습니다. 권위주의적인 태도를 벗고, 부드러운 말을 써 보세요. 그렇게 되면 하급자와 허물없이 지내는 가장 큰 발판을 마련하게 됩니다. 위에서 보듯이 하급자와의 인간적인 친분을 유지하는 것은 리더 개인뿐 아니라 하급자를 위해서도 다양한 이점이 있습니다. 오늘부터 작은 것이라도 실천에 옮겨 보세요. 조직의 분위기는 한층 부드러워질 것입니다.
	하	당신은 대표적인 소원무정(疎遠無情)형 리더입니다. 하급자들에게 인간적인 관심은 없고 오로지 업무에만 크게 관심을 두기 때문에 하급자들이 같이 있게 되면 어려워하고, 때론 당신 때문에 중압감이나 스트레스를 받기도 합니다. 하급자들이 유연한 사고방식을 갖고 편안한 마음으로 일한다는 것은 비단 당신뿐이 아닌 조직의 발전을 위해서도 매우 중요하다는 것을 항상 잊지 마세요. 당신이 먼저 하급자에게 다가가고, 하급자에게 마음을 열 때 하급자들도 당신에게 쉽게 마음을 열 수 있습니다. 하급자와 이런저런 대화를 할 수 있는 대화의 장을 만들도록 노력해 보세요. 본 강의의 나쁜 사례를 모두 자신이라고 생각하고 그 결과를 다시 한 번 되짚어 보시길 바랍니다.
일심숙성	상	당신은 하급자와의 일심숙성의 관계를 매우 중요시하는 리더입니다. 하급자를 자신 혹은 가족과 같은 마음으로 여기며, 그들을 진심으로 위하고, 아끼기 위해 노력합니다. 이기주의가 만연한 현 세태에서 구성원들을 자신과 같이 아낀다는 것은 참으로 숭고한 일이며, 온정의 마음 없이는 불가능합니다. 이러한 행동은 구성원들의 동기를 고취시키고, 성과를 극대화하는 데 매우 큰 부분으로 작용합니다. 당신의 일심숙성의 마음이 있는 곳은 항상 인정이 있으며, 감동이 넘쳐흐릅니다. 하지만 과다하거나 잘못된 일심숙성의 관계는 부정적 결과를 야기할 수도 있으니 항상 마음의 중심을 확고히 하시기 바랍니다. 지금과 같은 마음을 유지한다면 구성원들로 하여금 보다 헌신적인 지원을 이끌어 낼 수 있으며, 항상 감사와 감동이 끊이지 않는 신명 나는 조직 분위기를 유지할 수 있을 것입니다.

(계속)

구 분		진단 결과
일심숙성	중	당신은 어버이와 같은 마음으로 혹은 자신의 가족을 아끼는 것처럼 구성원들을 보다 아껴주며, 좀 더 깊은 일심숙성의 관계를 형성하기 위해 노력할 필요가 있습니다. 무정(無情)한 리더라고는 할 수 없으나 온정(溫情)에 대해 큰 관심을 기울이지 않는 것도 사실입니다. 일심숙성의 관계에서는 서로를 가족처럼 아끼는 아름다운 모습과 이익이 없어도 서로를 위해 진심으로 헌신하는 모습이 발현됩니다. 아무리 해박한 지식을 갖고 있거나, 높은 지위에 있는 리더라도 서로간의 일심숙성의 관계를 형성하지 않으면 구성원들에게 최대한의 팀워크와 헌신적인 지원을 이끌어 낼 수 없는 것이 한국 사회입니다. '우리'라는 공동체 의식 속에서 서로를 따뜻하게 감싸주고 정(情)적인 유대를 증대하기 위해 항상 노력하세요.
	하	당신은 구성원들에게 무정(無情)하고 무감한 리더가 아닌가 한번쯤 반성할 필요가 있습니다. 하루 3분의 2라는 시간을 조직에서 할애하게 되는 구성원들이 냉랭하고 차가운 분위기 속에서 갇혀 지낸다면, 그들의 마음은 어떨지 한번 생각해 보세요. 지옥과 같지 않을까요? 특히 한국의 구성원들은 온정에 대한 기대와 가족과 같은 보살핌을 절실히 원하고 있습니다. 지금부터라도 구성원들에게 관심을 기울이고, 깊은 관계를 이끌어 내기 위해 노력하시기 바랍니다.
과다온정	상	당신은 현재 하급자에 대한 온정이 지나칠 정도로 과도합니다. 이러한 과도한 온정은 다양한 부정적인 결과를 초래하기도 합니다. 자신이 지켜야 하는 법과 규범을 어기고 하급자에게 혜택을 제공하지는 않는지, 합리성을 상실한 왜곡된 의사결정을 하지는 않는지 한번 생각해 보세요. 또한 하급자가 리더 자신에게 지나치게 의존하거나 '봐주세요.'라는 인식을 가지고 있지는 않은지 되새겨볼 필요가 있습니다. 리더가 정 때문에 리더십 발휘가 힘들다면, 조직원들은 안이한 사고방식을 갖게 되고 규율체계 역시도 쉽게 무너지고 맙니다. 진정으로 정을 베푸는 것은 무조건 감싸주는 것이 아닙니다. 필요할 때에는 질타를 하더라도 뒤에서 위로해 줄 수 있는 마음가짐이 진정으로 하급자에게 온정을 베푸는 것입니다. 그리고 그것을 우리는 '절제된 온정'이라고 부릅니다. 절제된 온정을 베풀도록 노력하는 리더가 되세요.
	중	당신은 온정이 과다하지는 않지만, 되돌아볼 필요성이 있습니다. 이러한 상황이 계속 진행되다 보면 당신은 과다한 온정에 빠질 위험이 있기 때문입니다. 위에서 우리는 하향온정이 가지고 오는 다양한 부정적인 효과에 대해서 공부했습니다. 부정적인 효과들을 위주로 학습하여, 항상 마음속에 '지금 내가 베푸는 온정이 추후에 부정적인 결과를 가지고 오지 않을까?'라는 생각을 해보는 것이 좋습니다. 그리고 세종대왕이 하위자에게 그러했듯, 절제된 온정을 항상 생각하세요. 온정이 과다하면 자신과 하급자만이 아닌 조직 전체의 규율이 무너지기도 합니다. 항상 되새기는 마음가짐을 갖고 온정을 베푸시길 바랍니다.
	하	당신은 과다한 온정으로 사고를 칠 수 있는 스타일입니다. 온정이 과다하여 공과 사의 구분이 불명확하고 부하의 문제를 감싸주려고만 하다가 문제를 키울 수 있습니다. 규율이 무너져 구성원들이 잘못해도 봐주는 것을 당연시하는 상태에 이를 수도 있습니다. '절제된 온정'이 되도록 각고의 노력을 하시고 가능하면 외부의 자문이나 코칭을 받아보시기 바랍니다.

FEEDBACK

구 분	구체적인 행동지침
하위여기	• 참을 수 없을 만큼 화가 치밀어 오를 때는 우선 상황을 회피한다. 아량을 베풀고자 해도 도저히 참을 수 없어 화가 나는 경우에는 우선 그 상황을 피한 후에 하급자를 다시 마주하는 것이 좋다. 충동성향을 절제하는 것은 누구에게나 쉽지 않기 때문이다. • 자신을 먼저 돌아보라. 리더 자신은 잘하고 있는지, 먼저 반성해 보라. 혹시 본인도 잘하지 못하면서, 하급자들에게만 잘하라고 꾸짖는 것은 아닌지 돌아보면, 아량의 마음이 좀 더 생겨날 것이다. • 하급자의 잘못이 용서할 수 있는 것인지 아니면 용서할 수 없는 것인지부터 파악하고, 그에 따라 질타를 할 것인지 아량을 베풀 것인지 결정하라. 용서할 수 없는 잘못에는 태만이나 의지가 부족한 경우로부터 오는 잘못이 굉장히 많은데, 이러한 잘못을 지속적으로 감싸주게 되면 하급자는 안이한 생각에 빠지게 된다. 그럴 때는 따끔한 질타를 가하되, 사기를 떨어뜨릴 수 있는 공포 분위기나 언성을 높이는 등의 행동은 삼가야 한다. 용서할 수 있는 잘못이라면, 너그럽게 용서하되, 잘못된 점은 분명하게 지적해 준다. 또한 마지막에 사기를 북돋을 수 있는 칭찬과 같은 말들은 아끼지 않는 것이 좋다. • 질타를 하기 전에는 잘한 부분부터 꼬집어 칭찬하라. 무조건 처음부터 다그치는 압박적인 질타는 좋지 못하다. 칭찬을 한 후 자연스럽게 자신의 잘못을 수긍하도록 좋은 말로써 하급자를 유인하는 것이 좋다.
동고동락	• 리더가 하급자에게 어려움을 직접 물어라. 하급자들에게 "내가 도와 줄 것이 있으면 언제든 말해"라는 말을 자주 하는 리더의 태도는 매우 바람직하다. 하지만, 한국의 하급자들은 진정 어려운 일이 있더라도, 실제로 리더에게 도움을 청하지 않는다. 하급자들은 리더에게 어려움을 토로하는 것은 마치 죄악처럼 여기며, 또한 매우 부담스러워 한다. 그러므로 리더는 직접 도움을 줄 수 있는 말로써 하급자의 어려움을 물어야 한다. 또한 계속 물어야 한다. 그리고 리더 자신도 하급자의 어려움이 무엇인지 직접 파악하도록 노력해야 한다. • 어려움은 진정으로 함께하고 즐거움은 가끔 적당하게 빠져주자. 하급자의 어려운 일을 진정으로 돕는 것은 매우 바람직한 행동이다. 물론 그것이 하급자에게 부담이 가지 않는 적당한 선이라면 말이다. 즐거움을 나눌 때에도 이는 마찬가지인데, 리더가 없음으로 해서 진정한 즐거움을 만끽할 수 있는 하급자만의 분위기를 만들어 주는 것도 매우 중요하다. • 하급자에게 억지로 동고동락을 강요하지 마라.
간담상조	• 하급자와 공통점을 강조하고 차이점을 극소화하려 노력하라. 하급자와 자신의 공통점이 무엇인지 찾아내고 그것을 강조하면 리더와 하급자는 보다 더 수월하게 친밀감을 형성시킬 수 있다. 인간은 서로 공감하는 부분이나 공통점이 있을 때 거리감을 좁히거나 서로의 벽을 허물기가 보다 수월하기 때문이다. • 권위주의적인 태도를 피하고 인간관계적인 태도를 지향하라.

(계속)

구 분	구체적인 행동지침
일심숙성	• 하급자에게 관심을 갖고 항상 칭찬할 거리를 준비하자. 칭찬이나 즐거움을 같이 나누기 위해서는 하급자에게 관심을 갖고 칭찬이나 즐거움을 표할 준비가 되어 있어야 적절한 시기에 상대방이 공감하는 즐거움을 줄 수 있다. 그러므로 항상 하급자에게 칭찬할 소재나 기쁜 마음을 표할 소재를 찾으려고 노력해야 한다.
과다온정	• 온정이 지나쳐 공과 사를 구분하지 못했던 경험을 떠올려보자. 온정의 가장 큰 폐해는 공적인 것과 사적인 것을 구분하지 못하는 것이다. 자신이 공과 사를 구분하지 못해 자기 자신에게 혹은 누군가에게, 혹은 어떠한 조직이나 집단에게 피해를 주었던 경험을 떠올려 체크리스트를 만들어 보자. 그리고 그것을 주변 사람들에게 말해 보는 노력을 하고 비판을 받자.

한국형 리더의 8가지 요인 ⑥ – 상향적응

Heart, Head, Hand

1 | 상향적응의 중요성

'사장님 잘 모서라', '선배 잘 모서라' 등, 윗사람을 '모신다'는 말은 다른 나라 말로는 번역하기조차 힘든 단어지만, 우리 사회에서 이만큼 많이 쓰이는 단어도 없을 것이다. 또한 '모시는 게 형편없네', '윗사람 안 모시고 뭐해?' 등의 말을 들으면 크게 긴장하여 자신의 행동을 되돌아보게 되고, 무엇을 잘못했는지 고민하게 되기까지 한다.

이처럼 한국인들은 윗사람을 모셔야 한다는 개념이 매우 강하여 잘 모시지 못했을 경우 미안해하기도 한다. 이러한 원인은 '효', '충', '예' 또는 '장유유서'(長幼有序) 등 윗사람에 대한 공경을 중요시했던 유교문화와 전통적으로 중요시되어온 가부장적 문화에 대한 관성 때문인 것으로 보인다.

홉스테드(Hofstede, 1980)의 연구*에 나타났듯이 높은 권력격차**를 보여주고 있는 한국의 조직사회에서는 상급자와 좋은 관계를 형성하는 것이 조직 생활에 도움이 된다고 인식는 사람들이 많다. 자신의 운명이 윗사람에 의해 좌우될 수 있다고 생각하므로 상급자와 우호적인 관계를 맺기 위해서 노력하게 되는 것이다.

한국의 기업이나 조직사회에서 자신의 상급자 혹은 윗사람을 '모신다'는 것은 문화적인 차원에 있어 상-하 간의 관계를 형성하는 데 빼놓을 수 없는 중요한 부분이지만, 한편에서는 모신다는 것을 아부나 아첨의 부정적인 측면으로 인식하는 경향도 존재한다. 이것은 곧 리더와 그(녀)의 상사의 관계를 설명함에 있어 긍정적 측면과 부정적 측면을 나누어 이해할 필요가 있음을 일깨워준다.

기존의 리더십 이론에서는 리더와 리더의 상사의 관계를 거의 다루지 않았다. 그러나 한국인들은 상·하·좌·우의 관계 속에서의 가치체계를 중시하기 때문에 리더십을 리더와 하급자의 관계로만 파악하는 것은 자칫 현상을 지나치게 단순화시켜 이해하는 우를 범할 수 있다. 특히, 기존문헌에서도 리더가 윗사람과 어떤 관계를 형성하느냐

- 홉스테드가 1980년 한국을 포함한 50개국을 대상으로 문화의 차이를 연구한 결과 미국의 경우 상사와 부하간의 권력 차이는 그다지 크지 않은 반면, 대한민국은 다른 국가에 비교하여 상사와 부하간의 권력 차이가 매우 큰 것으로 연구되었다.
- 권력격차가 높은 문화에서는 상사와 부하가 동등한 수준에서 상호작용하기 보다는 부하가 상사에게 의존을 하는 경향을 보이게 된다.

는 리더가 하급자들에게 리더십을 발휘할 때 매우 큰 영향을 미치는 것으로 나타나고 있다. 미국 문헌에도 펠츠 효과(Pelz Effect)라는 것이 있다. 이에 따르면, 리더가 자신의 상사와 좋은 관계를 유지할 때 자신의 하급자들에 대하여 더 큰 통제력을 발휘할 수 있다는 것이다. 한국인들의 경우는 이러한 펠츠 효과가 더 크고 다양하게 나타난다. 그러므로 여기에서는 리더와 그의 상사의 관계를 '리더의 상향적응'이라는 관점에서 보다 체계적이고 종합적으로 살펴봄으로써 효과적인 한국형 리더의 또 다른 측면을 깊이 있게 이해해보려 한다.

2 | 상 향 적 응 의   개 념

상향적응의 정의

한국형 리더십에서 말하는 상향적응은 '리더가 윗사람과의 관계를 원활히 함으로써 집단의 시너지를 극대화할 수 있는 여건을 창출하는 행동'을 뜻한다. 이것은 윗사람의 체면을 존중하여 불필요한 갈등을 피하고, 상사가 조직을 위해서 편안한 마음으로 자신의 역량을 최대한 발휘할 수 있는 분위기를 조성하며, 그의 부족한 점을 앞서 보충해 줌으로써 상사의 성과 창출과 더불어 자신의 성장을 이루는 상향적 행동의 집합을 뜻한다.

상향적응을 잘하는 한국형 리더는 상사의 성격, 기호, 좋아하는 말, 싫어하는 말, 원하는 일처리 스타일, 개인적 네트워크 등 다양한 정보를 잘 활용한다. 상사의 생각과는 다르더라도 상사의 감정을 거스를 수 있는 방식으로 직접적이고 강하게 거부감을 표시하기보다는 윗사람의 체면을 살려주면서 그의 생각이 잘못된 점을 간접적으로 깨우칠 수 있도록 부드럽게 대하는 것, 자신에게 주어진 공식적인 역할이나 임무영역을 벗어나더라도 개인적으로 상사에게 다양한 활동을 지원하는 것 등이 상향적응의 예가 될 수 있다. 이런 행동은 일견 비효율적이고 낭비적인 것처럼 보이나 궁극적으로는 상사의 신임을 얻는 계기가 되고, 상사의 마음을 편하게 해줌으로써 불필요한 갈등을 예방하는 결과를 가져온다.

그러나 상향적응 행동이 지나쳐 무비판적인 복종, 정체성의 상실, 폐쇄적 관점의 공유 등의 함정에 빠지지 않도록 주의해야 한다. 상향적응은 윗사람과의 감정적 갈등을 피하는 효과가 있는 반면 자칫 잘못된 방향으로 상향적응을 하게 되면 윗사람의 잘못을 적절히 지적해 주지 못함으로써 조직에 큰 문제를 야기할 수도 있다.

상향적응의 반대말은 상향투쟁(上向鬪爭)이다. 윗사람을 무력화시키고 궁극적으로 상사를 자리에서 몰아내려고 노력하는 태도를 일컫는다. 상사의 지시에 의도적으로 체면을 손상시키는 토를 달고 무시하며 때때로 지시와는 정반대로 행동하여 상사에게 책임이 돌아가도록 하는 적극적 불인정(不認定) 행위도 포함한다. 물론 상사에게 소극적인 태도나 안일한 행동만을 보임으로써 상사를 적극적으로 지원하지 않을 수도 있다. 또한 너무 나서든가 지나치게 자신만 돋보이는 행위로 상사의 이미지를 실추시킬 수도 있다.

그렇다면 한국형 리더는 상향적응의 행동을 함에 있어 어떠한 자세를 가지고 어떻게 행동하는 것이 바람직할까? 한국형 리더의 상향적응 행동에는 세 가지 요소가 있는 것으로 본다. 이번 장을 통해 상향적응 3요인을 구체적으로 알아보고 상향적응을 잘하는 한국형 리더로 거듭나는 발판을 마련하도록 하자.

상향적응의 3요인

과거 수많은 리더들의 사례와 현재의 조직에서 발생하는 다양한 현상들을 분석해본 결과 상향적응을 잘하는 한국형 리더들은 Heart, Head, Hand(3H)의 세 가지 요인을 지닌 리더들이었다.

여기에서 마음(Heart)은 심리적 상태이고, 사고(Head)는 이성적·지적 능력이며, 행동(Hand)은 가시적 표현을 뜻한다. 이 세 요인들은 물론 완전히 독립적일 수는 없을 것이다. 그러나 지금까지의 많은 심리학의 연구결과들을 살펴보면, 마음과 사고와 행동은 반드시 일치하지 않는다는 결론이 대부분이다. 그러므로 여기에서는 독립된 실체이면서 서로의 조합에 의해 구체적 결과를 산출하는 기제(mechanism)를 갖는 것으로 취급하기로 한다. 그렇다면 3H(Heart, Head, Hand)가 각각 어떤 의미를 갖는지 좀 더 구체적으로 알아보자.

〈표 8.1〉 상향적응의 3요인(3H)

구 분	뜻	내 용
Heart	마음	상사를 진심으로 존경하고 인정하며, 리더에게 신뢰·믿음·애정 등을 쏟는 마음가짐
Head	사고	상사의 경영방식이나 스타일을 잘 알고, 상사에게 필요한 것이 무엇인지 분석·통찰·판단·제언(提言)하는 독립적 사고력
Hand	행동	상사에게 불필요한 갈등을 초래하는 행동을 삼가며, 예를 갖추고, 상사가 편안한 마음으로 성과를 낼 수 있도록 적극적으로 지원하는 행동

(1) Heart

'Heart'는 심리 또는 정서와 관련되는 상향적응의 요인으로, '신뢰, 가치, 애정, 존경, 배려, 믿음 등의 진심어린 마음으로 상사를 대하는 것'을 뜻한다.

Heart를 지닌 한국형 리더들은 상사를 진심으로 존경하고 신뢰하기 때문에 자신을 상사에게 몰입시키고(Mayer, Davis & Schoorman, 1995), 정서의 일체화를 이루기 위해 노력한다. 또한 상사의 비전과 목표를 함께 공유하며, 상사와 조직에 헌신한다. 상사와 심리적으로 일체화(alignment)가 이루어진 리더는 상사의 목표를 자신의 목표로 여기며 상사가 어려움에 처했을 때, 마치 자신의 일처럼 발 벗고 나서서 헌신적으로 도와주려는 태도를 보인다. 또한 생각은 다르더라도 마음 깊은 곳에서는 존경과 애정과 신뢰를 갖는다. 이것은 곧 리더가 상사와 가치일체화(價値一體化)된 모습이다. 아무리 좋은 아이디어가 있어도 리더가 상사나 조직과 가치일체화가 되어있지 않으면, 결국 리더는 상사나 조직보다는 자신의 이익을 위해서 선택하고 행동하게 된다. 또한 겉으로는 극진히 상사를 모시는 것처럼 보이지만 (즉, 행동적응), 마음이 함께 있지 않으면 결국 상사를 속이기 위해서 위장하는 것에 불과하다. 이것이 Heart, Head, Hand 중에서도 Heart가 가장 중요시되는 이유이다.

상사에 대한 애정, 존경, 신뢰라고 할 수 있는 Heart의 요소를 적절히 갖춘다는 것은 곧 상사에 대해서 진정성을 갖는 것이다. 진정성이란 마음의 문제이며, 직접적으로 확인할 방법은 없지만, 사고와 행동을 보고 간접적으로 진정성의 여부를 파악할 수 있다(구재선, 2009). 진정성이 결여되면 지시받은 업무를 진심으로 열심히 하려는 마음보다 '이 정도면 되겠지'하는 '대강 철저히'의 마음을 갖게 만든다. 그리고 실제로 그 수준의 행동만을 보이게 된다. 이는 상사나 조직에게도 좋지 못한 영향을 주지만, 자신의 역량을 최대한 활용하는 기회를 잃게 만들어, 장기적으로 자신의 성장과 발전을 저해하는 부정적 결과를 가져오기도 한다. 또한 진정성의 결여는 구성원들 간에 마음을 공유하기 어렵게 만든다. 아울러 상사의 마음으로부터 전해지는 내적인 보상보다 물질적인 외적 보상에 더욱 민감하게 만든다.

(2) Head

'Head'는 사고와 관련되는 상향적응의 요인으로, '분석, 통찰, 판단 등의 뛰어난 사고력을 통하여 상사에게 다양한 정보를 제공하는 것, 상사의 생각을 미리 파악하여 적절히 대처하는 것'을 의미한다. 흔히 상사의 의견에 무조건 동의하는 성향을 보이는 리더들이 있다. 이들은 상향적응을 잘하는 리더라고 보기 힘들다. 오히려 독립적으로 생각하여 상사에게 적절히 조언해주려는 태도를 갖는 것이 더 바람직하다.

또한 상향적응의 Head를 지닌 리더들은 상사가 무엇을 원하는지 잘 파악하여 상의(上意)를 적중시키려 하는 경우도 많다. 이것도 바람직하지 않다. 상의를 적중시키려 하기보다는 상사의 편향적 생각이나 사고의 방식을 효과적으로 지적해주며, 상사가 미처 파악하지 못한 것까지도 적기에 조언해 줌으로써 상사에게 올바른 방향을 제시해주려는 노력이 보다 바람직하다.

상사의 입장이 되어 생각해보는 것은 바람직하다. 그러나 모든 생각의 틀을 상사와 일치시키려 하면 곤란하다. 이는 리더가 갖고 있는 '생각의 자원'을 최대한 활용하는 기회를 잃게 만들거나 폐쇄적인 사고를 공유하게 만드는 문제점을 발생시키기 때문이다. 상향적응을 잘 하는 한국형 리더는 독립적인 사고를 뚜렷하게 유지하여 상사가 놓친 것을 잡아주고, 잘못된 것을 올바르게 이끌어 주는 보완적 사고를 지닌 리더이다. 상사와 마음은 일체화해야 하지만, 그런 가운데에서도 자신의 독립적 사고를 뚜렷하게 유지하도록 하는 것은 무엇보다 중요하다. 물론 이것은 쉬운 일이 아니다. 상사와 오랜 기간 함께 생활하다 보면 리더의 독립적 생각이 무뎌지고 오히려 상사와 생각이 비슷해지는 풍화작용이 일어나기 쉽다. 이것을 바람직한 한국형 리더가 경계해야 하는 '사고함몰현상'(思考陷沒現狀)이라고 부른다. 그러므로 한국형 리더는 사고함몰에 빠지지 않기 위해서 지난한 노력을 경주해야 한다.

(3) Hand

'Hand'는 행동과 관련되는 상향적응의 요인으로 '상사에게 불필요한 갈등을 초래하는 행동을 삼가며, 예를 갖추고, 상사가 편안한 마음으로 성과를 낼 수 있도록 적극적으로 지원하는 행동'을 뜻한다. 여기에는 상사가 지시한 일을 꼼꼼하고 야무지게 잘 처리하는 것, 상사를 불편함이 없이 모시는 것, 여러 사람이 있는 자리에서 상석으로 모시는 것 등의 의전적 행동이 포함된다.

때로는 상사가 개인적인 일이나 자신의 직위와 공식적 업무영역을 벗어나는 일도 시킬 수 있다. 이것은 상황에 따라 지혜를 발휘하여 적절히 대처해야 하는 아주 민감한 행동영역이다. 부하들에게 개인적인 일을 시킨다는 것은 서구에서는 상상도 할 수 없는 일이다. 하지만 우리나라에서는 '장유유서'의 개념이 강하기 때문에 별 생각 없이 상사가 리더에게 개인적인 일을 시키는 경우도 종종 있을 수 있다. 정말로 어쩔 수 없는 일인지, 상사가 그러한 일을 시킨다는 것이 진정 잘못된 것이라는 점을 알면서도 어쩔 수 없어서 부탁하는 것인지를 잘 헤아려 리더는 현명하게 대처할 줄 알아야 한다. 핵심은 리더가 상사의 개인적 부탁을 거절할 때 현명하게 해야 한다는 것이다. 적당한 핑계를 대거나 다른 더 중요한 일이 있음을 내세워 자리를 피할 줄 아는 예지가 필요하다. '좋은 게 좋은 거'라는 태도로 일관하다가는 한도 끝도 없이 더욱 더 심한 개인사를 부탁하는 결과를 낳게 된다. 거절하되 리더 개인의 의사가 아니라 상황적 불가피성 때문에 거절할 수밖에 없다는 점을 내세울 줄 알아야 한다. 상사가 시키는 일에 무비판적으로 'Yes'라는 대답으로 일관하는 것은 Hand를 잘 발휘하는 것이라 할 수 없다. 상사의 개인적인 부탁이나 곤란한 요구에도 상호간의 적절한 합의점을 찾아 행동하는 것은 무엇보다 중요하다. 그러므로 Hand는 Head와 적절하게 보완을 이룰 때 보다 바람직하며, Heart의 구체적 증거가 될 수 있도록 현명한 행동방식의 습득이 한국형 리더들에게 필요하다.

이상에서 잠깐씩 언급되었듯이, Heart와 Head와 Hand는 서로 간에 적절한 조화를 이룰 때 상향적응의 바람직한 효과를 기대할 수 있다. 어느 한쪽으로 치우치면 갈등의 불씨가 되고 전체적으로 조화를 이뤄내기 힘들어진다.

다음을 통하여 상향적응을 발휘하기 위한 요인들의 적절한 조화에 대하여 구체적으로 알아보자.

상향적응 3요인의 유형

상향적응의 세 가지 요인은 경우에 따라 독립적으로 발휘되는 경우도 있지만, 대부분 모든 요인이 혼재되어 나타나는 것이 일반적이다. 그렇기 때문에 각각이 적절한 조화를 이루었을 때 보다 효과적인 상향적응의 리더로 거듭날 수 있다. Head가 완벽해 뛰어난 사고능력으로 상사에게 도움이 되는 다양한 정보를 소유하고 있지만, Hand가 따라주질 않아 행동이 즉각 발휘되지 않는다면, 상향적응의 실패로 이어질 수 있기 때문이다.

다음 〈사례 8.1〉과 같은 상황을 한번 상상해 보자.

〈사례 8.1〉 상품기획팀의 김 팀장 사례

김 팀장은 박 상무와 신제품 출시에 대해 논의하고 있다. 박 상무는 신제품 출시에 매우 큰 기대를 하며 적극적으로 밀어붙이려 한다. 상품기획에 문외한인 박 상무는 성과를 내야 한다는 마음이 앞서 각종의 시장데이터를 객관적으로 분석하지 않으려 한다.

하지만 제품기획을 20년째 하고 있는 김 팀장이 다양한 자료를 검토해본 결과 경쟁사 제품이 시장에서 워낙 강한 지배력을 가지고 있기 때문에, 지금 본사가 시장에 신제품을 내놓는다는 것은 자칫 실패로 이어질 뿐 아니라 기업 이미지까지 부정적으로 훼손될 수 있을 것이 확실하다는 결론을 얻었다. 바람직한 전략적 대안은 지금 신제품을 출시하기보다는 적극적인 보완과 검토가 먼저 선행되어야 한다는 것이다.

이 사실을 박 상무에게 알리고 그를 설득하여 마음을 돌리도록 하지 않으면 실패는 불을 보듯 뻔하다. 하지만 박 상무를 별로 좋아하지 않는 김 팀장은 계속 침묵으로만 일관했다. 그렇다고 김 팀장이 박 상무를 언짢게 한다든지 의전을 소홀히 한 적은 없었다. 겉으로는 깍듯이 대하면서도 그저 흘러가는 대로, 관계가 나빠지지 않을 만큼 박 상무를 대했다. 그러다 혹시 일이 제대로 잘 풀려 대박을 치면 좋은 것이고 일이 잘 안 되면 박 상무에게 책임이 돌아가게 되어 있으니 김 팀장으로서는 손해 볼 것이 없다고 생각했다.

처음에는 몇 차례 반대를 해봤지만, 박 상무의 고집이 꺾일 기미를 보이지 않자, 김 팀장은 의지를 접고 말았다. 굳이 정력과 시간을 소비해 가면서 박 상무에게 진언할 필요가 없다고 판단했기 때문이다. 잘돼야 할 텐데 걱정이라는 태도로 박 상무를 위에서 보듯이 뛰어난 사고력과 판단력을 지녀도, 그것을 행동으로 적극적으로 발휘하지 않으면 바람직한 상향적응 행동이라고 볼 수 없다. 그러므로 각각의 요인들은 적절한 조화가 필요하며, 상향적응을 잘하는 최고의 한국형 리더는 모든 요소를 적절하게 갖추고, 조화를 이루기 위해 노력하는 리더이다. 물론 김 팀장이 박 상무에 대해서 'Heart'를 가지고 있는 것 같지도 않다. 그저 의전적 행동만을 보일 따름이다. 김 팀장이 이상적 리더였다면, 적극적으로, 그러면서도 박 상무가 기분 나쁘지 않게 진언했을 것이다. 이것은 물론 박 상무의 측면에서 그의 리더십 부재를 탓할 수도 있을 것이다. 하지만 리더십의 초점을 김 팀장에게 맞춰 보면, 그의 잘못이 더 큼을 알 수 있다. 무릇 효과적인 리더라면 김 팀장과 같은 이기적, 또는 나 몰라라 식의 태도를 보여서는 안 된다. 리더는 하급자들에게만 잘 해주는 사람이 아니다. 자신의 상사도 잘 설득하고 잘못된 점을 바로잡아 큰 성과를 낼 수 있도록 이끌어 가는 상향적 영향력도 발휘할 줄 아는 사람이다. 자기는 안전하고 윗사람은 책임지고 조직은 손해 보게 하는 것은 바람직한 한국형 리더십의 모습이 아니다.

〈표 8.2〉 상향적응 3요인(3H)에 따른 리더 유형

명 칭	Heart(진심)	Head(사고)	Hand(행동)	유 형
3H	○	○	○	이상형
2H	×	○	○	자기중심형
	○	×	○	적극적 헌신형
	○	○	×	행동결핍형
1H	○	×	×	소극적 헌신형
	×	○	×	단순조언형
	×	×	○	단순머슴형
0H	×	×	×	부적응형

상향적응의 3H를 함께 모아 결합해보면 8가지 상향적응 유형이 도출된다. 이를 〈표 8.2〉에 제시하였다. 〈표 8.2〉에서 보듯, Heart, Head, Hand를 셋 모두 다 지닌 상향적응의 리더가 이상형이다.

(1) 이상형

이상형 리더들은 상사에게 3H(Heart, Head, Hand)를 모두 보여준다. 혁신적이고 독창적인 사고로 상사가 미처 생각하지 못한 부분이나 부족한 부분을 적기에 조언해주고, 상사의 상황을 잘 파악한다. 또한 상사를 진심으로 존경하고 신뢰하며, 필요한 후원적 행동을 효과적으로 보여준다.

다음 S항공의 안 팀장의 사례를 보고 이상형 리더는 어떤 모습인지 구체적으로 살펴보자.

〈사례 8.2〉 S항공 안전관리부서 안 팀장의 사례

안 팀장은 S항공의 안전관리부서에서 일한다. 한번은 그의 상사인 오 상무가 안 팀장에게 무재해 상금이 한 부서에 편중되니 이를 개선하라고 지시하였다. 안 팀장은 그 부분에 관해서 즉각 해명을 할 수도 있었지만, 오 상무의 결연한 태도에 즉각적인 해명은 오히려 부작용을 일으키는 것이라 생각했다. 안 팀장은 그 자리에서 즉각 "예, 상무님. 검토해 보겠습니다" 하고 자리를 빠져나왔다.

무재해 상금은 부서간의 선의의 경쟁을 통해 무사고 목표를 달성한 팀에만 포상을 해야 하므로 상금이 편중되더라도 계속해서 잘하는 팀에는 상금이 주어지게끔 해야 한다. 또한 안전관리에 소홀한 팀에게는 상금을 단 한 번도 받지 못했다 하더라도 사고가 지속적으로 발생하는 이상 상금을 주지 않는 것이 옳다. 안전에 관심도 없고 안전관리에 소홀한 부서에 상금을 줄 수 없다는 얘기이다. 안 팀장은 바로 "어떻게 사고 다발 부서에 상금을 나눠 줄 수 있습니까?"라고 반박할 수도 있었지만, 그 자리에서 바로 그런 행동을 보이지 않았다. 결국 안 팀장은 갈등을 피하고 무재해 운동의 본래 취지가 극대화되도록 전략을 세울 필요가 있다고 판단했다.

안 팀장은 잘하는 팀에 집중 포상을 해줌으로써 팀 간 긍정적인 경쟁을 유도할 수 있음을 부각시켰다. 그를 위해 과거 10년간의 자료를 정리하여 리스트화했고, 무재해 상금 운영 결과 산재보험금을 연간 8억 원 절감시켰으며, 업무상 재해 발생건수도 연간 60건에서 27건으로 감소되었다는 자료와 함께 자신의 의견을 오 상무에게 제시했다.

안 팀장은 오 상무를 유심히 관찰했다. 안 팀장은 오 상무의 생각에 약간의 변화가 있다는 것을 느낌으로 감지할 수 있었다. 하지만 오 상무는 처음 지시한 상금 편중 현상에 대해서는 마음을 바꾸지 않았다. 상무의 직책에 있으면서 한번 내린 결정을 다시 번복하는 것은 어렵기 때문인 듯 보였다. 하지만 안 팀장은 오 상무의 그런 태도를 비판하기보다는 자신의 능력이 부족했음이라고 자신을 토닥이며, 다음번에는 더 객관적인 자료를 수집하도록 노력해야겠다고 자신을 다잡았다.

그날 밤, 안 팀장이 퇴근할 때, 오 상무는 안 팀장을 자신의 방으로 다시 불렀다. 오 상무는 "안 팀장, 아까 그 무재해 상금 건 퇴근길에 한잔하며 다시 얘기해보지"라며 회사 근처의 맥줏집으로 이끌었다. 결국 오 상무는 자신의 생각을 바꿨다. 안 팀장은 기뻤다. 무엇보다 자신의 노력이 누군가의 마음을 움직일 수 있었다는 사실에 자신도 놀랐다.

위 사례에서 안 팀장은 자신의 상사와 직접적인 갈등을 피하기 위해 잘못된 부분을 우회적인 방법으로 적절히 제안했으며, 상사의 잘못된 점을 잡아주기 위해 진심으로 노력한 모습이 엿보인다. 이는 3H를 갖춘 이상형 리더의 모습이라고 할 수 있다.

(2) 자기 중심형

자기 중심형은 3H 중에 Heart가 결핍된 형태이다. 상사에 대해 신뢰나 존경은 하지 않지만, 독립적인 사고로 상사가 미처 생각하지 못한 부분이나 부족한 부분을 조언해주고, 상사의 상황을 잘 파악한다. 또한 후원적 행동을 적절하게 보여준다.

자기 중심형은 '진정성'이 결여되어 있어 계산적인 사고나 행동을 보이기 쉽다. 상사가 지시하는 업무나 일에 대하여 그와 자신이 일을 해냈다는 성취감이나 만족감보다는 돌아올 보상이 얼마나 되는지에 더 큰 관심을 보인다. 만약, 상사로부터 돌아올 보상의 대가가 적으면 적극적으로 일하지 않게 된다.

Heart의 결여가 부정적인 방향으로 발현되면, 자기 중심형 리더들은 겉 다르고, 속 다른 행동을 보일 수 있다. 겉으로는 잘 따르지만 속으로는 자신이 상사보다 우월하다는 마음으로 상사를 은근히 무시한다. 나아가 상사를 이용하여 바른 생각과 합리적인 경영을 가로 막아 자신의 이익을 챙기려 하기도 한다. 겉으로 상사를 잘 모시려 노력하지만, 마음에 진정성이 없기 때문에 항상 경계를 명확히 그어두고 그 선을 넘는 행동은 보이지 않는다. 또한 많은 아이디어나 생각을 갖고 있으며 독립적으로 생각한다. 상사는 자기보다 높은 자리에 있으니까 상사이지 객관적으로 보면 자신도 상사보다 못할 게 없다는 생각을 갖고 있다. 이것은 물론 상사의 능력부족이나 상황인식 부족인 때문일 때도 많다. 그렇더라도 이상적 한국형 리더라면 상사의 좋은 점을 찾아 보호해 주려는 노력이 필요하며, 또한 가치나 인식이 잘못되었다면 시간을 두고 이를 적절한 방법으로 바로잡으려는 적극적인 노력을 해야 한다. 이러한 유형에게 다행스러운 것은 가시적 행동 차원에서는 리더가 상사를 나쁘게 대하지 않는다는 점이다. 마음속의 불신을 가시적 행동으로 보여주기까지 한다면, 단순조언형이 되어 시너지 창출을 더욱 어렵게 할 것이다.

(3) 적극적 헌신형

적극적 헌신형은 3H 중에 Head가 결핍된 형태이다. 상사를 진심으로 존경하고 신뢰하는 리더로, 착하고 순응적이며 상사를 위한 일이라면 헌신적으로 참여한다. 하지만 독립적으로 사고하려는 능력이 부족해 리더의 판단에 지나치게 의존하려는 성향을 띤다. 다양한 사고를 요하는 업무에도 매우 약한 면모를 드러낸다.

〈사례 8.3〉의 김 차장의 사례를 통하여 적극적 헌신형에 대해 좀 더 구체적으로 알아보도록 하자.

〈사례 8.3〉 적극적 헌신형 김 차장

H 전자의 박 상무와 김 차장은 15년을 같이 생활하면서 동고동락해온 사이이다. 김 차장은 박 상무를 그림자처럼 모셔왔다. 박 상무가 술을 마실 때면 김 차장은 어김없이 대리기사를 자청했고, 박 상무가 바쁠 때에는 그의 자녀들과 함께 놀이동산에 대신 다녀와 주기도 했다. 박 상무의 일이라면 김 차장은 개인적인 일, 업무적인 일의 구분 없이 도왔으며, 박 상무 역시도 김 차장을 매우 신뢰했다.

어느 날 박 상무는 자신의 지시가 없으면 스스로 아무런 행동도 취하지 못하는 김 차장이 하도 답답해서 그를 불러 호되게 질타하기 시작했다. 물론 기본적으로는 아무 것도 스스로 판단해서 추진하려 하지 않는 김 차장의 잘못이었다.

> 박 상무 : 김 차장, 너는 어찌 시키는 것 아니면 할 줄 모르냐? 미리미리 알아서 조사도 하고, 새로운 생산 방법도 찾아다니고 했으면 이렇게까지 생산 차질이 빚어지는 일은 없었을 것 아냐? 도대체 너는 니 생각도 없냐?
>
> 김 차장 : 예, 없습니다.
>
> 박 상무 : 뭐라고?
>
> 김 차장 : 예, 저는 제 생각이 없습니다.
>
> 박 상무 : ······.
>
> 박 상무는 순간 숨이 멎는 듯한 당혹감을 느꼈다. 그래도 확인차 다시 물었다.
>
> 박 상무 : 지금 뭐라고 했어?
>
> 김 차장 : 저는 지난 15년간 상무님을 모셔왔습니다. 제가 단 한 번이라도 상무님 을 불편하게 해드리거나, 상무님이 시키는 것을 거역한 적이 있습니까? 자나 깨나 상무님을 어떻게 하면 편안하게 모실까 하는 생각뿐이었습니 다. 심려를 끼쳐드려 정말로 죄송합니다. 제가 잘못 모신 탓입니다. 시키 시는 대로 하겠습니다.

김 차장의 사례에서 보듯 적극적 헌신형은 자신의 독립적 사고력이 결핍되어 리더에게 지나치게 의존하거나 무조건 복종하는 성향을 띤다. 시키는 것 외에 필요한 일을 직접 찾아서 능동적으로 하지 못하는 경우가 많으며 스스로 행동할 줄 모른다. 그러나 자신의 상사와 완전한 가치일체를 이루고 있으며 행동 차원에서도 완벽할 정도로 상사를 자신처럼 잘 모시는 성향을 띤다. 이러한 적극적 헌신형은 다양한 사고를 할 수 있도록 자신의 역량을 기르는 것이 급선무이다.

(4) 행동결핍형

행동결핍형은 3H 중에 Hand가 결핍된 유형이다. 독립적 사고능력과 상사를 진심으로 생각하는 마음가짐으로 상사가 훌륭하게 성장할 수 있도록 지원할 수 있는 자질을 갖추었다. 그러나 행동으로 옮길 줄 모른다. 그 원인에는 두 가지가 있을 수 있다. 첫째는 리더 개인의 성격적 차원이다. 빠르고 민첩한 A형의 성격을 갖는 사람들과는 달리, 항상 우유부단하고 행동이 느리며 궂은일을 하려 하지 않고 일을 벌이려 하지 않는 B형의 성격을 갖는 리더는 생각과 마음은 있으나 적기에 행동할 줄 모른다.

둘째는 상황적 요인이다. 너무 일이 많든가 필요한 자원을 구할 수 없는 경우 생각과 마음은 있어도 실행하기 힘들어진다. 그러므로 한국형 리더가 상사에 대한 행동 결핍 증상을 극복하기 위해서는 그 원인이 무엇인지를 정확히 파악하여 보완해 나갈 필요가 있다.

다행스러운 것은, 이러한 행동 결핍형은 훈련이나 외적 자극에 의해서 적절한 행동을 유발하여 이상형으로 만들기가 다른 유형들에 비해서는 비교적 쉽다는 점이다. 전체에 대한 아이디어가 있고 상사에 대해서 신뢰와 존경심을 갖고 있다는 것만으로도 리더의 중요한 자질을 갖추고 있다고 볼 수 있다. 하지만 성격적 요인에 의해서 상향적 행동결핍이 발생한 경우에는, 성격이라는 것이 쉽게 바뀌지 않는다는 성질을 감안할 때, 리더의 행동변화가 쉬운 것만은 아니다. 이런 때는 상사가 리더와 오랜 생활을 함께 하면서 서로 적응해가려는 공동의 노력이 필요하다.

(5) 소극적 헌신형

소극적 헌신형은 3H 중 Heart만을 갖춘 형태이다. 소극적 헌신형의 리더는 상사를 진심으로 존경·신뢰하고, 따른다. 또한 상사의 성공을 자신의 성공처럼 기뻐하며, 상사를 지지하려 한다. 하지만 단지 맹목적으로 존경할 뿐 리더가 정작 원하는 것이 무엇인지, 리더를 위해 어떠한 행동을 해야 하는지 잘 모른다.

우리 주변에 이러한 리더들은 의외로 즐비하다. 인간적으로는 참 좋고 예의도 바르며, 상사와 좋은 관계를 유지하지만, 막상 업무적인 측면에서는 답답한 면모를 보인다. 무엇을, 어떻게, 어디서부터 해야 하는지 잘 모르고 상사가 어떤 상황에 처해 있으며 어떤 조언이 필요한지를 독립적으로 사고할 줄 모른다. 이러한 소극적 헌신형 리더들은 생각이나 행동은 하지 않으면서 마음만 있으면 모든 게 다 해결된다는 착각을 갖는다. 흔히 소극적 헌신형은 아부나 아첨의 행동에 의존하게 되는 경우가 많다. 특히, 모시는 것을 좋아하고 독단적이며 엄한 상사 밑에서 오랜 세월 일해 온 리더들이 이런 행동특성을 보일 때가 많다. 소극적 헌신형을 벗어나기 위해서는 적극적으로 자기계발을 하려는 노력이 필요하다. 1년씩 연수를 보내주는 회사의 경우 좋은 기회가 될 것이다. 상사는 무조건 존경받는 것만을 원하지 않는다는 기본개념을 머릿속에 간직할 필요가 있다.

(6) 단순조언형

단순조언형은 3H 중에 Head만을 갖춘 형태이다. 단순조언형의 리더는 상사의 상황을 꿰뚫어 보는 능력과 다면적으로 사고할 수 있는 능력까지 겸하였다. 상사를 위해 다양한 아이디어나 정보를 제공함은 물론이고, 상사의 잘못된 점을 건설적인 조언으로 잡아주어 올바른 의사결정을 하도록 이끌어 줄 수 있는 장점이 있다. 그러나 Heart와 Hand가 없기 때문에 말로만 끝나는 경우가 많다. 상사에 대한 마음가짐을 새롭게 하고 실제 행동으로 상사를 위하려는 노력이 필요하다. 다음에 제시된 조 부기장은 그러한 단순조언형의 예이다.

〈사례 8.4〉 조 부기장의 단순 조언 상향적응

비행기 조종석에 함께 동고동락하는 기장과 부기장은 특별한 관계이다. H 항공사에서 있었던 일이다. 몇 년 전 어느 겨울날, 송 기장과 조 부기장이 일본의 나리타공항으로 비행을 하게 됐을 때의 일이다. 지상에서 비행 서류를 점검하던 중, 조 부기장은 나리타공항의 중요한 정밀 계기 접근시설이 고장 났다는 것을 발견하게 되었다. 조 부기장은 송 기장에게 이 내용을 말하고 적절한 조치방법을 몇 가지 설명했다. 그러자 송 기장은 "그래 알았어"라는 대답 외에 별다른 반응을 보이지 않았고, 권위적으로 보이는 송 기장 앞에서 조 부기장은 자신이 뭔가 실수를 한 것만 같았다. 그래서 조 부기장은 나리타공항으로 가는 비행 중 더 이상 아무런 의견도 제시하지 못한 채 주어진 일에만 집중하게 되었다.

일본으로 가는 비행 도중 송 기장은 몇몇 단계에서 바뀐 비행 절차를 모른 채 바뀌기 이전 절차를 그대로 적용했다. "기장님, 그거 이번에 바뀌었어요"라고 말 한번 할 법한데, 예전 절차를 적용해도 비행에 큰 지장이 없을 것이라고 판단한 조 부기장은 아무 얘기도 하지 않았다. 송 기장은 평소 매우 엄하고 독단적인 스타일로서 부기장들이 함께 비행하기를 꺼리는 사람이었다. 조 부기장도 마찬가지 느낌을 가지고 있었다.

나리타공항으로 접근하는 단계에서 송 기장은 정밀 계기 접근 시설이 고장 났다는 사실을 잊은 채 평소처럼 정밀 계기 접근 방법으로 착륙을 하겠다고 착륙 브리핑을 5분 정도 실시했다. 조 부기장은 모든 내용을 듣고 나서 조심스럽게 송 기장에게 정밀 계기 접근 시설이 고장 났다는 사실을 다시 한 번 얘기했다. 그러자 송 기장은 "그 얘기를 왜 내가 착륙 브리핑할 때 안 했나?"라며 다그쳤다.

결국 그날 비행기는 비정밀 접근을 위한 준비가 갖춰질 때까지 공중에서 대기를 하다가 비정밀 접근 계기를 이용한 방법으로 간신히 나리타공항에 착륙했다. 큰일 날 뻔한 아찔한 순간이었다.

〈사례 8.4〉에서 보듯 조 부기장은 무엇을 어떻게 해야 하는가에 대한 사고는 갖춘 것으로 보인다. 하지만 기장과의 친밀감이 없고, 또한 상사가 틀렸을 때 자신의 생각을 적극적으로 적기에 조언해주는 것을 심리적으로 힘들어 하는 스타일이어서 '설마설마'하는 마음으로 비행을 진행했던 것이다. 자칫 큰 사고로 연결될 뻔한 아찔한 순간이었다.

단순조언형은 흔히 '립 서비스형'이라고 불리며, 역사적으로도 이러한 사례를 찾는 것은 어려운 일이 아니다. 말해야 하는데도 상사가 엄하거나 불편한 관계여서 말하지 않는 것은 위에서처럼 매우 큰 사고를 가져올 수도 있다.

(7) 단순 머슴형

단순 머슴형은 3H 중에 Hand만을 갖춘 형태이다. 시키는 일을 잘하고 상사를 옆에서 불편함 없게 돕는다는 이점은 있으나 사고하는 능력이 결여되어, 창의적으로 해야 하는 업무는 적절하게 소화해내지 못한다. 또한 진심의 마음도 결여되어 상사로부터 주어진 업무를 진심으로 열심히 하기보다 '잘 보이기 위해서 열심히 한다'라는 태도로 업무에 임한다. 다분히 가식적 태도이다.

〈사례 8.5〉에 제시된 여 팀장의 사례를 통해 단순 머슴형 리더의 적절한 예를 살펴보고, 문제점은 무엇인지 구체적으로 분석해보자.

〈사례 8.5〉 단순 머슴형 여 팀장의 사례

여 팀장은 오늘도 어김없이 맥줏집에서 자신의 부하직원들에게 김 상무에 관한 좋지 못한 얘기들을 늘어놓는다.

여 팀장 : 김 상무 있지? 걔가 내 입사 동기잖아. 그 친구 처음에 입사했을 때는 비리비리했었다고. 개념 탑재도 제대로 안 돼 있던 친군데, 저렇게까지 고속 승진할 줄 누가 알았겠어? 내 위에 있게 될 줄 누가 상상이나 했겠어? 그냥 뭐 시키는 일만 좀 하나 싶었는데, 에휴. 그 친구 고속 승진한 거 말이야. 으흠, 솔직히 내가 짚이는 게 있긴 한데, 그 친구를 위해 그냥 입 닫고 있는 거라고.

강 대리 : 아 그렇습니까? 저는 그런 줄도 모르고, 김 상무님 다시 봐야겠네요. 저는 김 상무님 청렴결백하신 분인 줄 알았더니. 역시, 일만 열심히 해서 그렇게 빨리 그 자리까지 올라가긴 힘들죠.

여 팀장 : 신입 시절 때는 좀 둔하고 멍청해도 시키는 일 잘하니까 다른 사람들이 좀 인정해준 것뿐이라고. 솔직히 내가 그 친구보다 업무에 대해 더 많이 알고 더 잘했었다고. 내가 승진운이 없어서 아직 팀장 자리에 머무르고 있지만 말이야. 능력도 없으면서 상무라고……

강 대리 : 아! 그러고 보니 지난번 임원회의에서요. 김 상무님께서 말씀하셨던 파워 블로거들과 연계하는 공동구매 건이요. 그것도 좀 이상하긴 해요. 그걸 정말로 추진할 생각이신지 조금 걱정되기도 합니다. 솔직히 상무님 빼고 모두 다 블로거들 영향력이 별로라고 생각하거든요. 부서 직원들 모두 비전 없는 추진안이라고 생각해요. 겉으로 내색은 안 하지만, 정말 추진되면 어쩌나 다들 골머리 썩고 있더라고요. 팀장님 생각은 어떠세요? 팀장님 생각도 마찬가지시죠? 전혀 가망 없지 않을까요?

여 팀장 : (뜨끔) 응? 그, 그, 그래, 그렇지? 내가 그게 그렇게 이상하다고 했는데 말이야. 그걸 그렇게 추진하려고 해. 내가 뜯어말려야겠어. 김 상무 역시 시키는 일만 잘하지 별거 없다고. 그런 것도 아이디어라고.

맥줏집 가기 하루 전날 오전. 사실 회사에서의 실상은 이랬다.

김 상무 : 여 팀장, 어떻게 지난번 임원회의에서 제기했던 요리와 생활 관련 파워 블로거 건 잘 처리되고 있나?

여 팀장 : 물론이죠. 잘 추진될 것 같습니다. 역시 상무님 안목이 탁월하십니다.

김 상무 : 그런데 말이야, 으흠, 그 블로거와 공동구매하는 건 말이야. 으흠, 여 팀장은 어떻게 생각하나? 그 안건 실제적으로 잘될 것 같은가?

여 팀장 : 상무님께서 제안하신 아이디어인데 당연하지요. 제가 살펴본 바에 의하면 누적 방문자 수도 엄청나고, 아주 잘될 것 같습니다. 직원들도 아마 호의적일 겝니다.

김 상무 : 그럼 여 팀장만 믿겠네. 여태껏 해왔던 것처럼 이번 일도 잘 처리해 주게.

여 팀장 : 물론입니다. 상무님께서 시키신 일인데요. 하하하.

여 팀장은 어제 오전에 있었던 김 상무와의 대화를 생각한다. 그리고 제 발 저린 표정으로 직원들의 눈치를 살핀다.

여 팀장 : (비전 없는 추진안? 가망 없음? 에휴, 모르겠다. 해보고 안 되면 말지 뭐. 김 상무가 추진한 건데 잘못됐다고 해서 화살이 나한테 돌아오겠어?) 자! 다들 오늘 수고했어. 오늘은 진탕 마셔보자고! 일 따윈 다 잊어! 위하여!!

〈사례 8.5〉에서 나오는 여 팀장의 모습은 단순 머슴형을 잘 반영한 사례이다. 여 팀장은 김 상무 앞에서는 뭔가 제대로 해보려는 듯한 태도를 보인다. 즉, Hand 는 갖춘 듯 보인다. 하지만 김 상무로부터 지시된 업무가 올바른 것인지, 잘못된 것인지 적절하게 판단할 줄 모르는 채 일을 처리하여 잘못된 점을 적절히 잡아주지 못하고 있다. 또한 상사의 뒤에서 잦은 험담을 하는 행동, 그리고 '일이 잘못돼도 나는 모르쇠'의 태도로 적절히 일을 처리하려는 모습은 Heart가 결여되어 있음을 보여준다.

독립적으로 사고할 줄 모르고, 존경할 줄 모르고, 가시적인 행동만 보여주려 하는 여 팀장의 모습은 결코 바람직한 태도라고 볼 수 없다.

⑻ 부적응형

부적응형은 머리도 없고 마음도 없으며 행동도 제대로 못하는 스타일이다. 독립적으로 사고하는 능력이 결여되고, 상사에게 필요한 후원적 행동을 하려는 의지도 없다. 또한 상사를 존중하고 신뢰하지도 않는다. 이러한 부적응형에는 '적극적 공격 태도'를 지닌 리더와, '소극적 방관의 태도'를 지닌 리더로 구분될 수 있다. 특히 적극적 공격 태도를 가진 부적응형은 항상 상사의 꼬투리를 잡으려는 감정적 갈등을 유발하고 매우 정치적인 행동을 보임으로써 전체적인 분위기를 흐리게 한다.

〈사례 8.6〉에 제시된 남 팀장의 사례를 통해 적극적 비판의 태도를 지닌 부정응형 리더를 살펴보고, 문제점은 무엇인지 구체적으로 분석해보자.

〈사례 8.6〉 적극적 부적응형

남 팀장은 사장이 후배라고 아주 아끼는 사람이다. 그러다 보니 자신의 상사인 온 상무를 우습게 보는 습관이 생겼다. 사장에게 한마디 하면 온 상무쯤 날려버리는 것은 일도 아니라는 잘못된 생각을 나름대로 갖고 있다. 남 팀장이 올린 보고서가 시원치 않아 온 상무가 불러 다그쳤다.

온 상무 : 남 팀장. 무슨 일을 이렇게 건성으로 처리해? 지난번에 작성하라고 한 영업 실적 분석 보고서, 이게 도대체 뭐야. 지역별, 성별, 연령별 분석 자료는 하나도 없잖아.

남 팀장 : 전 시키시는 대로 했을 뿐인데…… 전 분기 매출 결과를 조사하라고 하셨지, 그런 식으로 세분화하라는 말씀은 안 하신 것 같아서…….

온 상무 : 남 팀장, 우리 부서에서 일한 지가 몇 년째야? 내가 깜빡하고 말을 못했더라도 그쯤은 남 팀장이 잘 알고 있는 사항이니 적절히 처리했어야 하는 것 아닌가? 자네, 자네 팀 팀장 아냐? 그 정도 책임의식도 없어서 어쩌겠어. 그동안 보고서를 한두 번 올린 것도 아닐 테고.

남 팀장 : 예? 그냥 상무님이 시키시는 대로 나 대리에게 하라고 지시했을 뿐입니다. 책임이 있다면 나 대리에게 있겠죠.

온 상무 : 나 대리가 했더라도 중간에 검토는 한 번 했어야지. 자네 팀은 자네가 관리 하는 거 아닌가?

남 팀장 : 전 잘 모르겠습니다. 아무튼 나 대리에게 상무님이 말씀하세요. 그리고 검토하는 것, 제 일이 아니라 상무님 일 아닙니까?

온 상무 : 자, 자네 정말……. 자네가 중간관리자니까 당연히 나에게 건네기 이전에 중간검토 했어야지. 여기가 무슨 동아리도 아니고 회사 생활하는 데 그 정도는 남 팀장도 잘 알고 있잖나? 그리고 지금 말하는 태도가 그게 뭔가?

남 팀장 : 아, 그만 됐습니다. 상무님이 시키신 일, 하면 되잖습니까. 관련 자료 다시 주십시오. 다시 김 대리를 시키든 다른 사원을 시키든 해서 오늘까지

올리겠습니다.

온 상무 : 이런, 이런, 쯧쯧.

이쯤 되자 할 말조차 잃은 온 상무는 열이 받아 그 자리를 피했다. 남 팀장도 얼굴이 빨갛게 달아올라 자리에서 씩씩대고 있었다. 영업 보고서 담당자인 나 대리가 메신저로 남 팀장에게 말을 건다.

나 대리 : 남 팀장님, 죄송합니다. 제가 인구통계별로 세분화해서 다시 정리해 올리겠습니다.

남 팀장 : 됐어. 놔둬. 내가 대충 해서 올리든 말든 할 테니까 자네는 그냥 다른 일 보게. 온 상무님은 왜 자기 일을 남한테 시키고 난리야. 상무면 상무지 능력도 없으면서 자기 일 다 떠넘기고. 어휴, 내가 말을 말아야지.

〈사례 8.6〉에서 제시된 남 팀장의 사례는 적극적 공격 태도를 보여주는 전형적인 잘못된 리더의 모습이다. 남 팀장은 온 상무가 깜빡하고 지시하지 못한 사항에 적절한 사고로 임하지 못해 문제의 발단을 제시했다. 또한 존경이 결여된 수준을 넘어 불량하고 공격적인 태도로 온 상무를 대하며, 주어진 업무에 대해 반감 있는 태도로 거부하고 있다. 특히 남 팀장은 자신이 사장과 가깝다는 사실에 의지해 자신의 상사를 공격하고 있다. 이것은 매우 정치적 행동으로 조직생활에서 매우 부정적인 결과를 가져온다. 조직분위기를 흐리게 할 뿐 아니라 정상적인 관리행위를 저해하기도 한다. 남 팀장은 리더로서 거듭나기 위한 혹독한 외적 자극이 필요한 사람이다. 사장을 위해서라도 남 팀장과 같은 행동은 지양되어야 한다.

한편, 소극적 방관 태도를 보이는 부적응형 상향적응 리더들도 많다. 어떤 리더들은 해야 하는 일인데도 불구하고 이런저런 평계를 대면서 피해나간다. 주어진 일에 대해서 상황 평계를 대든가, 몸이 몹시 아팠다는 등을 구실로 하여 의무를 피해가려는 한심한 스타일이다. 특히 리더가 상사의 약점을 잡고 있든가 상사의 위상이 불안정할 경우 이런 태도를 보이는 리더 같지 않은 리더가 출현하게 된다. 상사의 불우한 처지를 이용하여 나태하려는 잘못된 태도이다. 아니면, 아예 해당 조직에서 마음이 떠나 있는 리더의 경우도 소극적 방관의 태도를 가질 수 있다. 머지않아 다른 회사로 옮길 텐데 잘 보여 무엇하나 하는 식의 태도를 갖고 있으면 소극적 방관의 부정응형이 될 수밖에 없다. 그러나 어디를 가든지 리더의 평판은 따라다니게 되어있다. 한국은 좁은 사회이다. 형편없는 상사를 잘 다독여 효과적으로 적응했다는 평판과 상사와 잘 맞지 않아 갈등이 심했다는 평판을 들으면서 사람들은 리더의 자질을 가늠하게 되는 것이다.

리더가 자신의 상사와 좋은 관계를 형성하지 못하면 그 피해는 고스란히 부하들에게 전가된다. 부하들이 보기에는 되는 일도 없고 말하기도 매우 불편함을 느낀다. 혹시 누구의 편을 드는 것으로 비춰지고 싶지 않기 때문이다. 팀장이 O.K.하면 위의 상무가 반대하고, 상무가 하자고 하면 팀장이 움직이지 않는다. 이것은 부하들에게는 직장생활의 동기를 떨어뜨리는 일이다. 그러므로 한국형 리더는 대승적 차원에서 이러한 부작용을 가져 올 수 있는 부적응형의 태도를 절대 경계해야 한다.

상향적응의 이론적 배경

기존의 리더십 이론들은 일반적으로 상사는 리더, 부하직원은 팔로어(follower)라는 관점을 내포하고 있으며, 학자들은 이에 입각해 리더십을 해석하려는 성향을 보여 왔다. 하지만 리더와 조직원과의 관계를 수직적이고, 톱-다운(Top-down)의 관점으로만 보려 한다면, 리더십을 잘못 해석하고 있는 것이다.

상향적응은 리더가 상사에게 발휘하는 리더십이라는 점에서 기존의 다른 리더십 이론들과는 차이점을 갖는다. 필요에 따라 좋은 성과를 내기 위해서 과장이 상무를 리드해 나가거나 동료들을 이끌어야 하는 것이 바람직한 리더십의 모습이다. 누가 누구를 리드해 가는가는 직급의 문제만은 아니다. 모든 조직원은 리더이다. 자신이 리더십을 발휘할 때 상사는 리더십 발휘를 잘하도록 도와주는 긍정적 환경이 될 수도 있고 못하게 가로막는 부정적 환경으로 작용할 수도 있는 것이다.

그러므로 리더는 상사와 좋은 관계를 유지함으로써 자신이 리더십을 발휘하는 데 자산이 될 수 있도록 상사를 활용할 줄 아는 지혜를 갖춰야 한다. 상사의 지시를 하급자에게 단순히 전달만 한다든가, 하급자들의 요구를 위에 그냥 전달만 하는 태도는 바람직하지 않다. 또한 상사와 하급자들의 뜻이나 의견이 다를 때 하급자들을 무조건적으로 내리누르고 상사의 뜻대로 움직일 것을 강요만 하는 리더도 바람직한 한국형 리더가 아니다. 한국형 리더는 자신의 독립적 사고에 입각해서 상사와의 관계를 원만히 하여 전체적으로 보다 큰 성과를 낼 수 있도록 노력하는 대승적 리더이다.

특히 한국은 관계 중심적, '우리성'(we-ness)의 문화를 갖고 있기 때문에 리더와 하급자의 관계에 의해서만 리더십이 결정되지 않는다. 그보다는 리더를 둘러싼 상하좌우의 다면적 관계에 의해서 리더십이 결정된다. 그 중 하나가 리더의 상사이다. 한국조직에서는 리더가 아무리 좋은 리더십을 발휘하려고 해도 상사와의 관계가 좋지 않으면 힘이 실리지 않는 것이 일반적이다. 그러므로 한국의 리더들은 자신의 상사와 좋은 관계를 유지함으로써 자신의 더 큰 영향력을 확보하려 노력해야 한다. 상향적응은 한국인들의 이러한 관계 중심적 문화와 윗사람에 대한 특유의 유교적 가치관에 입각하여 설명할 수 있는 개념이다.

윗사람과의 관계를 설명해주는 가장 대표적인 개념이 '체면'이다. 한국 심리학계에서 오랫동안 연구되어온 상사에 대한 체면보존행위의 연구결과들이 이를 잘 뒷받침해주고 있다(최상진 등, 2000). 체면은 미국의 경우에도 학계에서 종종 연구된 바 있다. 영어로는 '페이스세이빙'(face-saving)이라고 한다. 하지만 체면은 미국 사람들의 경우보다 한국 사람들에게 더욱 큰 영향을 미친다는 연구결과가 많이 나와 있다. 실체가 없이 윗사람의 체면을 살려주려 한다는 것은 이윤을 목적으로 하는 기업사회에서 하나의 부담일 수 있다. 하지만 한국인들의 현실은 그럼에도 불구하고 체면을 중시한다는 것이다. 또한 한국인들은 체면을 살려주면 물불을 안 가리고 뛰며 과감한 결정도 쉽게 내린다는 특징을 갖는다. 그러므로 이러한 특징을 잘 이용하면 큰 성과를 낼 수 있다. 그러한 취지가 위에서 설명한 상향적응의 개념 저변에 깔려 있다. 그렇다면 체면이란 무엇이며 어떤 이론적 배경을 갖는지를 살펴보도록 하자.

(1) 체면

체면은 물론 한국 사회에서만 존재하는 것이 아니다. 하지만 체면은 타인의식적이고 신분지향적인 권위주의적 사회에서 중요한 현상인 반면 자기지향적이고 평등지향적인 개인주의적 사회에서는 덜 중요시된다.

체면은 교수-학생, 상사-부하, 부모-자녀, 목사-신도, 사돈지간 등 윗사람이 아랫사람을 대상으로 하는 서열관계나 공식관계에서 잘 나타나며, 내세울 체면거리가 있는 즉, 지체나 위신과 같은 사회적 신분을 가진 사람에게 중요한 관심사이다. 윗사람들은 자신의 권위를 보존하기 위해 자신보다 아랫사람들에게 체면을 세우며, 자신의 체면이 세워지길 원한다. 이것이 곧 한국형 리더가 자신의 상사의 체면을 중시해야 하는 이론적 근거이다.

최상진 등(2000)은 권위와 체면에 관한 한국인들의 의식체계를 연구하면서, "한국인들은 권위에서 체면이 나오고, 체면에서 권위가 세워진다"라고 결론지었다. 체면과 권위는 같은 문화맥락의 현상이며, 한국인들의 "일상적 삶이나 사회관계 속에서 비판적 의식의 개입 없이 자연스럽게 나타나고 자동적으로 승인되는 행위"라고 주장하였다.

이러한 체면에 관한 연구결과들을 리더십의 맥락에서 살펴보면, 리더가 자신의 자의적 행동영역을 넓히기 위해서는 자신의 상사의 권위와 체면을 세워주는 방향으로 행동을 조율해야 한다는 것으로 해석될 수 있다. 한국형 리더는 윗사람과의 관계를 원활히 하기 위해 체면을 존중하여 불필요한 갈등을 피하고, 자신의 리더십 발휘상황을 호의적이게 만드는 방향으로 상사를 리드한다.

한국인들의 체면중시 성향은 이직을 할 때 잘 나타난다. 지금은 물론 많이 달라졌지만, 얼마 전까지만 해도 이직 시 한국인들은 직위(팀장, 부장 등)를 중시하는 반면, 미국인들은 연봉을 더 많이 받는 것을 중시한다. 한국인들은 '내가 '부장'이 되었다'라는 사실을 강조하려 한다면, 미국인들은 '내가 얼마를 더 받게 되었다'라는 실질적인 측면을 더 강조하는 것으로 나타났다.

한편, 서양에서도 상향적응과 유사한 관점의 리더십 이론들이 몇 가지 존재하는데, 다음에서 제시될 '상향적 영향력 전략'(Upward Influence Strategy)그리고 '추종자 중심론'(Followership)이 그것이다. 이 둘은 리더십을 한국형 리더십의 상향적응과 같이 바텀-업(Bottom-up)의 관점으로 이해해보고자 노력했던 연구의 결과물들이다.

(2) 상향적 영향력 전략

기존의 많은 리더십 이론들은 리더의 부하들에 대한 하향적 영향력(downward influence)을 중심으로 구성되었다. 리더의 권력이나 권위 또는 행동이 하급자에게 영향을 미쳐 하급자가 동기부여가 되고, 만족이나 업무에 대한 몰입이 강화되며 이를 기반으로 성과가 높아진다는 논리이다.

하지만 리더가 하급자들을 이끌어 간다는 것이 다른 사람들과는 전혀 무관하게 진공상태에서 일어나는 일은 아니라는 사실을 깨달아야 한다. 즉, 리더가 하급자들을 이끌어 가는 상황에는 리더의 상사도 있고 동료도 있으며 다른 직간접적인 이해관계자들도 존재하게 마련이다. 그 중에서도 특히 리더의 상사라는 존재는 리더십을 발휘하는

데 있어 매우 중요한 역할을 하게 된다. 이에 키프니스, 슈미트, 윌킨슨(Kipnis, Schmidt, & Wilkinson, 1980)은 리더의 상사에 대한 상향적 영향력의 구체적인 전략을 알기 쉽게 분류, 정리하였다. 이를 '상향적 영향력행사 전략'(upward influence strategy)이라고 부른다.

상향적 영향력 전략은 일반적으로 조직의 정치적 상황 속에서 부하가 상사에게 권력을 행사하는 개념이다. 과거에는 권력의 원천이 단순히 지배구조나 생산소유권에 의해 상사가 부하에게 일방향적으로 작용한다고 보았으나, 현대에는 정보, 지식 등 다양한 원천에 의해 부하 개인도 상방향 등 다양한 방향으로 영향력을 행사할 수 있다는 주장이 설득력을 얻고 있다. 그렇기 때문에 상대적으로 지위가 낮은 부하도 상사에게

〈표 8.3〉 상향적 영향력 행사를 위한 12가지 전략

구 분		내 용
1	강압적 압력	자신이 원하는 바를 얻기 위해 일방적으로 요구하고 위협 및 협박을 가하고 자주 점검함
2	환심	대상자에게 요청하기 전에 기분을 좋게 하고 자신을 호의적으로 생각하도록 칭찬, 아부, 우호적 행동을 취함
3	이성적 설득	대상자에게 자신의 요구가 실천할 가치가 있거나 과업의 목표를 달성할 가능성이 높음을 논리적으로 주장하고 증거를 제시함
4	교환	대상자가 과업달성을 도와주면 자신도 그를 도와주고, 과업달성에서 생기는 이익을 분배하겠다고 함
5	상부 호소	대상자보다 더 높은 상위계급의 허가가 있음을 제시하거나 그들의 동의를 구함
6	제휴	대상자를 설득하기 위해 타인에게 도움 또는 지원을 요청함
7	제재	대상자에게 강제력을 행사하거나 위협을 줌
8	위협	자신에게 불리한 대상자의 행위를 막기 위해 방어하고 위협을 가하며 우호적인 태도를 보이지 않음
9	영감적 호소	대상자의 가치, 이상, 열망 등에 호소하거나 그들의 자신감을 높여주면서 요구를 수용하게 함
10	협의	전략, 활동, 변화에 대한 계획에 있어 대상자의 도움을 받기 위해 그들을 참여시키고 제안과 요구를 수용함
11	개인적 호소	대상자에게 요청할 때 그들의 충성심이나 우정에 호소함
12	합법	자신의 요구가 합법적인 권한이나 권리에 기초하고 있다고 주장하거나 조직의 정책, 역할, 관행 등과 일치함을 보여줌

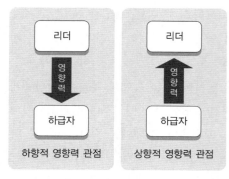

리더 / 영향력 / 하급자
하향적 영향력 관점

리더 / 영향력 / 하급자
상향적 영향력 관점

〈그림 8.1〉 영향력의 관점

영향력을 행사할 수 있으며, 이때 효과적 상향적 영향력 행사를 위해 〈표 8.3〉과 같은 다양한 전략들을 선택하게 된다.

이렇듯 상향적 영향력 전술은 'Bottom-up'의 관점에 입각해 아랫사람이 윗사람에게 영향력을 행사한다는 점에서 이번 장의 상향적응 리더가 보여주는 상향적응의 전략과 비슷한 관점을 보인다.

하지만 12가지 상향적 영향력 전략은 매우 합리적이고, 개인주의적 문화권에서 통용될 수 있는 행동들이다. 한국형 리더들도 이러한 전략을 사용한다. 그러나 한국형 리더들은 상사에게 이러한 전략을 사용하기에 앞서 상사의 체면을 먼저 생각하고, 상사의 감정을 상하지 않게 하는 방법이 무엇인지를 우선 생각한다. 그러므로 한국형 리더십에서는 위의 전략을 사용하라고 권하기 전에 한국적 가치를 어떻게 처리할 것인지를 먼저 학습하는 것이 더 바람직하다고 지적한다. 이러한 접근은 다음에 제시된 추종자 중심론에 대해서도 똑같이 적용된다.

(3) 추종자 중심론

켈리(Kelly)라는 학자에 의해서 제기된 추종자 중심론(Followership)은 최근 들어 많은 학자들과 실무자들의 관심을 끌고 있다. 본 이론은 사회 전체적으로 팔로어의 숫자가 80~90%나 되는데도 불구하고, 오늘날의 사회가 필요 이상으로 리더만을 이해하려는 잘못된 문화에 젖어 있다고 비판하는 데서 출발하고 있다. 추종자 중심론은 추종자에 초점을 맞춰 상사와의 관계에 있어 추종자들이 어떤 태도를 보이는가를 유형화한 것이다. 이것을 한국형 리더십에 적용하면 리더가 자신의 상사와의 관계를 설정함에 있어 어떤 유형이 있는지를 추론할 수 있게 해준다. 켈리는 리더와 하급자들을 대상으로 집중적인 면담을 실시하고 〈그림 8.2〉와 같은 모델을 개발하였다. X축은 팔로워의 자세가 '소극적인가 적극적인가'를 나타내며, Y축은 팔로어의 사고방식이 '의존적·무비판적인가, 독립적·비판적인가'를 나타내는 축이다.

이렇게 해서 제시하는 추종자의 유형은 소외형, 실무형, 수동형, 순응형, 모범형, 다섯 가지이다.

〈그림 8.2〉에서 보는 것처럼 리더와 상사의 관계를 사고의 독립성과 공헌성의 두 축으로 보려는 시도는 한국형 리더십의 관점과 유사하다. 그러나 리더와 상사의 관계를 이 두 가지 변수로 다 설명할 수는 없다. 특히 한국형 리더가 상사에게 보여주는 매우 중요한 행동들 중 하나인 가시적 행동 변수를 간과하고 있다. 또한 추종자 중심론은 리더와 상사의 관

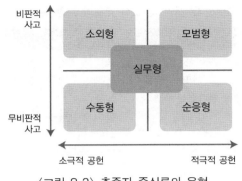

〈그림 8.2〉 추종자 중심론의 유형

계에만 초점을 맞춤으로써 동료 및 하급자들 간의 관계를 간과하고 있다. 리더십이란 리더와 상사의 관계, 리더와 동료들과의 관계 또는 하급자들과의 관계 중 어느 한 관계만을 가지고 다 설명할 수는 없다. 특히 리더십을 한 국가의 독특한 가치체계 속에서 이해하려는 경우에는 더욱 그렇다.

상향적응의 여러 수준

리더의 상사에 대한 적응 행동을 개인 차원에서만 이해하는 것은 마치 나무는 보고 숲을 보지 못하는 것과 같다. 하나하나의 나무의 특성과 더불어 숲의 생김새를 제대로 이해하기 위해서는 조직 전체 차원에서 리더들이 상사에게 집합적으로 어떤 행동 패턴을 보이는가를 이해할 필요가 있다. 이것을 한국형 리더의 상향적응 행동의 조직 차원의 분석이라고 한다.

조직원들이 대부분 이상형의 상향적응 행동을 보이면 조직에는 올바른 상향적응의 조직문화가 형성되고, 상사와 하급자간에는 부정적인 갈등이 존재하지 않게 된다. 또한 하급자는 자신의 이상적 상향적응 행동으로 상사로부터 업무, 목표달성에 필요한 자원이나 지지를 적극 확보하여 자신이 가진 역량을 최대한 발휘할 수 있으며, 서로간의 시너지를 창출할 수 있는 여건이 보다 극대화된다. 이로써 보다 효율적인 조직으로 발전하고 경쟁우위를 확보할 수 있다.

하지만, 조직에서 리더-상사의 관계에 있어 부적응형 조직원들이 20%만 차지하고 있어도 조직의 상황은 달라진다. 소위 '2080'(또는 20 : 80)이라고 불리는 법칙이 있다. 이

〈표 8.4〉 개인 및 조직 차원의 상향적응

개인 차원의 상향적응	조직 차원의 상향적응
• 한국 조직의 어느 한 리더가 자신의 상사에게 어떤 행동을 보이는지를 유형화하여 이해하려는 시도 • 리더십을 발휘함에 있어 상사와의 관계를 원활히 함으로써 불필요한 갈등을 피하고, 상사와 협력하여 성과를 극대화한다.	• 조직 전체 차원에서 조직원들이 상사에게 보여주는 행동의 집합적 유형 • 특정 조직에서 대부분의 조직원들이 상사에게 이상적인 상향적응 행동을 보여주면 조직 전체의 성과가 극대화될 수 있다. 그러나 부적응형의 조직원들이 다수를 차지하면, 그 조직은 사소하고 불필요한 문제로 쉽게 갈등을 빚고 서로가 서로를 비난하고 책임을 전가하는 비효율적 조직이 된다.

탈리아의 경제학자 파레토(Vilfredo Pareto)가 처음 주장한 것으로 20%의 조직원이 그 조직의 80%의 성과를 좌우한다는 뜻이다. 이러한 관점을 조직 차원의 상향적응에 접목시켜 보면, 부적응형 조직원들이 20%만 존재하더라도 조직에 어떤 결과가 발생할지 충분히 예상하게 만든다.

부적응형 조직원이 20% 이상 존재하는 조직은 리더와 상사간의 관계불화가 보편화되어 있어 시너지 창출이 어려운 조직이다. 20%의 부적응형 조직원들은 마치 조직에 바이러스와 같은 존재가 되어 상사에 대한 부정적인 인식을 주변인들에게 확산시키거나 냉소주의적인 태도를 전이시킴으로써 다른 조직원들의 몰입을 방해한다. 처음에는 20%였던 부적응형 조직원들은 30%, 40%로 늘어나고, 결국 조직에서는 상사와 하급자 간에 시너지는커녕 갈등만 증대되는 결과를 가져오게 된다.

'범망경'(梵網經)에 '사자신중충'(獅子身中蟲)이라는 고사성어가 등장한다. 사자신중충이란 사자가 죽어 시체가 되면 그 몸속에 벌레가 생겨서 시체를 먹는 것이지, 외부의 벌레가 사자의 몸에 침투하여 시체를 먹어 없애는 것이 아니라는 것이다. 이 고사성어를 오늘날의 조직상황에 적용하면, 소수의 내부 부적응형들이 결국 회사를 먹어치우는 것이라고 해석될 수 있다. 즉, 조직에 해를 끼치는 사람들의 위해성을 설명하는 데 쓰이고 있다. 20%의 조직원들은 조직에서 사자 몸속의 벌레와 같은 역할로 조직을 파멸로 이끌어 간다.

Heart가 결여된 구성원들이 지배적인 조직에서는 상호존중, 그리고 가치를 공유할 수 있는 조직문화의 확립이 보다 어려워진다. 구성원들은 서로 간에 시기와 질투, 이기심 등의 태도를 보이게 되며, 조직의 목표나 비전에 대해서도 공동체의식을 갖고 협력적으로 노력하려 하지 않는다.

Head가 결여된 구성원들이 지배적인 조직에서는 구성원들이 자신의 생각을 갖고 업무에 임하지 않기 때문에 비효율적인 조직이 되기 쉽다. 조직원들 전체가 가진 사고의 다양성을 적절하게 활용하지 못해 발휘할 수 있는 창의성과 아이디어가 한계에 부딪히는 경우가 많다.

Hand가 결여된 구성원들이 지배적인 조직에서는 구성원들 대부분이 '누군가는 하겠지!'라는 안일한 생각을 갖게 되기 때문에 일이 적절히 진척되지 않는다. '산 너머 불구경'이라는 말처럼 윗사람들이 분명 잘못하고 있다는 것을 알고 있으면서도 조직 아래계층들은 뒷짐만 지고 있다. 조직 계층 간 괴리 현상이 벌어져 조직의 발전은 보다 더딜 수밖에 없다. 머리 따로, 몸 따로, 그리고 손과 발도 따로 노는 현상이 벌어지게 되는 것이다.

다음의 몇 가지 상향적응과 관련된 부정적 조직의 유형들을 생각해보자.

- 제1유형의 조직 : 윗사람을 신뢰하지 않는 리더들로 가득 찬 조직
- 제2유형의 조직 : 윗사람에게 할 말이 있어도 한마디 못하는 리더들로 가득 찬 조직
- 제3유형의 조직 : 윗사람에게 아부와 아첨하는 리더들로 가득 찬 조직

제1유형의 조직은 Heart가 부족한 리더들이 다수를 차지하는 조직을 뜻한다. 제2유형의 조직은 Head가 결여된 리더들이 다수인 조직을 말하며, 제3유형의 조직은 Hand가 없는 리더들의 조직을 일컫는다.

조직 차원에서 위에 설명한 한국형 리더의 여덟 가지 유형들의 분포가 어떻게 구성되어 있는가에 따라 그 조직의 힘과 저력이 결정된다. 이상형으로 가득 찬 조직의 경쟁력이 부적응형으로 가득 찬 조직보다 힘과 저력이 더 클 것이라는 사실은 자명하다.

그러므로 조직 차원에서 조직 내에 있는 부적응형의 리더들이나 부분적으로 Heart나 Head나 Hand가 모자란 리더들을 이상형으로 변환시키려는 보다 강력한 정책적 노력이 요구된다.

3 | 상향적응의 특징

형성배경

한국형 리더의 상향적응 행동의 역사적 배경은 크게 두 가지로 요약될 수 있다. 충(忠)과 효(孝)를 강조하는 유교적 전통, 그리고 과거 40여 년 동안 압축 성장과정에 생겨난 필연적 결과(권석만, 1996) 등이 그것이다. 나라에 충성하고 부모에 효도하는 것을 미덕으로 여기는 유교적 전통이 한국인들의 상향적응 행동에 근본적 당위성을 제공하고 있다. 그리고 지난 수십 년간의 고도성장 과정에서 한국은 여러 강력하고 일방적이고 권위적인 최고경영자들을 산출하였다. 강력한 최고경영자가 이끄는 조직의 하위 리더들은 권위적이고 강력한 추진력을 보이는 상사에 적절히 적응하지 않고서는 생존하기 힘든 상황이었다. 이것이 오늘날의 조직 리더들이 상향적응 행동을 보이게 된 또 다른 이유가 된다.

한국에서는 사회질서를 유지하기 위하여 전통적인 도덕으로서 유교에 의한 삼강오륜과 같은 규범을 가지게 되었으며, 전통적으로 상하, 존비, 귀천으로 사람을 평가하였다. 그리고 이러한 규범과 계층관계에 따라 모든 사람들을 권력관계, 혈연관계, 나이, 성(性) 등에 의하여 서열적 위계로 구분하여 가정생활에서부터 모든 사회생활에 이르기까지 각 개인은 자기의 신분이나 지위에 알맞은 행동을 하도록 사회적으로 규정하였다. 그렇기 때문에 한국은 예절의 존중과 경어가 발달하였으며, 서열이 낮은 사람이 높은 사람을 모시는 것은 당연시되었다.

또한 한국 사회는 조선시대 이후 유교적 가치관에 의해 가부장제의 가족관을 채택하였는데, 가부장제에서 가족은 부권을 중심으로 형성되고 또 계승되었다. 가족의 구성원은 엄격한 가부장제도의 질서와 부자(父子), 장유(長幼), 남녀(男女)의 신분에 따라 가(家)를 통솔하고 가문을 빛내고 조상의 유업을 상속·번영시켜야 했다. 하나의 가에서는 가부장이 그 수뇌(首腦)가 되어 경제, 종교, 규약의 대권을 장악하고 행사한다(지교헌, 1996). 이에 따라 가부장제 하에서는 집안의 질서를 확립하기 위해서 가부장에 대한 존경심을 매우 강조했고 엄격한 강제력을 행사했다(손인수, 1978).

이러한 유교적 사상은 최근 들어서는 많이 희석되어 있기는 하지만, 아직도 상사와의 관계나 어버이에 대해서 기대되는 태도로 많이 남아 있다. 특히 조직에서는 윗사람의 체면을 생각해 주는 것을 강조한다(최상진, 1991). 이것은 근본적으로 윗사람에 대한 충이나 효에 대한 실천적 행동이라고 볼 수 있다. 체면과 권위(authority)는 같은 맥락이다. "윗사람의 체면을 세워줌으로써 권위가 서고 권위를 통해서 체면이 보존된다"라는 것이 일반적인 견해이다(최상진 등, 2000). 그러므로 한국형 리더가 리더십을 발휘할 때는 상사의 권위, 체면을 무시하고 혼자서만 잘하려 해서는 성과를 낼 수는 없다. 윗사람의 승인을 얻어야 하고 정보를 교류하며 자신의 권한 내에 있더라도 상사의 눈치를 보지 않고 마음대로 할 수 없는 실정이다. 부작용도 많지만 이러한 상향적응 행동을 통해서 한국형 리더들은 수직적 조화를 이루고 마음을 함께 나누어 시너지를 창출할 수 있는 여건을 만들어 간다고 볼 수 있다.

반면에 서양은 대체로 수평적 사회이다. 서양에서는 개인을 존중하며 권위나 서열보다는 평등이 훨씬 중요시된다. 물론 서양에서도 사회적으로 인종차별과 같은 차등의식이 있지만, 주목할 사실은 거의 모든 인간관계에서 서로가 평등하다고 느끼며 또 그렇게 행동하는 것이 정당하다고 생각한다는 것이다. 서양사회에서는 권위에 의한 인간 지배나 직위·계급에 따른 차별이 거의 없기 때문에 그들의 인간관계는 적어도 이상적으로는 평등에 기반을 둔 수평적 관계로 이루어져 있다.

또한 한국은 과거 40여 년간의 정치·경제적 압축 성장 과정에서 리더의 상사에 대한 태도가 독특하게 설정되었다고 볼 수도 있다. 고도성장은 빠른 의사결정을 필요로 한다. 아랫사람들의 의견을 다 경청한 후에 시간을 가지고 결정할 수 없다. 그러다 보니, 아랫사람들에게 다소의 불만이 있더라도 지속성 있게 밀어붙이고 앞으로 나아가는 상사의 태도가 오히려 좋은 평가를 받게 되었으며, 리더는 그런 상사에 맞춰 행동하는 것을 학습하게 되었던 것이다. 자신의 의견을 내는 사람보다는 상사의 의중을 읽고 빨리 행동하는 아래의 리더를 상사는 선호하게 되었다. 하지만 최근에는 신세대들이 사회에 진출하면서 소극적이고 감성 위주의 상향적응보다는 적극적으로 자신의 주장을 펴기도 하고 아니면 아니라고 말할 줄도 아는 적극적 상향적응의 형태로 많이 바뀌어 가고 있다.

한국형 리더십의 상향적응은 이러한 역사적인 맥락에 의해 지속적인 하나의 문화로 이어져 온 것으로 보인다.

역사적 인물들의 상향적응 사례

역사적으로 대한민국에는 이상적 상향적응 행동을 보여준 인물들의 사례가 매우 많이 존재한다. 여기서는 역사적 인물들의 그러한 상향적응 행동을 이해해 보고자 한다.

역사적 사례로서, Heart를 대변하는 리더로서는 죽어서까지 왕의 마음을 돌이킨 신라시대의 김후직(金后稷)을 들 수 있을 것이며, Head에는 농민들을 구호하고자 창의적인 아이디어로 진대법을 실시했던 고구려의 을파소(乙巴素), 그리고 Hand에는 적극적인 행동으로 자신의 목숨을 바쳐 왕건을 구한 신숭겸(申崇謙)을 들 수 있다. 이들 사례에서 역사적으로 우리의 리더들은 어떠한 상향적응의 행동을 보였는지 살펴보도록 하자.

(1) Heart의 김후직

김후직은 신라 진평왕 때의 충신으로 진평왕을 섬겨 병부령*을 지냈다. 김후직은 진평왕이 지나치게 사냥에 빠져 정사를 돌보지 않자 이를 바로잡으려 목숨을 걸고 상소를 올렸는데 그 내용은 다음과 같다.

"사냥을 중지하고 정사를 돌보십시오. 지금 전하께서는 날마다 정신 나간 이들이나 사냥꾼들과 함께 매를 날리고 개를 풀어 꿩과 토끼를 쫓아 산과 들을 치달리는 것을 스스로 멈추지 못하고 계십니다. 노자(老子)가 이르기를 '사냥하여 치달리는 것은 사람 마음을 미치게 만든다'라 하였습니다." 하지만 진평왕은 그 말을 듣지 않았다. 김후직은 병이 들어 죽게 됐을 때 세 아들에게 "내가 신하 된 몸으로 임금의 악행을 바로잡지 못했으니 왕이 즐기시는 것을 그치지 않아 패망하기에 이를까 두려운바 내가 죽으면 왕이 사냥을 다니는 길가에 묻어 달라"라고 유언하였다. 그 후 어느 날 진평왕이 사냥을 가는데 어디선가 "가지 마십시오"라는 소리가 들렸는데, 왕이 돌아보고 그 소리가 어디서 나오는가를 물으니, 따르는 이가 김후직의 묘라고 고했다. 그리고 김후직이 죽을 때 한 말을 아뢰니 왕은 말없이 눈물을 흘리며 다시는 사냥을 하지 않았다고 한다.

김후직은 진심으로 진평왕을 섬겼다. 죽어서까지 왕에게 자신의 뜻을 다하여 왕이 국정을 돌보게 힘썼으며 올바른 길로 나아가도록 진정으로 충(忠)을 발휘했다. 매우 무례한 상소를 올리면서까지 왕을 바른 길로 이끌려 했던 것은 그의 마음속에 기본적으

● 신라시대 병부(兵部)의 으뜸 벼슬

로 진심어린 애정이 깔려있었기 때문이라 할 수 있다.

(2) Head의 을파소

을파소는 191년에 고구려의 국상이 되어 12년간 고국천왕과 산상왕을 섬기며 충성스럽게 일하였다. 특히 그는 고국천왕 때 뛰어난 재략으로 진대법이라는 명법을 시행했다.

을파소가 임용된 지 3년째 되던 해, 고국천왕은 서리로 인해 모든 곡물들이 열매도 맺지 못하고 시들어 버려 굶기를 밥 먹듯 하는 백성들을 보고 을파소에게 백성을 구할 방도를 찾으라 했다. 을파소는 먼저 과부와 고아와 병든 자를 가려내어 구호했다. 그러고는 해마다 나라의 곡식 창고를 채우고 곡식이 모자라는 3월부터 7월까지 나라의 곡식을 백성들에게 꾸어 주고 가을걷이를 해 갚게 하는 제도를 임금께 제안했는데 이것이 바로 진대법이다.

고국천왕은 이를 통해서 많은 고구려 백성들의 목숨을 구제하게 되었고, 노비가 되는 백성들을 현저하게 줄일 수 있었다. 이로써 절대 권력을 소유하고 있던 귀족들의 권력을 약화시키고 왕권을 강화할 수 있게 되었는데, 그 이유는 당시 귀족세력들의 전형적인 권력 강화책이 가난한 자를 노비로 만들고 땅을 경작해 많은 곡식을 거두고 세를 물리는 것이었기 때문이다.

이 모든 것이 을파소의 뛰어난 지략으로 산출된 결과였다. 을파소의 뛰어난 사고력이 없었다면, 당시의 막강한 권력층에 의해 왕은 몰락하고 국가는 파탄되었을지도 모른다고 역사는 말하고 있다.

(3) Hand의 신숭겸

신숭겸 장군은 고려의 개국공신이다. 배현경, 복지겸 등과 함께 부패로 얼룩진 후고구려의 왕이었던 궁예를 내몰고 왕건을 받들어 고려를 개국하였다. 게다가 신숭겸은 왕건이 후삼국을 통일하게 만드는 데도 매우 큰 기여를 했다고 할 수 있다. 후백제와의 전투에서 자신의 목숨을 바쳐 왕건을 지켜냈기 때문이다. 당시에 신숭겸이 왕건을 위해 적극적으로 자신의 목숨을 희생하지 않았다면 이후 후삼국은 왕건에 의해 통일되지 않았을지 모른다. 그 일화는 다음과 같다.

927년(태조 10년) 공산에서 전투가 있었다. 그해 후백제의 견훤왕은 대군을 움직여 신라를 공략했다. 견훤의 군대는 근암성과 고울부를 잇따라 점령하고, 파죽지세로 경주로 내달았다. 상황이 급박해지자 신라의 경애왕은 동맹관계에 있던 고려에 구원을 요청했고, 고려의 왕건은 친히 군사를 이끌고 출병했지만, 미처 원군이 도착하기 전 이미 경주는 후백제의 군대에 함락되었다. 이에 왕건은 견훤의 군대와 일전을 벌였고 결과는 고려군의 참패였다. 왕건은 군대의 태반을 잃었고, 후백제군에 포위되어 목숨조차 보존하기 힘든 지경에 처하게 되었다. 이에 신숭겸은 왕건의 옷으로 갈아입고 김락 등과 함께 적진을 향해 돌격했다. 신숭겸을 왕건으로 오인한 후백제의 군사들이 신숭겸을 뒤쫓는 사이 왕건은 병졸의 옷으로 갈아입고 가까스로 적의 포위에서 벗어 날 수 있었다. *

만약 그때 신숭겸의 적극적인 대처가 없었다면 왕건은 후에 후삼국을 통일할 수 있었을까? 역사에서는 신숭겸이 다소 지략이 부족한 인물로 기록되고 있으나, 능동적인 행동과 과감하고 강직한 성격을 지닌 인물로 기록되고 있다. **

한국형 리더와 서양 리더의 상향적응 차이

상향적응의 형성배경에서 살펴보았듯이 한국과 서양은 문화적으로 수직구조와 수평구조라는 매우 큰 차이점을 보인다. 따라서 한국의 상향적응과 서양의 상향적응도 큰 차이를 보일 것으로 추론할 수 있을 것이다.

(1) 공사 구분 차이

한국의 상향적응과 서양의 상향적응의 가장 큰 차이점은 한국인들은 서양인들과는 다르게 공사의 구분 없이 상향적응을 하려 한다는 것이다. 한국의 상사들은 때로는 업무적인 것보다 개인적이고 사적인 영역을 챙겨주는 것에 보다 만족감을 느끼기도 한다. 반면, 서양의 경우는 상사가 애써 공개하지 않는 사적인 영역에는 절대로 관여하지 않으며, 자칫하면 사생활 침해가 되기도 하는 매우 민감한 부분으로 작용한다.

- 전봉관, 『황금광시대』(살림, 2005) 수정인용
●● 박영규, 『한 권으로 읽는 고려왕조실록』(웅진닷컴, 2004)

〈표 8.5〉 한국형 리더와 서양 리더의 상향적응 비교

한국 조직의 리더와 상사의 관계 (포괄적 헌신)	서양 조직의 리더와 상사의 관계
• 공사 구분 없이 상향적응을 보임 • 상하의 관계구분 명확 • 상사와의 정(情)적인 유대 중시 • 의례적 적응이 강함	• 공적인 문제에 국한됨 • 상하의 관계를 인간 대 인간의 관계로 해석 • 상사와의 계약적 관계 중시 • 필요에 의한 적응

예를 들어, 상사의 가족사를 적극적으로 파악하고, 가족의 생일이나 졸업식을 챙겨주는 행위는 한국에서 매우 바람직한 태도로 통용될 수 있으며 상사와 친분 또는 좋은 관계를 유지하기 위한 수단이 되기도 하지만, 서양에서는 경우에 따라 이는 명백한 사생활 침해로 오히려 상사로부터 나쁜 평가를 받게 된다.

물론 서양에서도 상사의 사적인 영역에 관해 상향적응을 하지 않는 것은 아니다. 하지만 이러한 경우는 주로 당사자가 원할 때에 부탁하는 정도만으로 국한되는 경우가 많다. 반면, 한국의 경우는 윗사람이 시키는 일이 지극히 개인적인 일인 경우에도 거절하는 경우가 드물며, 시키지 않은 개인적인 일도 윗사람을 위해 적극적으로 알아서 수행하는 경우가 많다.

2008년 취업포털 '커리어'에서 직장인 1,521명을 대상으로 한 조사에 따르면 70% 이상이 상사의 업무 외 개인적인 부탁을 들어주는 것으로 조사되었으며, 이는 공과 사의 구분 없이 상향적응 행동을 보이는 한국인의 특성을 잘 반영하는 것이다.

(2) 상하관계 구분 차이

한국인들은 만나면 족보부터 따진다. 누가 나이가 많고 누가 선배인지를 확인한 후, 누가 누구에게 존칭을 써야 하는지를 명확히 한다. 이러한 기본적인 관계의 위치가 설정된 후라야 다른 업무처리 대화에 들어가게 된다. 이것은 한국인들의 수직적 관계를 중시하는 정신 상태를 보여주는 행동이다. 그래서 한국인들은 자신보다 나이가 적은 사람 밑에서 일하는 것을 매우 부담스럽게 생각한다. 검사나 판사들도 후배가 자신보다 높은 위치로 승진하면 그(녀)보다 나이가 많은 선배들은 모두 사표를 내고 길을 열어주는 것을 후배에 대한 배려라고 믿는다.

반면에 서양 사람들은 1대 1의 인간으로서 서로의 생각을 확인하는 것을 먼저 한다. 노인도 어린 아이와 친구가 될 수 있으며, 리더와 상사의 관계도 인간적으로는 수평적 위치에 있다고 믿는다. 자신의 직속 상사라고 해도 직급이나 Mr.나 Mrs. 같은 존칭은 사용하지 않는다. 심지어 직위가 매우 높은 사장이나 CEO에게도 'Dave, Terri' 하는 식으로 이름을 부르며 친구처럼 지내는 경우가 많다.

다음의 훈세커 씨의 사례는 이러한 한국과 미국의 상향적응에 대한 차이를 잘 반영하고 있다.

〈사례 8.7〉 한국인의 상향적응

미국인 빌 훈세커 씨가 한국에 처음 온 것은 20년 전. 대학생으로서 선교활동을 하기 위해서였다. 한국에서 2년간의 선교활동을 한 후, 한국의 매력에 빠져 급기야는 1999년 과감하게 한국행을 결심했고, 2000년에는 한국의 H 기업에 입사했다. 훈세커 씨가 H 기업에 입사한 지 2개월쯤 되었을 때의 일이다. 엘리베이터를 기다리고 있는데 저쪽에서 사장님이 오고 계셨다. 일반적으로 미국인들은 상대와 지인이든 아니든 엘리베이터에서 가벼운 인사를 주고받는다. 훈세커 씨는 사장님과 엘리베이터에 동승했고, 엘리베이터가 올라가는 동안 가벼운 인사를 주고받았다고 한다.

그런데 며칠 뒤에도 훈세커 씨는 엘리베이터 앞에서 사장님을 또 마주치게 되었다. 이번엔 혼자가 아닌, 자신의 동료들과 같이 있을 때였다. 훈세커 씨는 지난번과 같이 사장님에게 가벼운 인사 후 엘리베이터에 동승했다. 그런데 동료들은 좀처럼 엘리베이터에 오르길 꺼려하는 것 같았다. 왠지 잘못이 있는 사람처럼 동료들은 서로 먼저 타라는 식으로 행동했다. 결국 이번에도 사장님과 둘만 동승하게 되었고, 이후 훈세커 씨는 엘리베이터에서 내린 후 동료들에게 물었다.

훈세커 : 엘리베이터 타기 좀 꺼려하는 것 같던데? 아까 왜 그러셨어요?
동료 : 엘리베이터에 사장님 계셨잖아요. 안 불편해요?
훈세커 : 뭐가 불편해요? 사장님하고 엘리베이터 같이 타면 불편한가요? 전 지난번
　　　　에도 같이 탔는데.
동료 : 설마 단둘이 탔다는 건 아니겠죠? 나 같으면 엘리베이터 안 타고 계단으로
　　　　걸어갔겠네.
훈세커 : ???

〈사례 8.7〉에서 보듯 서양인들은 상사와의 관계가 수직적이기보다 수평적이기 때문에 가볍게 이야기를 주고받는 것이 자연스럽고 직위에 따른 차이가 주는 영향은 거의 존재하지 않는다. 반면 한국의 직원들은 상사와의 관계에서 서양인들과는 다르게 어려움을 느끼거나 예우를 갖추어 행동하려 한다. 또한 직위의 차이가 클수록 이러한 현상은 더욱 두드러지게 나타난다.

(3) 유대관계 차이

한국인의 정(情)은 서로의 마음을 쉽게 읽을 수 있고 서로를 위해 잘 해주고 싶어 하며 희생이 따르더라도 어쩔 수 없다는 마음이 전제되어 있다. 정을 중시하는 문화적 배경 하에서 성장하고 생활해 온 한국의 리더들은 상사에게 마음으로부터 헌신적으로 모시고, 퍼주고, 위하는 행동을 보인다. 정으로 인한 헌신적인 노력은 한마음이 되어 공동운명체인 조직의 목표를 향해 헌신하는 모습을 보여주는 경우가 많다.

반면, 서양의 리더들은 상사와의 계약적 관계를 중시한다. 서양의 리더들은 이해관계를 잘 따진다. 가급적 많이 취하고 될 수 있으면 적게 양보하는 식의 계약을 맺고, 그 계약을 반드시 지키려 하는 실용성에 입각한 합리적인 인간관계에 익숙하다. 따라서 때로는 지나칠 정도로 타산적이고 비인간적이라는 평을 듣기도 한다. 서양에서는 상사가 계약관계를 위반하면 법적인 조치를 취하는 경우도 많다. 서양의 조직에서 내부자의 고발행위가 많은 것도 이와 같은 맥락이다. 그러나 한국의 경우는 상사가 계약관계를 어기더라도 술 한잔 같이 하면서 미안하다는 말로 리더의 마음을 달래주는 것으로 끝낸다.

하지만 상사와 정적인 유대를 중시하는 것만이 무조건 좋다고는 할 수 없다. 비윤리적인 행위까지도 정 때문에 묵인하는 경우가 종종 있기 때문이다. 그러므로 한국형 리더들은 버릴 것과 더 강화해야 할 것을 구분하여, 단점은 버리고 장점은 더 크게 강화하려는 방향으로 노력해야 할 것이다.

(4) 의례적 적응 vs. 필요에 의한 적응

한국인은 의례적 성향이 매우 강하기 때문에 무의식적으로 윗사람을 모셔야 된다고 생각한다. 따라서 술자리에서도 윗자리 아랫자리를 분명히 하며 술을 따를 때에도 예의를 지켜 윗사람에게 먼저 따라야 한다. 윗사람에게 예의를 지키는 행동은 일종의 윗사람의 체면을 지켜주는 의례이다. 만약 이러한 의례가 제대로 지켜지지 않으면 상사는 몹시 불쾌해 할 것이다. 때로는 밑의 리더를 크게 질타하게 될 것이다.

한국에서는 윗사람의 체면이 손상되면(체면유지에 실패하면) 권위와 함께 영향력이 상실된다고 믿는다. 인격이 하락되고 무능하다는 부정적인 평가를 받게 된다고 인식한다. 그렇기 때문에 한국의 리더들은 상사에 대한 의례적인 상향적응의 행동이 얼마나 중요한지를 잘 안다.

반면에 계약적 관계를 중시하는 서양의 리더는 상사에게 기본적인 예의만을 중시한다. 모든 인간관계가 평등하다고 느끼는 서양사회에서는 권위에 의한 인간 지배나 직위·계급에 따른 차별이 거의 없기 때문에 한국인처럼 상사에게 잘 보이려고 하는 의례적 행동은 거의 하지 않는다. 그러나 개인의 성과나 실력이 평가되길 원할 때는 상사에게 한국인의 상향적응과 유사한 모습을 보이기도 한다. 하지만 사적인 영역까지 침범하면서 윗사람에게 잘 보이려고 하지는 않는다.

한국의 하급자들이 대체로 힘들어 하는 것은 상사의 실수나 잘못된 점에 대해서 지적해 주는 것이다. 그래서 하급자들은 상사의 잘못된 점을 직접적으로 따지려 하기보다는 우회적인 표현을 쓴다. 때로는 상사의 실수에 "그럴 일 없겠지만 상무님 한번 확인 부탁드립니다", "제 생각에는……" 이런 식으로 소극적이거나 의례적으로 상사의 체면을 세워가며 이야기를 시작하는 경우가 많다.

그러나 미국 사람들은 하급자건 상급자건 일이 잘못되었을 경우 정확하게 일이 잘못되었다고 면전에서 객관적으로 피드백 해주는 것을 어려워하지 않는다. 서로에게 잘못된 점을 적절하게 지적해주고, 그것을 쉽게 납득한다. 그리고 하급자들은 자신이 옳다고 생각하면 항상 정색을 하고 윗사람에게 따지려 들며 윗사람은 또 그것을 기분 나쁘게 생각하지 않는 경향이 있다. 미국사람들은 틀리면 틀렸다고 윗사람에게 직접 얘기하는 것을 두려워하지 않는다. 그것이 모든 것을 계약에 의해서 판단하려는 그들의 가치관 때문이다.

윗사람의 체면을 세워주는 게 효율적이진 않지만 현실이 그렇다. 그러므로 그 현실을 직시하고 그것을 보다 큰 성과를 낼 수 있는 방향으로 응용할 줄 알아야 한다. 우리나라에서 윗사람에게 직설적으로 계약에 입각해서 항변한다는 것은 윗사람의 판단과 생각에 도전하는 것으로 받아들여지기 때문에 그렇게 하기보다는 자신을 객관화시켜 상사의 체면을 세워주면서 설득하는 예지를 발휘할 필요가 있다.

4 | 상향적응의 긍정적인 측면

리더의 상향적응 행동은 긍정적 측면과 부정적 측면이 함께 존재한다. 그러므로 리더는 행동의 긍정적 측면을 강화하고 부정적 측면을 극복하기 위해서 노력해야 한다. 아울러 긍정적·부정적 결과를 가져오는 개인적·조직적 요인들이 무엇인지를 간파하고 대처하면 더 좋은 효과를 거둘 수 있다. 어떻게 긍정적 요인들을 강화시킬 것인지, 또 어떻게 부정적인 요인들을 약화·극복할 수 있는지에 대한 공략 포인트를 제공해주기 때문이다.

우선 한국형 리더의 상향적응 행동이 가져올 수 있는 긍정적 효과가 무엇인지를 살펴보도록 하자.

상향적응 3요인의 긍정적 측면

한국형 리더의 상향적응 3요소인 3H(Heart, Head, Hand)가 갖는 긍정적인 측면은 진정성에 기초한 마음가짐으로 자신의 역량을 최대한 발휘 하는 것, 상사의 잘못된 견해를 바로 잡아 주는 것, 상사와 불필요한 갈등을 예방하는 것 등이었다.

하지만 이들 요소는 각각이 개별적으로 발휘되지 않는다. 그러므로 상향적응은 각 요소의 긍정적인 면만을 보는 것보다 종합적으로 이들이 시너지를 이루어 어떠한 효과

〈표 8.6〉 상향적응 3요인의 긍정적 측면

구 분	긍정적 측면
Heart(마음)	• 진정성을 가지고 일에 임하여 자신의 최대 역량을 이끌어 냄 • 물질적 보상 없이도 자신의 성과를 극대화함
Head(사고)	• 독립적인 사고로 상사의 잘못된 견해를 바로잡아 줌 • 상사가 미처 파악하지 못한 점을 적기에 조언해 줌
Hand(행동)	• 후원적인 행동으로 상사의 신임을 얻게 됨 • 필요한 행동을 적절하게 보여줌으로써 불필요한 갈등을 예방함

를 내는가에 초점을 두어 살펴보는 것이 더욱 바람직하다. 이들이 시너지를 이루면 긍정적인 측면은 보다 확대·강화된다. 다시 말해, 상향적응의 이상형은 각각의 요소에서는 찾아 볼 수 없는 보다 다양한 효과를 낸다.

이러한 맥락에서 과거 60여 년 동안 연구되어진 펠츠 효과(Pelz effect)는 리더의 상사에 대한 상향적응이 어떻게 리더의 하급자들에게 영향을 미치는지를 잘 설명해주고 있다. 펠츠(Pelz, 1951)는 리더가 자신의 상사에게 발휘하는 영향력이 곧 하급자에게 발휘하는 영향력이라며, 이 둘은 서로 연결핀처럼 연결되어 있다고 설명하였다. 리더가 자신의 상사로부터 보다 많은 재량권을 확보한 상태라야 자신의 하급자들에게 보다 많은 지원활동이나 조력활동을 펼칠 수 있다는 것이 그의 주장이다. 상사에게 다양한 영향력을 발휘할 수 있는 리더는 그렇지 못한 리더보다 조직의 자원을 보다 효과적으로 이용할 수 있다. 한 연구에 따르면 리더가 자신의 상사와 마찰이 없는 긍정적인 관계를 유지할 때 리더십 영향력이 집단성과에 더 큰 영향을 미친다고 주장하였다. 이 연구 결과를 한국형 리더십에 접목시켜 보면, 상향적응을 잘하는 리더는 하급자에게도 효과적인 리더십 영향력을 행사할 수 있다는 것을 보여준다. 개인주의를 중요시 여기는 미국보다 집단주의를 우선으로 하는 한국 사회에서, 상사로부터 보다 큰 영향력을 확보한 리더가 자신의 조직원들을 더 좋은 위치로 끌어주려는 경향이 보다 짙을 것으로 추정된다.

상향적응 이상형 리더의 긍정적 측면

한국형 리더가 자신의 상사에게 이상적인 상향적응 행동을 보여주면, 리더가 상사로부터 더 큰 신임을 얻기 때문에, 리더 자신에게 뿐만이 아니라 구성원들, 동료, 그리고 상사에게 까지 다양한 긍정적인 효과가 있을 수 있다. 〈표 8.7〉에는 한국형 리더의 이상적 상향적응 행동으로 초래될 수 있는 긍정적인 측면을 리더 자신, 상사, 하급자, 동료 상하좌우의 전(全)방위적인 측면에서 기술하였다.

〈표 8.7〉 상향적응 이상형 리더의 긍정적 측면

구 분	내 용
리더 자신	• 리더 자신에 대한 긍정적인 인식을 여러 사람에게 확산 • 하급자들로부터의 적극적 신뢰 획득 및 긍정적 리더십 발휘 가능
상사	• 상사와의 시너지로 인한 성과 극대화
동료	• 정보의 확보와 공유 • 부서 간 대립 조정이 용이
하급자	• 임파워먼트를 통한 성과 창출 • 조직의 자원을 보다 효율적으로 이용하여 하급자들의 만족감 고취

(1) 리더 자신의 긍정적 측면

① 리더 자신에 대한 긍정적인 인식을 여러 사람에게 확산

한국과 같은 '좁은 사회'에서는 관계의 네트워크가 복잡하고 확장이 비교적 쉬워진다. 따라서 기업 내의 부서 간 또는 부문 간의 영역이 불분명해지고 정보의 확산이 빠르게 이루어진다. 리더는 자신의 상사에게 이상적 상향적응의 행동을 보여줌으로써 상사로부터 좋은 평가를 받을 수 있다. 그러므로 리더는, 이러한 상사로부터의 좋은 평가가 다른 사람들에게 확산되면서, 보다 많은 사람들과 우호적인 관계를 형성하여 자신의 네트워크를 보다 넓게 확산시킬 수 있다. 상사의 말 한마디는 아래의 리더의 운명을 좌우할 수도 있다. 예를 들어, 팀장의 상사인 상무가 다른 상무들에게 "그 친구 안 되겠어"라고 한마디 던지면 팀장은 설 땅을 잃게 된다. 상사는 아래의 리더를 잘되게 해주지는 못할지라도, 얼마든지 끌어내려 못 되게 할 수는 있다.

리더에 대한 상사의 긍정적인 인식은, 리더에게 더 중요한 일을 맡겨도 잘해낼 수 있는 리더십이 있다는 확신을 심어주는 계기가 되며, 이러한 인식이 여러 사람들에게 확산되면 유능한 리더로서 보다 더 큰 지지와 동참을 이끌어 낼 수 있도록 만든다.

② 하급자들로부터의 적극적 신뢰 획득 및 긍정적 리더십 발휘 가능

리더가 자신의 상사에게 이상적인 상향적응 행동을 보여주면 상사와의 마찰과 갈등을 줄일 수 있고, 상사로부터 더 큰 자원을 확보할 수 있게 된다. 그렇게 되면 리더 자신도 구성원들에게 더 큰 신뢰를 이끌어 내고 보다 긍정적인 리더십을 발휘하게 될 수 있다.

만약 리더가 자신의 상사에게 신임을 얻지 못하거나 지속적인 갈등관계를 유지하게 되면 리더가 구성원들에게 리더십을 발휘할 때에도 상사는 리더에게 딴죽을 걸게 되고, 구성원들과 조직의 목표를 달성하는 데에도 적극적인 지원을 받을 수 없다.

리더가 윗사람과의 갈등으로 인해 상사로부터 전폭적인 지원을 받지 못하거나 자원을 적절히 통제할 수 없게 되면, 구성원들 역시도 리더를 '무능하다'라고 인식하거나 '우리 부서는 왜 이럴까'라는 생각으로 신뢰감마저 떨어질 수 있다. 그렇게 되면 리더는 구성원들에게 헌신적인 동참을 이끌어 낼 수 없다.

그러므로 리더는 자신의 상사로부터 조직 목표달성에 도움이 되는 방향으로 원활한 리더십을 발휘할 수 있게끔 힘을 부여받아야 하며 상사의 지원을 더 많이 받을 수 있는 방향으로 이끌어 가야 한다. 그렇게 되면, 리더는 구성원들에게 보다 큰 신뢰감을 심어줄 수 있고, 유능한 리더로 인정받을 수 있게 되며, 이는 곧 긍정적인 리더십을 발휘할 수 있는 계기로 이어지게 된다. 특히 구성원들에게 신뢰를 얻는다는 것은 무엇보다도 리더가 자신의 활동영역을 넓힐 수 있는 계기가 되고 적극적인 동참을 이끌어 낼 수 있는 큰 무기가 된다.

다음의 이순신 장군의 사례는 리더가 구성원들에게 신뢰를 얻음으로써 발생할 수 있는 긍정적인 측면을 잘 반영한 사례이다.

〈사례 8.8〉 명량대첩을 승리로 이끈 신뢰

병법의 신(神)이라 불리는 손자는 "적보다 10배 많은 병력이 있다면, 포위하고 (항복을) 기다려라", "적보다 병력이 적다면 도망가라, 승산 없는 싸움은 피하는 게 상책이다"라고 했다. 명량해전 당시의 양측 전투력 스코어는 12대 133. 이것은 『손자병법』의 기준으로 바라보자면, 전투라기보다는 '집단 자살'에 가까운 상식 밖의 일이었다. 그러나 이순신 장군은 12척의 배로 적의 133척의 배를 격파했다.

역사는 명량해전의 승리를 기적이라고 기록하고 있다. 그러나 결과도 기적이지만, 저런 압도적인 전투력 스코어 차이에도 불구하고 전투가 성립되었다는 것 자체가 엄청난 기적인 것 같다.

잘 알다시피, 명량해전 직전에 칠천량해전에서 조선 수군은 궤멸에 가까운 대패를 맛보았다. 그런 상황에서 이순신 장군은 삼도수군통제사로 임명된 것이다. 말이 삼도 수군통제사이지, 전 세계 해군 역사에 병력도 군선도 없는, 이렇게 민망한 맨주먹 사령관이 또 있었을까 싶다. 그러나 장군은 선조에게 자신이 살아있는 한 적들이 감히 조선의 바다를 넘보지 못할 것이라는 장계를 올렸다.

그러면 도대체 장군의 이런 배짱은 무엇에 근거한 것일까? 그동안의 전투에서 한 번도 져 본 적이 없는, 그래서 적들에게조차 군신(軍神)으로 추앙받았던 자신의 신출귀몰한 능력에 대한 확신이었을까? 물론 그런 면도 없지 않았겠지만, 그보다는 자신에 대한 백성들과 병사들의 신앙에 가까운 신뢰의 힘을 믿었던 것이 아닐까?

실제로 모함으로 붙잡혀가서 당한 고문 후유증으로 피폐해질 대로 피폐해진 중환자의 몸으로 삼도수군통제사가 되어 장군이 돌아온다는 소식이 전해지자, "장군이 돌아오셨으니, 이제 우리는 살았다"라고 만세를 부르며, 탈영했던 병사들은 속속 부대로 복귀했고, 피난 가던 백성들은 다시 발걸음을 돌려 고향으로 돌아갔다.

'이순신'이라는 이름 석 자가 갖는 신뢰의 힘이었던 것이다. 그리고 장군은 이들과 힘을 합쳐 명량대첩의 기적을 일궈낸 것이다.

자료 : 캔더스 김, "이순신 장군의 리더십", 『캔더스 김의 CEO 되기』, 2009. 4. 14

이렇듯 신뢰는 구성원들로 하여금 최대의 능력을 이끌어 내고 헌신적인 지원을 제공하게 만드는 강력한 힘이 된다. 그러기 위해서는 상사와의 관계를 원만히 하고 다양한 자원을 확보하는 것이 무엇보다 중요하다.

(2) 상사로부터의 긍정적인 측면

이상적 상향적응 행동을 보여주는 한국형 리더는 자신의 상사를 보다 더 상사답게 즉, 자신의 리더를 리더답게 만드는 리더이다. 또한 이러한 이상적 상향적응 리더의 행동은 자신의 상사와 시너지를 이룸으로써 조직의 성과를 보다 극대화할 수 있는 계기가 된다. 이것은 요즘 최고의 유명세를 구가하고 있는 개그맨 1인자 유재석과 2인자 박명수의 사례에서도 나타난다.

〈사례 8.9〉 2인자 리더의 효과적 상향적응이 조직의 성과를 높인다!

요즘 TV에서 가장 자주 얼굴을 볼 수 있는 사람을 꼽으라면 단연 유재석이다. 그는 월요일 밤부터 일요일 저녁까지 거의 매일 TV에서 볼 수 있다. 하지만 유재석이 성공하기까지 그의 곁에서 항상 힘이 되어준 사람은 박명수이다.

유재석과 박명수는 TV 프로그램 〈무한도전〉에서 빛을 발한 연예인들이다. 유재석은 박명수가 없었다면, 〈무한도전〉에서 자신이 그렇게 뛰어난 진행을 할 수 없을 것이라 말한다. 박명수가 옆에서 다양한 상황극과 콩트로 개그 소재를 제공해주면, 자신은 단지 그 소재를 이용해 진행을 할 뿐이라며 진정한 1인자는 박명수라고 치켜세운다. 하지만 박명수는 유재석의 옆에서 자신은 2인자일 뿐이라고 완강하게 2인자를 자처하고 나선다. 그리고 확고한 2인자의 자리에서 유재석이 진행을 더 잘하고 시청자들에게 더 큰 웃음을 줄 수 있도록 일부러 악한 이미지나 큰 소리의 호통으로 자신의 모습을 희생해가며 유재석에게 보다 많은 개그의 소스를 제공한다.

그리하여 1인자 유재석과 2인자 박명수는 서로가 서로를 살리는 윈-윈(win-win) 효과를 거두고 있다. 박명수와 유재석이 함께 진행하고 있는 〈해피투게더〉는 최근 주중 예능프로그램의 최강자로 자리 잡기도 했다.

위 사례에서 1인자 유재석과 2인자 박명수는 리더와 이상적 상향적응의 한국형 리더의 관계라고 할 수 있을 것이다. 이렇듯 리더가 상향적응 행동을 잘하게 되면 리더의 상사에게 성과의 극대화를 가져다줌은 물론, 자신도 함께 성장할 수 있고 조직까지 성장할 수 있는 윈-윈 효과가 있다. 리더가 자신의 상사를 경쟁의 대상으로 여기고, 비협조적으로 일관한다면 자연스레 조직의 성과는 나빠질 수밖에 없다. 이렇듯 리더의 이상적인 상향적응 행동인 겸손은 1인자를 온전히 세우는 강력한 능력으로서 조직을 안정적으로 유지하면서도 1인자에게 보다 많은 힘을 실어주는 시너지 효과가 있다.

⑶ 동료로부터의 긍정적인 측면

① 정보의 확보와 공유

이상적인 상향적응을 하게 되면 마음이나 사고까지 리더의 입장에서 생각해 보도록 해준다. 이러한 것이 선행되어야 올바른 상향적응이 가능해지기 때문이다. 상사의 생각과 심리를 파악하고 행동하게 되면 그러지 않는 사람보다 더 많은 정보를 얻을 수 있다. 상사의 작은 심리의 변화나 생각의 변화를 관찰을 통해 알 수 있으므로 이를 단서로 하여 상사와 조직에 일어나는 변화에 대한 정보를 얻을 수 있는 것이다. 또한 상향적응을 잘 하는 사람의 경우 상사와의 관계가 매우 밀접하기 때문에 그렇지 않은 사람보다 당연히 더욱 많은 정보에 접근할 기회를 갖게 된다. 이러한 정보를 동료들과 주고받음으로써 리더는 동료들과의 관계에 있어 중심에 설 수 있는 기회를 가지게 된다. 자신이 가진 정보와 다른 리더가 가진 정보를 교환하는 과정을 통해 정보를 공유하는 것도 가능해진다.

② 부서 간 대립 조정이 용이

이상적 상향적응으로 리더에게 힘이 실리게 되면 리더의 조직 내 권력이 높아진다. 즉, 임파워먼트된 리더가 되는 것이다. 이러한 임파워먼트는 협상력의 강화로 이어지게 된다. 부서 간 대립이나 갈등상황이 발생할 경우 이상적 상향적응의 리더는 상사로부터 많은 권한을 위임받고 있기 때문에 강화된 협상력으로 대립을 조정하는 것이 용이하다. 많은 경우 부서 간 갈등이 있을 때, 스스로 해결하지 못하고 상사의 눈치를 보게 된다. 이렇게 되면 상대방이 리더를 믿지 못하게 되고 힘이 없는 리더로 인식하게 된다. 그러나 임파워먼트 된 리더는 상사로부터 전권을 위임받고 있기 때문에 자신의 판단에 의해서 협상을 하고 조정을 해낼 수 있게 되며, 이것이 동료들로부터 힘 있는 리더라는 평가를 받게 된다. 이렇게 되면, 리더는 자신의 존재를 한층 높이게 된다.

⑷ 하급자로부터의 긍정적인 측면

① 임파워먼트를 통한 성과 창출

한국형 리더의 상사에 대한 상향적응 행동은 상사로부터 자신의 영향력을 보다 확대시키는 계기로 작용하며, 리더 자신이 자의로 활동할 수 있는 범위를 보다 넓게 만든다. 이를 바탕으로 한국형 리더는 하급자들을 임파워먼트시킬 수 있다. 임파워먼트는 단순히 하급자들에게 공식적인 권력을 위임해 주는 일만을 뜻하는 것이 아니다. 의사결정 과정에 직접 참여토록 하여 자기 결정력을 고취시키고, 하급자들로부터 자신의 영향력을 직접 체험토록 하는 활동을 포함한다. 이러한 활동을 통해 구성원들은 자신이 얼마나 중요한 일을 하고 있는지 스스로 느끼며 업무에 대한 의욕도 같이 높아진다. 즉,

상사와의 적응관계가 원활한 리더는 자신이 임파워될 뿐 아니라 부여받은 자유재량을 그의 하급자들에게도 나눠줄 수 있는 여지를 더 많이 가지게 되는 것이다. 힘없는 리더는 하급자들에게 나눠줄 권한이 별로 없다. 하지만 힘 있는 리더는 차고 넘치는 힘을 하급자들에게 더 많이 나눠줄 수 있기 때문에 하급자들도 그만큼 임파워된다고 볼 수 있다.

리더 자신은 작은 일에 얽매이지 않고, 보다 쉽게 중요한 업무에 매진할 수 있으며, 구성원들 역시도 자유재량권을 확보하여 보다 능동적이고 적극적으로 업무를 처리할 수 있다. 이러한 임파워먼트는 아래의 박 팀장과 김 팀장의 사례에서도 잘 나타난다.

〈사례 8.10〉 조직의 성과를 높이는 박 팀장의 임파워먼트

김 팀장은 올해 팀장으로 승진한 이후 근무 시간이 8시간이 아니라 16시간이라도 모자랄 지경이다. 부하들이 하고 있는 일들이 마음에 들지 않아 하나하나 바로잡아 주다 보면 어느덧 밤 12시를 넘기는 경우가 보통이다.

그런데 옆 부서 박 팀장은 다르다. 아침에 팀원들과 간단한 회의를 마치고 나서는 혼자 조용히 뭔가를 골똘히 생각하고 메모하는 데 하루를 보낸다. 가끔 팀원들이 찾아올 때에도 업무방향을 다시 한 번 상기시키거나 칭찬하고 격려하는 것이 전부인 것처럼 보인다. 그리고 퇴근 시간은 항상 저녁 8시를 넘기지 않는다. 그런데, 박 팀장은 김 팀장에 비해 CEO로부터 더 좋은 평가를 받고 있으며, 부하들로부터도 존경을 받고 있다.

김 팀장은 박 팀장의 업무 스타일이 부러우면서도 자신의 스타일을 바꾸지는 못한다. 박 팀장처럼 부하들을 전적으로 믿고 일을 맡기기에는 너무 위험하다고 여기기 때문이다. 본인이 개입을 해야만 일이 제대로 된다고 믿는 것이다. 그리고 부하들보다 일을 더 많이 하는 것이 팀장으로 승진한 대가라고 스스로를 위로하기도 한다.

자료 : 허진, "나는 임파워먼트형 리더인가", LG경제연구원, 2006. 9. 1

적절한 임파워먼트가 주어지지 않게 되면 구성원들은 일에 대한 무력감을 갖게 되고, 그로 말미암아 자기결정력을 상실하게 되어 상사의 명령에 복종만 하고, 스스로의 선택에 따라 성과를 낼 줄 모르는 수동형 하급자가 되기 쉽다. 그렇다고 해서 방임을 하라는 것은 아니다. 임파워먼트는 자유재량으로 처리할 수 있는 권한을 주는 만큼의 책임도 더불어 따르게 하는 것이 원칙이다.

② 조직의 자원을 보다 효율적으로 이용하여 하급자들의 만족감 고취

프레치와 레이븐(Frech & Raven, 1959)은 영향력이 확대될수록 그에 따른 권력이 확대된다고 하며 이러한 권력을 보상적 권력, 강압적 권력, 합법적 권력, 준거적 권력, 전문적 권력의 5가지로 구분하였다. 이중 보상적 권력은 상사가 추가수당, 선호하는 직무의 할당, 승진 등으로 구성원들에게 보상해 줄 수 있는 능력을 말한다.

리더가 윗사람과 원만한 관계를 유지하여 신임을 확보하고 이상적 상향적응 행동을 보여주게 되면, 리더는 자신의 직위 내에서는 쉽게 접근하기 어려운 이러한 자원들에 보다 용이하게 접근할 수 있다. 리더는 이러한 보상적인 자원을 효율적으로 잘 활용하여 구성원들에게 다양한 혜택을 제공할 수 있으며, 구성원들의 리더와 직무에 대한 만족도를 높일 수 있다. 많은 연구결과가 보여주듯이 직무에 대한 만족은 업무 내적인 행위 외에도 업무 외적인 행위도 유발시키는데, 그중 대표적인 것이 OCB(Organizational Citizenship Behavior: 조직시민행동)라는 것이다. OCB란 공식적인 담당 업무도 아니고 적절한 보상도 없지만 구성원들이 자신의 조직을 위하여 자발적으로 수행하는 다양한 지원활동을 말한다.

상향적응의 결정요인

조직 경영 현장에서 상향적응의 긍정적 측면을 강화시켜주는 요인은 무엇일까? 또한 이러한 긍정적 측면을 약화시켜주는 요인들에는 어떤 것들이 있을까?

한국형 리더의 상향적응 강화요인은 개인적 요인과 조직적 요인으로 나눠볼 수 있다. 개인 요인이란 리더가 상향적응 행동을 더 잘할 수 있도록 도와주는 리더 개인에 관련된 심리적·지적·행동적 요인들을 뜻한다. 조직적 요인이란 리더를 둘러싼 환경과 관련된 것들로서, 상향적응 행동을 지원해주는 구조적·문화적·시스템적 요인 등을 의미한다.

(1) 개인적 요인

상향적응의 개인 차원 결정요인들에는 주로 리더 개인에게 내재된 역량이 기여하는 바가 크다. 리더에게 이상적인 상향적응을 하기 위해서는 리더에 준하는 수준의 역량을 가지고 있어야 가능하다. 상사가 미처 하지 못하는 생각들을 잡아내고, 잘못된 생각이나 행동을 알아차리기 위해서는 개인이 가진 역량이 높은 수준이어야 가능하다. 1인자를 떠받치고 있는 2인자 또한 그만한 역량을 갖추어야 한다는 것이다. 이러한 2인자의 역할을 잘하지 못하는 리더들도 많다. 그 이유는 자신이 최고라는 자부심이나 자존심 또는 비전이 없고 나약하기 때문이다. 그래서 모두 1인자에 대한 막연한 상상과 몽상만 키운다. 사공이 많으면 배가 산으로 올라간다는 속담에서도 알 수 있듯이 조직생활에 있어서 1인자와 2인자 그리고 그들을 따르는 조직원들에게 얼마나 유기적인 관계가 필요한지 알 수 있다.

제1바이올린보다 제2바이올린을 뽑는 것이 어렵다. 왜냐하면 가장 좋은 연주를 하기 위해서는 제 2바이올린의 능력이 제 1바이올린을 받쳐 줄 만큼 필요하고, 무엇보다도 실력이 비슷한 제 2바이올린 연주자가 제 1바이올린을 받쳐줄 수 있는 겸손이 있어야 하기 때문이다. 엄밀히 말해서 조직에서 1인자로 일하는 것보다 2인자로서 1인자를 보좌하는 것이 더 어렵다. 1인자만큼 2인자에게도 '실력'이 있어야 하기 때문이다. 조직에서의 2인자는 '권력의 계승'이 아닌 '역할 분담'의 관점에서 받아들여야만 '튼튼한 조직'을 만들 수 있다.

자신이 최고라는 자만심을 버리고 조직의 발전을 위해 2인자의 역할이라도 훌륭히 해 낼 수 있는 겸손한 자세의 리더는 1인자의 자리에 올랐을 때 누구보다 훌륭한 리더가 될 수 있을 것이다. 〈사례 8.11〉은 23전 23승의 신화를 이룩한 이순신 장군의 숨은 2인자들에 대한 내용이다.

〈표 8.8〉 상향적응의 강화요인

개인적 요인	조직적 요인
• 리더의 개인에게 내재된 역량 • 상사에 대한 긍정적인 인식과 애착 • 협력하고자 하는 의지 • 교육 및 학습을 통한 상향적응	• 조직 내 위계질서 • 성과평가 시스템

<사례 8.11> 23전 23승의 신화 이순신

우리 역사 속 최고의 영웅으로 기억되는 충무공 이순신. 그는 절대적인 열세 속에서 임진왜란 전승을 거두었던 기적 같은 사건의 주인공으로 기억되고 있다. 그렇다면 이러한 업적은 이순신 혼자의 힘으로 이룬 것일까? 그의 승리 뒤에는 그를 도와 나라를 구하고자 노력했던 정운, 정걸, 나대용, 송희립과 같은 최강 수군의 참모들이 있었고, 이순신의 23전승의 비결 뒤에는 이들 중간 리더들의 숨은 노력이 함께했다고 할 수 있다.

- 선봉장의 정운 : 이순신의 최측근이었던 정운은 이순신이 임진왜란에 출전할 수 있도록 가장 강력하게 요청했으며, 이순신의 선봉장으로서 그를 도왔다.
- 노련한 수전경험 정걸 : 80세의 나이로 이순신의 군사로 참전했던 해전의 명장 정걸은 이순신보다 20년 앞서 수군절도사를 여러 번 했던 화려한 경력을 가지고 있었다. 그는 임진왜란 전까지 해전 경험이 없던 이순신을 노련한 경험으로 이끌어 주었다.
- 거북선의 나대용 : 거북선은 임진왜란에서 탁월한 전투무기였는데, 거북선 건조의 실무책임자는 바로 나대용이었다.
- 최후의 현장에서 함께한 송희립 : 송희립은 이순신 최후의 현장인 노량해전에서 이순신이 전사한 후 그의 갑옷과 투구를 입고 북채를 대신 들어 해전을 지휘했다.

자료 : KBS미디어, 〈역사추적〉 제19회 : 최강수군의 비밀-이순신의 사람들, 수정인용

이처럼 높은 성과는 리더 혼자 이룩할 수 없다. 훌륭한 2인자 리더들이 있어야 높은 성과창출이 가능하다. 1인자가 되기 위해 노력하되 현재의 자리에서 최선을 다하여 상급자가 올바른 의사결정과 행동을 하도록 돕는 것은 훌륭한 리더에게 꼭 필요한 자세이다.

(2) 조직적 요인

① 조직 내 적정 위계질서

조직 내에 지나치게 엄격한 위계질서가 존재한다면, 합리적인 대화가 원천봉쇄되고, 정

상적인 의사소통이 어려워지며 이에 따라 친밀감 상실, 무거운 조직, 조직 내 침묵현상 등의 다양한 부작용을 초래하게 된다. 하지만 위계질서가 존재하지 않는 조직에서는 상사에 대한 권한이나 기득권이 상실되고, 충성심이 저하되며, 이로 말미암아 조직원들은 자신의 상사를 존중하지 않거나 무시하는 경향이 생기게 된다. 그렇게 되면 조직원들은 상사의 지시에 적극적이기보다 수동적이 될 수도 있고, 상사에 대한 신뢰나 공감이 상대적으로 줄어들게 될 수도 있다. 그러므로 엄격한 위계질서는 조직 내의 부작용으로 작용하지만 적절한 수준의 조직 내 위계질서는 상향적응을 강화시키는 요인으로 작용한다.

〈사례 8.12〉 폴란드 언론 "한국에서 교훈 얻자"

레흐 카친스키 대통령을 비롯한 폴란드 최고 엘리트들이 비행기 추락사고로 한꺼번에 목숨을 잃은 가운데 폴란드 최대 일간지 가제타 비보르차는 13일 폴란드가 수직적인 문화의 개선을 통해 비행기 사고를 줄인 한국으로부터 교훈을 얻을 필요가 있다고 보도했다.

이 신문은 '대한항공의 교훈'이라는 제목의 기사에서 "대한항공은 1990년대 말 사고가 잇따르면서 에어프랑스와 델타항공이 제휴관계를 청산했고, 미국 연방항공국(FAA)이 안전등급을 하향 조정하는 등 위기를 맞았으나 델타항공의 컨설팅을 받으면서 위기를 극복했다"면서 "해법은 영어로 얘기하라는 것이었다"라고 소개했다.

신문은 "한국에서는 상사나 연장자에 대한 존중이 강해 기장이 실수하더라도 부기장이 직언을 하지 못하고 돌려 얘기하는 경우가 많았다"면서 "영어를 통해 '언어의 덫'에 갇혀 있던 계급적 문화를 타파할 수 있었다"라고 설명했다.

대한항공은 2001년 1월 아예 델타항공 출신의 데이비드 그린버그 씨를 부사장으로 영입했다. 뉴욕타임스, 포춘 등 외국 언론은 대한항공을 외국인 영입의 대표적인 성공사례로 소개하기도 했다. 대한항공은 나중에 사장까지 지낸 그린버그 씨의 영입 이후 사고가 거의 사라지면서 대내외적인 신뢰를 완전히 회복했다.

이와 관련, 대한항공의 한 관계자는 "그린버그 씨가 영어회화 교육 강화, 민간 비행사 채용 등을 통해 조종실 내의 문화를 개선하는 데 기여했다"면서 대부분 영어로 된 기술적 용어와 의사소통 절차 등을 표준화했다고 밝혔다.

신문은 특히 "명령에 대한 복종심이 강한 군 조종사나 군 출신 조종사들은 대통령이나 군 고위관계자 같은 인사가 승객일 경우 계급에 대한 압박을 크게 받는다"면서

"누군가 직접 조종실로 들어가지 않더라도 압력을 느낄 경우 계급에 대한 의식은 더욱 커질 수 있다"라고 덧붙였다.

자료 : 『연합뉴스』, 2010. 4. 14

② 성과평가 시스템

성과평가 시스템이 비합리적이라면 조직의 발전과 자신의 성장을 위해 상향적응을 적절하게 발휘하려 해도 아부나 아첨으로 간주하는 주위의 부적절한 시선을 받기 쉽다. 이를 방지하기 위해서는 조직에 공정하고 투명한 인사평가 시스템을 적극 도입하여 능력에 상응하는 평가를 받을 수 있고 그에 따라 합리적인 보상을 제공하도록 하는 것이 바람직하다.

아무리 열심히 해도, 또 아무리 헌신적으로 일을 해도 좋은 평가를 받고 승진하는 사람이 따로 있다면, 성과중심의 상향적응보다는 아부나 아첨 중심의 상향적응 행위가 기승을 부리게 될 수밖에 없다. 일을 잘하는 사람을 좋게 평가해 주고 그에 합당한 보상을 제공해야지, 아부 잘하고 잘 모시는 사람을 좋게 평가하여 승진 등의 보상을 몰아주는 분위기 속에서는 큰 성과를 기대하기 힘들다.

조직에는 한 가지 딜레마가 있다. 승진결정을 할 때, 점수제로 하는 경우이다. 점수를 잘 받으려면 교육도 많이 받아야 하고 자잘한 파견근무도 자주 해야 하는데 조직의 핵심 직무를 맡고 있는 리더들은 워낙 바쁘다 보니 교육이나 파견을 통하여 점수를 올릴 기회가 상대적으로 적다. 그러다 보니 승진 철이 되면 능력 없는 사람, 한가한 사람들은 씩씩하게 승진하고 능력 있는 사람, 바쁜 사람들은 점수를 많이 따지 못하여 탈락하게 되는 촌극이 빚어진다. 교육 받는 것에 점수를 주는 것은 옳다. 그러나 기회의 균등을 통해서 능력 있는 리더들도 똑같이 교육 받을 수 있는 기회를 제공하는 것이 바람직하다. 그래서 30대에 성공한 사람이 교육의 기회를 갖지 못하여 40대에 실패하게 된다는 말이 나오게 된 것이다.

5 | 상향적응의 부정적 측면과 극복방안

상향적응의 부정적 측면

한국형 리더십 상향적응의 Heart, Head, Hand는 긍정적 측면도 있지만 부정적 측면도 함께 존재한다. 그러므로 한국형 리더는 보다 좋은 성과를 달성하기 위해, 긍정적인 측면은 보다 부각시키고 부정적인 측면은 사전에 알아두어 예방하는 노력을 해야 한다. 리더를 둘러싼 환경이 어렵고 복잡해지면서 단순한 대응으로는 효과적인 결과를 얻지 못하는 것이 오늘날의 경영환경의 특성이다.

한국형 리더는 이러한 부정적 측면에 주의하고, 미리 예방하도록 노력하며, 자신이 이러한 함정에 빠졌을 시에 이를 극복할 수 있는 행동을 효과적으로 보여주도록 노력해야한다. 상향적응 행동의 단점을 적시하고 이를 극복할 수 있는 방안을 살펴보자.

〈표 8.9〉에서 보듯이 상향적응이 가져올 수 있는 부정적 측면은 꽤 많다. 지나친

〈표 8.9〉 상향적응 3요인의 부정적 측면

구 분	부정적 측면
Heart	• 지나치게 윗사람에게 의존하여 자신의 정체성 상실 • 상사에 대한 무조건적인 충성 • 지나친 상사 지향적 태도 • 공사 구분 못하여 윤리적 문제 초래
Head	• 상사의 의중을 적중시키려고만 함으로써 독립적 사고 결여로 상사보좌 미흡 • 상사 의견에 무조건 동의함으로써 집단사고(groupthink) 초래 • 상사의 사고 스타일 답습으로 창의력 상실(적절한 수용과 적절한 비판이 필요한데 무조건 수용, 무조건 비판을 하기 쉬움) • 상사의 지시를 기다리게 됨으로써 업무 비효율 초래
Hand	• 상사에게 지나친 서비스를 제공함으로써 상사의 의존성 증대 • 상사의 특정 리더에 대한 편애 발생으로 리더동료들 간 갈등 발생 • 지나친 격식으로 조직 분위기 경직 • 상하 간의 수직적 관계를 지나치게 강조하게 되어 계층구조 고착 • 상사가 듣고 싶은 말만 하게 됨으로써 상사의 생각을 흐리게 함

밀착은 상사의 생각을 흐리게 하고, 리더가 상사를 독점하게 됨으로써 다른 동료들과 갈등을 야기하고, 지나치게 가시적인 것만을 강조함으로 조직분위기를 경직시킬 수도 있다. 또한 상하간의 관계에만 집중하다 보니 창의력이 제대로 발휘되지 않는 부정적 결과를 초래할 수도 있다.

리더와 상사의 관계는 지나치게 멀어서도 안 되지만, 지나치게 밀착돼서도 곤란하다. 적당한 거리를 유지하면서 심리적인 공감대를 놓치지 않는 지혜가 필요하다. 일반적으로 사람과 사람의 관계는 너무 가까워지면 목적을 잃게 되는 경우가 많다. 또한 너무 멀어지면 잊히게 되어 있다. 직장생활에서 잊힌다는 것은 치명적 결과를 가져온다. 묵묵히 일하는 것도 좋지만 너무 소원해지지 않도록 상사와의 관계를 잘 관리해야 한다. 여기에 제시한 상향적응의 다양한 기법들이 도움이 될 것이다. 리더와 상사의 관계를 1차원 관계로 끌고 가기보다는 다차원 관계로 진화시킬 줄 아는 기술이 필요하다.

(1) Heart

Heart는 많은 긍정적 측면을 가진다. 하지만 다른 3H요소와 균형이 없는 과도한 Heart 는 아래와 같은 부정적 결과를 가져올 수 있다.

① 지나치게 윗사람에게 의존하여 자신의 정체성 상실

상사를 진심으로 존경한 나머지 신앙적으로 받아들이게 되면 지나치게 윗사람에게 의존적이 되어 자신의 정체성을 상실하게 될 수 있다. 모든 것을 그(녀)의 기준에서 생각하고 그에 따라 행동하게 되기 때문에 나 자신이 흐려지고 상사화되는 것이다. 심리적 교감을 넘어서 자신보다 상사를 더욱 중요시 여기게 되는 것은 매우 위험한 상황이라고 할 수 있다. 이러한 상태가 지속되면 독립적이지 못하고 모든 것을 윗사람에게 의존하게 된다. 어떤 결정도 하지 못하고 상사를 무조건 기다리게 됨으로써 무능한 사람으로 비춰질 수도 있다. 진정성은 인정받게 될지 몰라도 어려운 일이나 중요한 업무는 맡길 수 없는 사람으로 평가받게 될 수 있기 때문에 상사에 대한 지나친 의존은 올바르지 않다. 이러한 문제를 극복하기 위해서는 윗사람에게 진정성에 기반한 존경과 애정을 갖되 자신의 목표와 비전을 확실히 하여 정체성을 잃지 않는 태도를 가져야 한다. 윗사람을 훌륭히 보좌함으로써 자신의 목표와 비전을 이룰 수 있는 방향으로 상향적응해야 할 필요가 있다.

〈사례 8.13〉 대학 캠퍼스에 드디어 아빠 등장!

요즘 우리나라 대학 캠퍼스에 새로운 현상이 벌어지고 있다. 다름 아니라 수강신청이 며 행사참석에 대학생과 함께 학부모들이 찾아오는 경우가 크게 늘어났다는 것이다. 상상할 수 없는 한국 부모들의 극성은 엄마로부터 시작되었다. 몇 년 전부터 엄마가 대학생 아들·딸들의 수강신청과 수강신청 변경을 대신 해주기 위해서 캠퍼스를 찾기 시작하였다. 이들은 볼일을 다 본 후에도 교정을 떠나지 않는다. 화장실도 확인하고 교실에도 들어가 학습환경을 점검한다. 혹시라도 화장실이 막혀 있으면 총장에게 바로 전화를 해서 닦달을 한다. 더욱 힘들게 하는 것은 각 대학의 교학과 직원들이다. 교수가 어쩌다 학기 첫 시간에 몇 분 늦게 강의실에 들어가면 바람처럼 교학과 직원에게 달려가 항의를 한다.

이 한심한 엄마들의 도전에 2010년 들어서면서 아빠들이 가세하기 시작하였다. 드디어 강의실 맨 뒷좌석에 아빠가 들어와 앉아 첫 강의를 경청(?)하기 시작했다. 자기 아들·딸의 수준으로 감당할 수 있는 과목인지를 테스트하기 위해서란다. 너무 어려우면 수강신청 변경을 해주기 위한 것이다.

이러한 한국 부모들의 자식 간섭은 군에 간 아들에게로 번지고 있다. 소대장 휴대폰 번호를 알아내서는 잘 봐달라고 전화하고, 대대장에게 전화해서 보직을 바꿔달라고 하기에 이르렀다.

아뿔싸! 지난 주 S 기업의 인사팀장은 황당한 사건을 경험했다. 퇴직한 영업팀원 박모 군의 사표를 처리하지 말아달라는 아버지의 전화였다. 그리고 3시간 뒤 아빠가 직접 사표를 되돌려 받으려고 회사에 나타나셨단다. 인사팀장은 할 말이 없었다.

그뿐 아니다. 학교 강의시간에 갈등관리를 강의하다가 "편의점에서 아르바이트를 하던 중 점장과 갈등이 빚어졌을 때 어떤 방법이 가장 확실한 방법인가?"라고 묻자 어느 여학생이 손을 번쩍 들더니 진지한 표정으로 "엄마한테 이른다"라고 답했다고 한다. 이러다가 결혼하고 신혼여행 가는 데도 부모가 따라오는 날이 오지 않을까?

그 부모 밑에서 자라난 아이들이 정체성을 바로 세우지 못할 것이라는 사실은 불을 보듯 뻔하다.

② 상사에 대한 무조건적인 충성

정서의 조화는 목숨까지도 받쳐 상사를 위해서라면 무엇이든 할 수 있다는 충성심을 형성한다. 옳고 의미 있는 일에 대한 목숨을 건 충성은 매우 숭고한 자세로 받아드려질 수 있다. 하지만 상사의 말이라면 무비판적으로 무조건 받아들이는 충성은 매우 위험하다. 상사가 옳지 못한 행동을 했을 때에 이를 바로잡고자 하는 노력을 하지 않고 무조건적인 충성을 하게 되면 매우 큰 문제를 발생시킨다. 또한 상사에 대한 충성이라는 이름 하에 자발적으로 옳지 못한 행동을 하게 되었을 때 문제가 발생한다. 자신은 충성심의 표현이라고 할지 몰라도 상사의 생각을 흐리게 하고 상사의 위치조차 위태롭게 할 수 있는 행동이 될 수 있기 때문이다. 또한 과도한 충성으로 인해 비윤리적인 행동까지 유발하게 된다면 이는 큰 문제로 이어질 수 있다. 〈사례 8.14〉가 그러한 예이다.

〈사례 8.14〉 "시장님 목숨 걸고 충성하겠습니다"

현직 시장에게 이른바 '충성메일'을 보낸 뒤, 불법선거운동을 한 밀양시청 소속 공무원이 경찰에 구속됐다. 경남 밀양경찰서는 엄용수 시장에게 '선거에서 충성을 다하겠다'는 내용의 이메일을 보내고, 시장을 지지하도록 선거운동을 한 혐의로 밀양시청 소속 모 동장 A(57, 6급) 씨를 구속했다.

A 씨는 지난 1월 엄 시장이 6급인 자신을 5급 보직인 동장 직무대리로 임명하자, 엄 시장에게 "공무원 생활 마지막 37년을 걸고서 총력을 다해 2천 명 정도를 시장님 편으로 끌어들이겠습니다. 혼신을 다해 목숨을 걸고서 일을 하겠습니다"라는 내용의 메일을 보냈다.

또, 자신이 일하는 동 주민자치센터 통장실에서 관내 통장 모씨에게 "현 시장이 시정을 잘하니까 이번 선거에서 한 번 더 지지해 달라"라고 부탁하는 등 자신의 직위를 이용해 현 시장의 지지를 부탁하며 선거운동을 벌인 혐의도 받고 있다.

경찰 조사 결과, A 씨는 시장에게 보낸 이메일을 통해 "노인들을 상대로 연설할 때, '노인들의 노력 덕분에 오늘날 우리가 이렇게 잘 살고 있다'라며 많은 칭찬을 하라"라고 주문하기도 하는 등 관내 주민동향 등을 수집·분석해 이메일과 전화로 수십여 차례에 걸쳐 시장에게 보고한 것으로 드러났다.

경찰은 이와 함께, 엄 시장에게 '충성메일'을 보낸 또 다른 공무원 2명과 엄 시장의 이메일 내용을 유출한 밀양시 통신담당 공무원 허모(6급, 구속) 씨를 접촉한 것으로 드러난 출마예정자 박모(53) 씨 등 두 명에 대해서도 검찰의 지휘를 받아 조만간 사법처리 수위를 결정할 방침이다.

경찰 관계자는 "현직 공무원이 지방선거를 앞두고 현직 시장에게 속칭 '줄서기'를

Head가 결핍된 충성은 상향적응의 부정적 영향을 끼치는 요인이 된다. 따라서 항상 중립적인 사고를 통해 상사의 행동을 판단하고, 옳은 일에 대한 충성을 보여주는 것이 중요하다. 또한 충성심에 의한 자발적 행동을 할 때 충분한 분석이 선행된 후에 옳은 행동만을 할 수 있는 현명한 자세가 필요하다.

효과적인 한국형 리더는 상사에게 마음을 주지만, 머리까지 바치지는 않는다!

③ 지나친 상사 지향적 태도

자신과 관련된 일은 돌보지 않은 채 상사만을 위해 행동하게 되면 지나친 상사 지향적 태도의 문제를 발생시킨다. 모든 기준을 상사에게 맞추고 그 기준에 맞춰 행동하고자 할 때 이러한 지나친 상사 지향적 태도를 형성하게 된다. 자신의 위치에서 맡은 바 임무를 훌륭하게 완수하고자 하는 태도와 반대되는 것으로 자신의 업무보다 상사의 비위를 맞추는 것에 더 비중을 두게 되는 것이다. 이것은 자신의 실력향상을 위한 노력보다 상사의 마음을 거스르지 않는 것에 중점을 둔 행동을 유발한다. 이는 다른 사람들에게 생각이 없는 사람으로 비춰지게 할 수 있으며 심지어는 상사의 꼭두각시로 인식될 수 있다. 또한 상사가 이러한 하급자를 볼 때 동등한 입장에서 의견을 공유한다거나, 조언을 구하는 등의 행동은 불가능하다고 생각하고 중요하지 않은 사소한 일처리만을 시키게 되기도 한다. 지나친 상사 지향적인 행동을 피하기 위해서는 상사의 요구와 응답에 즉각적으로 대응하되 기본적으로는 자신이 처한 위치에서 현명하고 독립적인 사고와 행동을 해야 한다.

④ 공사 구분 못하여 윤리적 문제 초래

지나친 정서의 조화는 공과 사의 구분을 모호하게 만든다. 특히 한국 사회의 경우 성심을 다한다는 명목으로 공적인 부분을 넘어서 상사의 사적인 부분까지 신경 쓰는 일이 매우 자주 일어난다. 이것은 한국의 문화적 특성에 어느 정도 기인하는 것이므로 딱 잘라 잘못된 것이라고 말하기는 힘들다. 진정성에 기반을 두어 상사의 사적인 세밀한 부분까지 마음을 쓰는 사람은 당연히 상사의 마음을 얻기 쉽다. 특히 좋은 일보다 나쁜 일이 있을 때 사적인 부분을 신경 써 주는 사람은 잊기 힘든 법이다. 하지만 공사를 구분하지 못해 윤리적인 문제를 초래하게 되는 것은 상사와 리더를 치명적인 위험에 빠지게 할 수 있다.

〈사례 8.15〉 하급자의 역할은 어디까지?

S 대학의 김 교수는 자신의 조교에게 사적인 일들을 시키는 것으로 매우 유명하다. 조교의 김 교수 뒷바라지는 아침부터 시작된다. 혼자 사는 김 교수는 아침에 잘 일어나지를 못한다. 알람소리도 잘 듣지 못하는 김 교수를 깨우기 위해 조교는 매일 아침 교수의 집에 찾아가 문을 두드려 깨운다. 이 소리를 일찍 듣고 깨면 문제가 될 것이 없지만 교수가 일어나지 않으면 30분이고 한 시간이고 계속해야 한다. 시끄럽게 문을 두드려 경비실 아저씨가 올라온 것도 한두 번이 아니다. 이렇게 어렵사리 교수가 일어나면 교수가 씻는 동안 간단한 아침을 준비해 준다. 아침을 먹고 같이 학교로 출근하면 본격적으로 조교의 업무가 시작된다.

김 교수는 학생들 사이에 "인터넷 창의 X 버튼을 누르면 창이 닫히는 것조차 모른다"라는 소문이 있다. 그런 사소한 것마저도 조교들을 시키기 때문이다. 잡다한 행정처리는 물론이고 교수가 직접 써야 하는 논문까지 대필을 시킨다. 다 공부에 필요한 것이라면서 말이다.

또한 교수가 자리에 있을 때에는 열두 시가 넘어도 조교를 집에 가지 못하게 한다. 사실 그 시각까지 교수가 하는 일이라곤 인터넷 바둑을 두는 일이다. 교수가 심심할 때면 조교를 붙들어 놓고 네 시간이든 다섯 시간이든 사적인 이야기를 늘어놓는다. 또한 술 한잔이 생각나는 날에는 조교를 붙잡고 밤새도록 술을 마시기도 한다. 조교는 이것이 교수를 위해 옳다고 생각하기 때문에 매일같이 이러한 생활을 했다. 조교는 동료 조교에게 이러한 이야기를 자랑스럽게 털어놓았다. 하지만 동료 조교는 이것을 큰 문제로 받아들여 학교에 공식적으로 문제제기를 하게 된다. 그 결과 김 교수는 학교를 떠날 수밖에 없었다.

분명 조교는 상사인 김 교수를 위해 최선을 다한 것이다. 하지만 상식적으로 보면 공과 사의 구분이 없어 문제 있는 관계로 보인다. 그 결과 김 교수는 학교를 떠나야

하는 결말을 맞이하게 되었다. 이처럼 공과 사가 구분되지 못한 관계는 파괴적 결말을 가져오게 될 수 있다. 한국인의 정서에 공과 사를 무 자르듯 자르긴 힘들다. 하지만 적당한 선에서 공과 사를 구분할 줄 아는 지혜가 필요하다. 힘들 때 손 내밀어 마음을 전하는 것까지 사적인 부분이기 때문에 하지 말아야 한다는 것은 아니고, 지나치게 상사의 사적인 부분까지 개입하는 것은 옳지 못하다는 것이다. 진심으로 상사에 대한 존경과 애정으로 대하되, 공과 사를 적절히 구분하여 행동하는 것으로 이러한 부정적 결과를 극복할 수 있을 것이다.

(2) Head

상사의 경영방식이나 스타일을 잘 알고, 상사에게 필요한 것이 무엇인지 분석·통찰·판단하는 사고력인 사고의 조화 Head는 상사를 보좌하는 데 매우 중요한 부분이다. 하지만 잘못된 방향으로 발전된 사고의 조화는 아래와 같은 많은 문제를 야기한다.

① 독립적 사고 결여

사고의 조화를, 상사의 의중을 적중시키는 행동을 하기 위해서 상사의 생각과 자신의 생각을 일치시키는 것이라고 혼동하는 경우가 있다. 하지만 이는 올바른 사고의 조화가 아니고 지양되어야 할 부정적 부분이다. 상사의 의중을 적중시키려고만 하다 보면 개인의 독립적 사고가 결여되기 쉽다. 독립적으로 사고하려 하기보다는 상사의 의중이 무엇일까만 고민하게 되기 때문이다.

사고의 조화란 상사의 생각과 같은 생각을 하는 것이 아니라 상사가 미처 생각하지 못한 미흡한 부분을 보완하고, 잘못 판단하고 있는 부분을 언급해 줄 수 있으며, 다양한 관점에서 상사가 생각할 수 있도록 도와주는 것이다. 아무리 유능한 상사라고 해도 실수 없는 선택은 불가능하다. 따라서 상사가 놓치고 있는 부분에 대한 하급자의 조언이 매우 중요하다. 다음의 〈사례 8.16〉은 한국형 리더들의 의사결정 스타일에 대한 내용이다.

〈사례 8.16〉 한국형 리더들의 의사결정 스타일

한국 기업의 리더들은 의사결정을 할 때 데이터를 중시할까 아니면 감에 의존할까? 한국인들은 즉흥적인 면이 강한 성격이어서 직감에 따라 의사결정을 내리는 리더가 많을 것이라 생각하겠지만, 동아일보 미래전략연구소, 국제경제인연합회 국제경영원, 안서원 연세대 심리학과 연구교수가 실시한 연구에 따르면 한국인들은 다른 국가의 리더들보다도 매우 분석적인 것으로 나타났다.

한국 최초로 기업체의 과장급 이상 리더를 대상으로 의사결정 유형을 파악하기 위해 '인지 스타일 척도'(CSI) 조사를 실시했다. 인지 스타일 척도란 의사결정 유형을 판단하기 위한 기법인데, 점수가 높을수록 '분석'(analysis)적 판단에, 점수가 낮을수록 '직관'(intuition)적 판단에 가깝다. 한국인들은 세계 평균(41.8점)보다 3.7점이 높은 45.5점이었는데, 한국의 임원들은 다른 국가의 리더들보다 매우 분석적인 것으로 드러난 것이다.

하지만 추후의 연구결과 분석적인 리더들일수록 과도한 일반화(과도하게 자신의 생각과 판단을 일반화하여 남들도 나와 다르지 않을 것이라고 생각하는 현상), 매몰비용효과, 확증 편향(반대되는 정보는 받아들이지 않는 현상) 등의 오류에 빠지기 쉬운 것으로 드러났으며, 성공한 리더들일수록 뛰어난 정서와 직관력을 가지고 있는 것으로 드러났다. 즉 한국인들은 오히려 분석적이기 때문에 의사결정에 더욱 취약하다는 논리이다. 이는 직급이 올라갈수록 내려야 하는 의사결정 사안이 더욱 복잡해지면서 분석적 접근이 어려워지고 직관적인 결정을 좀 더 요구하기 때문인 것으로 보인다.

자료 : 『동아비즈니스 리뷰』, 2009. 9. 15 수정인용

〈사례 8.16〉은 한국형 리더들이 분석적인 반면 과도한 일반화나 매몰비용효과, 확증편향 등의 오류에 빠지기 쉽다는 내용을 담고 있다. 중요한 의사결정 시 발생한 이러한 오류가 매우 위험한 결과를 초래한다는 사실은 많은 연구결과 밝혀진 바 있다. 따라서 리더에게는 상사가 이러한 오류에 빠지지 않도록 사고의 조화를 이루어야 할 책임이 있다. 사고의 조화를 통한 상향적응을 위해서는 개인의 독립적인 사고가 필요하다. 상사의 의중이 무엇인지 고민하는 것에 그치지 말고 상사의 입장에서 사고하되 개인의 독립적인 사고를 함께 하여 상사에게 꼭 필요한 조언을 해 줄 수 있도록 하는 것이 중요하다.

② 집단사고 초래

상향적응이라고 하여 상사에 대해 무비판적으로 적응하는 것을 의미하는 것이 아니다. 상사가 올바른 의사결정과 행동들을 할 수 있도록 도와주는 것이 상향적응이다. 따라서 상사가 바람직하지 않은 방향으로 가는 경우 '아니오'라고 말할 수 있는 리더가 되어야 한다.

사실 한국과 같은 유교문화 사회에서는 윗사람에게 '아니오'라고 말하는 것이 쉽지 않은 일이다. 하지만 위기의 순간에 분명히 잘못하고 있는 리더를 보고도 무조건적으로 동의를 하게 된다면 미리 손써볼 기회도 없이 조직을 실패의 구렁텅이로 빠뜨리게 될 수 있다. 또한 상사가 무조건적으로 옳다고 생각하는 조직원들만이 일을 진행할 때 집단사고의 위험에 빠질 수 있으므로 매우 바람직하지 않다.

집단사고란 응집력이 강한 집단에서 자주 일어나는 것으로 구성원들이 집단내부의 압력으로 인해 비판적 평가를 할 수 없는 집단 분위기에 의해 획일적이고 무조건적으로 정해진 의견에 동의하는 것을 말한다. 상사의 의견에 무조건 동의하는 것은 집단사고를 유발하는 위험한 부분이다. 집단사고와 다른 개념으로 집단지능이 있다. 집단지능이란 독립적이고 창의적인 개인들의 생각들이 모여 개개인의 지능을 합한 것 보다 우수한 지능을 나타내는 것을 말한다. 상사의 의견에 무조건 동의하여 집단사고를 초래하는 것은 매우 위험한 일인 반면 독립적이고 창의적인 생각으로 상사를 보좌하기 위해 노력하는 것은 조직 내 집단지능을 향상시키는 긍정적 결과를 가져올 수 있다.

③ 창의력 상실

독립적인 정체성을 확실히 가지고 있지 않은 사람의 경우 사고의 조화는 자칫 상사의 사고 스타일을 답습하게 되는 결과를 낳을 수 있다. 상사의 사고 스타일을 답습하는 것은 상사가 생각하는 방향으로만 생각하여 상사가 미흡한 부분이나 잘못 생각하는 부분에 대한 조언을 할 수 없게 한다. 다양한 방식의 사고를 할 수 있을 때 조직의 발전이 이루어지게 되는데 상사의 사고 스타일 답습은 다양한 사고를 저해하여 창의력 상실이라는 문제를 발생시킨다. 상사의 생각에 대한 적절한 수용과 더불어 적절한 비판이 균형을 이루어야 다양하고 창의적인 대안을 창안해 낼 수 있고, 상사의 잘못된 판단에 조언을 해 줄 수 있다. 하지만 적절한 수용과 비판의 균형을 이루는 것은 매우 힘들어 무조건 수용이나 무조건 비판이 되는 문제가 자주 발생된다. 이러한 균형을 이룰 줄 아는 리더가 진정한 리더라고 할 수 있을 것이다.

그러나 한국의 상사는 체면을 소중히 여긴다. 자신이 부하들보다 모든 면에서 뛰어나야 한다는 강박관념을 가지고 산다. 그러므로 현명한 한국형 리더는 상사와 의견이 다를 경우 윗사람의 기분을 상하지 않게 하면서 할 말을 다 할 줄 아는 지혜를 가진 사람이다. 한국형 리더에게 있어 이것은 매우 중요한 기술이다.

뿐만 아니라, 리더는 상사의 생각, 말투, 그리고 행동까지 답습하게 되는 경향이 있다. 특히 오래 같이 생활하다 보면 이런 '풍화작용'(風化作用)은 필연적으로 발생하게 된다. 다음의 사례에서 살펴보자.

〈사례 8.17〉 리더와 상사 간의 풍화작용

"도무지 하급자들이 말을 하지 않습니다."

소통이 중요하다고 어디서 강의를 들은 ○○ 무역회사에 다니는 김 상무는 사무실로 들어와 팀장들을 불러 자신에게 건의할 것이 있으면 서슴없이 말해보라고 요청했다. 하지만 아무도 입을 열지 않았다. 30분을 기다리고, 유도하고, 강요하다시피 해도 아무런 말이 없이 그저 자신의 회사노트에 뭔가를 긁적거리고만 있었다. 다섯 명의 팀장들 중에서 적어도 한두 명은 용기를 내어 조언을 해줄 것으로 기대했던 김 상무는 실망했다.

"별로 없습니다."

한참 후에 돌아온 대답은 이것이 고작이었다. 하지만 김 상무는 뭔가 불만이 있는 것 같다는 심증은 갖고 있었다. 그런데 도대체 그것이 무엇인지를 알 수가 없었다. 최근 회사에 칼바람이 불고 있어 더욱 조심하는 눈치이다.

"좋아, 그럼 업무 얘기나 하지. 박 팀장, 인도네시아 대체연료 수입 건은 어떻게 됐어? 지사에서 연락 있었나?"

"예, 연락은 있었지만, 인니 정부로부터 아직 확실한 대답은 못 들은 모양입니다. 계속 알아보는 중입니다."

"벌써 3개월째 '알아보는 중입니다'라고만 말하면 어떻게 해!"

"다시 연락해 보겠습니다."

김 상무는 그리고 나서 은사이면서 평소에 친하게 지내는 모 대학의 박 교수에게 전화를 걸어 이 기이한 현상에 대해서 상담을 했다. 박 교수의 답은 명쾌했다.

"혹시, 자네가 윗사람들에게 같은 태도를 보이지 않나?"

김 상무는 망치로 머리를 한 대 맞은 것처럼 머리가 잠시 멍했다. 그리고 곰곰이 생각해 봤다. 아니나 다를까 김 상무가 대표이사 오 사장에게 하는 대답과 팀장들이 자신에게 하는 대답이며 행동이 너무나 흡사함을 느꼈다. 김 상무는 어디에서부터 다시 시작해야 하는지 대충 짐작이 가기 시작했다.

생각하는 것은 물론, 말하는 습관이며, 말을 하지 않는 습관까지 하급자들은 리더의 모습을 보면서 학습한다는 귀중한 진리를 위 사례의 김 상무는 터득했다. 중요한 것은 윗사람의 행동과 태도를 불필요하게 답습하고 있지 않은지를 한국형 리더들은 지속적으로 점검하고 수정해 나아가야 한다는 것이다.

④ 업무 비효율 초래

사고의 조화가 잘못 이루어질 경우 독립적 사고가 결여되어 상사의 지시만을 기다리는 행동을 유발할 수 있다. 자신이 맡은 업무에 대해 독립적이고 능동적으로 처리해야 효율적이지만 상사의 지시가 있을 때까지 기다리게 됨으로써 업무의 비효율을 유발하게 된다. 시간적인 부분에 대해서도 지시를 기다릴 때까지 시간을 허비하게 되고, 상사는 일일이 지시를 내려줘야 하기 때문에 더 큰 효과를 낼 수 있는 일에 시간투입을 줄일 수밖에 없어 비효율을 초래한다. 중간리더라도 리더라는 생각으로 독립적인 일처리와 성과향상을 위한 능동적인 행동을 해야 한다. 상사의 지시를 기다리기만 하는 것은 진정한 리더의 자세가 아니다.

한국형 리더는 일을 스스로 찾아서 한다. 시키기를 기다리는 모습은 진정한 한국형 리더가 아니다.

(3) Hand

Hand의 행동의 조화란 상사에게 불필요한 갈등을 초래하는 행동을 삼가며, 예를 갖추고, 상사가 편안한 마음으로 성과를 낼 수 있도록 적극적으로 지원하는 행동을 말한다. 하지만 너무 심한 예의나 과도한 행동은 아래와 같은 부정적 결과를 야기하게 된다.

① 상사의 의존성 증대

행동의 조화는 상사가 다른 업무에 신경 쓰지 않고 높은 성과를 낼 수 있는 환경을 만들어 준다는 데 긍정적 측면이 있다. 하지만 이러한 것이 너무 과도해져 상사가 일상적인 행동으로 당연하게 받아들이게 되면 문제가 발생한다. 상사에 대한 지나친 서비스 제공은 상사의 리더에 대한 의존성을 증대시킨다. 심각해질 경우 리더의 상사는 리더 없이는 작은 업무도 처리하지 못하게 된다거나 조금한 문제만 발생해도 혼자 해결하지 못하게 될 수 있다. 따라서 과유불급이라 했듯이 지나친 서비스는 리더에게도 좋지 않은 영향을 미치게 된다.

② 리더-동료들 간 갈등 발생

특정 리더가 상사에게 행동의 조화를 잘해 상사와 좋은 관계를 형성했을 경우, 리더-동료들 간에 갈등 발생의 소지가 매우 크다. 상사가 유독 한 리더만 편애하여 좋은 기회를 몰아준다거나 편의를 봐준다거나 하는 것이 리더 동료들 사이에 알려지게 되면, 상사가 공정하지 못하다고 느껴 동료들의 견제, 시기, 질투 등이 발생하게 된다. 이는 조직의 분열까지도 이어질 수 있기 때문에 매우 조심해야 할 부분이다. 리더의 상사도 특정 리더에게만 편애하는 것을 피해야 하지만 리더 스스로도 타인이 보기에 아부로 보이는 행동은 자제하고 신중하게 해야 할 필요가 있다.

리더와 동료들 간의 갈등은 표면적으로는 적나라하게 나타나지 않을 수도 있다. 하지만, 리더-동료의 관계는 '경쟁적 협조관계'라고 볼 수 있다. 승진을 위해서 배구에서처럼 토너먼트 게임을 하는 것과 같다. 이겨야 올라간다. 하지만 이기려면 동료들의 협조가 필요한 것 또한 사실이다. 근본적으로는 경쟁적이지만, 표면적으로는 협조관계를 유지하려 하는 것이 리더-동료의 관계이다. 그러므로 상사와의 관계를 잘 유지하여 효과적인 상향적응을 하는 것이 중요하지만, 동료들과의 관계도 동시에 고려해야 한다. 상사의 애정을 동료들에게 나눠주려고 노력하는 모습을 보일 필요가 있다. 소외된 동료, 도움이 필요한 동료, 어려움에 처한 동료들을 리더는 상사와의 좋은 관계를 이용하여 도와야 한다. 제9장에서 학습할 수평조화가 이러한 노력이다.

③ 조직 분위기 경직

과도한 행동의 조화는 지나친 격식으로 보일 수 있다. 상사를 깍듯하게 모신다는 것이 타인의 눈에는 지나친 격식으로 인식될 수 있기 때문이다. 이러한 행동은 상사와 리더의 권력격차를 크게 만드는 요인으로 작용할 수 있다. 불필요하게 큰 권력격차는 조직 분위기를 경직시킬 수 있다.

깍듯이 상사를 모시면 싫어하는 상사는 별로 없다. 하지만, 행동이 사고(思考)를 지배하는 경우가 많다. 행동을 너무 깍듯이 하는 리더는 자신도 모르는 사이에 상사에게 생각도 종속되는 것을 느끼게 된다. 또한 다른 동료들도 깍듯한 태도를 하나의 표준으로 받아들여 모두가 칼로 자른 듯한 태도를 보이게 되면 조직 분위기는 경직될 수밖에 없다.

④ 수직적 계층구조 고착

행동의 조화는 아랫사람으로서 윗사람을 모시는 행동들이 대부분이다. 이것은 윗사람과 아랫사람이라는 관계를 형성시킨다. 이러한 관계는 극도로 수직적인 관계로 계층구조를 고착시킬 수 있는 부분이다. 수평적인 관계에서 의사소통이나 의견 개진과 같은 부분이 활발하게 일어나는데 수직적 관계에 의한 계층구조 고착은 조직의 창의력을 약화시키고 의사소통이 원활하지 못하게 되는 결과를 초래할 수 있다.

따라서 부드러우면서도 그 안에 질서가 있는 행동을 보이는 것이 바람직하다. 함께 할 때는 윗좌석이나 윗자리 권하기, 앞세우기, 양보하기, 잔심부름 등 아랫사람이 해야 하는 것으로 정해져 있는 일들이 우리 문화에는 많다. 이것에 너무 집중하다 보면, 마치 이렇게 모시는 것이 리더의 주된 업무인 것처럼 생각될 수 있다. 주객이 전도되는 것이다.

⑤ 상사의 생각을 흐리게 함

사고의 적응이 되지 않은 행동의 적응의 경우 리더가 불편하지 않게 모시는 것에만 치우쳐 적절한 비판 없이 상사가 듣고 싶은 말만 하게 되어 상사의 생각을 흐리게 할 수 있다. 행동의 조화는 조금만 잘못 발현되면 아부가 될 수 있다. 상사에게 바람직한 상향적응을 하지 못하고 아부를 하게 되면 상사에게 잘 보이기 위한 행동만 하게 된다. 따라서 혹시라도 미움을 살지 모르는 비판은 하지 않는다. 듣기 좋은 말만 하고, 맞장구를 치는 데 치우쳐 상사의 생각을 흐리게 할 수 있다. 적절한 비판과 수용이 균형을 이루는 상태에서 행동의 적응이 이루어져야 최상의 리더십을 발휘할 수 있는 것이다.

효과적인 한국형 리더는 상사에 대한 불필요한 서비스 행동을 아낀다. 올바른 상향적응 리더는 상사에 집중하지 않고 자신의 생각과 행동에 집중한다.

6 | 상향적응 리더와 상향부적응 리더

상향적응 리더와 상향부적응 리더의 행동양식

리더와 상사의 관계가 반드시 좋게 형성되지만은 않는다. 리더가 상사에게 잘 적응해서 큰 성과를 내는 경우도 많지만 리더가 자신의 상사를 업신여기고, 오히려 투쟁의 대상으로 삼는 경우도 많다. 이런 후자의 경우를 상향투쟁형 리더라 이름을 붙인다. 리더가 상사에게 고분고분하고 그의 생각을 따르는 것은 잘못된 것이다. 그러나 윗사람과 조화를 이루지 못하고, 사사건건 윗사람의 의견을 무시하고 윗사람을 극복의 대상으로 보기 시작하면 이 또한 큰 문제가 아닐 수 없다. 그러므로 리더는 효과적인 상향적응의 행동원칙을 세우고, 그것을 꾸준히 지키기 위해 노력해야 할 것이다. 아래에 이러한 행동의 원칙을 몇 가지 제시하고자 한다. 아래의 행동 원칙을 통해 자신만의 효과적인 원칙을 마련하는 것도 좋은 방법이다.

(1) 상사에 대해서 공생의식을 갖는다

상사를 경쟁대상으로 보거나 극복해야 할 상대로 봐서는 안 된다. 공생(共生)의식이 그래서 중요하다. 상사가 잘되면 나도 잘된다는 생각을 갖는 것이 중요하다. 사실 현실적으로 보면, 하급자 리더가 너무 잘 나가면 상사가 일종의 불안감을 갖든가 의심의 눈초리를 보내는 것이 사실이다. 특히 공조직에서는 후배가 선배를 앞선다는 것에 매우 민감한 반응을 보인다. 상사에 잘 적응하는 것은 상사를 위한 일이기도 하지만 리더·자신을 위한 일이며 결국은 조직을 위한 일이다.

(2) 편견 없는 눈으로 상사를 바라본다

'상사라면 모름지기 ~해야 한다.' 또는 '~일 것이다.'라는 이상적 상사에 대한 기대는 자신과 상사에 대한 괴리감만 크게 만들 뿐이다. 상사 자신도 힘든 건 아닌지, 지나친 업무로 인해 괴로움이 있는 건 아닌지 생각해보는 자세가 필요하다. 상사라고 해서 다를 것이 없다. 상사도 사람이다. 완벽할 수 없다. 실수나 잘못을 할 수 있고, 모르는 것이 있을 수 있다. 자신은 상사의 아랫사람으로서 어떤지부터 냉철하게 생각해 보는 한국형 리더가 되어야 할 것이다.

(3) 상호 간에 합의점을 찾는 사고방식을 취한다

상사의 곤란한 요구를 지속적이고 무비판적으로 수용하게 되면 '생각 없이 시키는 것 잘하는 사람'이라는 인식을 심어줄 수 있다. 그렇다고 요구를 단호히 거절한다면, 상사는 반감을 갖게 된다. 상향적응을 잘하는 한국형 리더는 곤란한 요구에 상호 간의 입장을 고려하여 자신의 생각을 이야기하며, 상사도 기분 나쁘지 않게 만든다. 이것은 유연한 사고방식에서 비롯되는 행동으로 상사에게 자신의 생각을 펼치는 동시에 좋은 인식을 심어주는 계기로도 작용한다. 예를 들어, 야근을 하라는 상사의 부탁에 "알겠습니다"라고 답한 후에 무슨 일을 할 것인지를 확인한다. 그리고 야근을 하지 않고도 일을 처리할 수 있는 방법을 찾아, "팀장님, 이건 제가 박 대리하고 2시간만 하면 끝낼 수 있습니다. 아무튼 내일 아침 9시까지 팀장님 책상위에 올려놓겠습니다. 걱정 말고 퇴근하십시오"라는 식으로 해법을 찾아 나가는 것이 중요하다.

(4) 상사가 시키는 개인적인 일을 열심히 해본다

물론 지극히 개인적인 일을 자주 시키는 상사는 문제가 있다. 그럴 때에는 문제를 해결하기 위해 좋은 기회를 포착하여 건설적인 방향으로 대면하여 이야기를 하는 것이 바람직하다. 하지만 과하거나 독(毒)이 되는 것이 아니라면, 한번쯤 미친 척 열심히 해보는 것도 좋은 방법이다. 5를 바라고 시킨 잡무에 10을 더해 15를 제공하면 상사는 놀라움을 느끼게 될 것이다. 작은 것이지만 쌓이면 자신에게 실보다는 득이 되는 경우가 더 많다.

(5) 상사가 묻기 전에 보고를 수시로 한다

현재 진행상황과 향후 추진방향을 미리 보고하는 것은 상사의 만족감을 높이는 매우 바람직한 행동이다. 제프리 페퍼(Jeffrey Pfeffer) 교수가 실시한 실험에서 업무 중간마다 보고를 받고 피드백이나 지시를 제시하는 팀 상사의 만족감이 그렇지 않은 팀 상사의 만족감보다 월등히 높았다. 주목할 점은 두 팀의 결과물이 똑같은 것이고, 피드백이나 지시가 결과물에 반영되지 않았다는 것이다. 하지만 상사는 매시 보고를 받고 피드백이나 지시를 하는 것에 매우 만족감을 느꼈다. 그러므로 먼저 보고하고, 적극 피드백을 구하는 자세를 취하는 것은 바람직하다.

(6) 항상 상사에게 칭찬하고, 감사해 한다

어떠한 논문이나 책이든 조직문화에 빠지지 않고 등장하는 질문이 '상사는 부하를 얼마나 칭찬하고 격려하는가?'이다. 직원들의 동기부여는 물론 상사의 칭찬이다. 하지만 '부하는 상사를 얼마나 칭찬하고 격려하는가?'에 대해서는 별로 관심이 없다. 밥값을 지불하고, 잘했다며 격려하는 행위는 상사이기 때문에 당연히 해야 하는 것은 아니다. 생일이나 각종 기념일을 챙기는 행동 역시도 마찬가지다. 그럼에도 감사해 하지 않고, 상사에 대해 칭찬에 인색한 리더들이 지나치게 많다. 상향적응을 잘 하는 한국형 리더들은 아부가 아닌 진심으로 상사에게 감사해 하고, 칭찬한다. "어제 이사님께서 보고하신 사항은 저희가 듣기에도 일목요연해 이해가 잘 되었습니다. 수고가 많으셨습니다" 등은 칭찬과 감사의 적절한 예가 된다.

강적응 리더 vs. 전투쟁 리더의 하루

우리의 일상은 매일 매 시간이 리더십 발휘의 연속이다. 따라서 단순히 원칙을 세우고, 학습하기만 하는 것보다 이러한 원칙들을 하루 일과에 직접 적용해 보는 것이 좋다. 시간대별로 구성해 본 강적응 팀장과 전투쟁 팀장의 하루를 보고, 이상적인 상향적응 리더는 회사에서 어떠한 하루를 보내는지 또 반대의 경우는 어떤지 비교해 보도록 하자.

(1) 강적응 과장의 하루

안전보안 부서에서 일하고 있는 강적응 팀장의 하루를 구성해 보았다. 강적응 팀장의 상향적응에 대해 생각해보자.

8:00 그동안 고생했던 프로젝트를 끝내고, 어제 저녁 팀원들과 코가 비뚤어져라 술을 마셨다. 하지만 강적응 팀장은 다른 때와 다르지 않게 일어나 집을 나섰다. 출근하는 길에 편의점에 들러 숙취 음료를 마신 후 사무실로 들어간다. 찰나 그의 머릿속에선 어제 과음을 한 박 상무의 모습이 떠오른다. 숙취 음료를 한 개 더 구입한다. 생각해 보니 상무님 것만 살 수 없다. 팀원들을 위해 숙취음료를 한 박스 구입한다. 과음으로 인해 온몸이 힘들고, 음료 때문에 손이 무겁다. 하지만 자신이 주는 음료를 먹고 힘을 낼 직원과 상무님을 생각하니 마음은 가볍다. 엘리베이터를 기다리는데 박 상무가 왔다. 상무님께 어제 댁으로 잘 들어가셨냐는 인사를 드린다. 박 상무는 강 팀장에게 커피타임을 제안한다. 강적응 팀장은 커피 대신 상무님께 숙취음료를 권한다. "상무님, 커피보다는 숙취음료가 좋지 않겠습니까? 짠!" 하고 내보이며, 웃음을 짓는다.

8:30 박 상무와 이런저런 얘기를 나누며 음료를 마시고 있는 사이 저쪽에서 장 전무가 온다. 눈을 마주치며 "오늘은 날씨가 좋으니 기분도 매우 좋습니다"라고 말한다. 장 전무는 "이 친구 뭐가 그리 좋은가? 왠지 오늘 실없어 보여"라며, 자신도 흐뭇한 미소를 짓는다.

9:00 상무님과 이야기를 끝내고 사무실로 들어오니 팀원들이 출근해 있다. 팀원들에게 자신이 사온 숙취음료를 돌리며, "힘든 여러분을 위하여 상무님이 쏘시는 겁니다! 박수!"라며, 상무님을 치켜세운다. 상무는 물론 그 자리에 없지만, 직원들은 상무님께 감사한 표정을 짓는다. 오늘도 팀 분위기는 화기애애하다.

10:00 박 상무가 갑자기 콜을 하신다. 무재해 상금(무사고 목표를 달성하는 부서에 지급하는 상금)에 관한 내용을 알고자 한다. 상무님께 보고드릴 내용을 간단하게 리스트화하고 관련 자료를 들고 11층으로 올라간다. 강적응 팀장은 엘리베이터를 타지 않고 계단으로 천천히 올라간다. 올라가며 어떻게 보고 드릴지 5~6번씩 리허설을 해본다. 상무님을 만나 뵙고 요목조목 설명을 드린다. 상무도 강적응 팀장의 보고에 만족해 한다.

12:00 점심시간이다. 다른 직원들과 함께 구내식당을 찾았다. 식당에 박 상무도 있다. 상무님께 식사를 맛있게 드시라는 간단한 인사를 드리며 함께 밥을 먹는다. 그러다 문득 상무의 ○○기념일이 생각났다. 강 팀장은 상무님께 "오늘

○○기념일이시죠? 진심으로 축하 드립니다"라고 전했다. 상무님은 "역시 기념일 챙겨주는 건 강적웅 팀장뿐이 없어" 라며 흐뭇해하신다.

15:00 또다시 박 상무가 콜을 하셨다. 이번에는 이유를 말씀하지 않으신다. 강적웅 팀장은 일단 11층으로 올라간다. 상무는 무재해 상금이 한 부서에 편중되니 이를 개선하라고 지시한다. 무재해 상금은 안전관리를 잘하는 부서에게만 주어지는, 즉 사고가 있는 부서에는 절대로 주어질 수 없는 상금이다. 그런데 이를 개선하라는 것은 사고가 있는 부서에도 동등하게 상금을 주라는 것이 된다. 강 팀장은 곰곰이 생각해본다. 강 팀장은 우선 "예, 검토해 보겠습니다"라고 말씀드리고 내려온다.

16:00 강 팀장은 박 상무가 시킨 일을 어떻게 할지 고민한다. "상무님, 사고다발 부서에도 상금을 나눠주는 것은 형평성에 어긋나는 것 같습니다"라고 그 자리에서 반박하고도 싶었지만, 좋은 방법이 아니었다. 방법은 하나였다. 박 상무와 갈등을 피하고 무재해 상금의 본래 취지가 극대화되도록 하는 방법이었다. 과거 10년간의 자료를 정리하고 무재해 상금이 적절히 운영되는 것을 자료로 정리하였다. 또한 무재해 상금의 적절한 운영으로 연 간 60건에서 27건으로 사고가 감소된 실적이 있다는 것도 보고서 형식으로 만들었다.

18:00 강 팀장은 다시 박 상무에게 찾아간다. 상무님께 만든 자료를 보여드리고 적극적으로 설득한다. 박 상무는 조금 놀란 듯했지만 마음을 바꾸지 않았다. 상무로서 한번 내린 결정을 다시 번복하는 것은 좀 어렵기 때문인 듯 보였다. 하지만 강 팀장은 그런 마음보다도 자신의 능력이 부족했음이라고 생각했다. 다음번에는 더 객관적인 자료를 수집하도록 노력해야겠다고 자신을 다잡았다.

19:00 강 팀장은 퇴근준비를 한다. 다른 직원들을 이미 모두 퇴근했다. 강 팀장은 다른 직원들에 비해 조금 늦게 퇴근한다. 하지만 자신의 팀원들이 자신 때문에 눈치 보며 퇴근 못하는 일은 절대 없도록 만든다. 회사를 나오는데, 박 상무가 뒤에서 부른다. 시간되면 술 한잔 하며 상금 편중 건에 대해 자세히 얘기해 보자는 것이었다. 강 팀장은 기뻤다. 자신의 차로 상무님을 모셨다.

22:00 박 상무와의 술 한 잔으로 상금 편중 건이 해결되었다. 박 상무가 강 팀장의 제안을 받아들인 것이다. 박 상무에 대립하여 자신의 의견을 직접적으로 말

하지 않은 것이 매우 잘 한 일이라고 생각한다. 오늘 하루를 돌아보며 강 팀장은 즐겁게 집으로 돌아간다.

(2) 전투쟁 팀장의 하루

신사업개발팀에서 일하고 있는 전투쟁 팀장의 하루를 구성해 보았다. 전투쟁 팀장의 상향투쟁에 대해 생각해보자.

8:00 전날 과음한 것이 화근이다. 프로젝트로 바빴던 그동안의 회포를 풀기 위해 어제 전투쟁 팀장은 팀원들과 단체 회식을 하였다. 1차는 삼겹살, 2차는 맥주집. 다른 부하직원들은 모두 집으로 귀가했으나, 타 부서의 동료들을 불러 3차는 나이트클럽, 4차는 또다시 맥주집으로 정신없는 하루를 보냈다. 전 팀장은 아직도 꿈나라다.

8:20 눈을 비비며 일어난다. 전날 마신 술 때문에 속은 전쟁이다. 지각할 것 같다. '어제 회식이었는데 오늘 좀 늦는다고 누가 뭐라 하겠어?', '짬밥이 있는데, 누가 날 건드리나.' 안이한 생각으로 대충 씻고 출근 준비를 한다. 복장은 어제 회식 때 입었던 양복 그대로이다. 냄새가 나지만 만사가 귀찮다.

9:30 결국 지각이다. 사무실로 들어가는 길에 천 상무와 마주쳤다. 천 상무가 실눈을 뜨며 곁눈질로 쳐다본다. 인사도 없이 빨리 자리를 피해 사무실로 들어간다. 천 상무는 화가 치밀지만 그냥 참는다. "미스 김! 요 앞 편의점에서 김밥하고 라면 좀 사다줘. 잔돈은 갖고" 결국 전투쟁 팀장은 미스 김이 사온 라면과 김밥으로 아침을 대신한다. 해장은 뭐니 뭐니 해도 라면이 최고라고 생각한다.

10:00 상태가 비몽사몽이다. 평소에는 졸리면 눈치 보며 턱을 괴고 잠 자는 게 습관이지만 오늘은 그럴 수 없다. 그동안의 노고를 취하고자 전무님이 사무실에 들른다는 소식을 접했기 때문이다. 결국 오늘은 인터넷 UCC를 보는 걸로 잠을 이겨낸다.

10:30 오늘은 팀원들과 회의가 있다. 막 회의실로 가려는데 천 상무님이 부르신다. 천 상무의 콜을 받고 11층으로 올라간다. 얼마 전 산업자원부에 갔던 일은

어떻게 되었냐는 것이었다. 두서없이 20분 동안 손짓몸짓 다해가며 겨우 설명해주고 나니 팀 회의에 한참 늦었다. 회의실에는 팀원들이 이미 모여 이런저런 얘기를 주고받고 있었다. 천 상무님이 부르셔서 늦었다고 간단하게 해명을 한다.

12:00 점심시간이다. 아직 술이 덜 깬 것 같다. 해장국을 먹으러 나가려는데 천 상무가 칼국수를 같이 먹으러 가자는 제안을 한다. 이러지도 저러지도 못하고 있다가 그냥 겨우 "알겠습니다"라고 대답한다. 결국 칼국수 집에 들어간다. '해장국 먹어야 되는데, 해장 될 만한 것 없나.'라고만 생각하고 있다. 숟가락 젓가락 한번 챙겨줄 법한데, 전 팀장은 자기 메뉴 고르기에만 열성이다. 밥을 먹으며 천 상무는 가정사나 회사에 관한 이런저런 얘기를 건넨다. 하지만 전 팀장의 반응은 시큰둥하다.

13:00 식사 후 전 팀장은 천 상무와 함께 회사로 돌아온다. 천 상무를 먼저 올려보낸다. 자신도 사무실로 들어가는 척하며, 밖으로 나와 혼자 커피를 마신다. "천 상무님은 왜 이렇게 말이 많으셔?"라며 혼잣말을 중얼거린다. 사무실로 들어왔는데, 미스 김으로부터 천 상무가 방금 자신을 찾고 있었다는 말을 전해 듣는다. '에휴, 왜 또 찾나.'라고 생각하며 11층에 오른다. 11층 상무님이 계신 사무실에 가보니 아무도 없다. 멀뚱히 앉아서 기다린다. 이래저래 둘러보다가 천 상무의 책상을 본다. 고등학교 수준의 영어 교재가 책상 위에 덩그러니 놓여있다. 절로 웃음이 나온다.

15:00 따분하다. 할 일도 없고 UCC보는 것도 지겹다. 이리저리 둘러보다가, 결국엔 또다시 커피를 마시러 나간다. 동료인 나 팀장이 있다. 나 팀장과 커피를 마시며 이런저런 얘기를 한다. 결국 천 상무가 안줏거리가 된다. "고등학교 영어 책을 보더라고"라며 낄낄대고 웃는다.

17:00 5시에는 팀장회의가 있다. 사업관련 팀의 팀장들이 모여 의견을 교환하는 자리인데 별로 영양가도 없는데 본부장 오 전무가 모이라니 할 수 없이 끌려가듯 참석했다. 천 상무도 와 있었다. 천 상무의 얼굴을 보니 갑자기 '고등학교 수준의 영어책'이라는 말이 떠올라 천 상무의 얼굴을 쳐다볼 수 없었다. 회의는 내 알 바 아니다. 적당하게 시간을 때우고 온다.

18:00 회의가 끝나는 길에 천 상무가 부른다. 중국 풍력발전소 타당성 검토 결과를

왜 안 가져 오냐고 한마디 하는 것이다. 강 팀장은 조 대리가 일처리를 빨리 하지 않았다고 대꾸하며 시간을 며칠만 더 달라고 말한다. 급히 조 대리를 불렀다. 타당성 검토 결과가 왜 안 나왔냐고 열 받은 소리로 다그쳤다. "결과에서 문제점이 발견되었습니다. 이대로 그냥 보고 드리기는 어려울 것 같습니다"라고 조대리가 말한다. 그러나 전투쟁 팀장은 천 상무에게 대충 보고하게 가지고 오라고 말한다.

LEADERSHIP QUIZ

나의 주변은 어떨까? 주변에서 이상적 상향적응의 인물과 부적응적 상향적응의 인물을 떠올리고 구체적인 행동특성을 적어 보자.

주변의 이상적 인물의 행동특성	
주변의 부적응적 인물의 행동특성	

CHECK LIST

진단 문항을 읽고 정도에 따라 1(전혀 그렇지 않다)~5 (매우 그렇다)로 나누어 체크(✓)해 보세요.

구 분	진단 문항	1	2	3	4	5
Heart	상사에 대해 진심 어린 애정을 갖고 있다.					
	상사의 권위를 존중한다.					
	상사의 일이 잘되면 나 자신도 기분이 좋다.					
	상사의 비전과 목표를 진심으로 공유한다.					
	상사의 일에 '대강 철저히'라는 마음으로 업무에 임한다.					
Head	상사의 편향적 생각이나 사고방식을 효과적으로 지적해주기 위해 방법을 강구한다.					
	어려운 문제라도 상사에게 의존하기보다 스스로 해결하기 위해 노력한다.					
	상사의 판단이 얼마나 현명한지 스스로 평가해보는 습관이 있다.					
	창의적으로 일해서 성과를 내기보다, 지시를 받고 일해서 성과를 내는 것에 익숙하다.					
	비판적으로 사고하여 행동하기보다 순응적으로 행동한다.					
Hand	좋은 아이디어가 있어도 상사에게 적극적으로 어필하지 않는다.					
	상사를 잘 모신다.					
	상사와 동행할 때 의전을 잘 관리한다.					
	상사가 다른 사람에게 좋은 평가를 얻을 수 있도록 돕는다.					
	상사의 요구를 이해하고 그것을 충족시키기 위해 열심히 일한다.					
과다적응	원만한 조직생활을 위해서는 상사의 권위에 복종해야 한다.					
	윤리적으로 어긋나더라도 상사의 부탁을 거절하지 않는다.					
	상사를 모시는 것 때문에 해야 할 다른 일을 놓치는 경우가 많다.					
	상사는 내가 성장하기 위해 필수적인 존재이다.					

RESULT

각 요인별로 점수를 합산하여 17~25점이면 상(上), 9~16점이면 중(中), 1~8점이면 하(下)입니다.

구 분		진단 결과
Heart	고	당신은 마음 깊은 곳에서 상사에게 존경과 애정과 신뢰를 갖는 Heart를 지닌 상향적응의 리더입니다. 개인적인 이익보다도 진심으로 상사와 조직을 위해 헌신할 수 있는 내적인 속성을 지니고 있기 때문에 상사는 나에게도 든든한 지원세력이 있다는 안정된 마음으로 조직을 운영해 갈 수 있습니다. 　하지만 이러한 당신의 마음은 다른 Head나 Hand의 요소를 적절하게 갖추지 못한다면, 보다 쉽게 발휘되기 어렵습니다. 상사에 대한 동조나 과감하지 못한 행동은 자칫 무비판적 복종으로 이어질 수 있으니 이 점을 항상 유념하세요.
	저	당신은 Heart가 다소 결여되어 있는 상향적응의 리더이군요. 당신은 상사에 대한 존중, 믿음, 신뢰, 애정 등의 진심어린 마음에 대한 Heart의 개념을 새로 배워야 할 필요가 있습니다. 혹시 자신을 상사로부터 부당한 대우를 받는 희생자라고 규정하고 있지는 않는지, 상사의 행동이 다소 불공정하다고 느끼지는 않는지 생각해 보세요. Heart가 결여된 리더는 조직과 상사에 대해 냉소적인 반응을 표출하는 경우가 많습니다. 냉소적인 반응들은 상사에 대한 불신의 씨앗으로, 그리고 조직과 조직원들에게 갈등을 유발시키는 씨앗으로 작용합니다. 상사가 마음에 들지 않는 언행이나 행동을 취한다면 바로잡아 주기 위한 노력이, 상사가 다소 부족해 보인다면 좋은 점을 찾아 보호해 주려는 노력이 필요합니다. 조직의 목표를 달성하기 위해서는 동료와 부하직원 외에 상사와도 공유되는 팀워크가 있어야 하는데 팀워크의 근간은 Heart의 핵심인 존중, 믿음, 신뢰 등입니다. 항상 이 점을 유념하세요.
Head	고	당신은 업무에 대해 상사가 미처 생각 못한 부분까지 잡아줄 수 있는 창의적이고 독립적인 사고를 지닌 Head의 상향적응 리더입니다. 또한 건설적인 비판으로 상사가 올바른 의사결정을 할 수 있도록 이끌어주며, 상사에게 도움이 되는 제안을 할 수 있는 다재다능한 역량을 지녔습니다. 하지만 이러한 당신의 능력은 Heart를 적절한 수준으로 갖추지 못해 자칫 좋지 못하게 이용되거나, Hand를 제대로 갖추지 못해 진가를 제대로 발휘할 수 없게 될 수도 있으니 이 점을 항상 유념하고, 자신감 넘치는 행동과 진정성 있는 마음가짐으로 조직의 성과를 극대화할 수 있도록 노력하세요.
	저	당신은 Head가 부족한 리더입니다. 창의적으로 생각하고, 독립적으로 문제를 해결해 보려는 능력이 다소 부족하며, 혼자서는 일을 처리해 나가기 어렵기 때문에 의존적이게 되곤 합니다. 윗사람의 잘못된 생각을 적절히 지적해 줄 수 없기 때문에 자칫하면 조직이 곤란한 상황으로까지 처해질 수 있습니다. 특히 Head가 부족하다는 것은 상사 혹은 구성원들로부터 '무능한 리더'라는 평가절하의 인식을 심어줄 수도 있으니 항상 자기계발에 끊임없는 노력을 기울이시길 바랍니다. 사소한 아이디어라도 주위 사람들과 논의해보고 피드백을 받는 연습을 해보세요. 또한 다른 사람들의 아이디어에 대해 '왜?'라는 물음을 갖고 다면적으로 사고하려는 노력도 겸하면 Head를 지닌 훌륭한 리더가 될 것입니다.

구 분		진단 결과
Hand	고	당신은 Hand를 지닌 리더입니다. 상사를 적극적으로 돕고 의전적 행동도 잘 할 줄 아는 탁월한 행동성향을 지녔으며, 상사에 대한 당신의 행동 하나하나는 좋은 신뢰인식을 심어줄 수 있습니다. 하지만 상사의 지나친 요구에도 'Yes'로만 일관하는 '머슴형'의 리더가 되지 않기 위해 항상 주의를 기울여야 합니다. 타인의 눈에는 아부하는 리더, 능력 없이 행동만 열심히 하는 리더로 비춰지지 않기 위해 항상 Head, Heart와 조화를 이룰 수 있도록 노력하세요.
	저	당신은 Hand가 부족합니다. 혹시 타인을 지나치게 의식하여 적극적으로 행동하지 못하는 것이라면, 자신감을 갖고 과감하게 행동해야 할 필요가 있습니다. 행동해야 함을 알고도 매사에 적극적으로 행동하지 않게 되면 결국 상사에게도 '행동할 줄 모르는 리더'로 비춰질 수밖에 없기 때문입니다. 만약 적극적으로 행동하려는 마음마저도 결여되어 있다면, 문제는 보다 더 심각할 수 있습니다. 구성원들도 이러한 당신의 행동성향을 그대로 학습하기 때문입니다. 상사와의 좋은 신뢰 관계를 구축하기 위해서라도 적극적인 행동을 보여주시길 바랍니다.

FEEDBACK

구 분	구체적인 행동지침
Heart	• 상사를 대할 때에는 철저한 준비 이상을 갖추어라. 상사는 바쁜 사람이다. 하루에도 수많은 의사결정을 한다. 게다가 윗사람들로부터 받는 스트레스, 하급자들을 이끌어야 한다는 부담감 등 생각할 것들도 많다. 상사를 마주하기 위해 시간을 뺏는다는 것은 미안한 것이다. 수고를 덜어주고, 보다 좋은 성과를 위해 함께 노력해야 한다. 이것은 진심으로 상사의 마음을 이해하고 위할 줄 아는 마음으로부터 시작된다. • 상사와 거리를 두지 마라. 갈등이나 마찰로 인해 상사와의 관계가 좋지 못하다고 해서 자포자기하고, 상사를 포기하는 것은 옳지 못하다. 존경하는 것이 쉽지 않을 수도 있고, 상사를 이해하기 어려울 수도 있다. 그럴수록 직접 대면해서 얘기를 해보거나 그것이 어려울 때에는 간접적인 방법을 통해서라도 어필을 해보는 것이 중요하다. 편지나 술을 통해, 아니면 작은 선물에 담은 메모 등을 통해서라도 자신의 어려움을 항상 어필하라. • 상사와의 관계 핵심은 업무를 잘 처리하는 것이다. 단순해 보이지만 업무를 잘 처리한다는 것은 상사와의 관계에서 가장 기본적인 것이다. 구성원들을 잘 이끌고 주어진 일뿐만 아니라 영역을 벗어나는 일들도 잘 처리할 때만이 상사로부터 좋은 평가를 얻을 수 있으며 이는 보다 좋은 관계를 유지하는 데 밑거름이 된다. 조직 생활에서 관계는 관계대로 일은 일대로 나누어서 맺어지는 것이 아니다. 일은 좋은 관계의 기본이 된다는 것을 항상 마음속으로 생각해야 한다. 업무능력을 바탕으로 한 상사와의 관계는 서로의 역량을 보다 풍성하게 만든다.
Head	• 문제를 발견하면 적극적으로 해결책까지 제시한다. 어떠한 문제에 직면하든 '위에서 해결해 주겠지'라는 안이한 마음보다도 자신이 주도적으로 자신의 직관을 믿고 해결해 보려는 노력이 필요하다. 그러기 위해서는 자신에 대한 긍정적인 마음을 갖고 직관적 능력을 길러야 한다. 직관은 축적된 탄탄한 지식과 더불어 일상생활에서 다면적으로 사고하는 습관으로부터 길러진다. 심지어 자기가 해결할 수 없는 일에도 '왜?'라는 물음을 갖고 끊임없이 해결하려는 행동을 취하는 것이 바람직하다. • 기존의 틀을 깨고 새로운 자극을 받아들인다. '왜 이렇게 하지? 저렇게 해보면 안 되나?' 라는 마음을 갖고 항상 자신을 자극하는 것은 사고를 계발시키고 편향적 오류를 줄이기 위해서도 중요하며 이는 혁신의 바탕이 된다. 틀에 박히고 일상적인 것들에 대해 '옳은가? 타당한가? 역으로 생각해보면 어떤가? 미래에는 어떤 문제점이 있을 것인가?' 등 다양한 생각을 해보도록 행동을 취하는 것이 바람직하다. • 공동의 노력을 활용하도록 한다. 뛰어난 아이디어가 있더라도 혼자서 어필하기 힘들다면 여러 사람들과 함께 상사를 설득할 줄 아는 예지를 발휘해야 한다. 이것은 단순한 설득이라기보다 다른 동료, 구성원들과 함께 지원이 필요함을 강력하게 주장하는 것으로 보다 큰 힘을 발휘할 수 있는 것이다.

구 분	구체적인 행동지침
Hand	• 다루기 힘든 상사, 부족한 상사를 적극적으로 이끌어 성과를 낸다. 조직은 다양한 사람이 모인 공간이기 때문에 항상 마음에 드는 사람들만 있을 수는 없다. 관료제 속에서 어쩔 수 없이 나쁘게 보이는 상사도 있고, 원래 좋지 못한 상사, 무능한 상사 등 다양한 사람들이 있다. 그런 사람들에게 '나는 부하인데 상사가 지원해 주지 않으면 어쩔 수 없지 않은가?'라는 나약한 마음가짐보다도 적극적으로 어르고 달래고, 강건한 모습도 보여주며 항상 능동적으로 대처해야 한다. 상사의 윗사람들도 이러한 리더의 상사를 적극적으로 이끌어 성과를 내는 모습을 보고 싶어 하는 것이 조직이기 때문이다. 상사의 약점은 보완하고 강점은 더욱 부각시키는 노력을 통해 항상 상사를 적극적으로 이끌어 가야한다. • 상사에게 도움을 줘라. 아무 생각 없이 무조건 돕는 것보다 상사의 취약한 부분을 핵심적으로 도와야 한다. 지속적으로 돕다 보면 상사는 은연중에라도 고마움을 느낀다. 이것은 상사로부터 필요한 지원이나 자원을 얻는 것을 수월하게 만든다. • 자신의 강점이 무엇인지 약점은 무엇인지 파악한다. 상사를 적극적으로 이끌기 위해 필요한 요소 중 자신이 지닌 것과 부족한 것이 무엇인지 적극적으로 파악하여 분석하는 것이 중요하다. 자신의 강점과 약점을 명확히 알 때 함정에 빠지지 않고 장점에 기초한 큰 성과를 낼 수 있기 때문이다. • 실제에서 상향적응을 발휘하자. 바람직한 상향적응은 누구나 알 수 있다. 하지만 실전에서 올바른 상향적응을 발휘하는 리더는 드물다. 상향적응을 행동하고 그 결과를 분석하는 자세를 갖는 것은 자신의 상향적응 행동을 보다 극대화할 수 있도록 한다. 행동하고, 또 행동하고 행동하는, 바람직한 자세를 유지해야 한다.

한국형 리더의 8가지 요인 ⑦ - 수평조화

모난 돌이 정 맞는다

1 | 수평조화의 중요성

우리 사회는 혼자서 살아갈 수 있는 곳이 아니다. 어렸을 때부터 제일 작은 집단인 가정에서 부모와 자식의 혈연관계를 시작으로 학교생활을 통해서는 친구들을 비롯하여 선·후배와 관계를 맺는다. 더 나아가 사회생활을 하게 되면 직장상사, 동료들과 관계를 맺게 된다. 이렇게 우리는 주변의 모든 사람과 관계를 맺으며 살아간다. SNS시대에는 사람들 간의 관계유형이 더욱 복잡해졌다.

이런 관계를 잘 이어나가려면 무엇보다 서로간의 존중, 친밀감, 조화, 공유와 협력이 필요하다. 조직 내에서 이런 것들이 충족됐을 때 수평조화가 이루어졌다고 말할 수 있다. 즉 수평조화란 동료들과 신의를 바탕으로 원만한 인간관계를 형성하며 갈등을 극복하고 조직원들과의 소통과 공유를 근간으로 협력을 이끌어 내는 태도를 말한다.

조직 내에서 리더들은 상사, 하급자, 그리고 동료들과의 관계 속에서 존재한다. 수평조화는 리더와 그의 동료 리더들과의 관계에 있어서의 조화를 뜻한다. 아울러, 넓은 의미에서는 리더가 갖는 회사 밖의 사람들과의 네트워크도 수평조화의 개념에 포함될 수 있다.

개인이 수평조화를 이루기 위해 노력하는 이유는 타인에 의해 공격받지 않기 위한 자기보호본능에서 비롯된다. 또한 집단에서 배척당하지 않고 구성원들과 원만한 관계를 유지하여 문제를 일으키지 않는 것을 미덕이라고 여기는 문화도 한 몫을 한다. 우리나라는 좁은 사회이기 때문에 한국 사람들은 사람 사이는 언제 어떻게 될지 모른다는 생각을 갖고 있다. 어떤 관계로 얽힐지 모르기 때문에 사람과의 관계를 미래의 자산으로 생각한다. 그래서 대부분의 사람들은 주위 사람들에게 모나지 않게 대하려고 노력한다.

하지만 다양한 사람들이 속해 있는 조직에서는 수평조화가 이루어지기 힘들다. 각자 원하는 것이 존재하고 개인의 목표가 다르기 때문에 이것들이 다른 사람과 갈등을 빚는 경우가 발생한다. 조직 내부의 조화가 이루어지지 않고 다양한 가치관들이 충돌하는 경우 조직분열 등의 문제가 발생할 수도 있다. 따라서 조직의 화합과 공동의 목표를 한마음으로 추구하도록 하기 위해서는 반드시 수평조화가 이루어져야 한다. 이것은 곧 리더들의 책임이기도 하다.

조직 구성원이 자신은 모든 일에 예외라고 생각하고, 자신만 뛰어나고 특별하다고 생각하게 되면 수평불화로 가는 지름길이다. 실제로 '나한테 왜 이러지?', '왜 나만 시켜?', '나는 못해!', '나는 빠져도 돼'라는 구성원들의 태도가 조직 내에서 구성원들의 화합을 저해하는 요인으로 작용하는 예를 많이 발견할 수 있다.

수평조화는 협력, 조화로움, 모나지 않음이 기본바탕이 되기 때문에 서로를 배려하지 않고, 서로에 대한 믿음 없이는 수평조화를 이루기 힘들다. 특히 한국조직에서는 구성원간의 관계가 협동과 협력의 질(質)을 결정짓기 때문에 수평조화가 더욱 중요하다. 구성원들 서로가 신뢰하지 않고 소통하지 않으며 협력하지 않는다면 조직은 성과를 내기 힘들다. 또한 이러한 문제는 해결되지 않고 장기간 지속되면 조직 쇠퇴 등 심각한 문제를 일으킬 수 있는 위험한 요인으로 작용할 수 있다.

수평조화를 이루는 데 가장 큰 걸림돌은 자신의 생각을 다른 사람과 공유하지 않는 것이다. 요즘 조직이론에서 중요하게 다루어지고 있는 조직 내 커뮤니케이션 이론들에서도 지적되고 있듯이, 조직 구성원들이 서로의 생각을 공유하고, 소통하는 것은 성과창출에 결정적으로 중요하다. 리더가 자신의 이런저런 이유로 인해 소통하지 않고 정보를 혼자서 독점하고 있으면 개인의 발전을 저해할 뿐만 아니라 소통을 통해 시너지를 창출할 수 없기 때문에 조직 전체의 발전을 저해하는 요인으로 작용할 수 있다.

다음 〈사례 9.1〉은 새로운 소통방식인 마중물에 관한 이야기다. 수평조화의 관점에도 그대로 적용될 수 있는 내용이다.

〈사례 9.1〉 새로운 소통방식 '마중물'

우리는 상대방을 존중하지 못하고 신뢰하지 못하는 시대를 살아가고 있다. 사람과의 관계도 수직적이고 일방적이어서, 서로 인정해 주고 격려하는 수평 관계가 낯설기만 하다. 부부간의 대화, 부모와 자녀간의 대화가 적은 이유는 서로 인정해 주는 마음가짐과 소통의 부재 때문은 아닐까. '마중물'이란 순수한 우리말로, 땅속 깊은 지하수를 끌어올리기 위해 펌프에 넣은 한 바가지의 물이다. 특히 추운 겨울에는 펌프가 얼어 뜨거운 물을 부어야만 한다. 무슨 일이든 일을 성취시키기 위해서는 마중물의 역할이 중요하다. 마중물이 없이는 얼거나 메마른 펌프에서 물을 끌어올릴 수 없기 때문이다.

의사소통에서의 마중물은 상대방의 가치와 존재를 인정하는 데서 출발한다. 기승

전결처럼 일종의 프로세스를 가지고 있으며 상대의 말을 경청하면서 질문하고 칭찬하는 기술로 구성되어 있다. 서로 말을 주고받으면서 서로의 마음을 통하게 만드는 수평적 소통은 새롭게 배워야만 한다. 다행스럽게도 우리는 단군의 인내천이라는 인간존중의 뿌리를 가지고 있으며 사람을 하늘처럼 섬긴다는 동학의 사상적 바탕도 갖고 있다. 소통의 마중물은 우리에게 생소하거나 낯설지만은 않다. 다만 학습되지 않아 몸에 익숙하지 않을 뿐이다. 그럴수록 연습하고 또 연습하는 수밖에 없다.

우리는 부부와의 대화에서 상대의 말을 경청하고, 자녀와도 그렇게 한다면 관계형성에 많은 긍정적인 변화가 있을 것이다. 남을 탓하기에 앞서, 자기 자신이 얼마나 상대를 존중하고 인정하고 있는지 반성해야 한다. 회사에서 직원의 말을 세심하게 듣고 직원 스스로 생각을 정리하고 새로운 각도에서 자신을 바라볼 수 있게 한다면, 업무성과는 물론 직원 역시 성장할 수 있다. 소통의 마중물을 몸에 익히게 되면, 부하직원의 말을 경청하고 질문하면서 느긋하게 기다릴 수 있는 마음의 여유를 갖게 된다.

우리가 몸담고 있는 조직이 과거의 권위를 고집하면서 부하의 단점만을 지적하는 데 급급했던 것은 아닌지 궁금하다. 급변하는 외부환경에 신속하게 대처하려면 젊은 직원의 자발적이고 창의적인 대응능력이 핵심이다. 그렇게 하려면 조직의 리더가 직원을 칭찬하고 경청하며 질문하는 소통방식이 필수적이다. 이러한 소통방식을 마중물이라고 하겠다. 어떻게 조직구성원의 성장을 통해 조직의 성과도 함께 올릴 수 있을 것인가, 기존의 권위주의적 소통방식으로 충분한 것인가. 미래를 꿈꾸는 최고경영자와 기업에게 마중물이 일류기업 달성을 위한 핵심역량이 될 수 있을 것이다.

자료 : 강정환 에이치유서비스 대표, 2010. 2. 9

이처럼 우리의 삶에서 마중물과 같은 역할은 다양하게 활용된다. 인간관계에서 뿐만 아니라 자신에게 맡겨진 업무를 처리하는 데도 마찬가지이다. 혼자의 힘으로 이루기 힘든 일은 주변 사람의 도움이나 협조를 받아야 한다. 그러므로 한국형 리더는 자신의 동료들과 마중물처럼 효과적인 수평적 소통이 필요하다. 조직 구성원들의 상·하 관계도 중요하지만, 리더의 동료들끼리의 조화도 못지않게 중요하다. 동료들과의 관계가 원만한 리더는 협조를 얻기에 용이하고 이를 성과와 연결시킬 수 있다. 그러나 관계가 원만하지 못한 리더 혼자서는 동료들의 견제와 질시를 받기 때문에 리더의 위치에 오래 있지 못한다. 그러므로 리더에게 비공식적인 관계 강화가 요구된다.

바람직한 한국형 리더는 잘했을 때에 겸손하고, 발표할 때에는 도움을 받은 다른 부서들의 이름을 빼놓지 않고 거명함으로써 부서 간의 갈등의 원천을 차단하고 수평관계를 원활하게 만든다. 물론, 조직 분위기를 획기적으로 바꿔야 할 때 동료의 처지와 동료들과의 평화로운 관계만을 생각하면 혁신성이 떨어질 수 있다. 즉, 변화와 혁신은 냉정한 판단과 차가운 조정을 필요로 할 때가 많은데 동료들과의 정리(情理)에 사로잡혀 있으면 판단이 흐려지고 혁신이 과감해질 수 없다. 그러므로 최고의 한국형 리더는 동료들과의 수평조화를 강화하면서 동시에 혁신성을 높이기 위한 노력을 게을리 하지 않는다.

아울러, 조직이란 어차피 동료들과의 경쟁을 통해서 강한 자가 살아남고 약하고 무능한 자는 도태되는 것이 조직의 경쟁력 향상에 필수적인데 수평조화를 강조한다는 것이 바람직한가라는 문제도 제기된다. 또한 수평적으로 너무 가까운 관계가 유지되면 폐쇄적 조직이 되든가 때로는 부도덕한 음모가 발생할 수도 있다는 공격을 받을 수도 있다. 하지만, 그럼에도 불구하고 한국의 리더들은 동료들과의 친분과 네트워크 속에서, 서로 비공식적인 '부탁과 보답'의 행동에 젖어 생활하는 것이 현실이다. 그러므로 최고의 한국형 리더는 수평조화의 긍정적인 측면과 부정적인 측면을 깊이 있게 이해하여 성과를 극대화할 수 있는 기술을 갖춰야 한다.

2 | 수 평 조 화 의 개 념

수평조화의 정의

수평조화는 '친밀, 모나지 않음, 협력, 존중, 공유, 소통' 등을 내용으로 한다. 즉, 동료들과 신의를 바탕으로 친밀하고 원만한 인간관계를 형성하여 갈등을 예방하고 소통과 공유를 근간으로 적극적 협력을 이끌어 내는 태도를 말한다.

한국형 리더는 평화와 겸손과 나눔을 미덕으로 한다. 앞서 말한 서로간의 존중, 친밀감, 조화, 공유와 협력이 팀워크를 살리고 서로 어울려 큰 성과를 내게 한다. 리더십 효과성에 영향을 미치는 요인들 중에서 리더의 수평적 인간관계는 빼놓을 수 없는 요인이다. 물론 수평조화란 리더의 기업조직 내 동료들과의 조화로운 관계만을 뜻하는 것이 아니다. 회사 내·외의 모든 인간관계를 포괄하는 개념이다. 기업이나 행정 조직에서는 물론 정치권이나 사회적 모임에서도 리더십을 발휘할 때, 리더가 추종자나 조직 내·외의 다른 사람들과 어떤 관계를 맺고 있는가는 리더십 성패에 결정적인 영향을 미친다. 그래서 리더가 맺고 있는 다른 사람들과의 관계나 사회적 네트워킹의 수준을 사회적 자본(social capital)이라고 한다.

이런 사회적 자본의 핵심은 신뢰이다. 신뢰가 있어야 협조를 얻을 수 있고 희생과 양보가 발생하며 진솔한 소통이 이뤄진다. 대한민국에 사는 사람들끼리 서로 협동하고, 양보하고, 희생하면 전체 경쟁력이 커진다. 한국형 리더들이 수평조화를 중시해야하는 이유이다.

바람직한 한국형 리더는 동료들과 서로 협력하고 위해 주는 분위기를 형성해야 한다. 신뢰에 기초한 조화로운 행동은 리더로서 큰일을 추진하려 할 때나 시급한 문제를 해결하려 할 때 큰 도움이 된다. 이것은 곧 리더가 사회적 자본을 꾸준히 축적해야 함을 의미한다. 즉, 리더의 사회적 자본은 문제를 해결하고 성과를 높이는 데 있어 매우 유용하게 활용될 수 있다.

네트워크가 좋은 리더는 다양한 인적 자원을 엮어 큰일을 해낼 수 있다. 세상에는 혼자 할 수 있는 일보다는 함께 어울려 해야 큰 성과를 낼 수 있는 일이 훨씬 더 많다. 도움이나 지원을 필요로 할 때, 사회적 네트워크가 강한 리더는 도움이나 지원을 손쉽게 얻을 수 있다. 넓고 깊은 네트워크를 갖춘 리더는 그만큼 일이나 사업을 추진하는 데 투자할 수 있는 자본이 많은 셈이다.

한국의 기업문화에서 '네트워킹이 좋아야 성공한다', '승진에 있어 가장 중요한 요소는 인간성이다', '모난 돌이 정(丁) 맞는다'라는 식의 표현들은 직간접적으로 수평적 관계가 좋아야 함을 비추는 속담들이다. 직장 내에서 리더가 수평조화를 이루지 못하고 있다는 것은 곧 투자할 수 있는 사내의 사회적 자본을 쌓지 못했다는 뜻이다. 자본이 없으면 투자를 못하기 때문에 돌아오는 보상도 없다.

사람은 누구나 똑같지 않다. 일란성 쌍둥이라고 할지라도 차이가 있다. 무릇 대인관계란 이런 차이를 바탕으로 이루어지는 것이다. 수평조화의 경우에도 똑같다. 리더와 그의 동료들은 차이가 있을 수밖에 없다. 서로 풍족한 부분이 있고 모자란 부분이 있게 마련이다. 그러므로 진정한 수평조화란 리더와 동료 간에 서로 모난 부분을 채워주고, 미처 생각지 못해 놓친 것을 되새겨 주며, 필요한 것을 채워주는 관계이다. 이러한 상호간의 노력을 통해서 보완적 조화를 이루고 집단으로서의 시너지를 창출해 나아갈 수 있게 되는 것이다.

그러나 수평조화는 때때로 건설적 갈등이 있어야 성숙된 관계로 발전할 수 있다. 갈등에는 A타입(Affective: 감정적) 갈등과 C타입(Cognitive: 인지적) 갈등이 있다. A타입 갈등은 리더가 동료들과 감정적으로 대립하는 것으로 파괴적이다. A타입 갈등은 조직 내 조화를 깨뜨리고, 분열을 일으키는 부정적 결과를 낳는다. 하지만 C타입 갈등은 이성적 갈등으로 다른 의견의 적극적 교환을 내용으로 한다. 감정이 개입되지 않은 의견차를 뜻한다. C타입 갈등은 또한 기존의 상태에서 발전된 상태로 변화하기 위한 긍정적 갈등을 말한다. 따라서 상대의 의견에 무조건적으로 동의하고 합의하는 것은 바람직한 조화가 아니다. 잘못된 부분에 대해 적절히 비판하고, 더 나은 대안이 있을 경우 대안을 공유하여 조직의 발전을 함께 이루려는 태도가 진정한 조화라고 할 수 있다. 상대방이 더 나은 사고를 할 수 있도록 지적 자극을 주어 도와주고, 진심으로 서로에 대해 신뢰와 존경을 바탕으로 조언해 줄 때 성과는 배가 된다. 그러므로 리더는 건설적 갈등인 C타입 갈등을 동료들 간에 조장하는 것이 바람직하다. 건설적 갈등을 통해서 수평조화가 빠지기 쉬운 '혁신성의 상실'이나 조화로운 사람끼리 모여 은밀하게 행해지는 '공모(共謀)의 함정'의 덫을 피해갈 수 있다.

한국인들이 수평조화를 중시한다는 사실은 많은 연구에서 나타나고 있다. 아래에 이와 관련된 연구결과를 요약한 것을 인용한다.

"문화성향과 허구적 독특성 지각(false uniqueness perception) 성향 연구에서 미국과 같은 개인주의 사회에서는 개인이 자신의 능력을 과다 지각하여 실제보다 더 우월한 능력을 갖고 있는 것을 내세우려 하지만, 한국과 같은 집단주의 문화에서는 자신의 타인에 대한 배려성향을 내세우는 경향이 강하다는 점을 발견하였다. 이 연구결과는 한국인들이 능력 있는 사람보다는 좋은 사람, 다른 사람에게 잘 해주는 사람이라는 평가를 받고 싶어 한다고 해석된다. 이것은 한국인들이 바람직한 리더 상을 판단함에 있어 리더의 능력보다는 사람됨이나 배려적 성향을 더 중요시할 수 있음을 추론하게 한다(조긍호, 2002)."

이렇듯, 한국인들 간에는 '좋은 사람'이라는 평가를 맨 앞에 내세우고 싶어 한다. 서로 친해지고 가까이 하기에 별 무리가 없다는 말이다. 반면, '능력은 있는데 사람이 좀 그렇다'라고 하면 가까이 하기에 힘든, 경계해야 하는 인물로 인식된다. 또한 '사람은 좋은데, 일에 대해서는 영……'이라고 하면 '크게 기대는 안 하지만 일을 맡겨도 말 아먹지는 않을 것'이라는 유보적 평가를 뜻한다.

우리는 '평판'이라는 표현을 자주 사용한다. 이는 주위 사람들과의 조화를 중요하게 여기는 문화에서 비롯된 것으로 추측된다. 우리나라 사람들은 동료들 간의 평판에 의해서 사람을 평가하는 성향이 있다. 그래서 주위의 평판을 위해 사람들은 의도적인 행동을 하기도 한다. 한국 사회에서는 이러한 주위의 평판이 매우 중요하기 때문에 이것이 하나의 능력으로 작용하기도 한다. 리더가 조직 내에서 수평조화를 이루려는 행동은 평판을 높이기 위한 노력으로도 볼 수 있다. 한마디로 주변 사람들의 리더에 대한 평판은 리더의 수평조화 노력의 결과물이다. 다음 〈사례 9.2〉은 이런 평판을 좋게 하기 위한 방법에 관한 것이다.

〈사례 9.2〉 전문가가 말하는 '좋은 평판 만들기 3원칙'

"저는 주위의 평판 같은 것에 신경 쓰지 않습니다. 오로지 맡은 일에 충실할 뿐입니다." 직장인 중에 이렇게 말하는 사람이 있다. 나름대로 자부심을 갖고 자신이 '떳떳함'을 강변한다. 이들은 평판 관리를 마치 상사에게 아부를 하고, 기회주의적 태도로 직장 생활을 하는 '몹쓸' 사람들이나 하는 것처럼 생각한다. 하지만 전혀 그렇지 않다.

오늘날 사회에서 평판은 결코 겉포장이 아니다. 가장 강력한 이력서인 동시에 자신에게 붙여진, 보이지 않는 꼬리표이다. 주위의 한마디가 취직 당락이나 승진 여부를 결정짓기도 한다. 특히 자신에 대해 평하는 인물이 상사일 경우 그 사람의 말 한마디는 향후 직장 생활의 행·불행을 좌우할 수도 있다.

화낼 때를 가리고 기준은 명확히

평판 관리를 잘하고 싶다면 무엇보다 먼저 '인간적인 매력'을 발산하는 사람이 돼야 한다. 주변에 사람들이 저절로 모여드는 사람, 함께하면 편안함을 주는 사람, 또 만나고 싶은 마음이 드는 사람들의 평판이 좋은 것은 당연하다.

특히 합리적이고 일관성 있는 사람이라는 평판을 얻고 싶다면 반드시 예측가능한 사람이 돼야 한다. 예측가능한 사람이 되기 위한 첫 단계는 '화'를 잘 관리하는 것이다. 즐거워할 때보다 화를 낼 때 주위 사람들이 더 긴장하며, 상대방을 주의 깊게 살핀다는 것을 명심하라.

〈사례 9.2〉는 배려성을 중시하는 한국문화에 있어서 리더가 동료들 간에 좋은 평판을 유지하기 위해서는 어떤 노력이 필요한지를 엿보게 해준다. 위에 제시된 구체적인 전략 '화낼 때를 가리고 기준은 명확히', '조직의 요구에 자신을 맞춰라', '칭찬도 상대 성격·기분에 맞게'는 물론 동료들과의 관계에만 초점을 맞춰 제시한 것은 아니다. 하지만 일에 대해서, 부하에 대해서, 윗사람과의 관계에 있어서 가해지는 평가결과가 결국 동료들의 평판형성에 영향을 미치게 되어 있다는 점을 시사한다. 즉, 한 리더에 대해서 하급자, 상사, 그리고 가까운 동료들이 평가하는 결과가 모든 동료들에게 공유되면서 그에 대한 평판이 결정되는 것이다. 이것은 곧 리더의 수평조화 행동이 단면으로 형성되는 것이 아니라 다면적으로 형성된다는 것을 암시한다.

수평조화의 3요인

한국형 리더가 바람직한 수평조화를 이루기 위해서는 한 가지만 잘 해서는 안 된다. 동료들과 허물없이 지내기만 한다고 해서 모든 면에서 좋은 평판을 받을 수 있는 것은 아니다. 그러므로 리더는 수평조화를 이루기 위해서 다양한 차원에서 노력을 기울일 필요가 있다.

<표 9.1> 수평조화의 3요인

구 분	내 용
사고의 조화	동료들과 생각을 공유하는 것을 기반으로 하며, 동료들이 간과하고 있는 것, 필요로 하는 정보, 잘못된 생각을 진정성을 가지고 효과적으로 지적해주고 알려주는 행동
정서의 조화	동류의식에 기초하여 같은 배를 탄 사람으로서 공동운명체의 구성원이라는 정서적 공감대에 입각한 행동
행동의 조화	동료들에게 해를 주는 말이나 행동을 삼가고 상대방을 위해서 동료의 요청에 적극적으로 도와주는 행동

한국형 리더십의 요인 중 수평조화는 세 가지 차원에서의 '조화 이루기'로 구성된다. 첫 번째는 '사고의 조화'로 동료의 생각을 존중하면서도 하지만 부족한 부분을 채워주기 위해 조언하고, 잘못된 부분에 대해서는 감정이 상하지 않게 비판하고, 미처 생각지 못한 부분에 대해 보완해 주는 것들을 말한다. 두 번째는 '정서의 조화'로 서로를 신뢰하고, 협력하며, 마음으로 응원해 주는 진정성을 기반으로 하는 조화이다. 세 번째는 '행동의 조화'로 동료들과의 화합을 저해하는 행동을 하지 않고, 동료와의 관계 발전을 위해 필요한 후원적 행동을 취하는 것을 말한다. 즉, '난 못 하겠다', '난 빠지겠다'라는 생각으로 단체행동에서 벗어난 행동을 하지 않고 균형에서 어긋나지 않는 조화로운 행동을 하는 것을 의미한다.

(1) 사고의 조화

사고의 조화란 동료의 생각에 대해 존중하는 것을 기본으로 하며 부족한 부분을 채워주기 위해 조언하고, 잘못된 부분에 대해서는 감정이 상하지 않게 비판하며, 미처 생각지 못한 부분에 대해 언급해 주는 것들을 말한다. 자신이 동료의 의견에 대해 생각을 달리하여도 존중하고, 감정이 상하지 않도록 부드럽게 표현할 줄 알아야 한다. 동료가 잘못된 의사결정을 했을 경우 문제를 만들지 않기 위해 그냥 지나가는 것은 조화를 이루는 행동이라고 볼 수 없다.

진정한 사고의 조화를 이루기 위해서는 '틀렸다'는 직언을 해야 하는 절박한 경우도 있겠지만 평소에 잘못된 부분을 알아챌 수 있도록 부드러운 조언을 할 줄 알아야 한다. 또한 인간은 늘 완벽할 수 없으므로 중요한 부분을 빠뜨리게 될 수 있다. 이럴 때 주위의 동료들은 빠뜨린 것을 챙겨 말해 주어 큰 실수를 하지 않도록 도와주어야 한다.

정서의 조화가 훌륭히 이루어지고 있는 관계에서는 사고의 조화를 이루기도 쉽다. 긍정적인 감정은 상대의 비판을 들을 수 있고, 받아들일 수 있도록 만들어 주는 힘이 있기 때문이다. 별로 정서적 공감대가 없는 사람이 나의 잘못을 지적하면 무슨 의도가 있는 것으로 받아들여질 수 있지만, 정서적으로 친밀한 동료가 지적해주면 나를 위한 충정어린 조언이라는 생각을 하게 된다.

사고의 조화는 무조건적으로 상대방의 생각에 동의하는 것이 절대 아니다. 사람들은 사고의 조화가 생각이 달라도 표현하지 않고 대체적으로 찬성하는 것이라고 생각하는 우를 범하기도 한다. 이러한 생각은 집단의 의견에 무조건적으로 동의하고 수용하는 결과를 낳는다. 외국인들은 한국 사람들이 중국집에 갔을 때 동료들 중 몇 명이 "자장면을 먹자"고 하면 모든 사람들이 동의하는 모습을 보고 신기하게 생각한다고 한다. 한국문화에서는 개인의 생각을 표현하지 않고 대다수의 의견에 따라가는 것에 익숙하다. 이것이 음식을 정하는 것에 대해서만 적용된다면 문제될 것이 별로 없겠지만 조직의 의사결정에서도 적용된다는 것이 문제이다.

(2) 정서의 조화

"우리가 남이가?" 이것은 경상도 사람들이 종종 사용하는 말이다. 정서적 공감대가 물씬 풍겨나는 말이다. 어느 도 출신인지를 불문하고 외국에 나가면 한국인들 간에 이러한 정서적 공감대가 생긴다. 말은 안 하지만, '같은 한국사람'이라는 정서가 항상 깔려 있게 된다. 그래서 외국에서 한국 사람을 만나면 마치 가족을 만난 것처럼 기쁘고 친근감을 느끼게 되는 것이다. 한국인들에게는 국내 · 외 어디에 살든 근본적으로 동료라는 '우리의식'(weness)이 있다. 그래서 처음 만난 사람과도 일단 족보를 트고 나면 금방 친해지는 것이다.

정서의 조화는 서로를 신뢰하고, 협력하며, 진심으로 응원해 주는 진정성을 기반으로 하는 마음의 조화이다. 정서는 다양한 감정, 생각, 행동과 관련된 정신적 · 생리적 상태를 말한다. 주관적 경험으로 대개 기분, 기질, 성격 등과 관련이 있기 때문에 마음이 잘 통하는 사람과 조화를 이루기 쉽다. 또한 자신이 주변 사람이나 주변 집단과 같은 부류라고 생각하면 정서적 안정감을 가질 수 있기 때문에 더욱 신뢰하게 되고 의지하게 된다. 이렇게 정서의 조화를 기반으로 한 관계에서는 상대방의 의견을 더 쉽게 받아들일 수 있게 하고 나의 의견과 반대되는 의견에 대해서도 보다 쉽게 수용할 수 있게 만들어 준다.

한국 사회에서는 특히 정서적 공감대가 있는 친한 동료들에게 전화해서 문제를 쉽게 해결해 나가는 경우가 많다. 그래서 문제가 생기면 아는 사람, 친한 사람부터 찾는다. 다음의 〈사례 9.3〉도 친한 동료를 통해 문제를 해결한 사례이다.

〈사례 9.3〉 좌상생 팀장의 활약

금융시스템 개발 1팀의 좌상생 팀장에게 갑자기 팀원 우려심 씨가 찾아와 개발 2팀과의 협력이 잘 이뤄지지 않는다며 면담을 요청했다. 개발 2팀과 함께 하는 K 은행 인사시스템개발 프로젝트에서 매번 우리 팀만 양보하고 2팀은 거의 양보를 하려들지 않기 때문에 시간도 많이 걸리고 효율성도 크게 떨어진다는 얘기였다. 좌 팀장은 팀원 우려심 씨에게 양보할 수 있는 것은 먼저 양보하자고 설득하고, 개발 2팀장인 정동일 부장은 나와 입사동기이니 잘 말해 보겠다고 하였다.

면담을 끝낸 후 좌 팀장은 정 팀장에게 전화를 걸어 같이하는 프로젝트인데 조금 무심했던 것 같다고 이야기하며, 우리 팀과 그쪽 팀이 같이 회식 한번 하고 K 은행 프로젝트를 잘 해보자고 말하자 정 팀장도 흔쾌히 수락했다. 그 날 회식자리에서 서로 오해가 있던 부분을 말하고, 앞으로 어떻게 일을 분담할 것인지 이야기하였고, 회사에서도 자주 미팅을 통해 서로 보완하여 결국 성공적으로 프로젝트가 끝날 수 있었다. 만약 좌 팀장과 정 팀장의 사이가 좋지 않았다면 이런 협력은 쉽게 이루어지지 않았을 것이고 프로젝트가 빠르게 진행되지 못했을 것이다.

〈사례 9.3〉에서 보듯이 우리나라 사람들은 입사동기, 같은 학교 출신, 같은 지역 출신과 대부분 정서적 공감대를 갖는다. 잘 모르는 사람에게 하기 힘든 부탁도 친한 사람들에게는 손쉽게 털어놓을 수 있다. 물론 이것은 좋은 것이라고만 볼 수는 없다. 친하고 안 친하고를 떠나 업무적으로 필요하면 적극적으로 돕고 지원해 주는 것이 훨씬 경쟁력이 있는 조직이다. 하지만 한국조직에서는 다 그러다가도 결정적으로 문제가 안 풀리든가 상대방의 속마음을 알면 대처하기 쉬워지는 경우가 많다. 이럴 때 서로가 비공식적으로 속마음을 털어놓고 쉽게 합의하든가 문제를 해결할 수 있게 해주는 것이 정서적 조화이다.

정서의 조화의 또 다른 축은 동류의식이라는 것이다. 동류의식(同類意識)이란 남이 자기와 동류임을 의식하고, 그 의식 아래 사람들이 서로 동포적인 친화감을 갖는 것을 말한다. 동류의식과 비슷한 개념인 유유상종(類類相從)은 사물은 같은 무리끼리 따르고, 같은 사람은 서로 찾아 모인다는 뜻이다. 정서의 조화가 이루어진다는 것은 동류의식 과 유유상종의 개념으로 설명될 수 있다.

같은 직장에 근무하고 퇴임 OB라고 해서 서로 도와주고 밀어주고 친하게 지내는 경우가 매우 흔하다. 리더가 직장에서 다른 동료들과 형성하는 관계는 결국 정서적으로 깊은 뿌리를 형성하기 때문에 오랜 시간 지속되는 것이 일반적이다. 우리는 낯선 사람을 처음 만났을 때 "○○ 아느냐?"와 같이 관계를 연결하려는 그런 대화를 많이 한다. 그래서 두 다리만 건너면 다 아는 사람이 된다. 정서적 조화가 리더십을 발휘할 때 빼놓을 수 없는 이유이다.

한편, 우리가 흔히 경험하게 되는 동창 챙기기, 동향 챙기기 등은 정서적 조화가 이루어 내는 결과이다. 처지가 비슷하면 정서적으로 안정감을 준다. 이러한 정서의 조화가 이루어진 사람들끼리는 비밀이 없고 모든 것을 공유하여, 대화에 공·사 구분이 없다. 따라서 정서적 유대를 기본으로 학연, 지연, 혈연이 발생한다. 하지만 이것이 잘 못되면 조직 전체적인 조화가 아니라 분파를 만들어 조직을 분열시키는 요인이 될 수 있기 때문에 조직화합에 매우 부정적인 영향을 미칠 수도 있다. 학연·지연·혈연은 물론 나쁜 것이다. 연을 맺는다는 자체는 매우 자연스러운 것이고, 그 연을 객관적이고 합리적인 방향으로 활용하면 오히려 리더십에 큰 긍정적인 영향을 가져올 수 있다. 따라서 연을 활용하되 조직에 도움이 되는 방향으로 객관적 기준을 활용해서 특히 공·사의 구분을 명확히 하여 활용할 줄 아는 지혜가 필요하다. 만약 그렇지 않고 사적인 이익을 위해서 객관성 없이 윤리적인 기준을 넘어서 사용하게 되면 이상한 문제로 이어지곤 한다. 이렇게 요약된다.

"정서를 개인적 이익과 연결시키지 말라." (때로는 친구도 잃고 돈도 잃는다.)

이상적인 한국형 리더가 되기 위해서는 이런 부정적인 것을 극복하려는 지혜가 필요하다.

(3) 행동의 조화

우리는 어렸을 때부터 조화를 미덕으로 교육받아 습관화된 행동으로 자연스럽게 표현한다. 예를 들어 우리나라 사람들은 학생들이 교복을 입는 것을 당연하게 생각한다. 교복은 학생들의 개성을 무시하고 인위적으로 규격화하고 동질화하려는 경향이라는 부정적인 의견도 있긴 하지만 한국 사회에서는 대체적으로 당연시 받아들인다.

행동의 조화란 튀는 말 안 하는 것, 단체행동을 중시하는 것 등 동료들과 어긋나지 않게 행동하려는 성향을 말한다. 즉 '난 못해', '난 빠져도 괜찮아'라는 생각으로 단체행동에서 벗어난 행동을 하지 않고 균형에서 어긋나지 않는 조화로운 행동을 하는 것을 의미한다. 자신이 휴가를 가려고 할 때, 주변 동료와 선배들의 눈치를 보며 언제 누가 가는지를 파악하고 나서 자신의 휴가일을 정하는 것도 행동 조화의 예에 해당한다. 이러한 것은 강요할 수 있는 성질의 것이 아니다. 주위 사람들의 눈치를 보고 균형을 맞추려는 것은 한국인들의 문화적 가치에 기초한 자연발생적 행동이라고 볼 수 있다.

우리나라 사람들은 차 색깔이 거의 비슷하다. 대체적으로 검은 색 아니면 흰 색이다. 옷도 거의 유행을 따라 똑같이 입는다. 당신은 70세 노인이 빨간 스포츠카를 타고 다니는 것을 상상할 수 있는가? 만약 그런 사람이 있다면 아마도 인터넷에서 뉴스거리가 될 것이다.

한국인들의 눈은 이미 표준화가 되어 있다. 스키마가 강하다. 스키마(schema)란 지식의 덩이로, 일반적인 절차, 대상, 지각 결과, 사건, 일련의 사건, 또는 어떤 사회적 상황에 대해서 '이럴 것이다'라고 '머릿속에 기록해 놓은 답'을 뜻한다. 예를 들어, 식당에 들어갔을 때, 종업원의 인사를 받고, 자리에 앉으면, 물과 메뉴판을 가져다주고 시킨 음식이 나오면 먹고 돈을 지불하고 나온다. 이러한 절차는 한국의 어느 식당을 가든지 거의 정해져 있는 절차이며, 사람들은 이러한 절차를 당연한 것으로 머릿속에 기록해놓고 있어 별도의 생각을 할 필요가 없다. 그러나 만약 이러한 스키마에 기록된 것과 다른 서비스를 해주는 식당이 있다면, 좋은지 나쁜지를 판단하기 위해서 우리의 뇌는 의도적 판단절차를 밟게 된다. 즉, 스키마와 일치하는 한 사람들은 별 반응이 없이 지나치지만, 그에 어긋난 정보가 들어오면 의식적 판단기능을 작동한다는 것이다. 영국의 Bartlett 그리고 스위스의 Piaget 같은 심리학자들은 행동이 스키마로 조직화된 지식에 의해 영향을 받는다고 주장했다.

우리나라 사람들은 특히 이러한 스키마와 일치하지 않는 행동이나 말을 용납하지 못한다. 즉 한국형 리더십에서 행동의 조화란 스키마와 맞지 않는 튀는 행동을 자제하는 데서 출발한다. 이것은 아마도 사소한 문제에 있어 불필요한 감정 갈등을 유발하지 않으려는 노력의 산물인 것 같다. 통일된 행동을 보이는 것에 대한 사회적 압력도 작용한다. 튀는 사람에게는 눈총을 주고 직·간접적으로 그러지 말라는 압력이 가해진다. 개성을 표출하는 행동이 일반사회에서는 어느 정도 용납되지만, 조직사회에서는 별로 받아들여지지 않는다.

행동의 조화는 긍정적 효과와 부정적 효과를 동시에 갖는다. 조직원의 행동이 다른 사람들의 스키마에 위배되지 않고 조화롭게 이루어지면, 원만한 관계를 형성하는 데 도움이 된다. 또한 불필요한 갈등을 야기하지 않기 때문에, 진짜 중요한 일에 마음을 집중할 수 있게 한다. 아울러 행동의 조화는 정서적 조화를 강화하는 데 도움을 준다.

하지만 이러한 행동의 조화가 늘 긍정적인 것만은 아니다. 한 회사에서는 조직원들이 등산을 하는데 만삭의 임신부까지도 무리하게 참여를 시킨다거나, 조직의 단체 행사에 빠지게 되면 인사고과에 반영된다는 것 때문에 중요한 가족 행사나 개인적인 스케줄을 포기해야 하는 상황이 발생되기도 한다. 이것은 결국 자신의 행동이 혹시 집단의 행동규범에 어긋나지 않는지를 항상 경계하게 만들어 불필요한 긴장감을 심어준다. 이러한 행동의 조화는 자칫 '사고의 획일성'으로 발전할 가능성도 있다.

수평조화의 이론적 배경

수평조화는 리더십에서는 새로운 개념이다. 일반적으로 기존의 리더십 이론들에서는 주로 리더와 하급자들의 하향적 관계에 초점을 맞춰왔다. 하지만 수평적 연대 없이 리더가 독립적으로 큰일을 처리하기는 곤란하다. 리더를 홀로 존재하는 사람이 아니라 조직 내에 배태된(embedded) 관계 속에서 존재하는 유기적 존재로 보는 것이 바람직하다. 이러한 차원에서 한국형 리더십 이론에서는 리더의 수평적 관계를, 상급자, 하급자의 관계와 더불어, 중요시한다.

리더의 수평적 관계와 관련된 기존의 이론들이 몇 가지 발견된다. 이들이 한국형 리더의 수평조화 행동에 대해서 무엇을 말해줄 수 있는지를 아래에서 살펴본다. 여기에서는 대표적으로 한국인의 심리 중 하나인, '우리성', '사회적 동질화', 그리고 '상호성의 원리' 등 세 가지 이론체계를 들었다.

(1) 우리성

'우리성'이란 정을 주고받으면서 정을 바탕으로 하여 묶여진 관계라고 정의된다. 즉, '우리성'이 형성되었다는 것은 사람들이 정으로 하나로 연결되었음을 뜻한다. 이러한 '우리성'은 서양의 개인주의와 확연하게 구별될 뿐만 아니라, 서양 사람들이 이야기하는 '내집단'(in-group) 개념과도 다르다. 서양에서는 개인을 '독립적으로 기능하는 독특한 완성체'(unique solid entity)로 보는 반면, 한국인들에게 개인은 '우리'라는 관계단위 속에 존재하는 '불완전 부분자'(部分者: imperfect partial individual)로 정의된다. 따라서 한국인들은 '우리'라는 울타리 안에 들어가 자신의 역할을 찾음으로써 자신의 '자기정체 불완전성'을 보완하려 한다. 또한 서양의 내집단(內集團)이란 '집단 안에서 개인의 고유성이 소멸되지 않는 군집'을 의미하지만, 한국인들의 '우리'란 개념은 집단상황에서 각 개인이 자신의 고유성을 버리고 집단에 융합·동질화된 단일체적 공동체를 의미한다. 그러므로 한국인들에게 있어서는 '우리' 안에서 개인의 경계가 약화되고 개인의 정체성도 그 안에서의 역할에 의해서 규정된다(최인재·최상진, 2002).

그러므로 한국형 리더들이 수평조화를 이루려는 노력은 '우리성의 완성' 때문이라고 해석 될 수 있다.

(2) 사회적 동일화

사회적 동일화(social identification)란, 개인이 자신의 특성과 집단의 특성을 동일시하는 것을 의미한다. 사회적 동일시가 강하면 개인의 욕구보다 집단의 욕구를 중시하며, 집단을 위해 희생을 감수하고, 나아가 집단 구성원의 공유 가치관과 신념 그리고 행동규범을 강화시키는 작용을 한다. 예를 들어, 카리스마 리더는 자신의 조직을 다른 조직과 현격히 차별화시켜 매력적인 정체성을 확립함으로써 다른 사람들로 하여금 참여하고 싶도록 만든다. 그리고 이러한 차별화는 추종자의 자아개념과 집단의 정체성을 연결시키는 방향으로 이루어진다. 그 결과, 카리스마적 리더 밑에 있는 하급자들은 자기 자신의 정체성을 리더가 이끄는 집단의 정체성과 동일시하게 되는 것이다.

즉, 사회적 동일화란 리더와 집단전체가 같은 태도, 같은 가치관, 같은 행동을 보여주게 되는 현상을 의미한다. 이러한 사회적 동일화는 수평조화와 비슷한 개념이지만 한국형 리더십에서 설명하는 수평조화는 '동일화'의 개념으로 보는 것이 아니라 부족한 부분을 보완하여 조직을 더욱 발전시킬 수 있는 보완적 조화의 관점에서 설명한다. 또한 사고, 정서, 행동의 조화로 구분하여 개념을 더욱 명확하게 하도록 하였다. 다음은 한국인의 의식 속에 숨겨져 있는 '집단의 동일화'에 대한 사례이다.

〈사례 9.4〉 한국인의 의식 속에 숨겨져 있는 '집단의 동일화'

한국인의 의식 속에 숨겨져 있는 '집단의 동일화'에 주목한 책(이규태, 『한국인의 의식구조』)은 "한국인은 우리 사회, 우리나라, 나아가 우리 민족이 집단적으로 어려움에 봉착하면 이를 자신의 운명으로 받아들이고 이를 이겨내는 놀라운 힘이 있다"고 장담한다.

'일본의 40년 압제와 6·25전쟁, 분단 60년이라는 악조건을 딛고 경제협력개발기구(OECD)에 가입한 경제규모 세계 12위'라는 기적에 가까운 나라라는 자부심을 가지라고 채근하는 책은 이러한 오늘날의 대한민국을 가능케 한 근원, 즉 한국의 힘에 대해서 이야기한다.

저자에 따르면 한국인은 개인적인 관심사, 장래 희망, 개성, 기호, 취미, 그리고 가족에 이르는 모든 일을 집단에 귀속하고, 그 집단 속에서 문제가 해결되고 성취되길 바라는 특성이 있다. 그래서 능률은 극대화되고, 집단의 바람은 이루어진다는 것이다. 2002년 한·일 월드컵 때 붉은악마가 선보였던 구호 '꿈은 이루어진다'처럼, 우리도 희망 섞인 말에 주술을 걸어보자.

불현듯, 세(三) 사람의 힘(力)이 모이면 열(十) 사람의 힘이 솟는다는 뜻을 가진 한자 '협'(協) 자가 생각난다.

자료 : 『세계일보』, 2009. 3. 27

위에서 보듯이 우리나라 사람에게는 타인을 배려하는 따뜻한 정, 외세에 굴복하지 않았던 선비정신, 끈기 있는 깡, 그리고 무한한 잠재의식이 있다. 또한 우리나라 사람들은 개인적인 관심사, 장래 희망, 개성, 기호, 취미, 그리고 가족에 이르는 모든 일을 집단에 귀속하고, 그 집단 속에서 문제가 해결되고 성취되길 바라는 특성이 있어서 능률은 극대화되고, 집단의 바람은 이루어진다. 한국형 리더의 수평조화는 집단 속에서 문제가 해결된다는 믿음에서 발원된 것이라고 볼 수 있을 것이다.

(3) 상호성 원리

상대방과 '주고받음'에 있어 균형을 이룰 때 관계가 오래 지속되며 호감이 증가하게 된 다(비율균등의 법칙). 부시맨 족에게는 '상호성의 원칙'이 있다. 그들은 자기의 노력으로 얻 은 식량을 아무런 대가 없이 동족들에게 나누어준다. 그때 그들에게는 암암리에, '나도 어느 때인가는 얻어먹게 될 수 있어'라든가 '나도 어느 때인가는 저들에게 도움을 줄 수도 있어'라는 생각이 있다. 그렇기에 그들은 대가를 요구하지도, 감사를 표시하지도 않는다. 그저 너무도 당연하다는 듯이 주고받을 뿐이다. 이것을 '상호성의 원 리'(reciprocity principle)라고 규정한다.

이렇듯 수평조화의 개념은 한국 사회에서만 통용되는 개념이 아니다. 사람들이 사 는 곳이라면 방식의 차이는 있겠지만 공통적으로 나타난다. 부시맨 족에서 말하는 '상 호성의 원칙'도 한국형 리더십에서 설명하고 있는 수평조화의 개념에 포함된다.

〈사례 9.5〉 상호성의 법칙, 아낌없이 주자!

우리 인생은 그다지 길지 않다. 하고 싶은 일만 해도, 사랑만 해도 못다 사는 인생이 다. 모든 것을 다 이룬 듯했던 마이클 잭슨의 성공이 꼭 행복을 수반한 것은 아니었다 는 것, 그리고 로또 복권에 당첨이 된 그 누군가들의 인생이 그리 행복하지만은 않다 는 것을 보면 인생의 성공이 꼭 행복을 보장해주는 증표는 아니다.

이왕이면 이 세상 행복하게, 또 자신이 바라는 대로 살아가기 위해서는 사랑하고 이해하는 마음으로 상대방을 대하자. 당신이 남에게 사랑과 이해를 받고 싶다면, 먼 저 남에게 우정을 그리고 사랑을 나눠주면 된다. 그러면 그 사람도 당신에게 우정으 로 사랑으로 화답할 것이다. 즉 상대방에게 따뜻한 마음을 먼저 건네주면 곧 받게 될 것이다. 이는 '상호성의 법칙'이라고 불리는, 막강한 힘을 가지고 있는 설득의 법칙 한 가지를 분명하게 제시해 주고 있다. 이 법칙에 의하면 우리는 다른 사람이 우리에 게 베푼 호의를 그대로 갚아야 한다는 강박관념에 시달린다.

상호성의 법칙은 남의 호의, 선물, 초대 등등이 결코 공짜가 아니라 언젠가 미래에 당신이 갚아야 할 빚이라는 사실을 우리는 알고 있다. 사회학자인 골드너가 다양한 문화를 분석한 후 보고한 바에 의하면, 이 상호성의 법칙은 거의 모든 문화에서 발견 되고 있다고 한다. 상호성의 법칙에 입각한 보은(報恩)정신은 인간 문화의 독특한 소유물이라고도 말할 수 있다. 즉, 이왕 하는 말이면 다른 사람을 깎아내리고 헐뜯고 경쟁심을 부추기는 말이 아니라 우정과 사랑의 말로 내가 먼저 준다면 더 많이 행복해질 수 있을 것이다.

우리가 만나는 주변 사람들이 전보다 더 발전해야 하는 것이다. 그게 또 내가 잘되는 길이기도 하다. 나라는 사람을 통해 주변 사람들이 절망감이나 패배감이 아닌 용기와 도전 정신, 사랑과 우정을 얻어야 우리가 제대로 살고 있는 것이다. 일부러 시간을 내서 남을 돕고 또 격려할 말을 찾아서 주변 사람들을 행복하게 해주자. 돈 드는 일도 아닌데 우리도 다른 누군가에게 힘을 줄 수 있고, 믿어줄 수 있고, 누군가의 등을 토닥여 줄 수 있는 것이다.

그렇게 난 누군가의 무엇이 되어줄 수 있다는 게 뿌듯하지 않은가?

자료 : 이서영 아나운서, www.cyworld.com/leemisunann, 2009. 8. 5

이 글에서 보듯이, 수평조화를 이루는 것은 막연한 추상적 개념으로 남아있어서는 곤란하다. 무엇을 어떻게 해야 하는가의 구체적 행동전략을 강구해야 한다. 여기에서 제시하고 있듯이, 한국형 리더가 동료들과 조화롭게 살아가기 위해 먼저 그들을 배려하고 격려하며 우정과 사랑의 말을 할 수 있다면 좋을 것이다.

수평조화의 여러 수준

한국형 리더의 수평조화는 리더 개인의 관행으로만 볼 수는 없다. 조직 차원에서의 수평조화도 매우 중요하다. 개인 차원의 수평조화가 리더가 개인적으로 다른 동료들과 화합을 이루려 노력하는 것이라면, 조직 차원의 수평조화는 회사나 조직 전체 차원에서 얼마나 많은 리더들이 다른 리더들과 조화를 이루고 있으며, 또 조화를 이루려고 노력하는가를 의미한다.

리더에 따라 개인 차원에서 수평조화에 차이가 나는 것은 리더 개인의 성향과 관련된다. 성격적으로 마당발을 지향하는 리더가 있는가 하면, 혼자서 조용히 일하는 것을 선호하는 리더들도 많다. 전자가 적극적으로 수평조화를 이뤄나가는 스타일이라면, 후자는 다른 동료들이 접근하거나 친하고 싶어 다가오지 않는 한, 먼저 다가가는 일은

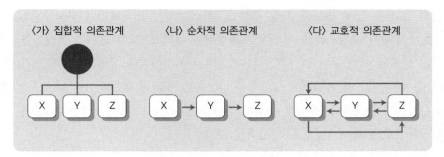

〈그림 9.1〉 업무의 상호관련성

거의 없다.

　또한 업무나 맡고 있는 직책의 속성도 수평조화의 필요성을 결정한다. 직무나 직책은 리더에게 필요한 수평조화의 범위를 결정하는 요인이기도 하다. 관련부서가 많을수록, 업무가 서로 의존적일수록 수평조화의 필요성은 커진다. 예를 들어, 〈그림 9.1〉과 같은 세 가지 경우를 생각해 보자.

　〈가〉는 팀 리더들 간에 업무적인 상호관련성이 거의 없는 상황이다. 증권회사의 직원들처럼 각자 자신의 고객 풀(pool)을 가지고 있으면서 개인의 성과를 극대화하기 위해서 노력하는 경우이다. 〈나〉는 생산라인에서처럼 작업의 단위가 순차적으로 이뤄져 모든 절차가 완성되었을 때 일이 완성되는 경우이다. 이때는 앞, 뒤 관련된 작업팀 간에 긴밀한 협조가 필수적이다. 어느 한 단계의 일이 늦어지면 전체 일정에 차질을 빚는다. 이 경우, 작업단계 전, 후 단위 간의 조화가 핵심이다. 수평조화가 〈가〉의 경우보다 훨씬 더 많이 요구된다. 〈다〉의 경우는 일을 하는 과정에서 작업자들이 계속 주거니 받거니 교류를 하면서 일을 완성해가는 경우이다. 컨설팅 회사의 팀이 고객사를 위해서 컨설팅 과업을 수행하는 경우가 이에 해당한다. 위의 세 가지 경우 중에서 가장 수평조화가 필요한 경우이다. 이때는 수평조화가 곧 프로젝트의 성과를 결정한다. 이처럼 업무의 특징에 따라 수평조화의 필요성도 달라진다.

　조직 전체 차원에서 팀과 팀 간, 부문과 부문 간에 조화를 이루려는 리더들의 노력은 매우 중요하다. 그러므로 개인과 개인 간의 수평조화는 개인의 성과 향상에는 도움을 주지만, 조직 전체의 수평조화는 소통을 원활하게 하고 단위조직 간의 협력에 결정적인 역할을 한다. 일의 흐름이 부드러워지고 갈등이 해소되고 협력이 강화되는 역할을 할 수 있다. 그러므로 조직 전체 차원의 수평적 조화는 상·하 간의 조화뿐만 아니라 단위 조직들 간에 조화를 이룰 수 있도록 리더들이 노력해야 한다.

조직 전체가 수평조화를 이루면 효율성이 증대되고, 일의 진척이 빨라진다. 하나의 일은 관련된 여러 부서들 간의 협력에 의해서 이루어진다. 우리가 흔히 조직 내 의사소통을 이야기할 때 바텀업(bottom up)을 강조하는 경향이 있지만 수평적 소통의 활성화도 못지않게 중요하다. 이것은 조직의 각 리더들이 사고·정서·행동의 조화를 진취적인 방향으로 이루어나감으로써 성취될 수 있다.

다음 사례는 부서들 간의 협력에 관한 이야기이다.

〈사례 9.6〉'조화전담 리더'의 수평조화 역할

항공사 T의 정비팀에는 몇 개의 그룹이 있다. I-점검그룹은 항공기 정시점검을 주 업무로 수행하는 현장정비 그룹으로 항공기를 일정기간(1주일 내외) 격납고에 입고시켜 정비하는 C CHECK와 비행기간 사이(1일 이내)에 정비하는 A CHECK를 수행한다.

정시점검은 항공기 결함 여부에 상관없이 전반적인 항공기 시스템과 상태를 체크하는 예방정비 개념으로 다양한 특기의 많은 인원이 정비를 하게 된다. 이때 항공기를 작동하고 엔진을 돌리는 등으로 작업간의 간섭(interference)과 안전 위험 상황들이 수시로 발생하게 된다. 기본적으로 조직원 각자의 역할이 정해져 있으나, 수시로 발생하는 작업 간 상호 간섭과 대형 작업들은 여러 사람들의 협력과 협동을 필요로 한다. 하지만 부서의 눈앞의 작업량과 부서 이기주의에 눈이 멀어, 자기 부서의 작업이 아니라고 하거나, 간단한 일임에도 업무 구분을 따져 업무 전문성이 떨어지는 타 특기자가 수행하도록 함으로써 일이 지체되어 다음 작업에 차질을 주는 수가 있다. 그럼으로써 팀 간 협력(Cross Functional Teamwork)을 발휘하지 못하게 되는 경우가 발생한다.

이때 '조화전담 리더'가 현장에서 작업자 상호간의 역할을 조정하고, 협동작업 내용과 시점을 정하며, 장비를 배정하는 등 전체적인 작업을 조정하고 정보를 제공하도록 되어 있다. 조화전담 리더는 또한 다른 특기 그룹과의 작업범위와 시점을 협의 조정하는 역할도 한다.

조화전담 리더는 해당 항공기 기종의 정비자격증을 소지하고 있는 선임 리더들 중에서 항공기 기종에 따라 순차적으로 수행하며, 그에 따라 조직원들의 역할과 입장도 바뀌게 된다. 중정비(重整備) 수행에 수평적 조화를 맡고 있는 '조화전담 리더'야말로 복잡한 정비 현장에서 최고의 정비품질을 이끌어 가는 수평적 리더로서의 대표적인 역할이라 할 수 있다.

이 사례에 나타난 '조화전담 리더'는 수평조화를 공식적인 시스템 안으로 끌어들인 경우이다. 항공기 정비라는 일이 워낙 중요한 일이고, 많은 단위조직들 간의 협력이 결정적으로 중요하기 때문에 취해진 조치이다. 이처럼 부조화가 엄청난 결과로 이어질 수 있는 경우가 아닌, 평상적 업무를 처리하는 과정에 있어서는 따로 조화전담 리더를 둘 수 있는 여유가 없을 것이다. 이러한 경우에는 단위조직 장들끼리의 비공식적인 관계를 통해서 스스로 해결해 나갈 수밖에 없는 것이 현실이다. 팀장이나 그룹장이 다른 동료 팀장이나 그룹 장들과 비공식적인 좋은 관계를 유지하고 있으면, 쉽게 갈등을 극복할 수 있다. 한국기업들에서는 리더들 간에 비공식적인 유대가 자발적으로 발전해 왔기 때문에 갈등이 전향적으로 해결되고 협력이 놀라우리만큼 빠른 속도로 이뤄지곤 한다. 이것이 한국형 리더십의 파워 중 하나이다.

결국, 개인적 차원에서 리더 각자가 수평조화를 이루기 위한 노력을 해나가도록 유도하는 것도 중요하지만, 조직차원에서 특별히 수평적 협력이 필요한 부문에 대해서는 시스템적으로 협조를 제도화하려는 노력도 필요하다.

3 | 수 평 조 화 의 특 징

형성배경

우리나라는 예로부터 수평조화를 기반으로 한 여러 가지 활동들이 있었다. 예를 들면, 상부상조의 정신(두레, 품앗이, 향약), 길쌈, 사물놀이 등이 있었고 가족 간의 화목, 형제들 간의 화목을 중요가치로 강조했다. 이 중에서 길쌈과 품앗이, 생활관습으로 본 조화와 신바람, 동업으로 본 조화에 대해 설명하고자 한다.

(1) 길쌈과 품앗이로 본 조화

길쌈이란 삼베, 모시, 명주, 면 등의 섬유에서 실을 뽑고 이를 가공하여 피륙을 짜기까지의 수공업적인 작업을 말한다. 그 과정은 매우 복잡하여 지방에 따라 또는 재료에 따라 직조의 시기와 규모 등이 다르나, 길쌈을 진행하는 과정에서 집단적으로 모여 유쾌한 놀이를 하는 점은 거의 공통적이었다. 특히 충청도와 전라도, 경상도 등 삼남지방에서는 음력 7월부터 8월에 걸쳐 온 마을의 부녀자들이 두레와 같은 공동체를 조직하고 솜씨를 겨루었다.

길쌈놀이는 그 역사가 매우 오래되었는데, '삼국사기'에 의하면 신라 유리왕 때(1세기) 6부로 나뉘어 행하였다고 한다. 그 목적은 공동 작업을 통해 협동심을 기르고 단조로운 노동을 흥겹게 율동화하여 생산능률을 향상시키는 데에 있었다. 또한 신라 유리왕(재위 24~57)이 두 왕녀로 하여금 부내의 여자들을 나누어 길쌈을 하게 하고, 추석날에 결과를 심사하여 진 편에서 이긴 편에게 술과 음식을 대접하였다는 기록으로 미루어 일찍부터 모시길쌈이 있었으며, 나라에서도 이를 장려하였다는 것을 알 수 있다.

길쌈을 할 때는 길쌈노래라 일컫는 부요(婦謠)를 불렀다. 이는 외부세계와 절연된 상태에서 생활할 수밖에 없던 당대 부녀자들이 자신의 희로애락을 가락에 담아 노래한 것으로 44조로 이루어진 긴 가사에는 고부간의 갈등, 고된 노동, 근면성, 남편에 대한 애정 등이 주로 담겨 있다. 오늘날에는 의생활의 큰 변화로 인해 길쌈을 거의 하지 않아 길쌈놀이도 급격히 쇠퇴하여 민속놀이의 한 전통으로서만 남아 있다.

한국은 예로부터 농사를 지어 사는 농경사회였다. 따라서 가족단위의 노동을 하게 되면서 가족 경제공동체가 형성되었으며, 유교적 영향을 받아 가부장제가 발달했다. 특히 논농사가 주가 되었기 때문에 논농사의 특성상 많은 노동력을 필요로 했다. 이것은 품앗이, 두레 등 노동력을 교환하는 제도를 발달시켰다. 품앗이는 신뢰에 기초한 노동력 교환제도로 한 마을 안에서 사적인 부탁을 통해 신뢰를 기초로 하여 이루어졌다. 이 교환관계는 1 : 1로 이루어진 것뿐 아니라 제 3자에게 양도하기도 하였다. 이것은 마을 내 인적 네트워킹을 형성하는 근본이 되었다. 하지만 품앗이는 마을 내에서만 이루어졌고, 다른 마을 사람들과는 품앗이를 하지 않았다. 이것은 가족공동체의 혈연과 더불어 지연을 형성하는 원인이 되었다고 볼 수 있다. 타인을 배척하고 '우리'를 중요시하는 문화가 형성되어 한국인의 가장 큰 특성 중 하나로 꼽히는 '우리성'을 이루게 된 것이다. 이런 집합주의적 사회에서는 우리의식, 집합적 정체감, 정서적 의존성, 집단유

대성, 의무와 책임의 공유, 집단의사결정이 주를 이룬다. 이러한 특성이 공동체 안에서 모나지 않게 행동하고, 원만한 인간관계를 유지하려고 하는 수평조화를 중요하게 만들었다.

(2) 생활관습으로 본 조화

한적한 시골길을 가다 보면 늦가을 하늘에 감나무에 남겨둔 두어 개의 붉은 홍시가 유난히 정겨운 모습으로 다가온다. 파란 하늘 위에 터질 것 같은 선홍빛 색감이 아름다울 뿐 아니라 그것을 남겨놓은 감나무 주인의 마음이 더욱 고운 때깔일 것이라는 생각이 들 것이다.

옛날부터 우리 조상들은 아무리 지독한 굶주림 속에서도 감을 수확하고는 반드시 한두 개는 그대로 남겨두는 관습을 지키며 살아왔다. 하늘을 나는 새들을 위해 남겨둔 까치밥이다. 넉넉한 살림이라서가 아니라 새들과도 함께 살겠다는 삶의 여유를 보여준 것이다.

또한 단순한 동물 애호 차원이 아니다. 세상만물은 모두가 하나라는 생각으로 내 몸처럼 사랑하며 살았다. 바로 홍익인간의 사상이요, 한적 발상이다. 많은 외세의 침략을 받으면서도 우리가 나라를 잃지 않고 유지할 수 있었던 정신적 지주도 이러한 여유로운 삶의 지혜에 있었다.

다시 말하면 굶주림 속에서도 한두 개를 남겨놓을 수 있는 사람은 가난이 결코 그를 지배할 수 없다는 얘기이다. 따라서 한국인의 가난과 빈곤을 보고 까치밥을 보지 못한 사람이라면 한국인의 깊은 속마음을 보지 못했고 뜨거운 문화의 체온을 감지하지 못한 것이다.

한국인의 넉넉한 심성은 식생활만이 아니라 한복에서도 확인할 수 있다. 누가 입어도 될 수 있도록 헐렁하고 넉넉하다. 이것은 양복처럼 사람이 옷에 맞추어지는 게 아니라 옷을 사람에 맞추는 인간중심적 사고이다. 인간에 대한 철저한 신뢰이다. 이것은 세계 어느 문화에서도 찾기 힘든 훌륭한 형질로 생각된다. 극한 상황에서도 자기를 잃지 않고 삶의 여유를 찾는 강인한 민족성이 숱한 질곡의 역사와 전쟁의 폐허 속에서도 세계 10위권에 드는 무역대국으로 재건했던 저력이기도 하다(제갈태일, 2004).

(3) 신바람으로 본 조화

'덩덩 덩덕 쿵' 우리 고유의 가락이다. 물 흐르듯이 자연스런 이 가락만 들어도 우리 선조들은 흥에 겨웠고 신명이 살아났다. 신비한 생명력을 샘솟게 했다. '덩덩'은 음양이 짝을 찾는 소리이고 '덩덕'은 마침내 음양이 합궁하는 절정의 단계요, 마지막 '쿵'은 천지의 기운이 하나로 풀어지는 '무'(無)요, '공'(空)의 자기정화 상태이다. 다시 말하면 '덩덩'은 가락의 전개로서 집(集)이요, '덩덕'은 딱하고 맞아떨어지는 결(結)로서 가락의 봉우리를 이룬다. 또한 '쿵'하면 풀어지는 끝마디는 자신이 우주 속으로 매몰되어 하늘과 땅과 내가 분별이 없어지는 한의 경지이다. 그러므로 '쿵'은 해(解)요, 탈(脫)이다.

간단한 가락 같지만 신바람이 일어나는 심오한 원리가 빠짐없이 담겨져 있는 것이다. 예로부터 하늘과 땅과 사람을 삼재(三才)라 했고 이들의 조화가 없는 가락이나 춤은 흥이 날 수 없으며 흥 없이 신이 날 수도 없는 법이다. 신이 나는 것은 생명력의 분출을 의미하며 보는 사람까지도 일체감을 이루어 덩달아 하나가 되는 것이다. '쾌지나 칭칭 나네'는 영남사람들의 신바람으로 그 춤이 일품이고, 구성진 가락이 담긴 판소리는 전라도 지방의 빼어난 장단이었다.

'작년에 왔던 각설이 죽지도 않고 또 왔다'는 다리밑 손님들이 문전박대를 받지 않은 까닭도 '얼씨구 씨구 들어간다'는 신명나는 '품바' 장단 때문이었다. 그들이 막다른 삶에도 이처럼 생기를 잃지 않았던 것은 각설이 타령에서 솟아나는 세마치장단의 생명력, 바로 신바람 때문이었을 것이다.

그저 우리 민족은 신바람이 나야 한다. 정치도 경제도 응어리진 데가 없어야 하고 선무당처럼 신이 나야 무언가를 이룬다. 아주 까마득한 옛적부터 우리는 이처럼 신바람에 익숙해 있고 그만큼 한국인 특유의 원형적인 민족 정서로 용해되어 있다. 신바람은 누구든 스스럼없이 하나로 끌어들이는 자장(磁場)을 가지고 있다. 신이 나 덩실덩실 어깨춤이 저절로 따라가고 그것만으로도 서로의 마음의 벽은 쉽게 허물어진다. 만물이 하나로 농축되는 묘합(妙合)이 있고 하나가 만물로 확산되는 다이내믹한 역동이 있다.

신바람은 신이 난다는 것이요, 신이 난다는 것은 사람이 신의 영역을 넘보는 '몰입'이요, 모든 것을 다 바쳐도 아깝지 않은 '신'의 경지가 열리게 되는 것이다. 따라서 신바람은 무서운 창조력의 원천이다. 불꽃 같은 한 생을 살다간 예술인이 그렇고 한강의 기적을 이룬 폭발적인 민족에너지도, 월드컵 4강 신화도, 신바람이었다. 그러므로 너와 내가 '따로국밥'이 되어 맨송맨송해서는 신바람이 날 리 없다. 신바람은 바로 신과의 일체성을 이루어 실로 불가사의한 신통력을 발휘하기 때문이다. 언제나 신바람은 노래와 춤이 하나가 되게 한다. 세계 어느 문화권에서도 노래와 춤이 비빔밥처럼 한 그릇에 비벼지고도 새로운 맛과 독특한 멋을 더하는 경우는 드물다(제갈태일, 2014).

다음 사례는 신바람 나는 일터에 대한 것을 말하고 있다.

〈사례 9.7〉 KT 대전 마케팅 본부 "신바람 나는 일터로 소통, 조직 생기 있게"

KT 대전 마케팅 본부가 달라졌다. 정보통신 분야의 전반적인 침체로 예외 없이 분위기가 침울할 듯하지만 상황은 딴판이다. 아침 일찍 출근한 직원들이 모두 자리에서 일어나 80년대의 국민체조 구령에 맞춰 제멋대로의 체조를 하는가 하면 저마다 주머니에서 100원씩 꺼내 다트 경기를 하면서 커피 내기를 한다. 승부욕이 발동해 파이팅도 외쳐보고, 이기기 위해 나름의 묘수도 짜 보는 등 하루의 시작인 아침이 활기차고 이채롭다.

이렇게 달라진 중심에 송의영(53) KT 대전 마케팅 본부장이 있다. 지난 1월에 취임한 송 본부장은 소통의 부재가 조직에 미치는 영향이 어떤 것인지를 절감했다고 한다. "오랜 시간을 함께 하는 직원들의 내부경쟁만 있을 뿐 서로에 대한 이해나 배려가 없다면 직장은 그야말로 살벌한 전쟁터"라며 "서로의 발전을 모색해 나가는 동반자적 동료관계를 구축해야 한다"라고 강조했다.

그는 특별한 경우를 제외하고는 사무실의 문을 닫지 않는다. 사무실에 혼자 앉아 있지도 않는다. 편한 차림으로 사무실을 종횡무진 누비고 다니며 직원들과 토론하고 차도 함께 마신다. "직원들과의 소통은 노력 없이 그냥 되는 것이 아니다. 이심전심, 마음과 마음이 통하기 위해서는 내가 먼저 나를 과감히 열어야 한다"라는 것이 600여 명의 대전 마케팅 본부의 직원들과 함께 하는 송 본부장의 지론이다.

현장에서의 모습도 별반 다르지 않다. 취임 이후 형식적인 현장방문과 업무보고 대신 일에 몰두할 수 있는 분위기를 만드는 데 주력해 왔다. 본부장의 역할을 과거 관리 감독에서, 일하는 데 불편함이 없도록 걸림돌을 제거해주는 서포터즈의 역할로 바꾼 것이다. 그런 그가 요즘 몇 번을 정독하고 있는 책이 있다. 전형적인 내수 산업인 IT산업이 정체를 넘어 침체에 빠져 있는 현 상황을 극복하기 위해서는 일의 근본도 그 일의 주체인 사람도 바로 기본에 미쳐야 한다는 내용이다. 기본이 탄탄하지 못한 개인과 기업은 발전은커녕 존립 자체도 흔들릴 수 있기 때문이다.

송 본부장이 명불허전(名不虛傳)의 대전 마케팅 본부를 만들기 위한 기본기 강화에 전력을 다하고 있는 이유이다. 이런 노력들 덕분인지 가시적인 성과들이 속속 나타나고 있다. 대전 마케팅 본부의 1/4분기 경영성적은 물론 고객만족지수도 전년 대비 비약적인 성장을 거듭하고 있다. 이는 직원들의 근무 몰입도 및 만족도 역시 좋아지고 있다는 반증이다.

송 본부장은 "아침이 즐거워야 한다. 그래야 하루가 행복해지기 때문이다. 우리 직원들이 행복해야 고객들의 행복도 책임질 수 있다. 즐겁고 신바람 나는 일터가 그래서 중요하다"라고 강조했다.

송 본부장이 펼쳐 나가는 화합과 소통, 그리고 즐거운 일터 만들기가 어려운 경제와 근로 여건 속에서 어떤 희망의 메시지를 전달해 줄 것인지 지켜볼 일이다.

자료 : 『뉴시스』, 2010. 3. 25

위에서 보았듯이 오랜 시간을 함께 보내는 직원들끼리 이해나 배려가 없고 소통하지 않는다면 회사에서의 삶은 죽은 삶이나 마찬가지이다. 우리는 모두 마음을 열고, 함께 소통하며, 신바람 나는 일터를 만들기 위해 노력하는 한국형 리더가 되어야 한다. 신바람이 조화를 만든다.

(4) 동업으로 본 조화

우리나라의 수평조화는 공동체에서 잘 이루어졌었는데 이익사회로 들어오면서 경쟁을 해야 되고, 남보다 더 잘해야 되는 상황이 전개되면서 수평조화가 많이 훼손된 느낌이 있다. 하지만 우리가 가진 좋은 장점은 혁신성을 전제로 한 수평조화를 기업에서도 부각시키면 큰 효과를 얻을 수 있을 것이다. 이상적 한국형 리더는 혁신성을 저해하지 않게 해야 한다. 정서적으로는 공감대를 형성하더라도 사고의 다양성을 인정할 수 있도록 하는 것이 중요하다. 우리나라에서는 재벌 2세들 간의 경영권 다툼을 매우 좋지 않은 시각으로 보는 경우가 많다. 이는 수평조화를 이루지 못하는 것에 대한 질타의 성격이 강하다.

한국의 기업들은 수평적 조화를 중요시 여기는 문화적 배경 하에서 '화합', '인화'를 중요시 여기는 기업문화를 발전시켜 왔다. 그중 유명한 기업은 LG와 GS이다.

다음 사례는 이 두 집안이 3세대, 100년 가까운 세월 동안 이어올 수 있었던 동업에 관한 이야기다.

위 사례에서 보듯이 이토록 오랜 시간 동안 동업을 하고 헤어짐에 있어서 유종의 미를 거둔 회사는 찾아보기 힘들다. 두 집안이 서로 힘을 합쳐 큰 성과를 내는 데 있어 사람과의 관계가 얼마나 중요했는지는 설명할 필요가 없을 정도이다. 사람에 대한 신뢰를 바탕으로 서로 존중하고 배려할 때 수평조화가 이루어지므로 한국형 리더는 사람에 대한 신뢰를 쌓기 위해 노력해야 한다.

역사적 인물들의 수평조화 사례

(1) 퇴계 선생이 강조한 수평조화

'무진육조소'(戊辰六條疏)라는 이름의 문장에서 퇴계는 일국의 군왕이 갖춰야 할 덕목과 몸가짐을 여섯 가지로 정리한다. 그중의 한 대목에서 퇴계 선생은 이런 설명을 한다.

> "같은 소리는 서로 응하며, 같은 기운은 서로를 찾습니다. 물은 습한 곳으로 흐르고, 불은 마른 곳으로 옮겨 갑니다(同聲相應, 同氣相求, 水流濕, 火就燥)."

이는 선생이 『주역』(周易)에 나오는 구절을 인용한 것이다. 사람이나 사물이 서로 같은 유형별로 모이는 성향이 있음을 말함이다. 퇴계는 이로써 임금이 스스로 지혜와 덕을 쌓으면 그 밑에 자연스레 어진 신하들이 모여든다는 점을 깨우치고자 했다.

결국 한국인들이 갖는 정서 조화는 유교적 뿌리를 두고 있는 것으로 보인다. 위에서 봤듯이 서로 끼리끼리 모이고, 지혜와 덕을 함께 쌓으며 이런 전통이 오늘날 정서의 조화의 뿌리가 되었다.

(2) 균형과 조화를 강조한 성종

성종(재위 1469~1494)은 29가지 조항의 개혁안 〈시무 28조〉를 올린 최승로를 재상에 등용하고, 그의 개혁안을 국정 운영의 지침으로 활용하였다. 성종의 리더십은 최승로의 개혁안에서 읽을 수 있다. 최승로는,

> "만약 국왕께서 마음을 겸손하게 가지고 신하를 예우하면, 누구인들 마음과 힘을 다하여 나아가 계책을 아뢰고, 물러가 바르게 국왕을 보필할 것을 생각하지 않겠습니까? 이야말로 국왕은 신하를 예로써 대하고, 신하는 국왕을 충성으로 섬기는 일이 됩니다."

라고 하였다. 최승로는 광종의 전제주의 정치를 비판하고, 유교정치 이념에 입각하여 군신 간의 대화를 통해 국왕권과 신권이 상호 견제와 균형을 이루는 정치를 이상으로

생각하였다. 또한 "불교를 믿는 것은 수신(修身)의 근본이며, 유교를 믿는 것은 치국(治國)의 근원입니다. 수신은 내세(來世)의 밑천이며, 치국은 금일(今日)의 중요한 일입니다. 금일은 가깝고 내세는 먼 것이니, 가까운 것을 버리고 먼 것을 취하는 것은 그릇된 일이 아닙니까?"라고 하여, 수신(修身)을 위해 불교의 존재를 인정하면서도 유교를 나라를 다스리는 현실이념으로 존중하여, 양자가 서로 조화를 이루는 사상정책을 제시하였다.

외래문화에 대해서도 "중국의 제도는 좇지 않을 수 없지만, 사방의 습속은 각기 땅의 성질에 따르는 것이기 때문에 (중국의 제도로) 모든 것을 변화시킬 수는 없습니다. 예악과 시서(詩書)의 가르침과 군신·부자의 도리는 중국의 제도를 본받아 비루한 것을 고치고, 거마(車馬)나 의복과 같은 제도는 우리나라 것을 따르게 하여 반드시 중국의 것을 따를 필요는 없습니다"라고 하였다. 외래문화와 토착문화의 조화를 강조하는 부분이다.

최승로는 개혁안에서 광종의 개혁을 반면교사(反面教師)로 삼아 철저하게 조화와 균형을 추구하는 정치를 주문하였다. 성종은 그에 화답이라도 하듯 최승로를 중용하고 그가 개혁안에서 주장한 조화와 균형의 리더십으로 고려 왕조의 기초를 다지는 개혁에 착수하였다.

성종은 최승로의 건의를 받아들여 중국의 선진적인 법과 제도의 수용을 개혁의 기준과 원칙으로 삼으면서, 고려의 현실과 충동하지 않게 양자를 적절하게 조화시키려 하였다. 성종은 김종직 등 젊은 사림 출신 문신들을 가까이 하면서 권신들을 견제했다. 또한 1478년에는 참판 이하의 모든 문·무신을 교차시켜 권력의 집중 현상을 막았으며, 임사홍, 유자광 등의 공신 세력들을 유배시켜 사림 출신 신진 세력들의 진로를 열어주었다.

세력 균형 정책은 1480년대로 접어들면서 더욱 확연히 드러났다. 고려 말의 대표적 학자인 정몽주와 길재의 후손에게 녹을 주는 한편, 그들의 학맥을 잇는 사림 세력들을 대대적으로 등용하여 훈구 세력을 철저히 견제하였다. 이렇게 하여 신진 사림 세력은 왕을 호위하는 근왕 세력으로 성장했으며, 세조대의 공신이 주축이 된 훈구 세력은 정치 일선에서 조금씩 후퇴하였다. 성종은 훈신과 사림 간의 세력 균형을 이룸으로써 왕권을 안정시켰으며, 또한 조선 중기 이후의 사림 정치의 기반을 조성했다. 이렇게 성종은 세력 균형 정책을 통해 훈구 세력과 사림 세력을 잘 다스려 조화롭게 왕권을 안정시켰다.

한국형 리더와 서양 리더의 수평조화 차이

수평조화는 한국과 서양에서 차이를 보이고 있다. 〈표 9.3〉에서는 한국의 수평조화의 특징과 서양의 수평조화의 특징을 비교해놓은 것이다.

〈표 9.3〉 한국형 리더와 서양 리더의 수평조화 비교

한국형 리더	서양 리더
'집단주의' 기반의 화학적 조화	'개인주의' 기반의 물리적 조화
논리적 모순의 포용	논리적 모순의 거부
개체 간의 융합 중시	개체 자체의 존재 중시
통합적 사고	분리적 사고

(1) 조화의 성격 차이

한국인들은 집단주의에 기초한 화학적 조화를 추구하는 반면, 서양인들은 개인주의에 기반을 둔 물리적 조화를 강조한다. 화학적 조화를 이루는 데 있어 아교(glue) 역할을 하는 것이, 한국인의 사회적 관계와 사회적 행동에서 가장 보편적이며, 타 문화권에 비해 독특한 사회심리적 속성인, '우리성', '눈치', '체면' 등이다.

상대와 처음 만났을 때, '우리'라는 동류의식을 유발할 수 있거나, '우리'라는 말로 상대를 지칭할 수 있게 만드는 사람을 만나게 되면 '우리 편'이라는 인식을 하게 된다. 그리고 '우리 편' 밖에 있는 사람을 남으로 간주하는데, 여기서 '남'이라는 것은 단순히 나와 다른 사람을 지칭하는 것이 아니다. 한국인에게 있어서 '남'이라는 것은 다른 뜻, 다른 생각을 갖는 것을 넘어 함께 같이 행동하지 않으려고 하는 배타적인 의미이다.

상대방을 남이 아닌 우리나 우리 편으로 만들기 위해서는 나 자신의 이해관계를 초월하거나 희생한다는 자세로 상대를 위한 행동을 해야 한다. 한국인들은 이러한 행동을 '나에게 마음을 써주는 행동' 또는 '나를 아껴주는 마음'으로 해석한다. 이처럼 '이해관계 없이 마음을 주거나, 마음을 써주거나, 생각해주는(아껴주는) 마음'을 서로 주고받을 때 그러한 행동을 '정을 주는 행동', 그러한 정을 주는 행동이 누적될 때 '정이 깊어진다'라고 생각하며, 이러한 정을 서로 주고받는 관계를 '정든 관계'라고 말한다. 정은

한국인의 가족에서 출발하며, 한국의 가족은 가족 구성원이 '일심동체'로서 느끼고 생각하며 행동하는 것을 규범적 이상으로 삼는다(최상진·김지영·김기범, 2000; Choi & Choi, 2000; Choi & Kim, 2003).

(2) 모순의 수용 차이

한국 사회에서의 대인관계와 의사소통에서 필수적인 요인이며 기술인 눈치는 여러 상황과 맥락에서 다양하게 사용된다. '눈치껏 행동 한다', '눈치로 알아챈다', '눈치로 의사를 전달한다', '눈치채지 못하게 한다', '눈치가 빠르다', '눈치가 없다', '눈치를 준다', '눈치를 잘 못 챈다' 등의 말들은 눈치라는 말이 사용되는 여러 가지 맥락을 예시하는 일상 언어적 표현들이다. 우선 '눈치껏 행동한다'는 것은 상대가 구태여 어떻게 하라고 요구하지 않더라도 미리 상대방의 마음, 감정, 기대 등을 읽어서 즉 '눈치를 잘 채어서' 이에 맞추어 행동하거나 말하는 것을 말한다. 이러한 기술은 한국의 대인관계는 물론 의사소통에서 매우 중요한 기술이다. 그러나 눈치를 채는 행동과는 반대로 눈치를 보내는 경우도 있다. 이러한 '눈치 보내기'는 직접 말하기 어려운 것을 간접적인 방법인 눈치 단서를 통해서 상대방에게 자신의 본심이나 자신이 원하는 것을 전달하는 일종의 비언어적 의사소통방법이다. 우리는 시간약속이 있는데 갑자기 친구가 와서 말을 계속할 경우, 시계를 자주 들여다봄으로써 약속이 있음을 간접적으로 암시한다. 직접적으로 약속이 있으니 가 달라는 말을 하면 친구가 섭섭하게 느낄 수 있기 때문이다. 그래서 시계를 자주 보는 것과 같은 비언어적 단서를 간접적으로 전달함으로써 상대의 감정을 건드리지 않으면서 의사를 전달할 수 있다.

이렇게 한국인은 주변사람과 어긋나는 의견을 표명하지 않으며 타인의 생각에 신경을 쓰는 경향이 높다. 또한 자신의 의사를 표현할 때에 상대방의 기분이나 자존심을 손상시킬 것을 우려하여 진실을 은폐하는 경우가 있다. 또한 개인 의견에 차이가 있더라도 당장 그 자리에서 시시비비를 가리기보다는 포용하는 생활방식을 강조했다. 그러다 보니 모순적인 상황에 대해서도 섣부른 판단을 미루고, 상황을 더 크게 보는 사고방식을 선호하게 됐다.

서양인들은 고대 그리스 시대부터 상호배타성에 근거한 형식논리로 사고하는 훈련을 받아 왔다. 토론에 참가한 사람들은 제삼자가 자신의 의견을 받아들이고 상대의 의견을 배척하게 하기 위해, 자신의 의견이 옳다는 객관적 증거를 제시하거나 상대방

의견에 논리적 문제(모순)가 있음을 밝혀야 했다. 서양인은 논리적 모순에 반사적으로 강한 거부감을 느끼며, 이를 잘 받아들이지 못한다.

한국인은 상사의 눈치로 인해 OECD국가 중 최장시간 근무국가이다. 자신의 일이 다 끝났더라도 상사의 눈치를 보며 퇴근하지 못하고 같은 팀이나 부서의 동료의 일을 남아서 도와준다. 자신의 일이 끝나지 않으면 밤새도록 야근하는 경우가 비일비재하다. 하지만 서양인들은 자신의 일이 끝나지 않더라도 정시에 퇴근하는 것이 당연하고 야근을 하더라도 밤을 새지 않는다. 오죽하면 최근 정시퇴근을 법으로 규정하자고 주장하는 사람이 있을까!

⑶ 융합의 정도 차이

동양은 개체 간의 조화와 균형을 중시하고, 서양은 독립된 개념으로서의 존재를 중시한다. 동양은 어릴 때부터 '어떻게 하는 게 좋을까?'라는 식으로 동사적 답을 얻도록 가르치려 한다. 서양은 '이것은 무엇인가?'라는 식의 명사적 답을 얻도록 가르치려 한다. 동양은 각각의 상호작용, 인과관계를 중시하는 성향에서 기인했으며, 서양은 그러한 관계를 무시하고 각각을 독립적인 존재로 생각하는 성향에서 기인했다. 동양에선 '우리'라는 개념이, 서양에선 '나'라는 개념이 지배적이다. 특히 우리나라에선 구성원을 '우리'라고 하는 개념이 강하다. 서양은 각자 독립적인 존재라 여기며 전체에 가치를 두기보단 각각에 가치를 두므로 '우리' 는 개념을 이해하기 어렵다. '우리나라, 우리가족, 우리 동네, 우리 집…….' 혼자 사는 사람도 '우리 집'이라 하곤 하는데 '우리'라는 인식이 각인되었기 때문이다. 동양은 상대를 배려하는 인성교육을, 서양은 독립심을 키우는 데에 집중한다. 동양은 몇 대가 함께 생활하는 가구가 많다. 서양은 성인이 될 때 독립해야 한다는 믿음이 강하다.

⑷ 사고방식 차이

한국 언어와 외국 언어를 살펴보면 낮(day)와 밤(night)은 있지만 낮과 밤이 합쳐져 부르는 우리말의 '날'이라는 낱말은 따로 없다.

한국말의 '빼닫이, 여닫이, 나들이' 등은 사물의 양면을 동시에 보고 하나로 지은 이름들인데 비해 영어는 엘리베이터(elevator)처럼 대립된 일면만을 취해 이름을 짓는다.

엘리베이터는 오르기만 하는 것이 아니라 오르내리는 기구이다. 때문에 우리말의 승강기가 훨씬 합리적이다.

한국인의 통합적인 사고는 이런 이름 붙이기에서도 나타난다. 즉, 대립 모순되는 개념을 하나로 융합하여 파악해서 표현할 줄 아는 민족이다. 예를 들면 필동말동, 가는 둥 마는 둥, 들락날락 등 그런 예는 얼마든지 찾을 수 있다.

오늘날 우리 민족은 이러한 민족의 본질적인 원형들이 많이 파괴되고 있다. 외국인들은 흔히 한국인들의 국민성을 '빨리빨리'로 서두르는 민족성으로 잘못 이해하고 있다(제갈태일, 2014).

이상에서 살펴본 바와 같이, 한국인들과 서양인들 간에는 수평적으로 조화를 이루는 개념이 다르다. 한국인들은 내면의 융화까지를 추구하지만, 서양인들은 외형의 연계를 조화의 기본으로 한다. 이러한 조화 양식은 사고방식과 언어표현에서도 나타난다. 한국인들은 통합적으로 사고하는 반면, 서양인들은 개별적으로 분리하여 접근하는 속성을 지닌다. 아울러, 융화를 깨는 일이라면, 모순이 있어도 이를 드러내지 않고 감싸려는 것이 한국인들의 심리인 반면, 모순이 있으면 그것을 드러내어 시시비비를 가리는 것이 서양인들의 심리라고 볼 수 있다.

다음 사례는 미국인으로 본 한국의 '우리성'에 관한 것이다.

〈사례 9.9〉 미국인의 눈으로 본 한국의 '우리' 문화

Q '우리'라는 개념이 강한 한국에서는 회식이나 사내모임, MT 이런 행사들을 굉장히 많이 갖고 거기에 대한 예산도 많이 사용하는데 이런 활동이 외국에도 있는가? 그리고 이런 모습을 외국인 입장에서 봤을 때 불필요하거나 비효율적이라는 생각이 들지는 않는가?

A 외국기업에서도 이런 활동을 한다. 'Outside meeting'이라는 것인데 근무시간 외에 2박3일 정도 다른 곳으로 경영진 등이 가서 한다. 그런 활동은 팀워크를 키워준다. 그러나 외국 사람들이 가는 활동은 어떤 목적을 가지고 간다. 전략을 짜든지 어떤 문제를 두고 같이 단합해서 해결하든지 하는 목적이 있다. 그러나 한국 사람은 목적 없이 즐기기 위해 활동을 한다. 거기에는 그런 활동을 통해 '서로 고생했으니 같이 즐기자'라는 개념이 있다. 외국인이 봤을 때 그것을 낭비라고 생각할

수 있지만, 나는 한국에 오래 살아서 그런지 그렇게 생각하지 않는다. 그리고 어떤 면에선 '필수적이지 않나' 하는 생각도 있다. 외국에서 리더십 관련 책을 보면 거의 서양적인 내용이다. '이렇게 리드하면 효과적이게 된다'라고 하지만, 요즘 추세를 보면 동양의 리더십을 보고 외국에서 배우려고 한다. 일본이나 한국이나 아시아 쪽 기업들을 보면 성공사례가 많아서 서양인들은 개인주의로 인해 '우리도 손해 보는 것은 아닌가, 우리도 배우자'라고 하면서 단합대회나 MT를 실시하려한다.

자료 : 훈세커 씨 인터뷰 중에서

　　위에서 보듯이 외국과 우리나라는 회식이나 MT, 사내모임에 대해 조금 다른 시각을 갖고 있다. 하지만 이렇게 개인적 성향이 강한 외국에서도 우리나라의 성공사례를 보며 배우려고 한다. 바람직한 한국형 리더는 앞으로 우리나라 고유의 특성을 살려 수평조화를 이루기 위해 애쓰는 사람이다.

4 │ 수 평 조 화 의 긍 정 적 측 면

수평조화 3요인의 긍정적 측면

한국형 리더의 수평조화 3요인인 '사고의 조화, 정서의 조화, 행동의 조화'가 각각 유발할 수 있는 긍정적인 결과를 살펴보자. 사고의 조화는 불필요한 갈등을 회피하게 하며, 빠른 의사소통을 가능하게 하고 평등지향적 사고를 할 수 있도록 도와준다. 정서의 조화는 상대방의 신임획득, 집단소속의 자부심, 사회적 자본 강화, 리더의 소속욕구 충족 등의 긍정적 결과를 만든다. 그리고 행동의 조화는 관계의 강화, 통일 용이, 배려있는 행동, 단체행동 중시, 상대방을 위한 희생 등의 긍정적 결과가 존재한다. 〈표 9.4〉에 이들을 요약하였다.

(1) 사고의 조화의 긍정적 측면

① 불필요한 갈등 회피

갈등에는 감정적 갈등과 이성적 갈등이 있다. 감정적 갈등은 상대방을 싫어하기 때문에 생기는 파괴적 갈등이고, 이성적 갈등은 단순한 의견차 때문에 생기는 건설적 갈등이다. 수평조화 리더는 감정적 갈등은 회피하고 이성적 갈등을 형성하기 위해 노력해야 한다. 감정적 갈등은 개인이나 집단 간에 서로 이해와 배려가 부족하고 상호소통이 안 되기 때문에 일어나는 것이다. 사고의 조화는 자신의 생각이 다른 사람들과 다르더라도 존중하고, 감정이 상하지 않도록 부드럽게 표현하기 때문에 불필요한 감정적 갈등을 피할 수 있다. 또한 건설적 갈등을 강화하는 것도 중요하다. 동료가 잘못된 의사결정을 했을 경우 문제를 만들지 않기 위해 그냥 지나가는 것은 건설적 갈등을 조장하는 것으로 볼 수 없으며, 조화를 이룬 행동이라고도 볼 수 없다. 진정한 사고의 조화를 이루기 위해서는 '틀렸다'라는 직언을 하여 감정을 상하게 하기보다, 잘못된 부분을 알아챌 수 있도록 부드러운 조언을 함으로써 감정적 갈등을 피하고, 사고의 다양성을 확보할 줄 알아야 한다.

〈표 9.4〉 수평조화 3요인의 긍정적 측면

구 분	긍정적 측면	
사고의 조화	• 불필요한 갈등 회피 • 평등지향 사고	• 빠른 의사소통 가능
정서의 조화	• 상대방의 신임 획득 • 집단 소속의 자부심	• 사회적 자본 형성 • 리더의 소속욕구 충족
행동의 조화	• 관계의 강화 • 배려 있는 행동 • 상대방을 위한 희생	• 통일 용이 • 단체행동 중시

② 빠른 의사소통 가능

조직 내에서의 의사소통은 공식적 의사소통과 비공식적 의사소통으로 나뉜다. 우리가 일을 처리할 때 공식적 의사소통보다는 비공식적 의사소통을 더 많이 활용하며, 비공식적 의사소통이 오히려 더 효과적일 때가 있다. 조화로운 한국형 리더는 동료들과 원만한 관계를 형성함으로써 비공식적 의사소통을 강화한다. 이를 통해서 공식적으로 처리될 수 없는 일들도 효율적으로 처리할 수 있게 되는 경우가 많다. 그러므로 한국형 리더는 비공식적인 네트워크 형성을 기반으로 빠른 의사소통을 하게 되어 조직의 관료적 경직성을 극복하는 수단으로 활용할 수 있다.

③ 평등지향 사고

한국형 리더의 수평조화 행동은 성과나 능력에 따른 차등적 사고보다는 동류의식에 따른 평등적 사고를 지향한다. 이것은 혁신성을 저해하는 요인으로 작용할 때도 있지만, 동료들 간에 협력과 자연발생적 조율을 가능하게 해주는 긍정적 측면으로 작용할 수도 있다. 여기에서는 이 긍정적 측면을 강조하려는 것이다. 특히 개인적인 능력과 성과만을 강조할 경우 집단 차원의 성과나 장기적 성과가 손상 받을 수 있다. 그러나 수평적 평등사고가 정립되면 협력과 상호간의 조율이 강조되어 집단성과와 장기적 성과의 창출이 가능해진다. 그러므로 한국형 리더는 혁신성과 수평적 평등성을 동시에 성취할 수 있는 창의적 방법을 창안해 내야한다. 한국형 리더의 평등지향 사고는 2002년 월드컵 4강 진출 후, 축구대표 홍명보 주장의 포상금 나누기를 예로 들 수 있다.

〈사례 9.10〉 월드컵 대표팀 리더의 평등지향 사고

대표팀의 주장인 홍명보 선수는 2일 대국민축제행사에서 "벤치를 지킨 선수들에게도 박수를 보내주길 바란다. 정말 고맙게 생각한다"라고 말했다. 이는 축구협회의 포상금 차등지급을 겨냥한 발언으로 해석됐다.

홍명보 선수는 실제로 이날 서울 타워호텔에서 가진 인터뷰에서 축구협회의 차등지급 방침에 대한 의견을 묻자 "주전이든 후보든 모두 똑같이 고생했는데 이제 와서 차등지급하는 것은 말도 안 된다"면서 "선수들끼리 논의한 뒤 축구협회에 선수단 전체 의견을 전달하겠다"고 밝혔다. 홍 선수는 "후보 선수들이 열심히 해준 덕분에 주전들이 좋은 성적을 낼 수 있었다"라며 차등지급에 대한 반대의사를 분명히 했다.

홍명보 선수뿐 아니라 7경기에 풀타임 출전한 송종국을 비롯해 안정환, 박지성, 이영표, 이을용 등 차등지급에 따른 분류를 할 경우 A급에 들어갈 게 확실한 선수들도 "23명이 모두 열심히 뛰어서 거둔 성적인 만큼 포상금을 똑같이 받는 것이 바람직하다"며 "차등 지급되는 경우 오히려 주전들이 후보들에게 너무 미안할 것 같다"라고 위의 사례에서 보듯이 한국 팀이 월드컵 4강에 진출한 것은 몇몇 선수들만의 노력의 결과라고 보지 않고, 벤치를 지킨 후보 선수들의 기여도 무시할 수 없다는 것이 수평적 평등사고의 본질이다. 한국인들은 개인의 능력보다 집단의 전체적 협력에 의한 성과창출이 더 중요하다고 믿는다. 그러므로 보상도 집단 차원에서 이루어지는 것이 바람직하다고 생각하는 경향이 강하다. 한국형 리더는 이러한 점을 고려하여 개인적 능력과 집단의 협력을 동시에 활용할 줄 아는 지혜를 갖춰야 한다.

(2) 정서의 조화의 긍정적인 측면

① 상대방의 신임 획득

사회란 사람들 간에 평가시스템으로 해석되기도 한다. 모두가 서로를 평가하고 그 결과에 따라 행동하게 된다. 한국 사회는 좁은 사회이기 때문에 이러한 사람들 간의 평가 결과가 더 중요한 역할을 한다. 즉, 동료들과의 관계에 있어 평가를 잘 받지 못하게 되면 깊은 관계형성이 어려워진다. 그러므로 한국형 리더는 동료들 간에 좋은 평가를 받음으로써 상대방의 신임을 획득하려는 노력이 필요하다. 동료들로부터 신임을 얻은 리더는 쉽게 협조를 얻을 수 있고, 아이디어를 제시하거나 어려운 부탁을 했을 때에도 동의를 구하기 쉬워진다. 정서의 조화를 이루지 못한 리더는 동료들과 깊이 있는 관계를 형성하지 못하여 효과적인 리더십을 발휘하기가 어려워질 때가 많다. 이러한 정서적 조화는 리더들에게 심리적 안정감을 주고 정서적으로 의지할 수 있게 한다.

② 사회적 자본 형성

리더가 갖는 탄탄한 인적네트워크를 사회적 자본이라 부른다. 재무자본, 설비자본, 기술자본 등과 함께 사회적 자본은 한 개인이 조직생활에서 성공하는 데 큰 기여를 한다. 리더의 정서적 조화는 사회적 자본을 형성하는 데 가장 중요한 요인이다. 마음을 함께 하는 동료들이 많으면 리더가 어떤 큰일을 하려고 할 때 쉽게 지원군을 얻을 수 있다. 그러나 사회적 자본이 갖춰져 있지 않은 리더는 혼자만의 싸움을 해야 한다. 한 개인의 인간관계를 계약관계, 지인관계, 우정관계 등으로 나눌 때 우정관계에 해당하는 깊이 있는 정서적 조화의 관계는 단순한 계약관계나 지인관계에서는 기대할 수 없는 커다란 사회적 자본의 역할을 한다. 그러므로 한국형 리더는 사내의 동료들과는 물론 사외의 다양한 사람들과도 정서적 수평조화를 이루기 위한 네트워크 구축 노력을 게을리 하지 않아야 한다. 한국형 리더는 많은 사람들과 단순히 아는 관계를 넘어 정서적 교감을 주고받을 수 있는 깊이 있는 사회적 자본을 구축하여 활용할 줄 아는 사람이다.

③ 집단 소속의 자부심

한국형 리더의 수평적 조화 행동이 주는 또 다른 정서적 이점은 동류집단에 소속되어 있다는 데서 얻어지는 자부심이다. 우리는 조직생활을 통해서 입사동기들이 전반적으로 큰 성과를 낼 때, 자부심을 느끼게 되는 경우가 많다. 이것은 동류집단이 회사에 크게 기여했다는 데서 오는 자긍심이라고 볼 수 있다. 또한 개인이 속한 동호회가 회사 내에서나 사회적으로 크게 인정받을 만한 일을 했을 때 큰 자부심을 느끼게 된다. 더 나아가 자신이 속한 회사가 언론 등에 크게 부각되었을 때 긍지를 느끼게 되는 것도 같은 맥락에서 이해할 수 있다. 따라서 한국형 리더는 자신이 속한 집단이나 조직의 명예를 드높이기 위해서 노력한다. 그러므로 한국형 리더들은 무능하든가 문제 있다는 평가를 받아 동료들에게 피해가 돌아가지 않도록 노력한다. 이것은 한국 사람이 일본 사람보다 더 우수하다는 평가를 받고 싶어 하고 내가 다니는 회사가 경쟁사보다 더 좋다는 평가를 받고 싶어 하는 한국인의 심리와도 관련된다. 해외 유학을 가서 공부할 때에도 일본사람들보다 학점을 잘 받지 못하면 한국인 전체에 대한 모독으로 받아들이는 경향이 있다.

④ 리더의 소속욕구 충족

한국형 리더의 수평조화 행동은 리더 자신의 소속욕구를 충족시키는 긍정적인 측면도 있다. 사람의 욕구는 성취욕구, 권력욕구, 자율욕구, 소속욕구 등 다양하게 존재한다. 이들 중에서 소속욕구는 다른 욕구들과는 달리 다른 사람들과의 관계에 관련된 욕구이다. 따라서 소속욕구를 충족시키기 위해서는 동료들과의 수평적 관계를 원활히 해야 한다. 다른 나라 사람들에 비해 한국인들에게는 소속욕구가 특히 강하게 나타난다. 이 욕구가 충족되지 않으면 불안감, 소외감, 무력감 등을 느끼게 되어 정서적으로 이상증상을 보일 수 있다. 특히 한국인들은 직급이 높아지더라도 유사한 사람들과 각종 비공식 모임을 형성하여 동병상련의 정을 나누려 한다. 이를 통해서 일종의 소속욕구를 충족시키려는 시도이다.

(3) 행동의 조화의 긍정적인 측면

① 신속한 결정

한국형 리더는 불필요한 행동을 자제함으로써 집단의사결정을 할 때 의사결정이 신속하게 이루어지도록 한다. 특히 동료들과 사전에 사고와 정서의 교감이 이루어져 있는 경우 의사결정이 더욱 빨라질 수 있다. 한국인들은 사전에 교감이 이루어져 있는 경우 회의석상에서 박수로 통과시키는 경우가 많다. 설령 개인적으로 반대의사를 가지고 있더라도 대다수 구성원들이 찬성을 할 경우 반대의사 표시를 자제한다. 한국인의 이러한 가치는 사소한 일이나 표준화된 일을 처리할 때는 매우 효율적이지만, 중요한 일이나 복잡한 일, 또는 생소한 일을 처리할 때는 문제의 속성과 대안이 충분히 검토되지 않는 오류를 범할 수 있다. 그러므로 바람직한 한국형 리더는 수평조화 행동을 함에 있어서 상황의 특성을 먼저 살핀 다음, 그러한 행동이 적절한지를 판단해야 한다.

② 친근감의 증거

한국형 리더의 수평조화 행동은 다른 사람들에게 친하다는 시그널을 보내는 효과가 있다. 리더가 수행하는 행동 하나하나는 다른 사람들에게 그 리더의 마음을 읽을 수 있는 증거를 제공한다. 동료에게 좋은 일이 있을 때 축하한다는 말을 하더라도 말의 강도와 제스처 하나하나가 축하의 정도를 판단하는 증거가 된다. 그러므로 한국형 리더는 진정성 있는 수평조화 행동을 통해서 동료들에게 자신의 마음속을 드러내 보이는 것이다. 상대방의 기대를 뛰어넘는 수평조화 행동을 보여주는 것은 그만큼 상대방을 가깝게 생각하고 있다는 의미가 된다. 반면에 기대 이하의 행동을 보여주면 섭섭한 마음을 갖게 되는 것이 한국인이다. 이것은 동고동락을 중시하는 한국인들의 심리구조에 뿌리를 두고 있다.

③ 팀워크 형성

한국형 리더의 수평조화 행동은 서로를 쉽게 수용하게 만든다. 상대방의 입장과 존재를 수용하게 되면 팀워크 형성의 전제조건이 형성되는 것이다. 이를 기반으로 리더는 공동의 목표를 보다 효과적으로 추구할 수 있게 된다. 동료들끼리 서로 상대방의 존재를 인정하지 않으면 공동운명체 의식은 소멸된다. 한국형 리더의 수평조화 행동은 공동의 사명이 주어졌을 때, 매우 중요한 역할을 한다. 동료들과 함께 사명을 달성해야 하는데 팀워크가 형성되지 않으면 불가능하다. 이처럼 수평조화 행동은 동료들의 존재와 생각과 입장을 인정함으로써 조직의 목표를 보다 원활히 달성하는 데 효과가 있다.

④ 상황 압박에 대한 공동 대처

한국형 리더의 수평조화 행동은 조직이 위기에 처했을 때 또는 외적인 압박이 있을 때 동료들이 함께 힘을 모아 대처할 수 있는 저력을 형성한다. 어렵고 힘든 일은 혼자서 대처하기보다 중지를 모아 함께 대처하는 것이 훨씬 효과적이다. 리더가 평소에 수평조화를 이루어두면 협력이나 희생을 요구하기가 용이해진다. 동료들과의 관계가 분할되어 있으면 위기가 닥쳤을 때 각자 이해관계에 따라 행동을 달리하게 됨으로써 시너지를 발휘하지 못하게 된다. 한국인들은 역사적으로 위기에 공동으로 대처하는 남다른 능력을 가지고 있다. 예를 들어 태안 앞바다에 기름유출 사고가 발생했을 때 온 국민이 힘을 모아 일일이 손으로 기름을 닦아냈던 예를 상기해보자. 특히 경계가 분명한 기업 조직과 같은 데서는 평소에 구성원들 간에 수평조화를 이루어두는 것이 이러한 위기에 힘을 모아 대처하도록 하는 데 결정적으로 중요하다. 〈사례 9.11〉은 한국 영화 '태극기를 휘날리며'의 내용에서 보여주는 한국인 특유의 정서의 조화에 대한 이야기이다.

〈사례 9.11〉 한국 영화에서 보이는 정서의 조화

"순제작비 130억 원, 시나리오 준비기간 2년, 촬영기간 8개월, 4천 명의 배우 오디션, 엑스트라 2만5천 명, 20여 개의 대규모 세트 제작." 초대형 프로젝트 〈태극기 휘날리며〉의 제작이 초읽기에 들어갔다. 〈쉬리〉(1999)로 한국영화 흥행시대를 열었던 강제규 감독이 4년 만에 메가폰을 잡은 이 영화는 2월 5일 서울 장충동 신라호텔에서 장동건, 원빈, 이은주 등 주연배우들이 자리한 가운데 제작발표회를 갖고 앞으로의 일정을 발표했다. 강제규 감독은 이날 "빨리 현장으로 가고 싶다"며 "신인감독의 자세로 임하겠다"라고 말했다.

〈태극기 휘날리며〉는 한국전쟁을 배경으로 포화의 소용돌이에 휘말린 한 형제가 결국 비극적인 운명을 맞게 된다는 줄거리. 장동건과 원빈이 홀어머니를 보살피면서 생계를 유지하는 구두닦이 진태와 집안의 희망이자 진태의 도움으로 학업에 매진하는 동생 진석으로 각각 나온다. 이은주는 진태의 약혼녀인 영신 역을 맡았다. 영화는 전쟁 발발 직후 함께 피난길에 오른 형제가 강제징집 당하는 것을 기화로 치열한 전투가 벌어지는 상황에서 형제가 겪어야 하는 갈등에 초점을 맞출 예정이다. 강제규 감독은 "한 인간의 삶을 개인의 의지와 상관없이 무너뜨리는 전쟁의 폭력성이 부각될 것"이라고 연출의도를 설명했다.

자료 : 『씨네21』, 2003. 2. 11

이 영화 줄거리에서 보듯이 한국에서는 형을 위해서 동생이, 또는 동생을 위해서 형이 희생하는 예가 많다. 형을 좋은 대학에 보내기 위해서 동생이 막일을 하면서 뒷바라지를 하는 것은 한 사람의 희생을 통해서 가족 전체가 조화를 이루려는 노력의 예이다.

수평조화의 결정요인

조직 경영 현장에서 수평조화의 긍정적 측면을 강화시켜주는 요인은 무엇일까? 또한 이러한 긍정적 측면을 약화시켜주는 요인들에는 어떤 것들이 있을까?

한국형 리더의 수평조화 강화요인들은 개인 요인과 조직 요인으로 나눠볼 수 있다. 개인적 요인들이란 리더가 수평조화 행동을 더 잘할 수 있도록 도와주는 리더 개인에 관련된 심리적·지적·행동적 요인들을 뜻한다. 조직적 요인들이란 리더를 둘러싼 환경 요인들로서 리더의 수평조화 행동을 지원해주는 구조적·문화적·시스템적 요인들을 의미한다.

(1) 수평조화를 강화시키는 개인적 요인

수평조화 강화의 개인적 요인에는 협력적인 가치관과 자기통찰, 사려 깊은 언어습관과 공동체의식이 있다. 또한 정서적 안정성과 배·나·섬 마인드가 있다. 이들이 의미하는 것이 무엇인지 자세히 살펴보자.

〈표 9.5〉 수평조화의 강화 및 약화 요인

구 분	개인적 요인	조직적 요인
강화요인	• 협력적 가치관 • 자기통찰 • 사려 깊은 언어습관 • 공동체의식 • 정서적 안정성 • 배려, 나눔, 섬김(배·나·섬) 마인드	• 협력적 조직문화 • 유연한 조직구조 • 집단 중심의 시스템 • 최고경영자의 지원 • 공유된 경험
약화요인	• 사회 부적응 • 개별 행동 • 바람직하지 않은 성격 • 나서는 행위 • 이해, 배려부족 • 오해, 편견	• 의사결정지연 • 독립적 프로젝트 • 경쟁과 성과를 중시하는 조직분위기 • 끼리끼리 문화 • 비공식 협조체제(음모, 공모, 파벌)

① 협력적 가치관

가치관의 사전적 의미는 인간이 자기를 포함한 세계와 그 속의 사상에 대해 가지는 평가의 근본적 태도나 어떤 가치나 뜻을 인정하는가에 관한 각자의 관점을 뜻한다. 리더가 다른 사람과의 협력을 중시하는 가치관을 가진 사람일수록 수평조화를 강화시키는 데 큰 도움이 된다. 다른 사람들과 항상 좋은 관계를 유지하려고 애쓰는 사람일수록 가정에서나 조직에서 마찰이 생기지 않도록 노력한다.

수평조화는 모나지 않음이 제일 중요하다. 개인 간, 조직 간에 협력적 가치관을 가지지 않은 사람은 자기 멋대로 행동하고 동료들과 정보를 공유하지 않는다. 이렇게 혼자서만 개별행동을 하다보면 튀는 현상이 발생하게 되고, 이게 지속되면 주변 사람들과 조화를 이루기 어렵다.

다음 사례는 협력적 가치관이 없어 독불장군식의 리더십을 행하는 초보 팀장의 이야기이다.

〈사례 9.12〉 협력적 가치관이 없는 팀장

S사의 초보 팀장은 부서장이 주재하는 팀장회의 때마다 자신의 주장을 강력히 주장하곤 한다. 문제는 그 주장의 논리와 실행 가능성 그리고 문제제기에 오류가 있어서가 아니라, 사사건건 타 팀장과 부딪치는 주요 원인이 다른 팀장과 인간관계 형성을 하지 못한 결과라는 것이다. 한번은 임원을 모시고 하는 회의석상에서 서로 간의 비방, 심지어는 막말과 고성까지 오고 간 적도 있었다.

팀장 6명이 1명에 대해 조금의 양보도 하지 않고 상호 공격적인 논쟁을 벌인 것이다. 이렇게 다른 팀과의 수평조화가 없다 보니 팀 간의 협업을 해야 하는 문제에 있어서는 상대팀의 도움을 전혀 받지 못하고 심지어는 자기 팀의 고유 업무조차 상대 팀장의 지시와 간섭으로 사사건건 벽에 부딪치는 이해할 수 없는 현상까지 발생하게 되었다. 이 초보 팀장은 자신을 가장 윤리적이고 용기 있는 사람이라고 스스로를 평가하고 자신은 사리사욕으로 업무를 하지 않는다는 강한 윤리의식이 있었다. 하지만 이것이 지나친 탓에 상대방의 의견을 청취하지 않는 독불장군이라는 평가가 부하직원과 동료팀장 들에게 퍼지게 되었다. 그의 행동을 보게 되는 상대 팀장은 "나는 회사를 위해서 일하지 않는단 말인가?"라는 반감이 생겼고 이견에 대해서는 첨예한 대립을 하는 상황에 이르게 되었다. 급기야는 부서장의 재가를 통해 시행해야 하는 팀원의 업무조정을 위한 인사작업도 다른 팀장의 반대로 인해 초보 팀장은 고유의 인사권한도 행사할 수 없는 처지에 놓이게 되었다. 부서장이 결국 다른 팀장들의 손을 들어준 격이 되었고 그 일로 인해 그 초보 팀장은 순식간에 권위를 상실해 버렸다. 팀원들 또한 그 팀장을 인사권도 행사하지 못하는 팀장으로 인식하게 되었고 그의 리더십은 바닥에 떨어지게 되었다.

이 사례의 팀장은 자신의 윤리적인 부분 등 자신의 시계에만 몰입되어 리더로서 치명적이라고 할 수 있는 타인의 말을 듣지 않는 성격과 행동 양식을 보이면서 동료들의 신의를 얻지 못했다. 수평조화를 효과적으로 이루기 위해서는 이슈화되지 않는 일상적인 일반 업무 나 사적인 관계에서도 상대방과의 감정적인 동의와 교류를 유지하고 있어야 한다. 상대방이 주요 이슈에 대해서도 마음을 열고 듣는 자세를 취해주어 상호 신뢰관계를 구축하고 유지할 수 있게 된다.

② 자기통찰

통찰(洞察, insight)이라는 것은 생활체가 자기를 둘러싼 내적·외적 전체 구조를 새로운 시점에서 파악하는 일이라고 한다. 이것은 문제 해결이나 학습의 한 원리이다. 시행착오와 대비되며, 게슈탈트 심리학자들이 학습의 기본적인 행동형식으로서 강조한다.

W. 쾰러는, 길을 돌아가지 않으면 철망 너머로 보이는 먹이를 얻을 수 없는 상황에서 굶긴 개를 이용하여 실험하였다. 개는 먹이를 보고, 한 순간 멍한 자세로 있다가 곧 행동을 바꾸어 길을 돌아가서 먹이를 얻었다. 이와 같은 통찰은 도구의 발견·사용·제작 과정에서도 흔히 볼 수 있다. 통찰은 몇 분 동안 주저한 뒤 갑자기 일어나며, 그 결과는 잊히지 않는다(망각저항이 크다)고 한다.

이처럼 자기 통찰이라는 것은 자신을 새로운 관점에서 종합적으로 고쳐보고 의식할 수 없었던 문제들을 깨닫는 것이다. 스스로에 대해 생각해보지 않고서는 다른 사람들과의 관계를 어떻게 지속해 나갈지 알 수 없다. 내가 어떤 사람이고 어떤 관점을 중시하는지를 알고 나면 다른 사람들과 조화를 이루는 데 무엇이 필요한지 느끼게 된다. 하지만 자기 통찰을 하지 않는 리더는 자신의 문제점이 무엇인지 어떤 성향인지를 파악하지 못하고 신경을 쓰지 않기 때문에 동료들과의 관계에서 중요한 것이 무엇인지 알지 못한다. 이로 인해 수평조화가 약화될 수 있다.

③ 사려 깊은 언어습관

"세 치 혀가 다섯 자의 사람을 죽이기도 하고 살리기도 한다", "말 한마디로 천 냥 빚을 갚는다"라는 말이 있다. 서로 다른 내용을 이야기하는 것 같지만 모두 다 대화의 중요성을 강조하는 말이다. 현대사회를 '대화의 시대' 또는 '협상의 시대'라고 규정짓는 사람들도 있듯이 말하기는 단순히 의사소통을 위한 방편이 아니다. 대화는 말하는 이의 인격과 그 사람의 능력, 그리고 세계관과 감정을 나타내는 자기표현 수단이며 더 나아가 성공을 꿈꾸는 현대인에게는 절대절명의 생존 무기가 되기도 한다.

말 한마디를 하더라도 진심을 담아 이야기하면 그 사람의 가치가 높아지고 주변에 사람이 많이 모인다. 하지만 아무리 가까운 사이라도 말을 함부로 하게 되면 사이가 틀어지게 마련이다. 사려 깊은 언어 습관을 가진 리더는 그렇지 않은 사람보다 동료들과의 관계를 좋게 풀어나갈 수 있다.

④ 공동체의식

공동체의식이란 동료들 간에 느끼는 하나의 귀속적인 정신을 말한다. 행동, 정신, 의무, 권리 등 하나의 공동체를 이루어 나가는 데 필요한 것으로 개인보다는 우리라는 개념(정신)을 키우기 위한 하나의 정신이다. 바람직한 리더는 항상 공동체의식을 가져야 한다.

　이런 공동체의식이 없으면 자기만 생각하고 다른 사람에게 피해를 주는 등 이기적인 행동으로 수평조화를 약화시키게 된다. 서로 원만하게 일을 해나가려고 하는데 혼자 나서는 행위는 불화를 만드는 씨앗이 된다. 자기만 잘났다고 생각하고 나서다 보면 사람들과 갈등을 일으키고 조직 분위기를 혼란스럽게 만들 수 있다. 기업 안에서는 서로 도와주고 양보해야 하는데 이기적인 생각과 행동으로 불화를 일으키면 수평조화를 방해하게 된다.

⑤ 정서적 안정성

정서적으로 안정된 사람들끼리 만나면 편안함을 느끼게 된다. 이러한 편안함은 주변 사람들과 평화로운 관계를 유지하며 지낼 수 있게 만든다. 반면 정서적으로 안정되지 못한 리더는 조직 내에서 동료들과 어울리지 못하게 되고 사회 부적응자로 낙인찍히기 쉽다. 동료들뿐만 아니라 상급자, 하급자들과도 잘 지내지 못하고 트러블을 만들면 이상한 사람으로 인식된다. 사회 부적응자를 이르는 말은 많다. 낙오자, 이상한 사람, 왕따 등 모든 사람들이 가까이 하지 않는 사람이 된다. 이렇게 사회 부적응자는 결국 동료들과 어울리지 못하므로 고립되고 수평조화를 약화시키는 요인이 된다.

〈사례 9.13〉 동료들과 어울리지 못하는 B 팀장

　B 팀장은 전형적인 A 타입의 리더이다. 그는 늘 아이디어가 넘쳐나며, 항상 새로운 일을 동시에 여러 개 추진하느라 바쁘다. 체력도 좋아서 전날 아무리 술을 많이 마셔도 다음날 아침 7시면 사무실에 도착해서 업무를 시작하고, 주말에도 집에서 하루 종일 컴퓨터를 켜놓고, 팀원들에게 이메일로 업무지시를 보낸다.

　B 팀장은 업무에 대해서는 모르는 게 없으며, 일 처리 속도도 빨라서 남들이 한두 시간 걸려 고민하면서 작성하는 보고서를 B 팀장은 십여 분 만에 일필휘지로 써내려

간다. B 팀장은 회사 업무 외에는 아무런 관심이 없다. 업무시간은 물론 점심시간, 회식시간에도 그의 대화 주제는 늘 '일'뿐이다.

이러한 B 팀장에게는 마음에 드는 부하직원이 한 명도 없다. B 팀장의 생각에 요즘 직원들은 업무지식도 모자라고, 아이디어도 없고, 추진력도 부족하고, 보고서 작성에 너무 많은 시간을 소비하며, 문장력도 형편없다. B 팀장 사전에 "좋은 게 좋은 거"라는 말은 없다. 부하직원이 잘못을 하면 즉시 불러서 따끔하게 야단쳐야 하고, 새로 전입 온 직원일수록 봐주는 것 없이 일부러 더 많이 야단친다. 그래서 B 팀장의 팀은 하루도 조용히 넘어가는 날이 없고 늘 누군가가 B 팀장에게 불려가 큰 소리로 야단을 맞는다. B 팀장이 유일하게 부드럽게 대하는 직원은 딱 한 사람-팀의 잡다한 서무를 맡아서 하는 여직원-뿐이다. B 팀장은 부하 직원에게 업무를 위임하는 일이 절대로 없다. 모든 일은 B 팀장이 직접 맡아 한다. B 팀장 밑으로 전입 온 직원들은 선배들에게 "그냥 시키는 대로만 하면 되고, 잘못하면 팀장님이 다 해준다"라는 말을 듣게 된다.

B 팀장은 부하직원뿐만 아니라 타 부서와의 관계에서도 늘 일방적이다. B 팀장은 20 여 년간 다양한 부서를 거쳐 온 경력을 바탕으로 본인이 업무지식에 있어서는 누구보다도 해박함을 자부하며, 부하직원이나 타 부서에서 본인과 다른 의견을 제시하면 무시해 버린다. 하지만 B 팀장이 언제나 옳을 수는 없는 일이며, 그가 10년 전, 20년 전 경험한 타 부서가 현재는 전혀 다른 여건일 수도 있음을 인정하려 하지 않는다.

이렇게 늘 직속 부하직원 또는 타 부서와 갈등 관계에 있다 보니, B 팀장은 늘 외롭다. 업무상 공식적인 용건 외에 B 팀장에게 말을 붙이는 사람도 없고, 점심시간이나 회식시간이면 직원들 간에 서로 B 팀장과 멀리 떨어진 자리에 앉으려는 경쟁이 치열하다.

B 팀장도 부하직원들이 본인을 무서워한다는 것을 잘 알고 있다고 한다. 하지만, B 팀장은 앞으로도 본인의 태도를 바꿀 생각이 없다고 한다. B 팀장은 "좋은 게 좋은 거"라는 태도로 회사 일을 처리하는 것을 용납할 수 없으며, 부하직원들을 늘 심하게 질책하는 것은 그 사람의 성장을 돕기 위한 행동으로, 본인이 악역을 맡는 것을 감수한 것이라고 한다.

위에서처럼 자신만 옳다고 생각하고 다른 사람과의 관계를 중요시하지 않으면 갈등관계에 놓이기 쉽다. 늘 일방적으로 이야기하고 다른 사람의 의견을 무시하는 행동은 수평조화를 약화시키는 데 일조한다. 바람직한 한국형 리더는 능력만 있으면 되는 것이 아니라 다른 사람과의 관계를 생각하며 갈등을 줄이려고 애써야 한다.

⑥ 배·나·섬 마인드

배·나·섬 마인드란 배려, 나눔, 섬김을 뜻한다. 이는 다른 사람과의 관계에 있어서 가장 중요한 요소들이다. 가정에서나 조직 내에서 다른 사람을 위해 배려하는 행동은 결국 자신에게 더 큰 배려로 돌아온다. 자신의 정보를 공유하려고 노력하고 다른 사람을 먼저 생각하고 행동하는 사람은 동료들에게 신임을 얻게 되고 자연스레 관계도 좋아지게 된다. 무슨 일을 하더라도 조금 더 상대방 입장에서 생각하고 양보하다 보면 동료들 간에 수평조화를 이루기 쉬워진다.

하지만 서로 간의 이해와 배려가 부족하면 조화를 이루기 힘들다.

〈사례 9.14〉 이해 배려가 부족한 팀

P 부장은 최근에 황당한 경험을 하였다. A 직원이 장기간 휴가를 가면서 A 직원이 수행하던 업무를 나머지 직원이 서로 협조하여 업무 공백이 발생치 않도록 해줄 것으로 기대했다. 그러나 막상 A 직원의 휴가일이 다가오자 아무도 업무를 대신해 줄 수 없다는 보고를 받았다. 마침내 A 직원은 다급하여 팀장인 P 부장에게 직원들이 업무 협조를 할 수 있도록 도와달라는 요청을 했다. 이에 P 부장은 어쩔 수 없이 직원들에게 서로 협조하여 도와주라는 업무지시를 하달했지만 직원들은 아무도 도와줄 수 없다고 하였다. 팀장인 자신이 업무지시로 하달한 사항에 대해서 지시를 불이행한 데 대해서 본인의 리더십에 큰 상처를 받았으며 이 일로 인하여 기타 다른 업무에 관한 팀장 역할 수행에도 자신감을 상실하게 되었다.

위 사례는 팀원들 간의 이해와 배려가 부족하여 팀의 조정과 협력을 이루지 못하여 발생한 상황이라고 볼 수 있다. 서로 간에 배·나·섬 마인드가 있다면 이러한 상황에서 아무도 업무를 대신할 수 없다는 결과가 나타나지는 않았을 것이다. 서로를 이해하기 위해 노력하고 상대의 입장에서 배려하며 타인을 귀하게 여겨주는 섬김의 마음은 팀, 부서 등 같은 집단에 소속된 사람들이 정서적인 조화를 이룰 수 있도록 도와준다. 배·나·섬 마인드는 집단과 조직의 분위기와 문화를 형성하며 심리적인 교감이 원활해질 수 있도록 하는 중요한 요인이다. 이러한 요인은 업무가 원활하게 진행될 수 있도록 해 주며 집단 내 파괴적 갈등이 나타나지 않도록 도와준다.

⑵ 수평조화를 강화시키는 조직적 요인

수평조화를 강화시키기 위한 조직 요인에는 협력적인 조직문화와 유연한 조직구조, 집단 중심의 시스템과 최고경영자의 지원, 마지막으로 공유된 경험이 있다. 이들이 수평조화를 어떻게 강화시키는지 알아보도록 하자.

① 협력적 조직문화

회사의 경영철학과 이념이 화합과 조화를 중요시 여기는 경우 조직 내 수평조화를 강화시킨다. 이러한 수평조화의 문화는 동료들 사이의 상호협력을 강화시키고 분열이나 갈등을 약화시키는 긍정적 결과를 나타낸다. 또한 리더가 의사결정을 할 때 수평조화의 문화를 가지고 있는 조직의 경우 의견조율이 신속하게 이루어지며 조직원들의 응집력을 높여 높은 성과 창출을 가능하게 한다. 또한 조직원들이 자신의 이익과 편의를 위한 주장을 강하게 펴지 못하도록 암묵적인 제재를 주는 효과를 얻을 수도 있다. 이런 효과는 조직 내 불필요한 갈등을 피하도록 해 주며 상호 협력적 문화가 정착되어 수평조화의 조직문화를 강화시킨다.

다음 사례는 새로운 리더에 대한 배려가 없는 조직에 관한 이야기이다.

〈사례 9.15〉 배려 없는 조직

김 전무는 박 회장에게 사직서를 제출하고는 만감이 교차하는 기분을 느꼈다. 세계굴지의 다국적 소비재 기업인 P사의 최고 마케팅 담당 임원(CMO) 자리를 박차고 30년 만에 돌아온 고국에서 1년도 못 버티고 다시 고국을 떠날 줄은 상상조차 하지 못했다.

1년 전 미주지역 고교 동창회에서 세계적인 통신장비 기업인 A사의 박 회장으로부터 스카우트 제의를 받았을 때 자신의 마지막 직장생활은 고국에서 명예롭게 마무리하고 싶은 심정이었다. 한국을 떠난 지 30여 년이 되었지만, 평준화 이전의 명문고교와 대학을 졸업한 덕에 국내에는 자신의 고교, 대학 동문들이 여전히 영향력을 확보하고 있으며, 특히 A사는 고교선배인 박 회장이 있으니 새로운 조직에 대한 적응도 그렇게 어려운 일이라 생각하지 못했다.

그러나 출근 첫날부터 자신을 굴러온 돌 취급하는 수근거림과 얼마나 버틸 것인가 하는 비아냥이 곳곳에서 감지되었다. 더구나 박 부장을 비롯한 마케팅 부문의 직원의 상당수가 중국지역 본부로 전보된 오 상무의 사람들로 채워져 있어 자신을 도와 새로운 마케팅 전략 수립에 대한 관심보다 오 상무의 CMO 복귀에 관심이 있는 듯했다. 또한 최고위 임원회의에서 자신이 제안한 새로운 마케팅 전략의 시행에 예산상의 문제를 들어 사사건건 반발하는 재무담당 최 전무와 경영기획 담당 오 전무의 자신에 대한 견제는 굴러온 돌을 인정하지 않겠다는 의사표시인 듯했다. 생각 같아서는 자기가 겪은 모든 사실들을 박 회장에게 다 말하고 싶었지만, 이 모두가 자신의 능력 부족이라고 생각하고 김 전무는 미국행 비행기에 조용히 몸을 실었다.

위의 상황은 새로운 리더에 대한 배려나 조화가 없어 문제가 발생한 사례이다. 수평조화의 부재로 새로운 리더를 받아들이지 못하고 기존에 형성되어 있던 과도한 집단 응집력이 문제를 발생시킨 것이다. 이것은 수평조화와 반대인 수평부조화로 새로운 조직원에 대한 배타와 반발로 볼 수 있다. 몇몇의 개인이 아닌 조직 전체가 새로운 리더와의 화합을 거부하는 이와 같은 사례는 전형적으로 수평조화를 이루지 못한 사례라고 할 수 있다. 조직의 분위기와 문화가 유능한 인재를 받아들이고 조화를 이룰 수 있는 수평조화의 문화를 갖는 것은 조직의 발전을 위해서도 매우 중요하다. 이러한 문화가 형성되지 못한다면 유능한 인재는 계속해서 그 조직을 떠나갈 것이기 때문이다.

조직원들의 조직에 대한 만족과 몰입을 높이고 유능한 인재들이 소속되고 싶어 하는 기업이 되기 위해서는 화합과 배려의 문화인 '수평조화 문화'가 매우 중요하다.

② 유연한 조직구조

유연한 조직구조는 수평조화를 강화시키는 조직 요인이 된다. 유연하다는 것은 경직되지 않았다는 것으로 수직적 명령하달식 구조가 아니라 수평적 관계를 강조하는 구조에 가깝다는 것으로 이해할 수 있다. 수직적 구조에서는 조화와 협력보다는 상하의 관계가 더욱 중요해 보인다. 하지만 수평적인 구조는 서로간의 조화와 협력이 보다 잘 일어날 수 있으며 원활한 쌍방 커뮤니케이션이 가능해진다. 따라서 유연한 조직구조는 조직원들 간의 수평조화를 강화시키고 수평조화의 조직문화를 형성하는 데 도움을 준다. 반대로 수직적 구조로 인해 조직원에 대한 규율이나 규범이 많은 경우 조직은 경직되게 되고 수평조화를 약화시킨다. 즉, 경직된 조직 구조에서는 조직원간, 부서 간 협력이 줄어들어 수평조화를 이루기 힘들어지는 것이다.

③ 집단 중심의 시스템

개인 중심이 아니라 집단 중심의 시스템일 경우 여러 사람이 함께 행동해야 하기 때문에 수평조화가 이루어지기 쉽다. 하지만 집단 중심의 시스템과 끼리끼리 문화를 혼동해서는 안 된다. 끼리끼리의 문화는 몇몇의 개인이 만든 비공식적인 집단들이 자신들의 이익을 취하기 위해 이기적으로 행동하는 것이 일반화되어 있는 조직문화를 말한다. 리더와 구성원들은 모두 공공의 이익을 위해 함께 공유하고 협력하며 조화를 이루어야 한다. 하지만 끼리끼리 문화는 따로 행동하므로 수평조화를 약화시키는 요인이 된다. 집단 중심의 시스템은 이러한 끼리끼리 문화를 없애고 조직 전체가 함께 움직일 수 있도록 도와준다. 또한 개인의 이익과 혜택보다 집단 전체의 이익을 중요시 여기도록 하여 수평조화를 강화시킨다.

④ 최고경영자의 지원

경쟁과 성과를 중시하는 조직은 조직원들 간의 조화를 덜 중요하게 여긴다. 이익이 우선이기 때문에 조직 구성원끼리 과도한 경쟁을 하도록 유도하고, 다른 사람과의 관계보다 성과를 지향하기 때문에 조직에는 항상 긴장감이 맴돌게 된다. 적당한 긴장감은 조직분위기를 향상시키고 공공의 이익에도 도움을 준다. 하지만 지나친 긴장감은 과도한 경쟁을 유발해 조직원들 간의 대립과 감정적 갈등을 증폭시키는 결과를 가져오기도 한다. 또한 이러한 조직 분위기는 조직 구성원들에게 불편함을 갖게 하여 조직에 대한 만족과 몰입을 약화시킨다. 그러므로 경쟁과 성과만을 과도하게 중시하는 조직분위기는 결국 수평조화를 약화시킨다.

⑤ 공유된 경험

조직원들이 함께 공유한 긍정적 경험은 조직의 수평조화를 강화시키는 요인이 된다. 특히 힘들고 어려운 상황에서 함께 힘을 합하여 일을 성사시킨 경험이나 불가능해 보였던 일을 집단의 응집력으로 극적인 성공을 겪은 경험 등은 수평조화를 강화시키는 효과가 더욱 크다. 한국 속담 중에 '한배를 탔다'라는 말이 있다. 침몰과 같은 사고가 발생했을 때 함께 목숨을 잃을 수 있다는 의미인 '한배를 탔다'라는 표현은 소속된 조직원들이 모두 같은 '공동의 운명'이라는 것을 암시한다. 조직원들이 공유하는 긍정적 경험은 우리가 모두 '한배를 탔다'라는 인식을 갖도록 하기 때문에 수평조화를 강화시키는 요인으로 작용한다.

5 | 수평조화의 부정적 측면과 극복방안

수평조화의 부정적 측면

한국형 리더십의 수평조화 행동은 긍정적 측면만 있는 것이 아니라 부정적 측면도 동시에 존재한다. 그러므로 한국형 리더는 큰 성과를 달성하기 위해서는 긍정적 측면을 보존하고 부정적 측면을 극복할 필요가 있다. 수평조화 행동의 부정적 측면은 동료의 생각을 존중하지 않고 조직의 화합을 저해하는 행동을 말한다.

　수평조화를 너무 강조하여 잘못 형성될 경우 끼리끼리 모이고 배타적인 패거리를 형성할 수 있다. 또 능력 있는 구성원들이 자신의 능력을 발휘하려 할 때, 동료들의 조화 압력으로 마음껏 능력발휘를 못하기도 한다. 그래서 동기부여가 떨어지거나 경쟁효과를 극대화하기 힘들어질 수 있다는 점도 유념해야 한다. 또한 경쟁회피, 나눠먹기 식 분배는 변화와 혁신에 걸림돌이 되기도 한다. 그러므로 효과적 한국형 리더는 이러한 부정적 측면에 주의하여 이를 극복할 수 있는 효과적인 행동을 보여주어야 한다. 여기에서는 수평조화 행동의 단점을 적시하고 그를 극복할 수 있는 방안을 체계적으로 설명하려고 한다.

〈표 9.6〉 수평조화 3요인의 부정적 측면

구 분	부정적 측면	
사고의 조화	• 상황인식의 단순성 • 창의성 저해 • 독립적 사고 결여	• 획일적 대안 • 표리부동(表裏不同)
정서의 조화	• 분파주의 • 공·사 구분 불명확 • 외집단의 소외감	• 비밀유지 어려움 • 인지적 갈등을 막음
행동의 조화	• 혁신성 결여 • 동기저하 • 집단 저항	• 경쟁회피 • 지나친 눈치(소신 결여)

〈표 9.6〉에서 보듯이 수평조화가 가져올 수 있는 단점은 많다. 리더를 둘러싼 환경이 어렵고 복잡해지면서 단순한 대응이 효과적인 결과를 가져오지 못하는 것이 오늘날의 경영환경의 특성이다. 그러므로 한국형 리더는 수평조화를 이룸에 있어 단순함보다는 다양성을, 현실안주보다는 혁신성을, 경쟁회피보다는 협력적 경쟁을, 담합보다는 윤리성을, 그리고 강압적 동의보다는 창조적 발상을 중시하는 리더십을 발휘해야 한다. 아래에서는 사고의 조화, 정서의 조화, 행동의 조화가 가져올 수 있는 문제점들을 구체적으로 살펴보도록 한다.

(1) 사고의 조화가 유발하는 문제점들

사고의 조화는 많은 긍정적 측면을 갖지만 상황 인식의 단순성, 획일적 대안, 창의성 저해, 표리부동(表裏不同), 독립적 사고 결여의 여러 문제점들을 가진다.

① 상황인식의 단순성

사고의 조화가 과도하게 이루어지면 상황을 인식할 때 여러 관점에서 인식하지 못하고 단순하게 인식하게 되어 문제를 발생시킬 수 있다. 타인과 다른 생각을 하기 위해 노력하는 것이 아니라 타인의 생각에 부족한 부분을 채워주기 위해 노력하게 되므로 다양한 사고를 하기 힘들게 된다. '새로운 생각'에 초점을 맞추는 것이 아니라 사고를 조화롭게 하는 것에 초점이 맞추어져 있기 때문이다. 다양한 가능성의 모색과 다각도의 사고를 통해 상황을 보다 정확하게 인식할 수 있다. 하지만 사고의 조화만을 강조하게 되면 상황을 단순하게 인식하는 문제점을 야기할 수 있다.

② 창의성 저해

사고의 조화는 새로운 사고인 창의성을 저해시키는 요인으로 작용하기도 한다. 창의성은 지극히 개인적인 창조적 발상에서 비롯된다. 하지만 타인과의 사고와 조화를 이루기 위한 노력인 사고의 조화는 이러한 개인의 창의성 발휘를 막는 요인이 되기도 한다. 창의적 발상은 기존의 것과는 구분되는 새로운 발상이기 때문에 타인의 사고와 조화를 이루기 힘든 경우가 발생할 수 있다. 조화만을 강조하다 보면 높은 성과를 창출해 낼 수 있는 창의적 대안이 생산되는 것을 어렵게 만들고 아이디어가 있다고 해도 구성원들이 제안하는 데 어려움을 느끼도록 할 수 있어 커다란 문제점이 될 수 있다.

③ 획일적 대안

사고의 조화를 잘못 강조하다 보면 획일적 사고를 하게 되어 한 가지 방향으로만 생각하게 되어 다양한 관점을 확보하지 못한다. 단순한 일은 빠른 진행이 이루어지지만, 복잡한 일에 사고의 조화가 이루어지면 한 가지 생각을 하게 될 수 있다. 훌륭한 한국형 리더는 1,000명에게서 1,000가지 생각이 나오도록 해야 한다. 이상적인 사고의 조화는 부족한 부분을 보충해주고 놓친 부분을 알아챌 수 있도록 해주어 같은 생각을 발전시키는 것만을 말하는 것이 아니다. 사고의 조화에서 가장 중요한 것 중 하나는 잘못된 생각에는 가감 없는 조언을 해 주는 것이다. 이러한 조언을 하기 위해서는 상대방과 같은 생각이 아니라 다른 방식의 생각을 하는 것이 필요하다. 이를 통해 획일적 대안이 아닌 다각도의 다양한 대안 창출이 가능해진다.

④ 표리부동

사고의 조화가 강요되면 진심으로 그 의견에 동의하지 않지만 반대의견을 말하지 못하고 '동의하는 척'하게 만드는 표리부동(表裏不同)의 문제가 발생할 수 있다. 강요된 사고의 조화는 동의를 강압적·암묵적으로 요구한다. 이러한 문제는 조직원들의 일의 몰입을 낮추는 문제로까지 이어진다. 자신이 진심으로 동의하지 않은 일이기 때문에 몰입이 이루어지지 않는 것이다. 또한 그 의견이 잘못되었을 때 잘못을 바로잡지 못하여 큰 문제를 발생시키게 될 수 있다.

⑤ 독립적 사고의 결여

조화로운 사고는 개인의 독립적인 사고를 막는 문제를 만들기도 한다. 사고의 조화는 일단 타인의 사고에 초점이 맞춰진 개념이다. 타인의 사고에 조화롭게 행동하는 것이 지나치게 강조되면 개인의 독립적 사고를 약화시킬 수 있다. 대안을 제시하고 의견을 개진하는 능동적 주체로서 행동하는 것이 아니라 다른 사람의 의견에 대해 조언하는 것을 더욱 중요하게 여기게 될 수 있다.

(2) 정서의 조화가 유발하는 문제점

정서의 조화는 서로를 신뢰하고, 협력하며, 마음으로 응원해 주는 진정성을 기반으로 하는 것으로 많은 긍정적 측면이 있다는 것을 앞에서 학습하였다. 하지만 분파주의,

비밀유지의 어려움, 공·사 구분 불명확, 인지적 갈등을 막음, 외집단의 소외감의 문제점을 발생시킬 수 있다.

① 분파주의

정서적 조화가 과도하게 이루어져 정서적 유대감이 깊은 사람들끼리 분파를 형성하게 되면 분파주의의 문제가 발생된다. 분파주의는 특정 집단의 세력 형성이나 이익 추구를 위해 행동하게 되어 조직을 분열시키는 원인으로 작용한다. 또한 분파에 소속되지 않은 조직 구성원에 대해서는 배타적인 태도를 취하게 되거나 불이익을 주는 등 많은 문제를 발생시킬 수 있다.

② 비밀유지의 어려움

보안이 지켜져야 하는 정보라도 가까운 동료가 개인적 친분을 강조하며 물어보면 보안을 지키지 못하고 말하게 되어 문제를 발생시키게 될 수 있다. 이런 경우 비밀이 새어나가 일을 그르치게 만들 수 있다. 또한 비밀이 유지되어야 하는 고급 정보를 지인에게 발설함으로써 개인적 친분을 가진 사람이 이익을 취할 수 있도록 도와주어 도덕적인 문제를 발생시키기도 한다.

③ 공·사 구분 불명확

정서의 조화가 이루어지면 서로 간에 비밀이 없는 허물없는 사이로 발전하게 되기 쉽다. 정서의 조화란 진정성을 기반으로 서로의 마음이 공유된 상태이기 때문에 '우리'를 중요시 여기도록 만든다. 이러한 정서의 조화는 많은 긍정적 결과를 가능하게 하지만 여러 문제점을 야기하기도 한다. 너무나 가까운 사이이다 보니 공과 사를 구분하지 못하고 개인적 인연에 매여 비합리적인 의사결정을 하도록 할 수 있다. 가까운 동료가 공공의 이익에 반하는 부탁을 하더라도 거절하지 못하고 정에 얽매여 들어주게 된다거나 하는 것이 그 예이다.

④ 인지적 갈등을 막음

앞에서 언급했듯이 갈등에는 파괴적인 갈등인 감정적 갈등과 긍정적 결과를 유도하는 인지적 갈등이 있다. 정서의 조화는 감정적 갈등이 발생하지 않도록 도와주는 긍정적 측면이 있지만 긍정적 결과를 유발하는 인지적 갈등까지 발생하지 못하도록 만들기도 한다. 인지적 갈등이 적당히 존재해야 조직의 성과향상에 도움이 되는데 정서의 조화가 과도하게 이루어진 집단에서는 구성원들이 어떠한 갈등도 발생하지 않도록 행동하는 부정적 측면이 발생된다.

⑤ 외집단의 소외감

내집단과 외집단의 개념은 미국의 심리학자 W.G.섬너가 처음으로 사용하였는데, 그는 미개종족에 관한 연구를 통하여 종족 간에 대립관계가 발생하면 내집단과 외집단, 즉 '우리집단(we-group)'과 '그들집단(they-group)'이라는 범주가 사람들의 태도에 뚜렷이 나타나며, 내집단에 대한 단결과 충성의 감정, 그리고 외집단에 대한 적의와 배척적 태도가 상관적으로 발전해 간다고 하였다. 내집단의 정서의 조화가 과도하게 이루어지면 외집단에 대해 배타적인 태도를 취하여 심각한 갈등을 만드는 문제가 발생될 수 있다.

(3) 행동의 조화가 유발하는 문제점

조직의 화합을 저해하는 행동을 하지 않고, 조직 발전을 위해 요구되는 적절한 행동을 취하는 것인 행동의 조화는 많은 긍정적 측면이 존재한다는 것을 앞에서 학습하였다. 하지만 행동의 조화만 이루려고 노력하면 혁신성 결여, 경쟁회피, 충분한 능력발휘 불가능, 지나친 눈치(소신 결여), 집단 저항의 문제를 유발한다.

① 혁신성 결여

눈에 띄는 성과를 만들어 내기 위해서는 새로운 방식과 소위 튀는 행동이 필요하다. 하지만 이러한 튀는 행동을 하지 않도록 유도하는 행동의 조화는 높은 성과를 낼 수 있는 '새로운 행동'을 하지 못하도록 만든다. 자신의 능력을 발휘하여 우수한 성과를 내기 위해 노력하는 것이 아니라 구성원들 사이에서 튀지 않고 조화롭게 행동하는 데 초점을 맞춘 행동을 하게 되어 발전을 도모하기 힘들다. 따라서 행동의 조화가 과도하게 자리 잡힌 조직에서는 조직원 개개인의 개성이 무시되고 획일화된 행동을 하도록 만들어 긍정적 방향의 변화와 발전이 이루어지기 힘들다.

② 경쟁회피

행동의 조화는 조직원들의 성과를 향상시키는 데 영향을 미치는 경쟁행위를 회피하도록 만드는 문제를 발생시킨다. 경쟁을 한다는 것은 일단 타인과 대립적인 상황에 처하도록 만든다. 이러한 대립은 조화와는 반대의 개념이기 때문에 행동의 조화가 잘 이루어진 경우에는 대립적 상황인 경쟁을 회피하도록 유도하는 것이다. 하지만 경쟁은 조직에서 유능한 인재를 가려낼 수 있고 구성원들의 경쟁을 통해 높은 성과를 창출할 수 있는 긍정적 측면을 가진다. 따라서 행동의 조화는 긍정적 결과를 가져오는 건설적인 경쟁을 막는 문제점을 야기한다.

③ 충분한 능력발휘 불가능

행동의 조화가 강조된 조직에서는 조직원들이 능력을 충분히 발휘하지 못하는 문제점이 발생된다. 자신의 능력을 보여주는 행위 자체가 조화를 깨뜨리는 행동이라고 생각할 수 있기 때문이다. 또한 자신의 능력을 과시하는 것으로 보여 자칫 겸손하지 못한 사람으로 보이지 않을까 하여 최대한 자신을 낮추고 눈에 띄는 행동을 삼가는 것이다. 이러한 조심스러운 태도는 조화를 깨뜨리지는 않지만 높은 성과를 창출하거나 자신의 충분한 능력을 발휘하는 데에는 큰 장애가 될 수 있다.

또한 자신이 이룬 높은 성과에 대해서 충분한 자기 PR을 하지 못하도록 하여 더 좋은 기회를 갖지 못하도록 하는 문제를 발생시킨다. 다음의 사례는 충분한 자기 PR을 하지 못해 손해를 본 경우이다.

〈사례 9.16〉 A 씨의 겸손이 낳은 부정적 결과

A 씨는 정부투자은행인 ○○은행의 중견행원이다. 이 은행은 정부투자기관이기 때문에 세계은행(World Bank)에 2년 기간으로 직원을 파견해서 근무시키는 제도가 있었고, A 씨는 World Bank에서 2년간 일하게 되는 좋은 기회를 잡게 돼 가족들과 같이 워싱턴 DC로 이주해서 살게 되었다.

A 씨는 보통 적극적으로 일하지 않는 다른 한국 공무원들과는 다르게 적극적으로 세계은행의 업무를 처리하였고 중간 관리자에게 아주 좋은 평가를 얻게 되었다.

그러나, A 씨는 한국에서 상당한 기간 동안 직장생활을 했기 때문에 한국적 사고방식으로 일하고 있었고 자신의 능력에 대한 PR도 그런 식으로 처리하고 있었다. 한국에선 자신의 업무 성과를 남들이 알아주기를 기다리는 스타일을 선호한다고 생각했고, 그렇게 행동하는 것이 당연한 덕목이라고 생각했다. 세계은행에서도 같은 방법으로 자신의 업무성과를 다른 사람들이 자연스럽게 알아주기를 바랐고 당연히 그렇게 될 것으로 믿었다. A 씨는 열심히 일을 했고 나름대로 자신의 성과에 만족했다. 그리고 동료들도 A 씨의 능력에 대해서 인정하는 편이었다.

그러나, A 씨를 관리하는 관리자 외에는 A 씨가 일을 잘하는지 어떤지를 잘 알지 못했다. 왜냐하면 그 조직에서는 자신의 업적을 자신이 알리지 않으면 아무도 그런 부분에 관심을 가지지 않기 때문이었다.

A 씨는 2년 동안의 근무 후에도 계속 세계은행에서 일하기 위해서 직원채용에 지원하였다. 하지만, 우수한 능력을 가지고 있음에도 자신의 능력 및 업무성과를 평소 홍보하고 알리는 작업에 소홀히 했기 때문에 아직도 성공적인 결과를 얻지 못했다. A 씨는 왜 2년 동안 그렇게 겸손하기만 했는지 무척 후회됐다.

서구 문화에서 직장생활에서 필요한 요소 중의 하나는 자신을 PR하는 능력이다. 같은 업무를 하고도 얼마나 잘 포장해서 다른 사람들에게 어필할 수 있느냐 하는 것도 개인의 능력으로 보는 것이다. 어느 조직이든 자신의 것을 잘 포장해서 다른 사람들에게도 매력적으로 보이게 하는 것이 항상 중요한 업무가 되는 것이기 때문에 자연스럽게 형성된 문화일 것이다.

한국인들은 한국의 조직문화에 깊숙이 들어와 있는 유교적 덕목들 때문에 겸손이 너무 강조돼서 위와 같은 경우에 손해를 보기 십상이다.

몸에 밴 이러한 겸손의 미덕이 수평조화의 근본이라고 잘못 생각하게 되면 서구식 문화가 지배적인 조직에서는 크게 손해를 보게 된다. 요즈음 외국인 회사에서 근무하게 되는 한국 사람의 경우 많이 익숙해진 모습이지만, 연봉이 결정되는 절차에서 스스로 얼마나 자신을 잘 포장했는지에 따라 금전적인 부분에서도 크게 차이가 난다고 한다.

한국인들의 겸손의 미덕이 직장생활에서는 조심스럽게 적용시켜야 할 덕목이라는 점을 이런 현상을 보면 쉽게 알 수 있을 것이다.

서구에서뿐 아니라 한국에서도 점점 자기 PR이 중요해지고 있다. 자신의 능력을 충분히 발휘하고 다른 사람에게 PR하는 것이 조직과 개인의 발전을 위해서 매우 중요해지고 있는 것이다. 개인은 좋은 기회를 얻을 수 있어, 조직은 유능한 직원을 가려내어 기회를 줄 수 있어 능력발휘와 자기PR은 매우 중요하다. 과도하게 행동의 조화만을 강조하는 것은 이와 같은 비효율적인 결과를 낳기 때문에 지양되어야 할 것이다.

④ 지나친 눈치(소신 결여)

행동의 조화를 깨지 않기 위해 주위의 눈치를 지나치게 보게 되어 독립성을 상실하거나 주체적 행동을 막는 문제를 야기할 수 있다. 대부분의 조직원들이 이러한 특성을 보이게 되면 조직 차원의 잘못된 결정에 대해서도 튀지 않기 위해 '아니오'라는 의사표현을 아무도 하지 않아 심각한 문제를 초래하게 될 수도 있다. 그리고 자신의 소신껏 행동하지 못하고 남의 눈치만 보며 단호한 의사결정을 내리지 못하는 문제를 발생시킬 수도 있다. 획일적인 행동을 강조하는 과도한 행동의 조화는 주체적이고 소신 있는 행동을 저해하는 심각한 문제점이 발생될 수 있으므로 조심해야 한다.

⑤ 집단 저항

행동의 조화가 잘 이루어진 조직에서는 노조파업과 같이 조직의 이익에 반할 수 있는 집단 저항이 일어나게 될 수 있다. 구성원들끼리는 행동의 조화가 이루어져 높은 응집력이 발생하였지만 이것이 잘못 발휘되어 조직과 구성원들이 대립적인 태도를 취하게 되면 큰 문제가 발생한다. 행동의 조화가 조직의 의도와 같은 방향으로 이루어져야 하는데 반대의 방향으로 이루어졌기 때문이다. 따라서 행동의 조화가 조직의 비전과 목적에 일치하는 방향으로 나아가야 한다.

수평조화의 부정적 측면 극복방안

① 기존 가정(assumption)의 변환

사람은 이기적이라는 가정, 혼자 일하는 것이 좋다는 가정, 나만 잘하면 된다는 가정, 변화는 귀찮다는 가정, 좋은 게 좋은 것이라는 가정, 모난 행동을 하는 사람은 응징해야 된다는 가정, 창의성이란 별것 아니라는 가정을 반대로 바꿔줘야 한다.

② 건설적 경쟁 유발도

누가 더 협력을 잘하는가에 대한 경쟁이 아니라 조직의 발전을 유발하는 건설적 경쟁을 해야 한다. 조화만을 강조하여 대립의 한 형태라고도 볼 수 있는 경쟁을 피하게 되면 조직의 발전을 저해하는 요인으로 작용할 수 있다.

③ 엄격한 윤리적 기준의 적용

엄격한 윤리적 기준을 적용하여 조직의 이익에 반하는 모의와 분파주의를 경계해야 한다. 또한 분파주의와 모의를 발생시키는 끼리끼리 문화가 자리 잡히지 않도록 조직 차원에서 제재를 해야 할 필요가 있다.

④ 다양성 중시

조화만을 강조하여 조직원들의 획일적 행동을 유도하지 않고 개개인의 개성을 중시하는 '다양성 중시 문화'를 정착시켜야 한다. 다양성에서부터 창의성과 혁신을 통한 발전이 가능하기 때문이다.

⑤ 적극적 네트워크 구축

수평조화의 긍정적 결과물인 사회적 자본을 건설적으로 활용해야 한다. 은밀하고 비공식적인 수평조화는 분파주의와 모의를 낳을 수 있다. 하지만 조직 차원에서 오히려 공개적으로 적극적 네트워크를 구축하게 되면 이러한 문제를 줄일 수 있을 것이다.

⑥ 소외된 사람에 대한 배려

수평조화가 잘 이루어진 조직이라고 할지라도 소외된 조직원은 존재하기 마련이다. 진정 조화와 협력이 잘 이루어지는 조직은 이러한 소외된 조직원까지 감싸 안을 수 있는 배려가 자리 잡힌 조직이라 할 수 있다.

⑦ 사고와 정서의 분리

수평조화의 부정적 측면의 많은 부분을 극복할 수 있는 것이 사고와 정서를 분리하는 것이다. 정에 이끌려 비합리적인 결정을 하는 것 등은 이성적 사고를 통해 극복할 수 있다. 따라서 사고는 독립적이고 다양하게 하고, 정서는 한마음을 가지는 것이 중요하다. 예를 들면 조직의 발전을 위한 토론은 격렬하게 하여도 마음은 변함없이 나의 동료를 배려하는 마음가짐을 잃지 않는 것이다.

6 | 수 평 조 화 리 더 와 수 평 부 조 화 리 더

수평조화 리더와 수평부조화 리더의 행동양식

(1) 수평조화 리더의 행동양식

- 리더는 동료들과 허심탄회한 의견교환이 있을 수 있는 분위기를 조성한다.
- 리더는 동료들과 소통함에 있어서 상대방의 말에 귀를 기울여 주고 수긍하는 자세를 보인다.
- 여러 동료들이 서로 협력이 잘되도록 중간자의 역할을 잘 해준다.
- 동료들의 부탁을 존중하고 들어주려고 애쓴다.
- 문제가 발생했을 때, 동료의 입장에서 생각하고 도와준다.
- 동료들과 갈등이 생기지 않도록 배려한다.
- 조직 전체에 도움이 되는 방향으로 동료들과의 유대를 강화한다.
- 동료들과 자주 연락하고 사적인 모임을 갖는다.
- 동료들의 말을 진심으로 들어주고 격려한다.
- 동료들을 격의 없이 대하고 진정어린 마음으로 대한다.
- 동료들과 공동의 관심사를 상의한다.
- 동료들의 처지를 항상 생각해주고 도움을 받았을 때에는 보답하려고 노력한다.

(2) 수평부조화 리더의 행동양식

- 리더는 동료들과 의견교환을 하지 않는다.
- 리더는 동료들을 배려하지 않고 리더 자신의 말을 강요한다.
- 리더는 동료들끼리 서로 협력하도록 돕지 않는다.
- 리더는 동료들의 부탁을 들어주지 않는다.
- 문제가 발생했을 때, 리더 자신의 입장만 생각한다.
- 리더는 동료들과 좋은 관계를 유지하기 위한 노력을 하지 않는다.

- 리더는 동료들과 연락하지 않고 사적인 모임도 갖지 않는다.
- 리더는 동료들의 의견을 묻지 않고 행동한다.
- 동료들을 불편하게 생각하고 멀리한다.
- 동료들과 정보를 공유하지 않고 혼자만 이용한다.
- 리더는 동료들의 처지를 생각하지 않고 행동한다.
- 리더는 오로지 성과에만 치중하여 동료들에게 과중한 업무를 맡긴다.
- 리더는 일을 할 때 동료들과 멀리 떨어진 곳에서 한다.

사람이 살다보면 항상 조화로운 행동만 할 수 있는 것이 아니다. 부조화를 야기하는 행동을 했을 때 한국형 리더는 그런 행동을 바로잡기 위해서 혼신의 힘을 다해야 한다. 사과할 일이 있으면 빨리 사과하고, '비온 뒤 땅이 굳어진다'라는 말과 같이 부조화한 행동이 조화를 강화할 수 있는 계기로 삼아야 한다.

오조화 팀장 vs. 부조화 팀장의 하루

조화를 잘 이루는 오조화 팀장의 하루와 조화를 잘 이루지 못하고 부조화하는 부조화 팀장의 하루를 정리해 보았다.

⑴ 오조화 팀장의 하루

`8:00` 오조화 팀장이 출근하자마자 이름을 부르며 안부를 묻고 자리에 앉는다. 오늘은 다른 부서와 팀장회의가 있는 날이다. 오늘 올릴 결제서류를 처리하는 중에 다른 팀장에게 전화가 왔다. 어제 늦게까지 자기 부서와 공동 작업을 한 것을 같이 이름을 올리자는 내용이었다. 알았다고 대답하며 조금 후에 시작할 회의 자료를 꺼내 다시 한 번 점검한다.

`9:00` 10분 후에 있을 팀장회의를 하는 공동회의실로 향한다. 하나 둘 모이는 동료들과 공감대를 형성하며 오조화 팀장은 편하게 이야기할 수 있도록 분위기를 밝게 만든다. 회의가 시작되고 동료들과 조직목표를 공유하며 동료들이 간과

하고 있는 것이 무엇인지 살핀다. 공동 작업에 관해 다른 동료들의 의견을 듣고 동료가 빠뜨린 내용이나 미처 생각하지 못한 부분을 기분이 상하지 않게 조언한다. 그리고 자신의 생각을 말할 때에도 상대방이 잘 받아들일 수 있도록 부드러운 방식으로 이야기한다. 또한 회의에서 나온 내용을 정리하며 동료들의 아이디어를 존중하고 잘 반영시킨다. 서로 다른 의견을 가진 동료들 간의 갈등이나 의견의 불일치가 생기지 않도록 중재역할을 하여 화합을 이끌어 낸다.

`12:00` 점심시간. 오늘은 어떤 음식이 좋을지 동료들과 이야기하며 사무실을 나선다. 오늘의 메뉴로 선정된 칼국수를 먹으며 입사동기가 동기모임 이야기를 꺼낸다. 부 팀장이 계속 빠지고 있으니 모임에서 제명을 시키자는 이야기이다. 하지만 오 팀장은 부 팀장이 오늘은 나올 수도 있으니 그렇게 하지 말자고 부드럽게 타이른다. 같은 입사 동기이지만 잘 어울리지 못하는 부 팀장을 챙겨주고 싶다. 자연스레 화제를 전환하며 맛있는 점심을 먹은 후, 음료수를 후식으로 먹으며 동료들과 이야기를 나눈다.

`16:00` 오조화 팀장은 자신의 팀원이 다른 부서 사람과 다투었다는 보고를 받는다. 바로 담당 팀원을 불러 개인 면담을 신청한다. 어떻게 된 일인지 차분히 듣고 팀원과 동료의 입장에서 생각한다. 그 후 앞으로 다른 부서, 다른 팀과도 협력이 잘되도록 문제가 생긴 부서의 팀장과 이야기를 나누고 서로 협력하기 위해 양보하자고 타협한다. 또한 다툼이 생긴 팀원들끼리 감정을 풀 수 있도록 퇴근 후 간단한 저녁 술자리를 마련한다.

`18:00` 퇴근시간. 기분 좋은 미소를 지으며 퇴근하자고 말을 꺼낸다. 아까 다툼으로 기분이 상해있는 팀원에게 함께 술 한 잔 하자고 권한다. 회사 앞 단골가게인 곰장어 집에서 아까 다툼이 있었던 부서 팀원, 팀장과 함께 소주를 한잔 마신다. 편안한 자리에서 대화를 나누다 보니 문제는 오해였다는 사실을 알게 되고 다툼이 있던 팀원들은 서로 사과를 한다. 술을 한잔 마시고 나니 비가 온 뒤 땅이 굳는 것처럼 갈등이 있던 사이가 더욱 가까워졌다.

오조화 팀장은 밝은 분위기를 조성하고 동료들을 배려하는 행동을 함으로써 조화를 이루려고 노력하는 인물이다. 현실적으로 모든 면에서 조화를 이룰 수는 없겠지만 조화를 이루기 위해서 노력한다는 것을 다른 사람들이 느끼도록 해줄 필요가 있다. 왜냐하면 이런 행동이 다른 팀장들에게도 다 알려지게 되고 그럼으로써 전체적인 조화가 형성되기 때문이다.

(2) 부조화 팀장의 하루

9:00 정시에 맞춰서 도착한 회사. 지각하지 않았음에 안도하고 동료들의 인사를 건성으로 받으며 회의 자료를 찾는다. 원하는 것이 찾아지지 않자 항상 그래왔듯이 동료에게 자료를 부탁한다. 겨우 시간에 맞춰 회의실을 찾은 부조화 팀장은 회의 내내 자신의 의견은 내놓지 않고 다른 동료들의 의견에 계속 반박만 한다. 자신으로 인해 회의분위기가 삭막해졌지만 아랑곳하지 않고 자신의 말만 늘어놓는다.

12:00 회의가 끝나고 점심시간. 오늘은 누구랑 점심을 먹어야 하나 고민하다가 결국 혼자 회사를 나왔다. 같이 먹자고 얘기하는 동료 하나 없다는 게 마음에 들지 않는다. 제 나름대로 동료들을 위한다고 생각하는 부조화 팀장은 가까운 식당을 찾아 밥을 먹는다. 빨리 점심을 마친 팀장은 혼자 쓸쓸히 회사에 들어간다.

16:00 자기 혼자만 열심히 일하는 것 같은 기분이 든다. 다른 동료들은 건성건성하는 것처럼 보이는데 왜 자기만 일이 많은 것인지 모르겠다. 더군다나 다른 부서와 공동 작업을 했는데 우리 부서의 이름만 빠져있다는 연락을 받았다. 바쁜 일도 많은데 왜 짜증나는 일만 늘어나는지 한숨을 쉬며 동료 팀장에게 전화를 걸었다. 같은 학과 출신이지만 전혀 왕래가 없던 사람이라 어떻게 된 일인지 설명하라고 다그쳤다. 동료는 누락이 된 것 같다며 수정해 준다고 이야기하지만 왠지 기분이 나쁘다. 앞으로 이런 일로 쓸데없이 시간 낭비하지 않게 신경 좀 쓰라고 화를 내며 전화를 끊었다. 왠지 내가 싫어서 우리 부서 이름을 빼버린 것 같아 화가 난다.

18:00 퇴근시간. 할 일이 남은 부조화 팀장은 동료들이 먼저 퇴근하는 것을 보며 짜증을 낸다. 똑같이 일하는데 왜 나만 일이 많은지 인상을 쓰며 일을 마무리한다. 자신에게는 인사조차 하지 않는 동료들이 마음에 들지 않는다. 한

달에 한 번 정기적으로 모이는 입사 동기모임에 가기 싫지만, 두 달 연속 빠질 수는 없기에 할 수 없이 약속 장소로 향한다.

LEADERSHIP QUIZ

나의 주변은 어떨까? 주변에서 가장 모범적인 인물과 이기적인 인물을 떠올리고 구체적인 행동 특성을 적어 보자.

구 분	사고의 조화	정서의 조화	행동의 조화
주변 조화적 인물의 행동특성			
주변 불화적 인물의 행동특성			

CHECK LIST

진단 문항을 읽고 정도에 따라 1(전혀 그렇지 않다)~5
(매우 그렇다)로 나누어 체크(✓)해 보세요.

구 분	진단 문항	1	2	3	4	5
사고의 조화	상대방의 감정이 상하지 않도록 이야기한다.					
	내 의견을 얘기하기 전에 다른 사람들의 눈치를 본다.					
	다른 사람의 의견에서 모자란 부분을 기분 상하지 않게 조언하는 것을 잘하는 편이다.					
	다수의 의견을 존중하는 것이 옳다고 생각한다.					
	내 의견이 항상 옳다고 생각한다.					
정서의 조화	다른 사람들과의 협력을 중시한다.					
	동료들과 모든 것을 공유한다.					
	항상 동료들과 친하게 지내려고 노력한다.					
	나와 비슷한 사람과 만나면 편안하다고 느낀다.					
	일부러 동료들과 같은 성향인 척을 한다.					
행동의 조화	모나지 않게 행동하려고 애쓴다.					
	대인관계가 좋다는 평을 듣는다.					
	단체행동을 중요시한다.					
	튀는 행동을 즐겨한다.					
	단체 생활에 빠져도 된다고 생각한다.					

RESULT

각 요인별로 점수를 합산하여 17~25점이면 상(上), 9~16점이면 중(中), 1~8점이면 하(下)입니다.

구 분		진단 결과
사고의 조화	상	당신은 동료들과 사고의 조화를 잘 이루는 사람입니다. 당신은 동료의 의견에 대해 생각을 달리하여도 존중하고, 감정이 상하지 않도록 부드럽게 표현할 줄 아는 사람입니다. 그로 인해 동료들과 원만한 인간관계를 형성하고 있습니다. 당신은 동료들과 소통하고 공유하는 데 전혀 어려움이 없는 상태입니다. 앞으로의 사회생활을 위해 지금과 같은 생각을 유지하십시오.
	중	당신은 동료들과의 사이가 아주 가깝지도 그렇다고 멀지도 않은 상태입니다. 사고의 조화를 이루기 위해 노력하는 편은 아니지만 대체로 동료들의 생각에 동조하고 있습니다. 이것은 바람직한 사고의 조화를 이루는 행동으로 볼 수 없습니다. 당신은 동료들과의 관계를 더 원만하게 하기 위한 노력이 필요합니다. 동료의 생각을 듣기만 하는 것이 아니라 좀 더 적극적인 표현이 필요합니다. 동료들과 생각을 공유하는 것을 기본으로 하여, 동료들이 간과하고 있는 것, 필요로 하는 정보, 잘못된 생각을 진정성을 가지고 효과적으로 지적해주고 알려줄 수 있어야 합니다.
	하	당신은 동료들과 사고의 조화를 잘 이루지 못하고 있습니다. 동료가 잘못된 의사결정을 했을 경우 문제를 만들지 않기 위해 그냥 지나가는 것은 조화를 이루는 행동이라고 볼 수 없습니다. 진정한 사고의 조화를 이루기 위해서는 '틀렸다'라는 직언을 해야 하는 절박한 경우도 있겠지만, 평소에 잘못 된 부분을 알아챌 수 있도록 부드러운 조언을 할 줄 알아야 합니다. 또한 인간은 늘 완벽할 수 없으므로 중요한 부분을 빠뜨리게 될 수 있습니다. 이럴 때 당신은 빠뜨린 것을 챙겨 말해주어 큰 실수를 하지 않도록 도와주어야 합니다. 이렇게 당신은 동료들과 사고의 조화를 이루기 위해 많은 노력이 필요합니다.
정서의 조화	상	당신은 동료들과 정서의 조화를 잘 이루고 있습니다. 당신은 동료에 대한 존중을 바탕으로 신뢰하고 협력하는 데 어려움이 없는 사람입니다. 동료들과의 관계도 정서적으로 안정되어 있습니다. 당신은 동료들과 비밀이 없고 모든 것을 공유하지만, 합리적이고 객관적인 시각을 잘 유지하고 있습니다. 앞으로도 지금과 같은 상태를 유지하십시오.
	중	당신은 동료들과의 관계에 대해 생각해보고 조화를 잘 이루기 위한 노력이 조금 필요한 상태입니다. 동료들과 모든 것을 공유하고 비밀이 없다고 하여 정서의 조화를 잘 이루었다고 볼 수는 없습니다. 인맥을 활용하되 조직에 도움이 되는 방향으로 객관적 기준을 활용해서 특히 공·사의 구분을 명확히 하여 활용할 줄 아는 지혜가 필요합니다.
	하	당신은 동료들과 정서의 조화를 전혀 이루지 못하고 있습니다. 서로가 비공식적으로 속마음을 털어놓고 쉽게 합의하든가 문제를 해결할 수 있게 해주는 것이 정서의 조화입니다. 정서의 조화를 이루기 위해서 당신은 동료들과 정서적 공감대를 찾는 것이 시급합니다. 당신은 정서를 개인적 이익과 연결시키려고 하지 말아야 합니다.

(계속)

구 분		진단 결과
행동의 조화	상	당신은 동료들과 있을 때 튀는 행동을 하지 않고, 동료들과 어긋나지 않으려고 노력하는 사람입니다. 주위 사람들과 균형을 맞추려 노력하기 때문에 동료들과의 관계도 원만하고 긍정적인 평가를 받는 사람입니다. 행동의 조화를 잘 이루기 때문에 불필요한 갈등을 유발하지 않습니다. 동료의 요청에도 적극적으로 도와주며 행동하는 지금 상태를 잘 유지하시길 바랍니다.
	중	당신은 동료들과의 관계에서 행동의 조화를 이루기 위해 조금 더 노력해야 합니다. 단체생활을 중시하는 편이지만 조금 더 적극적인 참여가 필요합니다. 동료들에게 해를 주는 말이나 행동을 삼가고 상대방을 위해서 동료의 요청에 적극적으로 도와주는 행동이 필요합니다.
	하	한국 조직사회에서는 개성을 표현하기가 쉽지 않습니다. '난 못해', '난 빠져도 괜찮아'라는 생각으로 단체행동에서 벗어난 행동은 하지 말아야 합니다. 행동의 조화를 이룸으로써 당신은 동료들과 더욱 좋은 관계를 유지할 수 있습니다.

FEEDBACK

구 분	구체적인 행동지침
사고의 조화	• 수능을 준비하는 학생들이 오답노트를 만드는 것처럼 사고노트를 만들자. 동료들의 말에 귀 기울여 듣기만 하고 넘어간다면 사고의 조화를 이루었다고 볼 수 없다. 동료의 말을 경청하며 혹시 잘못된 것이 있는지, 빠뜨린 부분이 있는지를 체크하며 사고노트에 메모하는 습관을 들이는 것이 중요하다. • 상대방과 나를 바꾸어 생각하자.(역지사지(易地思之)) 내가 상대방이라면 어떤 생각을 할 것인지, 어떻게 표현할 것인지를 차분히 예상해보자. 나와 다른 생각을 가지고 있더라도 인정하고 받아들이자. 세상 모든 사람들이 같은 생각을 하지 않는다. 이런 생각의 차이를 긍정적으로 바꾸어보자. • 의사표현을 확실히 하자. 우리나라 사람들은 대체적으로 한 사람의 의견에 동조하는 것을 당연하게 받아들인다. 하지만 이제부터는 내 생각을 정확하게 표현하자. 동료의 생각을 인정해주며 동료와 다른 생각을 갖고 있을 때 부드럽게 이야기해보자.
정서의 조화	• 인맥도를 그리자. 학연, 지연으로 얽힌 동료들과의 거리를 가깝게 만들도록 하기 위해서는 지금 내 주변에 어떤 인물들이 있는지 확인할 필요가 있다. 가족, 친구, 친척, 동료, 지인 등으로 나눠 인맥도를 그려보자. 그 후에 친한 사람, 더욱 친해지고 싶은 사람, 나에게 도움을 줄 사람 등으로 구분해보자. 앞으로의 관계에서 나에게 도움이 될 사람들과 자주 연락하고 만나면, 어려울 때에 주저 없이 도움을 청할 수 있다. • 동료들과 주기적으로 모임을 갖자. 정서적 공감대를 형성한 사람들끼리 더 친해지는 법이다. 어려울 때, 공적으로 만난 사람에게 부탁하는 것은 쉽지 않다. 하지만 친분이 두터운 사람에게는 조금 더 쉽게 이야기할 수 있다. 또한 나와 비슷한 사람들과 자주 만나 이야기하다 보면 서로 닮아가며 긍정적인 영향을 줄 수 있다.
행동의 조화	• 내가 다른 사람들과 생활할 때 튀는 행동을 하는지 체크해 보자. '나 혼자쯤이야'하는 생각을 하며 행동했는지 확인해볼 필요가 있다. 단체행동에서 벗어나는 행동은 조직사회에서 받아들여지지 않는다. 항상 이 점을 염두에 두고 행동해야 한다. 하지만 다른 사람들과 항상 모든 것을 똑같이 하라는 것은 아니다. 균형에 어긋나지 않는 선에서 동료들을 살피며 행동하라는 뜻이다. • 스키마와 맞지 않는 행동을 하지 말자. 집단의 행동규범에 어긋나는 일은 하지 않도록 노력하자. 동료들과의 화합을 저해하는 행동을 하지 않고, 동료와의 관계 발전을 위해 필요한 후원적 행동을 취해야 한다.

10

한국형 리더의 8가지 요인 ⑧ - 솔선수범

윗물이 맑아야 아랫물이 맑다

1 │ 솔선수범의 중요성

'솔선수범'이라는 말을 다른 나라 사람에게는 어떻게 설명해야 할까? 솔선수범은 어린 아이들도 어렸을 때부터 배워서 아는 단어이지만, 막상 다른 나라 사람들에게 설명하기란 쉽지 않다. 아마도 '싫은 것도 먼저 하기', '다른 사람들이 꺼려하는 상황에서 앞장서기' 등을 솔선수범을 가장 잘 표현해 줄 수 있는 말이라고 말할 것이다.

예컨대, IMF 경제위기 때에 모든 국민들이 나서서 금 모으기 운동에 동참한 것이나, 아침에 일찍 회사에 나와서 내 책상뿐 아니라 다른 사람들의 책상도 같이 해주는 것이 바로 이에 포함된다고 주장할 것이다. 이것은 맞는 말이다. 그런데 그 이상을 설명하기란 쉽지 않다. 우리의 스키마 속에 존재하는 답은 대충 이것이 전부이다. 좀 더 깊이 있게, 체계적으로 솔선수범에 대해서 생각할 기회가 없었던 때문일 것이다. 한국인들이 솔선수범을 얼마나 중요시하는가는 다음의 사례에 잘 나타나 있다.

〈사례 10.1〉 리더에게 필요한건 "솔선수범·희생정신"

여론조사업체인 엠브레인이 직장인 743명을 대상으로 조사한 결과 위기 극복을 위해 가장 필요한 리더십으로 '리더의 솔선수범 및 희생정신'이 꼽혔다.

전체의 41.5%(복수응답)가 이럴 때일수록 솔선수범 및 희생정신이 필요하다고 입을 모았다. 자신들은 옛날 그대로인 채 아랫사람에게만 고통분담을 요구해서는 호응을 얻어내지 못한다는 직장인이 그만큼 많다는 얘기이다.

이어서 '우유부단하지 않고 적기에 빠른 결단을 내리는 신속성'과 '직원들이 희망을 가질 수 있는 비전을 제시하는 것'이 필요하다는 응답도 각각 40.2%에 달했다. 선수를 적기에 교체하거나 빈타에 허덕이던 추신수 선수를 기용하는 김인식 감독의 리더십을 연상케 하는 대목이다. 어려울수록 리더의 상황판단 능력이 중요하다는 얘기도 된다. (중략)

리더들이 원하는 팔로십으로는 '책임감 있는 일처리'와 '회사 전체를 생각하는 자세'가 각각 44.1%로 가장 많았다. 어려운 만큼이나 자기 자신의 욕심을 죽이고 맡은 일을 제대로 처리하는 사람이 다른 무엇보다 필요하다는 인식이 많은 셈이다.

자기 팀에선 슈퍼스타임에도 국가를 위해 대타나 대주자의 역할을 성심성의껏 수행하는 야구 국가대표 선수들의 팔로십이 지금 상황에선 절실하다는 얘기도 된다. '회사의 위기 극복방안을 고민하고 제시하려는 적극적인 자세'(40.6%)도 많이 요구됐다. 뒷짐 지고 있지 말고 각종 아이디어를 내는 직원들을 필요로 한다는 해석이 가능하다. 이어서 '고통분담 필요성을 이해하는 자세'(17.9%)와 '리더가 제시한 비전이나 결정을 따르는 태도'(16.4%)도 위기 상황에서 필요한 팔로십으로 꼽혔다.

자료 : 『한국경제신문』 칼럼 "金과장&李대리", 2009. 5. 26

사례에서 보듯 어려운 상황일수록 리더의 솔선수범이 다른 리더십 요인보다 중요하게 나타난다. 리더가 솔선수범하는 모습을 보임으로써 구성원들에게 끼치는 영향은 무척 크다. 그렇기 때문에 솔선수범은 한국형 리더십에 관한 인터뷰나 설문에서 가장 많이 언급된다.

'윗물이 맑아야 아랫물이 맑다'라는 속담에서 알 수 있듯이 우리나라 사람들은 위에서부터 모범을 보이면 아랫사람들이 자연스레 따라간다고 생각한다. 그래서 사회적으로 지위가 높은 사람들이 앞장 서 희생해야 하는 것이 마땅하다고 여긴다. 또한 앞서 길을 내는 사람이 뒤에 따라오는 사람들에 대하여 배려하기를 바란다. 우리는 리더가 청렴결백하기를 기대한다. 리더가 깨끗해야 다른 리더십의 역량을 잘 발휘할 수 있을 것이라고 추측하는 성향 때문이다.

연구결과에 따르면, 리더가 실제로 보여주는 리더십 행동과 하급자들이 리더에게 기대하는 행동에는 차이가 있다. 한국의 리더가 자주 보여주는 리더십 행동은 성취열정, 상향적응, 환경변화, 자기긍정 등이다. 하지만 하급자들이 리더에게 기대하는 행동은 솔선수범, 하향온정, 수평조화, 그리고 미래비전이었다. 이렇게 솔선수범은 리더가 자주 보여주는 리더십 행동이 아니기 때문에 하급자들이 리더에게 더욱 크게 기대하는 행동이라고 생각된다.

예로부터 리더의 작은 흠도 용서하지 않는 사회적 분위기는 우리나라 사람들이 리더의 솔선수범에 대해서 기대치가 무척 높다는 것을 보여준다. 하지만 그 높은 기대치에 비해 리더는 하급자들의 요구를 충족시키지 못해왔다. 이것은 곧 한국형 리더들이 솔선수범의 행동을 좀 더 강화해야 함을 의미한다. 그러기 위해서는 우선 솔선수범에 대한 이해도를 높이고 구체적 실행방안을 학습해야 할 것이다.

리더가 솔선수범하는 모습을 보여주면 구성원들의 본보기가 된다. 그에 따라 구성원들이 리더를 따르고 싶은 마음, 리더에 대한 존경심이 생겨나게 되며, 이것이 결국 조직에 대한 구성원들의 자발적인 참여를 유도하게 되는 것이다.

리더가 아무리 비전을 제시하고 구성원들에게 감동적인 배려를 해준다고 해도, 말만 앞세우고 솔선수범하지 않으면, 구성원들은 리더의 진정성을 의심하여 진지하게 따르려 하지 않을 것이다. 그러므로 솔선수범은 다른 모든 리더십 행위에 기본이 되는 리더십 요인이라고 볼 수 있다. 특히 한국적 상황에서는 솔선수범하지 않는 리더에 대해서 하급자들은 매우 부정적인 견해를 갖는다.

이처럼, 한국형 리더의 솔선수범은 구성원들에게 강력한 동기를 부여하며, 나아가 그러한 리더들이 이끄는 기업이 성장·발전할 수 있는 계기를 마련한다. 이번 장에서는 한국형 리더십의 핵심요인이라 할 수 있는 '솔선수범'의 구체적 내용에 대해 알아보자.

2 | 솔 선 수 범 의 개 념

솔선수범의 정의

한국어에서 솔선수범(率先垂範)의 사전적 의미는 다음과 같다.

"남보다 앞장서서 행동함으로써 몸소 다른 사람의 본보기가 되는 것"

이것은 그야말로 사전적 의미에 해당한다. 한국인들의 언어현실 속에서는 보다 다양한 의미로 사용되는 것이 '솔선수범'이다. 즉, 솔선수범이란 '모범을 보임, 인내, 윤리의식, 정직, 그리고 사심(私心) 없음' 등의 의미를 포함한다. 여기에서는 리더십 상황을 전제하여 다음과 같이 정리하였다.

"자신의 이익을 추구하기보다는 공공(公共)의 이익을 위해서 인내하며 바른 길을 가는 모범적 모습을 보여주는 것"

리더가 솔선수범을 하기 위해서는 그의 도덕성과 건전성은 선택이 아닌 필수이다. 외국어에서 솔선수범이라는 단어는 우리나라에서 사용하는 것처럼 폭넓은 행동영역을 포함하지 않기 때문에 딱 맞아떨어지는 단어가 없다. 이것이 솔선수범이 무엇인지를 외국 사람들에게 명쾌하게 설명하기 어려운 이유이다. 한국인들에게 솔선수범이란, 때로는 청렴과 정직을 의미하고, 때로는 모범을, 또 다른 때는 리더의 희생까지를 포함한다. 외국어에서처럼 '모범'이나 '준례'로만 해석하기에는 한국어의 솔선수범의 의미영역이 너무 넓다.

솔선수범의 4요인

솔선수범이란 공익적 개념이다. 즉 다른 사람들을 이끌기 위해서 리더가 갖춰야 하는 기본자세인 셈이다. 다른 말로 표현하면, 리더십을 발휘하기 위한 자격조건이며, 추종자들에게 안정감과 신뢰를 줄 수 있는 필수요건이다. 리더가 이런 조건들을 갖췄을 때 추종자들은 마음의 문을 열고 다가오게 되며 리더십의 바탕이 되는 신뢰감을 보이게 되는 것이다.

또한 솔선수범은 전(全)인격적 개념이다. 리더가 갖춰야 하는 내면적·행동적·언어적·사회적 조건들을 망라한다. 마음만 도덕적으로 건전하다고 해서 솔선수범이 끝나는 것이 아니다. 자신을 먼저 위해서는 안 되며, 남을 먼저 생각해야 한다. 말만 좋게 한다고 해서 솔선수범이 완결되는 것이 아니라 행동이 따라야 하며, 행동을 할 때는 사회적으로 다른 사람들이 따라할 가치가 있을 만큼 모범적이어야 한다.

한마디로 리더십에서 솔선수범은 이 세상의 '빛'과 '소금'과 같은 것이다. 그것이 없으면, 아무리 훌륭한 행동을 보이더라도 리더십은 빛날 수 없다. 그것 없이 아무리 열심히 노력해도 사람들은, 간이 안 된 반찬을 먹는 것처럼 금방 질리게 되고, 머지않아 부패하게 된다는 것을 안다.

이런 입장에서, 솔선수범의 개념을 네 가지 측면을 갖는 것으로 요약할 수 있을 것이다. 첫째는 리더들이 기본적으로 가져야할 인성 중에서 특히 '윤리성'에 대한 것을

〈표 10.1〉 솔선수범의 4요인

구 분	내 용
윤리성	리더들이 기본적으로 가져야 할 마음가짐으로, 정직하고 공정하며 도리와 이치에 어긋남이 없는 모습
자기희생	자신의 이익이나 피해를 감수하더라도 조직을 위해 희생하는 모습
언행일치	한번 내뱉은 말은 반드시 책임지고, 말만 하는 것이 아니라 일관성 있게 실천하는 모습
모범 보이기	구성원들의 본받고 싶은 모습, 조직의 발전에 도움이 되는 이상적인 모습, 바람직한 모습을 보여줌으로써 구체적인 행동모델이 됨

말한다. 둘째는 '자기희생'으로 다른 사람을 위해 자신의 이익을 생각하지 않고 행동하는 것을 말한다. 셋째는 리더 자신이 한 말과 행동이 같아야 하는 '언행일치'를 말한다. 자신이 한 약속을 지키며 실행하는 것이 그만큼 중요하다는 이야기이다. 마지막으로는 리더가 구성원들에게 본보기가 되는 것을 말한다. 즉 '모범 보이기'를 해야 되는 것을 의미한다.

(1) 윤리성

윤리(倫理)란 '사람으로서 마땅히 행하거나 지켜야 할 도리'를 뜻한다. 유교에서 윤리는, '항상 부모를 공경하고, 형제간에 우애 있고, 사람 사이의 믿음을 존중하고, 예의가 바르며, 언제나 검소·절제하면서, 명분을 잃지 않고, 자신과 남에게 부끄러운 생각이나 행동을 하지 않는 인간의 도리'라고 해석된다.

즉, 사람으로서 해야 할 일과 해선 안 되는 일을 분별하여 참된 길을 살아가야 하는 것을 말한다. 다분히 추상적이기는 하지만, 이것이 곧 한국인들의 마음속에 자리 잡고 있는 솔선수범의 윤리적 측면이 강조되는 원천이라고 볼 수 있다. 리더가 기본적으로 가져야 하는 마음가짐으로서, 무엇이 도리이고 무엇이 도리를 벗어나는 것인가에 대한 분명하고 엄격한 판단 기준을 가져야 하고, 그 기준에 비추어 보아 옳은 길(道理)을 선택해야 하는 것을 뜻한다.

윤리성이란, 한 집단, 한 사회, 한 국가를 지탱하는 질서이며, 질서가 없으면 기강이 서지 못하게 되고, 질서와 기강이 서지 못하면 그 집단, 그 사회는 무너지게 된다.

조직사회의 경우도 마찬가지이다. 조직을 바로 세우기 위해서는 리더뿐만 아니라 구성원들도 엄격한 윤리성을 갖출 필요가 있다. 특히 최근 들어, 조직리더들의 윤리성이 전 세계적으로 강조되고 있다. 워낙 비윤리적일 수 있는 개연성이 많은 집단이고 또 그동안에 수많은 비윤리적 사건들이 발생했었기 때문에 그 중요성이 한층 더 강조되고 있는 것이다.

한국의 경우는 예부터 '청렴'을 자랑으로 여기며 살아왔다. 없이 살아도 깨끗하게 사는 것을 커다란 미덕으로 칭송하곤 했다. 청렴·청빈하지 못하다는 말을 최고의 수치로 알았으며, 혹시라도 그런 누명을 썼을 때는 죽음으로써 자신의 결백을 입증하려 했던 사례도 많다. 그만큼 한국인들에게 청렴과 윤리성은 높은 사회적 가치를 지니는 개념이었다.

조선시대의 선비정신은 이러한 한국인들의 전인격적 청빈사상을 대변한다. 선비정신에 대한 현대적 해석을 되새겨 볼 필요가 있는 것 같다.

> "선비는 그 사회의 양심이고 지성이며 인격의 기준으로 인식되었고, 심지어 생명의 원동력인 원기라 지적되었다. 삼국시대부터 조선사회까지 그 시대적 양상에 차이가 있었지만 선비는 각 시대의 지도적 구실을 하는 지성으로서의 책임을 감당해왔다. 선비는 현실적·감각적 욕구에 매몰되지 않고 보다 높은 가치를 향하여 상승하기를 추구하는 가치의식을 갖는다. 선비는 신분적 존재가 아니라 인격의 모범이요, 시대사회의 양심으로서, 인간의 도덕성을 개인 내면에서나 사회질서 속에서 확립하는 원천으로 이해될 수 있다." (야후, 백과사전)

한국인들에게 솔선수범의 근본은 청렴으로 대표되는 높은 윤리의식이다. 선비정신이 횃불처럼 그 정신을 전해주고 있다. 물론 서양에서도 오래 전부터 윤리성은 강조되어 왔다.

> "알면서 남에게 해로운 짓을 하지 않는다."

이는 이른바 2500년 전의 히포크라테스의 선서로 알려진 윤리기준으로서 지금도 사용되고 있다. 조직의 리더들에게도 그대로 적용될 수 있는 내용이다. 즉, 법을 지키는 것은 물론 법적인 제재가 없더라도 사회적·공익적 이익을 준수하고 나아가 사회에 공헌해야 한다고 생각하는 윤리성이다.

매년 '가장 존경받는 기업'을 선정하여 공개하는 '포춘'지에서 존경받는 기업의 직원들을 대상으로 실시한 설문조사 결과, 우수 인재가 기업에 계속 남아 일하고 싶은 이유의 1순위가 '능력과 인성을 갖춘 상사' 때문인 것으로 나타났다. 이는 업무 능력뿐 아니라 리더의 인성, 즉 윤리성이 직원들의 사기 진작과 조직 만족도를 높이는 중요한 요인이라는 사실을 보여주는 결과라 할 수 있다. 이 때문에 많은 기업들이 리더의 윤리성을 중요한 평가 기준으로 삼고 있다.

비윤리적인 리더는 조직을 병들게 하고 궁극적으로 기업의 생존마저 위태롭게 할 수 있다. 하지만 리더가 사람으로서 마땅히 지켜야 할 도리를 갖추고 있더라도 행동으로 실천하는 데까지는 많은 어려움이 따른다.

〈사례 10.2〉는 어느 카페 점장의 사례이다.

〈사례 10.2〉 처음 약속이 먼저!

어느 날, A사에서 팀장 모임을 갖는다며 ○○카페 공간을 예약하였다. 곧이어 B사의 영업팀이 한발 늦게 예약을 문의해 왔다. 그 순간 점장은 B사의 영업팀을 받았을 때 얻게 되는 이익에 대해 떠올리며 갈등했다. A사에 비해 인원수가 거의 두 배 가까이 되므로 B사의 예약을 받고 A사의 예약을 취소하고 싶었지만, 자기 마음에 꺼려지는 일을 고객에게 하지 말라는 격언을 되새기며 눈앞의 이익을 포기하였다. 점장은 예약 석이 다 찼기 때문에 오늘 저녁에는 빈자리가 없다고 대답했다. 결국 원래의 계획대로 A사의 팀장 모임 예약을 위해 분주히 준비하였다.

위 사례는 적은 수의 팀이 예약했던 것을 취소시키면 더 큰 이익을 얻을 수 있었으나, 눈앞의 이익을 포기하고 처음 했던 약속을 지킴으로써 윤리적 리더의 모습을 보여준 카페 점장의 이야기이다. 소위 상도(商道)라고 하는 것도 윤리성의 일부이다. 어찌 보면 당연한 선택인 것처럼 보이지만 잔머리를 굴려 순간의 이익에 혼을 파는 리더들도 많다.

그러나 한국형 리더의 솔선수범 윤리성은 소극적 청빈에 그치지 않는다. 이것은 보다 적극적인 '선행'까지도 포함하는 개념이다. 〈사례 10.3〉은 바쁜 와중에도 시간을 쪼개서 어려운 이웃들을 돕는 '선행' 집배원에 대한 이야기다.

〈사례 10.3〉 한파 속 술에 쓰러진 노인 생명 구한 우체국 집배원 '훈훈'

한겨울 술에 취해 집 앞 계단에 쓰러져 있는 노인을 구한 집배원의 선행이 칼바람이 부는 한파에서도 훈훈함을 전해주고 있다. 화제의 주인공은 홍성 광천우체국에 근무하는 이정환(38) 집배원.

16일 충청체신청(청장 신순식)에 따르면 한파가 불어닥쳐 동장군의 기세가 등등했던 지난해 12월초께 이 씨가 결성면 한 마을에서 우편물을 배달하던 중 쓰러져 있는 70대 노인을 발견, 집으로 모셔 생명을 구한 사실이 뒤늦게 알려졌다. 이 씨는 이날 오후 오토바이를 타고 좁은 길목의 모퉁이를 막 돌아가던 중 어느 집 계단에서 사람의 손목을 발견하고 놀란 마음에 달려가 확인한 결과 계단에 쓰러져 있는 70대 노인을 발견하게 됐다. 당시 노인은 술에 취해 몸을 가누지 못하고, 집 앞에 쓰러져 있었으며, 자칫 추위에 동사할 수도 있는 위험한 상황이었다. 노인을 급히 집으로 모시고 간 이 씨는 이불을 덮어 따뜻하게 해드리고 차가운 날씨에 꽁꽁 언 몸을 주무르며 온기를 전했다. 이 씨는 얼마 후 노인이 정신을 차린 것을 확인하고 나서야 집을 나서 다음 배달을 계속했다. 또 이 씨는 며칠이 지난 후 걱정스런 마음에 노인을 다시 찾아가 뵙고 별탈이 없는지 확인하는 자상함도 보였다.

이 씨의 선행은 이뿐만이 아니다. 경력 14년차에 집배업무를 하다 보니 편지 배달만 하는 것이 아니라 어느새 마을주민의 안전과 마음까지 돌보게 된 것이다. 생필품과 농약구입, 공과금 납부와 같은 잔심부름은 물론 노인 분들의 무거운 짐 들어주기와 마을의 화재감시까지 주민을 위한 일이라면 몸과 시간을 아끼지 않는다. 특히 몇 년 전 할머니 혼자 살고 있는 집에 아무도 없이 가스레인지에 불이 켜져 있어 화재가 날 뻔한 것을 예방한 이 씨는 이후로는 홀로 살거나 노인들만 있는 집에 대해서는 더욱 세심하게 관심을 기울이고 있다.

오감리 마을 전 이장인 이한동(58) 씨는 "사람이 성실하고 힘없는 노인들을 잘 보살펴 마을에서 가장 인기가 높다"며 이 씨를 칭찬했다. 소식을 접한 신순식 충청체신청장은 "많은 집배원들이 우편물 배달이라는 힘든 업무 속에서도 틈틈이 짬을 내 방범활동과 어려운 이웃을 돕는 봉사활동을 활발히 펼치고 있다"며 "이번 이정환 집배원의 선행도 어려움에 처한 이웃을 외면하지 않고 보살핀 귀감이 되는 행동으로 칭찬하겠다"라고 말했다.

자료: 『뉴시스』, 2010. 1. 16

위 사례에서 보았듯이 다른 사람을 돕기 위해 몸과 시간을 아끼지 않고 선행하는 이정환 씨는 한국형 리더의 훌륭한 윤리성을 보여준 사례이다. 한국형 리더는 이런 적극적 윤리성을 기본으로 하여, 다른 사람들을 이끌어 간다.

(2) 자기희생

자기희생의 사전적 의미를 보면 '다른 사물이나 사람을 위하여 자기의 수고나 목숨을 아끼지 아니하는 일'로 되어 있다. 즉, 자신의 이익을 생각하지 않고 하기 싫은 일도 감수하는 것을 말한다. 자기희생에는 세 가지 측면이 있다. ① 어렵고 힘든 일을 자진해서 맡아 주는 것, ② 리더 자신에게 주어지는 보상을 하급자들에게 양보하는 것, ③ 리더가 갖고 있는 권한이나 권력의 사용을 자제, 또는 포기하는 것 등이 세 측면이다.

기업의 리더가 자기희생을 한다는 것은 쉬운 일이 아니다. 가진 권한과 자원이 있고 그것을 이용해서 책임지고 달성해야 할 목표가 있으며, 아울러 목표달성에 따르는 큰 보상이 기다리고 있기 때문이다. 권한의 포기가 자칫 무책임하게 비춰질 수 있고, 보상이란 능력의 증거이기도 하기 때문에 쉽게 포기하기 힘들다. 또한 어렵고 힘든 일을 자진해서 맡는 것도 리더에게 주어진 역할의 범위를 벗어나는 수가 있고, 조직을 위해서는 보다 부가가치 있는 일을 하는 것이 이익이 되기 때문에 간단치 않다.

이것은 곧 기업조직에서의 리더의 자기희생은 상황에 맞춰 수행되어야 효과를 기대할 수 있다는 것을 의미한다. 즉, 리더의 자기희생이 큰 효과를 내는 때가 있고, 그것이 오히려 역효과를 낼 때도 있다. 지금까지의 연구결과에 따르면, 위기 시에나 조직이 어려운 상황에서 리더의 '보상 차원의 자기희생'이 큰 효과를 내는 것으로 알려졌다.

예를 들어, 회사가 파산의 위기에 처해 있을 때, CEO가 자신의 연봉(보상)을 포기하고 회사를 살리기 위해서 발 벗고 나서는 모습은 조직원들의 동참을 유도하는데 큰 효과가 있다. 꼭 그렇게 거창한 희생만이 효과적인 것은 아니다. 어떤 회사는 재정상태가 어려워지자 임원진부터 출장 시 이코노미 티켓을 끊고 경비절감에 나섰다고 한다. 그리고 직원 회식 때에도 기꺼이 자신의 경비로 지출하여, 직원들이 자연스럽게 자기희생 리더십에 감동해서 따르게 만들었다고 한다. 이처럼 리더의 작은 희생은 호의적인 분위기를 조성하는 데 큰 역할을 한다.

이것은 우리가 어렵지 않게 접할 수 있는, 작은 희생에 해당한다. 하지만 말처럼 아무나 할 수 있는 일이 아니다. 회사가 어려워지면, 자신의 이익을 더 생각하고 싶은 마음이 생긴다. 다른 곳에 직장을 알아보는 사람들도 많이 생긴다.

하지만 진정한 한국형 리더는 회사나 단위 조직이 어려움에 처했을 때, 또는 다른 사람이 위험에 처했을 때, 과감히 희생할 줄 안다. 한국 사회가 각박하고 서로 비난만 하면서 사는 것처럼 보일 때도 있지만, 돌아보면 크고 작은 자기희생의 사례들을 많이 발견할 수 있다. 한국인들의 자기희생은 때로는 본능적 희생가치에서 나온다.

다음 사례는 취객을 구하기 위해 자신의 몸을 던진 故 이수현 씨의 본능적 자기희생의 이야기다.

〈사례 10.4〉 한국 유학생 일본을 울리다…… 일본인 구하려다 숨져

일본에 유학 온 한국 대학생이 도쿄(東京) 전철역 구내에서 술 취한 일본인을 구하려다 목숨을 잃는 안타까운 사고가 발생했다. 26일 오후 7시 20분쯤 일본 도쿄도 신주쿠구 지하철 야마노테센 신오쿠보역. 사카모토 세이코(37) 씨가 친구와 함께 플랫폼에서 술을 마시다 발이 미끄러져 철로에 떨어졌다. 만취해서인지 그는 일어나지 못했다. 역에는 전차가 곧 도착한다는 벨이 울렸다. 사람들은 비명을 질렀다.

그때 건너편 플랫폼에서 한 젊은이가 철로로 뛰어들었다. 그는 사카모토 씨를 붙잡고 일으키려 했다. 그때 한 사람이 더 내려와 거들었다. 바로 그 순간 전차가 진입했고, 셋은 함께 전차에 치여 숨졌다. 맨 먼저 건너편 플랫폼에서 뛰어든 젊은이는 한국인 유학생 이수현(26·고려대 무역과 4년 휴학) 씨였다. 또 한 사람은 일본인인 것으로 밝혀졌다. 이들은 서로 전혀 모르는 관계인 것으로 확인됐다.

아사히신문 등 일본 언론은 "술 취한 승객을 구하기 위해 자신의 목숨까지 던진 살신성인(殺身成仁)"이라며 이 씨의 안타까운 사연을 크게 보도했다. 이 씨는 이날 신오쿠보역 근처의 PC방에서 아르바이트를 마치고 기숙사로 돌아가던 길이었다. 그는 전철역에서 사고를 당하기 5분 전 휴대전화로 여자친구에게 "이제 전철에 탄다. 30분 후면 집에 도착한다"라고 전했는데 이것이 세상에 남긴 그의 마지막 말이 되고 말았다.

자료: 『동아일보』, 2001. 1. 28

이처럼 순간적으로 살신성인 할 수 있으려면, 본능적인 희생가치가 내면 깊은 곳에 자리 잡고 있어야 한다. 그 순간에 생각하고 따지고 계산한 후에 몸을 던질 수 있는 여유는 없다. 자기희생의 훈련을 통해서 습득된 행동도 아니다. 본능적 희생반응이라

고밖에 설명할 수 없는 행동인 것이다. 한국인들의 DNA 속에는 이와 같이 깊은 인류애, 또 그의 행동적 징표인 자기희생적 가치가 새겨져 있다.

또한, 한국형 리더는 일상적인 조직생활 속에서 다른 조직원들을 위해 어려움을 대신해 주는 희생적 행동을 잘 발휘한다. 〈사례 10.5〉는 이러한 예에 해당하는 사례이다.

〈사례 10.5〉 차장님의 희생적인 배려

작년에 어머니께서 위암 수술을 받게 되었다. 다행히 초기라서 완치가 가능하다고 했다. 그렇지만, 아무리 초기라도 가족 중에 암 환자가 생긴다는 것은 하늘이 무너지는 고통임을 겪어본 사람은 알 것이다. 소식을 접한 다음 날 이집트로 출장을 가기로 되어 있었다. 물론 다들 이런 나의 상황에 대해서 안타깝게 생각하고는 있지만, 누구도 선뜻 대신 출장을 가겠다고 지원하는 이가 없었다. 그도 그럴 것이 출장이 바로 내일이고 가서 힘든 회의도 주관해야 하기 때문이었다. 어머니께서 암에 걸리셨지만, 내일 당장 수술을 하는 것도 아니었기 때문에 대신할 사람이 없으면 어쩔 수 없이 이집트로 가야 할 상황이었다.

하지만, 어머니는 몹시 불안해하셨고 내가 옆에서 지켜드리는 게 필요했다. 그러던 중 차장님 한 분께서 기꺼이 나를 대신해서 이집트에 가겠다고 하시면서 업무 인수인계를 받으셨다. 그로 인해 시골에서 올라오신 어머니를 수술 전까지 옆에서 모실 수 있었고, 다행히 수술도 잘 끝나서 어머니께서도 모든 일에 감사해 하시면서 건강한 생활을 하고 계신다.

해외 출장은 성과 여부에 따라 개인평가가 명확하기 때문에, 갑자기 다른 사람의 프로젝트를 인계한다는 것은 부담이 크다. 당시 나를 도와주셨던 지금의 팀장님은 구성원의 작은 실수를 질책하기보다는 '배려'를 몸소 실천하면서도 업무 효율성도 중요하게 생각하기 때문에 팀원들의 신뢰를 많이 받고 있다.

위 사례는 많은 어려움이 있음에도 불구하고 하급자의 상황을 이해하고 배려하여 기꺼이 해외출장을 대신 가 준, 리더의 자기희생적 솔선수범이 하급자의 신뢰를 얻게 된 좋은 예이다. 이처럼 상대방이 아쉽고 어려울 때 선뜻 나서는 희생정신은 한국조직의 힘이고 조직원들에게 강한 동기를 유발하는 독특한 원동력이다.

한편, 자기희생의 반대개념은 이기주의이다. 이기주의(利己主義)란 자기의 이해만을 행위의 규준으로 삼고 사회 일반의 이해는 염두에 두지 않는 주의를 말한다. 비슷한 말로는 애기주의, 자기주의, 주아주의가 있다.

즉, 남을 돌보지 않고 제 이익만 차려 멋대로 행동하는 것을 말한다. 인간은 원래 자신의 이익추구가 우선이라는 바탕 아래 자신을 위하는 일들을 올바름의 유일한 기준으로 삼으려는 본능을 가지고 있다. 오직 자신의 이익이나 행복, 쾌락의 실현만을 생각하기 때문에 이기주의는 도덕성을 배제하고 자신에게 유리한 쪽으로만 치우치는 일종의 독단적 이익추구 행위라고 볼 수 있다.

(3) 언행일치

언행일치(言行一致)란 말과 행동이 서로 같거나 또는 말한 대로 실행하는 것을 의미한다. 즉, 리더 자신이 한 약속을 반드시 지키려고 애쓰는 것을 말한다. 리더는 비전을 달성하기 위해 내거는 슬로건이나 자신이 제시했던 구체적인 목표를 달성하기 위해 노력한다. 이렇게 리더에게는 하급자들을 이끌고 통솔해 나가는 힘이 있다. 그런데 리더의 말과 행동이 일관되지 못하면 하급자들의 신뢰를 받기 어렵다. 리더가 하급자들에게 존중받을 만큼 귀감이 되는 행동을 하는 것도 중요하지만 그 전에 기본적으로 언행일치를 이루는 것이 중요하다. 리더의 행동이 그가 말하고 주장하는 가치를 뒷받침할 때에만 진정한 메시지로 하급자에게 전달되기 때문이다. 리더의 말과 행동이 다를 경우, 하급자는 리더의 진심을 알지 못해 혼란스러워하고 조직은 각종 루머와 의혹에 휩싸이게 될 우려가 있다.

하급자들은 보통 무엇을 어떻게 해야 할지 모르는 혼란스러운 상황을 몹시 싫어한다. 그래서 아무리 인격적으로 본받을 만한 리더라도 말과 행동에서 일관성을 보이지 않으면 신뢰하지 않는다. 따라서 리더는 자신의 말과 행동에 늘 일관된 모습을 유지하여 하급자들이 조직에서 일하며 생길 수 있는 혼란을 줄여 주어야 한다.

다른 모든 것이 훌륭해도, 자신의 행동과 맞지 않는 지시를 내리는 리더는 구성원들의 마음을 얻기 어렵다. 자기는 안 하면서 하급자들에게만 시키든가 강요하는 리더를 한국 사람들은 몹시 싫어한다. 그러므로 리더는 아주 사소한 것이라도 자신의 말과 행동에 좀 더 신중해져야 한다. 자신의 생각에 확신이 없으면 구성원들의 의견을 따르고, 스스로 자신의 말을 번복하거나 줏대 없는 행동을 하지 말아야 한다.

이렇듯, 이상적인 한국형 리더는 작은 것에서부터 자신의 행동을 통해 진실성을 입증한다. 비록 작은 것이지만 말과 행동이 일치하는 리더의 태도에서 구성원들은 믿음을 갖고 그의 결정에 신뢰감을 느끼게 된다. 다음 사례는 자신의 말을 지킴으로써 백성들의 신뢰를 얻었던 중국 전국시대의 재상 상앙에 관한 이야기다.

〈사례 10.6〉 작은 믿음이 쌓이면 큰 믿음이 선다

중국 전국시대의 재상인 상앙은 자신의 말에 대한 신뢰를 나타내기 위해 성문 뒤에 별로 무겁지 않은 작은 통나무를 갖다 놓고 이를 옮기는 자에게 황금 다섯 냥을 주겠다고 선포했다. 처음에는 눈치만 살피고 움직이지 않던 사람 중에 한 명이 상금이 오십 냥까지 오르자 속는 셈 치고 한번 해보자는 심정으로 통나무를 옮겼다. 상앙은 즉시 그에게 상금을 지급하였고, 이 소문이 퍼지자 사람들은 모두 상앙을 믿게 되었다. 그리고 그 후로는 상앙이 반포하는 법령이라면 모든 백성이 군소리 없이 믿고 따랐다.

나라나 조직이 혼란스러워지거나 쇠퇴하기 시작할 때 제일 먼저 나타나는 현상이 백성이나 조직원들이 리더의 말을 믿지 않기 시작한다는 것이다. 옛 중국 사회에서도 백성들이 리더의 말과 행동이 일치하지 않는다는 사실을 크게 지각했던 것 같다. 리더의 언행일치에 대한 믿음이 사라지면, 리더가 어떤 약속을 해도 추종자들은 믿으려 하지 않게 된다. 신뢰가 깨어졌기 때문이다.

(4) 모범 보이기

모범(模範)이란 본받아 배울 만한 대상을 말한다. '모범 보이기'란 리더가 훈련목적이나 지식전달, 또는 선한 가치의 실천을 위해서 기술이나 기능, 또는 존재방식을 본보기로 보여주는 것을 말한다. 이러한 '모범 보이기'는 리더가 부하들에게 기술적 문제를 해결하거나 역경을 이겨내는 방식을 직접 앞장서 행동으로 보여주는 것도 포함하지만, 다른 한편에서는 특정 직책이나 역할을 맡은 사람들이 그 직책이나 역할을 다른 사람들에게 교훈이 될 만한 수준으로 수행하는 것을 의미할 수도 있다. 예컨대, 팀장은 팀을 책임진 사람으로서 교훈이 될 만한 행동이나 역할을 수행할 때 '모범적 팀장'이라고 불릴수 있다.

부자는 부자로서 모범적 행동을 보여야 하고, CEO는 CEO로서 그 직책에 걸맞은 모범을 보여주기를 사람들은 기대한다. 기대에 어긋날 때, 즉 직책이나 역할에 맞는 모범적 행동을 보여주지 못할 때, 사람들은 실망하게 되고 리더에 대한 신뢰를 회수하게 되는 것이다. 이렇듯, 모범 보이기는 솔선수범에 있어 구성원들의 신뢰를 형성하는 데 매우 중요한 요인이다.

다음 사례는 300여 년간 만석꾼의 부를 누렸다는 경주 최 부잣집이 주변 사람들에게 모범을 보이기 위해서 마련했던 행동지침이다. 오랜 경험이 묻어나는 인상적인 '모범형성 행동강령'임에 틀림없다.

〈사례 10.7〉 경주 최 부잣집의 육훈(六訓)과 육연(六然)

육훈(六訓) -집안을 다스리는 지침-	육연(六然) -자신을 지키는 지침-
一. 과거(科擧)를 보되 진사 이상 벼슬은 하지 말라 一. 만석 이상의 재산은 사회에 환원하라 一. 흉년기에는 땅을 늘리지 말라 一. 과객을 후하게 대접하라 一. 주변 100리 안에 굶어 죽는 사람이 없게 하라 一. 시집 온 며느리는 3년간 무명옷을 입히라	一. 자처초연(自處超然) (스스로 초연하게 지내고) 一. 대인애연(對人藹然) (남에게 온화하게 대하며) 一. 무사징연(無事澄然) (일이 없을 때 마음을 맑게 가지고) 一. 유사감연(有事敢然) (일을 당해서는 용감하게 대처하며) 一. 득의담연(得意淡然) (성공했을 때는 담담하게 행동하고) 一. 실의태연(失儀泰然) (실의에 빠졌을 때는 태연히 행동하라)

위에서 보듯이 최 부잣집은 부를 축적만 한 것이 아니라 주변에 있는 사람들에게 그 부를 나누어 줌으로써 부자로서의 모범을 보이려 노력하였으며, 이것이 결과적으로는 더 좋은 효과를 가져왔다. 유교의 인간중심의 사고방식이 잘 나타나있고, 모

범을 보이는 것, 예를 지키는 것이 얼마나 중요한지를 보여주는 바람직한 한국형 리더의 솔선수범 사례이다. 이는 참으로 아름다운 사례이다. 최 부자 댁의 사람들이 부자였기 때문에 기억되는 것이 아니라 부자로서 어떻게 존재했는가에 의해서 기억되기 때문이다.

오늘날에도 모범 보이기의 크고 작은 사례들이 많다. 기업의 소유주는 소유주대로, 경영자나 팀장은 또 그들 나름대로 자신의 위치에서 최고의 역할을 수행하면서 모범적 행동을 보이는 리더들이 주변에는 많이 있다. 특히 한국형 리더들은 이처럼 아름다운 행동을 할 줄 아는 사람들이다. 자신의 이익만을 추구하는 괴물로서 유아독존 식으로 존재하는 것이 아니라, 존경받는 존재로서 자기보다 못한 사람들과 함께 존재하려한다.

〈사례 10.8〉은 1세대 게임사로서 도전정신과 신뢰라는 초심을 지켜 나가는 모범사례이다.

〈사례 10.8〉 엠게임의 용기 있는 결정, 모범적인 도전정신

엠게임이 주변의 우려를 기우라고 외치듯 유가증권 신고서를 제출했다. IPO공모시장의 악화에도 불구하고 주주와의 신뢰를 지키기 위해 선택한 결정이다. 기업으로서 기업 가치에 충실하며 이윤극대화를 추구하는 것이 기본인데, 공모시장 전체가 어려움과 불안이 팽배한 현 시점에서 이러한 결정을 내릴 수 있는 것은 앞으로 얼마든지 성장할 수 있다는 자신감이 바탕에 깔려 있기 때문이다. 이는 신뢰를 지키는, 스스로 수립한 비전에 자부심과 자신감을 갖는, 안정된 이윤창출을 확보한 기업이라는 '자긍심'과 '완수'로서 시사하는 바가 크다.

한편으로는 어려운 시장경제 속에서 방어적 운영구조로 전환한 게임업계에 초심을 보여준 일이다. 작은 사무실과 PC 몇 대에서 출발한 과거 게임 산업에게는 열정과 도전정신 그리고 유저에 대한 신뢰만이 유일한 재산이었다. 1세대 게임사로서 도전정신과 신뢰라는 초심을 지켜 나간다는 점은 모범사례이기에 충분하다.

지금 게임업계에 필요한 것은 경쟁력이고, 그 경쟁력을 창출하는 것은 바로 실력과 도전정신이다.

"늦을수록 돌아가라"
"위기를 기회로"

불황과 더불어 한동안 간과해온 격언을 다시 한 번 마음에 새기고 실력을 바탕으로 도전하는 권토중래의 한국 게임업계가 되어야 할 때이다.

자료 : 『베타뉴스』, 2008. 11. 6

위 사례에서 말하듯이 한국형 리더는 힘들 때일수록 초심을 지켜나가려고 애쓰며, 위기를 기회로 삼을 수 있도록 노력한다. 사실, 자신이 처한 환경 속에서 모범을 보인다는 것이 그렇게 쉬운 일만은 아니다. 우선, 무엇이 모범적 존재 모습인가를 정확히 알기 힘들다. 그리고 모범적 존재 형태가 한 가지만 있는 것도 아니다. 그 모범이라는 것이 또한 상황에 따라 달라지기도 한다. 다음의 김 팀장과 박 팀장의 사례를 살펴보자.

〈사례 10.9〉 모범적인 김 팀장의 사례

김 팀장은 한국 굴지의 T에너지 회사의 기획팀장이다. 팀원들을 만나보면 그에 대한 칭송이 자자하다. 그는 무엇이 다른가? 팀원들과의 인터뷰 결과를 몇 가지로 요약해 보면 다음과 같다.

첫째, 김 팀장은 팀원 한 사람 한 사람을 존중해준다. 각 팀원과 끊임없이 대화하며 서로에 대한 이해를 깊이 한다. 대화를 나눌 때는 분위기도 매우 밝게 한다. 마치 친구처럼, 아니면 형제처럼 친숙한 분위기 속에서 대화하다 보면 어느덧 팀원은 자신의 마음속에 있던 말을 다 쏟아놓게 된다고 한다. 물론 팀장이라고 멀리서 듣기만 하는 것은 아니다. 자신이 고민하고 있는 것, 잘 안 풀리는 일 등에 대해서 진솔하게 팀원들에게 털어놓는다. 그것이 결국 친밀감을 더하게 되는 것이다.

둘째, 일에 있어 명쾌하다. 누가 무슨 일을 해야 하는지가 명확하고 위임을 했으면 끝까지 기다려 준다. 팀원 각자가 '역할기술서'(role description)를 작성하여 관리하도록 되어 있다. 하지만 급할 때는 너무 정해진 역할만을 고집하지 말도록 유연성을 강조하기도 한다. 기획 업무라는 것이 맺고 끊는 것이 분명하지 않은 일들이 많다. 결재를 올렸는데 보완해 오라는 것이 많고 하다가 취소되는 일도 다반사이다. 그렇기 때문에 자신이 맡은 일이 있더라도 상황에 따라 서로 돕지 않으면 시너지를 내기 힘들다. 김 팀장은 바로 이러한 순간적 조정에 능하다.

셋째, 업무 장악력이 뛰어나다. 아마도 이것이 김 팀장의 가장 중요한 장점일 것이다. 벌써 10년 이상 기획업무를 하다 보니 에너지 산업에 대해서뿐 아니라 다른 관련 산업에 대해서도 세계적 추세를 읽을 정도의 내공을 보여준다. 함께 얘기하다 보면 '참으로 배울 것이 많은 분이구나'하는 생각을 버릴 수 없게 된다. 그래서 그런지 일을 할 때는 엄청 꼼꼼하고 깐깐하다. 많은 팀원들이 그를 완벽주의자라고 부른다. 또한 마감일자에 매우 엄격하다. 필요에 따라서는 엄청 몰아붙이기도 한다. 하지만 고생하는 팀원들을 절대 잊지 않는다.

넷째, 스타일이 유연하다고 할 수 있다. 왜냐하면, 부하들에게 항상 따뜻하기만 해서 대외적인 일에는 약할 줄 알았는데 그렇지 않았다. 정부 관료들과 유가에 대해서나 법적인 문제를 가지고 붙을 때는 완전히 다른 사람이 된다. 카리스마가 팍팍 느껴진다. 고집도 매우 세다. 아닌 것은 아니다. 재경부 에너지팀 과장들이 쩔쩔맬 정도이다.

끝으로, 임원들이나 사장에게 할 말을 다 한다. 물론 맞서든가 갈등을 빚는 것이 아니라 매우 논리적이고 사실 위주로 부담 갖지 않도록 설득한다. 개인적으로도 참 매력 있는 사람이라는 생각이 들 정도로 관계유지를 잘한다.

이것은 실제 있었던 사례이다. 이 정도라면 김 팀장을 모범적이라고 불러도 손색이 없을 것이다. 하지만 울산에 있는 정유공장에서 모범적이라고 불리고 있는 박 팀장은 김 팀장 같은 사람이 아니었다. 물론 김 팀장 정도만 하면 어디 가서도 인정받을 것은 당연하지만, 초점은 다른 데 있다. 직무가 다르고 조직의 상황이 다르면 다른 기술이 더 많이 소요된다.

다음 〈사례 10.10〉의 박 팀장을 살펴보자.

〈사례 10.10〉 울산공장 박 팀장의 사례

공장의 사정은 달랐다. 제3공장 운영을 맡고 있는 박 팀장은 팀원들을 회집으로 불러 모았다. 팀원들 중에는 나이가 박 팀장보다 많은 원로급도 있었고 동갑내기도 있었다. 우선 소주잔을 몇 순배 돌렸다. 모두 심각한 표정이었다. 처음 말문을 연 것은 노동조합 간부인 조 반장이었다. 담배에 절은 컬컬한 목소리의 조 반장이 악에 받친 듯 소주잔을 밥상에 치며 울분을 내뱉었다.

"해도 너무 하는 것 아니오. 3년째 임금동결이라니, 말이 되는교? 경영자가 물러나든가 회장이 책임을 지든가 좌우당간 요번에는 끝장을 봐야 할끼라."

"……와 이랍니까? 경기 안 좋고, 경쟁사 치고 나오고, 원유 값은 치솟고 우짜겠능교? 사장이든 회장이든 맘 편하게 자는 줄 알아요?"

"똑바로 하란 말아야, 똑바로!"

"암튼 내일 연대투쟁은 좀 막아주소. 내가 정문에 나가 몸으로 막을랍니다. 노와 사가 함께 노력해서 난국을 극복할라꼬 해도 될똥말똥한데 이래가지고서야 어디 희망이 있십니까?"

"그기 내맘대로 되는교? 아아들이 준비 다 해놓고 기다리고 있는데 우짜겠습니까?"

"그럼 조 반장만이라도 병원에 입원이라도 좀 하소. 내 소원 한번만 들어주소, 마."

이날 밤, 박 팀장은 호소도 했다가, 빌기도 했다가, 격노하기도 했다가 하기를 수십 차례나 했다. 밤을 꼬박 새우다시피 했다. 초강경 노조간부인 조 반장을 묶어놔야 다음날로 계획되어 있는 총파업이 힘을 잃을 것이었다. 조 반장으로서는 노동조합 내의 입지 확대를 위해서도 꼭 참석해야 하는 매우 중요한 투쟁의 날이었다.

다음 날 아침, 박 팀장은 술이 덜 깬 채로 공장 정문에 나갔다. 강경노조원들은 이미 격한 분위기를 한창 끌어올리고 있었다. 빨간 머리띠와 섬뜩한 구호와 깃발과 카랑카랑한 스피커의 선동적 멘트로 정문 앞은 혼란스러웠다. 그리고 조 반장이 맨 앞에서 대열을 리드하고 있었다.

박 팀장은 몸으로 막았다. 봉변을 당하는 정도는 아무것도 아니었다. 다른 팀장들과 과·차장급들도 박 팀장에 동참했다. 경찰도 동원됐다. 그렇게 이 주일이 지났다. 박 팀장은 자리를 뜨지 않고 끝까지 몸을 던졌다. 지성이면 감천이라고 했던가? 노와 사가 다시 협상 테이블에 앉기로 했다.

이 일이 있고 나서 박 팀장은 다른 팀장과 임원들 사이에서 팀장의 모델로 불리기 시작했다. 팀장이라 할지라도 그렇게 선뜻 몸을 던지기란 쉽지 않다. 나중에 알게 된 일이지만 평소에도 박 팀장은 팀원들의 마음관리를 철저히 했었다고 한다. 독서클럽, 정기적 회식, 1:1 상담, 개인사 처리, 적극적 불만대응, 철저한 업무관리, 그리고 다양한 교육기회제공 등 안 한 것이 없었다.

김 팀장과 박 팀장의 사례에서 보듯이 모범을 보인다는 것은 개관적으로 정해져 있다고 보기 힘들다. 자신의 위치에서 모범이 되기 위해서는 치밀한 분석과 창의성이 요구되는 이유가 여기에 있다. 몸으로 때워야 하는 경우가 있는가 하면, 스마트하게 전략적으로 행동해야 하는 경우도 있다.

솔선수범의 이론적 배경

리더십 이론이나 그와 개념적으로 관련된 문헌에 솔선수범과 유사한 내용을 포함하고 있는 예는 여럿 있다. 그 중에서 노블레스 오블리주 / 사회적 기업, 서번트 리더십, 진성 리더십, 자기희생적 리더십, 그리고 조직시민행동(OCB: Organizational Citizenship Behavior) 등 다섯 가지를 간략히 알아보자.

(1) 노블레스 오블리주 / 사회적 기업

노블레스 오블리주(noblesse oblige)란 프랑스어로 '귀족의 의무'를 의미한다. 보통 부와 권력, 명성은 사회에 대한 책임과 함께 해야 한다는 의미로 쓰인다. 즉, 노블레스 오블리주는 사회지도층에게 사회에 대한 책임이나 국민의 의무를 모범적으로 실천하는 높은 도덕성을 요구하는 단어이다. 하지만 이 말은 사회지도층들이 국민의 의무를 실천하지 않는 문제를 비판하는 부정적인 의미로 쓰이기도 한다. 개인 차원에서 노블레스 오블리주의 예는 동서고금을 막론하고 무수히 많다. 우리가 여기에서 이야기하는 '솔선수범'의 범주에 포함되는 내용이다.

한편, 최근 들어 많은 관심을 끌고 있는 사회적 기업이라는 용어도 노블레스 오블리주와 같은 맥락의 개념이라고 볼 수 있다. 사회적으로 존경받는 기업이 장기적으로도 성공할 확률이 높은 것은 당연하다. 이와 관련해서는 세계적 제약 기업 머크 사(社)의 전 CEO 로이 바젤로스가 좋은 본보기이다.

〈사례 10.11〉 로이 바젤로스의 노블레스 오블리주

1990년 '강변실명증'(화선사사충이라는 기생충에 의해 실명에 이르게 되는 질병으로 강변에서 감염)의 공포가 아프리카 대륙을 뒤덮었을 때, 세계적 제약업체 머크 사의 당시 CEO였던 로이 바젤로스는 그 치료약을 개발하겠다고 이사회에 알렸다. 그러나 이사회는 약을 개발·판매해도 이익이 나지 않을 것이라는 이유로 치료약 개발에 대해 크게 반발하였다.

하지만 그는 기업의 사회적 책임의 중요성을 일찌감치 감지하고 이를 강력히 추진하게 된다. 치료약이 아프리카에서 무료 보급되자 회사의 이미지는 더욱 좋아졌고,

---

최고의 실력을 갖춘 과학자들이 인류 사회에 기여하는 머크 사를 '가장 입사하고 싶은 회사'로 지목하게 되었다.

결과적으로 제약 기업의 사회적 책임이 미래에는 한층 더 중요해질 것이라는 사실을 간파한 CEO의 혜안이 세계 최고의 제약 기업을 탄생시키는 발판이 된 것이다. 기업 차원의 솔선수범이라고 해야 할 것이다.

(2) 서번트 리더십

서번트 리더십은 그린리프(R. Greenleaf)라는 경영학자에 의해 1970년대 초에 처음으로 소개되었다. 그린리프는 헤세(H. Hesse)가 쓴 '동방 순례'라는 책에 나오는 서번트인 레오(Leo)의 이야기를 통해 서번트 리더십의 개념을 설명하였다. 레오는 순례자들의 허드렛일이나 식사 준비를 돕고, 밤에는 지친 순례자들을 위해 악기를 연주하는 사람이었다. 레오는 순례자들 사이를 돌아다니면서 필요한 것들이 무엇인지 살피고, 순례자들이 정신적으로나 육체적으로 지치지 않도록 배려했다. 그러던 어느 날 갑자기 레오가 사라져 버렸다. 그러자 사람들은 당황하기 시작했고, 피곤에 지친 순례자들 사이에 싸움이 잦아졌다. 그때서야 비로소 사람들은 레오의 소중함을 깨닫고, 그가 순례자들의 진정한 리더였음을 알게 되었다. 서번트 리더십은 레오와 같이 다른 구성원들이 공동의 목표를 이루어 나가는데 있어 정신적·육체적으로 지치지 않도록 환경을 조성해 주고 도와주는 리더십이다. 결국 인간 존중을 바탕으로 다른 구성원들이 잠재력을 발휘할 수 있도록 도와주고 이끌어 주는 것이 서번트 리더십의 요체이다.

서번트 리더십은 사회적으로 보람 있는 일이 이루어지도록 힘이나 정성을 기울이고 다른 사람을 위한 봉사에 초점을 맞추어, 상대방을 우선으로 여기고 그들의 욕구를 만족시키기 위해 헌신하는 것을 말한다. 즉 다른 사람들로부터 리더로 인정받아야 리더가 될 수 있으므로 자신을 리더로 인정해 줄 수 있는 사람들을 섬겨야 한다는 관점이다.

어렵고 힘든 일을 앞장서 돕고, 스스로 희생하며, 모범을 보이는 솔선수범의 개념에 포함될 수 있는 내용이다. 단지, 서번트 리더십이 서번트적인 행동이 리더십의 전부로 묘사하고 있는 반면, 한국형 리더십에서는 여덟 개 요인 중 하나의 요인으로 제시하고 있는 것이 다르다.

(3) 진성 리더십

진성 리더십(Authentic Leadership)은 2004년 미국 네브라스카 대학의 갤럽 리더십 연구소(Gallup Leadership Institute)가 개최한 세계정상급 리더십 학자와 컨설턴트들의 컨퍼런스에서 선언된 리더십 원칙이다. 진성 리더십은 기존의 학자 수만큼이나 많은 리더십 이론이나 회사의 숫자만큼 많은 리더십 프로그램이 우리가 직면한 리더십 문제를 해결하기보다는 오히려 리더십 무정부주의를 창출하는 데 공헌해 왔다는데 문제의식을 두고 있다. 이와 같은 리더십의 문제를 근원적으로 해결하기 위해서 리더십의 근원이 되는 리더십의 뿌리를 찾아서 여기서부터 차근차근 리더십 연구를 다시 시작해 보자는 자기반성이 진성 리더십의 기반이 되었다.

진성 리더십에서는 원칙에 근거한 삶을 영위해가며 자기 자신에 진솔한 리더(true to oneself)만이 진정한 리더십의 모범이 될 수 있다고 규정한다. 자신에 진솔하지 못한 리더가 다른 사람에게 리더십을 설파하는 것은 리더십의 잘못될 가능성을 미리 전제해 놓는 것과 마찬가지이며 리더십의 사기행각이 될 수도 있다고 경고한다. 진성 리더십이 기존의 셀프리더십과 다른 점은 셀프리더십이 자기 자신을 이끌기 위해 자신의 목표를 스스로 설정하고 이를 독려하는 측면을 강조하는 반면 진성 리더십은 자신만의 고유한 목적, 가치, 그리고 성실과 정직으로 무장하여 자신의 정체성의을 명료하게 이해하고 성찰을 기반으로 자신뿐 아니라 중요한 구성원들에게 장기적 가치를 전달해 줄 수 있는 리더십을 행사하는 것을 지칭한다. 이런 점에서 셀프리더십이 초보 관리자급에게 필요한 리더십의 원리라 한다면 진성 리더십은 회사의 임원이나 사회의 역할모형이 되어야 할 사회적 엘리트에게 더 필요한 리더십의 원리이다. 진성 리더십의 성과에 대한 연구들은 아직 초기 단계일지라도 우리 사회와 같이 엘리트 계층의 진정성과 진솔성이 항상 의심을 받아온 사회에서는 진성 리더십은 시사하는 바가 크다.

자신의 내면세계의 진성을 깨닫고 그 진성이 시키는 대로 행동하게 되면 그 사람은 진정성을 갖게 되는 것이다. 화려하고 현란한 스포트라이트를 마다하고 자기 자신에게 진솔한 모습으로 솔선수범하면서 건강하고 알차게 조직을 이끌어가는 리더는 진정성을 갖는다. 이 진정성이야말로 구성원들의 신뢰를 얻기 위해서 솔선수범하는 리더가 지녀야할 윤리성과 언행일치의 근본이라 할 수 있다.

(4) 자기희생적 리더십

일반 관리자에게 바람직한 리더의 자질을 물으면, 빠지지 않고 언급되는 요소가 리더의 '자기희생' 또는 '희생정신'이다. 특히 한국인들의 경우, 리더의 이타적 희생을 필수적인 요소로 간주해왔다. 리더십 학계에서도 자기희생에 대해서 많은 연구논문이 발표된 바 있다.

앞서 제시했듯이, 자기희생적 리더십은 노동분할 희생, 보상분배 희생, 그리고 권력행사 희생 등 세 가지 측면을 갖는다. 하지만 최근의 한국군을 대상으로 한 연구에 따르면(조성룡, 2009), 한국에서의 자기희생은 위의 세 가지 요인들 이외에도 더 많은 행동영역을 갖는 것으로 밝혀졌다.

(5) 조직시민행동

조직시민행동(OCB: Organizational Citizenship Behavior)이란 '역할 외적 행동'(extra-role behavior)이라고 한다. 안 해도 되는 것이지만, 조직의 분위기를 좋게 하기 위해서 수행하는 행동이다. 이타적 행동이라고 볼 수 있다. 예컨대, 옆에 있는, 바쁘게 일하는 동료를 위해서 커피를 한잔 뽑아다 준다든가, 같은 층의 조직원들이 공동으로 사용하는 화장실에 작은 꽃병을 준비하고 꽃을 꽂아놓는 행동, 고장난 복사기를 앞장서 고쳐놓는 것 등과 같은 선의의 행동들이 OCB에 포함된다.

솔선수범과의 개념적 연관은 아마도 '모범 보이기'와 자기희생과 어느 정도의 연관성이 있다고 볼 수 있다. 하지만 OCB의 개념 영역이 매우 제한적이어서 솔선수범의 큰 범주에 포함되는 개념이라고 보는 것이 타당하다.

솔선수범의 여러 수준

한국형 리더십의 여덟 가지 요인 중 '솔선수범'은 개인 차원과 조직 차원으로 나누어 이야기 할 수 있다. 한 사람의 한국형 리더가 어떻게 솔선수범 행동을 보여주며 그 효과는 무엇인가를 알아보는 것이 개인 차원의 솔선수범이라면, 조직전체에서의 솔선수범이란 조직의 다양한 계층의 리더들이 평균적으로 얼마나 솔선수범하는 성향을 보이는가를 의미한다. 대부분의 리더들이 이기적인 태도를 보이고 서로를 헐뜯고 갈등을 빚는다면 솔선수범 조직이라고 할 수 없다. 솔선수범하는 한국형 리더들로 가득 찬 조직은 힘 있고 생동감 넘치는 조직이라고 할 수 있다. 〈표 10.2〉에 개인 차원과 집단 차원의 솔선수범을 간략히 정의하였다.

개인적 차원의 솔선수범은 미시적 관점이라고 볼 수 있는 반면, 조직 전체를 솔선수범 조직으로 만드는 것은 거시적 차원의 관점이라고 할 수 있다. 조직 곳곳에 개인 차원에서 솔선수범하는 리더를 발견하게 된다. 아무리 삭막한 조직이라도 최소한 1%의 솔선수범 사례는 찾아볼 수 있다. 개인의 성격이나 가치관, 또는 경험에 기초하여 솔선수범을 인생의 모토로 살아가고 있는 리더인 셈이다. 이런 사람은 어디에서 무슨 일을 하든지 솔선수범하는 자세를 보일 것이다. 이기적인 성격의 사람을 뽑아놓고 시간과 돈을 들여가며 열심히 훈련시켜 솔선수범하는 인재로 키우려 하기보다는 뽑을 때 솔선수범하는 성격을 가진 사람을 뽑는 것이 더 효과적이다. 이처럼 개인 차원의 솔선수범은 개인의 속성으로 말미암아 솔선수범하는 행동을 어느 상황에서나 보여주는 사람을 의미한다.

조직 차원의 솔선수범이란 조직의 정책적 차원에서 솔선수범을 하나의 모토로 내걸고 추진하여 리더들이 의도적으로라도 솔선수범하려고 노력하는 조직이다. CEO나 소유-경영자가 솔선수범을 하나의 경영철학으로 생각하여 스스로 앞장서는 모습을 보이며, 조직의 모든 구성원들이나 리더들이 같은 철학을 공유하고 그 바탕에서 행동하도록 교육, 평가, 조직운영 등 다양한 차원에서 정책적 노력을 기울인다.

개인적인 차원과 조직 차원에서 솔선수범이 어떻게 적용되는지를 아래의 두 사례를 통해서 살펴보도록 하자. 우선, 〈사례 10.12〉는 영업본부 문 팀장의 사례이다.

〈표 10.2〉 개인 및 조직 차원의 솔선수범

개인 차원의 솔선수범	조직 차원의 솔선수범
리더가 개인적 특성 차원에서 윤리적으로 엄격하며, 말과 행동이 일치하고, 자기희생적이며 자신의 역할에서 모범을 보여주는 것	조직에 솔선수범하는 정신이 살아있어 대부분의 리더들이 가치관, 의식, 행동, 태도 측면에서 솔선수범을 생활화하고 있는 조직. CEO나 회사의 소유-경영자가 솔선수범을 이념이나 정책으로 내세워 추진하는 경우가 많다.

〈사례 10.12〉 문 팀장의 솔선수범 리더십

영업본부 문 팀장은 온화한 성품으로 상사의 지시에 순응하고 부하직원들에게는 솔선수범하는 모범적인 분으로 상하 간 좋은 평판을 얻고 있다. "문 팀장은 솔선수범하는 천성을 타고난 것 같다." 조직생활 20년 가까이 그를 지켜본 사람들이 한결같이 문 팀장에 대해서 하는 말이다. 언제나 겸손하고 양보하며 자신을 내세우기보다는 남을 위해서 봉사하려고 애쓴다. 이런 그의 태도가 팀장으로서 팀을 운영하는데 있어서도 좋은 성과를 내고 있다.

한번은 이런 일이 있었다. 팀원 일곱 명 중 P 차장은 업무처리가 꼼꼼하나 고집이 세어 자기주장을 강하게 내세우는 성격으로 영업계획상 주요 의사결정 시 팀장과 가끔 논쟁을 불러일으켜 다른 직원에게까지 불편한 상황을 만들고는 했다. 평소 직원들과의 의사결정 과정에서 부하직원들의 의견을 경청하고, 본인이 잘못 판단한 부분에 대해서는 겸허하게 받아들이던 문 팀장은 P 차장의 의견을 경청하면서도 잘못된 부분에 대해서는 P 차장의 감정이 상하지 않는 범위 내에서 지적하는 등 업무협의를 꾸준히 했다. 팀 내 고참인 P 차장의 입지를 생각하여 팀장에게 주어진 운영비 중 일부를 P 차장이 후배를 관리하는 데 사용할 수 있도록 배려해 주기도 하였다. 주요결정을 할 때는 반드시 P 차장에게 의견을 물어 참고하는 모습을 보여줌으로써 팀 내에서 그의 입지를 높여줬다. 1년이 지나면서 P 차장은 문 팀장의 의견을 존중하게 되었고, 팀 내 업무 협의 시 불필요한 논쟁을 하지 않게 됨으로써 팀 분위기도 한결 좋아졌다. 이는 문 팀장의 솔선수범하는 리더십의 결과라고 할 수 있을 것이다.

사례에서 문 팀장은 회사에서 하라고 시켜서 솔선수범의 행동을 보인 것이 아니다. 본래부터 자신이 갖고 있던 스타일이었다. 이처럼, 개인 차원의 솔선수범은 외부의 압력이나 요구 없이 리더가 자발적으로 그러한 행동을 보여주는 것을 의미한다.

조직차원의 솔선수범의 예는 다음의 〈사례 10.13〉에서 일별해 볼 수 있을 것이다.

〈사례 10.13〉 SKY의 솔선수범 조직

"저는 분기마다 전 임직원들을 모아 놓고 회사가 돌아가는 상황을 솔직하게 '보고'합니다. 회사 실적은 물론이고 회사가 겪는 일과 해결 과정 등 시시콜콜한 이야기까지 모두 하지요. 저는 리더십의 핵심 키워드는 '일체감'이라고 생각합니다. 제가 대기업에 취직했을 때 느꼈던 부속품에 불과하다는 좌절감을 우리 직원들에게는 느끼게 해주고 싶지 않았기 때문입니다. 그래서 틈만 나면 사업장 곳곳을 돌아다니며 직원들을 격려합니다. 직원들은 궁금한 것들을 저에게 스스럼없이 묻고 저는 이에 대해 소상히 답해 줍니다."

SKY글로벌의 김 회장은 직원들이 궁금해 하기 전에 회사에 대한 정보를 공유함으로써 자신의 할 일에 더 몰두할 수 있도록 했다. 또한 자신의 사무실을 누구든 쉽게 드나들 수 있도록 열어 두었다. 김 회장은 비서들로 가로막혀 있는 한국의 CEO 사무실에 어떤 직원이 쉽게 드나들며 자신의 의견과 아이디어를 말할 수 있겠냐고 꼬집었다.

김 회장은 주말에 직원이 출근하면 자신도 사무실에 나와 직원들과 함께 일했다. 주말에 골프를 치거나 집에서 쉬는 일은 거의 없었다. 김 회장은 아무리 먼 나라로 출장을 가더라도 비즈니스가 아닌 3등석을 타고 다니며 솔선수범했다. 사장과 직원 모두 한 배를 타고 계급장 없이 같은 목표로 일하고 있다는 것을 보여준 것이다. 불만에 가득 찬 사람은 자신의 역량을 50%밖에 활용할 줄 모르지만, 소속감을 가진 직원은 200% 이상의 역량을 발휘할 수 있다는 것이 김 회장 리더십의 기본 바탕이다.

김 회장은 또한 회사가 공정해야 일할 맛 나는 회사가 된다고 강조했다. 여기서 '공정하다'라는 것은 똑같이 월급을 주는 것을 말하는 게 아니다. 공정한 대우는 연구하는 직원과 그렇지 않은 직원을 차등하여 월급을 주는 것이다.

"회사를 다니고 있으니 먹고사는 데 지장이 없다는 마인드는 절대 안 됩니다. 철저한 능력 평가와 함께 회사는 회사의 성공을 직원과 나눠야 합니다. 회사의 성공이 자신의 성공과도 이어져야 합니다. 회사가 커지면 직원의 주머니도 커져야죠. 회사는 성장하는데 직원의 봉급이 그대로라면 일할 맛이 안 나는 건 당연하죠."

무모하게 창고로 들어가서 창업하고 도전하며 끊임없이 변화를 추구하고 있는 김 회장의 도전은 지금도 계속되고 있다. 창업자에서 사회사업가로, 이어서 교수로 변신을 거듭하고 있다. 김 회장은 현재 경영대 교수로 자신이 배우고 경험한 것들을 학생들에게 나누어 주고 있다. 또한 재단을 설립해 국내외 학생들에게 장학금을 지원하고 있으며 지난해부터는 캄보디아, 필리핀, 네팔 등에서 원조 사업도 활발하게 진행 중이다.

"저는 15년 동안 제 앞에서 도와준 사람이 없었기 때문에 시행착오를 많이 겪었습니다. 저처럼 혼자 고민하며 많은 시행착오를 겪기보다 제가 도움을 줌으로써 시행착오를 줄여 드릴 수 있는 역할을 하고 싶습니다. 여러분 중에서도 혹시 저와 의논하고 싶은 분이 있으시면 이메일을 보내주시기 바랍니다."

아시아의 빌 게이츠라 불리는 김윤종 SKY글로벌 회장. 그는 빌 게이츠와 여러모로 비슷한 점이 많다. IT업계 종사자였다는 것과 큰 성공을 거두었다는 것. 그리고 그 성공을 다른 사람과 나누고자 한다는 점이다. 성공과 나눔의 신화를 새롭게 쓰고 있는 김윤종 회장의 강연을 통해 제2, 제3의 김윤종 회장과 같은 성공 신화가 쓰이길 기대한다.

자료 : 『월간리더피아』 2009년 6월호

성공을 나누고, 돕고, 막힌 것을 트고, 함께 고생하고 먼저 보고하는 김윤종 회장의 리더십은 솔선수범의 리더십이라고 할 만하다. 그리고 그는 그것을 몸소 보여줌으로써 회사전체에 확산시키려고 노력하고 있다. 회장이 모범을 보이는데 아랫사람들이 가만히 있을 수는 없을 것이다. 그리고 이러한 사상은 알게 모르게 조직의 리더들의 마음과 행동에 커다란 영향을 미치게 되며, 궁극적으로 회사는 솔선수범하는 리더로 가득 찬 솔선수범 조직이 될 것이다.

3 | 솔선수범의 특징

형성배경

한국인들은 오랜 기간 동안 함께 어울려 살면서 솔선수범하는 것이 얼마나 살아가는데 중요한지를 체험적으로 깨달은 민족이다. 천성이 솔선수범하는 습성을 갖고 있다. 하지만 삶이 궁핍하고 전쟁으로 나라가 피폐해지고, 성장과정에서 경쟁의 소용돌이를 겪으면서 이기적 계산이 많은 한국인들의 마음을 멍들게 하였다. 그럼에도 불구하고 한국인들은 오랜 전통인 솔선수범의 가치를 면면히 이어오고 있다. 한국인의 솔선수범이 얼마나 자연스럽고 또 생활의 일부였는지는 다음의 사례에서 살펴볼 수 있다. 〈사례 10.14〉는 토정 이지함이 전하는 어떤 어부의 이야기이다.

〈사례 10.14〉 토정 이지함과 어부

내가 만난 사람들 중에 어부가 한 사람 있었다. 처음에는 충청도 해상에서 만났는데 10년 뒤에는 다시 전라도 바닷가에서 만났다. 일정한 거처 없이 배를 집 삼아 살고 있었다. 식구래야 아내와 외동딸밖에 없어서 큰 배를 쓰지 않고 보통 정도의 배를 쓴다. 고기잡이를 하는 여가에 더러 곡식을 운반하여 그 운임을 받아 생활해 나간다.

그가 쓰는 배는 300석을 실을 수 있지만, 그는 늘 200석만 싣는다. 조금 실으면 배 부리기가 편하고 또 가라앉을 위험이 없기 때문이다. 값을 적게 받고 많이 받는 것은 별로 문제로 치지 않는 것이다.

어느 날 나는 그가 멀리 고기잡이 하러 가는데 따라간 적이 있다. 작은 배를 타고 돛만 믿고 나아가니 마치 하늘 끝에 나온 것같이 다른 어부들은 엄두도 못 낼 곳에 이르렀고, 그 배 부리는 기술이 다른 어선들은 흉내도 못 낼 정도로 능숙했다. 또 잡은 고기를 요리하는 솜씨가 아주 좋아서 범인이 미칠 수 없는 정도였다.

어느 날 그 아내가 이웃집에 놀러가고, 그 딸이 고기를 팔았는데 시장에서 받는 값보다 배나 비싸게 팔았다. 그 아내가 돌아오니 딸이 고깃값을 많이 받았다고 자랑했다. 이 말을 들은 아내는 깜짝 놀라서 이 사실을 알면 너희 아버지가 크게 노할 것이라 하면서 황급히 고기 사간 사람을 쫓아가서 받은 돈의 반을 되돌려 주었다. 이 또한 그의 사람 됨됨이의 일면을 보여주는 일이다.

자료 : 『토정선생유사』

당시 16세기에 워낙 마당발이었던 토정 선생이 온 반도를 돌아다니면서 만났던 많은 사람들과의 이야기를 풀어놓은 것 중에 하나이다. 어부나 어부의 아내의 삶의 자세에서 자연과 하나 된 솔선수범의 원조를 보는 듯하다. 자신의 순간적 이익보다는 자연의 이치에 맞게 사는 것이 올바른 '도'(道)임을 어부의 사례는 말해주고 있다. 이것은 곧 한국인들은 솔선수범을 가장 중요한 생활가치로 여기며 살아왔음을 보여준다.

그들이 어떤 영향 때문에 그런 가치를 내면화하게 되었는지는 확실하지 않다. 다만, 당시를 지배했던 이념이나 사상, 또는 종교의 영향을 배제할 수 없을 것이다. 아울러 생존과 삶을 보존하려는 적응적 노력의 결과로 얻어진 자연발생적 결과일 수도 있을 것이다. 아마도 이러한 상황적·종교적·현실적 모든 요인들이 집합적으로 작용하여 '솔선수범'이라는 삶의 원칙, 또는 지혜를 탄생시켰다고 보는 것이 가장 타당할 것이다.

종교적 차원에서 보면, 우선 16세기의 지배적 사상이었던 유교의 사서삼경(四書三經)에 나오는 솔선수범의 논리를 지적할 수 있을 것이다.

『대학』에서는 자기 자신을 수양해서 인지적으로 완성된 이후에 남을 가르치는 과정을 차근차근 순서를 따져 설명하고 있다. 자로(子路)가 군자란 어떤 사람을 일컫는 것이냐고 공자에게 물었을 때, 공자는 먼저 "자기수양을 해서 경건해야 한다"라고 대답해 주었다. 이어 자로가 그렇게만 하면 되느냐고 묻자, "자기수양을 하고서 백성을 편안하게 해주어야 한다"라고 대답하였다.

'남을 편안하게 해 준다'는 것은 도덕규범·윤리감각·문화의식을 북돋아 줌으로써 정신적으로 안락하게 해 주고 또 삶의 안락을 누리게 해준다는 뜻이다. 요컨대 자기가 바로 서야 남도 바로 세울 수 있는 것이며, 자기가 바로 서 있으면 저절로 남이 본받게 된다는 것이다. 또한, '군자는 자신에게 책임을 물으며, 소인은 남에게 책임을 묻는다'라고 했으며, 도덕적인 자기 수양의 출발점은 자신을 다스리는 것이니, 이것도 사람됨의 근본이다. 도(道)라는 것은 잠시도 벗어나면 안 되며 벗어나면 도가 아니다. 그래서 군자는 남이 보거나 듣지 않는 곳에서도 스스로를 경계하고 삼갔다. 군자는 "혼자 있을 때에도 도리에 어긋나는 일을 하지 않는다"라고 하였다.

한편, 〈맹자〉에는, 인간의 천성을 다음과 같이 설명하고 있다. 솔선수범의 마음이 어디에서부터 올 수 있는 것인지를 설명하고 있다.

> 사람은 천성에 따르면 누구나 선(善)을 행할 수 있다. 이것을 일컬어 '본성은 선하다'고 하는 것이다. 측은지심(惻隱之心)은 모든 사람에게 있고, 수오지심(羞惡之心)도 모든 사람에게 있다. 사양지심(辭讓之心)과 시비지심(是非之心)도 모든 사람에게 있다. 불쌍히 여기는 마음은 인(仁)이며, 옳지 못함을 미워하는 마음은 의(義)이며, 공경하는 마음은 예(禮)이며, 시비를 가리는 마음은 지(智)이다. 인의예지는 밖으로부터 들어온 것이 아니라 내가 본래부터 지니고 있는 것이다. 다만, 생각하지 아니하였을 뿐이다. 그러므로 구하면 얻고 놓으면 잃어버린다는 말이 있으니, 혹 악을 행하여 선과 차이가 심한 사람은 그 재질을 다하지 못했기 때문이다. ─『孟子』

특히 의(義)와 지(智), 그리고 수오지심, 사양지심, 시비지심 등은 본 서에서 주장하고 있는 윤리성, 자기희생, 언행일치, 모범 보이기 등의 행동과 연관된다. 솔선수범의 역사적 뿌리 중 하나라고 볼 수 있을 것이다.

한편, 지난 1세기 동안 한국에는 기독교가 전파되면서 세계 어느 나라에서보다도 강력한 영향력을 미쳤다. 기독교의 성서에도 솔선수범의 사례는 무수히 많이 나타난다. 성경을 보면 다른 사람을 위해 희생하고 인간의 도리를 지켜야 한다는 취지의 이야기들이 많이 나온다. 예수님에 대하여 한국인들에게 일반화되어 있는 인식은 이렇다.

"예수님은 당시 아무 직책도 없었고, 지위도 없었고, 유명한 스승 밑에서 공부하지도 않았고, 그저 시골뜨기에 불과했지만, 오늘날까지 수많은 사람들에게 엄청난 영향력을 행사하고 있다. 이런 예수님의 리더십의 핵심이 바로 섬김이고 희생이다. 예수님은 사람들 위에 군림하고, 다스리고, 지배하려고 오신 것이 아니라 사람들을 섬기고, 그들을 위해 희생하시기 위해 오셨다. 그리고 친히 제자들의 발을 씻겨 주심으로 섬김의 본을 보여주시기도 하셨다."

일반적으로 많이 알려져 있고 한국인들에게 의식적 또는 무의식적으로 영향을 미쳤다고 보이는, 성서에 나타난 예수님의 솔선수범 관련 구절을 소개하면 〈사례 10.15〉와 같다.

〈사례 10.15〉 성경에서의 솔선수범

"오른손이 하는 일을 왼손이 모르게 하라."(마 6:3-4)
"인자가 온 것은 섬김을 받으려 함이 아니라 도리어 섬기려 하고 자기 목숨을 많은 사람의 대속물로 주려 함이니라."(막 10:45)
"네 부모를 공경하라, 네 이웃을 네 몸과 같이 사랑하라."(마 19:19)
"너희 땅의 곡물을 벨 때에 너는 밭모퉁이까지 다 거두지 말고 너의 떨어진 이삭도 줍지 말며 너의 포도원의 열매를 다 따지 말며 너의 포도원에 떨어진 열매도 줍지 말고 가난한 사람과 타국인을 위하여 버려두라. 나는 너희 하나님 여호와니라."(레 19:9-10)

이것들은 기독교인이 아니더라도 한 번쯤은 들어봤을 내용들일 것이다. 성서는 오

늘날의 한국인들에게 많은 영향을 미치고 있다. 가난한 사람, 장애를 가진 사람을 돕고 어른을 공경하며 선한 일을 하며 살아야 한다고 말하고 있다. 즉, 솔선수범을 강조하는 이야기이다.

역사적 인물들의 솔선수범 사례

왕은 왕으로서, 한 가정의 가장은 가장으로서, 선생님은 선생님으로서 항상 모범을 보이는 것이 당연했던 우리나라는 예로부터 국가나 사회 또는 남을 위하여 자신을 돌보지 않고 목숨을 바쳐 애쓰는 사람이 많았다. 그 중에서도 이순신 장군과 세종대왕을 빼놓을 수 없을 것이다.

(1) 세종대왕의 솔선수범

세종대왕은 특별한 리더십 자질을 타고났던 인물이었다. 더하여 신하나 백성, 또는 가족들과 원만한 관계를 유지할 줄도 알았으며 자신이 맡은 과업에 있어서는 열정과 비전을 가지고 변화를 주도해 역사상 비교할 수 없는 업적을 이룩했다. 세종대왕이, 백성을 사랑하는 마음에서 훈민정음을 창제하고, 또 수많은 개혁을 이루어 낼 수 있었던 것도 도덕성과 능력 그리고 솔선수범하는 행동을 바탕으로, 신하와 백성들로부터 공감과 감동을 얻어 낼 수 있었기 때문이었다.

역사적으로 임금이 솔선수범하면 백성들도 감동하여 그에 따랐고 어렵더라도 백성들이 감내함으로써 나라가 평온했었다. 하지만 임금이 난정(亂政)을 펴면 탐관오리가 판치는 등 혼란이 가중되곤 하였다. 특히 임금의 솔선수범 행동이 빛났던 예는 나라에 가뭄이나 홍수 등 재난이 이어질 때, 오랑캐나 왜의 침입으로 나라가 혼란스러울 때, 기존의 세력을 혁파(革罷)하고 새로운 질서를 세우려 할 때 등으로 요약될 수 있다.

세종 32년 재위기간 내내 괴롭혔던 것은 바로 그칠 줄 모르고 몇 년씩 이어졌던 가뭄이었다. 세종이 재위했던 32년 동안 세종실록에는 323회의 가뭄에 대한 기록이 나온다. 가뭄의 재해를 세종은 자신의 '부덕함'으로 생각하고 스스로 겸허한 태도와 행동을 보임으로써 극복할 수 있다고 믿었다. 이를 위해서 기우제를 올리는 것은 물론, 궁궐에서 음주가무를 금하고, 경복궁 안에 초막을 짓고 3년을 거하면서 재난을 겪는 백성들과 아픔을 함께하려 하는 한편, 굶는 사람의 숫자를 각 도별로 정확히 세어 보고하도록 하여 과학적 차원에서 재난을 극복할 수 있는 방안도 함께 추구하였다. 〈사례 10.16〉에 세종이 취했던 태도의 일단을 볼 수 있는 실록 기사를 옮겼다.

〈사례 10.16〉 세종의 솔선수범 일화

임금이 가뭄을 민망하게 여겨서 영돈녕 유정현(柳廷顯), 좌의정 이원, 찬성 황희(黃喜), 형조 판서 권진(權軫), 병조 판서 조말생(趙末生), 이조 판서 허조(許稠), 호조 판서 안순(安純), 예조 판서 이맹균(李孟畇), 대제학 변계량(卞季良)을 불러서 말하기를,

"20년 이래로 이와 같은 가뭄은 보지 못하였는데, 생각하건대 내가 덕이 없기 때문이라. 감히 커다란 집에 편안히 있을 수 없어서 본궁으로 피하여 있고자 하나 더위는 혹심한데 군사가 있을 만한 곳이 없어서 그냥 이 궁에 거처하는 것이다. 궁중에 거처할 만한 곳이 세 곳인데, 내가 정전(正殿)에 거처하지 않고 바깥 측실(側室)에 가서 거처하면서 재앙을 그치게 할 도리를 생각할까 한다. 그러나 오히려 서이궁(西離宮)에 나가서 하늘의 꾸지람에 답하였으면 하는 생각인데, 어떠하냐."

자료 : 세종 29권, 7년 7월 7일(갑술) 1번째 기사, 『태백산사고본』 영인본 2책 680면

나라에 어려움이 있을 때 솔선수범하는 것은 비록 임금뿐이 아니었다. 정승을 비롯한 나라의 지도층 리더들에게 주어진 의무와 같은 것이었다. 이들의 솔선수범이 없으면, 백성들은 따르려 하지 않는다. 아래의 세종실록의 간단한 사례에 당시 사회적 인식이 어떠했는지가 잘 나타나 있다.

〈사례 10.17〉 솔선수범을 중시했던 조선시대의 사회적 인식

"좌의정 이원(李原)과 우의정 유관(柳寬)이 호조 판서 안순(安純)의 집에 모여 풍악을 잡히며 술을 마시니, 이때는 마침 가물로 근심하는 중이므로 지각 있는 사람들이 이를 비웃었다."

자료 : 세종 28권, 7년 4월 1일(경자) 7번째 기사

오늘날에도 사회의 지도층이라는 리더들의 솔선수범은 한국인들에게 하나의 확고한 사회가치로 자리 잡고 있다. 나라에 큰 어려운 일이 있는데 관료가 골프장에 나가 있던가 방자한 행동을 보이는 것은 솔선수범의 길에서 크게 벗어나는 일로서 사회적 지탄의 대상이 된다.

세종 때, 가뭄을 극복하는 방법도 아주 다양하게 시도되었다. 그중 하나가 '음양압승법'(陰陽壓勝法)이라는 것이다. 그에 대한 실록의 기록을 보자.

〈사례 10.18〉 가뭄을 극복하는 음양압승법

예조에서 아뢰기를, "지금 가뭄이 매우 심하니, 청컨대 옛날 제도인 음양압승(陰陽壓勝)의 술법(術法)에 의거하여, 제향 때를 제외하고는 북을 치지 못하게 하며, 또 범(호랑이)의 머리를 한강(漢江)의 양진(楊津)에 던지게 하소서" 하니, 그대로 따랐다.

자료 : 세종 45권, 11년 7월 2일(병오) 8번째 기사

---

(2) 이순신 장군의 솔선수범

어디 세종대왕만 솔선수범했겠는가? 특히 나라가 외침에 어려움을 당할 때 목숨을 걸고 앞장서 싸웠던 솔선수범의 사례가 우리나라에는 많다. 그중에서도 이순신장군의 솔선수범을 빼놓을 수 없을 것이다.

역사는 과거를 통해 현재를 조명하고 미래를 투시하는 거울이라고 할 수 있다. 우리는 이순신을 통해 장수와 전략가가 이룩한 탁월한 전공만을 볼 수 있는 것이 아니다. 전쟁을 미리 예측하고 이를 대비하는 유비무환의 정신과, 관습을 과감히 돌파하는 개혁의 의지, 휘하 장수들과 함께 합의와 토론을 통해 의견을 창출하는 과정 등에서 솔선수범의 리더로서의 면모를 확인할 수 있다.

● 음양압승(陰陽壓勝) : 비는 음양(陰陽)의 작용으로 오게 되는 것이므로, 주문(呪文)이나 방자의 방법을 사용하여 음양의 작용을 일으켜, 비가 오게 하는 술법을 말함. 그 방법으로 모든 행사에 북을 치지 못하게 하고, 범의 머리를 한강(漢江)의 양진(楊津)에 던졌다.

〈사례 10.19〉 명량해전으로 본 이순신

'엄청난 적 앞에 조선 수군의 장수들이 전의를 상실하고 싸움을 망설이자, 장군은 부하장수들을 꾸짖으며 이들을 독려하기 위해 함대의 선두로 나아가 전투를 이끈다. 왼쪽 가슴에 적탄을 맞고 죽어가면서까지 자신의 죽음을 알리지 못하게 하는 장군의 모습에 조선 수군은 죽기를 각오하고 전투에 임하였으며 마침내 엄청난 수적 열세를 극복하고 대승을 거둘 수 있었다.'

물론 이순신 장군이 최후의 전투에서 갑옷을 벗고 뱃머리에 서서 지휘했던 것이 과연 잘한 것인가에 대한 논란이 많다. 이를 들어, 어떤 학자들은 '이순신 장군 자살설'을 주장하기도 한다. 즉, 당시의 복잡하고 혼란한 정치적 싸움에 식상하여 명예롭게 전장에서 산화하는 길을 택했다는 것이다. 장수가 전투현장에서 갑옷을 벗고 적의 공격 앞에 나선다는 것은 상식적으로 이해가 가지 않는 일이기 때문이다.

어떤 설을 따르든 간에, 이순신 장군이 전투를 승리로 이끌기 위해서 아랫사람들에게 철저히 솔선수범하는 자세를 견지했었다는 것은 누구도 부인할 수 없는 역사적 사실이다. 때로 전장에서 솔선수범은 목숨을 위태롭게 할 수도 있다. 리더에게 그만큼 더 큰 용기를 요구한다. 하지만 그 효과는 엄청나다고 할 수 있을 것이다.

위에서 보듯이 이순신 장군이 13척의 배로 133척의 적선을 맞아 싸운 명량해전의 일화는 유명하다. 이처럼 전투에서 항상 솔선수범하여 최선을 다하는 장군의 모습은 많은 부하들에게 귀감이 되었으며, 그들 또한 장군처럼 전투에 최선을 다하고자 노력하였다. 이순신 장군은 해전에 임하기 전 통찰력을 가지고 철저한 준비와 뛰어난 전략을 수립하였다. 그리고 무엇보다 실제 전투에서 누구보다 최선을 다하는 솔선수범을 보여줌으로서 세계 해전사에 빛나는 불패의 신화를 이룩할 수 있었다. 위기의 순간에 리더는 솔선수범해야 한다는 커다란 역사적 교훈을 우리에게 주는 사례이다.

이순신은 철저한 선공후사(先公後私) 정신으로 타의 모범이 되기에 부족함이 없다. 부상을 입고 피를 흘리면서도, 병이 들어 몸이 말을 듣지 않는 상황에서도 군사들을 독려하고 공무를 완벽하게 수행한 사례들은 사천해전, 갑오년 3월의 출전 등 여러 전투에서 찾아볼 수 있다. 특히, 좌수사가 거문고를 만들려고 오동나무를 베러 왔을 때 그 나무는 공물이므로 함부로 손댈 수 없다며 거절한 일, 출장을 가면서 받은 양식 중에 먹고 남은 것을 반환한 일, 그리고 압수된 서류 가운데 자신의 편지를 사사로이 빼낼 수 없다고 말한 일은 모두 그의 공인 정신을 가감 없이 잘 보여주고 있다.

한국형 리더와 서양 리더의 솔선수범 차이

한국인들이 인식하는 솔선수범과 외국인들, 특히 서양인들이 생각하는 솔선수범 간에는 차이가 많다. 〈표 10.3〉에 대략적인 차이를 정리하였다.

〈표 10.3〉 한국인과 서양인들의 솔선수범 차이

한국형 리더	서양 리더
자기희생적	합리적
집단주의	개인주의
체면치레적 행동	에티켓
권위주의적	평등지향적
타인 의식적	자기지향적

글로벌 리더들은 한국의 리더들이 '솔선수범' 성향을 드러내는 것을 두고 다소 의아스럽다는 반응을 보인다. 어렵고 위험하며 힘든 일에 앞장서고 헌신하는 한국의 지도자들이, 합리적이고 계약적이며 계산적인 것에 익숙한 그들의 눈에는 쉽게 고개가 끄덕여지지 않기 때문이다. 경제위기로 인해 CEO를 비롯한 조직의 상층부가 자진해 연봉을 삭감하고 보너스를 반납하는 행위를, 망해가는 기업에서 막대한 보너스를 챙기는 미국 금융가의 기준으로서는 이해하기 힘든 것은 분명한 일이다.

〈사례 10.20〉은 한국에 오랫동안 근무하면서 한국인들의 가치와 생각을 깊이 관찰하고 분석해 온 훈세커 씨와의 인터뷰 중에 나온 이야기이다.

〈사례 10.20〉 훈세커 씨와의 인터뷰

"서양인들은 공공의 이익을 위해 자신의 개인 이익을 거의 포기하지 않는다. 모범을 보여준다는 것에 대한 외국인의 생각과 한국의 솔선수범은 의미가 다르다. 솔선수범

을 거의 희생적 의미로 생각하는 미국 사회는, 개인주의라서 희생의 개념이 거의 없다. 난 솔선수범하는 리더는 non-profit 기업으로 가야 한다고 생각한다. 아니면 교회나 봉사단체로 가서 일하는 것이 맞다고 생각한다.

일반적으로 기업은 이익을 내기 위한 집단이기 때문에 개인적으로 희생하고 봉사하는 사람이 많지 않다. 미국 사람들 중 70년대에 1달러만 받고 일하겠다는 사람이 있었지만 이것은 거의 드문 일이다.

하지만 요새 서양에서는 동양의 좋은 점을 배울 시기라고 생각하고 있다. 그래서 문화, 리더십 등 다양한 분야를 공부하고 있으며, 앞으로는 더 많은 발전이 있을 거라 기대한다."

"솔선수범하는 사람은 비영리 조직으로 가야 한다"는 훈세커 씨의 일갈이 당황스럽다. 합리적이라고 할 수도 없을 것 같고 이기적이란 표현도 맞지 않는 것 같다. 말로 적절히 표현하기 힘든 마음 깊은 곳의 차이를 느낀다. 이것은 곧 한국인들이 중시하는 솔선수범이 얼마나 특수한 가치체계인가를 말해주는 사례이기도 하다.

비즈니스에 있어서도 역사적으로 봤을 때, 한국인들의 가치발현이 서양의 경우보다 훨씬 앞선다. 서양에서 윤리경영으로 유명한 '존슨 앤 존슨'보다 우리나라는 몇백 년 앞서 윤리경영을 실행했다. 개성상인들부터 시작해서 홍콩의 리자청 회장까지 같은 유교 문화권에서 실시되고 있는 견리사의(見利思義) 사상은 한국을 비롯한 동양의 유교 문화의 장점으로 인식되고 있다. 〈사례 10.21〉에 개성상인들의 앞선 솔선수범의 윤리성 사례를 실었다.

〈사례 10.21〉 서양보다 몇백 년 앞선 개성상인의 윤리적 솔선수범

개성상인은 고려와 조선시대를 거쳐 일제 강점기까지 우리나라의 상업을 쥐락펴락한 상인들을 말한다. 조선후기 상업이 일어날 때 이들의 활약이 가장 두드러졌으며, 개성상인들의 활동이 활발할 수 있었던 이유는 농업의 한계 때문이었다고 한다.

개성상인의 발원지인 개성은 상인으로 유명하지만 상업이 발달한 도시는 아니었다. 개성의 부자들은 물건을 사고팔아 부를 축적하기보다는 돈을 빌려주고 이자를 얻는 대금업으로 돈을 벌었다.

개성상인은 한번 장사를 나가면 최소 6개월 이상 객지 생활을 했기 때문에 어음, 경제적인 도움을 주고받고 친목을 도모하기 위한 협동조직인 계, 개성상인만의 독특한 조직체인 송방 등이 생겨났고, 돈을 빌려 장사를 하다 보니 이자 등 셈에 아주 밝았다.

뛰어난 상술로 전국을 누비며 장사를 한 개성상인은 빠르게 기반을 잡아갔고, 그들만의 경영철학, 경영방식을 갖게 되었다. 미천하게 취급받던 상인 신분으로 객지를 돌아다니며 장사를 했던 개성상인들은 근검절약했기 때문에 '자린고비'라고 불리기도 하였다. 하지만 필요할 때는 아낌없이 돈을 쓸 줄 알았다. 특히 그들은 백성을 위한 공익사업이나 직원들의 복지에는 지갑 열기를 망설이지 않았다. 이는 세상과 사람을 구하는 것, 즉 제세구인(濟世救人)을 중시한 유교적 가치와 일맥상통한다.

또 개성상인은 신용을 최고의 상도로 삼았는데 그들에게 신용이란 단순히 약속을 지키는 것 이상의 의미를 지녔다. 그들에게 신용은 종업원과의 관계에서는 가족주의 개념으로, 고객과의 관계에서는 정직과 신뢰의 의미로, 사회적인 관계에서는 투명한 경영으로 확장되었다.

개성상인은 장사를 할 때 계약서를 주고받지 않았다. 신용이 무엇보다 중요하기 때문에 서면으로 하는 계약 따위는 필요 없다고 여긴 것이다. 자신의 분수를 지키고, 의롭지 않은 상행위를 하지 않고 견리사의했던 것이다. 예를 들어, 물건의 품질이 떨어지거나 결점이 있을 때 개성상인은 돈을 벌기 위해 과대포장하거나 결점을 숨기려 하지 않았다. 또 바른 제품을 팔기 위해 힘썼고, 더 많은 이익을 위해 밀무역을 하거나 매점매석을 하지 않았다. 이러한 영향으로 개성상인의 어음은 전국 어디에서나 통용되었다.

이처럼 개성상인의 성공 배경에는 이익을 취하려 할 때 의로운가, 의롭지 않은가를 먼저 생각하는 상도가 있었다. 즉 이(利)보다 의(義)를 우선시하는 견리사의 사상을 기본 경영철학으로 했기에 개성상인은 조선 최고의 상인이 될 수 있었다.

위에서 보았듯이 우리나라는 예로부터 도덕적 도리와 규범을 지키며 살아왔다. 바람직한 한국형 리더는 앞으로 기업이 이윤을 추구할 때 이윤만 좇지 말고 도덕적 도리와 규범을 지켜 사회적 책임을 다하는 경영방식을 사용해야 한다. 신용을 중시했고 다른 사람을 속이는 행동을 하지 않았으며, 의롭게 재물을 취하라는 견리사의 사상은 윤리성과 언행일치와 맥을 같이한다.

솔선수범은 한국형 리더십에 있어 빼놓을 수 없는, 독특한 핵심 요인이다.

4 │ 솔선수범의 긍정적 측면

리더의 행동은 대부분의 경우 긍정적 측면과 부정적 측면이 함께 존재한다. 솔선수범도 부정적으로 작용할 수 있다. 여기에서는 리더의 솔선수범이 가져오는 긍정적 결과와 부정적 결과를 알아보고 부정은 막고 긍정은 장려하는 방법을 탐구한다.

〈표 10.4〉 솔선수범 4요인의 긍정적 측면

구 분	긍정적 측면
윤리성	• 구성원들 사이에서 윤리적인 조직문화 형성됨 • 조직의 구성원들이 리더에 대한 자부심을 갖게 됨 • 대외적으로 윤리적 이미지 구축이 가능해지므로 기업가치 향상 • 불평등 인식으로 인한 구성원들의 불만이나 언성을 줄일 수 있음. 실력으로만 인정받는 분위기 조성 • 윤리적 리더들이 구성원들의 존경을 받게 됨으로써 자발적 추종을 유도함 • 리더의 공정성은 구성원들의 쓸데없는 정치행위에 시간을 소모하지 않도록 예방하는 효과가 있음
자기희생	• 구성원들의 이기주의를 약화시킴 • 서로 돕는 조직문화 형성. 리더의 자기희생은 다른 구성원들의 희생을 낳음 • 공공의 이익을 위해 구성원들의 몰입을 향상시킴 • 인상적 자기희생은 구성원들에게 신화적인 사건으로 기억되어 강력한 리더십 형성요인으로 작용. 카리스마 형성에 도움을 줌
언행일치	• 구성원들 간에 강한 신뢰관계 형성 • 리더의 언행일치 행동은 하급자를 육성하는 효과가 있음 • 비전이나 기타의 정책을 행동으로 보여주므로 비전 및 정책의 실행이 효과적 • 구성원들의 심사숙고 행동 유발 • 조직에서 일하며 생길 수 있는 혼란과 갈등을 줄여줌
모범 보이기	• 하급자들이 어떻게 행동해야 하는지 구체적으로 방법을 제시함 • 바람직한 모습을 보여주므로 구성원들의 성과 향상 • 구성원들에게 내적 동기부여

솔선수범 4요인의 긍정적 측면

이미 학습하였듯이, 리더가 솔선수범을 하기 위해서는 윤리성, 자기희생, 언행일치, 그리고 모범 보이기의 행동을 보여야 한다. 이들 각각의 솔선수범의 요인이 어떤 긍정적 측면을 산출하는지를 명확히 이해하면, 리더가 왜 솔선수범해야 하는지를 가늠할 수 있다. 〈표 10.4〉에서 솔선수범 4요인의 긍정적 측면에 대하여 간단히 요약하였다.

⑴ 윤리성의 긍정적 측면

① 윤리적인 조직문화 형성

윤리적인 리더의 곧은 리더십은 조직 구성원들에게 긍정적 영향을 끼치기 마련이다. 윤리적인 리더는 일관성 있는 원칙에 따라 성실하게 조직을 이끄는 데 최선을 다한다. 그렇기 때문에 구성원들 사이에서도 그런 리더의 모습을 본받아 윤리적인 조직문화가 자연스레 형성된다. 구성원들 사이의 상호 신뢰관계를 바탕으로 법적인 규제가 없어도 서로에게 해를 끼치지 않고, 옳지 않은 일은 하지 않게 된다.

〈사례 10.22〉은 소비자 건강을 위해 정직하게 새로운 우유를 개발한 이야기이다.

〈사례 10.22〉 정직하면 통한다

2003년, 국내 가공유 시장은 몹시 시끄러웠다. 딸기 우유, 바나나 우유 등 가공유에 당분이 너무 많이 들어가 소비자들의 건강을 위협한다는 언론의 지적 때문이었다. 이듬해에는 식품에 들어가는 유해첨가물 문제까지 거론되었다. 특히 음료에 과일 빛깔을 내는 색소의 유해 여부가 연일 논란의 대상이 되었다. 2006년 7월부터 매일유업 기획팀에서 하반기 신제품 개발이 시작되었다. 그러나 개발팀의 팀원들은 얼어붙은 가공유 시장에 어떤 방법으로 도전해야 할지 쉽게 갈피를 잡지 못했다. 그러던 어느 날 개발팀의 이인기 과장은 유치원생 딸이 그린 그림을 보고 고개를 갸웃거렸다.

"아니 왜 반달을 빨간색으로 칠한 거니?"

"아빠, 이건 반달이 아니라 수박이에요."

"수박? 수박은 파란색이잖아."

"에이, 아니에요. 수박은 원래 속이 빨갛잖아요."

그 순간 이 과장은 망치로 한 대 얻어맞은 듯한 충격을 받았다. 그리고 이튿날, 회의석상에서 그는 기발한 아이디어를 내놓았다.

"우리 색깔이 하얀 바나나 우유를 만들어 봅시다."

"하얀 바나나 우유? 바나나는 노랗잖아요."

"나도 처음에는 그렇게 생각했지. 하지만 잘 생각해 봐. 껍질은 노랗지만 속은 하얗잖아."

그때까지 시장을 선점하고 있던 바나나 우유는 껍질 빛깔처럼 노란색이었다. 그래서 사람들은 은연중에 바나나 우유는 노란색이어야 한다는 고정관념에 사로잡혀 있었다. 이 과장이 내놓은 아이디어의 초점은 역발상에 있었다. 즉 정직하게 흰색 바나나 우유를 만들어 보자는 것이었다. 이 인기 과장의 아이디어는 팀원들 사이에 거센 논쟁을 불러일으켰다. 기존 제품이 만들어 놓은 이미지를 깨뜨리려면 엄청난 투자가 따라야 하고 성패 여부도 불확실하기 때문이었다. 그러나 난상토론 끝에 팀원들은 당분과 색소의 유해여부가 논란이 되고 있는 상황에서 색소를 뺀 우유에 도전한다면 경쟁력이 있다는 결론에 도달했다. "좋다. 진짜 웰빙 바나나 우유를 만들어 보자." 그렇게해서 정직을 모토로 한 신제품 개발이 결정되었다. 개발팀은 신제품이 무색소라는 데 포커스를 맞추고 흰색 바나나 우유를 정직하게 보여주기 위해 투명용기를 사용했다.

'바나나는 원래 하얗다'라는 신제품의 이름에는 기존 바나나 우유 제품에 대한 네거티브가 담겨 있으면서도 진실을 이야기하고 있다는 점에서 묘한 설득력을 가지고 있었다. 그 은밀한 상징이 시장에서 어떤 돌풍을 일으킬지 그때까지만 해도 아무도 알지 못했다. 신제품 개발이 확정되자 본격적으로 제품 개발이 시작되었다. 이제 아이디어를 바탕으로 경쟁상품보다 질적으로 뛰어난 바나나 우유를 만들어야 했다.

바나나 우유에서 맛을 내는 과즙은 세 가지가 있다. 연구소에서는 색깔이나 성질이 각기 다른 세 종류의 과즙을 우유와 혼합해 테스트하면서 한국인의 입맛에 맞는 혼합비율을 찾아냈다. 그런데 연구팀이 안도의 한숨을 쉬기도 전에 사고가 터지고 말았다. 우유 빛깔이 거무튀튀하게 변하는 갈변이 일어난 것이다.

"갈변을 잡아야 산다."

그때부터 갈변을 잡기 위한 전쟁이 벌어졌다. 문제는 식이섬유 때문이었다. 연구팀은 4개월 동안 수많은 시행착오를 거친 끝에 과즙에서 식이섬유를 완전히 제거해 우유와 혼합하는 기술을 만들어낼 수 있었다. 그들은 여기에서 그치지 않고 무색소 무가당 우유에까지 도전하고자 했다.

"기왕이면 우리가 자부심을 느낄 수 있는 제품을 만들자."

소비자들은 백설탕이 들어간 기존 제품의 단맛에 길들여져 있었다. 하지만 과도하게 섭취할 경우 비만과 당뇨의 주범이 된다. 그렇기에 웰빙을 지향하는 '바나나는 원래 하얗다'는 저지방에 결정과당을 사용함으로써 고객들의 건강까지 지켜 주고자 했다. 그런데 결정과당은 상쾌하기는 했지만 단맛이 떨어지는 단점이 있었다.

"이거 참, 잡을 것이 너무 많네."

저지방에 무설탕에 갈변 없는 과즙까지, 순수한 바나나 우유를 만드는 과정은 실로 난관의 연속이었다. 문제는 가격경쟁력에도 있었다. 원유를 쓰면 지방이 늘어나고, 탈지분유를 쓰자니 비용이 엄청나게 들었다. 거기에다 값비싼 결정과당만으로 단맛을 내려니 기존 제품들과 경쟁이 되지 않았다. 하지만 두드리면 열리는 법, 연구팀은 혼합탈지분유를 사용해 유당의 함량을 높임으로써 단맛을 보강하는 데 성공했다.

"휴, 이제 단맛 문제도 넘어섰다."

연구원들은 안도의 한숨을 내쉬었지만, 뒤이어 우유 속에 있는 미생물 처리가 새로운 과제로 등장했다. 어떤 방법으로 살균하느냐에 따라 제품의 유통기한이 좌우되기 때문이었다. 이 문제 역시 수많은 시행착오를 거친 끝에 초고온 살균기(UHT)에 의한 열처리로 해결될 수 있었다.

이처럼 하얀 바나나 우유를 만들기 위해 연구팀은 수없이 쓴맛을 보아야 했다. 이런 산고를 거쳐 2006년 12월 6일, '바나나는 원래 하얗다'가 탄생했다. 고객에게 솔직하게 다가서자는 아이디어 하나로 만들어진 전혀 새로운 바나나 우유였다.

자료 : 노희운, 비즈니스앤TV, 『대한민국 마케팅 성공신화』(형설라이프, 2009)

앞에서 보았듯이, 이 기업은 많은 시행착오를 겪으면서도 고객의 건강을 위해 식품에 들어가는 유해첨가물 문제를 해결하며 신제품을 만들기 위해 노력하였다. 인체에 유해한 색소와 당분을 최대한 줄이기 위해 수많은 실패를 경험하며 결국 고객에게 솔직하게 다가서자는 아이디어로 만들어진 새로운 우유를 개발할 수 있었다. 이처럼, 한국형 리더는 어떤 한 가지 생각이 옳다고 여겨지면 몰입하고 집중하여 성과를 달성해낸다. 사례의 이인기 과장도 '윤리성'이라는 하나의 확고한 원칙을 가슴에 새기자 불붙는 열정을 가지고 커다란 성과를 창출해 냈다. 한국조직의 모든 리더들이 '윤리성'을 가슴깊이 새겨 행동할 때 남달리 윤리적인 조직, 세계에 내놓을 수 있는 조직이 된다. 이것이 한국형 리더의 '솔선수범'행동의 제1차원이다.

② 리더에 대한 자부심

윤리적인 리더가 소속된 기업의 구성원들은 조직에 대한 강한 자부심을 갖게 된다. 윤리적인 리더의 솔선수범은 구성원들의 업무 능력향상뿐 아니라, 사기 진작과 조직 만족도를 높이는 중요한 요인이다. 조직 구성원들도 다 윤리적인 조직이 돼야 한다는 것을 안다. 그러나 혼자의 힘으로 할 수 없는 경우가 많다. 조직의 분위기가 킥백을 받고 회사 돈으로 흥청망청하는 분위기라면, 그 안에 있는 리더가 아무리 윤리적이려고 노력해도 힘들 수밖에 없다. 하지만 어떤 용기 있는 리더들이 뭉쳐 윤리적 행동을 규범화하고 함께 노력해 가면 조직 분위기도 바뀔 수 있다. 그렇게 되면, 구성원들도 동참하게 된다. 결국 조직 전체의 분위기가 윤리성을 강조하는 쪽으로 기울게 되고 구성원들은 조직에 대해서 커다란 자부심을 갖게 되는 것이다.

자신의 리더가 깨끗하고 윤리적이라는 자부심을 갖는 구성원들을 만나보면, 항상 당당하고 일처리에 있어 정상적 과정을 밟으며 자신감이 있다. 함께 일하기 매우 편하다. 반면에, 부정한 방법, 비윤리적인 행동을 일삼는 리더를 가진 구성원들을 보면, 윗사람에 대한 불만이 많고 눈빛도 당당하지 못하다. 뭔가 자신도 공모자라는 심리적 부담을 안고 있다. 시간이 지나면서, 구성원들이 리더를 객관적으로 바라볼 수 있게 되면, 리더에 대한 불만은 더욱 커진다. 급기야 그러한 리더를 떠나고 싶어진다.

③ 윤리적 이미지 구축으로 기업 가치 향상

조직 안에 윤리적인 조직문화가 형성되면 자연스럽게 대외적으로 윤리적 이미지 구축이 가능해지므로 기업가치가 향상된다. 물론 이것에 대해서는 논란이 많다. 과연 윤리적 기업의 성과가 그렇지 못한 기업들에 비해서 더 높을까?

적극적인 윤리경영 실천이 기업 가치와 직접적 인과관계를 갖는다고 단정 짓기는 어려우나, 전담부서를 통해 적극적으로 윤리경영을 추진하는 기업의 경우 시장평균 수익률은 물론 비교대상 기업군보다 높은 수준의 수익률을 나타낸다. 적극적으로 윤리경영을 실천하는 기업이 그렇지 않은 기업에 비해 시장가치가 높은 것으로 나타났다.●

앞에서 보듯이 윤리경영을 추진하는 기업이 그렇지 않은 기업군보다 높은 수준의 수익률을 나타내고 시장가치가 높은 것으로 나타났다. 그러므로 한국형 리더는 이러한 윤리적 조직을 만들기 위해서 노심초사해야 한다. 특히 대외적으로 많은 사람들을 만나고, 거래를 해야 하는 부서의 리더들은 회사의 지시가 있기 전에 스스로 윤리적 가치를 실현하기 위해서 적극적으로 노력해야 한다. 이런 윤리적 리더가 늘어나면서 회사

● 전국경제인연합회, "기업윤리와 기업가치 및 성과간의 관계분석", 2004. 5.

의 분위기도 바뀌게 된다. 최고의 한국형 리더는 앞서 윤리적 행동을 실천하는, 솔선수범의 리더이다.

④ 실력으로만 인정

리더는 조직 내에서 가치기준, 즉 무엇이 옳은 행동이고 무엇이 그른 행동인가의 기준을 설정하는 역할을 한다. 리더가 윤리적으로 엄격한 기준을 적용하면, 구성원들은 로비나 권한으로 인한 것이 아니라, 자신의 실력으로 인정받게 된다는 믿음을 가지게 되고 그럼으로써 리더로부터 인정받기 위해서 어떤 노력과 행동이 필요한지를 정확히 알게 된다. 따라서 조직 내의 불평등 인식으로 인한 구성원들의 불만이나 불신을 줄일 수 있다. 그렇지 않고 리더가 뇌물을 받든가 지연·학연 등을 이용하여 편파적으로 판단하고 평가하게 되면, 구성원들은 아무리 열심히 실력을 닦아도 승진이나 보상은 다른 기준에 의해서 이뤄진다는 생각을 갖게 되어 동기가 떨어질 수밖에 없다.

⑤ 자발적 추종 유도

윤리적 리더들은 구성원들의 존경을 받게 되며 구성원들의 자발적 추종을 얻게 된다. 리더의 윤리적 행위에 대한 보상은 존경이다. 즉, 엄격한 윤리적 기준을 가지고 솔선수범하는 리더를 구성원들은 존경하게 되는 것이다. 구성원들이 자발적으로 적극성을 보이면, 리더는 방향만 잡아주면 일이 저절로 이루어진다. 비윤리적 리더 밑에 있는 구성원들은 스스로 찾아서 일하려 하지 않는다. 부정한 방법, 옳지 않은 일을 하라고 리더가 지시하지 않으면 스스로 그런 행동방편을 사용하여 일을 처리하고 싶어 하지 않는다. 하지만 리더가 윤리적일 경우, 그(녀)가 제시하기 전에 무엇이 필요한지를 스스로 판단하여 추진하는 적극성을 보인다. 윤리적 리더 밑에 있는 구성원들이 목표에 대해서 더 큰 몰입을 보이는 것은 당연한 일이다.

⑥ 쓸데없는 정치행위 예방 효과

우리는 사람으로 해야 할 일과 해선 안 되는 일을 분별하여 참된 길(道)을 살아가야 한다. 그러기 위해서는 팀의 리더가 분별력 있게 행동하고 공정해야 한다. 이런 리더의 공정성은 구성원들이 쓸데없는 정치행위에 시간을 소모하지 않도록 예방하는 효과가 있다. 승진을 위해 인사권을 가진 상사에게 로비를 하거나, 상사에게 잘 보이기 위해 하는 솔선수범을 줄일 수 있다. 그렇게 되면 구성원들이 일처리에 사심 없이 참여할 수 있게 되고 리더의 행동이나 말을 정치적으로 해석하여 발생하는 '눈치' 행위도 줄어들게 된다.

사람이 갖는 '주의'(attention)도 자원이다. 이 자원을 어디에 투자하는가에 따라 성과가 달라진다. 윤리적 리더는 구성원들의 '주의' 자원을 가장 바람직한 일처리 현장에 투자할 수 있게 한다. 그렇지 않을 경우, 쓸데없는 곳에 구성원들의 주의가 투자되고 이런저런 불필요한 노력을 하도록 만들어 효율성을 저해하게 된다.

(2) 자기희생의 긍정적 측면

① 이기주의 약화

리더의 자기희생은 자기의 이해만을 행위의 규준으로 삼고 사회 일반의 이해는 염두에 두지 않는 구성원들에게 자기희생의 중요성을 깨닫게 만든다. 자신의 이익만을 추구하던 구성원들에게 공공의 이익을 추구하도록 만드는 등 구성원들의 이기주의를 약화시킬 수 있다. 구성원들의 이기적 행동을 무조건 나무랄 수는 없다. 하지만 문제가 되는 것은 약간의 희생을 통해서 조직 시너지를 극대화할 수 있을 때 이기적 행동을 보임으로써 희생에 따르는 큰 보상을 놓치게 되는 수가 많다는 것이다.

② 서로 돕는 조직문화 형성

리더의 희생이 구성원들에게 영향을 끼쳐 서로 돕는 조직문화를 만든다. 자신의 신념이나 목표가 기업의 그것과 일치하게 되고, 그런 개개인이 모여 그룹 시너지를 형성, 기업 공동체를 이끌어가며 점차적으로 그것이 하나의 기업문화로 정착해 나가게 된다. 이로 인해 상호협조적인 조직문화가 형성된다.

한 연구(조성용, 2008)에 따르면, 리더의 희생행동은 하급자들에게 전이(轉移)되는 것으로 나타났다. 그러므로 자기희생은 위에서 아래로 흘러내린다고 할 수 있을 것이다. 이처럼, 리더의 자기희생은 결코 본인의 희생으로 끝나는 헛된 것이 아니다. 한 리더의 고귀한 자기희생이 많은 사람들을 움직인다.

③ 몰입효과

리더의 희생적인 모습은 구성원들로 하여금 몰입할 수 있도록 도와준다. 공공의 이익을 위해 세워진 목표가 명확할수록 구성원들이 몰입하는 데 용이하다. 이렇게 구성원들이 조직의 목표에 몰입하게 되면 사고력과 집중도가 올라가고 그로 인해 자신의 능력을 최대한 발휘하게 된다. 자연히 성과도 좋아지고 일도 즐겁게 할 수 있으므로 리더의 자기희생 모습은 구성원들의 몰입을 도와준다.

구성원들이 리더에 대해서 가지는 가장 원초적인 의문은 '과연 나의 리더가 신뢰할 수 있는 사람인가?' 하는 것이다. 만약 리더가 이기적인 모습을 보여주면, 구성원들은 헌신과 몰입을 하려 하지 않는다. 왜냐하면 자신의 헌신과 몰입이 리더에 의해서 이용당할 수 있다는 생각을 하게 되기 때문이다. 그러므로 리더의 자기희생은 구성원들에게 이러한 불신을 거둬주는 효과가 있어 그들의 몰입과 헌신을 유발하게 된다.

④ 카리스마 형성에 도움

인상적인 자기희생은 조직 구성원들에게 신화적인 사건으로 기억되어 강력한 리더십 형성요인으로 작용하게 된다. 리더의 자기희생이 하나의 무용담으로써 그 리더를 대변하는 상징이 되는 것이다. 이것은 리더의 카리스마 형성으로 이어진다.

리더십 이론 중에는 '특수신용이론'(idiosyncrasy credit theory of leadership)이라는 것이 있다. 이것은 리더가 구성원들에게 신용을 많이 쌓으면(즉, 특수신용을 쌓으면), 그만큼 큰 리더로 인식된다는 이론이다. 리더가 구성원들에게 특수신용을 쌓는 가장 좋은 방법은 그들을 위해서 희생하는 모습을 보여주는 것이다. 신용을 별로 쌓은 적이 없는 리더가 구성원들에게 힘든 요구를 하면 구성원들은 돌아선다. 하지만 특수신용을 쌓은 리더에 대해서는 전혀 힘들다는 불평 없이 요구하는 행동 이상을 수행하게 된다.

(3) 언행일치의 긍정적 측면

① 구성원들의 강한 신뢰관계 형성

리더가 말만 하는 것이 아니라 일관성 있게 실천하는 모습을 먼저 보여주면 구성원들은 리더에 대한 강한 믿음이 생긴다. 리더의 언행일치에 따라 네 가지 유형으로 나뉜다.

무언행동형(제2유형)은 말없이 묵묵히 행동으로 보여주는 스타일이다. 큰 문제는 없지만 밑에 있는 사람들에게 그렇게 편안한 스타일은 아니다. 자신이 나서서 다 해버리기 때문에 하급자들에게 기회가 돌아오지 않는다. 물론 어떤 상황에서는 말없이 묵묵히 행동으로 보여주는 것이 더 적합할 때도 있다. 이러한 제2유형은 3, 4유형의 리더들보다는 몇 배 낫다. 제3유형의 경우, 오늘날 많은 사회의 리더들이 이러한 유형이기

	말을 함	말이 없음
행동으로 보여줌	[제1유형] 언행일치형	[제2유형] 무언행동형
행동이 없음	[제3유형] 유언무행형	[제4유형] 무언무행형

〈그림 10.1〉 언행일치에 따른 4가지 리더 유형

때문에 질타를 받곤 한다. 특히 정치인들의 경우 말은 했는데 선거가 끝나고 나면 실행은 안 하는 경우가 많아 유권자들이 배신감을 느끼곤 한다. 제4유형은, 말도 없고 행동도 안 하는 매우 소극적인 리더이다. 이 유형은 능력이나 의지에 문제가 있는 경우이다. 말을 해봐도 책임을 질 수 없고 그렇다고 아는 것이 별로 없어 행동할 이유도 없다. 이제 곧 그만둬야 하는 마지막 단계에 있는 리더들이나 아니면 무력감(powerlessness)에 빠진 리더들의 경우 이런 행동을 보이는 경우가 있다. 이들과는 달리 제1유형의 언행일치 리더들은 가장 이상적인 한국형 리더들이다. 지시할 것은 지시하고 토론할 것은 토론할 줄 안다. 뿐만 아니라, 구성원들에게 무엇을 해주겠다고 약속했으면, 손해를 보더라도 그것을 지키려 애쓴다. 만약 약속한 것을 지키지 못하게 될 때에는 그 이유와 불가피성을 직접 나서서 깊이 있게 설명해주고 대안을 제시한다. 이러한 리더에게 추종자들은 무한한 신뢰를 보내게 되는 것이다.

② 하급자 육성 효과

'백문이 불여일견'(百聞之 不如一見)이라는 말이 있다. 백 번 듣는 것이 한 번 보는 것만 못하다는 뜻이다. 조직 안에서 말뿐인 리더가 아니라 자신이 한 말을 지키고 실천하는 리더의 행동은 하급자들로 하여금 자연스럽게 리더처럼 행동하게 만든다. 리더가 이렇게 하라고 말하지 않아도 행동으로 봤기 때문에 자연스럽게 본받아 행동하도록 만든다. 이것이 리더 언행일치 행동의 학습효과, 또는 하급자 육성효과라는 것이다. 다음의 식당 주인의 사례를 어떻게 평가할 수 있을까?

〈사례 10.23〉한 음식점 사장의 직원 교육-주인이 먼저 솔선수범하라

손님이 "여기요" 하고 부를 때, "언니야, 저기 3번 테이블에 가봐" 하고 주인이 직원들에게 말하는 음식점이 있다. 또한 손님이 부르기도 전에 눈빛만 보고 "네, 손님, 반찬 좀 더 갖다 드릴까요?" 하며 주인이 먼저 달려오는 음식점이 있다. 당연히 후자 쪽이 잘되는 음식점이고 오래도록 살아남을 음식점이다.

음식점을 운영하는 사람들에게 있어 제일 힘든 것은 바로 사람을 관리하는 일이다. 주방이나 홀에서 일하는 직원이 자주 바뀌면 음식점을 운영하는 게 어려워진다. 또 그들에게 아침마다 잔소리를 해야 하거나, 아무리 말해도 빠르고 친절하게 움직여 주지 않으면 모든 것이 원만하게 돌아가지 않는다. 아침마다 직원 조회를 하면서 잔소리를 해봤자 입만 아플 뿐이다.

직원 교육은 묵묵히 주인이 몸소 보여주는 것이 가장 효과적이다. 직원들에게는 아무런 지시를 하지 말고 "어서 오세요, 안녕하세요, 식사는 잘하셨어요?" 하면서 계속하여 친절하게 인사하는 모습을 보여 주면, 직원들은 그런 주인을 따라할 수밖에 없다. 솔선수범이야말로 음식점 주인이 갖춰야 할 자세의 핵심이다. 직접 주방에 들어가 부지런히 움직이며 설거지를 하고 음식을 그릇에 담으며 일하는 모습을 보여 주는 것이 직원들에게는 최고의 교육인 것이다.

"손님은 왕이다"라고 백 번 말하는 것보다, 주인인 내가 손님을 더 어렵게 여기고 왕처럼 모시는 모습을 보여 주어야만 직원들이 더 잘하게 되어 있다. 뻣뻣하게 인사하는 직원 앞에서는 "아이구, 어서 오세요" 하면서 뛰어가듯 인사하라. 대부분의 음식점 주인들은 사장이랍시고 뒤로 물러나 있는데, 그건 잘못된 태도이다.

직원들이 굼뜨고 느리다 싶으면, 밖에 있다가도 제일 먼저 손님들에게 뛰어갈 정도로 싹싹한 모습을 보여 주어라. 열 번만 먼저 부지런히 움직이는 모습을 보여 주면 직원들이 알아서 주인보다 더 빨리 움직이게 되어 있다. 눈동자를 빨리 돌려 손님을 보살피라고 백날 떠들어야 소용없다.

절대로 주인이 손님 앞에서 폼을 잡으면 안 된다. 손님에게 허리를 굽힌다고 해서 더 낮은 사람이 되는 것은 아니다. "맛있게 드세요. 뭐 좀 더 갖다 드릴까요?"하면서 최선을 다하면 정말 프로처럼 멋있어 보인다. 더 뛰고, 더 엎드리고, 더 친절하게 구는 것이 진정한 사장이 되는 길이고, 음식점이 성공할 수 있는 비결이다.

나는 지금도 가끔 직원들과 마찬가지로 손님들 차의 주차를 대행하는 일을 한다. 많은 음식점을 운영하고 많은 직원을 두고 있지만, 내가 직접 "어서 오십시오" 하면서 손님의 차 문을 열어 주고 주차하는 모습을 보여 준다. 그래야 직원들도 "사장이 나서 위에서 보았듯이 직원들에게 말로만 이렇게 해라 저렇게 해라 이야기해도 별 소용이 없다. 사장이 직접 손님들에게 친절하게 대하고 직원들에게 지시하기 전에 행동을 보여주는 것이 훨씬 효과적이다. 바람직한 리더는 자신의 행동을 구성원들이 본받아 자연스럽게 학습하도록 해야 한다. 말로 설명하고 행동으로 보여주는 리더가 참 한국형 리더이다.

③ 비전을 행동으로 보여줌으로 비전전파가 용이

"올해의 목표가 이것이다"라고 아무리 말로 이야기해도 구성원들은 한 번에 체감하지 못한다. 그렇기 때문에 리더가 비전을 위해 노력하는 모습을 행동으로 보여주면 구성원들의 비전에 대한 이해를 돕는다. 뿐만 아니라 비전에 대한 이해를 바탕으로 어떻게 행동해야 할지 스스로 판단할 수 있게 만들기 때문에 비전 전파가 용이하다.

모호하고 불확실한 일일수록 리더의 언행일치가 필요하다. 비전은 불확실한 미래에 대한 리더의 선언이다. 그러므로 리더가 앞장서 비전을 추구하는 모습을 보여줄 때 구성원들에게 하나의 가시적 모델로 인식되어 중요성을 인식하고 동참하게 된다. 비전을 추구하는 노력을 리더가 행동으로 보여주지 못할 때 구성원들은 비전추구에 대한 리더의 결의를 의심하게 된다. 리더가 비전에 대해서 솔선수범하지 않는데 진정한 추종자가 생길 수 없다. 이렇게 되면 결국 조직 전체가 '비전 따로 행동 따로'인 모습을 띠게 된다. 이것은 비전을 제시하지 않은 것만 못한 결과이다. 통계를 보면, 리더가 제시한 비전을 끝까지 추진하여 달성하는 비율이 1%밖에 안 된다고 한다. 그렇기 때문에 더욱 더 리더는 제시한 비전을 금과옥조로 여겨 행동으로 추진하는 모습을 보여줘야 한다.

④ 구성원들의 심사숙고 행동 유발

리더의 언행일치는 곧 리더가 말하기 전에 신중함을 보여준다는 뜻도 된다. 함부로 말해놓고 그것을 지키지 못하면 언행일치가 깨진다. 그러므로 리더는 숙고에 숙고를 거듭한 끝에 말해야 한다. 이러한 신중한 리더의 태도는 구성원들에게 전파된다. 리더는 언행일치 행동을 통해서 말을 앞세워서는 안 된다는 강력한 메시지를 구성원들에게 보내는 것이다.

언행일치의 리더십 행동은 봄이 예외 없이 꽃을 피우고 나뭇잎을 돋게 하는 것과 같은 것이다. 뿌리가 살아있는 식물은 봄볕과 더불어 반드시 잎이 돋고 꽃을 피운다. 그리고 라일락 꽃나무에 아카시아 꽃이 피는 경우는 없다. 철쭉에는 철쭉꽃이 피고 개나리에는 어느 봄에나 개나리꽃이 핀다. 어미 개나리에서 새끼를 친 작은 개나리 나무에서도 반드시 개나리꽃이 따라 핀다. 리더의 언행일치란 바로 이런 것이다. 그러므로 리더는 자신의 말이 말한 대로 꽃을 피울 수 있도록 심사숙고하여 말하는 것이 중요하며, 이런 리더의 행동을 하급자들은 그대로 따라 배우는 것이다.

⑤ 조직에서 일하며 생길 수 있는 혼란 감소

리더가 언행일치를 보여주지 못하면 조직은 혼란에 빠진다. 믿음과 신뢰가 사라지고 불확실성이 그만큼 높아지게 된다. 불확실성이 높다는 것은 곧 갈등의 소지가 많다는 것을 의미한다. 예를 들어, 어느 기업에서 CEO가 이미 결재를 한 사안에 대해서조차도 결정을 뒤집는 지시를 자꾸 내린다고 해보자. 하급자들은 일하고 싶은 마음이 사라지게 될 것임은 물론, 무엇을 어떻게 해야 할지 감을 잡을 수 없을 것이다.

언행일치 차원에서 가장 이해하기 힘든 나라 중 하나는 아마도 이란일 것이다. 다음의 〈사례 10.24〉에 나타난 두 장면을 이해하려고 노력해 보자.

〈사례 10.24〉 이란 사람들의 언행불일치

사례 1

한국인이 테헤란 공항에 도착하여 호텔에 가려고 택시를 탔다. 택시는 미끄러지듯 달려 예약된 호텔에 도착했다. 택시비를 치르기 위해서 지갑을 꺼내고 안 되는 이란 말로 얼마냐고 물었다. 그랬더니 의외의 대답이 돌아왔다.

"괜찮습니다. 안 받겠습니다."

"아니 무슨 말이세요. 택시비를 안 받겠다니요? 여기 있어요, 받으세요."

"아닙니다. 됐습니다. 안 받습니다."

택시기사의 태도는 더 이상 공손할 수가 없었다. 이 의외의 상황에 적이 당황한 한국인은 그래도 받으라고 몇 번을 더 실랑이하다가 택시기사가 하도 완강하게 나오는 바람에 고개를 저으며 내렸다.

"허참. 아무튼 고맙습니다."

호텔로 들어서면서 한국인은 속으로 뇌었다. '이란 사람들 참 독특하네. 저래서 어떻게 먹고 살지? 아무튼 재수 좋은 날이구먼.' 이렇게 호텔로 들어가 프런트에서 예약된 방을 확인하고 있는데, 아까의 그 택시기사가 쫓아 들어왔다. 그리고서는 이렇게 말하는 것이었다.

"저기요. 택시비 주셔야죠."

"아까 안 받는다고 했잖아요? 받으라고 할 때는 안 받더니 다시 달라는 것은 뭡니까?"

"아니, 이란 풍습을 잘 몰라서 그러시는데…… 여기서는 받을 사람은 극구 안 받겠다고 하는 것이 미덕입니다. 그래도 줘야 하는 사람은 줘야 하는 거예요. 강제로 주셨어야죠."

"허허…… 참."

사례 2

위의 한국인이 이란에 체류한 지 6년째이다. 이제 이란 사람들의 풍습을 알 만큼 알게 되었다. 이란인 친구들도 생겼다. 아내가 병원에서 아이를 낳았다. 아이를 낳는 그 시간에 옆에는 남편이 아니라 경비원이 와서 지켜보고 있었다. 혹시 여자들이 반드시 쓰고 다녀야 하는 히잡이 벗겨지지 않는지를 감시하기 위해서였다. 진통을 하면서도 아내는 히잡이 벗겨지는 것을 걱정해야 하는 웃지 못할 촌극이 벌어졌다. 거기까지는 그냥 넘어갔다. 아이를 낳고 난 이틀이 지난 뒤, 이란인 여자 친구가 아내에게 전화를 했다.

"너 애 낳느라고 고생 많이 했다. 몸조리 돌봐줄 사람 없지? 그래서 내가 우리 엄마를 보낼게. 음식도 해주고 빨래도 도와주실 거야."

아내는 이 이란 친구가 건성으로 말하고 있다는 것을 이미 알고 있었다. 그리고 이쪽에서는 사양해야 하는 것이 풍습이라는 것도 알고 있었다. 그래서 그냥 점잖게 거절했다. 가뜩이나 힘든데 남의 나라 엄마가 와서 도와준다고 해봐야 불편하기만 할 것이다.

"아냐, 됐어. 말이라도 고맙다. 신경 쓰지 마. 우리 남편이 있어서 다 해줄 거야."

"그래도 엄마를 보낼게. 여자가 있어야 하잖니?"

"아냐. 괜찮아."

"아냐, 보낼게."

이쯤에서 아내는 짜증이 났다. 몸도 힘든데 예의를 차리는 것도 좋지만 해도 너무 한다 싶었다. 그래서 그냥 쏴버렸다.

"그래. 맘대로 해라! 일주일 뒤에 보내라."

이란 여자 친구는 그러마고 전화를 끊었다. 아내는 이 친구가 머지않아 다시 전화가 올 것이라는 것을 짐작하고 있었다. 그리고서는 엄마가 올 수 없는 일이 생겼다고 핑계를 대리라는 것도 예측하고 있었다. 아니나 다를까. 3일이 지나자 이란 친구가 다시 전화가 왔다. 그리고 하는 말.

"저기 있잖아. 너 진짜 우리 엄마 필요하니? 안 가면 안 되겠니?"

"크크크······."

아내는 이제 완전히 이란 사람이 되어 있었다.

말과 행동이 다르다는 것이 얼마나 인생을 불편하게 하는지를 보여주는 사례이다. 물론 위의 사례는 악의가 있는 언행불일치는 아니다. 만약 악의를 가지고 말과 다른 행동을 보여준다면 그 사회나 조직은 얼마나 살기에 힘든 곳이 될까를 생각해보자. 끔찍한 일이다. 한국조직에 언행불일치의 리더가 많다면 그 조직이 발전할 수 없는 것은 불을 보듯 뻔하다. 참된 한국형 리더는 말과 행동이 일치한다.

(4) 모범 보이기의 긍정적 측면

① 하급자들이 어떻게 행동해야 하는지 구체적으로 인식

하급자들은 가끔 무엇을 어떻게 해야 할지를 몰라 당황하는 경우가 있다. 이럴 때 리더의 모범 보이기는 행동의 기준을 제시하고 어떤 행동들이 바람직하며 필요하고 도움이 되는 것인지를 하급자들에게 명확히 인식시켜 준다. 군대에서 훈련받을 때 꼭 필요한 사람이 훈련조교이다. 조교의 행동을 보고 훈련병들은 총을 다루고 수류탄 투척하는 법을 배운다. 모범 보이기는 이런 것이다. 백 번 설명하는 것보다 한 번 보는 것이 더 효과적일 때가 많다. 한 연구에 따르면, 어느 한 회사 노조위원장이 노동조합조직을 운영하는 방식은 그 회사 CEO가 기업을 운영하는 방식과 매우 흡사하다고 한다. 권위적인 회사의 노동조합은 권위적으로 운영되는 성향이 강하며, 참여적 조직의 노동조합은 참여적으로 운영된다는 것이다. 노조위원장이, CEO가 회사를 운영하는 방식을 보면서 은연중에 조직운영의 노하우를 터득했다는 뜻이 된다. 이것이 리더의 모범 보이기가 중요시되는 첫째 이유이다.

② 구성원들의 성과 향상

조직의 발전에 도움이 되는 이상적인 모습을 보여줌으로 인해 구성원들의 자발적 행동을 유도하게 된다. 그로 인해 조직의 분위기가 활기차고 적극성을 띠게 되므로 구성원들은 능력을 마음껏 발휘할 수 있게 된다. 이런 솔선수범은 성과를 내고 비전을 달성하며 장기적으로 성장·발전하는 데 도움을 준다.

〈사례 10.25〉 김 팀장의 솔선수범

K 항공사 승무원들은 팀제로 운영된다. 대부분의 비행은 캐빈(cabin)팀이 구성되어 승객들에게 서비스를 제공한다.

한번은 장거리 비행에서 러시아 승객이 술을 많이 먹고 시끄럽게 소란을 피운 적이 있었다. 부팀장과 내가 제지를 해서 겨우 진정을 시켰지만, 러시아 승객은 이미 만취 상태여서 몸을 제대로 가누지 못하는 상태였다. 러시아 승객의 옆자리 손님을 다른 빈 자리로 옮겨주고, 두 번째 서비스 준비를 위해 Galley로 가서 일을 하려고 하는데 승무원 호출버튼이 울려 Aisle로 나가보니, 러시아 승객이 앉은 자리에서 구토를 하고 있었다. 승무원 호출 버튼은 뒷자리에 앉은 승객이 누른 것이었다. 급히 휴지를 가지러 갔다 오니 김 팀장이 어떻게 알았는지 벌써 승객의 구토물을 닦고 있었다.

그뿐만 아니라 승무원들이 힘들어 하는 일 중 하나가 화장실 청소이다. 비행기 화장실은 한 사람만 사용해도 금방 더러워져 여간 부지런하지 않으면 화장실을 청결하게 유지하기 어렵다. 김 팀장은 화장실 청소도 항상 본인이 먼저 나서서 한다. 팀장이 솔선수범하여 화장실 청소를 하니 팀원들이 안 할 수가 없는 것이다. 팀장이 하니 하기 싫지만 억지로 하는 게 아니라, '아! 정말 고객을 위해 화장실을 깨끗이 유지해야겠구나'라는 생각이 들도록 김 팀장은 행동하고 그 행동과 더불어 메시지를 전달하려고 노력하는 사람이었다. 김 팀장의 솔선수범은 자신의 이익을 추구하기보다는 팀원의 이익, 나아가서는 회사의 이익을 위한 것이었다. 김 팀장은 고객만족을 위해 인내하며 바른 길로 가는 모범적인 모습으로 기억된다.

김 팀장은 항상 힘들고 어려운 일을 먼저 나서서 함으로써 팀원들에게 바람직한 모습을 보여주었다. 김 팀장의 솔선수범으로 인해 팀원들도 자연스럽게 그 모습을 본 받게 된다. 누가 억지로 시켜서 일을 하는 것이 아니라 자발적으로 행동하게 만드는 김 팀장은 능동적인 조직분위기를 형성하였다. 이는 팀원들에게 하나의 모델로 받아들여져 서비스 품질을 높이는데 크게 기여하였다.

③ 구성원들에게 내적 동기부여

리더의 모범 보이기 행동은 때로는 구성원들의 내면에 존재하는 무서운 잠재적 동기를 이끌어내는 역할을 한다. 특히 위험한 일을 당했을 때 위험을 무릅쓰고 리더가 모범을 보이면, 구성원들은 그에 감동받아 엄청난 내적 동기를 보여준다.

다음 사례는 백선엽 장군의 다부동전투에서의 기록이다.

〈사례 10.26〉 "내가 후퇴하면 너희들이 나를 쏴라"

1950년 8월 21일, 미 27연대의 좌측 능선을 엄호하던 11연대 1대대(대대장 김재명 소령)가 작전 초기에 기선을 제압당해 고지를 빼앗기고 다부동 쪽으로 후퇴하고 있다는 보고가 들어왔다. 동시에 8군사령부로부터 전화가 걸려왔다. "한국군은 도대체 어떻게 된 것이냐? 싸울 의지가 있느냐?"라는 노한 음성의 힐책이었다. 연대의 측면이 뚫리자 마이켈리스 대령(후일 대장으로 승진, 주한 미군사령관 역임)이 미 8군에 "한국군이 후퇴했다. 퇴로가 차단되기 전에 철수해야겠다"라고 즉각 보고한 것이었다. 마이켈리스는 나에게도 전화를 해 "후퇴하겠다"고 통고했다. "후퇴하지 말고 잠깐 기다려라. 내가 현장에 나가 확인하겠다." 나는 동명학교에서 다부동으로 급히 지프를 몰았다.

과연 진목동 도로 서쪽의 11연대 병사들은 피로에 지친 모습으로 후퇴하며 산을 내려오고 있었고 고지를 점령한 적은 산발적으로 미군의 포병진지를 향해 측면공격을 가하고 있었다. 김재명 대대장을 불러 "어떻게 된 것이냐?"라고 물으니 그는 "장병들이 계속된 주야의 격전에 지친 데다 고립된 고지에 급식이 끊겨 이틀째 물 한 모금 먹지 못했다"라는 대답이었다. 나는 후퇴하는 병사들 앞으로 달려 나갔다.

"모두 앉아 내 말을 들어라. 그동안 여러분 잘 싸워주어 고맙다. 그러나 우리는 여기서 더 후퇴할 장소가 없다. 더 후퇴하면 곧 망국이다. 우리가 더 갈 곳은 바다밖에 없다. 저 미군을 봐라. 미군은 우리를 믿고 싸우는데 우리가 후퇴하다니 무슨 꼴이냐? 대한남아로서 다시 싸우자. 내가 선두에 서서 돌격하겠다. 내가 후퇴하면 너희들이

나를 쏴라!"

　나는 부대에 돌격명령을 내리고 선두에 서서 앞으로 나아갔다. 곧 병사들의 함성이 골짜기를 진동했다. 김재명 대대장도 용감하게 앞장서서 부대를 지휘했다. 대대는 삽시간에 고지를 재탈환했다. 적은 증원부대가 공격하는 줄 알았을 것이다. 마이켈리스 대령은 내게 다가와 "미안하다"라고 말하고 "사단장이 직접 돌격에 나서는 것을 보니 한국군은 신병(神兵)이다"라며 감탄했다.

　처음 겪는 한·미 연합작전에서 나는 작전의 성패가 상호 신뢰에 있다는 것을 깨닫게 되었다. 우리가 산상에서 격퇴되면 미군은 골짜기에서 고립된다. 또 미군이 돌파되면 우리는 산중에 고립된다. 따라서 상대에 대한 신뢰가 없으면 불안해서 싸울 수가 없다. 일상생활에서도 서로 신뢰하기가 쉽지 않은 터에 생사를 건 전쟁터에서 서로 믿는다는 것은 말처럼 쉽지 않다.

자료 : 이춘식, "6·25전쟁의 영웅 백선엽 장군의 리더십", 『전사를 통해 본 명장의 리더십』 중에서

　위에서 보았듯이 백선엽 장군은 더 이상 후퇴할 장소가 없다고 말하며 "내가 선두에 서서 돌격하겠다. 내가 후퇴하면 너희들이 나를 쏴라" 라고 이야기하며 병사들에게 모범적인 모습을 보였다. 이로 인해 병사들은 큰 힘을 얻어 백선엽 장군을 따라 움직였다. 백선엽 장군은 모범 보이기를 통해 병사들에게 내적 동기를 부여함으로써 병사들에게 신뢰를 얻어 전투를 승리로 이끌 수 있었다.

솔선수범의 결정요인

지금까지 한국형 리더십 솔선수범 행동의 긍정적 측면을 살펴보았다. 그렇다면 조직경영 현장에서 리더의 솔선수범 행동을 강화하든가 약화시키는 데 영향을 미치는 결정요인들이 무엇인지 분석해볼 차례이다. 솔선수범에 도움을 주는 강화요인들은 잘 보존하고 지켜가야 할 것이고, 솔선수범 행동을 약화시키는 요인들은 극복해야 할 대상이 될 것이다. 여기에서는 솔선수범 강화요인과 약화요인들을 체계적으로 살펴보도록 하자. 〈표 10.5〉는 솔선수범의 결정요인들을 개인 요인과 상황 요인으로 나눠 정리한 것이다.

(1) 개인적 요인

사람의 행동을 결정하는 개인 내적 요인들은 매우 다양하다. 일반적으로 능력, 태도, 가치관, 성격, 지각(perception) 등의 요인들이 주요 결정요인들로 연구되어 왔다. 이들 중에서 리더의 솔선수범 행동에 가장 큰 영향을 미칠 것이 예상되는 요인들은 성격과 가치관을 들 수 있을 것이다. 솔선수범은 능력의 문제는 아니다. 능력 있는 사람만이 솔선수범하는 것은 아니기 때문이다. 오히려 많은 경우 능력이 없는 사람들이 결정적인 순간에 자신을 버리고 남을 위해서 희생하곤 한다.

솔선수범은 일차적으로 개인이 내면에 갖고 있는 가치관의 산물이다. 가치관 (value)이란 '옳고 그름의 판단 기준'(right or wrong)을 의미한다. 어떤 행동이 허용되고 어떤 행동은 벌을 받는가의 기준이다. 리더에게 칭찬을 받으려면 무엇을, 어떻게 해야 하는지의 기준이기도 하다. '잘했다, 못했다'의 판단기준이다.

리더의 중요한 역할 중 하나는 '가치관 설정자'(value-setter)의 역할이다. 팀장이라면 팀원들에게 옳고 그름의 판단기준을 제시하는 역할을 한다. 이것은 잘하는 행동과 하지 말아야 하는 행동의 기준을 정해주는 역할이다. 예컨대, 팀원 김진섭 대리는 아이디어가 많은 사람이다. 항상 박 팀장에게 자신의 아이디어를 제시한다. 박 팀장은 대리가 팀장에게 자꾸 친구처럼 말을 걸어오는 것이 싫었다. 지난주 수요일에는 한창 바쁜데 김 대리가 박 팀장 자리에 와서 미주알고주알 새 아이디어를 얘기하고 있었다. 박 팀장이 짜증이 나서 한마디 했다.

"김 대리, 너 왜 그렇게 말이 많냐?"

그 후로 김 대리는 알아차렸다. 박 팀장에게는 새로운 아이디어를 얘기하는 행동이 잘못된 행동이라는 것을. 김 대리는 그 후 입을 봉했다. 팀장이 물어도 말이 없어졌다. 김 대리는 새 아이디어를 윗사람에게 쉽게 제안하는 것이 '옳다'(right)라는 가치관을

〈표 10.5〉 솔선수범의 결정요인

개인적 요인	조직적 요인
• 솔선수범의 가치관/성격 • 성장과정의 솔선수범 경험 • 교육과 훈련	• 솔선수범하는 조직문화/사회적 압력 • 최고 경영자의 솔선수범 철학 • 제도/권위적 요구 • 솔선수범 모델의 존재

갖고 있었고, 박 팀장은 아랫사람이 윗사람에게 말을 너무 많이 하는 것은 '틀렸다'(wrong)라는 가치기준을 가지고 있었다. 가치관이 충돌한 것이었다.

솔선수범에 대해서도 마찬가지다. 어떤 사람은 솔선수범하는 것이 '옳다'는 기준을 가지고 살지만, 다른 사람들은, '꼭 필요하지는 않다'든가 심지어 '솔선수범하면 손해다'라는 기준을 가지고 살아간다. 이것이 솔선수범에 대한 가치기준이다. 솔선수범에 대해서 적극적 행동기준을 가지고 사는 사람들은 나서서 남을 도우려 하고 조직과 구성원들을 위해서 항상 노력한다. 아래의 〈사례 10.27〉에 나타난 차인표, 신애라 부부의 이야기는 그들이 어떤 가치관을 가지고 살아가는지를 엿볼 수 있게 해준다.

〈사례 10.27〉 차인표 · 신애라 또 입양…… 셋째도 가슴으로 낳았다

차인표 · 신애라 부부가 딸 예은이에 이어 또 한 명의 아이를 가슴으로 낳았다. 인기 탤런트 차인표 · 신애라 부부는 최근 서울 역삼동 사회복지법인 대한사회복지회에서 생후 100일 된 건강한 여자아이를 입양했다. 5년간 대한사회복지회 서울 영아일시보호소에서 자원봉사를 하던 신애라 씨가 입양 의사를 밝혀 성사된 일이다.

1995년 결혼한 차인표 · 신애라 부부 사이에는 11살 된 아들 정민 군과 4살 된 딸 예은이에 이어 새로 얻은 딸은 이들에게 셋째가 된다. 이름은 '예수님의 진리'라는 의미로 예진이로 지었다. 이번 입양에 대해 이들 부부의 측근은 "둘째 예은이를 입양할 때부터 셋째아이의 입양을 생각하고 있었던 것으로 알고 있다"라고 설명했다.

신애라는 첫째 정민이와 둘째 예은이 때처럼 당분간 활동을 하지 않으면서 아이를 키우는 데 전념할 예정이다. 지난해 1월 드라마 〈하얀거탑〉에 특별 출연한 이후 얼굴을 드러내지 않았던 차인표는 영화 〈크로싱〉의 촬영을 마치고 상반기 중에 컴백할 예정이다.

한편 신애라는 대한사회복지회 복지원에서의 봉사활동과 해외 기아 어린이들과 후원자를 연결시키는 세계적인 비영리단체 '컴패션'의 홍보대사로 활동하고 있으며, 차인표는 '컴패션 밴드'로 봉사단체 등에서 활동을 하고 있다. 또 필리핀 · 중남미 아프리카 등지의 어린이 10명을 일대일 후원하며, 대중뿐 아니라 연예계에서도 본보기가 되고 있다.

자료 : 『노컷뉴스』, 2008. 1. 28

차인표 · 신애라 부부의 행동을 보면, 어떤 다른 목적이나 상황적 압박 때문에 그런 봉사활동을 하고 있는 것으로 볼 수 없다. 순전히 개인 내적 가치기준에 따른 행동이다. 그렇게 사는 것이 '옳다'고 믿기 때문에 솔선수범하고 있는 것이다. 솔선수범하는 것을 '옳다'고 강하게 믿는 사람에게 리더의 역할을 맡기면 솔선수범에 대한 교육도 필요 없고 보상도 필요 없다. 맡기기만 하면 알아서 솔선수범한다. 솔선수범 가치관에 입각한 행동을 자주 하여 그러한 행동이 습관화되면 하나의 성격 특성으로 굳어지게 된다.

가치관 측면에서는 솔선수범을 옳은 것이라고 믿고 있더라도 적극적으로 행동하지 못하는 사람들이 많다. 아마도 성격적으로 소극적이거나 솔선수범해본 경험이 별로 없기 때문일 것이다. 사람이 머리로 아는 것과 행동으로 표현하는 것은 다르다. 솔선수범은 행동으로 보여줘야 하는 적극적 개념이다. 성격적으로 앞에 나서기를 싫어하든가 혼자 희생하는 것을 어려워하면 마음은 있어도 행동으로 표현되지 않는다. 하지만 성격이 소극적인 사람도 특정행동을 자주 하다보면 별로 어려운 것이 아니라는 생각이 들게 되고 그럼으로써 처음에 어렵다고 생각했던 행동을 할 수 있게 된다. 경험은 모든 내면적 장애를 극복하게 해준다. 두려움, 미심쩍음, 불신, 조급함, 불안, 수치심, 어색함 등은 실제로 행동을 하다보면 다 사라지게 된다. 그러므로 성장과정에서 솔선수범의 경험을 많이 해본 사람일수록 조직에 들어와서도 솔선수범에 대해서 거부감 없이 자연스럽게 행동으로 표현할 수 있게 된다. 솔선수범도 해본 사람이 잘한다.

경험과 더불어, 교육과 훈련을 통해서 솔선수범하는 행동을 터득할 수도 있다. 교육, 훈련은 간접경험에 해당된다. 솔선수범의 필요성과 중요성을 인식하고 어떤 방법을 통해서 솔선수범할 수 있는지의 노하우를 알게 된다. 무엇보다도 중요한 것은 솔선수범에 대해서 체계적으로 생각할 수 있는 틀을 갖게 된다는 점이다.

이상에서 우리는 솔선수범의 개인 차원 요인들로 가치관/성격, 경험, 교육과 훈련 등을 살펴보았다. 한국인들은 솔선수범에 대해서는 특별한 가치관을 가지고 있다. 추종자들은 리더의 희생과 모범 보이기에 대한 기대가 매우 크다. 당연시하기까지 한다. 아마도 세계에서 '리더에 대한 솔선수범 기대'가 가장 큰 나라가 한국일 것이다. 그래서 국가적 리더들에게 재산을 헌납하라는 압력을 가하기도 하고 남다르게 청렴한 모습을 요구하기도 한다. 그런데 흥미로운 것은 실제 리더들이 그렇게 행동하는 예는 많지 않다는 것이다. 한국형 리더십 서베이에서도 똑같은 결과가 얻어졌다. 하급자들의 리더에 대한 솔선수범 기대와 요구는 매우 크지만, 실제 리더들이 보여주는 솔선수범 행동의 빈도는 매우 낮게 나타났다.

(2) 조직적 요인

사람의 행동은 상황의 결과이기도 하다. 대쪽같이 청렴한 사람도 굶어 죽어가는 가족을 먹여 살리기 위해서 다른 사람의 물건에 손을 대기도 한다. 조직 차원에서는 솔선수범하는 조직문화나 사회적(상사, 동료, 하급자들) 압박, 최고경영자의 솔선수범 철학, 제도적 요구, 그리고 솔선수범 모델이 존재하는 경우 등으로 상황요인들을 정리할 수 있다.

조직문화란 '공유된 가치'(shared value)를 뜻한다. 위에서 가치관이란 '옳고 그름의 판단기준'이라고 정의하였다. 그러므로 조직문화는 이러한 개인의 특정한 가치관이 조직원들에게 공유되었을 때 나타난다. 즉, 솔선수범하는 리더의 행동이 옳다는 생각이 조직원들에게 널리 공유되고 행동으로 나타나면 하나의 조직문화가 되는 것이다. 조직원들이 서로 솔선수범하려고 한다면 그 조직은 다닐 맛 나는 조직이 될 것이다. 구성원들은 서로 신뢰하게 될 것이고 만나서 대화하고 함께 일하는 모든 과정이 즐거울 것이다. 조직의 성과가 향상되는 것은 말할 것도 없다.

아울러, 솔선수범이 사회적 압박에 의해서 나타나기도 한다. 사회적 압박이란 리더의 상사, 동료, 그리고 하급자들이 리더에게 솔선수범할 것을 요구하고 심리적으로 압력을 가하는 것을 뜻한다. 공식적으로 솔선수범하라, 희생하라고 못할지라도 비공식적으로 은연중에 심리적 압박은 얼마든지 가할 수 있다.

또한 최고경영자의 솔선수범에 대한 철학도 리더의 솔선수범 행동을 유발하는 데 큰 역할을 한다. 중요한 것은 최고경영자가 솔선수범에 대해서 그야말로 '언행일치'를 보여주는가이다. 어떤 최고경영자는 말로는 솔선수범하라고 해놓고 정작 자신은 행동으로 보여주지 않는 경우가 있다. 조직원들에게는 요구하고 자신은 이기적으로 행동한다면 솔선수범의 효과는 나타나지 않을 것이다. 특히 최고경영자의 행동 없는 솔선수범 강조는 구성원들로 하여금 최고경영자가 자신들을 '이용해 먹으려는', 희생을 강요하기 위한 수단으로 솔선수범을 내세우고 있는 것이라는 생각이 들게 한다. 이렇게 되면 최고경영자와 구성원들 사이의 신뢰에 금이 가게 된다. 이것은 조직에 치명적인 결과를 가져온다. 최고경영자는 구성원들을 더 강력히 감시·통제하게 되고 구성원들은 최고경영자를 더욱 못 믿게 된다. 최고경영자의 지시가 있어도 그에 대한 구성원들의 진정어린 응답은 없다. 표면적으로, 형식적으로 업무를 수행할 뿐, 마음을 투자한 열정적

도전은 기대하기 힘들다. 조직은 기계처럼 정해진 길로만 움직이게 되고 상황변화에 능동적으로 적응할 줄 모른다.

최고경영자의 행동으로 보여주는 솔선수범이야말로 조직의 리더들에게 솔선수범해야 하는 가장 중요한 이유를 제공한다.

제도적으로 솔선수범하도록 요구되는 경우 리더들은 그런 행동을 보인다. 많은 조직에서 솔선수범이 조직원 근무평정의 한 요소로 들어가 있다. 특히 군 리더들에게 솔선수범은 가장 중요한 지휘관의 자질로 평가된다. 기업에서도 솔선수범을 중요한 요인으로 평가해 왔지만, 최근 들어서는 다른 요소들에 밀려 그 사용빈도가 떨어지고 있는 것 같다. 하지만 현장에서 실제적으로는 리더십을 발휘하는 데 있어 가장 중요한 요인으로 작용한다.

제도적 요구가 아니더라도 어떤 권위적 인물의 권유에 의해 솔선수범 행동을 보이기도 한다. 한때는 미국 GE의 전 CEO 잭 웰치의 말이나 경영방식이라면 무조건 받아들여 적용하려는 현상이 세계적으로 유행하기도 했었다. 사람들은 권위적 인물의 요구에 대해서는 심지어 사람의 생명을 앗아갈 수도 있는 엄청난 일을 저지를 수도 있다. 다음의 〈사례 10.28〉에 나타난 사람들의 권위에 대한 복종성향을 참고하자.

〈사례 10.28〉 복종성향의 세계비교

미국에서 수행된 스탠리 밀그램(Stanley Milgram)*의 '권위에의 복종' 실험은 실험방법의 창의성뿐 아니라 비윤리성 때문에 많은 논란을 낳았었다.

실험의 개요는 이렇다. 방에 사형을 집행할 때 쓰는 것과 같은 전기의자가 하나 놓여 있다. 어떤 사람이 거기에 집행을 기다리듯 모든 준비를 하고 앉아 있다. 또 다른 옆방의 한 쪽 구석에 놓인 책상 위에는 전류의 크기가 0에서 ×××(중간에 10볼트, 30볼트, …, 100볼트, 200볼트 등이 적혀 있고 끝 부분에 X표가 연속적으로 나옴)까지로 표시되어 있는 조금 기다란 스위치가 기다리고 있다. ××× 표시는 거기까지 스위치를 올렸을 때, 전기의자에 앉아 있는 사람이 죽는다는 뜻이다. 전기

● 전 예일대 교수. 전기충격실험으로 파란을 일으켰으며, 이 실험으로 미국정신분석학회에서 퇴출되었다.

의자와 스위치는 방 사이에 난 문을 통해서 전선으로 이어져 있다.

　신문 광고를 내어 모집한 피실험자들을 한 사람씩 실험실로 안내했다. 물론 이들에게는 실험의 목적을 상식적으로 믿을 수 있도록 둘러댔다. 전기의자와 스위치를 보여주고 전기가 실제 통한다고 믿도록 하기 위해서 스위치를 약간 올렸을 때, 의자가 뜨뜻해져 오는 것도 직접 느껴보게 했다. 그러나 본 실험이 시작되면 의자와 스위치 간에 전류는 흐르지 않도록 되어 있다. 연구자(권위의 상징)는 흰 가운을 입고 사뭇 권위적인 태도로 피실험자에게 연구 내용과 절차를 설명한다. 전기의자에 앉아 있는 사람과 연구자의 조교가 낱말 이어가기와 같은 게임을 한다. 피실험자는 옆방의 전기 스위치 앞에 앉힌다. 낱말 이어가기 게임에서 전기의자의 인물이 틀릴 때마다 피실험자는 스위치를 한 단계씩 올려야 한다. 물론, 전기의자의 사형수(?)는 스위치가 올라갈 때마다 그에 상응하는 크기의 비명을 지르도록 각본이 짜여 있었다. 아무리 비명 소리가 높아져도 피실험자와 같은 방에 앉아 있는 연구자는 냉정한 어조로 규칙에 따라 스위치를 올리라고 명령한다. ××× 위치에 이르면 비명소리도 끊긴다. 이러한 상황에서 과연 몇 명의 피실험자들이 스위치를 ××× 위치까지 올리겠는가?

　놀랍게도, 미국에서 실시된 여러 번의 실험에서 피실험자들은 평균적으로 65% 가량이 연구자의 권위적 명령에 복종하여 지속적으로 스위치를 극한에까지 올렸다. Smith & Bond(1998)는 다른 여러 나라에서 실시된 같은 실험의 결과를 〈표 10.6〉과 같이 보고하고 있다.

　이처럼, 사람들은 어떤 권위에 대해서 복종하려는 속성을 갖고 있다. 이러한 권위에의 복종성향은 부정적 사회현상을 해석하는 데 사용되는 경우가 많지만, 좋은 방면으로 사용될 수도 있다. 즉, 한국형 리더들이 솔선수범 행동을 더 적극적으로 보여주도록 하기 위해서는 권위 있는 인물들의 솔선수범 사례들을 접할 수 있게 하는 것이 중요하다. 예를 들어, 이순신 장군이 살신성인 하면서 보여줬던 솔선수범 행동이나, 백범 김구 선생의 독립을 위한 저항과정에서 보여준 솔선수범은 오늘날의 리더들에게, '나처럼 따라하라!'고 '권위를 가지고 복종할 것'을 요구하는 것으로 해석할 수 있다. 솔선수범은 한국의 역사를 만들어온 리더들이 오늘날의 리더들에게 복종·습득·활용할 것을 요구하고 있는 가장 강력한 리더십 행동이다. 그들 한국의 역사적 리더들의 요구에 부응하여 솔선수범하는 가치관을 마음 속 깊이 새겨야 할 것이다.

　비단 그처럼 위대한 역사적 리더가 아니더라도 우리의 조직에는 솔선수범의 모델

〈표 10.6〉 복종 성향 실험결과의 국가 간 비교

국 가	피실험자 특징	복종률(%)
미국	남성 일반인	65
미국	여성 일반인	65
미국	대학생	85
영국	남자 대학생	50
스페인	대학생	90 이상
요르단	대학생	62
이탈리아	대학생	85
네덜란드	일반인	92
독일	남자 일반인	85
오스트리아	일반인	80
호주	남자 대학생	40
호주	여자 대학생	16

이 될 만한 현장 리더들이 존재한다. 이러한 모델이 주변에 있으면 사람들은 그들을 따라 솔선수범의 행동을 보여주게 된다. 가시적 모델은 알게 모르게 주변사람들에게 영향을 미친다. 우선 우리의 주변을 잘 돌아보고 솔선수범 리더를 찾아 본받으려는 자세가 필요하다.

한국인들에게 한국의 리더가 누구냐고 물으면 세종대왕과 이순신 두 분에 대해서는 답이 금방 나온다고 한다. 그 다음부터는 한참씩 생각을 해야 한다. 의견이 많이 갈린다. 하지만 우리의 모델을 너무 멀고 높은 데서 찾을 필요는 없다. 우리의 주변을 돌아보면 뜻하지 않은 곳에서 훌륭한 리더의 모델을 찾을 수 있다. 조직에 솔선수범의 모델이 많아야 한다. 그럴 때 솔선수범 조직이 될 것이다.

5 | 솔선수범의 부정적 측면과 극복방안

리더의 솔선수범 행동에는 많은 긍정적인 측면이 있지만 그와 반대로 부정적인 측면도 존재한다. 지나친 솔선수범으로 인해 여러 가지 문제들이 발생할 수 있다. 이런 문제들을 해결하기 위해서는 솔선수범의 단점이 무엇인지 알고 해결 방안을 찾아야 한다. 〈표 10.7〉에 솔선수범 4요인의 부정적 측면을 간략히 정리하였다.

(1) 윤리성의 부정적 측면과 극복방안

윤리적인 행동과 한국인들의 온정적 행동은 모순된다. 모든 면에서 모순되는 것은 아니지만, 모순을 보이는 경우가 적지 않다. 윤리적인 행동은 차갑고 냉정한 판단을 요구한다. 반면에 온정적 행동은 법을 어겨도 잘못을 해도 봐주는 것을 근간으로 한다. 여기에서 모순이 발생한다. 이것은 한국형 리더십에 있어 풀어야 할 가장 어렵고, 중요한

〈표 10.7〉 솔선수범 4요인의 부정적 측면

구 분	부정적 측면
윤리성	• 한국인의 온정(溫情) 개념과 모순 • 윤리만통(倫理萬通)의 오류
자기희생	• 능력부족을 자기희생으로 보완할 수 있다는 오류 • 구성원들의 상사의존도가 높아짐 • 구성원들의 책임의식이 저하됨 • 리더의 자기희생을 당연시 받아들이는 분위기 • '나는 이렇게 희생하는데 너희는 뭐하냐?' 식의 강압적 분위기
언행일치	• 모든 것에 언행일치하기 어려움 • 리더에게 스트레스로 작용 • 틀린 것도 말을 했기 때문에 행함 • 자신의 말과 행동에 점점 확신이 없어지는 현상 발생
모범 보이기	• 보여주기 위한 행동으로 사용 • 모범 보이기를 자기과시로 이용 • 리더의 독단을 강화하는 부작용 발생

문제이다.

　"리더는 온정적이면서 동시에 윤리적일 수 있는가?"

　온정은 서양 사람들이 비윤리적·비합리적이라며, 소위 '아시아적 가치'(Asian Value)라고 폄하되는 것이다. 중요한 것은 누가 좋아하든 싫어하든 우리는 그러한 가치 속에 살고 있다는 점이다. 그리고 그 안에서 해법을 찾아야 한다. 특히 '온정=비윤리, 비합리'의 등식에 대하여 해법을 제시해야 한다.

　온정적 행동이 비윤리적이고 비합리적인 경우가 있다. 여기에서 비합리적이라는 비판은 별로 큰 문제가 아니다. 서양적 논리(分析的)와 한국적 논리(統合的)의 차이이기 때문이다. 요즘은 통합적 사고나 접근이 세계적으로도 더 인정을 받는다. 문제가 되는 것은 비윤리적이라는 비판이다.

　하지만 온정과 윤리는 충분히 공존할 수 있다. '윤리적 기준을 가진 온정'이라고 표현할 수 있을 것이다. 말썽만 피우며 아직 세상물정 모르는 자식을 호되게 꾸짖든가 혼을 내주는 것은 자식에 대한 사랑에 기초하여 자식이 윤리적·도덕적 엄격성을 갖기를 바라는 부모의 엄격한 온정의 발로이다. 우리의 역사 속에도 윤리적 온정의 사례는 많다. 우리가 잘 아는 세종 대 집현전 학사 하위지는 자신의 형 하강지가 전라도 광주에 유배되어 옥에 갇히게 되자 형에게 온정을 베풀어 풀어달라고 세종에게 집요하게 매달렸다. 세종이 이를 어떻게 처리했는지를 보면 '윤리적 온정'의 예를 볼 수 있다. 세종 29년 1447년 11월 16일(을사)의 세종실록의 기록이다.

　　집현전 교리 하위지(河緯地)가 글을 올리기를, "신의 형 하강지(河綱地)가 지금 법에 좌죄되어 유배(流配)되게 되었습니다. 생각하건대 신이 일찍 부모를 잃고 신의 몸과 과거(寡居)하는 맏누이와 약한 아우, 약한 누이가 전부 강지(綱地)를 쳐다보고 부모같이 여기어 살아 왔습니다. 또 강지가 신의 집에서는 종손이 되어 신의 부조(父祖)의 제사를 받들고 분묘(墳墓)와 신령(神靈)이 의탁하는 바이온데, 지금 만일 먼 땅에 유배되오면 자매 형제가 의뢰한 데가 없고, 부조의 신령이 의지할 주인이 없이 종통이 끊어지고 집이 깨지어 문호(門戶)가 땅을 쓸은 것같이 될 것이니, 신이 생각이 여기에 이르매 사는 것이 죽는 것만 같지 못하여 심신(心神)이 혼모(昏耗)하여 어찌할 바를 알지 못합니다. 신은 원하옵건대 이름을 삭제하고 도작(徒作)이 되어 형 강지를 따라 영구히 도침(擣砧)에 붙이어 형의 유죄(流罪)를 속(贖)하려 합니다. 엎드려 바라옵건대

성자(聖慈)께서 특별히 뇌우(雷雨)의 은택을 내리시어 편벽되게 누의(螻蟻)의 정성을 이루어 주소서. 박절(迫切)의 지극함을 이기지 못합니다. (중략)" 하였으나, 윤허하지 않았다. 처음에 강지(綱地)가 전라도 옥에서 병이 들었을 때에 위지(緯地)가 직사를 사면하고 가서 병을 간호하기를 비니, 임금이 그 정리를 불쌍히 여기어 휴가를 주고 역마를 주어 보내었다. 약을 달이고 부축하고 보호하여 조금도 소홀함이 없으니, 그때 사람들이 말하기를, "형제간에 여기에 이르면 족하다" 하였다.

하위지의 온정 요구가 지극하였다. 하지만 세종은 끝까지 하위지의 청을 들어주지 않았다. 잘못했으면 벌을 받아야 한다는 것은 세종의 확고한 신념이었다. 그만큼 윤리적 기준이 엄격했다는 증거다. 하지만 그렇게 간청하는 하위지를 세종은 그대로 두지 않았다. 세종은, 위의 실록에 나와 있듯이, '휴가를 주고 역마를 내주어' 형을 간호하는 데 동참했다. 왕으로서도 윤리적 기준을 어길 수는 없지만, 딱한 사정에 대해서는 한없이 공감해주는 온정적 리더십이 세종의 특징이었다. 온정을 베풀되 권한 안에서, 범위 안에서, 기준을 어기지 않는 영역에서 행해져야 한다.

이러한 윤리적 온정은 윤리성을 객관화시킴으로써 가능해진다. 윤리적인 기준이나 가치를 리더 개인의 판단에 따라 좌지우지할 수 있는 것으로 개인화하여 생각하면 안 된다. 윤리적 기준은 사회적 기둥이다. 그것을 빼면 사회가 무너진다. 주춧돌 없이 한옥을 유지할 수 없는 것과 같다. 윤리적 기준은 리더도 지키고 하급자도 지켜야 하는 것으로 인식을 공유해야 한다. 하급자만 지키고 리더는 명령이나 권한이나 요령에 의해서 어겨도 되는 것으로 생각하는 것은 윤리성을 개인적 차원에서 리더가 마음대로 할 수 있다고 이해하기 때문에 생겨나는 잘못된 것이다. 윤리적 기준만 객관화시키면 윤리적 온정의 리더십은 얼마든지 가능하고 윤리적이지만 정이 없는 윤리적 무정의 리더십에 비해서 월등한 효과를 낼 수 있다.

윤리성과 관련하여 또 한 가지 부정적일 수 있는 것은 '윤리만통'(倫理萬通)의 오류이다. 리더가 윤리적이기만 하면 다 된다고 생각하는 오류이다. 흔히 대통령 선거에서 누가 더 청렴하고 더 깨끗한가를 가지고 경쟁을 한다. 이것은 리더십에 대한 몰이해의 결과이다. 리더십은 다면적(multi-faceted) 개념이다. 하나의 행동을 잘한다고 해서 최고의 리더가 되는 것은 아니다. '윤리적인 무능'은 '비윤리적 유능'과 동격이다. 그러므로 우리는 리더십을 단면으로 보려 하지 말고 다면으로 이해하는 습관을 길러야 한다. 깨끗하게 자리에 앉아 아무 일도 하지 않는 리더는 많은 일을 하고 깨끗하지 못한 사람과 마찬가지로 효과적이지 않다는 평가를 받아 마땅하다.

(2) 자기희생의 부정적 측면과 극복방안

사람들은 자신이 부족하다 싶을 때 남보다 열심히 일한다. 능력이 부족하다고 느끼는 리더는 그 부족함을 자기희생으로 보완하려고 노력한다. 그 자체로서는 나쁜 것이 아니다. 희생이 유일한 보완책이라면 그렇게 해야 한다. 하지만 자기희생으로 능력부족을 능력이 있는 것처럼 보이려 한다면 문제가 된다. 모자라면 열심히라도 해야 한다. 하지만 열심히 하는 것을 능력이 출중한 것으로 오해하는 경우가 많다. 이것은 자기희생의 부작용이다.

또한 리더가 자기희생을 너무 자주, 너무 많은 사안에 대해서 보여주면 하급자들은 리더에게 의존하려는 성향이 커지게 된다. 하급자들의 상사의존 성향은 하급자들의 성장을 방해할 뿐 아니라, 리더에게도 너무 큰 부담으로 작용하게 된다. 희생하느라고 더 중요한 행동을 제대로 수행하지 못하게 되는 수도 있다.

리더의 과다한 자기희생은 하급자들의 상사의존 성향 증가와 함께 책임의식 저하를 가져올 수 있다. 팀이나 조직의 문제를 책임지고 해결하려고 노력하기 전에 리더의 희생을 기다리는 수가 있다. 문제를 합리적으로 해결하려 하기보다는 리더가 자기희생을 통해서 문제를 풀어주기를 기다리는 것이다. 적극적으로 문제해결에 도전하려 하지도 않고 수동적이고 소극적인 자세를 갖게 된다.

그런 가운데 시간이 지나면서 하급자들은 리더의 자기희생을 당연시하는 풍토가 자리 잡게 된다. 즉, 리더의 자기희생에 대해서 감사하고 존중하려는 마음이 사라지게 되는 것이다. 세상의 이치라는 것이 무엇이든 너무 많고 흔하면 가치가 떨어지게 되어 있다. 자기희생에도 한계효용 체감의 법칙이 적용될 수 있을 것이다. 리더는 자기희생의 가치가 최고에 달했을 때 자기희생을 하는 것이 희생의 효과를 극대화할 수 있다. 그러나 희생을 계산적으로 한다는 것은 그 자체로서 효과적이지 않다. 그러므로 리더는 자신의 감각에 따르는 것이 가장 좋다. 너무 많다, 너무 심하다 싶을 때 중지해야 하고 다른 사람들의 의견을 들어 행할 필요가 있다.

리더는 또한 자기희생을 하면서 하급자들에게 자기 이상의 희생을 요구하게 되는 수도 있다. 왼손이 하는 일을 오른손이 모르게 하라는 성경말씀은 기업조직에서 잘 지켜지지 않는다. 리더가 자신의 희생을 부하들도 본받아야 한다고 생각하여 강압적으로 희생을 강요하는 일도 있다. 어떤 회사의 강 팀장은 보수적이고 헌신적이다. 휴일, 주말이 없이 회사에 나온다. 그러면서 은근히 팀원들 중에 누가 나왔는지를 체크한다. 그리고 회의나 회식시간에 슬쩍슬쩍 운을 떼운다. "조 과장은 참 열심이야. 주말에 안 나올 때가 없어. 나보다 더 열심히 해." 거의 주말이나 휴일에 나오라는 말이다. 다른 팀원들은 알아서 늦게나마 주말에 나온다. 일이 있어서가 아니다. 와서 인터넷 게임을 하더라도 눈도장을 안 찍어두면 언젠가 피해볼 날이 있을 것 같아서 나오는 것이다.

(3) 언행일치의 부정적 측면과 극복방안

아무리 완벽한 리더라고 할지라도 자신이 한 모든 말을 다 지킬 수는 없다. 때로는 불가피하게 말한 것을 지키지 못할 때도 있다. 특히 조직 내에서 리더의 위치가 바뀌든가 새로운 역할을 맡게 될 경우, 전에 말한 것을 지키지 못하게 되어 언행일치에 문제가 생길 수 있다. 현실적으로 완벽한 언행일치는 힘들다. 리더 자신은 해주겠다고 약속했지만 윗사람이 반대할 수도 있고, 최고경영자가 다른 쪽으로 방향을 틀 수도 있다. 조직에서는 힘 있는 사람의 한마디에 결정이 번복되든가 시작했던 일이 중간에 중단되는 일이 매우 흔하다. 일이란 것이 진행되다 보면, 상황이 바뀌고 새로운 사실이 발견되어 다른 쪽 대안을 선택하는 것이 더 바람직할 때가 많다. 정부가 하는 일도 마찬가지이다. 정치인들의 말 번복은 더 심하다. 오죽하면 조령모개(朝令暮改)라는 고사까지 생겼을까.

한국형 리더는 언행일치를 위해서 끝까지 노력한다. 문제는 불가피성이다. 그리고 말을 할 때, 약속을 할 때는 취소되든가 그 약속을 못 지킬 수 있는 조건들을 사전에 미리 명시하는 것도 바람직하다.

이렇게 하지 않고 지나치게 언행일치를 문자 그대로, 교조적으로 받아들여 지키려 하다가는 리더에게 큰 스트레스로 작용할 수 있다. 지킬 수 없는 사소한 약속을 지키려고 시간과 열정을 쏟는 동안 더 중요한 일을 놓치게 되는 수가 있다. 또한 약속한 것이라고 다 옳은 것은 아니다. 처음 약속을 할 때 잘못 판단했거나 과욕을 부렸을 수도 있다. 상황이 바뀌어 약속을 못 지키게 되었을 수도 있다. 약속을 이행하는 것이 오히려 상대방에게 손해를 끼치게 되었거나 문제를 야기하게 되어도 약속이기 때문에 지켜야 한다는 것은 비합리적이다. 그러므로 될 수 있으면 약속은 지키려고 노력하되 불가피하게 지킬 수 없는 경우 그 이유를 직접 솔직히 설명하고 양해를 구해야 한다. 또한 그에 상응하는 보상을 해주는 것도 신뢰유지에 중요하다.

(4) 모범 보이기의 부정적 측면과 극복방안

리더의 모범 보이기 행동도 부정적 측면을 무시할 수 없다. 모범을 보인다는 리더의 취지를 하급자들이 그대로 받아들이지 않고 다른 의미를 두어 해석하는 경우 오해의 소지가 크다. 리더가 하급자들에게 단순히 자신의 우월감을 뽐내기 위해서 모범 보이기를 사용한다면, 또 하급자들에 의해서 그렇게 해석된다면 부정적 결과를 가져온다. 그러므로 모범 보이기도 때와 장소를 가려가면서 실시해야 한다. 하급자들이 원할 때, 그리고 상황이 하급자들 스스로 해법을 찾기에 충분하지 않을 때 리더는 나서서 새로운 해법이나 지름길을 모범적으로 보여줄 수 있다.

하지만 리더는 자신의 모범 보이기 행동이 하급자들이 필요한 해답을 발견하여 습득하도록 하는 데 있어 유일한, 또는 가장 좋은 방법이라고 생각해서는 안 된다. 하급자들은 리더의 모범을 보지 않더라도 학습할 수 있는 다른 많은 방법을 알고 있다. 자기들 스스로 잘 하는 동료에게 물어가면서 배울 수도 있고 외부의 전문 학원을 통해서 필요한 지식을 습득하기도 한다. 책이나 인터넷을 찾아보면 알 수 있는 지식이나 행동인 경우 굳이 리더가 모범적 행동을 보여줄 것을 하급자들은 기대하지 않을 수도 있다. 오히려 거북하게 생각하고 시간 낭비로 인식할 수도 있다.

또한 리더의 모범 보이기는 자주 사용되다 보면 독단적 리더십의 결과를 낳을 수도 있다. 하급자들이 스스로 해법을 찾으려고 도전하기 전에 항상 리더의 모범을 기다리게 되어 수동적 태도를 갖게 되는 것도 사실이다. 그리고 모범을 보고 배우다 보면, 심리적으로 그에 종속되는 결과를 가져온다. 이런 현상은 리더의 독단적 행동을 강화하는 데 도움을 준다. 남을 가르친다는 것은 남보다 우월하다는 느낌을 갖게 한다. 그러므로 우월감의 결과를 맞이하게 될 수도 있다.

〈사례 10.29〉 말만 많은 K 전무

필자는 IMF 경제위기가 닥치기 전인 1996년 모 정보통신업체에 경영자문을 했던 적이 있다. 우선 회사의 현황도 알아야 하겠기에 회사의 임원들과 팀장급들을 인터뷰하기로 마음먹고 한 사람씩 만나 회사경영에 관한 여러 가지 현황과 의견을 듣게 되었다. 제일 먼저 K 전무의 방에 들어섰다. 그는 수려한 용모를 자랑하고 있었으며 일류대학을 나온 엘리트였다. 그날 나는 그에게 세 시간을 잡혀(?) 있어야 했다. 그는 회사의 역사뿐 아니라 나아가야 할 방향, 그리고 임원들과 사장의 사람됨에 이르기까지 정연한 논리와 해박한 지식으로 나를 일깨워 주었다. 감탄스런 마음을 가지고 그날의 인터뷰를 끝냈다. 다음날부터 약 2주일 동안 나는 20여 명의 다른 임원들을 만나 인터뷰를 했다. 그런데 이들의 K 전무에 대한 평가가 한결같이 내가 감탄했던 바를 뒤집어엎는 것이었다.

"말씀은 잘하시는데……"
"아는 건 많은데……"
"차라리 모르기라도 하면 일이 빨리 진행될 텐데……"

그는 자신에게 도움이 되는 결과만을 요구했다. 과정에 어떤 문제가 있고 우리 쪽에 어떤 희생이 필요한지에 대해서는 전혀 관심이 없었다. 직원들이 일주일 동안 밤을 새든 남의 아이디어를 훔쳐서 가져다주든 오직 관심 있는 일이라고는 자신이 사장에게 '광팔 수 있는'(빛낼 수 있는) 결과를 만들어 왔느냐 못 만들어 왔느냐를 가지고 따져 들었다. 아래에서 너무 힘들어 한다고 인력을 더 달라고 요청해도 듣지 않는다. 예산이 없어 직원들 저녁 한 끼 못 사준다고 하소연해도 "왜 징징거려!"라며 면박을 준다. 별로 중요한 것도 아닌데 자그마한 잘못을 가지고 온 동네 떠나갈듯이 질타를 해댄다. "도대체 우리가 이 인간으로부터 뭘 배울 수 있을까?" 이 질문에 대한 해답을 그 밑에 있는 팀장은 아직도 찾을 수가 없다고 투덜거렸다. 사업부장인 전무에게 배정되는 판공비도 개인적으로 다 쓰고, 회사에 무슨 선물 같은 것이 나오면 자기 것부터 챙기는데 사돈의 팔촌 것까지 다 회사차 트렁크에 쓸어 담아 집으로 가져간다. 촌스럽기도 하고 짜증나기도 하지만, 그래도 전무인데 어쩔 거냐.

그해 연말. 임원 인사이동이 있었다. 회사에 대해서 갑자기 신뢰가 생긴 것은 바로 K 전무가 잘렸다는 소식을 접하고서였다.

K 전무는 솔선수범을 말로 하는 스타일이다. 모범을 보이려면 행동으로 보여줘야 한다. 그리고 솔선수범을 크고 화려한 방식으로 수행하려고 해서는 안 된다. 작고 쉬운 일부터 시작하는 것이 좋다. 위의 K 전무의 사례는 부하들을 챙기고 위로해주며 후원해주려는 자세를 갖는 데서 시작하는 것이 가장 바람직할 것이다. 모범은 일부러 보이

려고 하지 않아도 이미 하급자들은 다 보고 있다. 아무리 감추고 아닌 척해도 하급자들의 눈에는 이미 다 들어와 있고, 평가도 모르는 사이에 다 이루어지고 있다.

6 │ 솔선수범 리더와 비모범적 리더

솔선수범의 행동방정식

솔선수범의 4요인인 윤리성, 자기희생, 언행일치, 그리고 모범 보이기의 관계를 곰곰이 생각해 보면 각각의 비중이 같지 않음을 발견하게 된다. 즉, 윤리성과 언행일치는 자기 희생이나 모범 보이기보다 더 근본적인 리더의 행동이다. 희생을 하고 모범을 보여도 윤리성과 언행일치가 없으면 솔선수범하지 않은 것으로 평가될 것이다. 이것은 마치 윤리성과 언행일치는 필수과목이고 자기희생과 모범 보이기는 선택과목이라고 비유될 수 있다. 그러므로 우리는 여기에서 이 네 가지 솔선수범 요인들을 조합한 한국형 리더의 솔선수범 행동방정식을 다음과 같이 산출해 낼 수 있을 것이다.

[솔선수범] = f[윤리성 × 언행일치 × (자기희생 + 모범 보이기)]

윤리성과 언행일치 중에서 하나라도 0이면 전체가 0이 된다. 그러나 자기희생이나 모범 보이기는 하나가 0이라도 다른 쪽이 0이 아니면 어느 정도의 솔선수범 행동은 수행되는 것으로 볼 수 있다. 따라서 솔선수범의 값을 높이려면 일단 윤리성과 언행일치를 이루고 이를 바탕으로 하여 희생과 모범이 따라야 한다.

그동안 한국형 리더의 커다란 특성으로 솔선수범해야 한다는 것을 강조하는 사람들이 많았다. 하지만 대부분 추상적인 차원에서 이야기되어 왔고 구체적 행동 강령은 제시된 적이 없다. 솔선수범의 리더십을 발휘하기 위해서 무엇을 구체적으로 해야 하는지를 살펴보자.

솔선수범 리더의 행동양식

여기에서는 네 가지 솔선수범 행동을 잘하기 위해서는 어떻게 해야 하는가를 살펴보도록 하자. 각각에 대해서 어떤 원칙이나 기준이 있으면 순간순간 잊지 않고 필요한 행동을 수행할 수 있을 것이다. 이러한 취지에서 아래에는 윤리성, 자기희생, 언행일치, 그리고 모범 보이기 등 네 차원 각각에 대한 행동원칙을 제시한다. 물론 이 원칙들이 절대적인 것은 아니다. 각자 자신의 원칙을 마련해도 좋다. 그 원칙이 효과적이라는 증거가 있다면.

(1) 윤리성의 행동원칙 : News Paper Test

한국형 리더는, 선택하고 행동하고 결정하기 전에 자신이 선택한 행동이 그대로 기사화되어 다음날 아침 조간신문에 머리기사로 실렸을 때, 자기가 가장 사랑하는 가족과 더불어 그 신문기사를 읽을 수 있는지를 판단의 기준으로 삼아야 한다는 원리이다. 만약 조금이라도 마음에 탐탁지 않으면 그러한 선택과 결정과 행동을 하지 말아야 한다. 이것을 'News Paper Test'라고 부른다. 이 테스트에서 조금이라도 마음에 부담이 되든가 의심이 들면 윤리적으로 문제가 있는 선택, 결정, 행동이라고 생각하면 된다. 'News Paper Test'를 'Paper Ethics'라고 부르기도 한다. 세계적인 투자가 워렌 버핏(Warren Buffet)이 갖고 있는 윤리 기준이다.

(2) 자기희생의 행동원칙 : 이익이 남는 희생

자기희생도 잘못하면 아무런 의미 없는 희생이 되고 만다. 그러므로 항상 상황과 때를 보아 희생할 줄 아는 지혜가 필요하다. 아무 때나 아무 일에 대해서나 희생하는 것은 귀중한 물건을 그 물건의 가치를 모르는 아무에게나 공짜로 주어버리는 것과 같다고 할 수 있다. 사람이 목숨을 바치더라도 값지게 바쳐야 한다. 아무런 의미 없이 바치는 목숨을 '개죽음'이라고 부르는 이유가 여기에 있다.

희생을 통해서 아무것도 이룰 수 없다면, 또 아무런 의미가 없는 희생이라면, 만용(蠻勇)에 의한 값없는 희생이 되고 만다. 그러므로 한국형 리더의 자기희생은 희생이 필요한 때에, 그리고 희생이 고귀하게 여겨질 수 있는 상황에서 수행되어야 '남는 희생'이 된다. 특히 기업과 같은 이익집단에서는 희생이 웃음거리가 되고, 스마트하지 못하다는 비판을 받는 경우도 있다. 사회적으로는 '희생'이란 그 자체로서 최고의 값을 가지지만, 기업에서 리더의 자기희생은 상품과 같이 종류도 다양하고 각각에 대한 값도 다양하다. 현명한 판단으로 이익이 남는 자기희생을 할 수 있는 지혜를 가져야 한다.

하지만 자기희생의 부가가치는 단기적 관점에서만 평가해서는 곤란하다. 특수신용(idiosyncrasy credit)은 오늘 자기희생을 통해서 쌓지만, 그 이득이나 효과는 장기적으로 나타날 수 있다는 것을 고려해야 한다. 오늘의 희생 투자가 장기적으로 가져올 수 있는 효과를 고려하는 것이 자기희생에 대한 바람직한 계산법이다.

(3) 언행일치의 행동원칙 : 퓨전의 법칙

핵물리학자들은 퓨전(Fusion)과 피전(Fission)의 두 원리를 이용하여 폭탄을 만든다. 피전은 핵분열의 원리이고 퓨전은 핵융합의 원리이다. 피전에 의해서 만들어진 폭탄이 원자폭탄이라면, 퓨전의 원리에 입각해서 만들어진 폭탄은 수소폭탄이다. 위력으로 따지면 수소폭탄이 원자폭탄보다 몇 배나 더 강력하다.

이처럼 언행불일치를 'Fission'(언행분열)이라고 한다면, 말한 것을 지키지 않음으로써 리더는 일시적으로 큰 이득을 얻을 수도 있다. 하지만 언행일치의 'Fusion'(언행융합)을 통해서 몇 배의 더 큰 이득을 얻을 수 있다. 리더의 말과 행동이 일치하는 것은 마치 수소폭탄처럼 핵융합을 일으켜 엄청난 에너지를 발산하게 된다. 언행일치는 단기적으로는 손해를 보는 듯이 보이지만, 궁극적으로 리더에게 커다란 이득을 가져다준다. 이것이 언행일치 한국형 리더가 이기적인 리더들보다 훨씬 더 큰 리더십 효과를 거두는 원리이다. 이상적인 한국형 리더는 이 퓨전의 법칙을 마음에 두고 일시적 손해에 연연하지 않고 말과 행동을 일치시키려 노력하는 사람이다.

(4) 모범 보이기의 행동원칙 : 회전문의 원리

날개가 네 개나 달린 회전문은 큰 빌딩마다 설치되어 있다. 사람이 드나들기에 조금은 불편하지만 빌딩의 내부 공기를 순환시키는 효과가 있고 겨울에 난방을 유지하고 여름에는 냉방을 유지하는 데도 큰 기여를 한다. 정지해 있는 회전문에 누군가 먼저 들어가 문을 회전시키면서 나가면 뒤따르는 사람은 손 하나 까딱 안 하고 밖으로 따라 나갈 수 있다. 리더의 모범 보이기란 이와 같다고 본다.

하급자들에게 편하게 밖으로 나갈 수 있는 길을 마련해 준다. 문을 돌려 뒤따르는 사람이 쉽게 출입할 수 있도록 안내하는 역할을 리더는 수행한다. 이것을 '회전문의 원리'라고 할 수 있을 것이다. 한국형 리더는 앞서 가서 회전문을 돌려주는 역할을 한다. 뒤따르는 사람들이 문의 위치를 잘 모를 때, 또는 문이 너무 육중하고 이상하게 생겨서 경험 있는 사람이 앞장서야 효과적으로 문을 회전시킬 수 있을 때 리더의 역할은 더욱 빛나게 된다. 뒤따르는 사람들이 문틈에 끼든가 걸리지 않도록 리더는 뒤를 돌아보며 속도를 조절하는 치밀함도 보여야 한다.

나모범 팀장 vs. 왕빼질 팀장의 하루

'나모범 팀장'과 '왕빼질 팀장'의 하루 일과 속에 솔선수범이 어떻게 표출되고 있는지를 구체적으로 살펴보자.

(1) 나모범 팀장의 하루

`8:00` 출근시간보다 한 시간 정도 전에 회사에 도착한 나모범 팀장은 창문을 활짝 연다. 팀원들이 출근했을 때, 상쾌한 공기를 마시도록 환기를 시키기 위함이다. 이어서 자리에 앉아 오늘 하루 동안 해야 할 일을 순서대로 정리해 본다. 그 후 요즘 부족하다고 느끼는 영어회화 공부를 한다.

`9:00` 팀원들이 모두 참석했는지 확인을 하고 회의를 시작한다. 회의를 어렵게 생각하는 팀원들을 위해 좀 더 쉽게 설명하고, 모든 팀원들이 회의에 참여할 수 있도록 자유로운 분위기를 만든다. 오늘의 회의주제를 이야기하며 먼저 의견을 내놓고 팀원들의 생각을 듣는다. 그리고 팀원들이 모두 공감하는 아이디어를 체계화시켜 정리한다. 회의는 무겁고 딱딱한 분위기가 아니라는 것을 보여주었더니, 팀원들도 회의시간을 부담 없어 하고 덕분에 회의시간이 많이 단축된 것을 느낀다.

`12:00` 하루 중 가장 활기찬 모습을 보이게 되는 점심시간. 팀원들과 함께 회사 근

처의 맛집에서 식사를 한다. 요즘 유행하는 개그를 선보이며 즐거운 점심시간을 보낸 후, 먼저 나와 계산을 한다. 팀원들의 잘 먹었다는 인사를 받으며 챙겨주는 커피를 마신다.

18:00 퇴근시간. 할 일이 조금 남아 있지만 나 때문에 퇴근하지 못하는 팀원이 생길까봐 먼저 인사를 하고 나온다. 팀원들이 다 나갔을 때쯤 다시 회사로 돌아와 내일 있을 프레젠테이션을 점검 · 마무리하고 퇴근한다.

(2) 왕뺀질 팀장의 하루

9:00 겨우 정시에 맞춰 출근했다. 요즘 부쩍 잠이 늘어 게을러진 것 같다. 하지만 오늘도 지각을 면했으니 다행이라는 생각을 하며 자리에 앉는다.

9:30 아침부터 또 회의가 줄줄이 잡혀 있다. 짜증을 가득 안고 회의를 시작했다. 이 시간만 되면 안절부절 못하는 팀원들이 보기 안 좋다. 자기 의견 하나 제대로 못 내놓고 눈치만 보는 팀원들이 마음에 안 들어 한소리 하고 나니 더 말이 없다. 또 어영부영 회의를 마치려니 마땅히 올릴 제안서가 없다. 그래서 팀원들에게 떠넘기고 회의실을 나온다.

12:00 점심시간. 매일 혼자 먹는 밥이 맛없었지만, 그렇다고 마음에 들지 않는 팀원들과 같이 먹기는 싫다. 혼자 밥 먹는 모습을 팀원들에게 보이기 싫어 일부러 회사 밖으로 멀리 나간다.

18:00 마무리 못 한 일들이 많이 남아 있다. 도저히 혼자서는 내일까지 끝낼 수가 없다. 제일 만만한 유소심을 불러 일을 떠맡긴다. 하기 싫어하는 표정이 눈에 보이지만 '내가 시킨 일인데 안 할 수는 없지'라는 생각을 한다. 오늘도 또 야근하는 것이 짜증나지만 유소심에게 일을 떠넘겼으니 마무리만 하면 된다는 생각에 금세 기분이 좋아진다.

나의 주변은 어떨까? 주변에서 가장 솔선수범하는 인물과 비모범적인 인물을 떠올리고 구체적인 행동특성을 적어 보자.

구 분	윤리성	자기희생	언행일치	모범 보이기
주변 솔선수범 인물의 행동특성				
주변 비모범적 인물의 행동특성				

CHECK LIST

진단 문항을 읽고 정도에 따라 1(전혀 그렇지 않다)~5 (매우 그렇다)로 나누어 체크(✓)해 보세요.

구 분	진단 문항	1	2	3	4	5
윤리성	모든 면에서 윤리의식이 강한 편이다.					
	나의 결정과 행동이 윤리적으로 옳은지 항상 생각한다.					
	자신과 구성원들에게 부끄러운 생각과 행동을 하지 않는다.					
	옳은 것을 지키려는 용기가 없다.					
	매사에 공정하게 일을 처리한다.					
자기희생	구성원들을 위해 하기 싫은 일도 감수한다.					
	구성원들을 위해 어렵고 힘든 일을 자진해서 하지 않는다.					
	상황에 따라 권한·권력 사용을 구성원들을 위해 자제하거나 포기한다.					
	어떤 업무의 책임자가 아닐 때도 맡은 것보다 더 많이 일하고 능력껏 공헌한다.					
	내가 인정받지 못할 때라도 구성원들이 좋은 평가를 받도록 돕는다.					
언행일치	내가 만든 약속을 반드시 지킨다.					
	내가 한 말에 대해 책임을 질 수 없다.					
	내가 한 말과 행동을 일치시키려고 노력한다.					
	일관성 있는 원칙에 따라 행동한다.					
	구성원들에게 일방적인 지시를 내린다.					
모범 보이기	다른 사람들에게 모범을 보이기 위한 행동을 한다.					
	구성원들이 자발적으로 참여하게끔 바람직한 행동을 보여준다.					
	구성원들이 본받고 싶어 하는 행동을 하지 않는다.					
	바람직한 모습을 보여주어 구성원들의 성과향상에 기여한다.					
	나의 행동이 조직의 발전에 도움이 되지 않는다고 생각한다.					

RESULT

각 요인별로 점수를 합산하여 17~25점이면 상(上), 9~16점이면 중(中), 1~8점이면 하(下)입니다.

구 분		진단 결과
윤리성	상	당신은 구성원들 사이에서 윤리성이 높게 평가되는 사람입니다. 항상 올바르게 행동하려고 노력하는 윤리적인 사람으로서 구성원들 사이에서 존경을 받을 것입니다. 매사에 공정하게 일을 처리하는 당신은 구성원들이 자발적으로 행동하도록 만들고 있습니다. 앞으로 더 나은 윤리적인 리더가 되기 위해서 지금과 같은 솔선수범 행동을 유지하십시오.
	중	당신은 비윤리적이진 않지만, 윤리적인 리더가 되기에 부족함을 깨달아야 합니다. 앞으로 올바르게 행동하고 자신과 구성원들에게 부끄러운 생각과 행동을 하지 않도록 해야 합니다. 강한 윤리의식을 가지고 매사에 정직하고 공정하게 일을 처리하여 윤리적인 리더가 될 수 있게 노력하십시오. 당신에게는 옳은 것을 지키려는 용기가 필요합니다.
	하	당신은 윤리의식이 없는 사람입니다. 비윤리적인 리더로서 자신과 조직 구성원들에게 부끄러운 생각과 행동을 하는 사람입니다. 당신의 그런 행동은 조직문화에 부정적인 영향을 끼치게 되므로 주의하셔야 합니다. 앞으로 당신의 행복과 성공을 위해서라도 올바른 행동을 해야 합니다. 또한 강력한 윤리의식을 가지고 매사에 공정하게 처신하도록 노력해야 합니다.
자기희생	상	당신은 구성원들을 위해 자기를 희생하는 사람입니다. 어렵고 힘든 일을 시키지 않아도 자진해서 하고, 구성원들을 위해 하기 싫은 일도 감수하는 모습을 보여줍니다. 이런 모습은 하급자들로 하여금 솔선수범하도록 만듭니다. 당신은 상황에 따라 권한·권력 사용을 구성원들을 위해 자제하거나 포기하는 모습도 보여주어 구성원들의 이기주의를 약화시키기도 합니다. 자신이 인정받지 못할 때에도 구성원들이 좋은 평가를 받을 수 있도록 하는 당신은 최상의 자기희생을 보여주고 있습니다.
	중	당신은 자기희생이 부족한 상태는 아니지만 좀 더 노력해야할 필요가 있습니다. 어떤 업무의 책임자가 아닐 때에도 맡은 것보다 더 많이 일하고 능력껏 공헌하는 모습을 보여주면 주위 사람들이 당신을 자기희생적 리더로 보게 될 것입니다. 구성원들을 위해서 자신의 이익을 포기하고 어렵고 힘든 일을 자진해서 한다면 당신의 리더십 효과는 향상될 것입니다. 지금보다 구성원들을 위해 하기 싫은 일도 감수하고 권한·권력 사용을 자제하세요.
	하	당신은 구성원들을 위해 자기희생을 하지 않는 사람입니다. 자기희생을 하지 않는 당신은 이기주의에서 벗어날 필요가 있습니다. 먼저 조직과 구성원들을 위해 권한은 구성원들에게 양보하고, 책임은 자신이 지도록 노력해보세요. 그러면 주위 사람들이 당신의 달라진 모습을 보고 많은 것을 느끼게 될 것입니다. 자기희생은 생각보다 어렵지 않습니다. 나 아닌 다른 사람을 위해 노력하는 적극적인 자세가 필요합니다.

(계속)

구 분		진단 결과
언행일치	상	당신의 언행일치는 조직 구성원들로 하여금 강한 신뢰감을 형성시켜주고 있습니다. 말이 필요 없이 행동으로 보여주는 당신은 구성원들의 능동적인 참여를 유도하고 있습니다. 또한 구성원들이 자신의 직책·직급에 맞게 행동하도록 도와주고 있습니다. 일관성 있는 원칙에 따라 성실하게 조직을 이끄는 당신은 매우 바람직합니다. 조직의 위기상황이나 돌발상황에서도 일관성 있게 지금과 같은 모습을 유지하십시오.
	중	당신은 언행일치를 조금 더 신경 써야 합니다. 자신이 한 말과 행동에 대해 책임을 지는 모습을 보이면 구성원들도 자연스럽게 직책·직급에 맞는 행동을 할 것입니다. 또한 자신이 한 말과 행동을 일치시키려는 노력을 보인다면 주변 사람들과의 신뢰 형성에 많은 도움이 될 것입니다. 조직의 목표나 비전을 행동으로 보여주어 비전전파가 용이하게 이루어지도록 힘쓰세요. 무조건 말만 하는 것이 아니라 일관성 있게 실천하는 모습을 보여주는 것이 가장 중요하다는 것을 알아야 합니다.
	하	당신은 자신의 말과 행동에 대한 확신이 매우 부족합니다. 일방적인 지시를 하는 당신은 구성원들에게 부정적인 영향을 줄 수 있습니다. 한번 내뱉은 말은 스스로 반드시 책임지는 행동이 필요합니다. 또한 자신의 말만 하는 것이 아니라, 일관성 있게 실천하는 것이 중요하다는 것을 깨달아야 합니다. 자신이 한 말과 행동에 대해 책임을 지는 모습은 구성원들과의 신뢰관계를 형성시킵니다. 이것을 바탕으로 조직 구성원들에게 일방적인 지시가 아닌 자발적 행동을 하도록 유도해야 합니다.
모범 보이기	상	당신은 구성원들이 본받고 싶어 하는 모델입니다. 당신의 행동으로 인해 하급자들 스스로 어떻게 행동해야 하는지 구체적으로 인식할 수 있습니다. 항상 구성원들에게 바람직한 모습을 보여주어 구성원들의 성과 향상에 도움을 주고 있습니다. 앞으로도 모범적인 모습을 많이 보여주어 구성원들이 따라할 수 있게 만드세요.
	중	당신은 모범을 보이기 위한 행동을 더 많이 할 필요가 있습니다. 구성원들이 자발적으로 참여하게끔 당신은 바람직한 행동을 보여주기 위해 노력해야 합니다. 일단 구성원들이 본받고 싶어 하는 행동이 무엇인지 알아보세요. 그리고 구성원들이 바라는 모습을 행동으로 보여주어야 합니다. 이런 행동은 조직의 분위기와 구성원들의 성과향상에 큰 도움을 줄 수 있습니다.
	하	당신은 모범 보이기를 거의 하지 않습니다. 조직의 발전에 도움을 주지 못하고, 또한 구성원들에게 바람직한 모습을 보여주지 못합니다. 이런 모습은 조직분위기를 망치고 구성원들의 사기를 떨어뜨립니다. 당신은 구성원들이 원하는 모습을 알아보고 먼저 행동으로 보여줘야 합니다. 바람직한 모습을 보여주는 당신으로 인해 조직분위기와 구성원들이 달라질 수 있습니다.

FEEDBACK

구 분	구체적인 행동지침
윤리성	• 구성원들이 바라는 솔선수범의 기대치를 파악하라. 구성원마다 바라는 기대치가 다르기 때문에 윤리적인 솔선수범 행동이 오히려 독이 되는 경우가 있다. 그러므로 팀 구성원들이 바라는 솔선수범 기대치를 파악하여 행동하는 것이 바람직하다. • 자신의 행동이 옳은지 매일 체크하라. 항상 옳은 행동 하기란 쉽지 않은 일이다. 매일 내가 한 행동을 체크하여 앞으로의 행동에 좋은 영향을 주도록 노력해야 한다. • 항상 공정하게 일을 처리하라. 리더의 공정함은 일처리에 있어서 매우 중요하다. 내가 하는 일이 다른 구성원들에게 피해가 되지 않도록 심혈을 기울여야 한다.
자기희생	• 구성원들의 상사의존도를 낮춰라. 스스로 모든 것을 먼저 나서서 행동하다보면 구성원들이 리더에게 바라는 것이 많아진다. 그로 인해 구성원들은 리더가 모든 것을 희생하며 일하는 것을 당연시하게 된다. 그리고 힘들고 어려운 일을 떠넘기게 만들 수 있다. 그렇기 때문에 구성원들의 상사의존도를 낮추는 것이 필요하다. • 나의 권한과 권력행사에 대해 매일 체크하라. 내 권한과 권력을 바르게 사용하고 있는지 매일 확인할 필요가 있다. 구성원들을 위해 희생하며 내 권한을 자제하는 것이 옳은 일인지 체크해야 한다. 그런 행동을 한 후 구성원의 반응도 적어두면 도움이 된다.
언행일치	• 자신이 한 말과 행동에 대해 반드시 책임을 진다. 책임감이 없는 구성원이 팀의 분열을 만들 수 있다. 리더가 먼저 책임감을 가지고 자신의 말과 행동에 책임을 진다면 구성원들도 배우게 될 것이다. 책임감의 중요성과 함께 언행일치도 자연스레 깨닫게 될 것이다. • 구성원들과 강한 신뢰관계를 형성하라. 모든 인간관계에서는 신뢰가 생명이다. 자신이 한 말과 행동조차 책임을 질 수 없는 사람을 신뢰하기 어렵다. 따라서 자신이 한 말과 행동에 대해 책임을 짐으로써 구성원들의 신뢰를 얻어야 한다. • 'paper ethic'이라는 것이 있다. 의미하는 것은 언론 공개의 원칙이다. '내가 한 행동, 내가 내린 결정, 내가 한 선택이 그대로 신문에 실려도 나는 떳떳한가'를 항상 마음속에 기준으로 갖고 있으라는 말이다.
모범 보이기	• 일주일에 한 번 이상 모범을 보인다. 구성원들에게 솔선수범하는 모습을 보여주는 것이 중요하다. 하지만 꾸준히 모범적인 모습을 보여주는 것이 더욱 중요하다. 구성원들은 지속적으로 모범을 보이는 리더를 더 본받고 싶어 한다. • 구성원들에게 귀감이 되는 모습을 보여라. 귀감이란 말 그대로 거울 삼아 본받을 만한 모범을 뜻한다. 귀감이 되는 모습을 보이는 리더는 최상의 리더이다. 리더가 오래도록 구성원들에게 본이 되는 사람이 되려면 해야 할 일이 많다. 그중 귀감은 빠져서는 안 되는 요인이다. • 솔선수범 행동계획을 세운다. 모든 일에 솔선수범하려고 한다면 시간이 흐른 뒤에 지칠 수 있다. 그러므로 솔선수범을 하기 위한 행동계획을 세운다. 미리 내 행동을 계획한다면 더 효과적으로 솔선수범할 수 있게 된다.

제3부

11

한국형 리더십 종합

1 | 한국형 리더십의 의미

리더십은 특정 문화에서 '사회가 원하는 행동을 할 수 있는 능력'이다. 따라서 리더십과 문화는 떼어놓고 설명할 수 없다. 사회에서 요구하는 훌륭한 리더를 양성하기 위해서는 소속된 사회의 문화적 특성을 고려한 리더십 이상형을 심도 있게 연구해야 한다.

한국인들은 서양을 비롯한 외국인들과는 독특한 한국인 특유의 정서를 가지고 있다. 정이나 우리성, 신바람 등은 외국에서는 찾아보기 힘든 한국인들만의 정서이다. 이러한 정서에 의한 리더들의 행동을 외국 특히 서양의 리더십 이론들은 설명해 줄 수 없다.

또한 한국은 세계에서 유례없는 고도성장으로 최빈국에서 경제대국으로 성장한 유일한 나라이다. 이제는 한국의 기업이 세계에서 1위라는 것이 익숙해졌을 만큼 많은 분야에서 세계를 선도하고 있다. 이러한 경제성장이 가능했던 것은 훌륭한 한국형 리더들의 선전이 있었기 때문이다. 그런데 아직도 우리는 '한국형 리더' 개개인이 아닌 '한국형 리더들'의 공통된 특성인 한국형 리더십에 대해서는 연구하지 않고 있다. 이들의 공통된 특성을 연구하는 것은 과거 한국의 발전을 설명할 수 있을 뿐 아니라 미래 한국의 발전 도모를 위해서도 꼭 필요한 작업이다.

한국은 단일민족으로 5천 년의 유구한 역사와 독자적 문화를 지켜온 나라이다. 이러한 역사가 남겨준 활용가능한 문화적 유산들이 많이 있다. 고유의 문자 한글이나, 풍부한 표현이 가능한 언어, 한국만이 가진 발효 음식과 음식문화, 벼농사 문화가 남겨준 끈기와 그로 인해 발전된 세계 최고 수준의 수리력 등이 그것이다. 이러한 문화적 유산이 무엇인지 알고 개발할 수 있어야 세계 속에서 한국 특유의 경쟁력을 만들어 가는 것이 가능해진다.

한류열풍이 전 세계로 퍼져나가고 있다. 여기서 중요한 부분은 한국의 '사극' 드라마가 불을 지폈다는 것이다. 사극은 우리 민족이 살아온 시대별 상황을 배경으로 한 드라마이다. 우리의 고유한 문화와 역사가 그대로 녹아있는 사극 드라마가 한류를 이끌고 있다는 것은 한국의 문화가 세계적인 경쟁력을 생각보다 많이 갖추고 있다는 의미로 받아들일 수 있다. 기술은 단기간에 보고 배워 따라할 수 있다. 하지만 5천 년의 세월이 남겨준 문화적 유산은 그 누구도 따라할 수 없다. 또한 누구도 도용할 수 없는 한국만의 것이다. 이렇게 경쟁력 있는 한국 문화적 토양의 토질을 정확히 알아야 더 크게 자랄 수 있는 훌륭한 한국형 리더들을 키워내는 것이 가능해진다.

한국문화의 특이성에서부터 비롯된 한국형 리더와 한국인 하급자들의 행동을 외국에서, 특히 한국의 집단주의 문화와는 반대로 개인주의 문화를 가진 서양에서 연구된 이론으로 설명한다는 것이 얼마나 비합리적인가? 한국의 것만 옳다거나 우수하다는 것이 아니다. 한국인들이 가지고 있는 특이성과 글로벌 시대에 맞는 리더십을 혼합하여 한국적 상황에서 보다 유효한 리더십을 찾아야 한다는 것이다. 또한 한국을 이끌어갈 리더 양성에 필요한 발전된 형태의 리더십을 갖추어 미래 한국의 발전을 도모해야 한다는 것이다.

기존의 리더십 이론들은 서양에서 연구된 이론을 차용하여 한국적 상황에도 유효한지를 확인하는 수준에 머물렀다. 한 번도 한국적 측면에서 연구된 리더십 이론은 없었다. 심지어 '한국형'이라고 하면 알레르기 증상을 보이는 사람들까지 있다. 이유는 글로벌 시대에 무슨 한국형을 찾느냐는 것이다. 하지만 한국인의 가치관은 외국인들과 아무리 함께한다고 해도 버려지지 않는다. 버렸다고 생각하더라도 은연중에 행동에 녹아있을 수밖에 없다.

한국형 리더십보다 글로벌 리더십을 배워야 한다고 주장하는 것은 '주도가치'보다 '추격가치'(또는 추종가치)를 더 중시한 결과이다. 이 세상에 두 종류의 사람이 있다고 한다. 앞서가는 사람을 쫓아가는 사람은 추격가치를 중요시하는 사람이라고 할 수 있다. 반면 앞서서 미래의 변화 흐름을 주도하는 사람은 주도가치를 가진 사람이라고 할 수 있다. 과거 생존하기 위해 발전된 서양을 보고 추격해 온 한국은 더 이상 추격할 상대가 없어지고 있다. 그렇다고 새로운 추격 상대를 찾을 때까지 기다릴 수도 없다. 이제는 한국이 앞서서 세계의 변화를 주도해야 한다. 이렇게 하기 위해서는 기존의 것만을 가지고는 불가능하다. 우리만의 것을 만들어 세계가 보고 배울 수 있도록 주도해야 한다.

글로벌 스탠더드에 입각한 외국의 경영과 리더십 관행은 머리와 제도에만 도움을 줬을 뿐 한국형 리더들과 조직원들의 행동에는 영향을 주지 못했다. 우리의 가치관과 정서, 문화를 고려하지 않았기 때문에 머리로는 이해하였지만 가슴을 움직이지 못해 행동의 변화를 이루지 못한 것이다. 그리고 그동안 사람들이 글로벌 리더십을 우수하다고 여기고 추종했던 데에는 한국형 리더십 연구가 상대적으로 적었기 때문이라고 볼 수 있다. 본서는 한국형 리더십에 대한 연구를 통해 이러한 문제점을 극복하기 위한 노력의 시발점이다.

학습자들은 앞의 학습내용에서 한국형 리더십의 필요성, 내용과 효과, 한국형 리더십의 여덟 가지 요인별 내용을 학습했다. 아래에서는 8가지 요인별 내용을 다시 한 번 정리하고 종합적 관점에서 설명한다.

2 | 한국형 리더십의 8요인

한국형 리더십 8요인의 관점 비교

한국형 리더십 이론은 매우 통합적인 이론이다. 예를 들면, 특성이론은 리더가 갖는 성격, 가치관, 지능, 신체특성 등 개인이 갖고 있는 내적 속성에 초점을 맞추고 있고 행위론은 리더가 보여주는 하급자들을 향한 행동의 유형을 구체화하는 데 치중하였다. 그런가 하면 지난 30년간 많은 각광을 받아온 변화론은 하급자들을 높은 차원으로 변화시키기 위해서 리더가 보여줘야 하는 일련의 행동들을 제시하고 있다.

한국형 리더십에서는 리더의 특성과 행위를 동시에 고려하였다. 예를 들어, 한국형 리더십의 8가지 요인들 중에서 성취열정과 자기긍정은 리더개인이 갖는 특성 측면이 강한 변수들인 반면, 나머지 6요인들인 솔선수범, 상향적응, 하향온정, 수평조화, 환경변화, 그리고 미래비전 등은 대체적으로 리더의 행위를 중심내용으로 하고 있는 변수들이다. 〈그림 11.1〉은 위의 설명을 그림으로 나타내었다.

사실, 리더십을 특성으로만 보든가 아니면 행동으로만 보는 관점은 그 자체로서 한계를 갖지 않을 수 없다. 사람의 행동이 표출되는 데는 능력, 태도, 가치관, 성격, 경험, 동기, 의지 등의 특성동력(動力)이 있어야 한다. 즉, 행동과 그 동력이 되는 특성과는 불가분의 관계라는 말이다. 그러므로 특성 따로 행동 따로 나누어 설명하는 것은 바람직하지 않다. 특성과 행동은 불가분의 관계로서 리더십을 설명할 때 항상 함께해야 하는 변수들이다. 따라서 한국형 리더십에서는 리더십을 설명할 때 특성과 행위를

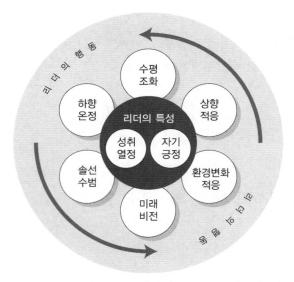

〈그림 11.1〉 한국형 리더십 8요인이 가지는 특성적·행위적 측면

종합적으로 설명하고자 하였다.

전 방향적 관점에서의 한국형 리더십

한국형 리더십은 서양에서 발표된 리더십 이론들에서처럼 상급자와 하급자의 관계에서
만 리더십의 문제를 다루지 않는다. 한국형 리더십은 전 방향적인 리더십이라고 할 수
있다. 리더십은 사고, 관계, 전략 등 종합적 관점에서 접근되어야 한다.

  예를 들어 팀장의 입장에서 리더십을 발휘하여 팀원들을 조직의 목표달성에 도움
이 되는 방향으로 이끌어 가는 것도 중요하다. 하지만 그렇게 할 수 있기 위해서는 그
사람의 상급자인 본부장이나 임원이 그 팀장에게 더 중요한 일을 맡겨도 그 사람은 잘
해낼 수 있는 리더십이 있다는 확신을 갖도록 해야 하며 때로는 팀장으로서 옳다고 생
각되는 일에 대해서 본부장을 설득하여 지지와 동참을 이끌어 내는 자세가 필요하다.
동료들과의 관계에서도 마찬가지이다. 특정 동료가 리더십이 있다고 인정받을 때 다른
동료들의 지지를 얻어 낼 수가 있고 어떤 큰일을 수행해 내기가 용이해진다.

  따라서 리더가 된다는 것은 하급자와의 문제만은 아닌 것이며 상급자와 동료들의

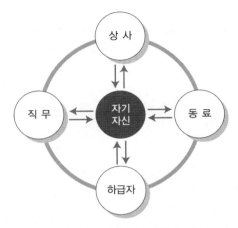

〈그림 11.2〉 전 방향적 리더십의 기본 도식

지지와 동참을 이끌어 낼 수 있어야 한다. 또한 맡은 직무에 대해서도 전문성을 가져야 한다. 리더라고 해서 직무의 공백 속에 존재할 수는 없다. 직무의 특성과 리더의 특성이 매치가 되어야 한다. 〈그림 11.2〉는 전 방향적 리더십을 도식으로 나타내었다.

전 방향적인 리더십을 설명하는 상사, 동료, 하급자, 자기 자신, 전략에 대한 8가지 한국형 리더십의 요인들이 있다. 수평조화, 상향적응, 하향온정은 리더십 발휘의 수직적·수평적 관계에 대한 요인이다. 자기긍정, 성취열정은 개인에 초점을 맞춘 개념으로 사고하고 행동하는 데 영향을 미친다. 그리고 환경변화, 미래비전은 전략에 관련된 내용으로 의사결정을 하고 미래를 기획하는 데 관련 있는 개념이다. 또한 솔선수범은 한국인들이 리더에게 가장 기대하는 한국적 특성이 많이 내포된 요인으로 리더가 먼저 나서서 바람직한 행

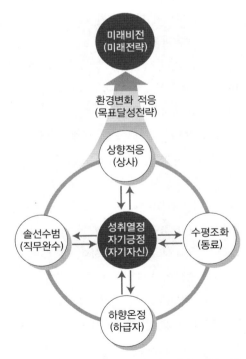

〈그림 11.3〉 한국형 리더십 8요인의 기본도식

동을 보여주는 것을 말한다. 〈그림 11.3〉은 한국형 리더십 8요인을 전 방향적 관점에 따라 도식으로 나타내었다.

한국형 리더십의 효과

한국형 리더십 8요인들이 리더십 효과를 높이는 데 얼마나 도움이 될까? 한국형 리더십의 각 요인의 효과성을 분석하기 위해 통계분석을 실시한 결과 각 요인의 리더십효과성에 미치는 영향력의 크기는 1위가 솔선수범, 2위가 하향온정, 3위가 수평조화, 4위가 미래비전, 5위가 성취열정, 6위가 자기긍정, 7위가 상향적응, 8위가 환경변화 순으로 나타났다. 하급자들이 리더십의 효과성을 결정하는 중요도 중에서 으뜸을 차지하는 것으로 인식하고 있는 것은 솔선수범이었다. 그 다음이 하향온정, 수평조화, 미래비전 등으로 나타나고 있다. 이것은 매우 흥미로운 결과이다. 왜냐하면, 1~4위의 요인들이 발생빈도 차원에서는 주로 아래에 속하는 요인들이기 때문이다.

출현빈도와 종합하여 해석하면, 한국형 리더들이 많이 보여주는 행동과 효과적인 리더십 행동과는 일치하지 않는다는 것을 알 수 있다. 이것을 한국형 리더십 패러독스라고 이름 붙일 수 있을 것이다. 즉, 효과적인 리더십 행동은 솔선수범, 하향온정, 미래비전 등인데 실제로 한국형 리더들은 성취열정, 상향적응, 환경변화 등 자신의 생존을 위한 행동에 더 열중하고 있는 것이다.

그렇다면 이상적인 한국형 리더는 8가지 요인들 중에서 어떤 요인에서 높은 점수를 보이는 유형인가? 이것을 알아보기 위해서 본 연구에서는 8가지 요인들 각각을 평균점수를 기준으로 상, 하로 나누었다. 그런 후, 8가지 요인들을 조합하여 경우의 수를 만들었다. 8가지 요인 각각이 상, 하 두 개의 조건을 갖기 때문에 모두 조합하면 $2^8 = 256$개의 경우가 나온다. 이들 각각의 유형들의 빈도와 각 유형에 속한 응답자들의 리더십 효과성 평균을 취하여 비교하였다. 256개 경우의 수 중에서 어떤 유형이 가장 효과성 평균이 높고 어떤 유형이 낮은지를 일일이 비교·분석하였다. 분석 결과 이상적인 한국형 리더십은 앞서 제시한 8요인 모두에 있어 평균 이상의 노력을 보이는 사람들이었다. 반면에 피해야 하는 한국형 리더는 8요인 모두에 있어 평균 이하의 점수를 보이는 리더이거나 윗사람에게만 잘 보이려는 상향적응만 잘하는 리더, 또는 아랫사람들에게만 잘하려는 보스형 리더들인 것으로 밝혀졌다.

이상을 종합하면, 이상적인 한국형 리더가 되기 위해서는 8요인 모두에 있어 바람직한 행동을 보여줘야 한다. 이러한 목표를 달성하기 위해서 본 과정이 만들어졌다. 이것은 곧 이들 8요인 각각에 대해서 수강자 스스로 진단하고 개선할 점과 더욱 강화해야 하는 점들을 구체적으로 도출한 후, 개선 노력의 방향을 설정해야 함을 의미한다.

앞에서 학습한 바와 같이 훌륭한 한국형 리더가 되기 위해서는 8가지 요인에서 모두 평균 이상의 점수를 보여줘야 한다. 자신이 잘하고 있는 요인과 부족한 요인을 점검하고 앞으로 리더십을 향상시키기 위해 약점 보완과 강점 강화의 행동을 보여주어야 할 것이다.

3 | 한 국 형 리 더 의 종 합 적 사 례 분 석

아래의 사례는 한국의 대기업 S 기업에 근무하는 이광수(가명) 팀장의 실제 사례이다. S 기업은 국내에서 크게 성장하고 있는 SI(System Integration) 업체이다. 쌍용정보통신, 삼성SDS, SK C&C, 포스데이터, HIT, LG CNS 등이 이 업종에 속한 기업들이다. 한마디로 경쟁이 치열하고 구성원들의 잦은 이직으로 관리가 매우 힘든 산업에 속한다. 외국계 회사로는 IBM, Sun Microsystems 등이 있다. 아래 이광수 팀장의 실제 사례를 통해 이광수 팀장이 한국형 리더로서 어떠한 모습을 보여주고 있는지 분석해 보자. (밑줄 친 부분이 한국형 리더십 8요인 중 어떤 요인에 해당하는지 생각하며 읽어 보자.)

〈사례 11.1〉 S 기업의 이광수 팀장의 한국형 리더십

이광수 팀장은 전략 OS팀을 맡고 있는 팀장이다. 여기서 OS란 Outsourcing의 약자이다. 전산능력이 떨어지는 기업의 전산실을 대신 맡아 완벽하게 운영해주고 정기적으로 관리비를 받는 사업이다. 이 사업의 좋은 점은 한번 고객사와 계약을 하면 고객

사로부터 지속적으로 매출을 올릴 수 있다는 점이다. 전산실 관리라는 것이 한번 하고 끝내는 것이 아니라 안정적으로 계속 업그레이드를 하면서 관리해야 할 필요가 있기 때문이다.

이광수 팀장이 본 S 기업으로 이직해 온 것은 2007년이었다. 그 이전에는 쌍용정보통신에 신입사원으로 들어가 다년간 사원, 대리, 과장으로 근무했으며 그 후에는 텔레콤 회사에 들어가 CRM(Customer Relations Management)을 담당했었다. 그러다가 PWC-IBM에 들어가 컨설팅 업무를 담당하다가 S 기업으로 스카우트되어 들어오게 되었다. 그는 SI 컨설팅에 상당한 매력을 느끼고 있다. 업무가 역동적이고 고객을 만나고 제안서를 작성하여 프레젠테이션을 한 후 계약에 이르는 전 과정에 대해서 상당한 노하우를 갖고 있으며 나름대로 대단한 능력이 있는 것으로 업계에서는 능력을 인정받고 있기 때문이다.

S 기업으로 스카우트되어 온 이후 그의 성과는 놀라웠다. KAI, 한국투자증권 등 굵직굵직한 계약을 체결하여 실력을 확실하게 인정받았다. 부임해 올 때 OS사업의 매출이 200억 원이었던 것을 2009년에 1,000억 원까지 끌어올릴 수 있었던 것은 순전히 이 팀장의 영업능력 때문이었다. 그는 OS컨설팅업에 대한 풍부한 지식과 경험을 가지고 있다. ① 시장에 대한 지식이나 시장의 변화를 읽는 감각은 업계에서 누구에게도 뒤지지 않는다. 또한 OS컨설팅업이 앞으로 어떤 방향으로 나아가야 하는가에 대해서도 나름대로 일가견을 가지고 있다. 시장에 어떤 변화가 있으면 가장 빨리 그것을 알아차려 대응한다.

② 그동안 여러 컨설팅회사를 전전하면서 구축해 놓은 인적 네트워크가 변화를 읽는 데 큰 힘이 된다. 업계와 정부의 많은 관련자들을 수시로 만나 의견을 나누고 정보를 얻는 노력을 수년째 해오고 있다. 그래서 그는 항상 바쁘다.

그는 S 기업의 미래에 대해서 현재 그룹사 위주로 이루어지고 있는 매출 구조를 다변화해야 한다는 철학을 가지고 있다. 그 중심에 OS사업이 있다는 것을 강조한다. ③-1 S 기업 전체 매출의 30%를 OS에서 담당할 수 있는 규모로 키우겠다는 것이 꿈이다. 나머지는 해외에서의 매출, Solution Biz 등이 담당해야 균형을 맞출 수 있다고 믿고 있다. Solution Biz라고 하는 것은 지금은 고객사마다의 독특한 필요에 따라 별도로 IT시스템을 구축해주는 사업을 주로 하고 있는데 이렇게 하면 인력이 많이 소요되고 부가가치는 별로 없다. 그러므로 여러 회사에 공통적으로 쓰일 수 있는 하나의 소프트웨어를 만들어 많은 고객사에 판매하면 적은 인력으로 많은 매출을 올릴 수 있어 부가가치가 높아진다. 예를 들어, 어느 회사에서나 사용하는 빌링 시스템(Billing system, 돈을 지불하고 처리하는 시스템) 등은 한번 만들면 다양하게 적용할 수 있기 때문에 한번의 투자와 노력으로 여러 회사에 적용하여 큰 매출을 올릴 수 있다.

현재 OS사업에서는 IBM이 큰손이다. ③-2 이 팀장은 S 기업을 IBM이 인정해 주는 회사로 키우겠다는 포부를 갖고 있다. 이러한 취지에서 이 팀장은 IBM을 벤치마킹하여 내부 시스템도 여느 경쟁사 못지 않게 업그레이드하였다. 업무 매뉴얼을 구체적으로 작성하여 운영하게 함으로써 새로 업무를 맡은 사람도 매뉴얼만 잘 읽으면 얼마든지 쉽게 업무를 수행할 수 있도록 하였다. 또한 계약서도 10쪽에 불과하던 것을 그룹 법무팀의 지원을 받아 다양한 상황에 따른 권리와 책임을 분명히 하여 300쪽에 이르도록 세밀화하였다. 누구와 싸워도 이길 수 있는 내적 체제를 완벽하게 구축하는 것을 목표로 하여 지속적으로 직원들을 몰아붙이고 있다.

부하팀원들은 이 팀장에게 별명을 두 가지 지어줬다. ④ 'workaholic'과 '독사'이다. 일에 있어서는 완벽주의자이면서 누구에게도 뒤지지 않는 열정을 가지고 있는 사람이다. 한번은 제안서를 고객사에 발표하기 전날 새벽 2시에 담당팀원에게 전화가 왔다. 제안서의 내용과 형식을 완전히 새롭게 바꾸라는 것이었다. 갑자기 참신한 아이디어가 생각났다는 것이다. 담당자는 할 말을 잃었다. 주섬주섬 옷을 걸치고 사무실에 나와 밤을 꼬박 새우고 간신히 요구에 맞춰 제안서를 완성했다. 결과는 대박이었다!

이 팀장은 또한 자기가 직접 제안서를 발표해야 할 경우 탁월한 PT능력을 발휘한다. 특히 공공기관 PT에 압권이다. 어떤 질문이 나와도 적절히 답변하여 돌파하는 동물적 감각을 가지고 있다. 그는 표현력이 뛰어나다는 평가도 받는다. 무엇보다도 적절한 예를 드는 것과 비유에 능하다. ⑤ 항상 긍정적이고 자신감 있는 모습과 표현으로 상대를 압도한다는 평가도 받는다. 프로젝트 추진에 있어 혼선이 있을 때 순발력 있는 판단으로 빠른 결정과 결단을 내려준다. 과감히 포기할 줄 알 뿐 아니라 필요하다고 생각되는 것은 과감히 밀어붙여 승부를 낸다. 발주사에게 S사의 역량을 과시해야 할 때 그는 제격이다. 또한 딜(Deal)을 끌고 가는 역량이 탁월하다. 그래서 팀원들 중에 그를 롤모델로 생각하여 따르는 사람들이 많다.

프로젝트와 관련하여 전사적 도움이 필요할 때는 서슴없이 사장이라도 직접 만나 설득하고 도움을 청한다. 본부장 등 임원들도 그의 실력과 자신감과 감각에 대해서 전폭적인 지지를 보내지 않을 수 없다. ⑥ 논리가 정연하고 윗사람들에게도 깍듯이 대하는 그를 흠잡을 수가 없다. 특히 그의 성과가 모든 것을 말해준다. 그가 하겠다고 하면 거의 토를 달지 않는다. 그런 상사들을 이 팀장은 극진히 모실 줄 안다. 항상 겸손하게 공을 상사와 팀원들에게 돌린다. 자기가 잘했다고 술좌석에서라도 말해본 적이 없다.

⑦ 아울러 그는 매사에 솔선수범하려 애쓴다. 부하팀원들에게 말로만 요구하는 것이 아니라 스스로 행동으로 보여줌으로써 팀원들의 태도가 능동적으로 바뀌도록 한다. 가령 팀원 각자의 업무 매뉴얼을 구체화하는 과정에 있어서도 팀장인 자신의 업

무 매뉴얼을 먼저 작성하여 보여줌으로써 팀원들이 그런 매뉴얼이 왜 필요하며 어떻게 작성하는 것인지를 확실히 이해할 수 있게 하여 능동적 동참을 이끌어냈다.

누가 뭐래도 이 팀장은 업무중심적 리더이다. 숫자가 인격이라는 말을 그는 믿는다. 그는 성과가 있을 때만 칭찬을 한다. 좋은 말을 해주고 선행을 하는 사람에게는 별로 관심이 없다. 그리고 모든 팀원의 일에 관심을 가지고 간섭하는 버릇이 있다. 일일이 지적도 하고 조언도 한다. 그의 지론 중 하나는 '회사를 먹여 살릴 수 있는 사람이 리더이다'라는 것이다.

회식도 가끔 하는데 꼭 1차로 끝내고 먼저 일어난다. 물론 2차를 가라고 회사카드는 주고 간다. 술을 별로 좋아하지 않는다. ⑧-1 팀원 개인사에는 세세하게까지 관심을 갖는다. 항상 편안한 분위기를 조성하려 애를 쓰고 팀원들의 의견을 경청하려 노력한다. 인사평가도 팀 기여도를 가장 중시한다. 객관적으로 하려고 팀원 각자에게 스코어 카드(score card)를 만들게 했다. 이 스코어 카드에는 계약금액, 사업개발 점수, 협력점수 등이 기록되며 월말에 전 팀원에게 공개를 한다. 물론 팀원 각자에 대한 평가결과를 직접 1:1로 피드백을 해주며 잘한 것과 못한 것을 확실하고 분명히 지적해준다.

팀원들 몇 명과 인터뷰를 했더니 이 팀장에 대한 평가는 아래와 같았다.

⑧-2 "따뜻함이 부족하고 때론 서운함을 많이 느낀다. 보고할 때 위로받기를 기대하고 있었는데 실적이 기대에 못 미친다고 질타를 당한 때가 많다. 그리고 중간에 말을 자꾸 끊는다. 딱딱한 표현도 귀에 거슬릴 때가 많다."

"지나치게 업무중심적이고 모든 부문에 간섭하는 스타일이다. 고객사 사장에서 말단 대리까지 자기가 직접 다 관장한다. 그리고 항상 일에 대한 오너십(ownership)을 강조한다."

"자신이 원하는 사람들만 쓴다. 자질이 안 된다고 생각하면 과감히 버린다. 동기부여 시킬 줄 모른다. 팀원 개개인에게 관심은 많은데 정이 별로 없는 것 같다. 항상 성과에 따라 사람을 대하는 태도가 달라진다. 공식적 관계에서는 명쾌하지만 비공식적인 관계에서 허물어지는 모습을 보고 싶다."

이 팀장과 인터뷰를 했다. 그의 생각은 이랬다.

⑧-3 "팀원들에게 인정받는 것이 상사에게 인정받는 것보다 더 중요하다고 생각한다. 윗사람에게 8을 인정받으면, 아랫사람들에게는 10을 인정받아야 진정한 리더라고 본다. 아래로부터 존중받지 못하면 창피하다. 그래서 그들의 미래를 위해서 능력계

발을 통해 동기 부여시키려고 노력하고 있다. 스스로 중요한 일을 감당할 수 있도록 계발시켜주는 것이 목표다."

"이 회사에 와보니 조직문화가 문제가 있었다. 예를 들어 팀원들을 모아놓고 하고 싶은 말을 해보라고 해도 절대 말을 안 한다. 만약 대리가 먼저 말을 했다가는 회의 끝나고 밖에 나가서 과장, 차장들이 말한 대리를 혼내는 것이 우리 회사의 문화다. 말도 순서대로 해야 한다고 믿고 있는 조직문화를 가지고 치열한 경쟁에서 이길 수 없다. 이것은 임원회의에서도 똑같다. 처음 이 회사에 왔을 때 다른 임원들이 조언했던 첫마디가 '튀지 마라'였다. 처음에는 뭣도 모르고 마구 하고 싶은 말 다했다가 임원들과 선임 팀장들에게 여러 번 불려 다녔다. 그런데 재미있는 것은 여럿이 있을 때는 말을 안 하던 부하들이 일대일로 있을 때는 말을 잘한다. 그래서 주로 팀원 한 사람씩 불러다가 점심식사를 하면서 대화를 한다. 참 많은 시간이 소비된다."

"일을 잘하는 사람 위주로 갈 수밖에 없다. 직급이 높아지다 보니 일 못하는 사람까지 다 챙길 수 없다. 이기는 사람으로 항상 이기는 팀을 만들어 가려 한다."

① 환경변화

이광수 팀장은 시장의 변화를 읽는 감각이 뛰어나고 OS컨설팅업이 앞으로 어떤 방향으로 나아가야 하는가에 대해서 정확히 파악할 줄 아는 환경변화에 뛰어난 한국형 리더이다. 또한 시장에 어떤 변화가 있으면 변화의 징후를 신속하게 포착하고 대응하는 행동형 리더이기도 하다. 환경변화에 민감한 부분은 이광수 팀장이 부임 당시 OS사업의 매출이 200억 원이었던 것을 2009년에는 1,000억 원까지 끌어올리는 높은 성과를 가능하게 하였다. 전문성과 많은 경험을 기반으로 동물적인 감각을 갖추어 변화의 흐름을 빨리 알아채고 대응함으로써 훌륭한 환경변화 리더의 모습을 보여주고 있다.

② 수평조화

이광수 팀장은 그동안 여러 컨설팅 회사에서 근무했을 때 구축해 놓은 인적 네트워크를 가지고 있다. 이러한 인적 네트워크를 가질 수 있었던 것은 이광수 팀장이 수평조화를 잘 하는 리더였기 때문이다. 사람들과의 관계는 끊임없는 관심과 관리를 통해 이룰 수 있기 때문에 많은 노력을 요하는 부분이다. 이러한 인적 네트워크를 통해 변화의 징후를 포착할 수 있는 정보력을 갖추고 다양한 아이디어를 얻을 수 있었다.

③ 미래비전

이광수 팀장은 뚜렷한 목표와 미래비전을 가지고 있는 미래비전 리더이다. S 기업 전체 매출의 30%를 OS에서 담당할 수 있는 규모로 키우겠다는 구체적인 장기 목표를 가지고 있으며 S 기업을 IBM이 인정해 주는 회사로 키우겠다는 미래비전을 가지고 있다. 또한 미래비전을 이루기 위해 업무 메뉴얼을 구체적으로 작성하여 운영하는 등 구체적인 노력을 기울이고 있다.

④ 성취열정

이 팀장은 '워커홀릭'과 '독사'라는 별명이 붙을 만큼 일에 대해 완벽함을 추구하고 누구에게도 뒤지지 않는 열정을 가지고 있는 성취열정 리더이다. 좋은 아이디어가 있다며 새벽 2시에 담당팀원에게 전화하여 제안서의 내용을 바꾸라고 지시할 만큼 밤낮을 가리지 않고 일에 몰입하는 성취열정을 가지고 있다. 이러한 성취열정은 이광수 팀장이 높은 성과를 거둘 수 있도록 도와준다.

⑤ 자기긍정

이 팀장은 항상 긍정적이고 자신감 있는 모습으로 상대를 압도하는 자기긍정의 리더이다. 자신에 대한 믿음과 자기긍정은 이광수 팀장이 순발력 있는 판단과 버려야 하는 것을 과감히 버릴 줄 아는 대담함을 갖추도록 해 주었다. 또한 자신이 필요하다고 생각하는 것은 자기긍정에 의한 확신으로 과감히 밀어붙이는 모습을 보여준다.

⑥ 상향적응

윗사람들에게도 깍듯이 대하는 이광수 팀장은 상향적응을 잘하는 리더이다. 상향적응의 결과 이광수 팀장이 하는 일이라면 상사들이 절대적인 신뢰를 보여주고 있다. 이광수 팀장의 상향적응은 상사의 비위를 맞추기 위한 아부가 아니라 자신이 해야 하는 일을 확실히 하고 성과로써 신뢰를 얻는 바람직한 모습을 갖추고 있다. 또한 자신의 공을 상사에게 돌리는 등 겸손한 모습까지 보여준다.

⑦ 솔선수범

이광수 팀장은 매사에 솔선수범하려 애쓰는 솔선수범의 리더이다. 말로만 하는 것이 아니라 스스로 먼저 행동으로 보여줌으로서 팀원들이 보고 배울 수 있도록 유도한다. 이러한 구체적인 행동으로 하급자들은 자신이 취해야 하는 행동을 정확히 숙지할 수 있고 능동적인 태도를 갖출 수 있다.

LEADERSHIP QUIZ

1. 이광수 팀장이 더욱 뛰어난 한국형 리더가 되기 위해 갖추어야 할 부분은 무엇인가?
2. 한국형 리더십 8요인에는 없지만 한국형 리더에게 꼭 필요하다고 생각되는 다른 요인을 생각해 보자.

⑧ 하향온정

팀원 개인사에까지 세세하게 관심을 가지며 항상 편안한 분위기를 조성하려 애쓰는 이광수 팀장은 하향온정을 갖기 위해 노력하는 리더이다. 하지만 이광수 팀장에 대한 팀원들의 평가는 조금 다르다. '따뜻함이 부족하고 딱딱하다, 지나치게 업무 중심적이다, 개개인에게 관심은 많은데 정이 별로 없는 것 같다' 등의 평가는 하급자들이 기대하는 하향온정에 못 미친다는 것을 알 수 있게 해준다. 이광수 팀장은 팀원들에게 인정받는 것이 상사에게 인정받는 것보다 더 중요하다고 생각한다. 하급자들은 이광수 팀장을 인정하지만 리더로서 온정을 갖기를 바라고 있다. 하급자들의 능력을 계발하는 것도 중요하지만 이 팀장은 하급자에 대한 하향온정을 더욱 계발해야 할 필요가 있어 보인다.

12

한국형 리더십의 미래 과제

어느 리더십 이론도 모든 것을 설명하지는 못한다. 그만큼 리더십의 상황은 복잡하다는 말일 것이다. 그렇기 때문에 하나의 이론이 발표된 후에 지속적으로 관심을 가지고 토론하고 실행하고 피드백하고 수정하는 과정을 거쳐야 한다. 한국형 리더십 이론의 경우도 마찬가지이다. 어느 한 사람이 한국형 리더십 이론을 발전시켜가는 주역이 되기보다는, 모두가 관심을 가지고 실행해보고 응용하면서 자신의 리더십 이론을 발전시켜 나아가야 한다.

리더십이란 머리로만 하는 것이 아니다. 행동과 가슴이 따라줘야 현장에서 리더십이 제대로 빛날 수 있다. 실행하고 조정하고, 또 실행하고 조정하면서 자신의 리더십을 고도화시켜 나아가야 할 것이다. 한국형 리더십을 발전시키고 세계의 많은 사람들이 이를 배우기 위해서는 다음과 같은 노력에 지속적으로 힘을 기울여야 할 것이다.

1 │ 이상적인 한국형 리더 키워내기

2010년 5월 17일자 조선일보의 한 사설은 한국의 지도자 결핍을 다음과 같이 묘사하고 있다.

> "…… 문제는 지금으로서는 그런 '대통령감'들이 보이지 않는다는 데 있다. 다음 대통령 선거까지 이제 불과 2년 반 남았는데 우리 앞에는 이기적 정치꾼, 파벌의 총수, 기회주의자들만 왔다갔다 할 뿐이다. 정당들은 내일의 한국을 이끌어갈 지도자를 만들고 찾아내서 국민 앞에 제시할 책무가 있는데도 여전히 정치싸움에만 머물러 있고, 내일의 대통령에 나서보겠다는 정치인들은 꼼수만 두고 있다……."

이러한 지도자 결핍은 2017년 3월, 박근혜 대통령 탄핵에 모든 국민들의 관심이 집중되어 있는 이 시점에도 그대로 적용되는 말이다. 우리는 왜 멋진 대통령, 탁월한 리더를 갖지 못하는 것일까?

리더 육성에는 보다 종합적인 차원의 노력이 필요하다. 그리고 무엇보다도 열정을 가지고 지속적인 노력을 기울여야 한다. 리더가 된다는 것은 일견 다른 사람들의 운명과 미래를 책임진다는 의미이다. 그러므로 스스로 경건한 태도와 가치를 가지고 임하는 것이 바람직하다. 자신의 유익을 위해서 다른 사람들을 이용한다든지 부하직원들을 자신의 분풀이의 대상으로 몰아붙이는 사람은 한국형 리더와는 거리가 먼 사람이다. 순수한 한국인들의 열정과 공동체적 가치를 좀먹는 일이다.

가장 바람직한 것은 아주 어릴 때부터 이상적인 한국형 리더가 되기 위한 리더십 교육과 훈련을 받도록 하는 것이다. 이미 어른이 되어서 리더십 교육을 받는 것은 머리는 따라갈지 모르지만 몸과 마음은 이미 굳어 있어 매우 힘들다. 한국인들이 갖는 리더로서의 나쁜 가치나 행동을 버리거나 경계하도록 하고 좋은 가치관이나 행동은 꼭 본받도록 함으로써 나중에 어른이 되어서 사회의 중책을 맡았을 때 그 진가를 십분 발휘할 수 있게 된다. 일반적으로 사람은 초등학교 4학년이 되면 합리적 기준에 의해서 리더로 따르고 싶은 사람을 선정할 수 있는 안목이 생긴다고 한다. 이것은 곧 그 이전부터 리더십에 대해서 가르치고 경험을 시켜야 한다는 것을 의미한다. 한국의 그 많은 학원들 중에서 리더십을 가르치고 리더로 키우는 학원은 별로 없다. 모두가 1등 하라고 자식들을 몰아붙이지 리더가 되라고 준비시키는 부모는 거의 없다. 이것은 반성할 일이다. 물론 어른이 되어서라도 마음잡고 진정한 한국형 리더로 커가겠다고 노력하면 많은 변화를 체험하게 된다. 하지만 그 효과는 이를수록 크다.

한국형 리더를 키우기 위해서는 몇 가지 준비해야 할 사항들이 있다. 그것은 바로 ① 관심과 투자, ② 체계적 경험, ③ 지속적인 리더십 훈련, ④ 리더 네트워킹 등이다. 이들 각각에 대해서 좀 더 자세히 살펴보자.

관심과 투자

조직에서 꼭 필요한 획기적인 성과를 창출하는 한국형 리더들을 키워내기 위해서는 최고경영자의 관심과 투자가 무엇보다도 필요하다. GE의 경영자들이 한국 기업들을 벤치마킹하기 위해서 방문하고 나서 다음과 같이 결론내렸다.

●   동아일보, 2010. 5. 15

"오너 리더십에 기반 한 한국 기업의 의사결정 속도와 인재들의 지적 역량이 매우
인상적"

　화끈하게 해보고 안 되면 또 재빨리 돌아가는 것이 한국인들의 기업가 정신이다.
그리고 또 화끈하게 해보면 안 되는 것보다는 되는 것이 더 많다. 왜냐하면 일단 위에
서 방향만 잡아주면 한국인 조직원들은 탁월한 지능과 열정으로 결정단계에서의 위험
(risk)을 실행단계에서 열정과 희생과 솔선수범으로 막아내 주기 때문이다. 엄벙덤벙 하
는 것 같아도 그 안에 과감하고 용감하게, 몸으로 막고 필요하면 목숨도 버리면서 이룩
해 왔다. 그러다 망하면 또 다른 리더가 나타나 앞서의 교훈에 입각해서 다른 방법,
더 스마트한 방식으로 해낸다. GE 경영자들의 한국 기업 찬가는 줄줄이 이어진다.

　"방한 임원단의 일원인 브레이 사장과 굽타 CFO는 이구동성으로 "한국 기업들의
'열정(passion)'과 '의지(willingness)'에 놀랐다"고 말했다."

　"굽타 CFO 역시 "한국 기업인들과 만날 때마다 공통적으로 '근면하고 솔직하다'는
느낌을 받았다"며 "협업이나 시장 진출 방식에서 배울 점이 많았다"라고 덧붙였다."

　"한국 기업들은 이제 (선진기업의) '추격자(fast follower)'가 아니라 '리더'라고 평
가했다."

　이러한 찬사는 우리가 본 과정을 통해서 누누이 강조하고 학습한 '한국형 리더십'
의 전형임을 수강자들은 이미 간파했을 것이다. 인재육성이나 한국형 리더육성에 있어
서도 최고경영자가 결심하면 순식간에 해 낼 수 있다. 최고경영자가 그러한 결심을 할
수 있도록 분위기를 만들고 의견을 제시하며 안을 올리는 사람들, 역시 한국형 리더들
이다. 이상적인 한국형 리더들의 상향적응 행동이다.
　학교에서 폭력을 휘두르고 사기를 치고 속이고 자동차 운전하면서 끼어들고 88도
로에 차 세워 놓고 입에 담지 못할 욕을 하면서 멱살잡이를 하는 한국 사람들도 물론
있다. 하지만 이것을 보고 '한국인들은 나쁘다, 미개하다'라고 평가하는 것은 옳지 않
다. 한국인들은 어찌할 수 없는 성취열정의 DNA를 가지고 있어 이겨야 하고 앞서야
하는 강박관념 속에서 살아간다. 게다가 한국인들은 정이 들어 잘 알고 지내는 사람과
모르는 사람으로 사람을 이분법으로 가름하는 습관을 가지고 있다. 잘 아는 사람에 대

해서는 모든 것이 허용되는 친구의 개념을 갖지만, 모르는 사람에 대해서는 아무것도 허용해서는 안 되는 적의 개념을 가지고 산다. 88도로에서 끼어든 사람은 곧 모르는 사람이요, 적이다. 하지만 아는 사람이라면 어서 끼어드시라고 뒤차를 막아주기까지 하면서 아량을 베푸는 것이 한국인들이다. 이처럼 사회적으로 마찰을 일으킬 수 있는 가치와 습관을 바꿔가도록 키워야 한다. 그리고 똑같은 성취열정의 DNA가 가져다주는 엄청난 긍정적인 효과를 추구하도록 올바른 성취열정의 분출 방법을 학습시켜야 한다. 88도로에서 누군가 끼어들더라도 쫓아가서 차창을 내리고 고함을 지르든가 상대방의 차 앞을 막아서는 행동만은 하지 말도록 교육하고 홍보해야 한다. 대신에 주어진 목표를 달성하기 위해서 밤과 낮이 없이 헌신하는 모습, 한번 결심하면 결코 물러서지 않는 풍산개와 같은 끈기는 좋은 방면으로 가꾸어 가도록 학습시키는 노력이 필요하다. 이러한 하나하나의 노력이 모여서 이상적인 한국형 리더들로 가득 찬 힘찬 기업, 보다 경쟁력 있는 대한민국이 만들어지게 될 것이다.

한국인들의 도전정신과 열정, 그리고 성취 DNA는 대기업의 이야기만이 아니다. 보통의 한국인들도 다 갖고 있는 유전인자이다. 중국에 미용실을 열어 크게 성공하고 있는 이가자 대표나 스팀청소기를 가지고 중국에서 1,000억 원 매출에 도전하고 있는 한경희 사장의 예에서도 이러한 사실은 잘 나타난다.[*]

> "내가 봐도 나는 조금 괴물 같다. 그런데 늘 도전하는 것, 그게 한국인의 유전자 아니냐." – 이가자 대표, 이가자미용실 체인

> "무에서 유를 창출하는 것은 기업인의 중요한 책무이다. 그 책무에 충실하고 싶다." – 한경희 사장, 스팀청소기

수익을 내기 위해서는 투자를 해야 하듯이 바람직한 한국형 리더들을 얻기 위해서도 마찬가지로 투자를 해야 한다. 투자비는 많을수록 좋지만, 투자를 많이만 한다고 해서 원하는 인재를 다 키워낼 수는 없다. 체계가 있어야 하고 효율적으로 투자를 해야 한다. 미국 기업들이 1년에 리더를 육성하기 위해서 투자하는 금액은 줄잡아 약 600억 달러에 이른다고 한다. 한국의 경우는 리더를 육성하는 데 그의 1/10도 안 쓴다. 경제 규모와 인구를 조정해주고 난 다음에 남는 금액이 그렇다는 얘기이다. 적은 금액으로

● 중앙일보, 2010. 5. 17

필요한 리더들을 육성하기 위해서는 보다 효과적으로 투자하는 수밖에는 없다. 그러려면 체계적으로 육성해야 한다. 한국형 리더 육성 체계를 갖춰야 한다.

체계적 경험

리더십은 직접 경험을 통해서 성장하고 발전한다. 사실상 직접 경험이 가장 좋은 선생이라는 뜻이다. 직접 경험이 큰 교육효과를 갖는 것은 행동에 구체성이 있고 결과에 대한 호·불호를 경험자가 직접 느낄 수 있기 때문이다. 직접 사람들을 이끌어 보면 무엇이 고민거리이고 무엇이 힘든지를 쉽게 체감할 수 있게 된다. 말로만 전해 듣는 것은 느낌이 없이 개념만 전달되기 때문에 효과가 떨어질 수밖에 없다. 그래서 기업들이 군에서 작게나마 부대를 이끌어 본 장교출신들을 선호했었던 적이 있다. 또 조직을 운영해본 경험이 있는 CEO들을 사회 조직의 장으로 임명하는 이유도 비슷하다.

하지만, 직접 경험을 많이 했다는 사실이 중요한 것이 아니다. 경험한 것을 어떻게 받아들여 자기 성장의 발판으로 삼느냐가 중요하다. 매번 할 때마다 잘못된 방식의 리더십을 통해서 사람들을 이끌어 왔다면 100번을 경험했어도 아무 소용이 없다. 경험하면서 잘못된 것을 스스로 반성하고 더 좋은 방법이 없는지를 고민하고 스스로 수정할 줄 아는 지혜와 노력이 필요하다. 골프를 칠 때도 잘못된 동작으로 많이 친다고 좋은 동작이 나오는 것이 아니다. 수정하고 스스로 좋은 동작을 습득하려고 연구하고 노력할 때 제대로 된 스윙이 나오고 좋은 점수를 얻게 되는 것이다. 연습장에 가서 연습(practice)은 하지 않고 운동(exercise)만 하다 오는 골퍼들이 많다. 연습은 생각과 자기수정이 따르지만, 운동은 단지 움직임의 정도와 강도로 측정된다.

리더십을 단순 경험만 할 것이 아니라 연습을 해야 한다는 것은 곧 리더십 경험을 체계적으로 수행해야 함을 의미한다. 리더십 경험의 체계화는 리더십 스키마, 셀프 모니터링, 실험, 진단과 분석, 그리고 자기수정의 단계를 거친다. 〈그림 12.1〉에 이 단계를 요약하였다.

리더십 스키마(schema)란 개인이 '바람직한 리더십은 이래야 한다'라고 머릿속에 갖고 있는 개념의 틀을 의미한다. 리더는 자기희생을 해야 한다고 믿거나 리더는 카리스마가 있어야 한다고 생각하고 있는 자체가 리더십 스키마에 해당한다. 누구나 이런 개념의 틀, 즉 스키마를 갖는다. 사람들은 자신이 머릿속에 갖고 있는 이러한 스키마에

〈그림 12.1〉 리더십 경험의 체계화 단계

기초하여 리더십 행동을 하려고 노력한다. 하지만 여러 가지 다른 요인들 때문에 실제 그렇게 행동하게 되지 않는 경우가 많다. 그래도 다른 리더들을 평가할 때는 이 스키마를 계속 사용하게 된다. 리더십 스키마는 곧 리더십을 평가하는 기준이요, 어떤 리더의 행동을 이해하는 참고자료이며, 리더십이라는 용어에 대해서 개인이 갖는 상식을 뜻한다. 이러한 스키마는 개인의 과거 경험이나 교육 등을 통해서 형성된다. 교육을 많이 받고 훌륭한 리더들의 다양한 사례들을 많이 접한 사람들, 그리고 무엇보다도 그렇게 배우고 접한 내용에 대해서 고민을 많이 하고 생각을 많이 한 사람들은 보다 폭넓은 리더십 스키마를 형성하게 되지만, 학습수준이 낮고 경험에 대해서 고민하지 않은 사람들은 단순하고 평범한 리더십 스키마를 형성하게 된다. 이러한 사람들은 리더십 발휘의 다양한 상황이 요구하는 리더십 스킬들을 적절히 발휘할 수 있는 스킬 레퍼토리가 부족하여 문제를 야기한다. 리더는 '다소의 어려움이 있어도 죽 밀고 나아가야 한다'라는 리더십 스키마를 갖는 리더는 구성원들에게 따뜻한 배려가 필요한 상황에서도 목표와 업무와 의무만을 강조하여 구성원들의 마음에 상처를 남기기 십상이다.

셀프 모니터링이란 자신의 리더십 행동을 주의 깊게 관찰하여 좋은 행동과 나쁜 행동들을 찾아내는 일이다. 자신을 되돌아보는 것도 일종의 성격이다. 어떤 사람들은 항상 자신의 말과 행동과 심지어 그날의 옷매무새까지 신경을 쓰고 잘하려고 노력하지만, 또 어떤 사람들은 자신이 어떻게 평가 받고 있으며 무엇이 문제이고 무엇을 바꿔야 하는지에 대해서 별로 신경을 쓰지 않는다. 전자가 셀프 모니터링 성향이 강한 리더라면 후자는 그러한 성향이 비교적 약한 성향의 리더라고 할 수 있다. 체계적으로 경험할 줄 아는 리더는 자신의 리더십 행동을 모니터링하여 자신이 갖고 있는 리더십 스키마와 끊임없이 비교한다. 그러면서 자신이 갖고 있는 리더십 스키마가 잘못되지는 않았는지, 혹은 자신의 현재 행동이 문제가 있지는 않은지를 확인한다.

이러한 인지부조화가 확인되면, 스키마를 바꾸든가, 아니면 자신의 현재 행동을 바꿔야 하는지에 대해서 고민하게 된다. 물론 이 과정에는 자신의 리더십 행동 관찰뿐 아니라 주변의 다른 사람들, 또는 훌륭한 리더의 사례 등에 대한 관찰과 평가도 개입된다. 이러한 관찰과 비교를 통해서 새로운 리더십 행동을 시도하려는 의도가 싹튼다. 거기에는 좋은 리더십 사례로부터 받았던 감동도 영향을 미치고 자신이 실제로 집단을 이끌어 가면서 지금 현재 시급히 풀어내야 하는 리더십의 문제가 주는 압박 등도 개입된다. 인지부조화와 감동과 압박은 모종의 가설을 구축하게 만들고 그것을 실험해 보고 싶게 한다. 이제 자신이 막연하게나마 마음속에 품고 있는 새로운 리더십 행동 가설을 실험할 준비가 끝난 것이다.

　실험이란, 실제로 가설을 검증해 보는 것이다. 훌륭한 리더들은 실험을 많이 한다. 직접 해보는 것이다. 그러면서 자기관찰을 한다. 다른 사람들의 반응도 살핀다. 효과가 있다고 생각되면 스키마를 바꾼다. 좀 더 복잡하고 업데이트된 스키마가 탄생하게 되는 것이다. 이렇게도 해보고 저렇게도 해보면서 상황에 맞는 리더십 스키마를 도출하게 된다. 실험이 없으면 단순한 이론에 머무른다. 이론이 아무리 훌륭해도 체감하지 못하면 자신의 지식이 되지 못한다. 효과적인 한국형 리더는 자신의 경험을 통해서 늘 새롭게 거듭 태어나는 사람이다. 결코 10년 전의 자신에 갇혀 사는 일이 없다. 실험에는 용기가 필요하다. 말이 쉽지 사람을 가지고 하는 실험이란 것이 그렇게 쉽게 할 수 있는 것은 아니다.

　실험을 하고 나면 진단과 분석을 한다. 잘 통하는 행동은 무엇이고 잘 통하지 않는 행동은 무엇인지를 확인하는 작업이다. 이것은 단순히 실험했던 가설 자체의 성립 여부만을 평가하는 수준을 넘어서야 한다. 즉, 폭넓은 진단과 분석이 요구된다는 의미이다. 다양한 각도에서 실험행동의 적합성과 다른 가능성을 타진해야 한다. 새로운 리더십 행동이 어떤 목적을 충족시킬 수 있는지를 명확히 판단하는 노력도 필수적이다. 가령 다음의 〈사례 12.1〉과 같은 리더십행동실험을 생각해 보자.

〈사례 12.1〉 강인한 사장의 배려실험

강인한 사장은 국내 굴지의 대기업 사장이다. 최근에 리더십 전문가로부터 추종자들의 마음을 사로잡기 위해서는 추종자 한 사람, 한 사람을 개별적으로 배려해야 한다는 것을 배웠다. 이것이 옳다고 느낀 강 사장은 이 내용을 실험해 보기로 했다. 그래서 술을 좋아하는 강 사장은 다음과 같은 원칙을 세웠다.
〈강 사장의 개별적 배려 원칙〉 "술 먹고 집에 갈 때면 반드시 같이 술 마신 사람의 집에 전화를 해서 양해를 구하고 배우자에게 그 사람을 칭찬해 준다."

양 전무는 강 사장을 바로 옆에서 보필하는 기획조정실장을 맡고 있는 사람이다. 그러다 보니 같이 술자리를 할 일이 많다. 한 달 전이었다. 강 사장은 그날도 술에 많이 취해 있었다. 시간은 새벽 한 시쯤 되었을 것이다. 위의 원칙이 생각난 강 사장은 바로 실행에 들어갔다. 양 전무 집에 전화를 했다. 한참 벨이 울린 후에 누군가 응답을 했다.

"양 전무 사모님 되십니까?"

"아…… 예……, 누구신지?"

"예. 저는 양 전무와 함께 일하고 있는 강 사장입니다."

"어머. 웬일이시죠? 제 남편은 아직 안 들어왔는데요."

"예, 압니다. 오늘 저랑 같이 한 잔 했습니다. 번번이 이렇게 늦게까지 잡아놔서 대단히 죄송합니다. 사장이 칠칠치 못해서 그렇습니다. 용서하십시오."

"아이구, 무슨 말씀을요. 저희는 그저 사장님 은덕에 살고 있습니다. 늘 감사하는 마음뿐입니다."

"아, 이거 참. 그렇게 말씀해 주시니 참 감사합니다. 사실 우리 회사는 양 전무가 없으면 돌아가지를 않습니다. 열정이 있고 헌신적이고, 더 바랄 것이 없습니다. 댁에서도 사모님과 가족들이 늘 성심으로 후원해 줘서 회사에 헌신할 수 있는 것 아니겠습니까? 감사합니다."

이런 대화가 10분을 넘게 오갔다. 몇 분 후에 양 전무가 집에 들어왔다. 아내는 소파에 앉아 반쯤 질려 있었다. 기쁨과 흥분과 의아함이 혼재된 표정이었다. 그런 아내를 보면서 양 전무는 무슨 일이 있었구나 하고 생각했다. 무슨 일이냐고 물었더니 강 사장이 전화를 해서 당신을 크게 칭찬해 주더라고 말을 해주었다. 당신이 사장님한테 크게 인정받는 모양이라고 말하는 아내의 얼굴은 상기되어 있었다.

강 사장의 전화는 술을 마실 때마다 걸려왔다. 한 번, 세 번, 다섯 번……. 그리고 다섯 번째 되는 날 밤, 양 전무의 아내는 전화를 받고 나서 언제까지 자다가 일어나 남편 사장의 전화를 받아야 하는지 짜증이 나기 시작했다. 그리고 며칠 뒤 다시 강 사장이 남편과 술을 마신 모양이다. 12시가 넘었는데 강 사장의 전화가 걸려왔다. 자기도 모르게 화가 났다. 수화기를 들자마자 불쑥 하기 어려운 말을 내뱉고 말았다.

"사장님. 또 술 드셨어요? 빨리 가서 주무셔요."

"……."

강인한 사장은 더 이상 실험을 계속할 수 없었다. 자기가 지나쳤다는 것도 깨달았고 방법이 잘못되었었다는 것도 깨달았다. 요즘 강 사장은 부하직원의 직무에 맞는 새로 나온 서적을 사서 돌리는 실험을 하고 있다. 오히려 이것이 효과적이지 않나 생각하고 있다. 다른 대안도 꾸준히 찾고 있다.

앞의 사례에서 강 사장은 가설 자체는 옳았지만 상황인식과 방법이 아주 잘못된 경우이다. 하지만 강 사장이 뭔가를 새롭게 해보기 위해서 실험하고 수정하려는 노력을 기울이고 있다는 것만큼은 높이 살 만하다. 이런 과정을 통해서 리더십 스키마가 세련화되고 결국 스스로 매우 효과적인 리더십행동을 습득하게 된다. 누구도 처음부터 완벽할 수는 없다. 이러한 경험과 실험 프로세스를 통해서 한 발짝씩 더 나은 방향으로 전진하는 것이다.

리더십 경험도 많이 했다는 것이 중요한 것이 아니다. 그것을 어떻게 체계화하고 어떻게 쉬지 않고 자신을 수정해 나아가느냐가 의미 있는 경험법이다.

지속적인 리더십 훈련

리더십 훈련은 온라인이든 오프라인이든 정기적으로 받아야 한다. 한 번의 리더십 훈련이 리더를 완성시켜 주지는 않는다. 적어도 2년에 한 번은 리더십 훈련을 받을 필요가 있다. 그동안에 자신의 경험을 체계화하는 것은 당연하다. 자신의 경험에 기초하여 형성한 리더십 스키마를 맹신하는 것은 바람직하지 않다. 다른 사람들의 경험과 생각을 통해서 자신을 되돌아볼 기회를 갖자는 것이다. 특히 직급이 높아지면 지속적으로 외부로부터의 리더십에 대한 도전을 의도적으로 받을 필요가 있다. 회장이나 사장이 되면 나름대로 다양한 전문가들을 정기적으로 만나 고민을 털어놓고 자신의 리더십에 대한 새로운 견해를 경청하는 것은 하나의 의무로 생각해야 한다.

하지만 한국 기업의 실정은 그렇지 못하다. 리더십 교육이라고 하면 애꿎은 팀장들만 탓한다. 팀장들이 리더십 훈련을 받을 유일한 직급인양 좋은 훈련 프로그램이 있다고 하면 매번 팀장 교육 시키라고 주문한다. 이것은 잘못이다. CEO부터 나서서 코칭도 받고 카운셀링도 먼저 받아야 한다. 이들이 문제가 있으면 그 파급효과가 엄청나기 때문이다. 그런 최고경영자를 투자자들이나 조직원들은 존경하지 않을 수 없을 것이다.

지금까지의 리더십 훈련은 우리 정서에 맞지 않는 내용들이 많았다. 그리고 지나치게 세세한 행동중심적으로 이루어져 왔다. CEO들에게도 말하는 투를 가르친다고 난리법석을 치고 미세한 정서를 관리하고 상대방의 기분을 맞춰주는 등의 기법 아닌 기법들을 코칭이라는 이름하에 실시해 왔다. 하지만 이것은 옳은 방법이 아니다. 임원 이상의 직급에서는 리더십 훈련의 90% 이상을 전략적 사고에의 도전과 집단 동기부여

기법, 경쟁가치의 통합법, 그리고 조직의 성공방정식 점검에 할애해야 한다. 나머지 세세한 부분은 아랫사람들이 맞춰줘야 한다. CEO의 세세한 행동을 바꾸는 것에 투자하는 것은, 그것이 결정적 결함이 아닌 이상, 때가 늦었거나 회사의 성과에 별로 기여하지 못하는 '무차별 영역'(zone of indifference)에 속하는 내용들이다.

특히, 경쟁가치(competing values) 통합법은 매우 중요한 리더십 훈련 과제이다. 조직에는 상반되는 가치들이 존재한다. 리더는 이러한 상반되는 가치들을 유연한 스타일로 통합적으로 표출할 줄 알아야 한다. 어느 한 가지만을 항상 강조하고 거기에만 머무르게 되면 '우리'와 '그들', '아군'과 '적군', 그리고 '좋은 사람'과 '나쁜 사람'을 나누는 결과를 가져온다. 물론 성과 차원에서 잘하는 사람과 못하는 사람을 나누어 차별대우를 하는 것은 당연하다. 하지만 큰 성과를 내는 방법에도 한 가지 길만이 있는 것이 아니다. 한라산을 오르는 데는 수없이 많은 길이 있다. 한쪽 길로 오르는 사람들만 인정해주고 다른 루트를 선택한 조직원들에 대해서는 나쁘게 생각한다는 것은 경쟁가치 통합에 실패하는 결과를 가져온다.

〈사례 12.2〉는 스탠퍼드대, 예일대 로스쿨을 졸업하고 미국 CBS 방송 '서바이버'에서 우승해 미국 내 한인사회의 영웅으로 떠오른 권율 미국 연방통신위원회 부국장의 글로, 경쟁가치의 중요성을 잘 말해준다.

〈사례 12.2〉 한국인은 최고의 리더십 유전자 타고난 민족

스탠퍼드대, 예일대 로스쿨을 졸업하고 미국 CBS 방송 '서바이버'에서 우승해 미국 내 한인사회의 영웅으로 떠오른 권율 미국 연방통신위원회 부국장(5월 15일자 토요섹션 j 커버스토리 소개)이 '자신이 본 한국인'이라는 주제의 글을 본지에 보내왔습니다.

"반갑습니다. 제가 지금 이 자리에까지 올 수 있었던 데는 한국인이란 정체성이 가장 큰 역할을 했습니다. 나이를 먹어가면서 전 한국인의 핏줄로부터 얼마나 많은 강점을 선물받았는지 알게 됐고, 이를 자랑스러워하게 됐습니다. 따지고 보면 리더십의 요소란 서로 모순되고 배타적인 성격인 게 많습니다. 터프하면서도 예민해야 하고, 결정은 단호하면서도 좋은 경청자(a good listener)가 돼야 하지요. 스스로 자존심을 지니면서도 자신의 단점에는 또 겸손해야 하니……. 참 이런 자질을 다 가진 사람이 어디 흔하겠습니까?

그런데 독특하게도 이런 여러 가지 모순이 되는 리더십의 기질을 타고난 민족이 한국인이었습니다. 한국인들은 자존심이 강하면서도 때론 겸손하고, 단호하면서도 남을 받아들일 줄 압니다. 때론 불같은 성격에 감성적인 반면 헌신적이고 충직하기도 합니다. 저도 이런 다양한 상호 모순의 특징이 섞인 피가 제 몸에 흐른다는 걸 자라면서 깨달았습니다. 지구상 어느 민족 중에서 이렇게 강하고, 서로 상반되는 리더십의 자질을 다 갖춘 사람들이 있을까요? 이건 바로 유전적으로 한국인이 가장 뛰어난 세상의 리더가 될 수 있다는 걸 의미하는 겁니다. 관건은 여러분의 이런 소중한 자산을 얼마나 조화롭게 계발시켜 가는가 하는 것이겠지요.

하지만 미국에 와서 공부하는 많은 한국 청년들을 보면 아쉬운 점이 적지 않습니다. 한국인의 유전적 강점을 잘 깨닫지 못한 채 너무 학업 성적의 덫에만 매몰되는 게 아닌가라는 생각 때문입니다. 한국의 부모님들도 학업의 성취엔 엄청난 관심을 보이지만, 자녀의 사회적·감성적 발전에는 충분한 관심을 기울이지 않는 경우가 많은 것 같습니다.

고교를 우수한 성적으로 졸업한 한국인 학생들이 '너무 단조로운 사람'이라는 이유로 미국의 명문 대학 입학이 거절되는 경우가 많습니다. 명문 대학을 졸업한 한국 학생들조차 전인적인 자기계발이 부족하다는 이유로 직장에선 관리자로 승진하는 데 어려움을 겪습니다. 너무 학업 성적에만 매달리다 보면 고정관념에서 벗어나기 힘들고 창의력과 사회적·감성적 소통의 기술이 부족할 것이라는 이유 때문입니다.

저도 어렸을 땐 아버지께서 늘 학업을 강조하셨습니다. 감사하게 생각하지만 청소년 시절에 저의 다른 특성들은 계발이 되지 못했던 것 같습니다. 늘 소심했고, 남 앞에 나서기도 꺼려했지요. 고교에 들어가서부터 제 자신의 성장을 위해 스포츠·봉사활동이며 클럽의 리더로 적극적인 활동을 했고, 하버드·스탠퍼드·UC버클리대의 합격증을 받아 들게 됐습니다. 세 대학을 다 찾아가 선배들과 졸업생들로부터 얘기를 들어보았습니다. 전 스탠퍼드를 택했습니다.

하버드의 평판과 실력은 최고였지만 서부의 학교에는 창의적인 기업가 정신과 고정관념에 과감히 도전하는 강점이 있었습니다. 세계에서 가장 강력한 창의력의 엔진인 실리콘밸리도 거기 있었습니다. 스탠퍼드 졸업생이 구글 같은 새로운 기업을 가장 많이 만드는 게 우연이 아니었습니다. 글로벌 리더가 되고픈 한국의 젊은이 여러분. 다양하고 전인적인 경험과 자기계발이야말로 정말 중요합니다. 여러분은 그렇게 될 수 있는 훌륭한 유전자를 이미 물려받았습니다.

한국인 개인뿐 아니라 좀 더 지평을 넓히면 한국인 사회도 마찬가지일 것입니다. 전 세계의 한국인들에겐 모두 엄청난 잠재력이 주어져 있습니다. 물론 유전적으로 타고난 한국인 특유의 내적 다양성 때문에 상호 갈등과 반목도 적지 않은 것 같습니다. 하지만 우리 안의 이런 특성과 차이를 서로 이해하고 수용한다면 거꾸로 경쟁력의 특히, 이러한 경쟁가치의 통합은 아무리 DNA를 타고났다고 하더라도 지속적으로 훈련 받으면서 노력하고 고민하지 않으면 이루기 힘들다. 이것은 한국형 리더십의 미래과제 중에서 가장 중요한 요인이다. 어떻게 한국형 리더들이 자만하지 않고 지속적으로 스스로 훈련하도록 만들 것인가의 문제인 것이다. 사람은 훈련이나 교육 등의 아무런 외적 자극이 없으면 타고난 성질대로 다른 사람들을 다룬다. 그래서 부하들을 괴롭히기도 하고 동료들을 파렴치한 방법으로 따돌리기도 하며, 상사의 약점을 잡아 좌지우지하는 리더 아닌 리더들까지 생겨나게 되는 것이다. 그러므로 진정한 한국형 리더는 지속적으로 자신의 리더십 행동을 점검하고 스스로 더 나은 방향으로 발전하기 위해서 각고의 노력을 경주한다.

리더 네트워킹

한국형 리더들이 서로 네트워킹을 하고 교류하면서 자신의 리더십 경험들을 공유할 수 있는 기회를 마련해 줘야 한다. 함께 고민하는 자리가 필요하다는 말이다. 이것은 리더십을 경영현장의 중심에 두고 관찰한 결과들을 토론하고 공유하는 것을 의미한다.

우리끼리 힘을 모아 나쁜 세력을 물리치고 우리만 잘 살자는 식의 폐쇄적 관점이 아니다. 우리의 보편적 생각과 행동이 다양한 상황에서 어떻게 응용될 수 있는지, 외국인들에게는 어떻게 비춰지며 외국인 하급자들이나 상급자, 동료들에게 한국형 리더십의 행동들이 어떻게 적용되고 어떤 시너지를 창출할 수 있는지를 탐구하려는 목적이다. 우리의 생김새와 행동특성과 리더십의 방식이 세계적 관점에서 어떤 의미를 가지며 얼마나 효과적인지를 지속적으로 모니터 하면서 발전시켜야 할 의무를 우리는 지고 있다.

리더 네트워킹은 이런 차원에서 매우 중요한 수단이 된다.

이 세상에서 가장 네트워킹이 강한 민족은 유태인일 것이다. 그들은 세계적 네트워킹을 가지고 있으며 이를 통해서 은밀히 세계를 제패하고 있다. 그들의 스타일이 세계적이기 때문에 세계를 제패할 수 있었던 것이 아니다. 오히려 자신들의 강점과 약점을 잘 인식하고 활용하고 있기 때문이다. 그들을 나쁘다고 할 수 없다. 그들이 세계금융을 쥐락펴락 한다고 해서 나무랄 수 없다. 그들이 미디어를 좌지우지한다고 해서 문제가 될 것도 없다. 그들이 역사적으로 보여준 가치와 리더 네트워킹의 이유와 효과를 벤치마킹 하여 좋은 점을 받아들여 한국형 리더들이 글로벌 무대에서 큰 힘을 갖도록 환경을 조성해 줘야 한다는 차원에서 하는 말이다.

〈사례 12.3〉 노벨상 수상자의 30%는 유태인

아인슈타인, 프로이트, 카프카, 토마스 만, 오펜하이머, 마르크스, 멘델스존, 록펠러, 키신저, 로이터, 사무엘슨, 에리히 프롬, 레너드 번스타인, 밀러, 테너드 코헨, 더스틴 호프만, 스티븐 스필버그, 빌 게이츠…… 이들의 공통점은 무엇일까? 바로 세계를 움직인 유태인들이라는 것이다. 이들 외에도 세계 각국 분야에서 활동하고 있는 유태인들은 헤아릴 수 없이 많다. 유태인은 세계 인구의 0.3%, 우리나라 인구의 1/3밖에 안 되는 수준이지만, 정치·경제·과학·예술 등 분야별 엘리트의 10%, 노벨상 수상자의 30%가 유태인이라는 통계가 있다.

특히 이들의 저력은 전 세계를 대상으로 패권적인 힘을 발휘하고 있는 미국을 주무르고 있다는 데서 극명하게 드러난다. 미국이 어떤 나라인가? 어느 나라도 미국의 영향을 하나도 받지 않는다고 말할 수 없을 것이다. 다시 말해, 전 세계가 미국의 영향권 아래 있으며, 인정하기 싫어도 우리는 미국의 패권적 힘을 인정할 수밖에 없다. 그런데 흥미롭게도 미국은 그들 스스로 자부심을 가지고 있는 '미국인'에 의해서가 아닌 '유태인'에 의해서 지배되고 있는 경우가 많다. 세계를 지배하는 미국의 힘, 그리고 그 미국의 힘 안에서 힘의 핵심을 이루고 있는 유태인의 힘. 이들은 어떻게 해서 이렇게 큰 힘을 가지게 되었는가? 그것은 바로 유태인들이 갖고 있는 강력한 정체성, 그리고 시너고그(synagogue, 유대교 회당)를 중심으로 퍼져있는 리더네트워크 때문이다. 어디에서 무슨 일을 하든지 그들은 서로 통하게 되어 있다.

한국형 리더들도 혼자 잘하려고 하고 혼자 성공하려고 하기보다는 이상적 한국형 리더들을 중심으로 사심 없는 리더 네트워크를 구축해야 한다. 공개적·공식적으로 말할 수 없는 내용들을 리더 네트워크 내에서는 자유롭게 말할 수 있다. 그리고 한국과 한국인들을 지켜내고 세계적으로 그 힘을 최고 수준으로 강화하기 위해서는 무엇을 해야 하는지를 허심탄회하게 말할 수 있는 것이 리더 네트워크이다. 하루 속히 한국형 리더 네트워크를 구축해야 한다.

리더네트워킹의 구축과 활용은 개인의 한국형 리더십을 계발하는 것보다 더 중요하고 시급한 문제이다. 이들이 여론을 주도하고 한국선진화, 한국이 고민하고 있는 난제의 해결과 대응, 정부가 공식적으로 해낼 수 없는 은밀한 노력, 국가의 미래를 위한 힘의 결집, 국력을 좀 먹는 불순한 세력에의 대처, 그리고 한국의 장기적 부흥을 위한 다리 놓기 등의 문제를 이념과 정치적 목적을 넘어 꾸준히 해결해 낼 수 있어야 한다.

회사 등의 조직에 있어서도 똑같다. 조직 내의 한국형 리더들끼리 서로 네트워크를 통해서 조직성과의 획기적 달성과 미래성장을 이룩할 수 있다. 조직원들의 78%는 변화하자고 해도 별 반응을 보이지 않는다. 단지 선구적인 22%만이 앞장선다. 본 과정의 초반에 밝혔듯이 한국형 리더십 연구결과에 따르면 한국조직원들의 23.1%만이 진정한 한국형 리더십을 갖추었다고 한다. 대충 비슷한 비율이다. 이들이 뭉쳐야 한다. 그리고 서로 주변의 다소 모자란 리더들의 리더십 향상을 위해서 조언해 주고, 조직의 발전을 위해서 하나의 세력으로서 앞장서야 한다. 특히 후배들이 훌륭한 한국형 리더로 자라나 조직을 책임질 수 있도록 육성하고 키워주는 역할을 해야 한다. 천재도 혼자서 해낼 수 있는 일은 많지 않다. 뭉쳐서 세력화해야 조직발전을 획기적으로 이루는 힘으로 작용할 수 있다.

이상에서 우리는 한국형 리더십의 미래과제 중 첫 번째 과제로서 이상적 한국형 리더 키워내기를 살펴보았다. 조직 차원에서는 최고경영자의 관심과 투자, 그리고 지속적인 리더십 훈련 기회제공이 필요함을 배웠다. 그리고 개인 차원에서의 체계적 경험과 조직과 국가 차원에서 리더 네트워킹의 필요성을 학습하였다.

2 | 한국형 리더십 이론의 강화

한국형 리더십 이론은 이제 시발점에 섰다. 그동안 에세이 스타일의 글은 많았지만, 본격적으로 데이터를 가지고 구체적인 증거 하에서 제시된 한국형 리더십 이론은 없었다. 시발점이라는 것은 앞으로 많은 노력을 남겨놓고 있다는 것을 의미한다. 여기에서 제시된 한국형 리더십 8요인 이외에도 중요시되는 다른 요인들이 없는지 확인하는 노력과 이들 각 요인이 실제에 있어 어떤 사례들이 있으며 어떤 식으로 각 행동이 변용되는지, 그리고 다양한 상황 하에서 한국형 리더들이 어떻게 8가지 행동 각각을 응용하여 발휘하는지를 꾸준히 연구해야 한다. 한국형 리더십 이론을 강화하기 위한 노력 포인트들을 정리하면 아래와 같다고 생각된다.

첫째, 군, 정부, 비영리 단체, 정치권, 교육계, 스포츠계, 종교계 등 다양한 리더십 관련 영역을 대상으로 한국형 리더십 8요인들이 어떻게 존재하는지를 연구할 필요가 있다. 영리를 목적으로 하는 기업의 연구결과가 위와 같이 속성이 다른 영역에서 똑같이 적용되리라는 보장은 없다. 목적과 목표가 다른 조직에서는 조직원들이 추구하는 바와 행동하는 원리가 다를 수 있기 때문이다.

둘째, 한국형 리더십의 8요인들이 외국인들을 대상으로 어떻게 응용되어야 하는지를 연구할 필요가 있다. 한국과 다른 문화가치를 갖는 사람들은 리더의 같은 행동에 대해서 다른 해석을 하게 된다. 그러므로 한국인 리더가 외국인 추종자들을 리드해야 하는 상황에서 한국형 리더의 자기긍정, 성취열정, 솔선수범, 하향온정, 상향적응, 수평조화, 환경변화, 그리고 미래비전의 행동들이 어떻게 수용될 수 있는지는 매우 시급한 연구 주제이다. 이들 8요인들 중에는 범세계적으로 통용될 수 있는 행위도 있고 한국인들에게는 쉽게 받아들여지지만 외국인들에게는 달리 해석되는 행동도 있다. 예를 들어, 미래비전과 환경변화 등은 어느 나라, 어떤 민족에게도 중요시되는 변수들이다. 물론 말은 같지만 내용에 있어서는 다를 수 있다. 반면에, 하향온정, 상향적응, 수평조화, 그리고 성취열정 등은 그 내용에 있어 매우 한국적 색채가 짙은 리더의 행동이다. 그리고 무엇보다도 하급자들이 무리 없이 받아들일 수 있는 리더의 행동들이다. 하지만 이것도 상황에 따라 다르며, 리더와 추종자가 얼마나 오랜 기간을 같이 생활해 왔는가, 또는 얼마나 서로에 대해서 호의적 감정을 갖고 있는가에 따라 수용이 달라질 수 있다.

셋째, 각 요인에 대한 많은 사례들을 수집하고 분석·활용할 필요가 있다. 앞서도 언급하였듯이, 데이터는 단순한 숫자에 불과하다. 그 숫자에 의미를 부여하고 뜻을 해석하여 활용하는 것이 리더십 이론가들이다. 거기에 덧붙여 실제적인 사례를 대입하는 노력이 있어야 뼈에 살을 붙이고 피와 신경계를 덧입히는 결과를 가져온다. 본 과정에서는 '팀장의 하루 일과'를 통해서 살과 피를 붙이는 시도를 하였다. 향후, 이와 같은 구체적 행동 차원의 사례들을 더 다양한 상황에 대해서, 그리고 더욱 다양한 직급을 대상으로 이루어져야 할 것이다.

특히, 한국형 리더의 많은 사례들이 서로 공유될 수 있는 상호 성장의 장(場)을 마련하는 것이 바람직하다. 이것을 위해서 꼭 사례발표를 위한 컨퍼런스 등을 개최해야할 필요는 없을 것이다. 인터넷을 통해서 또는 트위터를 통해서도 실시간으로 간편하게 이루어질 수 있다.

아울러, 현대의 사례, 한국의 사례들을 뛰어넘어 역사에 나타난 한국형 리더십 사례들, 외국인들 중에서 한국형 리더십을 발휘했던 사례들도 연구의 대상이 될 수 있다. 세종대왕이나 이순신, 백범 등과 같이 이미 우리에게 많이 알려진 훌륭한 한국역사 속의 사례들을 분석하여 활용할 수도 있을 것이고, 야사를 중심으로 한 역사적인 이야기들을 활용하는 것도 하나의 방법일 수 있다.

우리는 흔히 조선왕조실록 등 역사의 정사(正史)에 나타난 리더십 사례만을 중시하여 왔다. 그러나 야사에도 리더십 차원에서 도움이 되는 사례들이 많다. 특히 조선시대의 야사를 기록하고 있는 성현(成俔: 1439~1504)의 '대동야승'(大東野乘)은 수많은 재미있는 야사(野史)들을 담고 있는 자료의 보고이다. 그 내용이 소박하고 필체가 솔직 담백하여 읽는 사람들로 하여금 잔잔한 미소를 자아내게 한다. 조선시대에 백성들 간에 떠돌던 재미있는 이야기들을 통해서 한국인들이 오래 전부터 갖고 있던 본질적 가치관을 확인할 수 있게 해준다. 다음의 이종생(李從生)의 사례는 과연 솔선수범이 실천적 차원에서 무엇을 의미하는지를 이해할 수 있게 해준다.

〈사례 12.4〉 이종생의 가치관

계성군(鷄城君) 이종생은 본래 남의 서자(庶子)로서 천인이다. 일찍이 신을 삼아 먹고 살았다. 나중 장용대(壯勇隊)로 들어왔다가 이시애(李施愛) 난리에서 공을 세워서 공신의 칭호를 받고 가선(嘉善)으로서 봉군되기에까지 이르렀다. 그가 눈을 뜨고도 글을 볼 줄 모르나 성질이 순직하고 소탈해서 일호도 공정치 않은 점이 없었다. 만약 예전에 놀던 골목을 지나다가 그 당시 서로 친했던 사람을 만나면 반드시 말에서 내려서 아는 체하여 회포를 이야기하였다. 그 아내는 우리 고모댁 종이다. 얼굴이 누추한데다가 나이 늙도록 아들도 낳지 못하였다. 그래서 누가 권하기를,

"지금 자네가 공훈을 세워서 고급관리로 되었고 또 아들도 없지 않은가? 좋은 집안에 다시 장가를 들어서 뒤를 이어가는 것이 좋지 않은가?"

그러자 이종생이 답하였다.

"소시에 같이 고생한 아내를 하루아침에 버린다는 것은 안 될 말일세. 우리 적형(嫡兄)이 미약해서 어떻게 떨치지를 못하고 있으니 그 아들을 내가 양자로 삼으려네. 혹 내 공훈으로 인해서 우리 큰 집이 좀 일어날 수도 있지 않겠는가?"

세상에서 모두 그를 자기의 처지도 알고 또 모든 데 점잖은 사람이라고 인정하였다.

이 이야기를 통해서 우리 한국인들이 고래로부터 어떤 행동을 좋은 행동으로 여겼었는지를 읽을 수 있다. 같이 고생한 아내에 대한 신의, 성공했지만 옛 친구에 대해서 직분에 관계없이 편하게 대해주는 탈권위주의, 가족 중에 어려운 사람을 도와 함께 잘 살 수 있도록 하는 인화의 마음, 자신의 근본과 처지를 잊지 않는 겸손, 그리고 일상의 소탈함과 공정한 태도 등의 가치가 높이 평가 받는 사회였다는 것을 이 종생의 사례를 통해서 배울 수 있다. 이러한 문화가치는 오늘날 조직사회에서 리더십을 발휘해야 하는 상황에도 그대로 적용될 수 있다.

넷째, 한국형 리더들이 자라나는 전 과정을 연구해야 한다. 이것은 물론 시간이 많이 걸리는 연구이다. 하지만 어떻게 자라서 어떤 리더십행동을 보이는 지를 살펴보는 것은 매우 중요한 시사점을 제공할 것이다. 리더는 어느 한 순간 잘한다고 해서 좋은 리더라는 평가를 받을 수는 없다. 오랜 시간을 지켜보고 자신의 약점이나 부족한 점을 어떻게 보완해 나가가며 어떻게 성장하는 지의 과정을 기록하고 분석해 봐야 한다.

실천적 차원에서 본 과정의 수강자들은 스스로 리더십일기를 기록해 보는 노력이 필요하다. 리더십 일기는 매일 쓸 수도 있겠지만 1주일이나 2주일 단위로 기록하는 것이 좋을 것이다. 리더십 차원의 주요 사건이나 부족한 점, 문제를 야기했던 일 등을 세세히 기록하여 어떤 상황에서 어떤 행동이 어떤 결과를 가져오는지를 이해하고 수정해 나아가는 계기로 삼는 것이 좋다.

3 | 다양한 상황변수들의 고려

한국형 리더십 이론을 강화하기 위한 또 다른 노력 포인트는 다양한 상황변수들을 고려하여 이론을 구체화시키는 작업을 해야 한다는 것이다. 기존의 리더십 이론들 중에서는 상황변수들을 체계적으로 고려하여 이론을 구성한 경우가 많았다. 그러나 이들은 주로 1970년대에 미국을 중심으로 발표되고 연구되었던 이론들이다. 또한 한국적 문화가치의 바탕에서 그대로 적용되지 않는다. 특히 한국형 리더십의 8요인들은 기존의 리더십 이론들에서 제시한 내용과 리더십 행동에 있어 많이 다르기 때문에 기존 이론들이 제시하는 상황변수들을 그대로 사용할 수 없다. 그러므로 한국형 리더십의 상황변수들 역시 문화가치에 적합하고 한국조직 상황에서 중요시되는 변수들로 따로 구축하여야 한다.

한국형 리더십 이론이 아무리 강력한 효과를 보여준다고 해도 그 효과의 크기는 상황에 따라 다를 수 있다. 한국형 리더십의 여덟 가지 행동 각각의 효과가 똑같지 않은 이유들 중에는 업의 특성, 리더에 대한 관련구성원들의 신뢰, 리더와 관련 구성원들의 성별/나이/학벌/성장배경 차이, 학교 선후배 관계, 직무와 역할 수행의 성과, 경제적 · 가정적 · 업무적 처지, 리더의 입사기간, 위기상황, 성장단계에서의 조직의 위치, 최고경영자의 스타일 등이 있을 수 있다. 이들 변수들에 따라 한국형 리더십의 8요인 각각의 효과가 어떻게 달라지는 지는 매우 중요한 연구과제이다.

예를 들어, 특정한 리더가 속한 기업의 업종이 제조업인가, 아니면 서비스업인가에 따라, 또 그 업종 안에서 맡고 있는 직무의 특성이 어떤가에 따라 8요인의 효과는 똑같지 않을 것이다. 특히 제조업의 공장장은 리더십 8요인들 중에서도 하향온정이나 수평조화, 그리고 솔선수범이 중요한 위치를 차지하게 된다. 하지만 서비스업 중 하나인 컨설팅업에 있어서는 온정이나 조화보다는 성취열정이나 미래비전, 또는 환경변화와 같은 행동이 구성원들의 마음을 사로잡는데 더 효과가 클 것이다. 아울러, 리더가 상 · 하 · 좌 · 우의 구성원들로부터 신뢰를 받고 있으면 과감한 성취열정이나 상향적응이 좋게 평가가 되지만, 신뢰를 못 받고 있는 상황에서의 과감한 성취열정은 오히려 '무모하다, 합리적이지 못하다'라는 평가를 받을 수 있고, 상향적응도 아부로 비춰질 수 있다.

또한 리더와 구성원들이 남자와 여자로 성별이 다르면 아무래도 온정을 베푸는데 한계가 있다. 특히 리더가 남자이고 하급자가 여자들이 많은 경우, 어느 한 여성 부하직원에 대한 리더의 온정은 자칫 남녀 간의 친밀한 관계로 오해 받을 수도 있다. 우리나라에서는 나이 차이가 중요하다. 리더가 하급자보다 나이가 적은 경우 하급자들에게 베푸는 온정이나 비전의 제시는 모욕으로 받아들여질 때도 있다. 리더의 학벌이 주변 추종자들의 학벌보다 너무 낮으면 리더의 자기긍정 행동이 아집으로 비춰지든가, 이유 없는 냉소의 결과를 가져올 수 있으며 리더의 온정적 태도는 학벌 좋은 하급자들에게 자신의 능력부족을 커버하기 위한 행동으로 잘못 인식될 수 있다. 리더가 상급자나 하급자, 또는 동료와 동문 관계에 있으면 적응, 조화, 온정 행위들이 자연스럽게 흘러나오며 당연한 것으로 받아들여진다. 리더가 직무나 나름대로 조직에서의 역할을 믿을 수 있게 수행한다는 인식이 팽배해 있으면, 그렇지 않은 경우보다 리더의 성취열정이 받아들여지기 쉽다.

또한 리더의 경제적·가정적 처지가 별 문제없이 정상적이고, 회사 내에서의 권력 관계에 있어서도 중심을 차지하고 있을 때는 자기긍정의 자세를 가지고 미래비전을 말할 자격이 생기지만, 그렇지 못할 경우에는 긍정이 오히려 가엽게 여겨지고 제시하는 비전에 대한 실현가능성을 의심받게 된다. 리더가 입사한 지 얼마 되지 않아 아직 친소 관계가 제대로 형성되지 않은 상황에서는 지나친 자기긍정은 견제를 가져오고 초기의 하향온정은 하급자들에게 과업과 규율에 대하여 잘못된 인식을 심어줄 수 있다.

위기상황에서의 미래비전이란 상황상 보여줄 수 없는 행동이다. 회사가 위기인데 10년 뒤 비전을 붙들고 있는 것은 오히려 현실감각이 떨어지는 것으로 질타의 대상이 될 수도 있다. 아울러 회사가 고도성장을 하고 있는 경우에는, 쇠퇴하고 있는 경우에 비해, 변화적응이 매우 중요해진다. 고도성장 기간에는 인력의 이동이 심하며 대규모로 새로운 인력을 채용해야 하기 때문에 관계보다는 과업중심의 행동이 더 적합할 수 있다. 끝으로 최고경영자나 소유주의 철학이나 경영스타일이 도전적이고 과감하면 변화적응 행동이 매우 중요해지지만, 그의 행동 폭이 좁고 세세한 것에 신경 쓰는 스타일일 경우에는 상향적응 행동이 더 중요해진다.

이렇듯, 한국형 리더의 8요인은 각각 적합한 상황에서 더 큰 성과와 연결된다. 이에 대한 체계화 작업이 이루어져야 한다.

〈사례 12.5〉 최동주 법무팀장의 사례

법무팀을 이끌어 가는 것은 다른 어떤 팀을 이끄는 경우보다 어렵다. L 건설회사의 최동주 법무팀장의 경우도 마찬가지로 어려워한다. 그는 K대 법대를 나오고 사법고시에 세 번 실패한 후에 L그룹에 입사하여 1990년부터 줄곧 법무 일을 해오다가 팀장을 맡은 지 2년째다. 그의 팀에는 해외 업무를 담당하는 국제 변호사 팀원이 5명(뉴욕 주 변호사 세 명, 캘리포니아 주 변호사 두 명) 있고, 국내 업무를 담당하는 팀원들이 11명 있다. 국내 업무 팀원들 중에서는 변호사가 세 명이고 나머지는 법대를 나왔지만 사법고시에 실패하여 변호사 자격증을 갖고 있지 않은 팀원들이다. 법무팀장의 위에는 판사 출신의 법무실장이 있는데 소소한 사건에는 관여하지 않고 큰 사건이 났을 때, 또는 그러한 사건을 예방하려 할 때 역할을 한다. 실제적으로는 법무팀장인 최동주 부장이 모든 일을 한다.

건설회사는 소송이 많다. 현재도 100여 건의 소송이 계류 중이다. 팀이 하는 일은 법적 문제가 생겼을 때 진상을 조사하여 자체적으로 해결할 것인지, 아니면 외부의 법률전문가(즉 Law Firm)에게 의뢰할 것인지를 결정하고 소송이 끝날 때까지 추적하고 관리하는 일이다. 해외 프로젝트에서 문제가 생기면 외국계 로펌을 선정하여 협업해야 하는데 건설회사의 생리상 프로젝트가 발생하는 나라가 다양하고 예측하기 어렵기 때문에 해외업무를 맡는 팀원들은 대부분의 일을 해외의 유능한 변호사나 로펌을 찾아 소송을 의뢰하고 관리하는 일을 한다. 법무팀의 업무는 10년 전이나 지금이나 똑같다. 별로 크게 달라지지 않는다. 물론 사건마다 특색이 다르고 관련된 대상이 다르기는 하지만 일을 처리하는 절차나 일의 유형이 별로 큰 차이가 없다. 팀의 성과는 승소율을 가지고 평가하는데 97% 승소를 목표로 하고 있다. 이것은 쉽지 않은 목표이다.

최 팀장이 법무팀을 맡기 전까지는 팀원들의 분위기가 매우 수동적이었다. 각 부서에서 사건 의뢰가 와야 조사하고 처리했다. 팀원들은 별다른 비전이 없었다. 법무 출신이 사장에 오르기도 힘들고 임원들도 거의가 판·검사 하다가 옮겨온 사람들이라 공채 출신들이 크게 성공한 예가 없다. 회사를 다른 데로 옮겨봐야 그게 그거다. 게다가 변호사 자격증을 가진 팀원들과 못 가진 팀원들 사이에 미묘한 갈등이 존재한다. 변호사 자격을 가져야 소송을 할 때 제 역할을 할 수 있다. 그리고 팀원들 모두가 한두 번 이상 쓰라린 실패를 경험한 사람들이다. 사시에 실패한 쓰라린 경험이 있든가, 아니면 합격했더라도 판·검사 임용에서 고배를 마셨던 아픔을 갖고 사는 사람들이다. 또한 법을 전공한 사람들이 갖는 까칠하고 냉랭한 태도를 보이는 사람들끼리 모여 있다 보니 팀 분위기는 그야말로 냉동고와 같다고 볼 수 있다. 자존심은 또 얼마나 센지, 2등 하라면 차라리 굶어도 그만두겠다고 생각하는 사람들이다.

최 팀장은 이러한 분위기를 바꾸려고 노력하여 성공을 거두고 있다. 우선 그의 스타일은 법무팀 출신이라는 사실을 믿기 어려울 정도로 유연하고 부드럽고 재치가 넘친다. 얼굴도 나이 어린 똘똘이처럼 귀엽고 선하게 생겼다. 동안이라 아직 30대 초반처럼 느껴지는 얼굴인데 항상 미소를 머금고 있으며 붙임성이 있어 같이 말을 하다 보면 괜히 마음이 편해지고 즐거움을 느낀다. 팀 분위기를 바꾸는 데 최 팀장의 이런 기본 특성이 큰 역할을 하고 있다.

최 팀장은 법무팀을 맡으면서 업무 차원에서 분위기 쇄신을 꾀했다. 우선 KPI를 다양화하여, ① 내부 고객들의 서비스 만족도, ② 승소율, ③ 소가(訴價: 소송비용) 개념의 도입 등으로 하였다. 특히 내부고객이 느끼는 법률서비스에 대한 만족도를 KPI로 채택한 것은 획기적인 발상이었다. 내부고객들을 만족시키기 위해서는 친해져야 하고 법률서비스가 평소에도 도움이 된다는 느낌이 들도록 해야 한다. 그래서 사건의뢰가 오기 전에 법무팀에서 먼저 문제가 될 만한 일들을 찾아 사전에 자문을 해주기 시작하였다. 영업을 해오는 팀이나 부문에 대해서는 물론 설계나 시공팀의 일에 대해서도 사전 법률자문 서비스를 시작하였다. 반응은 기대 이상으로 좋았다. 동료 팀장들이나 임원들도 더 없이 좋은 아이디어라고 칭찬이 자자하였다. 사건이 터졌을 때 도와주는 것도 중요하지만 사건이 터지지 않도록, 또 실수를 하지 않도록 법적인 차원에서 사전에 도와주는 것이 회사의 이익에 더 크게 기여하는 것이다. 법무팀이 먼저 찾아가는 것에 대해서 처음에는 의아해 하든가 두려운 듯한 표정까지 짓던 구성원들이 이제는 아주 익숙해져 있다. 그만큼 법률 마인드가 조직원들 사이에 성장했다고 볼 수 있을 정도이다. 건설업은 모든 것이 계약관계에 의해서 일이 진행된다. 그 과정에서 개인사업을 하는 사람들보다 더 창의적인 솔루션을 제공해줘야 비용을 줄이고 때로는 큰 이익을 가져올 수 있다. 그러므로 찾아가는 서비스는 일반 조직원들이 갖고 있던 법무팀의 역할과 법에 대한 개념 인식을 바꾸는 일이었다.

조직원들의 신뢰를 얻는 것은 또한 승소율을 높이는데도 도움이 된다. 즉, 사건이 터졌을 때 가장 힘든 것은 우리 회사 내 당사자가 처음부터 법무팀에 진실을 다 털어놓지 않는다는 것이다. 때로는 거짓으로 말하기도 하고 때로는 자신에게 유리한 것만 얘기한다. 그러므로 조직원들과 평소에 심리적 거리를 좁혀두면 사건이 발생했을 때 당사자가 믿고 다 털어놓기가 보다 쉬워진다. 법무팀이 조기에 우리 측 진상을 다 알게 되면 대처시간이 길어져 승소율이 올라가고 불필요한 노력이 들어가지 않아 큰 도움이 된다. 아울러 이것은 소송가격이나 비용을 낮추는 데도 크게 기여한다. 소송가격(소가)은 내부에서 직접 소송하는 경우, 외부의 법률자문회사에 의뢰하는 경우 등을 선택할 때 효율성 개념을 도입하는 것이다. 과거에는 될 수 있으면 외부 법률회사에 맡기려고 했다. 자기 돈 드는 것도 아니고 갑(甲)의 입장에서 큰소리도 쳐볼 수 있는 기회를 갖게 되기 때문이다. 하지만 최 팀장은 어느 것이 더 비용이 적게 드는지를 따지기 시작하였다. 이제는 웬만한 것은 내부에서 처리한다. 팀원들의 실력도 늘고 비용도 절감되며 아울러 팀원들의 사기도 높아졌다.

최동주 팀장은 항상 팀원들을 칭찬하고 격려하는 스타일이다. 팀원들에게 비전을 심어주기 위해서 팀원들 중에서 2명 정도는 항상 외국에 나가 공부할 수 있도록 기회를 마련하였다. 소위 미국 법학대학원의 LLM과정에 입학시켜 미국 변호사 자격을 얻도록 재정적 지원을 하고 있다. 자기가 갈 수도 있었는데 팀원들에게 양보하였다. 그리고 최 팀장은 팀원들에게 전문역량 강화와 주인의식, 두 가지를 항상 강조한다. 모래알처럼 제각각이던 팀원들을 한데로 모으기 위해서 야구팀을 창설하여 운영하고 있다. 모두가 참여하지는 않는다. 그래서 참여하지 않는 사람들에 대해서도 신경을 쓰려고 무척 노력한다. 등산도 같이 가고 연주회, 뮤지컬, 영화관람도 팀원들과 함께 간다. 말을 할 때는 항상 긍정적인 면을 부각시키고 좋은 얘기를 많이 해준다. 안 좋은 부분, 잘못한 것에 대해서는 꾸짖어야 하지 않느냐고 팀원들이 최 팀장에게 건의를 할 정도이다. 팀원들과 대화도 많이 하고 당구를 치면서 같이 놀기도 한다. 자주 술자리를 가지기도 한다. 팀원들은 최 팀장을 편안한 친구요, 형제처럼 여긴다. 최 팀장은 본인에게 주어지는 혜택은 잘 안 챙기지만 팀원들에게 주어지는 혜택은 많이 챙겨준다.

최동주 팀장의 업무 스타일은 매우 꼼꼼한 스타일이다. 사건이 생기면 여러 가지 측면에서 스터디를 하여 함께 의견을 공유할 수 있는 기회를 마련한다. 의사결정을 할 때도 사건 담당팀원과 충분히 협의하여 결정한다. 하지만 시간이 급한 경우에는 결단을 내려준다. 팀원들에게 항상 자부심과 긍지를 심어주려고 노력한다. 그는 팀의 비전을 '국내 유수의 로펌(Law Firm) 수준의 실력을 쌓는 것, 사업부서의 만족도 수준을 유수 로펌 수준으로 높이는 것'이라고 말한다. 장기적으로는 L그룹의 각 계열사들에 따라 존재하는 법무팀을 한곳으로 모아 법무 회사를 차리는 것이 꿈이라고 한다. 국내에서도 로스쿨이 시작되면서 2012년부터는 로스쿨 졸업생들이 배출되기 시작한다. 그리고 국내 법률시장의 개방도 한미 FTA 비준과 더불어 실시된다. 시장은 기하급수적으로 커지고 있다. 이 다양한 변화를 주도하려면 실력을 키우는 수밖에 없다. 최 팀장이 항상 자기계발을 강조하는 이유가 여기에 있다.

팀원들은 한결같이 누군지 몰라도 다음 팀장이 무척 어려울 것이라고 말한다. 최 팀장의 자세와 스타일을 유지하는 것이 보통 사람으로서는 힘들다는 뜻이다.

위의 사례에서 최 팀장은 자칫 딱딱하고 고루할 것 같은 법무팀을 생동감 넘치는 살아있는 조직으로 만들었다. 고루한 업무에는 고루한 스타일이 어울린다고 생각할지 모르지만, 고루한 업무일수록 구성원들은 유연하고 재미있는 스타일을 갈구한다. 업무 특성과 반대되는 스타일이 더 효과적이라는 것은 리더십의 아이러니이다. 최동주 팀장의 상황에 맞추는 카멜레온적 자세는 한국형 리더십의 참모습이다.

4 | 한 국 형 리 더 십 의 세 계 인 정

말이 거창하지만, 사실은 매우 심각한 문제인식이 저변에 깔려 있다. 한국인들은 자기의 것을 낮게 평가하는 성향이 있다. 그래서 우리나라에서 만든 것보다는 서양에서 만든 것을 더 좋게 여긴다. 이것은 특히 서비스업에 있어서 두드러지게 나타난다. 그중에서도 컨설팅이나 교육훈련 분야에서는 완전히 서양에 종속관계에 있다. 심지어 일본에서 만들어진 것도 애지중지 도입하여 모시고 산다. 지난해에 한국형 리더십 컨퍼런스를 하는데 한국에 진출한 일본 컨설팅 회사의 간부를 모셨다. 그는 한국인인데 일본에서 대학원을 마치고 일본의 경영 컨설팅 회사에 취직하여 한국지사 근무를 발령받은 사람이었다. 일본에서도 일본형 리더십 요인들을 추출하고 그에 입각하여 리더십 향상 교육·훈련 프로그램을 만들었다고 한다. 그리고 그 프로그램을 세계에 확산시키기 위해서 한국과 몇몇 아시아 국가들에 지사를 냈다는 것이다. 한국의 컨설팅 회사에서는 아직 상상할 수 없는 일이다. 우리의 인식이 바뀌어야 한다. 물론 대부분의 국내 컨설팅 업체들이 영세하고 자본 축적이 되어있지 않아서 해외진출을 꿈꾸지 못하는지도 모르지만 문제는 의지와 노력이 전혀 없다는 점이다. 대기업에서 운영하는 컨설팅, 교육·훈련업체들도 그런 꿈조차 꾸지 않는다. 이것은 한국인들이 갖고 있는 정신적 열등의식 때문이다. 스스로를 위대하고 자랑스럽게 생각할 줄 모르는 잘못된 인식에 기인한다. 그러다 보니 국내에 기반한 세계적인 컨설팅 회사를 우리는 갖고 있지 못하다. 외국계 컨설팅 회사라면 무조건 최고로 친다. 물론 그들이 자료도 많이 가지고 있고 해외진출의 경험도 많으며 내용도 잘 짜여 있다. 하지만 문화적 가치차이 때문에 그대로 적용할 수 없는 경우가 많다. 그래도 그냥 이름만 영어로 되어 있으면 무조건 선호한다.

한국형 리더십 이론의 제시와 훈련과정의 개발은 이러한 한국인들의 소프트웨어에 대한 정신적 열등의식을 뛰어넘으려는 시도이다. 애국심 때문에 좋아해 달라고 말하는 것이 아니다. 앞으로 더욱 갈고 다듬어 세계인들이 찾는 프로그램이 되도록 노력하겠다는 다짐을 하고 싶었던 것이다.

한국형 리더십의 대명사는 세종대왕이다. 최근 세종대왕의 리더십이 미국의 벤자민 프랭클린과 매우 유사하다는 발표가 있었다. 세종대왕의 한국형 실용주의 리더십이 세계 속에 데뷔한 것이다.(참고 : youtube.be.NzrQRY5pFjw)

참 고 문 헌

제1장

백기복 · 서재현 · 구자숙 · 김정훈. 2010. "한국형 리더십". 『인사조직연구』, 18(4), 33-69.

Cohen, A. R., & Bradford, D. L. 2005. *Influence without authority* (2nd Edition). John Wiley & Sons.

Diamond, J. June 1, 1994. *Writing Right. Discover.* http://discovermagazine.com/1994/jun/writing right384

Gladwell, M. 2008. *Outliers.* New York: Little, Brown & Co.

Reischauer, E. O. 1960. *East Asia: The great tradition.* Boston: Houghton Mifflin.

제2장

김동민. 2008. 기획논문: "한국형 리더십 모형개발을 위한 시론: 한국 유학의 리더십과 그 현대적 특징—지경(持敬)에서 지치(至治)로, 지혜의 리더십". 『한국철학논집』(한국철학연구회), 23: 7-66.

백기복. 2000. 『이슈리더십』. 창민사.

백기복. 2016. 『리더십리뷰』. 창민사.

신유근. 1996. "한국최고경영자의 행동특성과 리더십스타일: 성공기업 및 실패기업을 대상으로". 『인사조직연구』, 4(2): 203-233.

안은수. 2008. 기획논문: "한국형 리더십 모형개발을 위한 시론: 무애사방(無碍四方)의 리더십 핵심가치". 『한국철학논집』(한국철학사연구회), 23: 67-97.

제갈태일. 2004. 『한사상의 뿌리를 찾아서』. 더불어책.

Cashman, J., Dansereau, F., & Haga, W. 1976. "Organizational understructure and leadership: A longitudinal investigation of the managerial role-making process". *Organizational Behavior and Human Performance*, 15(2): 278-296.

Gardner, W. L., & Avolio, B. J. 1998. "The charismatic relationship: A dramaturgical perspective". *Academy of Management Review*, 23(1): 32-58.

Rost, J. C. 1991. *Leadership for the twenty-first century.* New York: Praeger.

Tsui, A. S., Zhang, Z., Wang, H., Xin, K., & Wu, J. B. 2006. "Unpacking the relationship between CEO leadership behavior and organizational culture". *Leadership Quarterly*, 17(2): 113-137.

Uhl-Bien, M., Marion, R., & Mckelvey, B. 2007. "Complexity leadership theory: Shifting leadership from the industrial age to the knowledge era". *Leadership Quarterly*, 18(4): 298-318.

Yeung, A. K., & Ready, D. A. 1995. "Developing leadership capabilities of global corporations: A comparative study in eight nations". *Human Resource Management*, 34(4): 529-547.

제3장

백기복 · 신제구 · 김정훈. 2016. 『리더십의 이해』. 창민사.

제4장

백기복. 2017. 『간편 조직행동』. 창민사.

이지성. 2009. 『18시간 몰입의 법칙』. 맑은 소리.

Caza, B. B., & Caza, A. 2008. "Positive organizational scholarship: A critical theory perspective". *Journal of Management Inquiry*, 17(1): 21-33.

Cornejo, A. J. L. 2016. "Hope and optimism in Peruvian executives". *Positive Psychology News*.

Danner, D. D., Snowdon, D. A., & Friesen, W. V. 2001. "Positive emotions in early life and longevity: Findings from the nun study". *Journal of Personality and Social Psychology*, 80(5): 804-813.

Luthans, F. 2002. "The need for and meaning of positive organizational behavior". *Journal of Organizational Behavior*, 6: 695-706.

Luthans, F., Avolio, B. J., Avey, J. B., & Norman, S. M. 2007. "Positive psychological capital: Measurement and relationship with performance and satisfaction". *Personnel Psychology*, 60: 541 -572.

Luthans, F., & Youssef, C. M. 2007. "Emerging positive organizational behavior". *Journal of Management*, 33: 321-349.

Visintainer, M. & Seligman, M. E. P. 1983. "Fighting cancer: The hope factor". *American Health*, 2(4): 58-62.

Youssef-Morgan, C. M., & Luthans, F. 2013. "Positive leadership: Meaning and application across cultures". *Organizational Dynamics*, 42(3): 198-208.

제5장

조원기. 2006. 『성공학 사전: 내 삶의 열정을 채워주는』. 새로운제안.

제6장

최상진 · 정태연. 2001. "인고(忍苦)에 대한 한국인의 심리: 긍정적 보상기대와 부정적 과실상계를 중심으로". 『한국심리학회지: 사회문제』. 7(2): 21-38.

도산아카데미연구원. 2004. 『도산 안창호의 리더십』. 흥사단.

Conger, J. A., & Kanungo, R. N. 1987. "Toward a behavioral theory of charismatic leadership in organizational settings". *Academy of Management Review*, 12(4): 637-647.

제7장

권석만. 1996. "임상심리학에서의 비교문화적 연구: 정신병리에 나타난 한국문화와 한국인의 특성".
　　한국심리학회 동계연구세미나 발표논문.

백기복. 2011.『말하지 말고 대화를 하라』. 위즈덤하우스.

이동욱. 2016. "주희(朱熹) 효(孝) 개념의 특징에 대한 연구 II: 효(孝)와 인(仁)의 관계에 관하여".『哲
　　學』. 127: 27-52.

최상진 · 박정열. 1999. "우정에 대한 한국인의 개념구성: 우정의 심리적 차원 탐색".『한국심리학회
　　연차학술대회 발표논문집』, 49-53.

최상진 · 최수향. 1990. "정의 심리적 구조".『한국심리학회 연차학술대회 발표논문집』. 1(9).

최인재 · 최상진. 2002. "한국인의 문화심리적 특성이 문제대응방식, 스트레스, 생활만족도에 미치는
　　영향: 정(情), 우리성을 중심으로".『한국심리학회지: 상담 및 심리치료』. 14(1): 55-71.

Choi, S. C., & Choi, S. H. 2001. "Cheong : The socio-emotional grammar of Koreans". *International
　　Journal of Group Tensions*. 30(1): 69-80.

Janelli, R. L. 1993. *Making capitalism: The social and cultural construction of a South Korean conglomerate*.
　　Stanford, Calif.: Stanford University Press.

Hofstede, G. 1980. *Culture's consequences: International differences in work-related values*. Beverly Hills,
　　CA: Sage.

제8장

구재선. 2009. "행복은 심리적 자원을 형성하는가".『한국심리학회지: 사회 및 성격』. 23(1): 165-179.

권석만. 1996. "임상심리학에서의 비교문화적 연구: 정신병리에 나타난 한국문화와 한국인의 특성".
　　한국심리학회 동계연구세미나 발표논문.

손인수. 1978.『한국인의 가치관: 교육가치관의 재발견』. 문음사.

지교헌. 1996. "부권의 기능과 가정윤리의 확립".『정신문화연구』, 19(2): 79-98.

최상진. 1991. "'한'의 사회심리학적 개념화 시도". 한국심리학회 '91연차대회 학술발표 논문초록,
　　339-350. 중앙대학교, 10월.

최상진 · 김의철 · 홍성윤 · 박영순 · 유승엽. 2000. "권위에 관한 한국인의 의식체계: 권위, 권위주의
　　와 체면의 구조에 대한 토착심리학적 접근".『한국심리학회지: 사회문제』. 6(1): 69-84.

French, J. R. P., & Raven, B. 1959. "Bases of social power". In D. Cartwright (Ed.), *Studies in social
　　power* (pp. 159–167). Ann Arbor: University of Michigan Press.

Hofstede, G. 1980. *Culture's consequences: International differences in work-related values*. Beverly Hills,

CA: Sage.

Kipnis, D., Schmidt, S., & Wilkinson, I. 1980. "Intra-organizational influence tactics: Explorations in getting one's way". *Journal of Applied Psychology*, 65: 440-452.

Mayer, R., Davis, J., & Schoorman, D. 1995. "An Integration Model of Organizational Trust". *Academy of Management Review*, 20: 709-739.

Pelz, D. C. 1951. "Leadership within a hierarchical organization". *Journal of Social Issues*, DOI: 10.1111/j.1540-4560.1951.tb02240.

제9장

조긍호. 2002. "문화성향과 허구적 독특성 지각경향".『한국심리학회지: 사회 및 성격』. 16(1): 91-111.

제갈태일. 2014.『한문화의 뿌리를 찾아서』. 상생출판.

최상진·김기영·김기범. 2000. "정(미운정 고운정)의 심리적 구조, 표현행위 및 기능 간의 구조적 관계".『한국심리학회지: 사회 및 성격』. 14(1): 203-222.

최인재·최상진. 2002. "한국인의 문화심리적 특성이 문제대응방식, 스트레스, 생활만족도에 미치는 영향: 정(情), 우리성을 중심으로".『한국심리학회지: 상담 및 심리치료』. 14(1): 55-71.

Choi, S. C., & Choi, S. H. 2001. "Cheong : The socio-emotional grammar of Koreans". *International Journal of Group Tensions*. 30(1): 69-80.

Choi, S. C., & Kim, K. 2003. "A conceptual exploration of the Korean self: In comparison of Western self". In K. S. Yang, K. K. Hwang, P. Pedersen, & I. Diabo (Eds.), *Progress in Asian social psychology: Conceptual and empirical contributions*, Vol. 3(pp. 29-42). West Port, CT.: Greenwood Publisher.

제10장

조성룡. 2009. "리더 자기희생의 측정도구 개발 및 추종자의 학습효과 검증". 국민대학교 박사학위 논문.

Smith, P. B., & Bond, M. H. 1998. *Social psychology across cultures: Analysis and perspectives (2nd edition)*. Prentice-Hall Europe.

찾 아 보 기

ㄱ

가여낙성 170
가정(assumption)의 변환 562
가치 지향 284
간담상조(肝膽相照) 353, 364, 389
감정적 갈등 399, 406
개성상인 610
개웃음 전염현상 144
개인적 자기긍정 161
갤럽 리더십 연구소(Gallup Leadership Institute)
    595
건설적 갈등 249, 406
건설적 경쟁 562
경쟁가치(competing values) 682
경쟁회피 559
경주 최 부잣집 588
계산된 선택 314
고도성장 23
고이 이야기 216
고정관념 254
공·사 구분 558
공동 대처 544
공동운명성 352
공동체의식 549
공생의식 489
공유된 가치(shared value) 250, 631
공유된 경험 554
공정성 인식 387
과거몰입 리더 334
과도한 집단 경쟁 259
관계몰입 390
관계의 정 36
관계형성 391

관료적 구조 259
관심과 투자 674
교차수렴(Cross-vergence)의 관점 21
권력격차(power distance) 349, 366
권석만 454
권철신 교수 85
그린리프(R. Greenleaf) 594
긍정심리학 146
긍정의 전염현상 143
긍정적 측면 168, 240, 463, 538, 611
기계적(mechanical) 대응 221
길쌈 526
김승연 회장 396
김후직(金后稷) 456

ㄴ

나 중심, 나 홀로형 337
내적 동기부여 626
내적 에너지 326
내집단(in-group) 372
냉소주의 401
네트워크 구축 563
노블레스 오블리주 593
노자(老子) 456
높은 수준의 균형(high-level balance) 17
눈뜬 장님형 288
'눈치 보기' 습관 231
눈치에 관한 사례 232
능력발휘 불가능 560

ㄷ

다양성 250, 563

단순 머슴형 441
단순조언형 440
단심미숙(端心未熟) 369
대동야승(大東野乘) 688
대리학습(vicarious learning) 375
대학 602
도산 안창호 311
도산아카데미연구원 311
독립적 사고 482
독립적 사고의 결여 557
독일의 함부르크 대학교수 자세(Werner Sasse) 28
동고동락 353, 360, 388
동방 순례 594
동양인과 서양인의 사진 찍기 236
동업으로 본 조화 530
딸 굶겨 죽인 부부 119
뛰어난 수리력 31
띄워주기 335

ㄹ

라이샤워(Reischauer) 28
로이 바젤로스 593
리더 네트워킹 674
리더십 유전자 682
리더십 효능감 148
리더십 훈련 681
리더의 소속욕구 542

ㅁ

맥콜(McCall) 35
맥클리랜드 77
맹자 603
메트라이프 토페타 사장 167
명량대첩 466

명량해전 607
명태(明太) 15
명태식해(fermented walleye pollack) 17
모범 보이기 587, 625
모범 보이기의 부정적 측면 640
모순의 수용 535
모타카와 타츠오 279
목민심서 234
몰입 84
몰입효과 618
무감가중(無感加重) 360
무관심형 337
무도전형 337
무비전형 337
무애사방(無涯四方) 49
무언무행형 619
무언행동형 619
무조건적인 충성 478
무차별 영역(zone of indifference) 682
문화론 63
문화의 교차수렴적(Cross-Vergent) 관점 21
문화적 수렴(Convergence 또는 etic)의 관점 21
미국 경영학회 368
미국 철강왕 카네기 157
미래비전 39, 279
미래지향적 시스템 327
민감성 209
민들레영토 지승룡 사장 281
민족원형 60
민주화 23
밀어붙이기 88

ㅂ

박종원 사장 299
반도체 신화 138
밥풀실험 135

배·나·섬 마인드 551

배려 없는 조직 552

배려실험 679

배태된(embedded) 관계 518

밸러스트(Ballast) 407

벌과 파리 213

범망경(梵網經) 452

벤자민 프랭클린 696

벼농사 문화 30

변혁적 리더십 297

복사기형 288

복잡계 이론 219

복종 성향 실험결과 634

복종성향 633

부적응형 443

부정적 측면 403, 476, 636

분파주의 558

뷰자데(Vu ja de) 319

비밀유지 558

비전과 목표 298

비전을 전파 296

비전전파 621

비정비감(非情悲感) 354

비타산성 352

빌 훈세커(William Hunsaker) 18

빠른 의사소통 539

빨리빨리 81

ㅅ

사고방식의 차이 384, 536

사고와 정서의 분리 563

사고의 조화 513

사드(THAAD) 27

사려 깊은 언어습관 548

사적 영역 381

사회적 기업 593

사회적 동질화 518

사회적 자본 509, 541

사회적 적자생존(the social survival of the fittest) 207

삶은 개구리 증후군 217

삼성 이건희 회장 138

상부상조 388

상향적 영향력 449

상향적 영향력 전략 448

상향적 영향력행사 전략 449

상향적응 38, 427, 463, 476

상향적응 3요인(3H) 429, 434

상호성의 원리 518

상황 판단력 232

상황변수 690

상황인식의 단순성 556

상황판단 211

새옹지마 168

샤워실의 바보 262

서번트 리더십 594

서베이 방법(web-based survey) 51

서희와 소손녕의 협상 156

선비정신 36, 580

설문개발 단계 53

성경에서의 솔선수범 604

성과평가 시스템 475

성장과정 393

성종 532

성취동기 77

성취동기이론 90

성취열정 37, 77

성취열정의 긍정적 측면 102

성취열정의 부정적 측면 116

성취지체 리더 123

성현(成俔) 688

세계인정 695

세종대왕 46, 408, 604, 696

소극적 헌신형 439
소신 결여 562
소외된 사람에 대한 배려 563
소원무정(疏遠無情) 364
솔선수범 37, 575, 611, 636
솔선수범의 행동방정식 642
송호근 사장 79
수녀연구 141
수평부조화 리더의 행동양식 564
수평조화 38, 505, 538
수평조화 리더의 행동양식 564
수평조화의 부정적 측면 555
숨은 리더들 23
스키마(schema) 517, 677
스탠리 밀그램(Stanley Milgram) 633
스트레치 골(stretch goal) 299
신뢰 구축 251
신명대동(神明大同) 49
신바람 528
신바람동기 36
신속한 결정 543
신숭겸 457
신유근 55, 353
실리콘밸리 사장들 101
실용주의 36
심사숙고 행동 622

ㅇ

아껴주는 마음 352
아집 252
안경 낀 꿩 286
안은수 49
알렉산더 395
압축 성장 229
약롱중물 169
언행일치 586, 619

언행일치의 부정적 측면 639
언행일치형 619
얼리어답터 230
엄격한 윤리적 기준 563
업무의 상호관련성 523
엠게임 589
영국의 과학자 존만(John Man) 28
영향력의 관점 450
오바마 92
오징어와 고등어 65
왓슨와이어트 404
왕무심 팀장 414
외집단(out-group) 372, 559
우리성(Weness) 360, 370, 371, 389, 447, 518
우향우 정신 158
원대한 포부 247
월드컵 대표팀 540
위기극복 사례 비교 164
위풍당당 169
위험감수 292
위험한 선택 314
유기적 구조 251
유기적 적응 221
유아독존(唯我獨尊)형 287
유언무행형 619
유연성 213
유연한 조직구조 553
유온정 팀장 414
육훈(六訓)과 육연(六然) 588
윤리성 579
윤리적 문제 480
윤리적 이미지 구축 615
윤윤수 회장 291
윤종용 부사장 318
윤회방황(輪廻彷徨) 324
융합의 정도 536
을파소 457

음양압승법 606
의례적 적응 461
의례행동 357
의리 경영 396
이가자 대표 676
이광수 팀장 663
이기주의 617
이민파·투잡족 223
이상적인 한국형 리더 673
이상적인 한국형 리더십 58
이상형 435
이서영 아나운서 522
이순신 장군 473, 607
이종생 689
인간중시 가치관 394
인고(忍苦)의 유래 290
인고감수 289
인고경험 393
인고과실상계가설(忍苦過失相計假說) 289, 331
인고보상수반가설(忍苦報償隨伴假說) 289
인의예지(仁義禮智) 378
인지적 갈등 558
일과 놀이 97
일심숙성(一心熟成) 353, 368, 390
임파워먼트 469
잉어를 옮겨라! 214

ㅈ

자긍심(self-esteem) 146
자기 중심형 436
자기과시의 3요인 122
자기긍정 37, 135, 168
자기성찰 215
자기주도 188
자기통찰 548
자기효능감(self-efficacy) 146

자기희생 583
자기희생의 부정적 측면 638
자기희생적 리더십 596
자레드 다이어먼드(Jared Diamond) 28
자발적 추종 616
장기동거성(時間熟成) 352, 368
저항정신 228
적극적 헌신형 437
적응적 리더십 220
적자생존(the survival of the fittest) 207
적정 위계질서 473
전 방향적 관점 660
정(情) 370
정도전 309
정서의 순환 137
정서의 조화 514
정서적 안정성 549
정유선 조지메이슨대 교수 87
정체성 상실 477
정치행위 예방 617
제2바이올린 472
조긍호 510
조직목표 388
조직몰입 148
조직분위기 400
조직시민행동 596
조직의 관성법칙 260
조직적 지원 248
좋은 평판 만들기 511
주도가치 658
지나친 눈치 562
지나친 우월감 254
지속적인 리더십 훈련 674
진성 리더십 595
집단 저항 562
집단사고 484
집단의 동일화 520

집단적 자기긍정 161
집단효능감(collective efficacy) 146

ㅊ

차인표·신애라 629
창의성 발현 285
창의성 저해 556
창의적 인간 225
챙겨주기 335
챠딕 이야기 245
체계적 경험 674
체면 447
초월열정 89
최고경영자 396, 554
최상진 455
추격가치 45, 658
추종자 중심론 448, 450
충(忠)과 효(孝) 454
친근감의 증거 543

ㅋ

카리스마 618
카리스마 리더십 이론 295
카리스마의 거리효과 406
커뮤니케이션 390
코리안 웨이(한국식 문화) 239
코리안리(Korean RE) 299
키워주기 335
키프 아카데미 32

ㅌ

테레사 효과 176
토정 이지함 601
토착심리 351

ㅌ(Top-down)

톱-다운(Top-down) 446
퇴계 선생 532
특별배려 357
특수신용(idiosyncrasy credit) 353
특수신용이론 371
팀워크 형성 544

ㅍ

파괴적 갈등 257
파레토(Vilfredo Pareto) 452
파트너십(partnership) 369, 374
팔아주기 335
페이스세이빙(face-saving) 447
평등지향 540
포스코 박태준 회장 157
표리부동 557
품앗이 379, 526
풍화작용 485
퓨전(Fusion) 644
프레치와 레이븐 471
피전(Fission) 644
필요에 의한 적응 461

ㅎ

하급자 육성 620
하면 된다 135
하위여기 353, 386
하위지의 온정 요구 637
하향무심(下向無心) 351, 376, 412
하향온정 38, 349, 403
하향온정 사례 380
하향온정 상황 383
하향온정의 원인과 결과 369
하향적 영향력(downward influence) 448
한(恨) 92, 307

한경희 사장 676
한국의 '우리' 문화 537
한국형 리더십 15, 21, 34, 657
한국형 리더십의 8요인 659
한국형 리더십의 패러독스 350
한국형 리더의 종합적 사례 분석 663
한국형 오너십 293
한국형 리더십이론 43
한류 26
한류 드라마 27
한정된 지식 253
함영희음(咸英希音) 49
함장불기(含章不羈) 49
행동결핍형 438
행동의 조화 517
허물없음 352
헤세(H. Hesse) 594
혁신성 결여 559
협력적 가치관 546
협력적 조직문화 552
홉스테드(Hofstede) 349, 427
홍익인간 36
확산(Divergence 또는 emic)의 관점 21
환경둔감 리더 266
환경변화 둔감(環境變化鈍感) 204
환경변화 적응 39, 201, 240
회전문의 원리 645
획일적 대안 557
훈세커 236, 609
흑백논리 255
희망의 상실 142

희생정신 575

ABC

A/B형 성격유형 89
Academy of Management Executive 368
A타입(Affective: 감정적) 갈등 510
CEO의 경영철학 327
C타입(Cognitive: 인지적) 갈등 510
ERG이론 90
F1 운전자의 시야 325
Hand 429
Head 429
Heart 429
KPI(Key Performance Index) 400
LMX이론 372
Luthans 136
News Paper Test 643
SCAMPER법 183

123

12가지 전략 449
2인자 리더 468
8요인의 출현빈도 56
8요인의 효과성 57

기타

故 이수현 584